歷代駐韓 美國公使

▲初代 駐韓美國特命全權公使
푸트 1884.
재임 : 1883. 5. 20～1885. 1. 10.

▲포크, 1885.
재임 : 1885. 1. 10～1886. 6. 12.
1886. 9. 1.～1886. 12. 11.
甲申政變 직후의 정치적 혼란을 당하여 조선국왕의 고문역할을 담당했고, 특히 조선최초의 근대식 종합병원 廣惠院 開院과 부속국립 의학교 개교에 진력했다.

▲록힐, 1886.
재임 : 1886. 12. 11～1887. 4. 1.

▲딘스모어, 1887.
재임 : 1887. 4. 1.～1890. 5. 26.

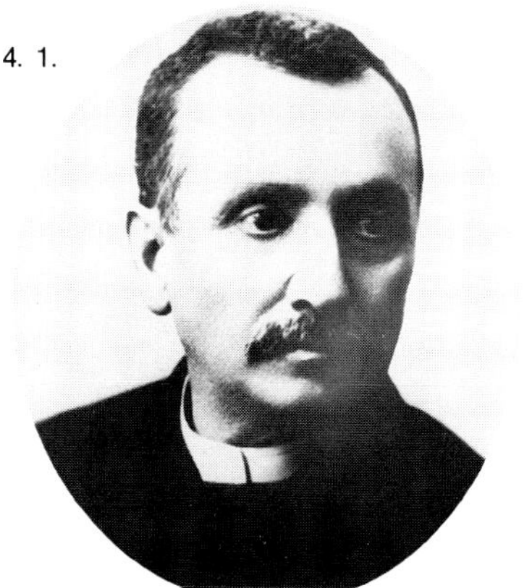

▲시일, 1894.
재임 : 1894. 4. 30.～1897. 9. 13.

▲**駐韓美國 全權公使** 알렌, 1897. 재임 : 1897. 7. 17~1905. 3. 29.
알렌은 1884년 9월에 長老教 醫療宣教師로 내한한 이래 주한미국공사관 서기관(1890~1893), 임시대리공사(1893~1897), 전권공사(1897~1905) 등을 역임하면서 한국의 外交를 주도했다.

▲언더우드, 1880年代.
長老教 선교사로 내한(1885. 4. 5). 개화기 한국 교육문화 사업에 헌신했고, 후에 延禧專門(延世大學校) 창립자임.

▲아펜젤러, 1880年代.
감리교 선교사로 내한(1885), 영문잡지 韓國留記(The Korean Repository)의 편집을 담당하다가 1902년 6월 11일 일본으로 항행중 기선충돌로 실종되었음.

▼푸트공사가 미국공사관문을 나와 외출준비를 하고 있다. 1885.
계단 밑에 四人轎가 대령하고 있다. 계단위 左로부터 푸트공사, 포크 해군무관, 푸트공사 부인.

▲묄렌도로프, 1884.
재임 : 1882. 11. 5～1885. 9. 5.
清國 李鴻章에 의해 파견된 묄렌도르프는 協辦交涉通商事務·典圜局 總辦·工曹參判·兵曹參判·海關總稅務司 등 정치 외교 관세 등 광범위한 직책을 담당하여 막강한 영향력을 행사했다. 통칭 「穆參判」이라 불렀다. 親露拒清政策을 쓰다가 李鴻章에 의해 해임되었다.

▲袁世凱, 駐箚朝鮮總理, 1885.
재임 : 1885. 10.～1894. 7.
李鴻章은 對韓宗主權을 확보하기 위하여 袁世凱를 조선총리로 임명했다. 袁世凱는 監國大臣이라는 직책으로 식민지에 군림하는 總督行勢를 하면서 對韓內政干涉을 일삼았다.

▲데니, 1886.
재임 : 1886. 5. 28.～1890. 2. 19.
清國 李鴻章이 파견한 조선정부 정치·외교 담당 고문 데니는 袁世凱의 對韓內政干涉에 반대, 反清思想을 담은 「清韓論」(1888)을 저술했다.

▲香港亡命시절의 閔泳翊, 1887.
閔泳翊은 1886년 8월 韓露密約說과 袁世凱의 國王廢立陰謀와 관련, 香港으로 망명했는데 初代 駐美朝鮮全權公使 朴定陽과 알렌 參贊官이 香港을 방문, 여비를 얻어갈 정도로 幕後實力者로 행세했다. 淸國 마고자를 입고 머리에는 특이하게도 옥로갓(玉鷺笠)을 쓰고 있다.

▲駐美 朝鮮公使館, 1890年代.
워싱턴 1500 13th Street, N. W.에 소재한 3층 양옥 건물로 조선정부는 1891년 11월 28일 25,000달러로 구입했다. 옥상에 태극기가 게양되어 있고, 현관에는 갓쓰고 두루마기 입은 조선공관원 모습이 보인다. 「大朝鮮 駐箚美國華盛頓公使館」이란 글씨가 이채롭다.

▲貞洞 美國公使館과 德壽宮, 1895.
국기게양대에 星條旗가 펄럭이고 있다. 대궐밖에는 모두가 초가집으로 대조를 이루고 있다.

▲알렌 別莊(仁川市 崇義洞 107), 1890年代.
알렌은 1884년 내한한 이래 1905년 주한미국공사에서 해임되어 본국으로 귀국할 때까지 21년간 한국에 살고 있었다. 그는 濟物浦에 별장을 지어 놓고 자주 이곳에 머물면서 서울주재 각국 外交官會議를 주재했다.

▲駐韓各國公使, 1898.
右로부터 조던(J. N. Jordan, 朱邇典) 英國公使, 쁠랑시(V. Collin de Plancy, 葛林德) 佛國公使, 加藤增雄 日本公使, 알렌 美國公使, 라인스도르프(F. Reinsdorf) 獨逸公使.

▲明洞聖堂 獻堂式 기념사진 (1898. 5. 29).
갓 쓰고 도포입고 가죽신을 신은 한국인 司祭團이 중앙 前列에 좌정하고 있다. 오른쪽 세번째가 프랑스인 뮈텔(Mütel, 閔德孝) 主教이다. 判書 尹定鉉 저택 부지를 매입, 프랑스인 코스트 (E. J. G. Coste, 高宜善) 신부의 설계로 1892년 8월 定礎式을 거행, 6년만에 준공한 한국최초의 고딕식 건축물이다.

▲「보스턴 선데이 포스트(1903. 11. 29)」지에 高宗皇帝와 미국처녀 에밀리 브라운양과의 결혼사실을 전면 보도하고 있다.「유일한 미국인 皇后 어떻게 戴冠했는가」라는 表題下에 高宗과 브라운 皇后가 輦을 타고 王宮을 나서고 있다. *Boston Sunday Post*, November 29, 1903.

▲平北 雲山金鑛(1896~1983), 1900年代.
일명 「노다지 금광」으로 알려진 한국 최대규모의 美國人 경영의 금광이다. 미국의 東洋鑛業開發株式會社는 1938년까지 무려 42년간 채광했다.

▲四人轎를 타고 登廳하는 外交顧問 스트븐스(Durham W. Stevens, 須知分), 1905.
露日戰爭에서 전승을 거둔 日帝는 顧問政治를 실시, 外交顧問에 스트븐스를 임명했다. 그는 한국정부를 위해 일하지 않고 오히려 일본의 한국지배에 적극 도와줌으로써 保護條約을 체결했고, 1908년 3월 23일 샌프란시스코에서 親日發言을 했다가 張仁煥義士에 의해 射殺되었다.

▲漢城鑛業會社의 美國人 任員陣, 1900年代.
중앙의 모자쓰고 넥타이 맨 이가 경영주 보스트위크(H. R. Bostwick, 普時旭)이다. 미국인 임원진만 37명이나 되는 것으로 보아 遂安金鑛의 개광사업이 얼마나 호황을 누렸음을 알 수 있다.

舊韓末 激動期 秘史

알렌의 日記

舊韓末 激動期 秘史

알렌의 日記

金源模 完譯

檀國大學校 出版部

머 리 말

알렌(Horace N. Allen, 安連)은 1884년 9월 長老教 醫療宣教師로 내한한 이래, 주한 미국공사관의 서기관 · 대리공사 · 전권공사 등을 역임하면서 1905년 5월 공사직에서 해임, 귀국할 때까지 21년간 한국에서 외교관 생활을 했기 때문에 근대 한국외교사의 산 증인이라 일컬어도 지나친 말은 아니리라. 그런데 알렌이 한국외교관 생활기간중 기록해놓은 알렌文書(The Horace Newton Allen Manuscript Collection)가 뉴욕 공립도서관에 보관되어 있는데, 이는 韓美外交史研究의 기본사료가 되고 있다. 그 내용을 분류해 보면 ①알렌 日記(The Allen Diary) ②외교문서 및 편지 ③알렌의 論著:논설문 및 각종 연설문 보고서 ④한국관계 미국의 각 신문자료 ⑤알렌의 본국 정부 각종 보고서 ⑥한국관계 論著 수집 등이다.

알렌文書에는 그가 한국에서의 외교관 생활을 하면서 기록해놓은 각종 기록물이 망라되어있는 만큼 양적인 면에서도 12상자에 이르는 방대한 개인문서 수집품이다. 이는 격동기의 한국외교관계 기록문서이기에 韓美外交史연구에 필수불가결한 史料的寶庫로 평가되고 있다. 이에 필자는 이와같이 귀중한 한미외교자료가 미국 뉴욕공립도서관에 비장되어 있다는 사실을 확인한 후, 이를 입수하기로 결심한 것이다. 필자의 알렌文書 입수 계획에 적극 찬동, 재정적 지원을 아끼지 아니한 檀國大學校 張忠植 총장, 金相培 출판부장께 진심으로 감사한다. 在美 張水榮(현 浦項工大 교수, 교무처장) 박사는 뉴욕 공립도서관 당국과 교섭, 알렌 日記를 마이크로 필름으로 촬영하는 데 온갖 수고를 아끼지 아니했다. 張박사의 주선으로 거의 1년간 서신교섭 끝에 드디어 1984년 年末경 알렌文書와 포크文書를 슬라이드 필름으로 입수하는 데 성공했다. 여태까지 미공개자료로 비장되어 있었던 알렌文書를 발굴 입수하겠다는 필자의 숙원사업이 비로소 성취된 것이다.

필자는 이 문서를 입수한 후 슬라이드 필름을 네거필름으로 재촬영하고 이를 특수 복사하는 작업에 착수했다. 복사 후 이를 분류 정리하고, 우선 제1차 사업으로 『알렌 日記』를 해독하는 작업에 착수했다. 주지하는 바와 같이 일기란 남에게 보이기 위해 기록해 두는 것이 아니고 본인만 알기 위해 적어놓은 기록물이다. 특히 『알렌 일기』는 그 자신만이 알게끔 略語를 사용하는 등 亂筆로 적어놓은 肉筆日記(Handwriting Diary)이다. 그래서 이를 解讀하기란 가장 어려운 일이 아닐 수 없다. 그러므로 해독작업은 지지부진할 수 밖에 없었다. 심지어 단어 하나를 해독하는 데 몇 시간 고심한 일이 수 없이 되풀이 되었다. 어떤 때에는 亂筆解讀의 난관에 부딪쳐 좌절감에 빠진 나머지 그만 해독작업을 포기한 적이 한두 번이 아니었다. 文書 자체만 보아도 暗中摸索하는냥 계속 五里霧中으로 빠져드는 것 같이 느껴졌다. 그래서 文書를 밀쳐놓고 작업을 중단했다가 몇 달이 지난 후, 또 다시 미련이 생기면 작업을 재개하고 또 포기하는 일이 반복되었다.

일찍이 19세기 초 프랑스 고고학자 샹폴리옹(J. F. Champollion, 1790~1832)은 로제타 스톤(Rosetta Stone)에 새겨진 이집트 文字 히에로글리프(象形文字)를 그의 필생사업으로 해독함으로써 이집트學(Egyptology) 定立에 新紀元을 이룩했다. 필자는 샹폴리옹의 끈질긴 探究精神을 흠모하고 이를 거울삼아 아무리 어려운 일이라도 이를 포기하지 않고 기어이 해내겠다는 召命感을 가지고 꾸준히 해독작업을 추진했다. 해독작업은 4년간 계속 끝에 일단 완성한 후, 즉시 한국어로 번역작업에 착수, 지난 겨울방학 중 번역을 완료, 文書입수 후 6년만에 비로소 『알렌 日記』를 上梓하게 되었다.

알렌은 처음에 선교사 생활로 인생출발을 시작했지만, 외교관생활로 그의 생애를 마친 인물이다. 미국 북장로교회는 1810년 장로교 외국선교부를 창설, 아시아 지역에 선교사를 파견하기 시작했는데, 알렌은 처음에 중국으로 파견되었다. 그러나 중국 선교사업에 적응하지 못하고 환멸감을 느끼다가, 마침내 장로교 본부에 朝鮮行을 자청, 내한하게 되었다. 이때 조선에는 丙寅邪獄(1866) 이래 斥邪綸音이 아직도 효력을 발생하고 있어서 외국 종교, 즉 天主教(邪教) 布教가 일체 금지되어 있는 상태였다. 더군다나 朝美條約(1882)에는 信教의 自由를 보장하는 조항이 없다. 그래서 선교사신분으로 '미지의 은둔국, 고요한 아침의 나라' 조선에 간다는 것은 목숨을 건 필사적 모험이 아닐 수 없었다. 1884년 9월 20일 푸트공사는 天主教禁壓令때문에 선교사신분을 내세우는 것은 위험하다고 판단, 알렌을 '미국공사관부 무급의사'(Physician to the Legation with No Pay)에 임명한 것이다. 그러기에 알렌은 朝鮮行 決行후 "나는 計略을 써서 조선에 잠입했다"라고 솔직히 고백하고 있다.

『알렌 日記』는 모두 4부로 구성되어 있다. 제1부(1883.8.20~1886.10.25)에는 알렌박사가 중국선교를 포기하고 미국 장로교 외국선교부로부터 조선파견 선교사에 임명, 1884년 9월 20일 서울에 부임한 때부터 기록하고 있다. 甲申政變,한국 최초의 서구식 종합병원인 廣惠院 開設과정, 濟衆院부속 國立醫學校 창설문제 등이 자세히 기록되어 있다. 알렌은 한국 최초의 개신교 목사인만큼 조선에 대한 호기심은 대단히 강렬했다. 그래서 조선의 정치제도,경제생활,특히 전통풍습,민간신앙에 이르기까지 다양하게 보고 들은대로 적어놓고 있다.

제2부(1887.9.23~1888.11.1)에는 初代駐美 朝鮮全權公使 朴定陽 使節團의 參贊官으로 워싱턴 使行을 했는데, 이때 알렌은 전권공사 派美를 반대하는 清의 對韓內政干涉을 적극 거부하고, 清이 요구하는 另約三端을 완전 무시하면서 自主外交 수행에 이바지한 것이다. 뿐만아니라 워싱턴에 최초로 주미조선공사관을 개설하는 위업을 달성한 것이다.

제3부(1897.9.14~1898.7.27)에는 주한 러시아공사 슈페에르의 對韓膨脹主義政策을 저지하는 그의 對露外交策略을 기술하고 있다. 알렌은

러시아의 韓半島支配企圖를 봉쇄하고 미국의 對韓영향력 유지를 위해 英·日 등 列強과의 協調外交를 통해 反露·親日政策을 추진함으로써 결국 일본의 對韓侵略을 간접적으로 도와주는 결과를 초래하고 만다.

제4부(1903. 6. 1~11.20)에는 러시아 세력의 한반도 철수로 일본이 한반도지배권을 확립, 南進政策을 추진하고 있는 러시아와 마지막 군사적 대결을 하게 되었다. 바야흐로 露日戰爭 발발의 戰雲이 감도는 긴장이 고조되는 가운데 주한 미국공사 알렌은 한반도와 만주에서의 미국의 이권을 수호하고 한국의 獨立保全을 보장하려면 일본을 도울 것이 아니라 러시아를 도와주어야한다는 그 자신의 親露·反日政策을 루스벨트 대통령에게 직접 건의하기 위하여 워싱턴使行을 단행했다. 특히 러시아에 대한 정확한 정보를 수집하기 위하여 새로 개통된 시베리아 대륙횡단철도여행을 수행한 후 워싱턴에서 루스벨트의 親日·反露政策을 비판 반대하는 정책토론 끝에 견책을 당하기도 했다. 일개 공사로서 대통령의 국가정책을 정면으로 반대 비판하는 일은 세계외교사에서 일찍이 그 類例를 찾아보기 힘들 것이다. 알렌은 러시아를 도와주면 미국의 이권을 수호할 수 있고 나아가서는 한국의 독립은 보장된다는 것이다. 뿐만 아니라 일본을 도와주면 일본은 결국 미국을 배신, 門戶開放原則을 폐기함으로써 미국세력을 아시아대륙으로부터 영원히 추방, 한국을 植民地化하고 말 것이라고 전망하고 있다. 본 일기를 통해 알렌의 韓國獨立保全政策의 정신을 알 수 있다.

학술 도서출판의 불황에도 불구하고 본서를 흔쾌히 출간해주신 檀國大學校 出版部에 심심한 사의를 표하는 바이며, 아울러 본서의 편집기획에서 교정에 이르기까지 온갖 노고를 아끼지 아니하신 崔宇一·南奭純·金鍾旭선생께 심사한다.

1991年 元旦

雲虛堂 書室에서　　金　源　模

凡　例

(1) 뉴욕 공립도서관에 보관되어 있는 알렌 日記를 입수, 解讀·完譯하고, 이해를 돕기 위하여 譯註를 달았다.

(2) 관련 신문자료를 完譯하고, 제2편에 수록했다.

(3) 研究論文「알렌의 韓國獨立保全運動」을 제3편에 수록했다.

(4) 해독한『알렌 日記』原文과『新聞資料』原文을 제4편과 제5편에 각각 수록했다.

(5) 原文에 적어놓은 略語를 복원했다.

예:thro→through　morn→morning

(6) 原文에 Family Name 머릿글자(initial)를 Full Name으로 복원했다. 예 : S→Willam B. Scranton, B→H. R. Bostwick

(7) 原文에 Family Name만 적고 있는데, 이를 Full Name으로 복원했다. 예:Waeber→Karl Waeber, Rockhill→William W. Rockhill

(8) 原文에 駐韓各國公使의 官職名만 명기하고 이름은 없는데, 이를 고증 명기했다.

예:British Minister→William G. Aston

Japanese Minister→Kato Masuo

Minister of Fogrign Office→Kim Yun Sik

(9) 간혹 해독불가능한 부분은 (?) 또는 점선(…)으로 표시해 두었다.

(10) 原文에는 지금 사용하지 않는 固有名詞 표기를 하고 있는데, 이를 충실히 원문표기에 따랐다. 예:李→Ye　東京→Tokio

(11) 알렌 日記에 관련된 사진자료를 책머리에 게재했다.

(12) 本書의 이용을 돕기 위해 상세한 索引을 붙였다.

目　　次

제 1 편　알렌 日記

제1부　1883년 8월 20일～1886년 10월 25일 …………………………… 19

제2부　1887년 9월 23일～1888년 11월　1일 ……………………………131

제3부　1897년 9월 14일～1898년　7월 27일 ……………………………177

제4부　1903년 6월　1일～11월 20일 ……………………………………201

제 2 편　新聞資料

1 『콜로라도 스프링스 텔레그래프』(1903). 10. 18) ………………299

2 『콜로라도 스프링스 텔레그래프』(1903. 10. 19)………………302

3 『워싱턴 포스트』(1903: 10. 21) ……………………………………304

4 『콜로라도 스프링스 텔레그래프』(1903. 10. 24)………………307

5 『보스턴 선데이 포스트』(1903. 11. 29) …………………………309

6 『코리아 레뷰』(1903. 11) ……………………………………………315

7 『駐韓美國公使館聲明書』(1903) …………………………………316

8 『샌 디에이고 유니언』(1904. 3. 23) ……………………………317

제 3 편　論　　文

알렌의 韓國獨立保全運動(1903) ………………………………………325

－『알렌 日記』를 통해 본 알렌의 親露・反日政策－

제 4 편 Horace Newton Allen's Diary

Part Ⅰ. August 20, 1883～October 25, 1886 ······················395
Part Ⅱ. September 23, 1887～November 1, 1888················515
Part Ⅲ. September 14, 1897～July 27, 1898······················551
Part Ⅳ. June 1 ～November 20, 1903 ·····························571

제 5 편 Newspaper Materials

[1] *Colorado Springs Telegraph,* October 18, 1903 ················ 675
[2] *Colorado Springs Telegraph,* October 19, 1903 ················ 679
[3] *Washington Post,* October 21, 1903······························· 682
[4] *Colorado Springs Telegraph,* October 24, 1903 ················ 685
[5] *Boston Sunday Post,* November 29, 1903 ······················687
[6] *The Korea Review,* Vol. Ⅲ, November 1903····················692
[7] *Legation of The United States,* Seoul, Korea, 1903············ 693
[8] *San Diego Union,* March 23, 1904 ······························ 694

제 1 편

알렌 日記

제 1 부　1883년 8월 20일～1886년 10월 25일
제 2 부　1887년 9월 23일～1888년 11월　1일
제 3 부　1897년 9월 14일～1898년　7월 27일
제 4 부　1903년 6월　1일～11월 20일

Jan 22/86 A new law has been promulgated by the Seoul authorities arranging municipal affairs as follows. Seoul 5 Poo(부) or wards. Each Poo is divided into districts called Tong(동). These are in turn divided into blocks of five houses or families. The city has a Mayor the Pan yun(판윤) whose court is called the Han Sung Poo(한셩부). The five wards of the city are each presided over by a magistrate called the Toh sah(도사). Each ~~block of five houses~~ Tong or district has a head man called a Chon we(존위) in case he is of the noble class. In which case he appoints one of his servants to do his work. this servant is then called the Tong jang(동장) deputy Chon we. Each block of five houses has also a head man called the tong su (동슈). He is elected by the residents of his neighborhood while the other officers above him are appointed by the Government. The Tong su reports twice a month to the Too sah. giving him an account of affairs in his neighborhood. The Too sah reports as often to the Pan yun. and he reports twice yearly to his Majesty through the Home Office, at the beginning of the 6th & 12th moons. Each Tong has a real estate broker called Chip Chu room(집쥬룸) who keeps a record of all salable real estate. attends to the selling of the same and is paid 10% by the seller, not by the purchaser.

▲알렌 日記 原本(1886. 1.22).
漢城府 管轄職制와 不動産仲介業者 「집쥬룸」에 대해 자세히 기술하고 있다. 알렌은 관직명을 한글로 표기하고 있다.

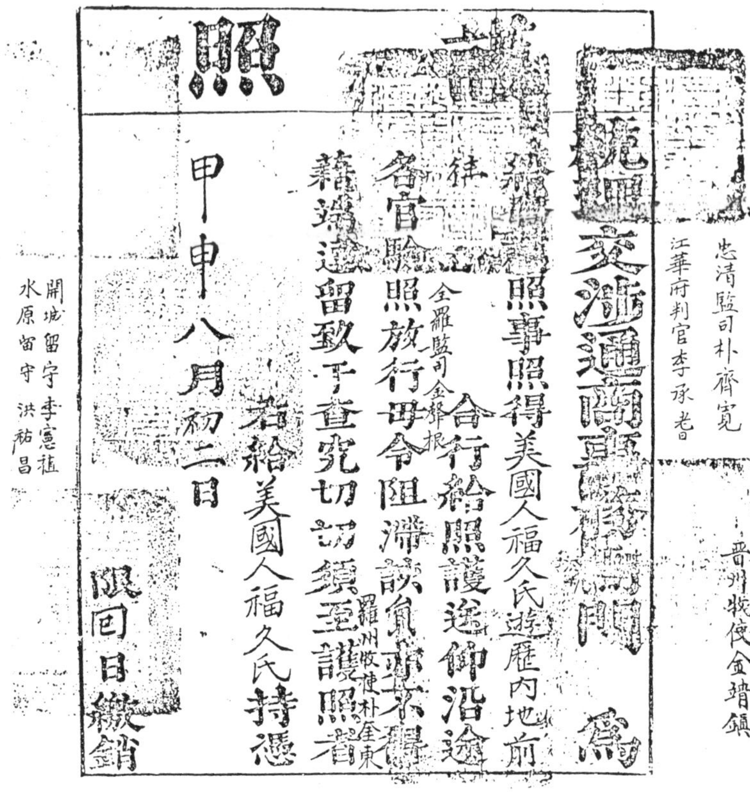

照

統理交涉通商事務衙門 爲

發給護照事照得美國人福久氏遊歷內地前

合行給照護送仰沿途

各官驗照放行毋令阻滯該員亦不得

藉端逗留致干查究切切須至護照者

右給美國人福久氏持憑

甲申八月初二日

限回日繳銷

忠清監司朴齊寬

江華府判官李承㫜

晉州牧使金靖鎭

全羅監司金聲根

羅州牧使朴奎東

開城留守李憲稙

水原留守洪祐昌

▲統理交涉通商事務衙門(外部)이 주한미국공사관 海軍武官 포크에게 발행한 최초의 護照(旅行券)(1884. 8. 2).
포크는 三南地方(충청 · 전라 · 경상)을 여행 답사중 甲申政變을 맞이했다. 답사후 국무부에 三南地方 여행보고문을 보냈다.

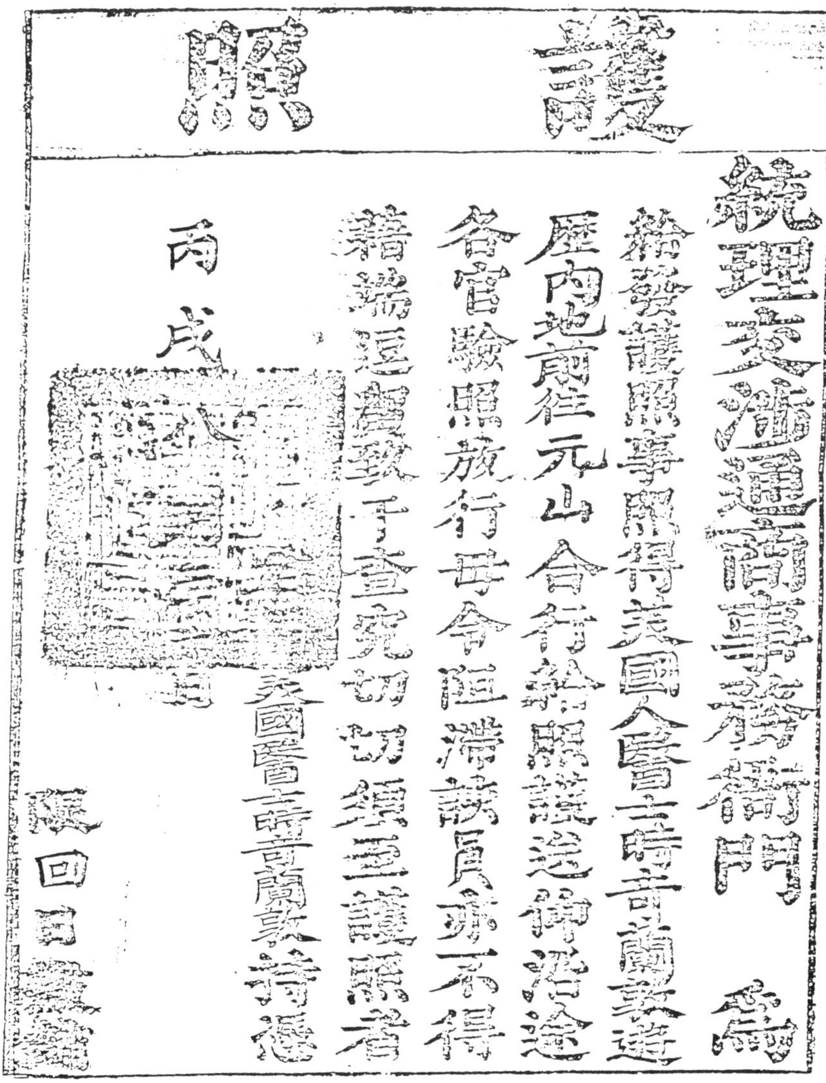

護照

統理交涉通商事務衙門 爲
給發護照事照得美國人醫士時奇蘭敦遊
歷內地前往元山合行給照護送俾沿途
各官驗照放行毋令阻滯該員亦不得
藉端逗留致干查究切切須至護照者
美國醫士時奇蘭敦持憑
丙戌 日
限回日繳銷

▲統理交涉通商事務衙門(外部)에서 美國人 스크랜턴(William B. Scranton, 時奇蘭敦)에게 내린 護照(旅行券)(1886. 8.26).

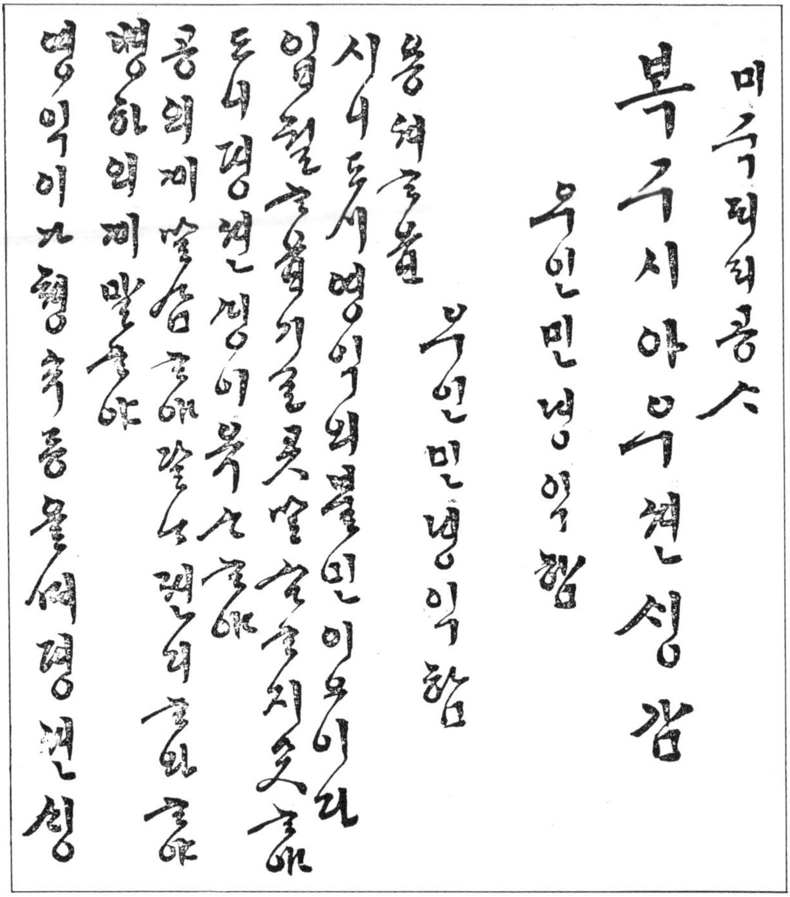

▲포크(George C. Foulk, 福久) 미국 대리공사에게 보낸 閔泳翊의 한글 편지(1885).

제 1 부

1883년 8월 20일～1886년 10월 25일

본 일기에는 본인이 醫療宣教師로 中國에 부임했던 당시의 일기가 포함되어 있다. 나는 中國宣教를 그만 두고, 선교가 허용되지 아니한 朝鮮으로 건너갔다. 부임 초기에는 주한미국공사관부 의사로 근무하다가 甲申政變 발발시 중상을 입은 閔泳翊을 치료, 그의 생명을 구제해준 덕택으로 조선 왕실의 侍醫가 되었고 조선정부는 본인에게 병원을 마련해 주었다.[1] 그후 서울주재 각국 공사관부 의사로도 근무했다.

본 일기에는 공식적이고도 정치적인 성격을 띤 내용이 많이 포함되어 있다. 즉 조선정부가 워싱턴에 常駐公使館을 개설하기 위하여 초대 주미전권공사(朴定陽)를 파견하자, 본인은 조선공사를 수행, 워싱턴에 가서 清의 對韓宗主權 주장을 분쇄하고 조선의 독립권을 확립한 것이다.[2]

이 당시 歐洲五國(英 · 獨 · 露 · 佛 · 伊) 전권공사(趙臣熙)는 任地로 향발, 香港까지 갔었으나 청의 對韓 내정간섭으로 말미암아 그이상 가지 못하고 중도 귀국하고 말았지만, 본인 등은 끈질긴 청의 반대(另約三端)에도 불구하고 對美自主外交의 임무를 성취시킨 것이다. 가령 그당시 청국 정부는 海軍示威를 벌였고, 매수한 신문과 함께 駐美清國公使館의 방해·간섭이 심했던 것이다. 이와같이 나는 조선독립 확보의 主媒介者(chief instrument)가 된 것이다.

---

1) 알렌은 閔泳翊을 치료해준 덕택으로 민영익의 주선에 따라 1885년 2월 25일 조선 최초의 洋醫 종합 병원인 廣惠院을 갑신정변으로 몰수한 洪英植의 집에서 창설 開院했다.

2) 청국정부는 另約三端 준수이행을 조건으로 전권공사 派美를 허락했다. 그러나 朴定陽 공사는 알렌의 외교자문을 구하여, 영약삼단을 무시하고, 對美自主外交를 완수한 것이다.
金源模, 「朴定陽의 對美自主外交와 常駐公使館 開設」, 『鄭在覺博士古稀紀念東洋學論叢』(1984), pp. 361～396.

12명으로 구성된 의심 많은 朝鮮使節團[3]에 관한 기사는 小日記 No.2에 기록되어 있다. 조선공사 일행에 대한 의심은 곧 사라지고,이들은 나의 평생 知己의 친구가 되었다. 이들 중 두 사람은 본인의 제의로 首相이 되었다.[4]

본 일기 안에는 美·日간의 말썽 많은 주요 통상분쟁문제를 해결하는데 공헌한 막베그(Wayne McVeagh)와의 往來書翰 몇 통이 同封편지로 부록되어 있다.

아울러 일본이 조선을 占據한 후 일본에 대한 조선인의 행동지침을 조선인 친구들에게 충고한 편지 몇 통도 본 일기 안에 포함되어 있다. 1905년 한국정부의 外交官顧問이 된 스티븐스(Durham. W.Stevens, 須知分)를 위해 본인이 개인적으로 조사하여 한국인 名士錄(Who's Who)을 편찬한 바 있는데, 이에 登載되어 있는 모든 나의 친지들은 일본인으로부터 지시를 받아왔고, 또 상당한 보수를 받은 인물들이다. 그 중 한 사람은 내각총리 대신(李完用)이 되었다.

1883년

高宗 20(癸未)·光緒 9·明治 16

8월 20일(月)

오하이오州 델라웨어를 출발, 중국으로 向發하다.

3) 朝鮮公使一行을 보면, 全權公使 朴定陽, 參贊官 李完用, 書記官 李夏榮, 親軍後營門案 李商在, 繙譯官 李采淵, 隨員 李憲用, 姜進熙, 武弁 李鍾夏, 跟率 金老美, 許龍業 등 10명이다. 여기서 12명이란 알렌과 그의 개인비서실(Sill)을 합해서 12명으로 계산한 것이다.

4) 박정양은 1895년에, 이완용은 1907년에 內閣總理大臣이 되었다.

9월 4일(火)

샌프란시스코를 떠나 일본 橫濱으로 向發하다. 내 아내(알렌부인)는 항행중 배멀미가 심했다. 우리는 미국 피킹(Peking)號 프로펠러 바로 위에 있는 船室에 탑승했기 때문에 이같은 심한 배멀미가 일어난 것 같다. 우리 부부는 출항 전에 3일간 하루 세번씩 브롬화물 소다수 84그람을 복용했고, 出航 후에도 3일간 계속 복용했다. 그랬더니 우리들은 배멀미를 앓지 아니했다.

10월 11일(木)

上海에 도착하다.

10월 15일(月)

증기선 편으로 南京으로 向發하다. 낮에 南京에 도착하다.

10월 17일(水)

애실리(Ashley)씨 집에서 식사하고 처음에는 차핀(Chapin)씨 집에 하숙했고, 그후 리어반(Learvan)씨 집에 하숙했다. 나는 소규모의 醫療業을 개시하면서 어학공부를 했다.

1884년

高宗 21(甲申) · 光緒 10 · 明治 17

1월 7일(月)

우리는 애실리씨의 불친절한 대우때문에 애실리씨 자신의 간절한 만류 부탁에도 불구하고 상해로 향발했다. 上海 南門에서 스미드(J.

N. B. Smith)씨와 식사하다. 사정이 좋아져서 우리는 만족했다. 그러나 새로 渡來할 사람들이 크게 걱정되었다.

7월 10일(木)

宣教會신문사(Mission Press)로부터 편지를 받았는데, 이에 의하면 프랑스軍이 우리가 묵고 있는 숙소 근처에 있는 兵器廠을 포격할 것 같으니, 즉각 그리로 오라는 것이었다. 우리는 이사짐을 꾸리고 그 다음 날 홀(Hall)씨 집으로 떠났다. 그날 밤 알렌부인은 産氣가 일어나더니 새벽 4시부터 産苦가 일어나기 시작, 그 다음 날 오후 4시 경에 出産하였다. 헨더슨(Henderson) 박사가 산모로부터 아기를 억지로 끄집어내었다. 나는 산모에게 클로로포름으로 마취시키고 독일인 의사 라이프스니든(Reifsnydn) 박사가 헨더슨 박사의 해산을 도왔다. 심한 多量의 출혈이 있어서 맥리드(McLead) 박사를 불러들였다. 양 가슴의 발작증세 이외에는 産苦가 예상되었다. 그리고 염증으로 발미암아 신열이 일어난 것 같았다. 그러나 산모는 곧 회복되었다. 우유가 없어서 암소젖을 먹였더니 新生兒가 병이 들었다. 유모를 구했다. 아기는 1884년 7월 12일에 태어났고, 몸무게는 8파운드였다. 피치(Fitch), 알렌 그리고 헤리(Harry) 등의 집전으로 아기에게 洗禮를 베풀었다.

9월 14일(日)

나는 단신으로 상해를 떠나 난징(南京, S. S. Nanzing)號로 조선을 향해 출항했다. 멀미약 브롬화물을 복용하지 아니해서 나는 배멀미를 몹시 앓았다. 長崎와 釜山 중간 해상에서 태풍을 만났다. 많은 小船舶이 태풍에 휩쓸려 流失되었지만, 우리가 탄 난징호는 무사했다. 부산은 완전히 倭色도시이다. 도시 변두리로 가지 않고는 조선사람이라곤 거의 찾아볼 수 없을 정도이다. 일본인은 아주 우아한 백색건물을 영사관으로 사용하고 있었다. 서양사람으로는 釜山稅關長 로바트(W. N. Lovatt), 港務官 파스튜니우스(Pasthunious), 레이놀즈(Reynolds)

씨, 저지(Jersey)씨, 크로브스(Crobs)씨와 그의 이탈리아인 보조원 등이다. 부산은 北路電線(Northern Telegraphic Lines)과 연결되어 있다. 부산은 훌륭한 항구이다. 그러나 전기가 없고 편의시설이 없었다.

9월 20일(土)

濟物浦에 도착했다.이곳은 슬래브 판자집,진흙 오두막집,헛간, 토담, 술집 등으로 구성된 잡다한 도시이다. 이곳에서도 일본인이 우세했고 가장 좋은 要地를 차지하고 있었다. 일본인은 훌륭한 영사관 건물을 가지고 있었다. 쿠퍼(C.H. Cooper)씨가 날씬한 백색 건물을 건축하여 미국영사관 건물로 이용하고 있다. 중국인이 현명하게도 멋진 벽돌가옥을 건축했으나 화재로 灰燼되고 말았다. 영국인은 長崎에 있는 護王의 오크(The Royal Oak) 나무로 지은 술집을 구입, 이 재목을 반입하여 영국 영사관 건물을 지었던 것이다. 資材는 우리와 함께 난징호로 수송되었는데, 貨物運送費만도 400달러에 이르고 있다. 배에서 내려 상륙할 길이 없기 때문에 우리 선객들은 작은 보트들을 타고 沿岸으로 가서, 거기서 또 바위가 많은 해안가에 상륙했다. 잘딘 마데손商社(怡和洋行)는 이곳에 老朽한 배 한 척을 보유하고 있었으나, 商社를 경영할만큼 수지가 맞는 무역거래가 없기 때문에 미구에 이 배를 처분할 것으로 기대된다.

이곳 제물포에 거주하는 서양인으로는 스트리프링(A. B. Stripling, 薛必林) 仁川 稅務司 선장, 슐츠(Schultz), 港務官 마샬(Marshall), 웰츠(Welch)씨, 그리피드(Griffith)씨, 르데지(Leadage)씨, 보조원으로서 러시아인 한 사람, 프랑스인 한 사람, 미국 유학을 한 중국인 한 사람, 그리고 상인들로서 쿠퍼씨, 월터(Walter)씨, 클라크(B.A.Clark)씨. 스태스(Stes)씨 등이다. 영국영사 칼스(W.R.Carles, 賈禮士), 독일영사 부들러(H.Budler, 卜德樂) 그리고 그밖에 2, 3명의 모험가들은 외국인 居留地를 마련했다. 세관에는 러시아인의 부인 한 사람, 중국인 부인, 스페인여자 등이 있는 바, 이들이 제물포에 살고 있는 유일한 외국여자들이다.

9월 22일(月)

일요일은 하숙집에서 지내고, 오늘 아침 당나귀를 타고 서울로 길을 떠났다. 우리는 오전 8시에 출발했다. 정오경 조선인 주막에 들렀는데, 거기서 우리는 금광을 탐색하고 있는 나반(Nabarn)이라는 사람을 만났다. 그는 조선에는 금이 풍부하다고 이야기를 하고 있었다. 4시 15분에 한강 나룻터에 도착, 오후 5시에는 남대문에 도착했다. 조선인 여인숙에 투숙했더니, 거기서 나는 동료선객인 미첼(J.F. Mitchell, 米鐵)을 만났다. 우리는 먹을 것이 없어서, 미첼이 조선 내륙지방으로 장기간 여행용으로 준비해가지고 온 휴대 식품가운데 맥주 한 병과 약간의 굳은 비스켓을 얻어 먹었다. 미첼은 木材무역의 길을 트기 위하여 조선내륙지방을 답사 여행하고 있었다.

9월 23일(火)

주한미국특명전권공사 푸트(Lucius H. Foote, 福德)를 방문하였다. 거기서 나는 풍채가 좋고 품위있어 보이는 노부부를 보았다. 주한미국공사관에서는 의사가 절대적으로 필요하기 때문에 나는 대단한 환영을 받았다. 푸트 공사는 나를 주한미국공사관부 無給의사로 임명하면서 나를 도와주겠다고 말했다. 나는 또 한때 조선정부의 고위직에 봉직한 바 있는 묄렌도르프(Paul G. Moellendoff, 穆麟德)를 방문했다. 그는 나를 반가이 맞이하면서 나와 더불어 오후의 茶를 나누었다.

9월 24일(水)

나는 조선인의 느린 행동에 짜증이 났다. 푸트 공사를 찾아가서 내가 거처할 집을 마련하는 것을 도와달라고 요청했다. 그는 다른 사람을 위하여 마련해둔 집 한 채가 있는데, 그집 바로 곁에 저택이 있다고 말했다. 그러나 푸트 공사 부부뿐만 아니라 영국 영사도 의사는 자기들

집 가까히 살고 있기를 원했다. 그는 다른 사람들에 대한 의무를 생각했고 그 의무가 구속력이 있다는 것을 생각하지 아니했다. 그러므로 나는 그가 다른 사람을 위하여 흥정해서 매겨둔 값으로 집을 구할 수 있었다. 나는 집을 물색하느라 하루를 보냈으며, 멕시코 달러 700달러로 사기로 결정하였다. 푸트 공사는 이 집 바로 서쪽에 있는 다른 집도 나에게 소개해 주었다. 그는 이 집을 사기 위하여 한동안 흥정을 해왔었다. 나는 이 집을 韓貨로 700,000냥(兩), 603달러로 구입하고, 月 15달러 봉급으로 중국인 청지기 한 사람을 고용했다. 우리 집 뒤 언덕배기에 있는 다른 집도 흥정해 보았다. 집주인은 무려 650,000냥을 呼價했고, 푸트 공사와 러시아 공사도 이 집을 구입하려 한다고 말했다. 그러나 나는 청지기를 통하여 400달러 이상은 줄 수 없으며, 값을 어느 정도로 깎던지 관계 없이 코미션을 포함 집값으로 600달러를 주겠다고 말했다. 푸트 공사가 와서 말하기를 이 집에 대한 사실을 솔직하게 말하겠다고 했다.

지난 여름 일본에 거주하는 한 노인인 메클레이(R. S. McClay, 일본 주재 미국감리교 감독) 박사가 내한, 주제 넘게도 우리들에게 끼어들어 집 한 채를 구해달라고 괴롭혔기 때문에 나는 마침내 이 집을 그의 선교본부로 지목, 구입하기로 동의한 바 있다. 선교의 길이 개방될 때까지, 기다려야 한다는 명백한 양해를 구했던 것이다. 그러나 이제 내가 조선에 온 이상 그는 의사가 집 가까이 살고 있어야 하므로 부득이 이 집을 나에게 양도하겠다는 것이다. 나는 이에 반대했다. 그러나 매매계약을 체결하기에는 너무나 늦었기 때문에 나는 취소할 수 없었다. 푸트 공사는 다른 상대자에게 이 점을 만족하게 설명하고 다른 집을 하나 구해주겠다고 동의했다. 나는 새로 지은 조선호텔에 투숙하였는데, 이 집은 朝鮮報聘使를 태우고 온 미국해군기함 트랜톤(Trenton)호의 장병들을 接客하기 위하여 마련한 호텔이었다.[5] 미국해군무관 버나도우(John B. Bernadou, 蕃於道)도 이 호텔에 유숙하고 있었는데, 그는 스미드소니언 박물관(Smithsonian Institution)을 위해 조선 골동품을 수집하고 있는 명석한 인사이다. 타운센드(W.D.Townsend, 他雲仙)도 그의 일본인 情婦와 함께 이 호텔에 유숙하고 있었는데, 그는 아메리카 무역상사(American Trading Co.) 제물포 대리인이다.

9월 27일(土)

중국에서 부친 내 짐이 도착,통관 절차를 밟고, 관세를 물고 찾아가라는 통지서를 받고, 나는 즉시 짐을 찾으러 조랑말을 타고 그곳(제물포)으로 가서 오늘의 볼 일을 보았다. 스트리프링 인천 세무사의 친절한 배려로 내 짐은 검사를 받지 않고 통관되었다. 내가 내용물을 일일이 말하자 그는 그 말을 믿고 통관시킨 것이다.

9월 29일(月)

비를 맞으며 서울로 돌아왔다.

10월 11일(土)

나의 用務는 모두가 그 형편대로 잘되어 갔다. 나는 집수리를 하기로 계획하고 내 가족과 함께 家具汁物 구입을 위해 상해로 가있는 동안 중국인 청지기에게 집수리일을 맡겼다. 중국어교사 주(Chu)씨가 왔는데,별 쓸모가 없었다. 그러나 나는 上海出他 기간 중 내 소유물을 감독하는 일을 맡겼다. 지난 한 달동안 나는 새로운 경험을 얻었다. 나는 구두를 베개삼아 木板 마루바닥위에서 잠을 자야 했고,추위를 막을 큰 솜 이외에는 옷이 없었다. 밤이 되면 寒氣가 심했다. 나는 호텔 숙식비로 하루 1.50달러를 지불했지만, 내가 음식을 마련하는 것 이외는 먹을 것이 없었고 게다가 난방시설도 없었다.

5) 朝鮮報聘使 全權大臣閔泳翊 從事官 徐光範 隨員 邊燧등은 미국해군무관 포크와 함께 트랜톤호로 6개월간 세계일주 항행 끝에 1884년 5월 31일 귀국했다. 金源模,「韓美外交史研究, 閔泳翊의 對美自主外交와 世界一周航行」,『車文燮教授華甲紀念史學論叢』(1989), pp.389~427.

나는 오늘 가족을 데리러 상해로 가기로 하니 무척 기쁘다. 특히 파니(Fannie, 알렌부인)로부터의 편지에 의하면 아기는 병이 危重해서 밤낮으로 看病하고 있다는 것이다. 우리는 난징호를 타고 오늘 출항한다. 난징호를 같이 타고 갈 船客 중에는 크로포드(Robert Crawford) 선장, 슐츠, 그라함(Graham), 메르틴스(Mertins), 헤르츠(Hertz) 교수, 上海에서 온 매춘부 웹스터(Nellie Webster) 등이 승선하였다. 이곳 船上에서의 남자들의 품행은 충격적이었다. 거의 모두가 情婦를 대동하고 있었다.

10월 14일(火)

오전 9시에 長崎에 寄港했다. 키친(W. C. Kitchen)과 함께 투숙했다.

10월 17일(金)

上海에 도착했다.

10월 20일(月)

아내 파니, 아기, 중국인 유모와 같이 조선으로 向發했다. 중도 長崎에서 일본인 요리사 와타나비(Watanaby)를 月 10달러로 고용했다.

10월 26일(日)

불유쾌한 항해 끝에 제물포에 도착했다. 나는 멀미약(브롬화물)을 복용했기 때문에 배멀미를 앓지 않았다. 그러나 파니와 기타 일행은 심한 배멀미를 앓았다. 우리 일행 선객 중에는 福州 영국교회의 울프(Wolfe), 니플러(Kniffler) 슐츠 등이고, 난징호의 선장 발버니(Balbunie)는 好人이었다.

10월 27일(月)

서울로 길을 떠났다.아내 파니는 한 가마를 탔고, 중국인 유모 아마[6]와 아기는 다른 가마를 타고 갔다. 중국인 요리사와 나는 조랑말을 탔고, 새끼염소와 손가방은 조랑말에 실었다. 南京호를 떠날 때 선실보이가 우리 옷가지가 잔뜩 들어있는 부피 큰 여행용 손가방을 들고 배와 폐선사이에서 넘어졌다. 그러나 보이와 여행용 손가방은 보이가 넘어질 때 그것을 꽉 잡고 있었기 때문에 회수되었다. 파니는 우리의 집이 조용하고 아담하다고 매우 기뻐했다. 집수리도 잘 되어 있었다. 그러나 집수리 지배인은 수리비용을 너무 과다하게 청구하지 않는가. 우리가 公館으로 가지 않겠다 하니 푸트 공사가 우리에게 저녁식사를 보내주었다. 그리고 우리는 처음으로 우리 집을 꾸미기 시작했다. 아마는 上海에서만큼 생활이 불편하다고 짜증을 내더니 마침내 아기가 앓게 되었다.

10월 28일(火)

우리집 不動産權利證을 취득했다. 나는 집관리인으로 하여금 계속 업무이행을 의뢰했다. 가옥 대금은 365달러 韓貨로는 450,000냥인데, 모두가 우리의 집흥정이 잘 되었다고 축하해 주었다.

11월 12일(水)

지난 2주일동안 집안 정리를 하느라 바빴다. 가재도구를 제 자리에 놓고, 정리하는 등 일은 끝이 없었다. 푸트 공사 부처는 우리들에게 대단히 친절을 베풀었고 애스톤도[7] 무척 기뻐했다. 오늘은 바로 조선 왕비의 탄신일이다. 공휴일이었다. 미첼[8]이 지난 금요일 우리 집에 와서

6) 아마(Amah)는 乳母(wet nurse)를 말한다."중국 여자 '아마'들이 서양 어린애들을 잔디판에 놓고 놀리고 있었다." 『李光洙全集』(三中堂, 1964), 巻 13., p.211, 「나의 告白」.

7) 애스톤(William G. Aston, 阿須頓)은 일본 長崎 주재 영국영사로 부임했다. 1884년 4월 26일 駐剳朝鮮臨時總領事에 부임했다.

8) 미첼(J. F. Mitchell, 米鐵)은 木材貿易商으로 商談次 1884년 9월 20일 내한했다.

같이 기거하고 있다. 우리들은 매일 기도하면서 牧會를 이런 식으로 해도 좋다고 생각했다. 우리는 적어도 친절을 베풀 수 있었다. 나는 약간의 醫療업무를 수행했었다.

11월 27일(木), 추수 감사절

꽤 추운 날씨다. 地表 4인치 정도 얼어붙었다. 나는 11월 21일 조선어 교사를 고빙하여 조선 말을 배우게 되었는데 이 조선어 교사를 해임하고 말았다. 해임한 이유는 언제나 그의 조선인 친구들이 너무 많이 그를 찾아 오기 때문에 나는 제대로 공부할 수 없었다. 나는 그가 이같은 나의 불만을 알아차리고 열심히 가르쳐준다면 다시 고용할 작정이다. 牧會 업무 진행은 대단히 지지부진했다. 기도하는 것조차 너무 어려워 애기방의 도배질(벽에 회반죽을 바르는 것)도 다 끝나지 못하고 내년 봄까지 일을 미루었다. 나는 오늘 일본공사(竹添進一郎)와 일본공사관부 의사를 방문했다. 일본공사관 건물은 서양식 설계로 건축된 훌륭한 건물로서, 이곳에 비치된 가구 집기류도 西歐式이었다. 「내 나라는 그대의 것」이란 찬송가를 부르며 예배를 집전했다. 그리고 점심에는 보스턴 베이컨 콩요리(Boston, Baked Beans, 찐 콩과 베이컨 등을 구운 요리)를 먹었다. 미첼은 우리와 같이 동거하고 있었다. 우리는 스커더(Charles L. Scudder) 미국공사관 비서와 함께 미국공사관을 방문했다.

기온은 영하 5도이다.

12월 5일(金)

어제 밤, 서울에 거주하는 외국인에게는 아주 중대한 사건이 발생했었다. 나는 어제 저녁에 한 외국인 환자를 진료하기 위하여 왕진하고 9시경 귀가했다. 날씨가 맑고 달빛은 대낮같이 밝았다. 인적이 드문 거리는 너무나 조용하고 달빛에 비친 거리모습이 하도 아름다워서 나는 파니와 함께 달이 지기 전에 이 아름다운 서울거리를 散步하기 위해서 대문밖으로 나가 거닐었다. 우리는 저녁 산책을 끝낸 후 10시 30분에 집으로 돌아왔다. 그러나 잠자리에 들자마자 많은 사람들의 고함소리가 들려왔다. 이때에 대문 두드리는 소리가 요란하게 들리더니 한 외국인이 나를 부르고 있었다. 居室로 나가보니 주한미국공사관 스커더 비서가 기다리고 있었다. 그는 죽어가는 瀕死상태의 사람을 응급치료하러 묄렌도르프의 집으로[9] 급히 와달라는 묄렌도르프의 적바림을 가지고 왔다고 했다.스커더가 사건발생(甲申政變) 경위를 설명하기를, 그날 저녁 묄렌도르프가 근무하는 外衙門에서 만찬회가 개최되었는 바[10] 이 자리에는 외아문 관리들이 모두 참석하여 저녁을 막 드는 순간 갑자기 불이야 하는 고함소리에 놀라 同席했던 왕비의 친정 조카이며 그당시 가장 영향력 있는 정치지도자인 閔泳翊이 불난 곳을 알아보기 위하여 밖으로 뛰쳐 나갔다가 신원미상의 어떤 刺客에게 칼을 맞고 쓰러졌다는 것이다.

민영익은 바로 朝鮮報聘使의 全權大臣으로서 開化黨의 一員이며 대외관계에 호의적인 인물이었다. 그의 아버지도 1881년 묄렌도르프가 살고 있는 집에서 살해되었다.[11] 外國人同調者를 학살하는 시기였다. 나는 사건현장으로 急行했다. 중무장한 공사관 수비병 50명이 문밖에서 기다리다가 내가 나가니 나를 에워싸고 호위하면서 나의 걸음을 재촉하여 거리로 뛰어갔다. 묄렌도르프 집에 당도해 보니 중상자의 상태가 이미 出血이 심했고 계속 피를 흘리고 있어서 瀕死상태였다. 이곳에 치료하기 위하여 모인 조선인 의사들(漢醫)은 나의 뛰어난

9) 1882년 12월 5일 묄렌도르프(P. G. Von Moellendorff, 穆麟德)는 朝鮮海關總稅務司 · 協辦交涉通商事務(外交顧問) · 典圜局 總辦 등 요직을 가졌다.

10) 甲申政變의 발생지는 外衙門이 아니라 새로 개설된 郵征局청사이다.

11) 민영익은 閔台鎬의 아들로서 閔升鎬에게 入養되었다. 養父 민승호는 1881년에 사망한 것이 아니고, 1874년에 대원군과의 권력싸움에서 爆死되었고, 生父 閔台鎬는 바로 갑신정변 때 희생되었다.『梅泉野錄』(國史編委, 1971), pp.26~27;『大韓季年史』, 上(國史編委, 1971), p. 9.

치료 솜씨를 기다리고 있었다. 민영익은 오른쪽 귀 側頭骨 動脈에서 오른쪽 눈두덩까지 칼자국이 나있었고, 목 옆쪽 頸静脈도 세로로 상처가 나 있었지만 경정맥이 잘리거나 호흡기관이 절단된 것은 아니었다. 상처는 등 뒤로 나있었는데 척추와 어깨뼈(肩胛) 사이로 근육表皮를 자르며 깊은 상처가 나있었다. 예리한 칼자국이 난 부위는 구부러져 있었다. 나는 피가 흐르고 있는 側頭骨 動脈을 관자놀이로 이어 명주실로 봉합하였고, 귀 뒤 연골과 목부분, 그리고 척추도 모두 봉합했다. 그는 너무나 탈진상태에 있었으므로 止血을 그런 식으로 하지 않을 수 없었다. 팔꿈치에서 팔뚝까지 약 8인치의 깊은 상처도 명주실로 네 바늘 꿰매었다. 上腕部는 그대로 노출시켜 놓았다. 그의 왼쪽 팔에는 두 군데 상처가 나있었는데 손목 바로 윗부분에 한 군데, 팔뚝부분에 한 군데에 상처가 나 있었다. 손목 바로 위의 상처는 그대로 노출시켜 놓았고 힘줄(腱)과 새끼손가락 伸筋을 끊어놓았다. 나는 이들 상처부위를 깨끗이 소독하고 이 이상 出血을 하지 않도록 하기 위하여 스펀지로 감싸서 曲線 모양으로 붕대로 감았는데 길이가 약 2인치나 되었다.

이렇게 환자를 임시로 응급 치료하고, 날이 밝으면 환자의 상태가 호전되는대로 완전하게 붕대로 감아서 치료할 작정이었다. 오른쪽 귀 뒤에 자그만 상처가 나 있었는데 상처길이가 表皮 약 1인치 반이나 되었다. 넓적다리와 오른쪽 무릎에도 길이 약 6인치의 긴 상처가 나 있었는데 이것도 모두 봉합했다. 어두운 난리통에 그의 머리 장식은 헝클어져 있었다. 그래서 나는 머리꼭지 부분에 상처가 난 것을 몰랐다. 그의 정수리에는 계란크기만한 큰 혹이 나있었다. 이 부위의 머리를 모두 잘라내고 상투를 튼 머리카락에 매달아놓았다. 혹은 머리 중앙 부위까지 뻗어있었는데 이는 둔중하고 예리한 무기에 얻어맞은 듯했다. 만약 그가 몸을 피하지 아니했더라면 목이 달아났을 것이다.

나는 새벽 2시에서 3시까지 한 시간 동안 내 가족을 돌보기 위하여 집에 다녀온 것을 빼고는 밤새도록 그를 치료하며 간호했다. 나는 공사관 수비병의 호위를 받았기 때문에 통행에는 방해를 받지 아니했다. 해군 무관 버나도우[12]가 우리 집 경비를 담당하고 있었다. 대궐로부터 使者가 왔는데 조선국왕이 푸트 공사에게 내린 覺書에 의하면 모든 外國人은 대궐로 모여 사태가 진정될 때까지 머물러달라는 전갈이었다. 왜냐하면 총봉기가 발생, 1881년 壬午軍亂[13] 때처럼 대량학살이 자행될 것이기 때문이다. 우리는 협의한 결과 집에 머물러있기로 결정하였다. 이는 현명한 판단이었다. 그러나 일본수비병의 호위를 요청하자 즉각 채택되었다. 그렇지만 나는 外衙門으로 떠나기 전에 마지막 결정을 내리지 못했다. 그래서 나는 파니와 아마, 그리고 애기에게 옷을 입게 하고 며칠간 묵을 채비로 옷가지를 꾸려서 미국공사관으로 가서, 거기서 푸트 공사 가족이 대궐로 들어가면 같이 따라 入闕하기로 했다. 영국 총영사 애스톤 내외도 푸트 공사의 집에 와있었다.

나는 환자를 돌보기 위하여 돌아왔다. 나는 더운 물병들로 그의 체온을 따뜻하게 하고 테이블 수픈으로 두 수픈의 약을 틸프(Tillp) 약 10방울을 곁들여서 얼음물로 매 15분마다 복용하게 하였고, 매 반시간마다 같은 양의 브랜디를 마시게 했다. 오전 5시에 맥박은 감지되지 아니했지만 그의 상태는 호전되었고 체온은 4시에 97°에서 5시에는 98°로 올라 있었다. 나는 일본공사관부 외과의사에게 적바림을 보내어 오전 7시에 상처를 붕대 치료하는 데 도와달라고 하였다. 일본 외과의사는 내 청을 받아들여 내게로 왔다. 우리들은 그의 상처를 치료하기로 결정했다. 우리는 봉합한 부분을 조심스럽게 제거하고 石炭酸 용액으로 상처부위를 말끔히 씻어내고, 요도포름을 발라서 필요한 상처부위를 추가로 봉합했다. 모두 일곱군데 상처가 나 있었는데, 그중 다섯군데는 같은 무기이거나 다른 둔기로 얻어맞은 타박상이었다. 24바늘의 봉합을

---

12) 버나도우(John B. Bernadou, 蕃於道)는 해군 무관으로 스미드소니언(Smithsonian Institution)의 한국유물 수집의 특수 임무를 띠고 來韓한 것이다.

13) 1881년이 아니라 1882년의 壬午軍亂을 가리킨다.

모두 한 結紮絲로 결찰봉합을 한 후 고무고약 여덟 조각으로 붙였는데, 이를 분류해 보면 다음과 같다. 관자놀이에서 어깨뼈(肩胛骨)까지 길다랗게 깊이 베인 상처에 14바늘 봉합에 한 번의 결찰봉합을 했고, 오른쪽 前腕에 나있는 상처에는 4바늘 봉합을 했다. 왼쪽 팔뚝에 상처가 두 군데, 오른쪽 넓적다리에 깊은 상처가 다섯 군데 나 있었다. 머리가죽의 상처를 깨끗이 하고 먼지낀 머리카락을 면도로 밀어 요도포름으로 소독하고서 린트천 받침대를 대고 고무붕대로 감쌌다. 일본인 의사는 閔泳翊을 그의 본가로 옮겼으면 했으나 나는 그를 옮기지 아니했다. 그러나 친구들이 그를 옮길 준비를 하고 있는 것을 보고서 나도 내 의료도구를 깨끗이 청소하고서 환자의 상태가 차도 있는대로 곧 떠났다. 만약 왕진을 요청하면 이에 응하기로 하였다.

12월 11일(木)

지난 한 주일은 대단히 바쁘고 불안정한 주일이었다. 최초의 암살사건(甲申政變) 발생 후 처음으로 우리들은 나의 집에서 조용히 잠을 잤다. 5일 저녁에 나는 다시 불려가서 민영익을 치료했는데, 그는 아직도 묄렌도로프의 집에 있었다. 그날 저녁 나는 두 번 그를 치료했고 그 다음 날 이른 아침에 한번 왕진했다. 6일(토요일) 오후에 우리들은 우리 집에서 조용히 즐거운 시간을 보내고 있었는데, 푸트 공사가 使者를 통해 우리를 즉시 공사관저로 오라는 것이었다. 우리는 공사관저로 갔다. 푸트 일가와 애스톤 일가가 함께 있는 공사관 내의 윗집(Top Side House)에 묵고 있는 파니와 애기가 무사하게 있는 것을 보고 안심이 되었다. 나는 옷을 갈아입기 위하여 귀가했다. 미국공사 관저에는 우리들 이외에도 핼리팩스(T. E. Hallifax, 奚來百士), 타운센드(W. D. Townsend, 他雲仙), 버나도우의 가족들도 피해와 있었다.

민영익 암살사건 발생시 親清 排日黨 6명이 살해되었고, 주한 일본공사(竹添進一郎)가 공사관을 떠나 조선국왕이 거처하고 있는 대궐(昌德宮)을 장악했던 것이다. 표면적으로는 조선국왕을 보호하기 위한 것이었다. 이같은 움직임은 親清事大黨의 고위관리들을 학살하고 180명의 일본수비병이 조선 왕궁 창덕궁을 장악한 것과 일치하고 있기 때문에 일본이 이 사건과 관련이 있음을 입증해주고 있다. 청·일 양국은 다 같이 조선국왕을 자국의 신하라고 주장하면서 국왕을 보호할 의무가 있다고 역설했다. 이럴 때에 조선국왕이 승하했다는 소문이 나돌았고 陳樹棠 주한 청국공사는 조선국왕 알현을 요청했다. 일본 공사가 이를 거절하자, 청국 지휘관(袁世凱)은 드디어 발포함으로써 청·일 양군사이에 전투가 벌어진 것이다.

이 交戰에서 일본군이 많이 죽었고 청국인 100명, 조선인 100명이 희생되었다. 이제 청국군이 일본군 대신 창덕궁과 조선국왕을 장악했고, 일본군을 왕궁으로부터 일본공사관으로 내쫓았다. 우리들에게 새로이 경고가 된 것은 이같은 전투때문이었다. 우리는 밤새도록 의무를 완수할 태세를 갖추고 있었다. 나는 청국인 및 일본인 하인들과 함께 윈체스터 연발총을 손질해서 우리 집 재산을 스스로 自衛했다. 이는 공사관 직원들의 소망에 배치되는 일이었다. 왜냐하면 그들은 나의 재산을 자위할 가치도 없다고 생각하고 있었기 때문이다. 서울시가에서 간헐적인 전투가 밤새도록 계속되었지만, 우리들은 별다른 방해를 받지 아니했다. 나는 두 번이나 불려가서 민영익을 치료했다. 그런데 반갑게도 푸트 공사는 나를 밖으로 내보내지 아니했다. 그러나 서양인 稅務司 직원들이 그 다음 날 아침에 왔으므로 나는 공사관을 떠났다. 그 자신이 스스로 自衛하고 있었지만 초조해 보였다. 국왕의 지시가 내린대로 민영익의 안전을 위해 왕궁으로 이송해달라고 요청해왔으므로 나는 이에 동의하고, 집으로 돌아왔다.

우리는 7일(일요일) 하루 종일 경비를 섰다. 오후 4시경 일본공사관 쪽에서 심한 銃擊戰소리가 나기 시작하더니, 총소리가 점점 가까이 들려왔고, 서대문을 지나 서울시내 일원에서도 들렸다. 이 총소리는 일본군 잔여병이 공사관을 빠져나오느라 일어난 총격전이었다. 이윽고 壯麗한 일본공사관 건물이 불길에 휩싸였고, 親日·排清黨의 金玉均은

竹添進一郎 일본 공사일행과 함께 濟物浦로 도망했고, 西歐式가구로 꾸며진 김옥균의 호화 저택도 불타고 있었다. 친청 · 배일당을 암살했던 金玉均黨의 상당 수의 일파들도 청군에 의해 살해되었다. 미국 공사관에서는 공사관 수비를 위해 파견된 일본 군인 4명이 있었다. 이들은 수많은 피난민들과 우리 일본인 下人들과 함께 있었다. 우리는 조심스럽게 이들을 숨기고는 그날 밤 수비병을 동원하여 공사관 정문에 보초를 서게 하고 청국군의 습격을 경계하고 있었다.

지난 96시간동안에 8시간을 제외하고는 잠을 자지 못했다. 그러나 조선국왕과 민영익은 청국 陣營에 있다는 것, 나를 즉시 그쪽으로 오라는 것 등 내용을 담은 적바림을 휴대한 청국수비병이 왔을 때에는 나는 이에 유감스럽게 생각하지 아니했다. 나는 그쪽으로 갔다. 거리에는 불을 훤히 밝혀 놓았는데 이에 놀란 서울시민들이 웅성거리고 있었다. 나는 비틀거리면서 시체더미로 걸어가서 청국군 진영 안으로 들어갔는데, 丁汝昌 장군이 나를 반갑게 맞이해 주었다. 그리고 그곳에는 내가 치료할 환자들이 나를 애타게 기다리고 있었다. 환자들을 진료한 후 사령관실에서 잠깐 낮잠을 잤다. 환자진료를 끝낸 후 나는 丁장군과 함께 부상 당한 청국병을 찾으러 나갔다. 나는 다리에 총격을 입은 한 청국군인을 발견, 다리에 박힌 탄환을 제거하는 수술을 했다. 청국병 두 사람은 넓적다리에 부상을 입고 있었다. 세 사람은 손에, 한 사람은 팔뚝에 부상을 입었는데, 탄환이 뼈를 건드리지 않고 貫通傷을 입고 있었다. 한 사람은 오른쪽 목부분에 槍에 찔린 상처구멍이 험상궂게 나있었는데 손가락 두 개나 집어넣을 수 있을만큼 창구멍의 관통상은 컸다. 나는 이들 중상병들의 상처를 일일이 붕대로 감아주었다. 丁사령관과 함께 정오에 아침식사를 하고 오후 2시에 귀가하였다.

이제 모든 것이 조용했다. 겜블(Gamble) 함장 휘하의 8명의 해병대가 와 있었고 휠러(Wheeler) 외과의사가 영국 砲艦을 타고 濟物浦에 와 있었다. 우리는 집으로 가서 조용히 밤을 보냈다. 그 다음 날 아침 9시에 버나도우가 청군 수비병과 조선 수비병을 대동하고 제물포로 가서 우리가 피신시켜 보호해주었던 일본인 난민들을 돌봐주었다. 나는 휠러의사와 함께 환자들을 순회 진료했다. 휠러는 민영익이 그처럼 중상을 입고도 오랫동안 목숨을 부지하고 있는 데 대해 놀라움을 표했다. 나는 그의 豫後에 대해 의심하지 않을 수 없었다. 우리는 부상입은 청병들을 간병하고 王宮에 주둔하고 있는 청국부상병을 진료하기 위하여 대궐로 들어갔다.

우리는 청병 네 사람이 앞 복부에 총상을 입고 신음하고 있는 것을 발견했다. 그들 중 腹膜에 관통상을 입은 자는 한 사람도 없었고, 모두가 극단적 상처를 입고 있었다. 다른 한 사람은 목(頸部)부분에 상처를 입었고 궁둥이에 관통상을 입은 자도 있었다. 또 한 사람은 薦骨에 상처를 입은 듯 생각되었다.한 사람은 넓적다리에 軍刀로 찔려 있었고 다른 세 사람은 총상을 입었는데 그 상처가 눈에 보였다. 우리는 찜질약을 붙이는 처방을 했다. 마지막 환자는 오른 손 등 일부에 칼자국이 나 있었고 첫 손가락의 指骨이 두 개로 잘려 있었다. 우리는 즉각 손가락을 절단하려 했으나 그 병사는 절단수술을 거부했다.

오후 3시 집에 돌아와 보니 푸트 가족,애스톤 가족을 비롯하여 모든 공관원들이 짐을 꾸린 후 오전 중 제물포로 떠날 준비를 하고 있었다. 그들은 묄렌도르프와 독일 공사[14]처럼 우리 가족도 같이 가자고 했다. 미국 공사 일행들이 제물포로 떠나버리니, 이제 서울에 남아있는 외국인이란 우리 가족밖에 없었다. 아내 파니와 제물포행 여부를 두고 논의한 결과 다음과 같은 이유로 서울을 떠나지 않기로 작정했다.

첫째, 우리는 바로 의료 업무를 위해 이 나라에 왔다. 그러므로 우리의 의무수행이 그 어느 때보다도 절실히 요망되는 이때에 서울을 떠날 수는 없었다. 둘째, 우리는 이곳에서 먹을 것도 풍족하므로 이곳 생활이 편안하다는 것이다. 제물포에 가면 우리는 숙소도 없거니와 먹을 것도 별로 없으며, 뿐만 아니라 제물포에서는 우리 애기를 잘 먹일 수도

14) 그당시 漢城 獨逸總領事는 젬브쉬(Captain Zembsch, 曾額德)이다.

없다. 셋째, 단기간의 通告(short notice)를 받고는 떠날 수가 없었다. 우리가 떠나면, 모든 자리는 박탈 될 것이고, 우리가 이곳에 남아있기를 원한다면 제물포로 떠날 수는 없을 것이다. 그러므로 우리는 이곳에 남아 우리의 임무를 수행하면서 모든 것을 하나님께 맡기기로 결정한 것이다.

나는 푸트 공사에게 이같은 취지를 설명하자 그는 즉시 나에게 공사관으로 와서 같이 생활하자고 촉구하였다. 그러나 나는 그의 말 가운데 내가 기대했던 바가 사실임을 그의 말 가운데 알아차릴 수 있었다. 이를테면 그는 우리의 안전문제를 전연 배려하지 아니하고 단순히 누군가가 그 자신의 재산만 보전해주기만을 바라고 있었다. 나는 푸트 공사에게 우리 집의 경호를 요청한 후 그의 요청대로 공사관으로 갔다. 그는 내 메시지를 전달하겠다고 약속했으나, 그후 그는 잊어버렸다고 나에게 말했다. 그러나 푸트 공사 부인은 나를 안심시키려고 정말로 메시지 보내는 일을 잊어버렸다고 말하면서, 내 의견이 사실이라고 인정했다. 말하자면 푸트는 거짓말을 했다는 것이다.

그러자 나는 제물포로 피난갈 이유가 더 많아질 때까지 우리 집에 머물러 있겠다고 그들에게 말했다. 그러나 그 다음 날 아침에 푸트 공사 부인이 몸이 불편하게 되어 제물포로 떠날 수 없었다. 푸트 공사는 이틀 후에 서울로 돌아오기로 작정하고 애스톤 타운센드 가족과 함께 제물포로 떠났다. 이제 서울에 남아있는 외국인은 푸트 공사 부인, 스커더(Charles L. Scudder)씨, 알렌(영국공사관 직원), 핼리팩스씨, 그리고 우리 가족뿐이다. 어제 10일에는(사람들이 제물포로 피난을 떠나는 날이다) 나는 자기 집에서 요양 중인 민영익의 집으로 왕진치료하러 갔다. 움직이게 되면 그는 건강이 악화된다. 그동안 상처를 꿰맨 바늘실이 떨어져 나가 상처가 크게 벌어져 악화되었고, 그는 통증을 참지 못해 신음하고 있었다. 나는 한 시간 반 가량 그의 집에서 진료했다. 나는 그에게 3,4그람의 모르핀주사와 피하주사를 놓았는데 그제사 통증이 가라앉았다.

오늘 12월 10일에 나는 청 · 일 양군 사이에서 接戰中 도망치다가 일본군이 쏜 총에 맞아 눈을 크게 다친 부상병의 눈 절단수술을 했다. 나는 또 민영익을 왕진치료했다. 그는 누워있기가 지겨워 몹시 짜증을 내고 있었다. 어서 빨리 완치되어 일어나고 싶어했다. 이에 나는 침울해졌고, 어서 나가고 싶었다. 핼리팩스씨가 돈을 빌리러 왔다. 그는 맥주 마시기를 좋아하고 게다가 무일푼이기 때문에 돈을 빌려줄 수 없었다. 그래서 나는 그의 양식과 땔나무 약간을 60달러를 주고 샀다. 나는 영국총영사관에 현금으로 이미 지급한 80달러 이외에도 200달러를 빌려주었다.

우리는 민영익의 주선으로 조선정부로부터 4명의 조선 수비병을 우리집 경호를 위해 배정받았는데, 미국공사 푸트가 수비병을 마련해주겠다고 약속하고는 이를 이행하지 아니했다. 그렇지만 이들 조선인 수비병이 별로 쓸모가 없어서 곧 떠나주었으면 하고 생각했다. 우리는 일본인이 돌아올 때까지 이 이상의 분쟁사가 발생하리라고 예상하지 못했다. 일본군 보충병이 곧 서울에 도착할 것이라고 그들은 말하고 있다. 서울주재 외교관들은 제물포에 머물러 있으면서 어떠한 분쟁거리도 미연에 방지하려고 했다. 우리는 여태까지 일본인 요리사를 고용했었는데, 그대신에 중국인 요리사를 고용했다. 나는 일본인 요리사에게 13달러를 주고 내보내었다.

12월 20일(土)

대대적인 서울 탈출이 또다시 내일에도, 그 다음날에도 계속될 것이다. 몇몇 외국인은 서울로 돌아와서 소유물을 챙기고는 제물포로 떠났다. 포크, 버나도우 공사관 해군무관, 그리고 우리 가족 이외는 모두 제물포로 피난간 것이다. 우리는 성급하게 행동하고 싶지 아니했다. 매사를 신중하게 그리고 깊은 신앙심에 따라 처리하기로 생각했다. 푸트 공사는 우리에게 어떤 쪽이든(서울 잔류 또는 제물포 피난행) 양자택일하라고 충고하지 아니했다. 그는 말하기를 "내가 당신에게 서울에 머물러 있으라고 충고한다면 만약 무슨 해가 닥치는 경우에 내가 그 책임을 져야한다. 내가 당신에게 제물포로 피난을 가라고 충고해서 내 말대로 서울을 떠난 후, 당신의 재산 상의 피해가 발생되지 아니하면 별 상관이 없지만, 재산 손실이 있을 경우 내가 그 책임을 져야 할 것이다"라고 말했다.

그래서 우리는 그가 제물포로부터 우리에게 위급을 고하는 편지를 보내올 때까지 서울에 머물러있기로 작정한 것이었다. 만약 위급사태를 알려주면 그제사 나는 파니와 애기를 제물포로 보내어 계속해서 일본 長崎로 피난하기로 결정했다. 현재 모든 것이 평온한 것 같다. 내가 돌보는 환자들도 서서히 쾌유되고 있다. 비록 그가(민영익) 오늘 저녁 병세가 약간 악화상태이기는 하지만.

금주에는 한 청국병사가 절단수술을 거부하다가 破傷風으로 숨졌다.

12월 26일(金)

어제는 크리스마스 날이다. 파니는 나에게 크리스마스 선물로 멋진 자수 絹繻子 모자와 비단 케이스에 넣은 공단 넥타이 두 개를 주었다. 모두가 그녀 자신이 손수 만들어 간직하고 있었던 것이다. 나는 그녀의 선물로 일본 橫濱으로부터 멋진 실크 실내복 한 벌을 15달러로 구입 주문했었지만, 외국우편물의 輻輳에다가 이번 政變발생으로 그 물건이 분실된 듯 여겨진다. 우리는 민영익을 잘 치료해준 대가로 금주에 조선국왕으로부터 멋진 선물을 下賜받았다. 그것은 백색 견수자로 배접하고, 그위에 정교하게 비단실로 수를 놓고 주석잎사귀로 태를 두른 우아한 자수 병풍이었다. 이같은 古美術品감식에 조예가 깊은 포크 서기관에 의하면 자기가 본 것 중에 이 병풍이 최상품이라고 말했다. 또 다른 하사품은 完形의 高麗瓷器인데 6, 7백년 전의 瓷器라고 말했다. 포크는 이 고려자기가 진귀한 걸작품이라고 평가하고 있다. 우리는 어제 버나도우 포크(George C. Foulk, 福久)와 함께 저녁식사를 같이

했다. 내 환자들도 차도가 있었다. 어제의 온도계는 38°였으나 오늘은 12°이다. 사태는 조용하고, 내 아기는 이가 하나 생겨났다.

甲申政變 발발기간 중 발표된 布告令

褓商輩에 대한 警告

다음과 같은 이유로 布告令을 揭示하는 바이다. 국가운명이 불운한 이때, 親日元兇들이 반란을 일으켰다. 大君主께서 危難에 처해있고 宗廟社稷이 파멸되어가고 있다(조선왕조 폐망). 최악의 사태에 직면해 있다. 大淸 황제께서는 조용히 우리 편에 서서 우리를 도우고 있으며 청국사령관(袁世凱)은 군대를 소집, 일본군과 싸우고 있다. 하늘의 은총은 무한하여 지금 대군주께서는 무사하시다. 袁장군의 친절한 도움은 엄청나며, 우리는 이에 감사하는 바이다.

이에 우리는 다음과 같이 명령을 내리는 바이다. 이제 우리 義兵(volunteers)은 切齒腐心 친일악당을 소탕하고 있는 淸兵을 도와주지 않으면 안된다.우리의 모든 褓商동지들은 이 점을 유의하고 보공국(Pou Kong Kouk,건물이름인 것 같다)에 구국목적을 수행하기 위하여 모일지어다. 본 명령을 거역할 경우, 이들이야말로 親日奸黨을 도와주는 반역죄로 다스릴 것이다. 우리 모두 우리의 임무수행을 잊지 말자.

大君主의 公告文

漢城府 裁判所
甲申年 10月 22日

反逆者 5명의 犯罪行爲公示

金玉均 · 朴泳孝 · 洪英植 · 徐光範 · 徐載弼 등은 은밀히 대군주에 대한 반역음모를 꾸민지 오래 되더니, 이들은 간교하게도 17일밤에 반란을 일으키고 말았다. 洪英植이 郵征局에서 연회를 베풀었는데, 徐載弼은 士官生徒 10여명을 거느리고 우정국 밖 한 집에 불을 지르고 문밖에서 기다리고 있다가 「불이야」하는 고함소리에 놀란 閔泳翊이 문밖으로 나오자 埋伏하고 있었던 사관생도가 민영익을 칼로 찔러 쓰러뜨렸다.[15] 민영익을 刺傷한 후 김옥균 · 박영효 · 홍영식 · 서광범 등은 擧事 이유를 백성들에게 선언했다. 金玉均은 거사 후 즉각 일본공사관으로 가서 竹添進一郎 公使의 의사를 확인한 후 昌德宮으로 입궐했다. 김옥균 등은 국왕에게 變亂발생을 보고한 후 즉각 스스로 다른 곳으로 피신 移御할 것을 강요했다.이날 밤에 국왕은 景祐宮으로 移御했다. 일본공사 竹添進一郎은 兵卒을 소집, 경우궁으로 가서, 경우궁을 포위했다.[16] 10여명의 사관생도들은 宮門에서 보초서면서 조선인의 궁문출입을 차단함으로써 이제 어느 누구도 국왕 謁見이 불가능해졌다. 김옥균 · 박영효 · 홍영식 · 서광범 · 서재필 등은 일본호위병을 믿고 대담하게도 親清排日黨 戚臣 閔泳穆 · 閔台鎬 · 趙寧夏 · 李祖淵(親軍左營使) · 韓圭稷(前營使) · 尹泰駿(後營使) · 柳在賢(內侍) 등을 慘殺했다. 참으로 끔찍한 사건이다.

이들 반역자 5명은 다른 政變지지자들의 도움으로 兵曹와 戶曹의 업무를 장악했다. 이날의 변란사건은 가장 비참한 사건이었다. 그래서 생각하

15) 徐載弼이 이끄는 士官生徒는 모두 13명이다. 즉 鄭蘭教, 朴應學, 鄭行徵, 林殷明, 申重模, 尹泳觀, 李圭完, 河應善, 李秉虎, 申應熙, 李建榮, 鄭鐘振, 白樂雲 등 13명이다. 원래 朴齊絅이 別宮放火를 신호로 거사하려했으나, 여의치 아니하여 柳赫魯가 巡邏軍의 감시가 허술한 민간집을 골라 放火했다고 한다. 『金玉均全集』(亞細亞文化社, 1979), pp. 77~89, 「甲申日錄」, 12月 4日條.

16) 金玉均이 국왕을 모시고 景祐宮으로 가던 중, 일본 공사의 來衛를 요구하자 국왕이 친필로 '日本公使 來護朕'이라 써주었는데, 이를 竹添 公使에게 전하니, 일본 공사는 護衛中隊長 陸軍步兵 大尉 村上正績에게 병졸을 거느리고 入衛를 명한 것이다. 同上;『高宗時代史』, 卷2(국사편찬위원회, 1968), p.675, 高宗21년 10월 17일조.

기조차 괴로운 사건이다. 이에 청국병은 정변발생에 대해 조선백성들이 유감스럽게 여기고 있다는 것을 알아차리고 이 기회를 이용하여 진압차 드디어 출병했다.[17] 청병은 경우궁으로 가서 궁을 포위하자, 먼저 일본군이 총격을 가하였고 청·일 양군간에 交戰이 벌어진 것이다. 接戰으로 청·일 양군의 사상자가 발생했다. 이에 국왕은 일시 演慶堂으로 피신했다가 北關廟로 移御했다. 親軍 左右營兵이 청병에 부응, 일본군을 공격, 일본군을 격퇴하고 말았다. 이때 거리에 나온 백성들이 홍영식을 擊殺한 데 대해 서로 축하하고 있었다. 다른 반란주동자들은 도망쳤고, 아직 체포되지 아니했다. 그러나 반란자 한 사람(?)을 체포,방금 신문 중이며, 政變발생의 상세한 내용을 알게 될 것이다. 이들 반란주모자 5명은 국왕에 대해 폭행을 감행했고 암살과 살륙을 자행했기에 이들을 처벌만으로는 이에 상응한 응징이 될 수 없다.

일본 공사 竹添進一郎은 이들을 신임하고 있었고, 이들과 한 짝이 되어 어울려 다녔는데, 우리는 어찌하여 일본 공사가 이같은 끔찍한 政變을 일으켰는지 그 이유를 알 수 없다. 그러나 조약상에 보장한 司法制度는 그 자체의 가치가 있으며 우리는 이에 불만을 표시하지 말아야 한다. 일본인도 다쳐서는 아니된다. 명예롭게 대처할 필요가 있다. 그러나 국왕의 명령을 듣고 난 후 일본인에게 폭행을 가한 자가 있다면,이들을 처벌하는 데도 신중한 주의를 기울여야 하고 가능한한 조속히 이같은 폭력행위를 진압해야 할 것이다.

17) 정변발생 후 金允植, 南廷哲, 沈舜澤 등이 淸營으로 도망, 김옥균 등 친일개화당을 토벌할 것을 애청하자, 12월 6일 淸 統領 駐防朝鮮各營記明提督 吳兆有, 總兵 張光前, 營務處同知 袁世凱 등이 청병을 거느리고 景祐宮을 포위 일본군과 대치, 開戰한 것이다.『高宗時代史』, 卷2, p.677, 高宗 21年 10月 19日條.

慘殺者 名單

閔泳穆 外衙門(統理交涉通商事務衙門)
督辦交涉通商事務
閔台鎬 表旌
趙寧夏 輔國崇祿大夫
李祖淵 親軍營監督, 左營使
韓圭稷 親軍營監督, 後營使
柳在賢 內侍
尹泰駿 御營監督 右營使

政變直後 임명된 政府閣僚 名單

朴泳孝 親營使, 前後營使兼左捕盜大將
金玉均 戶曹參判
申箕善 親營 副領官, 吏曹判書兼 弘文提學
李建昌 右營 副領官, 藝文提學
李載完 兵曹判書
徐載弼 右營 正領官
洪淳馨 工曹判書(洪大妃의 조카)
李載元 領議政(高宗의 從兄)
洪英植 右議政
朴泳教 同副承旨(朴泳孝의 伯兄)
徐光範 協辦交涉通商事務, 督辦署理
尹雄烈 刑曹判書

北門으로 피신한 것은 하나의 의미를 갖는다. 서울 북쪽 약 7마일 지점에 火山폭발로 생긴 높이 7000피트의 분화구가 있다(北漢山). 이 분화구를 중심으로 서울 면적만한 넓은 공간이 있는데 이곳에 수림이 울창하고 약수물이 샘솟고 있으며 많은 僧兵을 거느린 佛寺가 있다. 그리고 그곳에는 각종 곡물을 저장해둔 창고가 있다. 이곳에 들어가려면 출입문이 한 군데 밖에 없다.[18] 나머지 3면은 깎아지른듯한 斷崖로 이룩되어 있다. 일찍이 포크 서기관이 외국인으로서는 유일하게 이곳 北漢山城을 방문한 바 있다(국방시설을 시찰하기 위하여 조선국왕이 파견한 것이다).

북한산성은 병력 200명으로서 1만명의 적군을 막아낼 수 있는 요새지라고 한다. 조선국왕이 바로 이곳으로 피신한 것이다. 조선국왕은 대궐 북문을 지나 이곳으로 移御한 것이다. 북문을 통과하면 바로 좁은 길이 하나 있는데, 그 길은 화강암 모래로 이룩된 稜線을 따라 뻗어있고 그 밑으로는 깊은 골짜기가 나있다. 국왕이 이 길을 통과할 때 모래길을 부드럽게 하기 위하여 삽질을 하자 모든 것이 그 밑으로 떨어졌고 외부로부터의 추적의 길이 단절된 것이다.

이 나라에는 전국적으로 이와같은 산성이 많이 산재해 있다. 그리고 대부분 승려들이 산성을 지키고 있다. 정부가 이들 승려의 생활 부양의 책임을 지고 있기 때문에 일하기 싫은 게으름뱅이가 종교를 빙자, 산성으로 들어와 눌러있으면서, 그들을 먹여살리고 있는 국왕에게 충성을 다하고 있다. 그러므로 승려들은 국왕에게 간첩역할을 하고 있다. 일반백성들은 중국에서와 마찬가지로 승려들을 존경하지 아니한다. 왕비는 미신을 매우 좋아하고 있었으며, 그녀가 임신하자 48일간 황소머리와 기타 동물을 犧牲物로 祭壇에 바쳐져 제사지냈고(四十八願), 왕비는 결혼 초에 남편을 사로잡기 위하여 여우질(膣)을 색실로 꿰여 앞가슴에 佩物로 차고 다녔다.

褓商은 봇짐장수(行商人)의 同業組合(peddler guild)인데 총 15만명으로 구성되어 있으며 이들은 전국의 각 시장을 돌아다니면서 行商한

---

18) 이곳은 北漢山城을 가리키고 있다.

다. 이들은 한때 당국으로부터 학대를 받은 적이 있었다. 그러나 이들은 이같은 조직망을 통해 일시에 봉기하자 그 세력은 엄청나서 국왕은 마침내 이들과 타협, 宮內職을 비롯하여 기타 특권을 내리면서 그들의 빈곤상태를 개선하겠다고 약속하였다.보상들은 이같은 은혜를 입고 있었기 때문에 국왕이 어려운 처지에 빠져있는 이때에 이번에는 그들이 국왕을 도와주고 보호할 차례가 된 것이다. 이리하여 褓負商들은 국왕을 위하여 탐정꾼으로서의 역할을 다했다. 예를 들면 죄인을 수배하면 그 죄인의 인상착의를 적은 쪽지를 褓商에게 전하고, 보부상은 수배자의 신원을 상세하게 적은 책을 전국의 보상조직망을 통해 회람케 하며, 봇짐장수들은 전국 방방곡곡을 돌아다니면서 그 자신의 상품을 팔고 있다. 그래서 수배자는 이내 체포되고 만다.

만약 국왕이 최악의 궁지에 몰리면 친서를 휴대한 관리를 파견한다. 象牙笏을 가진 관리는 褓商을 소집할 수 있고, 이들 봇짐장수들은 커다란 벙거지를 벗어던지고 양반들이 쓰고 다니는 갓모양의 짚으로 만든 白笠을 쓰는데,모자 양끝 밑 가장자리에 백색 무명다발을 달아놓았는데, 이는 국왕에 대한 忠誠을 의미하고 있다. 봇짐장수들의 세력은 막강하며 또한 그 충성심도 대단했다. 그래서 이들에 대한 두려움도 클 뿐만 아니라 그 신임도 크다. 최근의 甲申政變 발발로 인하여 국왕은 이상한 상황에 놓이게 되었다. 그 자신은 李氏王家에 소속되어 있었지만 왕비는 민씨 외척세력에 소속되어 있었기 때문이다.

조선왕조의 전 왕조는 高麗王朝의 王氏 조정이다. 왕씨 조정은 중국 元왕실의 지배로부터 벗어나 독립을 원하고 있었으므로 元朝에 대한 반란을 일으키려 했다. 親元派의 구세력과 대립하고 있었던 親明派의 영수 李成桂는 李氏일가의 영수로서 친원파 崔瑩이 일으킨 遼東征伐軍을 鴨綠江 威化島에서 회군시켜 실권을 장악, 조선왕조의 국왕이 되었다.

그러나 그는 조선왕조의 창건을 선언할 수 없었다. 이에 구세력들의 지지로 조선국왕이 된 것이다. 이성계는 집권 후 왕씨일가를 모조리

학살했고 고려왕조의 종묘사직을 파괴한 후 수도를 開京으로부터 漢城(서울)으로 遷都했다. 清朝는 현 국왕의 親淸政策에 만족을 표명, 황제의 恩賜品을 많이 보내면서 新國王의 即位를 승인했다. 그리고 왕비로 아름다운 女人을 맞이했는데, 新王妃가 바로 민씨일가의 영수이다. 민씨는 중국계 혈통으로서 지금으로부터 약 450년 전으로 소급된다(조선왕조 초기).

현 조선왕조와 특히 현 국왕은 최근 淸의 지배로부터 벗어나 독립을 열망하고 있었다. 그는 최근 갑신정변을 일으킨 반란 주동자(급진 개화파)의 지지를 받고 있었지만 왕비의 척신들로부터 심한 반발을 받고 있었다. 王世子는 바로 왕비의 조카인 민영익 집안과 결혼했기 때문에 모든 면에서 그들은 국왕과 교량역할을 담당하고 있었다.[19] 현재 반란주동자의 처형 또는 亡命으로 인해 국왕은 외로운 처지에 놓여있으며, 일본으로부터는 지지를 받고 있지만, 청으로부터 불신을 받고 있다.

1885년

高宗 22(乙酉)·光緒 11·明治 18

1월 11일(日)

지난 주일은 조선에게는 다사다난한 주일이었다. 日本外務卿 井上馨 特派全權大使는 2,500명의 호위병을 거느리고 서울에 왔다. 그들은 조선대표와 협상하지 아니했으나 조선대표에게 협상조건에 응하거나 전쟁을 하든가 하는 양자택일의 기회를 주었다. 일본대표는 손해

19) 1882년 1월 閔台鎬의 딸이며 민영익의 여동생이 世子嬪에 책봉되었다. 『高宗純宗實錄』, 中, p.38. 高宗19年 1月 26日條.

보상금으로 12만원[20]을 요구했으며, 이 보상금은 즉각 지불되었고, 따라서 朝 · 日간에 평화가 이룩되었다. 이제 일본은 청국과 교섭을 벌이기 시작했다. 3천명의 호위병을 이끌고 청국 특사(淸國會辦北洋事宜) 吳大澂이 이곳에 부임하였으나, 청국특사에게 흔히 있는 것처럼 그것은 명예롭지 못한 부임이었다.

전함 오시피(Ossipee)호의 함장 맥그린세이(McGlinsay), 기관장 로빈슨(Robinson), 의사 프라이스(A. T. Price), 기관사 케스카트(Cathcart), 해군소위 렌스데일(Lansdale), 넬슨(Nelson) 등이 서울에 와서 며칠간 머물렀다. 군의관은 우리와 함께 숙식하면서 즐거운 시간을 보냈다. 지난 주 閔泳翊은 한약복용을 금지하는 내 처방을 무시하고 그의 친구가 주는 고려인삼을 복용했기 때문에 병세가 악화되었다. 오늘 왕비가 나에게 민영익의 친구들이 얼마나 우리 모두를 속이고 있는가 하는 내용의 반가운 편지를 보내주었다. 또한 왕비는 나를 전적으로 신임한 것이며 그녀는 나만이 그녀의 친정 4촌동생(사실은 민영익은 왕비의 친정 조카이다)을 치료해줄 것을 간곡히 부탁해왔다.

1월 22일(木)

현재 주한 미국 대리공사직을 맡고 있는 포크(공사관부 해군무관)는 친절하게도 나를 위하여 다음과 같은 병원설치안을 제출하였는데, 설치안 첫 머리에 포크의 소개말을 첨부했고, 또한 이를 漢文으로 번역해서 조선정부에 제출한 것이다. 조선정부에 제출한 포크의 병원설치안은 다음과 같다.

---

20) 1884년 11월 24일(음)에 조선대표 金弘集과 일본대표 井上馨 간에 체결된 漢城條約에 의하면 조선정부는 일본정부에 謝意를 표명하는 동시에, 일본인 손해 배상금조로 조선정부는 일본정부에 11만원을 지불할 것이며, 일본공사관 건축비로 2만원을 지불하도록 되어있다. 『高宗時代史』 卷2, pp.698~699, 高宗21年 11月 24日條.

미국공사관

朝鮮, 서울, 1885년 1월 27일

본인은 미국공사관附 의사 알렌박사가 서울에 병원을 설치하겠다는 제의를 했다는 사실을 알리면서 귀국정부는 이에 선처해 주시기 바랍니다.

알렌박사의 제의는 아주 훌륭한 생각이며, 그것은 순전히 非利己的 動機이기 때문에 귀국 국민의 복지향상에 크게 기여하게 될 것입니다.

본인은 알렌박사가 최근 서울에서 벌인 진료사업이 훌륭한 성과를 거두었으므로 이제 새삼스러이 알렌박사의 성격과 능력에 대해 찬사를 늘어놓을 필요는 없습니다.

알렌박사의 병원개설안을 호의적으로 수락해주기 바라며, 이는 곧 미국 국민이 조선 신민의 복지를 향상시키는 우의의 표징(a token of the friendly regard)이 될 것입니다.[21]

알렌의 병원건설안은 다음과 같다.

朝鮮政府 京中建設病院節論

1885年

최근 사태(갑신정변)이래, 본인은 총격전으로 발생한 조선인 중상자

---

21) 포크는 美醫師 安連의 病院設置提議에 對한 推薦을 漢文으로 번역하여 外衙門에 제출하였는데, 漢文 原本은 다음과 같다.

美館來函 十二月十二日

謹啓者 今爲貴國政府垂念 鄙公使館美國醫師安連 欲建京中病院 節論呈上 而此則醫師安連提公取要 眞是營造病院之道 於公於私亦有便宜之理 僕非爲安連之顧護也 貴國人民亦得 慣知者耳 且以略申者 無他焉 自美國之人有親切於 貴國人民處故也 以此下諒若何

美國海軍中尉兼代理公使 福『舊韓國外交文書』卷10(美案1)(高大, 亞細亞問題硏究所, 1967), pp. 111~112.

중 인체에 박혀 있는 탄환 제거수술을 했고, 기타 부상병을 치료했을 뿐만 아니라 일반환자들도 진료한 바 있습니다.

본인은 본인이 할 수 있는 모든 일을 다했습니다. 그러나 이들 대다수 환자들은 본인의 저택으로부터 멀리 떨어져 살고 있었으며, 더군다나 閔泳翊을 비롯하여 청국군 부상병정들을 치료하는 데 대부분의 시간을 할애해야 하기 때문에 멀리 떨어진 환자집까지 왕진치료할 시간이 없었습니다.

어떤 경우에는 부유한 환자들이 기어이 나에게 진료를 받고자 내 집 근처에 있는 방을 빌려 민박해가면서 나의 진료를 기다리고 있었기 때문에 나는 이들을 손쉽게 매일 진료할 수 있었습니다. 그러나 내 저택에는 이같이 밀려드는 환자들을 수용할만큼의 적당한 병원설비가 부족하기 때문에 대다수 극빈환자들은 되돌아가지 않을 수 없었습니다.

본인은 미국시민으로서 조선인을 위하여 본인이 할 수 있는 모든 일을 하고자 합니다. 만약 조선정부가 본인에게 병원설비를 갖추어준다면, 서양의술로서 환자들을 치료하고 부상병정들에게 요양처를 제공함으로써 그 은혜에 보답코자 합니다. 이와같은 병원시설을 갖추게 된다면 이는 장차 조선청년들에게 서양의학 및 공중위생학을 가르치는 교육기관이 될 것입니다. 미국에는 도시마다 한 두 개의 병원이 있습니다. 서울에는 병원 한 개 정도는 개설해야 하며, 최소한의 비용으로도 한 개 정도의 병원을 개설 운영할 수 있을 것입니다.

본인은 조선정부의 배려로 이 일을 주관하여 경영하되, 이에 대한 보수는 청구하지 않겠습니다. 다만 본인에게 절실히 필요한 것은 좋은 장소에 大形 韓屋 一棟과 매년병원운영에 소요되는 경상 비용을 제공해주는 것뿐입니다. 비용이라야 燈火 및 난방비, 助手 간호원 노무자의 급료, 그리고 극빈환자에게 제공할 식사비, 의약품 구입비 등 300달러 정도입니다. 이상의 비용을 제공해 준다면 본인은 6개월 이내에 미국인 의사 1명을 더 雇聘하되, 역시 無給으로 일해볼 것을 약속합니다. 우리는 미국에 있는 共濟組合으로부터 일정한 생활비를 지급받고 있기 때문에 俸給은 필요 없습니다. 이러한 종류의 병원은 중국 北京·天津·上海·廣東, 그리고 기타 중국 대도시에도 있으며, 특히 그중 2개병원은 李鴻章 자신이 비용을 지급하고 있습니다.

서울에 이러한 병원을 설립한다면, 이는 '朝鮮王室病院'(His Corean Majesty's Hospital)이 될 것입니다. 그래서 조선 백성이 병이 들면 이곳에 와서 진료를 받게 될 것이며, 이렇게 되면 일반백성들은 대군주의 憮幸之 處分을 더욱 欽仰하게 될 것입니다.

알렌[22]

포크는 이같은 병원건설안을 척신 민영익의 영향력에 의해 추진하기를 희망했다. 묄렌도르프씨도 의과대학 설립계획을 세운 바 있었는데, 내가 조선국 정계에 어느 정도의 영향력을 가지고 있었기 때문에 내 영향력을 이용, 그의 의과대학 설립안을 추진하려고 기도한 바 있다. 그래서 만약 그가 나의 병원건설안 소식을 들으면, 그는 나의 전 계획

22) 安連의 「朝鮮政府 京中建設病院節論」의 漢文 原本은 다음과 같다.

向於亂擾時, 僕爲朝鮮人民銃傷者取丸, 釖傷者治瘡次, 以爲招來, 將欲試治爲計, 然其病者或在遠方, 且因閔泳翊之病與清國人病, 汨汨無暇, 又或有財病者三四人, 則以治療次來寓於僕之近隣, 故每日看病試治, 然多有貧寒病者, 自進問病, 則鄙邊無看病處所, 且無暇閑, 未得遂誠, 甚悵甚悵,僕則美國人, 將欲爲朝鮮人民另旋爲計, 貴政府如以使僕幸垂周護之道, 則僕亦使西洋學文能有朝鮮病軍病士處極要之道, 且有朝鮮生徒, 亦學西洋醫法, 能識用藥之法, 又覺調理之節矣, 美國則各處大道建營病院, 而京都則處處有之矣, 而若於京中營設病院, 則物財亦不爲致多耳, 朝鮮政府如或營建病院, 則僕當主首之任, 而於貴政府年金, 則雖一錢不欲取矣, 此以數件事, 亦足以設建, 一, 朝鮮京中空氣通行, 淸幽精潔大一家屋, 一, 病院入用之財, 則燈燭柴炭, 與爲醫師幹事人月給, 爲病者幹事人月給, 下人等屬月給, 又貧寒病人每日食飲等節, 一, 各種藥材價之假量三百圓, 而朝鮮大君主政府, 此等事件如有好允之道, 則僕當招致醫師一員, 自費六朔之後, 能建此院, 僕與他醫, 於朝鮮政府年金則不欲取焉, 年金不取之故則無他, 美國爲人民設立病院社, 而僕與他醫, 亦是社中之人, 故不取亦可, 如此病院於清國北京・天津・上海・廣東與外他各國多有建造, 而其中二院, 李鴻章之自辦物財者耳, 建院于朝鮮京中, 此是朝鮮政府之病院, 而人民有病之時, 各自愼調無蟯矣, 此等事由, 朝鮮大君主若或洞諒, 則當有憮幸之處分矣.

美國醫師　安連

右, 朝鮮政府京中設建病院節論,　　美國公使舘

『舊韓國外交文書』卷10(美案1), p.113, 「安連의 病院建設案」.

을 방해 묵살할지도 모른다.

1월 27일(火)

오늘 민영익은 나에게 현금 10만냥을 보내주었는데, 이는 나에 대한 우의의 표징으로 보낸 것이라고 그는 강조했다. 그는 이 돈을 내 생활비에 충당하여 쓸 것이며, 또한 손님에게 깍듯하게 내놓은 음식대접 대신으로 주는 선물로 생각해 달라는 것이었다. 그는 이 돈은 주인이 집에 찾아온 손님에게 주는 선물에 불과하다는 것, 내가 그를 치료해준 의료봉사에 대한 의료비와는 아무 관계가 없다는 점을 분명히 밝혔다. 이같은 사정을 고려해서 나는 민영익이 주는 돈을 받게 되었다. 그는 최근 나에게 미국과 중국 上海 등지를 돌아 세계 일주여행을 다녀오라고 몇 차례 권고했다. 그리고 그는 나를 그의 친형으로 모시겠으며, 내가 없으면 아무 일도 할 수 없다고 확언하였다(알렌은 민영익보다 2년 年長者이다). 상기한 병원건설안은 곧 민영익에게 전달되었고, 이같은 사실은 세상에 널리 알려지게 되었다. 그를 비롯하여 모든 조선 친구들, 심지어 조선 한의사들까지도 나의 병원건설안에 찬동했다. 민영익은 오늘 이 문제를 협의하기 위하여 두 사람의 관리를 나에게 보내왔다.

민영익은 보통 사람보다도 약간 성미가 급한 열광자였고, 또 나는 그의 마음을 상하지 않게 하기 위하여 이 문제에 대하여 친히 그에게 언급하지 않기로 했다. 그는 慈善條項에 대해서는 반대하지 아니했다. 그러나 병원건설안은 묄렌도르프의 손을 거쳐 제출하고 싶지 않아서 그의 손을 빌리지 않기로 했다(그가 관장하고 있는 기타 모든 업무와 마찬가지로 그는 병원건설안을 취소 · 무효화 시킬 우려가 있었기 때문이다). 특히 나는 그가 나의 병원건설안 전부를 효과적으로 억눌러서 취소하기 위하여 자선조항에 대하여 자세히 설명하지 않을까 우려되고 있다. 그래서 나는 그 다음 날 다음과 같은 편지를 묄렌도르프에게 보냈다.

존경하는 묄렌도르프씨

본인은 오랫동안 포크씨와 협의해왔던 의료업무 및 병원건설안문제를 두고 전날 귀하와 협의하게 되어서 정말로 감명 깊었습니다. 이 병원건설안은 포크씨가 나에게 생명구출의 은혜에 감사해 하는 민영익을 통해 조선정부에 제출함으로써 완결된 것입니다. 포크씨는 조선정부에 제출할 추천서와 병원건설안을 한문으로 번역하여 오늘 민영익에게 手交했습니다. 귀하께서는 동건 문서를 보게 될 것이며, 아울러 귀하의 의과대학 설립계획안이 실현될 수 있도록 귀하께서는 영향력을 발휘해주시기 간망하는 바입니다.

알렌 謹拜

서울 1885년 1월 27일

1월 28일(水)

청국공사 陳樹棠이 오늘 우리 집으로 과일병조림 2병을 보내주었다. 나는 甲申政變 발발이래 부상한 청병을 치료하기 위하여 매일 청군영으로 왕진치료하고 있었다. 그들은 놀랍도록 빨리 회복되었고 나는 청공사관에서 線膿瘍을 앓고 있는 한 사람을 제외하고는 모두 완치퇴원시켰다.

1월 29일(木)

조선어 교사와 함께 조선어 공부를 하기 시작했다. 나는 왕진하지 않는 사이 시간에만 조선어 교사로부터 조선어 공부를 하는 데 시간을 할애할 뿐, 그 나머지 시간은 거의 공부할 시간적인 여유가 없다. 파니는 내가 왕진하는 동안에 이 조선어 교사로부터 조선어를 배운다. 나는 전에 조선어교사를 수일간 雇聘한 바 있었으나,그가 내 마음에 들지 아니해서 곧 해고하고 말았다.이번에 새로 고빙한 조선어 교사는 채용한지 며칠 안되어 분쟁이 발생, 나오지 않다가 이제 다시 나타난 것이다. 그래서 나는 오늘부터 조선어 공부를 하기로 작정하였다. 현재의 조선어 교사가 오늘 오후에 나의 한문본 聖書를 빌렸을 때 사건이 발생했다. 나는 통역을 통해 성서를 읽을려면 먼저 상투를 자르라고 경고했더니 그는 알았다는듯이 고개를 끄덕거리다가 마침내 상투를 자르는 모험을 강행했다. 성서가 그로 하여금 斷髮의 결심을 굳히게 했던 것이다.

1월 30일(金)

오늘 나는 閔泳翊의 집으로 가던 길에 거리를 지날 때에 남북으로 길게 뻗어 있는 길거리, 우리 집에서 가장 가까운 지점에 머리 손 발이 절단된 시체 4구를 보았다. 이들 4구의 시체는 최근 甲申政變직후에 세워놓은 漢字로 쓴 나무푯말(標抹) 밑에 놓여 있었다. 서울 시내 여러 곳에서 이와같은 시체더미를 어디서나 볼 수가 있다. 그것은 똑같은 목적에서 시체를 공개 전시하고 있다. 나는 이들 시체가 바로 갑신정변에 가담했다가 미처 도망하지 못하여 체포되어 처형된 반역자의 시체임을 알았다.

이곳에 전시된 4구의 시체는 이 지역에 할당된 시체이다. 이들 시체는 엎드러 눕혀서 3일간 梟示되고 있는 것이다. 개의 謝肉祭인양 개들이 시체더미위로 올라가서 살점을 뜯어 먹고 있었다. 그것은 일종의 사육제이며, 적의 시체를 뜯어먹는 광란의 카니발이라고 말하자 민영익은 아주 충격적인 놀라움을 표시했다. 나는 갑신정변 후 개들이 죽은 일본인 시체의 살점을 뜯어먹고 있는 것을 목격했다고 그에게 이야기 한 바 있다. 이 말을 한 후부터 그는 항상 개고기를 먹고 있다. 이제 그는 그 자신의 동포의 시체를 먹고 있다고 말할 수 있겠다.

2월 3일(火)

위에서 말한 4구의 시체 이외에도 모두 7구의 시체가 남대문에 3일간 梟示되고 있었다. 효시가 끝난 후 모두 제거되었다. 모두 11명이 처형된 것이다. 한 사람이 더 처형될 것이지만 그는 고문 끝에 형무소에서 사망하였다. 이제 우리는 조선정부의 고위관리들이 갑신정변에 가담한 자들

가운데에 처형된 반역자 또는 도망한 반역자의 부인까지 효시해야 한다는 탄원서를 국왕에게 上奏하였다는 이야기를 듣고 충격을 받았다. 이 탄원서에는 반역자의 어머니 딸 첩 몸종까지 포함되어 있었으며, 이에 따라 無辜한 백성을 살륙하겠다는 것이다. 천만 다행히도 오늘 우리는 국왕께서 이러한 탄원서를 거절했을뿐만 아니라 탄원서를 제출한 자에 대해 削奪官職의 조치를 취했다는 소식을 듣고 감사하게 생각했다. 이는 대단히 진보적인 조치이다. 보통 일반적인 조선 관례에 의하면 아무리 그 신분이 높은 자라도 국가반역자의 모든 처첩은 남편과 같이 처형되거나, 그렇지 않으면 遐鄕으로 流配되고 만다. 귀양가게 되면 그곳 官長들은 마음대로 이들을 奴婢처럼 使役한다. 어떤 이는 이러한 奴婢생활을 면하기 위하여 자살을 하기도 한다.

우리는 지난번 파니에게 줄 크리스마스 선물을 주문한 바 있었는데, 그동안 분실된 줄 알았으나,이제사 일본으로부터 소포를 받게 되니 무엇보다 기쁘기 한량 없다. 이 소포물은 그동안 일본 長崎에서 지체되었기 때문에 배달이 지연되었던 것인데 불행중 다행이었다. 그것은 안팎으로 화려한 자수를 놓고 갈색 및 붉은 비단 끝동과 장식술이 달린 絹織物가운이었다. 파니는 곱슬머리로 단장하고 새옷을 입으니 얼굴표정은 더욱 유쾌하게 보였다. 아기는 웃니 두 개가 더 났고, 날이 갈수록 부산을 떨었다.

나는 지난 3일간 일본 공사 近藤眞鋤를 계속 왕진 치료하고 있었는데, 이제 그는 완쾌해져서 왕진하지 아니해도 된다. 조선인들이 많이 찾아와서 나에게 많은 선물을 주곤 한다. 선물이라야 별로 특별한 것은 없다. 나는 눈에 총상을 입은 장병의 눈알(瞳孔)을 제거수술 한 바 있었는데, 이것이 내 마음을 괴롭히기 시작했다. 그는 히포콘드리(우울증) 환자였다. 나는 그가 오지 못하게 했으나 실패했다. 나는 조선어 교사에게 두통거리인 골치 아픈 존재라고 말했다. 그러나 중국어 말로는 '역겨운 악취'(a very bad stink)를 풍기는 사람이라는 뜻이며 그 사람은 知性的으로는 놀라운 바가 있지만, 뻔뻔스러운 인간이었다.

2월 7일(土)

오늘은 일이 잘못되어가는 것 같다. 스토브 파이프를 고치느라 씨름하였다. 그것은 사람의 마음을 산란케 하는 악마의 신처럼 느껴졌다. 청국 공사 陳樹棠을 만나본지 오래 되었는데, 그가 나를 찾아왔다. 그러나 우리 집 하인들이 집에 없어서 심지어 그의 명함조차 받지 못했다. 또한 국왕 전하를 배알하지 못해 서운하게 생각하고 있었다. 조선 국왕은 좀처럼 바깥 출입을 하지 않는다. 조선국왕은 부모님의 문안인사나 선왕의 능을 찾아보는 陵幸을 제외하고는 대궐밖으로 거둥하는 일이 거의 없다.

그런데 오늘 국왕은 내일 귀국하는 청국특사 吳大澂을 勞問하기 위하여 南別宮(中國使臣의 旅舍, 현 조선호텔 자리)을 방문한다는 것이다. 나는 국왕의 行幸을 수비하기 위하여 길거리에 1마일이나 도열해 있는 수비병을 보고서 비로소 그의 行幸이 있음을 알게 되었다. 昌德宮과 清館 사이에 10피트 간격으로 清國의 紅旗를 꽂아놓고 청국군이 철통같이 경비를 서고 있다. 나는 민영익을 만나고 돌아오는 길에, 국왕 侍衛隊의 後尾를 목격했다. 험상궂게 생긴 시위대들의 행렬을 통과하지 않을 수 없었다. 그들은 총에 맞는 표적물로서는 안성맞춤인 것처럼 보였다. 앞가슴과 등 뒤에 단 네모난 부분(胸背)에 번지르르한 각종 문양을 수 놓았는데, 이는 그들 자신의 신분을 나타내는 것 같이 보였다.

2월 10일(火)

오늘은 음력 섣달 스무엿새날(12月 26日)인데 사실상 오늘부터 조선의 최대 명절인 설날이 시작된다. 조선인은 설날 명절을 5일간 쉰다. 이 5일간 서울거리는 온통 축제의 장식으로 꾸며진다. 썩은 짚으로 된 거름더미같은 것은 말끔하게 치운다. 5일동안에는 거리에 좌판을 벌여놓고 각종 물건을 물물교환한다. 모든 사람들은 제각기 무슨 물건이라도 팔고 산다. 그래서 서울거리는 시장바닥이 되고 만다.

각종 물품가운데 특히 눈에 띄는 것은 각종 놋그릇(鍮器)더미를 산처럼 쌓아놓은 것인데, 햇빛을 받아 번쩍번쩍 눈부시게 빛나고 있었다. 놋쇠로 만든 놋그릇 종류에는 촛대, 숟가락, 젓가락, 사발, 대야, 唾具 등이 있었다. 특히 타구는 계란을 두 쪽으로 잘라놓은 것처럼 생겼는데 양끝이 연결되어 있었다. 이들 유기들은 정교하게 가공되어 있었고 그 값도 대단히 비싸다. 나는 조그마한 타구 하나의 값이 현금으로 500냥 약 50센트라는 말을 들었다. 조선사람들은 어떻게 그같이 비싼 값으로 생활할 수 있을까. 참으로 놀라운 일이다.

조선사람에게는 明紬 이외에 무명이 그들의 유일한 섬유질 옷감이 되고 있다. 조선인은 일반적으로 무명옷감으로 옷을 지어입는다. 이곳에서의 옷 한 벌 값은 12원 50전이다. 북아메리카에서는 1파운드에 15센트하는 것이 이곳 서울에서는 무려 50센트로 팔리고 있다. 조선명주는 1야드에 약 40센트이고, 이것은 미국의 얇은 여름용 실크보다 피륙의 폭이 좁고 더 빈약해 보였다. 그러나 집에 와서 보니 여름용 실크는 1야드 당 30센트임을 알게 되었다.

닭고기 한 마리는 20센트이고, 생선은 그 값이 닭고기와 같다. 두 그릇 분의 쇠고기값이 10센트이다. 보통 이 쇠고기는 기진맥진한 황소의 쇠고기이거나 그렇지 않으면 병들어 죽은 또는 부상을 입고 죽은 소들의 고기이다. 쇠고기국에 들어가는 채소는 무우와 순무, 그리고 상치처럼 생긴 억센 배추 등을 넣어 끓인 일종의 잡탕국이었다. 이 쇠고기 잡탕국에다 밥을 말아먹는 것이 빈민층의 주식이 되고 있다. 연료용 나무값은 아주 비싸다. 그래서 하루 한 칸의 방을 덥게 하려면 말 한마리의 나뭇바리가 소요된다. 이 나무값은 30센트이고 집 한 채 전체를 덥게 하려면 적어도 난방비가 하루 1달러가 소요된다. 돈이 없는 빈민층은 나무를 훔쳐 때거나,마른 쇠똥이나 짚 등을 때고 있다.

그런데 오늘 짜증나는 일이 일어났다. 민영익이 내 고무장화를 보더니 달라고 했다. 그래서 나는 이를 새 것처럼 깨끗이 닦아서 주었더니 1피트정도나 너무 커서 그의 발에 맞지 않는다는 것이다. 그는 이 고무장화를 돌려주면서, 이보다 더 좋은 고무장화를 사줄 수 없겠는가라고 했다. 그것도 비싼 것으로 사달라는 것이다. 어리석게도 그는 내가 그를 치료해준 댓가로 나에게 준 돈으로 그를 위해 물건을 사는 데 써 달라는 것이었다.

2월 11일(水)

오늘 포크 대리공사가 푸트 공사 소유의 아마추어 사진기 한 대와 소형발전기 한 대를 내게 주어서 나는 무척 기뻤다. 이는 푸트 공사와는 대조적인 것이었다. 내가 공사관에 매일 출근, 환자들을 진료했는데도 나에게 감사하다는 말 한 마디도 없었다. 푸트 공사의 몰인정과는 정반대로 포크 대리공사는 이렇듯 나에게 厚情을 베풀고 있다. 포크는 이들 물건을 대단치 않게 여겨서 자유롭게 선물로 나누어주고 있다. 나는 건전지를 사용하여 민영익의 마비된 뺨을 전기 치료해 주었다. 그는 전기를 이해하고 있었다. 그러나 전기의 힘을 그의 추종자들에게 보여주었더니 그들에게는 기적이 일어난 것처럼 놀라고 있었다. 오늘 국왕이 파견한 한 관리가 내게 와서 약간의 머리기름을 얻어갔다. 그 관리는 먼저 포크 대리공사에 갔다가 포크가 내게 보내온 것이다. 나는 보통 쓰는 올리브기름 이외에는 다른 머리기름이 없었다. 국왕은 내가 향기를 풍기고 있는 머리기름을 바르고 싶었던 모양이다. 나는 肉桂 및 박하기름만 가지고 있다. 국왕은 박하기름만 좋아하고 있었고, 나는 자유롭게 박하기름을 바르고 있다. 그는 만족하듯 갔다. 이제 대궐도 신년과 더불어 새로운 냄새가 풍기게 될 것이다. 오늘 민영익은 나에게 말하기를 이제 부인네들이 자기를 돌보아도 좋을만큼 그의 상처는 아물었다고 말했다. 조선인은 중국인과 마찬가지로 부인네들이 상처를 오염시킬 위험이 있다는 것이다(그 주원인은 여인의 월경이다).

2월 12일(木)

오늘 나는 놀랍게도 민영익의 상처가 아물었다가 또 다시 상처가 부르트고 재발했다는 사실을 알게 되었다. 이같이 상처가 악화된 주원인을 명확히 알 수 없지만, 부인들의 병간호가 주원인인 것 같았다. 여러 명의 부인들이 민영익을 간호한다고 부산을 떨다가 이러한 害惡을 자초한 것이다. 부인네들이 상처를 단순히 돌봐준 것이 악화의 원인이 된 것이 아니고 다만 이것이 간접적인 원인이 된 것 같다.

포크 대리공사와 나는 오늘 같이 사진 촬영을 했다. 그는 최근 甲申政變 발발 시기에 주로 三南地方을 광범위하게 답사여행을 하면서 촬영한 현상하지 않은 感光板(사진원판) 다수를 가지고 있다. 그는 당나귀를 타고 삼남지방을 누비고 다녔는데 어떤 때는 당나귀가 강물에 빠져 넘어졌기 때문에 대부분의 감광판이 못 쓰게 되었다. 설상가상으로 그가 출타중 집에 도둑이 들어 재물을 약탈해간 것이다. 집안에 있었던 모든 것이 거의 도둑맞았는데, 그중에는 국무성에 보고하기 위하여 수집해둔 방대하고도 귀중한 삼남지방 보고기록물이 포함되어 있다. 이 이외에도 서울을 비롯하여 지방 대도시에서 촬영한 필름을 현상한 네거티브(음화)사진 원판 다수도 포함되어 있었다. 이 네거티브 사진 원판은 지금 창유리로 이용되고 있으며 틀림 없이 조선의 풍경을 보여줄 것이기 때문에 큰 경이로움을 일으킬 것임에 틀림 없다.

2월 14일(土)

내일은 구정 설날이다. 설 명절은 오늘부터 시작된다. 양반들은 하루 종일 送年 인사하러 다니면서 묵은 해의 빚을 갚는다. 우리도 이러한 행사를 피하지 아니했다. 국왕 자신은 대궐 밖으로 나가 방문하는 일은 없다. 그러나 2명의 고위관리를 파견하여 국왕 대신 나에게 감사와 그간의 노고를 위문했다. 내가 민영익을 치료, 건강을 회복했기 때문이다. 그들은 또 알렌 부인에게 왕비의 안부를 전하기도 했다. 나는 나의 아내를 그들에게 소개했다. 놀랍도록 조선관리는 대단히 예절이 발랐다. 그들은 내가 자리에 앉을 때까지 앉지도 않았고 행동거지가 정중하고 품위가 있었다. 심지어 내가 그들에게 대접한 아이스크림을 먹는데도 예의 바르게 먹었다.

우리는 오늘 병원건설안이 순조롭게 진행되고 있다는 소식을 듣고 대단히 기뻐했다. 이제 모든 일이 어리둥절할만큼 급속히 진행되고 있어서 이제 우리는 서두를 필요가 없었다. 그런데 조선 사직당국은 야비한 행동을 저질르고 있지 않는가. 얼마 전 갑신정변에 가담한 반역자의 처자에 대한 구명탄원이 있었지만 각하되었고, 이제 정변에 가담한 반역자 처자들은 모두 체포되어 孥戮之典(처자를 죽이는 형벌)의 집행만 기다리고 있다는 사실을 알게 되었다.

나는 오늘 오후 竹洞宮[23]에서 포크 대리공사를 만났다. 우리는 죽동궁에서 조선 음식 '밥'을 많이 먹었다. 민영익은 방안을 이리저리 의기양양하게 활보하면서 내가 그의 생명을 구제해준 데 대해 매우 감사하게 여기고 있는 것같았다. 그러나 그는 이 나라를 떠나 다른 나라로 亡命하고 싶다는 의사를 표명했다. 집으로 돌아오는 길에 우리는 서울시내가 온통 酒池肉林의 환락에 빠져 있다는 것을 알았다. 이러한 상태는 설 명절기간동안 계속될 것이다.

포크 대리공사는 푸트 공사가 그의 이상스런 행동때문에 어떻게 譴責을 받고 있었는가에 대해 나에게 얼마간 이야기 했다. 사실상 푸트 공사는 京仁鐵道, 전신전기 등 많은 건설계약을 주선했기 때문에 조선백성들로부터 신임을 얻었을 뿐만 아니라 조선국왕으로부터도 전폭적인 신용을 받고 있었다. 그는 甲申政變 발생 후 조선국왕의 入闕요청을 거절했을 때 문제가 발생했다. 그는 대궐에서 발생한 분규를 피하기 위하여 그가 할 수 있는 일을 다함으로써, 사태를 수습해보려 했다. 이리하여 그는 국왕의 입궐 요청을 거부하였을 뿐만 아니라 심지어 金玉均 등 조선 망명객과 일본공사 竹添進一郎 일행의 조선탈출을 위하여 미국 전함을 비우게 했던 것이다.

외교관례상 공사가 주재국을 떠날 때는 주재국 국가원수에게 통고하는 것이 관례인데도 이를 무시하고 푸트 공사는 조선국왕에게 떠난다는

---

23) 閔泳翊 本第는 閔氏 戚族세력의 중심지라 해서 世稱 竹洞宮이라 부르고 있다. 『每日申報』, 1914년 6월 10일～12일.

말 한 마디 없이 서울을 떠나 제물포로 직행한 것이다. 포크의 판단에 의하면, 푸트가 이같이 이상한 행동을 하게 된 것은 오로지 이곳 서울에서의 일본 난민을 구제해줌으로써 일본에 가서 "약간의 영광을 건져보자는" 것이 그의 주된 이유가 아니겠는가고 생각된다는 것이다.

2월 16일(月)

어제는 우리의 일요일이었다. 또한 그것은 조선의 명절 설날이었다. 상가의 모든 廛房은 철시상태이고, 사람들은 화사한 두루마기를 입고 다니기 때문에 외양상 확실히 휴일을 방불케 했다. 오늘은 너무나 조용했다. 그래서 나는 아내 파니와 함께 서울 鍾路거리로 산책길에 나섰다. 종로의 普信閣鐘(Curfew Bell)을 관람했다. 우리가 종로거리를 산책할 때 6명의 호위병들로 하여금 '辟除소리'를 내어 잡인들의 접근을 막으면서 거리를 활보했다. 오늘도 나의 조선어 선생은 설 명절 酒宴에 빠져 출근하지 아니했다. 그래서 나는 민영익 저택으로 가서 죽동궁 사진을 촬영했다. 그 다음에는 종로거리와 남대문을 비롯하여 기타 서울의 풍경을 촬영했다.

오늘 밤 칼스(William R. Carles, 賈禮士) 영국 총영사대리, 스트리프링(A. B. Stripling 薛必林) 제물포(인천) 稅關長과 함께 우리 집에서 만찬을 나누었다. 국왕은 오늘 새로 설립되는 병원에서 일할 적임자를 선발 임명했다는 통고가 왔다. 그러나 조선정부는 재정상 비참한 상태에 놓여있기 때문에 아무도 맡은 바 임무를 수행할 수 없을 것 같고, 그 결과 정부를 움직여 굴러가게 하는 수레바퀴가 정지되지 않을까 우려된다.

현재 조선정부의 權力構造는 다음과 같이 구성되어 있다.

○ 國王, 임금.

○ 領議政(首相), 大臣. 영의정은 두 사람의 보좌관을 거느리고 있는데, 하나는 左議政, 하나는 右議政이라 각각 불리우고 있다. 前者가 首席

보좌관이다. 이들 左 · 右議政은 輔國崇祿大夫(正一品)의 벼슬을 가지고 있다.

○ 그 다음에 六曹가 있다. 즉 吏 · 戶 · 禮 · 兵 · 刑 · 工 등이다. 이들 여섯 관청은 각각 判書가 관장하고 있다. 각 判書들은 두 사람의 보좌관을 거느리고 있는 바, 이들의 벼슬은 參判(從二品)이며 하나는 左參判이고 하나는 右參判이다.

○ 六曹밑에 우리의 部署에 해당하는 관직이 있는데 이를 承旨(正三品의 堂上官) 또는 胥吏(衙前)가 있다.

○ 統理軍國事務衙門(內務衙門)과 統理交涉通商事務衙門(外務衙門)이 있다.[24] 각 아문의 장관인 督辦이 이를 관장하고 있으며 각기 6명의 協辦을 거느리고 있다. 모두가 參判 벼슬에 해당된다.

○ 그 다음에 軍糧米를 징수하는 官衙가 있고, 宮內府의 사무를 관장하는 관아, 그리고 각 地方長官(觀察使) 등이 있다.

경쟁적인 科擧試驗制度는 중국의 제도를 모방한 것이다. 만약 과거에 급제하면 官職에 임명되고 그를 參判이라 부르고 있다. 설령 그가 仕官에서 물러나 퇴직한다 해도 평생 이 벼슬을 띠고 있다.

다음은 조선의 官職序次圖이다.

國王

議政府 : 左議政 領議政 右議政

六曹 : 吏·戶 禮·兵·刑·工(判書)

이상 각 左右參判이 있음

이 이외에도 宮內府를 관장하는 宮廷官吏가 있다. 국왕은 가장 신임하는 顧問官을 두고 있다. 이 고문관은 왕비의 친정쪽 戚臣 가운데에서

24) 조선정부는 묄렌도르프의 건의에 따라 1882년 11월 17일(음)에 統理內務衙門과 統理衙門을 설치한 바 있었는데, 동년 12월 4일(음) 官制改革에 따라 統理內務衙門을 統理軍國事務衙門, 統理衙門을 統理交涉通商事務衙門으로 개칭했다.
『高宗純宗實錄』, 中, p.77, 81, 高宗19年 11月 17日, 12月 4日條.

선발된다. 민영익이 바로 이 직책을 띠고 관장하고 있다. 이 국왕 고문관 직책은 모든 업무 가운데 가장 중요한 직책이 되고 있다.

2월 18일(水)

어제 파니와 나는 夏宮을[25] 관람했다. 내가 민영익에게 夏宮으로 가서 사진촬영을 하고 싶다고 말했더니, 민영익은 내 뜻을 국왕에게 上奏, 국왕이 우리들의 夏宮소풍을 允許, 宮中호위병을 파견, 宮門을 열게 했다. 그러나 이곳을 경비하고 있었던 오만 불손한 청국군 수비병의 방해로 말미암아 사진 촬영은 좌절되었다. 그들은 완강히 우리들의 夏宮나들이를 방해하면서 심지어 길을 막고 내가 휴대하고 있었던 사진원판까지 훼손시키고 말았다. 나는 호통을 치고 청국병사를 때려눕히면서 청국공사에게 이같은 무례한 행동을 보고하겠다고 윽박질렀다. 포크 대리공사와 나는 내일 또 다시 夏宮에 가서 사진 촬영을 하기로 했다.

이 추운 엄동설한에 우리가 추위를 아랑곳 하지 않고 그곳 夏宮으로 가서 사진촬영을 하고자 하는 가장 큰 이유는 조선국왕이 곧 창덕궁에서 이곳 경복궁으로 移御할 것이기 때문이다.[26] 특히 왕비는 현재 거처하고 있는 창덕궁은 갑신정변 때 희생된 청·일 양국의 장병들과 조선 大官의 귀신이 들끓고 있어서 이곳에 살기가 무섭고 싫다는 것이다. 심지어 왕비는 亡靈들에게 "왜 너희들은 나를 죽이려 하는가?" 하고 헛소리를 친다는 것이다.

이제 서울백성들은 한가로이 鳶놀이를 즐기고 있었다. 어른이나 사내아이들이 이 연놀이에 몰두하고 있는 양을 보니 그들은 참으로 행복한

25) 여기서 夏宮(Summer Palace)이라고 하였는데, 이는 아마 景福宮 北端에 자리 잡고 있는 香遠亭이 아닌가 생각된다.

26) 고종이 昌德宮(Tong Kwan Palace)에서 景福宮으로 移御하기는 1885년 2월 3일로 되어있다. Horace N. Allen, *Korea: Fact and Fancy, Being A Republication of Two Books Entitled "Korean Tales" and "A Chronological Index"* (Methodist Publishing House, 1904), p.170, February 3, 1885.

것처럼 보였다. 나는 오늘 이상한 行列을 목격했다. 두 사람의 鼓手가 大形 모래시계(砂漏)처럼 생긴 북(장구)을 치면서 가고, 두 사람이 피리를 불고 가는데 그 피리 소리가 귀가 찢어지듯 소리가 나고 또 한 사람은 喪服을 입고 얼굴에 먹칠을 하고 있었다. 나는 이 행렬이 처음에는 葬禮行列인줄 알았는데, 나중에 알고 보니 그 주인공은 바로 방금 科學試驗에 급제하고 벼슬길에 오른 사람으로서 기쁜 나머지 이같이 슬픔을 가장하고 행진한다는 것이다.[27)]

外衙門 金允植 督辦이 오늘 공사관을 방문, 병원 건물이 선정되었다고 알려주었다. 그의 말에 의하면 현재 미국은 조선에서 이미 확보한 이익을 상실, 묄렌도르프의 手中으로 떨어지고 있다고 지적했다. 그들 親淸事大黨은 김옥균이 주선해서 체결한 계약을 일체 인정할 수 없다는 것이다. 심지어 묄렌도르프의 말에 의하면 김옥균은 전 주한미국공사 푸트와 함께 미국으로 망명했다는 것이다. 푸트 공사의 공사직 사임이 모든 원인이 되고 있다고 보았다. 그는 조선국왕의 신임을 사고 있었으며 조선정부의 문서 없이도 그를 통하여 모든 일을 처리할 수 있었다.

그런데 그는 갑자기 본국으로 떠나고 말았다.[28)] 그래서 그 후임자인 포크 대리공사가 그를 안내해줄 문서가 없기 때문에 우리 미국의 權利을 돌볼 사람이 없다는 것이다. 오늘 金允植 外衙門督辦이 말하기를 일찍이 김옥균이 타운센드에게 讓與한 鬱陵島 木材採伐權을[29)] 취소하고, 이를 묄렌도르프에게 이양했다는 것이다. 뿐만 아니라 조선정부는 주한미국총영사의 업무를 지금 뉴욕에서 無給으로 일하고 있는 뉴욕

27) 三日遊街인 듯 생각된다. 과거에 급제하면 급제한 선비는 御賜花를 꽂고 3日간 座主와 先進者와 친척을 찾아 인사하는 풍습이 있다.

28) 푸트 공사는 갑신정변 발발 직후 1885년 1월 10일 갑자기 공사직을 사임하고 본국으로 떠나버린 것이다.
Allen, *Korea: Fact and Fancy*, January 10, 1885.

29) 조선정부는 1884년 7월 31일 미국 아메리카 무역상사(American Trading Company)의 타운센드에게 鬱陵島 목재 채벌권을 양여했다.
Ibid., p.167, July 31, 1884.

朝鮮名譽總領事 프레이자(Everett Frazar, 厚禮節)에게 위임하고 싶다는 것이다.[30] 현재 외국의 명예 총영사제도를 받아들이고 이를 존중하고 있는 나라는 미국이 그 유일한 나라이다.

2월 20일(金)

나는 요즘 조선을 떠나고 싶었다.

어제 포크 대리공사가 병원건설안을 승인한다는 外衙門 公文書의 번역 사본을 나에게 보내왔다. 나는 대단히 기쁘다기보다는 내 기쁨을 輕減시키는 일이 너무나 많다는 사실을 알고는 내가 왜 그토록 切望했던 병원건설안 승인을 기뻐하지 아니했던가에 대해 내 자신 半信半疑했다. 내 기쁨을 앗아간 가장 큰 요인은 묄렌도르프의 음흉한 패거리들(親淸事大黨) 때문이다. 내 병원은 당분간 병원 운영의 자금 부족, 조선국왕의 경복궁으로부터 창덕궁에로의 移御문제, 또 정부가 모두 이 移御 업무에 매달리고 있다는 사실 등으로 제대로 만족할만큼 병원 업무를 수행할 수 없을 것이다.

나는 상당한 負債를 지고 있다. 연료용 장작나무값 때문이다. 석탄을 때면 월 30달러정도 드는 것이 나무만 땔 경우, 월 40내지 50달러의 돈이 든다. 나는 도저히 내가 받고 있는 봉급으로는 살아갈 수 없다.

---

30) 조선정부는 1884년 1월 17일 프레이자를 駐뉴욕 朝鮮名譽總領事에 임명했다. 1882년 5월 22일 조·미조약체결로 수교가 이룩된 후 서울에는 주한미국공사관이 개설되었지만, 조선정부는 워싱턴에 주미조선국공사관을 개설하지 못했다. 그래서 주미조선국공사관이 개설될 때까지 프레이자는 주미조선공사의 업무를 대행하고 있었다.
『舊韓國外交關係附屬文書』 卷3(統署日記), p.29(高宗20.12. 17); 『舊韓國外交文書』 卷10(美案 1), p.30(高宗 20. 12. 17, 1884. 1. 14).
U. S. Department of State, *Despatches From United States Ministers to Korea, 1883~1905.* File Microcopies of Records in the National Archives, Washington D. C.: No. 134, vol. 1. Foote to the Secretary of State, January, 14, 1884.
金源模, 『近代韓國外交史年表』(檀大出版部, 1984), p.110 (1884. 1. 17).

내가 지고 있는 이 무거운 빚을 벗어날 길이 없었다. 어제 밤에는 버나도우와 포크가 우리 집에 와서 같이 저녁식사를 나누었고, 오늘은 핼리팩스 내외가 와서 점심식사를 같이 했다. 핼리팩스 부인은 일본여인인데 그들에게는 어린 딸아이 하나가 있다. 나는 내 처와 아기에게 항상 감사하고 있다.

2월 21일(土)

오늘 나는 내가 알고 있는 약간의 生理學 지식을 閔泳翊에게 설명함으로써 그의 관심을 끌었다. 민영익은 내 설명을 듣고는 인체 내의 다른 기관은 다 한 짝을 이루고 있는 데 반하여 심장만은 두 개가 아니고 하나뿐인가에 대하여 그는 이해할 수 없다고 말했다. 그는 人體解剖圖를 보고는 경탄의 소리를 연발하면서, 이들 기관들이 인체 내의 어떤 부위인가를 확실히 알고 싶다고 했다. 나는 외국의 의사들은 적어도 세 사람의 죽은 시체를 직접 해부실험을 거친 후에라야 開業醫의 免許를 받게 되며, 내 자신도 이러한 과정을 거쳤다고 그에게 이야기하자, 그는 생리학책을 털썩 넘어뜨리고는 마치 내 눈에서 亡靈이 기어나오지 않나해서 내 눈을 빤히 들여다보는게 아닌가. 그는 인체 내부에 생긴 혹을 어떻게 치료하는가에 대해 물었다. 이에 나는 물통 크기의 腹部腫瘍도 제거 수술할 수 있으며 심지어 人工肛門을 만들어 끼어줌으로써 腸의 收縮을 없앨 수 있다고 설명했다. 이같은 문답은 그에게 관심을 불러일으켰고 그 관심은 너무나 심대해서 이 문제에 대해 의문의 여지를 남기지 않을 수 없었다.

2월 25일(水)

오늘 처음으로 閔泳翊을 왕진하지 않은 첫번째 날이 된다. 오후에 나를 놓아달라고 두번씩이나 그를 설득했다. 이리하여 나는 매일 그를 만날 필요가 없게 되었으나, 그는 큰 애기처럼 응석을 부리며 나를 놓아주지 않으려 했다. 엊그제 2월 23일 나는 엘린우드(Frank F.

Ellinwood) 박사(뉴욕의 선교본부서기)로부터 나의 병원건설안 승인을 받은 데 대해 축하한다는 편지를 받았는데, 이 축하편지에서 선교본부이사회는 내가 지불한 재산소유권을 인수하여 나의 화물 및 관세도 지불하겠다고 언명하고 있다. 엘린우드는 내가 파견 요청만 하면 새 의사를 선발해서 조선으로 파견하겠으며, 이 새 의사는 결혼한 후 오는 5월부터 근무를 시작할 수 있다고 말했다. 나는 즉각 의사파견을 요청했다.

오늘도 럿셀(Russell) 박사가 렌스데일(Lansdale)을 나에게 보냈고, 오시피호의 武官 한 분도 내방했다. 럿셀 박사는 우리 집 손님으로 우리 집 소형 오르간을 치면서 많은 음악을 연주했다. 23일 밤에 우리 집 뒷뜰 쪽에 있는 조선정부 국유림에서 산불이 발생하여, 모두 불타고 말았다. 이 국유림에는 지금 조선국왕이 舊宮 경복궁 수리를 위하여 마련해둔 木材도 이에 포함되어 있다. 이 산불발생 사건은 미신을 좋아하는 왕비에게는 대단히 意氣沮喪이 아닐 수 없다. 왜냐하면 몇해 전에 궁궐화재가 발생했고, 또 이 궁궐을 재건수리할 목재가 火魔로 灰燼되었으니, 火神은 남산 남서쪽에 살고 있다는 것이다(즉 冠岳山에 火神이 있다는 전설이 있음).

夏宮(경복궁)도 같은 운명인데, 오래 전에 회신되었으나(임진왜란 때 불타버렸음), 大院君이 경복궁 재건사업을 벌여, 장대한 勤政殿을 재건하고 火魔의 피해를 방지하고자, 대궐문(光化門) 밖 양쪽에 대형 해태(獬豸) 石像을 세워 놓았고(해태는 관악산의 火氣를 방지한다는 뜻) 그리고 대궐 연못에다가 큰 자라(鱉)를 放生하고 그 연못에 정자(香遠亭)를 세워놓은 것이다. 그러나 일본인이 熔解된 구리를 이 연못에다 집어넣음으로써 자라를 모두 죽여버렸고(그들은 그렇게 말했다), 몇해 전에 국왕의 便殿이 불타버렸기 때문에 이제 해태도 火魔를 방지할 수 없다는 것이다. 우리의 예배당(temple)이 어제 스토브 과열로 그 옆에 쌓아둔 장작과 스토브를 지탱해준 노끈에 인화되어 화재가 발생한 것이다. 럿셀 박사는 火災를 제 때에 진화해서 다행이라고 말했다. 나는 외과용 고무볼 洗滌器로 난로 구멍에다 대고 물을 뿜어서 불을 껐다.

3월 1일(日)

나는 어제 시간의 일부를 할애하여 병원건물을 건사하고 어지러히 흩어져 있는 家財器物을 정돈하였다. 이 집은 지난 번 갑신정변에서 참살 당한 故 洪英植의 저택이다. 갑신정변 발발 직후 일시 집권한 반역 집단인 親日開化派들이 홍영식을 창덕궁으로부터 불러올려고 하다가 그만 창덕궁에서 청군에게 변을 당하고 말았다. 그의 집 방바닥은 유혈이 낭자하여 그의 가족들이 이곳에서 살해되었음을 입증해주고 있다. 홍영식 저택은 철저하게도 약탈된 상태였다. 심지어 문짝, 창문, 스토브, 서류, 벽에 걸린 물건까지 노략질해 갔다. 位牌 두 개가 있었는데, 神主는 없어졌고 껍데기만 나뒹굴고 있었다.

어제 밤에 우리는 밖에서 사람들이 고함지르는 듯 소란한 함성소리를 들었다. 나는 또 불이 난줄 알고 겁을 내었으나 아침에 알고 보니 아이들이 惡神을 내쫓기 위하여 볏짚으로 만든 人形 제웅(草偶人)놀이를 했다는 것이다. 이 볏짚 人形 제웅은 사람 모양의 인물을 모방하여 만든 것이다. 제웅들은 마치 미국의 허수아비와 꼭 닮았고, 길이가 약 2피트나 되었다. 아이들은 제웅의 눈을 돈을 받고 팔아서 이 돈으로 밤(栗)을 사서 조그만 잔치를 벌인다. 이러한 樣式을 제웅놀이라 부른다. 즉 정월 대보름 전날 밤에 매년 이러한 행사를 치른다.[31] 이 행사는 대보름날 밤에 최절정을 이룬다. 서울 중심부를 貫流하고 있는 작은 시내(清溪川) 위에 축조되어 있는 石橋, 즉 水標橋위에서 장안백성들이 모여 다리밟기(踏橋)를 하였다.[32] 이러한 행사의 주목적은 한 해동안의 발병(足病)을 예방하려는 데 있다.

어제 9일 월요일에는 가장 야만스런 의식이 거행되었는데, 마침 서울에 와 있는 오시피호 장병들이 이 행사를 관람하였다. 이 행사는 장정

31) 음력 정월 대보름 전날 밤에 제웅 직성(直星)이 된 사람의 액막이나, 또는 무당이 병자를 위하여 산 영장을 지내는데 이 제웅을 사용했다.
32) 다리밟기(踏橋)란 정월 대보름 날 밤에 사람들이 그해 열 두달의 재앙을 면하기 위하여 열 두 다리를 밟던 풍속이다.

들이 헝겊으로 채워서 싼 막대기로 싸움을 하는 模擬戰 놀음이었다. 그러나 閔泳翊의 통역(譯官)에 의하면 이 싸움에 참가한 장정들이 實戰처럼 싸우다가 열 사람이나 죽었다는 것이다. 이러한 模擬戰 놀이는 매년 거행되는데, 이에 참가하는 장정은 주로 下人輩(low fellows)들이다. 그러나 민영익이 이 싸움놀이가 惡習이기에 역관에게 자세하게 말하지 말라는 당부를 했기 때문에 나로서는 그 이상 이 행사의 자세한 내용을 알 수 없었다. 모의전놀이의 이름은 편싸움(石戰)이라 하며 이 편싸움놀이는 국왕이 지휘하는 행사는 아니지만 전국 여러 곳에서 행사를 벌이고 있으며, 행사적마다 참전 장병들 중의 약간명이 죽는다.[33)]

3월 3일(火)

오늘 조선인에게 대단히 중요한 기념행사가 거행되는 날이다. 그리고 내일은 클리블랜드(Grover Cleveland) 대통령 취임식이 거행되는 날이다. 조선국왕을 비롯하여 全 宮內府 관속들이 창덕궁을 떠나 새로 단장한 新宮 경복궁으로 移御하는 행사가 거행될 예정이다. 경복궁으로 移御하면 국왕은 그곳에 오랫동안 있을 예정이다. 이 移御行事를 위하여 지난 몇일동안 대대적인 준비를 하였다. 창덕궁에서부터 경복궁의 正門인 광화문에 이르는 大路는 티끌 하나 없이 정갈스럽게 청소해 놓았기 때문에 지푸라기 하나라도 찾아볼 수 없었다. 길 양쪽에 설치해 놓은 草家露店들은 모두 철거되었다.

우리는 閔泳翊의 특별한 배려로 국왕 移御行列을 구경할 수 있었다. 종로 普信閣 근처의 조그만 2층집 방 하나를 차지해서 국왕 幸行을 구경할 수 있었다. 移御行列을 구경하기 위하여 이른 아침부터 장안 백성들이 종로 네거리로 모이기 시작 인산인해를 이루었다. 양반집 귀부인들은 가마를 타고 와서 어디엔가 숨어서 볼 수 있는 장소를 차지

---

33) 趙豐衍, 『서울잡학사전』(정동출판사, 1989), p.308. 정월 대보름날 밤에 벌이던 편싸움(石戰)을 말한다. 문안과 문밖의 청년들이 우수(牛首)재, 만리재, 동대문밖 안감내, 종로 비파정 등지에서 편싸움을 벌였다.

하고, 가난한 상민네들은 아침 일찍부터 서둘러 와서 종로거리의 좋은 자리를 차지하고 만다. 종로거리 좌우의 여염집의 창문에는 모두 대나무 발(竹簾)을 드리워 놓았는데, 이는 아낙네들이 발 뒤에 숨어서 국왕 행차를 구경하기 위해서이다. 민영익은 우리가 들어갈 방에 의자와 돗자리로 꾸며놓았고, 음료수로 포도주와 조선 엿까지 준비해 놓았다. 민영익이 마련한 방은 특별히 미국 · 영국 공관원 및 우리 가족 일행들을 수용하기 위해 주선해 놓은 방인데 무엇이 잘못되었는지 느닷없이 일본 대리공사 近藤眞鋤가 들이닥쳤다. 그는 일본호위병이 호기심 많은 군중들의 접근을 막기 위하여 씨름을 하고 있는 사이에, 우리가 들어갈 방으로 잘못 들어온 것이다.

조선궁왕의 이어행렬 첫번째 선두에 帝王旗인 대형 龍旗를 든 기수단이 나오고 그 주위에는 火繩銃과 온몸에 갑옷투구(甲冑)로 중무장한 戰士들이 둘러싸고 있다. 그들은 모두 쇠로 만든 투구를 쓰고 있었다. 그뒤에 이상한 옷차림을 한 장정들이 국왕의 가마인 輦을 메고 나오는데 그 뒤에 또한 수 많은 군인들이 뒤따르고 있다. 국왕의 가마인 연은 玉座(龍床)와 같이 주홍빛갈이며 등 뒤와 좌우에 虎皮로 둘러 깔아 놓고 있었다. 輦이 우리 방 맞은 편에 당도하자, 국왕은 연을 멈추게 하고 내려서 우리들에게 몇 번 절을 하며 인사를 했다. 그는 인상이 좋아보였고 우리와 마찬가지로 보고 싶어 하는 것 같았다.(아마 측근 관리가 대신 인사한 것 같다)

국왕의 연 다음에 이와 비슷하게 생긴 가마가 나오는데, 이는 바로 王世子의 가마이다. 왕세자는 정말로 얼굴이 준수하게 생겼고, 안경을 쓰고 있었으며, 아주 만족스런 표정이었다. 왕세자도 국왕과 마찬가지로 우리 앞에 가마를 멈추고는 우리들에게 몇 번 절을 했다. 우리도 이에 答禮를 했다. 그 다음에 빈 가마 行列이 끝 없이 이어지고 있었다. 參判,군인,기수대 뒤에 王妃를 태운 아주 화려한 가마가 나타난다. 우리는 가마문이 굳게 닫혀있기 때문에 왕비의 모습을 볼 수 없었지만, 물론 자신은 가마에 앉은채 우리를 보고 있었다. 왕비의 가마가 우리 앞에 멈추자 우리는 절을 했고, 알렌여사는 손수건을 흔들어 인사했다. 그뒤에 다른 行列들이 뒤따르고 있었는데 국왕의 어머니가 탄 가마 행렬이 나타나고 그 뒤에 어린 王世嬪이 탄 덩이 뒤따르고 있었다(세자빈은 閔泳翊의 친누이이다). 이들 가마행렬은 우리 앞에서 멈추지 않고 통과했다.

정승, 판서의 부인인 貞敬夫人들이 탄 가마마다 예쁜 단장을 한 妓生(Gaeshy, 알렌은 기생을 일본어 藝者 발음을 사용하고 있다)이나 舞姬 등 시녀들이 뒤따르고 있었는데,이들은 말위에 걸터 앉아, 떨어질까봐 겁이 나서 그들의 조그만 손으로 말안장을 바짝 끌어안고 조심스럽게 행진하고 있었다. 淸國軍은 국왕행렬 전체를 통하여 곳곳에 산재배치되고 있었지만, 특히 국왕행렬 제일 後尾에 화려한 깃발을 들고 일단의 청국군이 당당하게 행진하고 있었다. 포크 대리공사는 이러한 국왕 行列의 모습을 일일이 사진 촬영을 했다.

3월 11일(水)

甲申政變이래로 매일 아침식사를 끝내고 나오면 으레히 민영익 일가의 하인배가 나를 데리러 왔었는데, 오늘 아침 처음으로 이들이 나를 기다리고 있지 아니했다는 것을 알게 되었다. 나는 어제 마지막으로 閔泳翊의 竹洞宮을 방문했다. 그는 오랫동안 나를 필요로 하지 아니했다. 그러나 그는 '어른 애기'가 되어서 그동안 나를 놓아주지 않고 항상 그의 곁에 있게 했다. 그런데 어제 그는 시골로 내려 간다면서 하루걸러 한번씩 자기 저택으로 와달라는 것이었다. 그러나 나는 이러한 건방진 요구를 거절하고 말았다. 그는 아주 비겁한 자이다. 그래서 그는 나라를 위하여 죽는 것이 낫다고 본다. 그는 아주 이기적인 인간이기 때문에 정부 요직을 독차지하고 있다. 세계 도처에 자기 자신을 파견케 함으로써 막대한 정부 자금을 소비한 후에 그들의 기대에 어긋나지 않게끔 그들을 도와주곤 한다(1883년 朝鮮報聘使로 미국을 방문, 國書를 제정한 후, 조선인으로는 최초로 6개월간 세계일주 항행을 했음).

그는 일체 모든 공직을 사퇴하고 시골로 낙향해 은거하고 싶다고 했다. 이같은 조치는 백성에게 악영향을 끼쳐 거의 공포분위기를 자아내는 원인이 되고 있다. 왜냐하면 설상가상으로 그는 머지않아 새 분쟁거리가 발생하리라고 보고 이로부터 멀리 하고 싶었던 것이다.

포크 대리공사와 기타 주한 외교관들은 이와같은 그의 행동을 저지하려 했지만, 어제 이와같은 노력에도 불구하고 사태는 이같이 전개된 것이다. 그는 너무나 겁이 많은 사람이어서 어제 그는 무기를 꺼내어 실탄까지 장전해 두고 있었다. 나는 죽동궁의 수 많은 종복들이 민영익을 호위하고 있는 것을 보았다. 민영익의 종복들은 권총이나 소총을 操作하는 솜씨가 서투르기 때문에 그의 집에 있기가 불안하다고 이따금씩 그에게 말한 적이 있다. 어저께는 죽동궁의 한 下人이 일본短劍 한 자루를 가지고 장난질하다가 크게 다쳐 심한 칼상처가 났고, 어제는 한 조선군인이 시골집으로 내려가는 민영익을 수행, 호위하기 위하여 권총에 실탄을 장전한채 가지고 가다가 그만 오발사고를 일으켜 청국병사의 오른쪽 폐부위를 관통, 치명상을 입히고 말았다.

프랑스가 청국에게 원조를 베풀고 있다는 소문이 조선인을 크게 놀라게 하고 있다. 이같이 조선인이 놀라는 이유는 이곳에 600명에서 700명의 청·일 양군이 주둔하고 있기 때문이다. 특히 청국군은 전쟁이 발발하더라도 일본군은 저항할 수 없다고 일본군을 계속 모욕하고 있었기 때문이다. 이 나라는 한 사람이 살아보려고 노력해 보아도 아주 벅찬 나라이다. 이 나라 백성들은 기분이 내킬 때에만 일한다.

우리 집에는 심부름하는 소년 아이 한 사람이 있었는데, 알렌부인은 그에게 세수하는 방법까지 잘 가르친 바 있었다. 그런데도 그는 갑신정변 발발 전에 두번, 그 후에 한번 집을 나간 일이 있었다. 우리는 그를 우리 집에 붙들어둘려고 갖은 유리한 약속과 여러가지 선물을 주는 등 회유해 보았지만, 그는 그 약속을 지키는듯 했으나 돌연 시골에 있는 친구를 만나보러 가겠다고 선언한 후 집을 나가고 말았는데, 아직까지 돌아오지 않고 있다. 우리는 그보다도 더 많은 임금을 주고 다른 아이를 채용했다. 아마 그는 임금에 비해 할 일이 너무 많아서 집을 나간 것같다. 우리는 아직도 그가 돌아오기만 고대하고 있다. 나는 조선인 製靴工 한 사람을 데려오게 해서 내 구두를 수선해보려 했다. 그러나 이 달은(음력 정월) 신발을 만드는 달이 아니라는 말을 들었다. 구두수선을 하려면 내달 경에라야 가능하며, 지금은 기성화 구두(가죽신)만이 있다고 말했다. 모든 상업적 직업에는 엄격한 組合이 있다. 이들 조합원들은 상이한 시간에 상이한 직종의 장소를 방문한다. 그래서 한 가지 물건이 한달동안 풍족하다면, 생활을 위해 물건을 얻지 말고 다음 달을 위해 돈을 벌어야 한다.

3월 18일(水)

나는 오늘 청국공사 陳樹棠에게 내가 그동안 청국병을 치료해준 진료비 청구서를 보냈다. 나는 그동안 청국군영에 무려 43회나 왕진했고, 한번 왕진에 5달러씩을 청구했다. 나는 이 진료비청구서를 빨리 보내지 아니했다. 진료비를 독촉했다가 청국인의 도발적이고 모욕적인 언사가 나올까 겁이 났기 때문이다. 서울에 와있는 우리 외국인들은 길거리에서 길다란 辮髮을 늘어뜨리고 다니는 청국병사를 만날적마다 이러한 도발적이고 모욕적인 대우를 받을까봐 겁을 내고 있는 것이 공통적인 것이었다. 나는 그들을 아무 일이 없었던 것처럼 다루지 말고, 따끔한 맛을 보여주어야 한다고 생각했다.

오시피호의 무어(Moore)와 탈코트(Talcott)가 미국공사관에 와서 우리와 함께 어제 저녁 만찬을 나누었다. 우리는 오늘 밤에 영국 총영사 칼스와 서기관 알렌(E. L. B. Allen)과 함께 저녁식사를 했다. 나는 하루 속히 병원건물을 마련해보려는 욕심에서 병원건물이 준공될 때까지 기다려달라고 말하면서 매일 찾아오는 환자 손님을 받지 아니했다.

조선어 공부를 아무리 열심히 해도 그다지 큰 진전이 없다. 늙은 나의 조선어 선생은 안경을 분실하고 말았다. 여하튼 나는 열성적인 학생은 아니다. 우리는 지난 주부터 집수리를 착수했다. 나는 우리 집 중국인 청지기와 우리 집과 주택부지에 대한 補修를 55만냥에 계약을 맺고 수리하도록 했다. 우리 집이 더 이상 쓸모 없게 되기 전에 깨끗하게 수리하기 위해서이다.

3월 22일(日)

나는 어제 밤에 다 죽어가는 金判書宅 아들을 진료하기 위하여 불려 갔다. 나는 그가 3일간 소변을 보지 못했다는 것을 알고, 약 3시간 진료 끝에 드디어 나는 小카테테르(導尿管)를 통해 소변을 빼내는 데 성공했다. 나는 몇 방울의 오줌을 빼내었고, 그리고 이에 관련된 약을 조제해 주었다. 나는 그가 오늘을 넘기지 못하고 죽을 것 같아서 아주 정성껏 그를 위해 기도했다. 초조와 불안의 아침나절을 지난 후 내 기도는 感應을 받아, 정오 경 환자의 형이 내게 와서 하는 말이 환자는 차도가 좋아져서 소변도 잘 나온다는 것이다. 나는 오늘 그의 요청을 받아들여 閔泳翊을 만나러 갔다. 그는 아주 건강이 좋아보였다. 그는 내 진료 청구서를 얻기 위하여 한 사람을 공사관으로 파견했다.

포크 대리공사와 나는 민영익에 대한 의료수가로 100달러의 청구서만 보내고, 그 나머지 비용은 미국정부가 조선백성에 대한 인사로 의료봉사를 하고 있다는 것을 보여주기로 결정했다. 포크 대리공사는 연간 병원 운영지원금을 마련하기 위하여 內國人과 외국인 간에 예약자 명단을 만들어 회람시키고 있다는 것을 보여 주었다. 그는 말하기를 몇몇 관리들은 기부금을 내겠다는 의사를 밝혔다는 것이다. 이는 바로 그들을 위해서 비약적인 위대한 전진이 아닐 수 없다. 외국인 기부청약금은 가난하면서도 이에 민감한 조선인들에게 부끄러움을 주지 않게 하기 위하여 그 액수를 제한하게 될 것이다.

3월 27일(金)

오늘 나는 처음으로 국왕과 왕비를 진료하기 위하여 입궐했다. 그들은 유사천연두를 앓고 있었는데, 회복기에 접어들고 있었다. 그들은 이 병의 재발을 예방해달라고 요청했다. 국왕은 목구멍(食道)이 부어있었고, 왕비는 귀가 부어있었다. 나는 아픈 부위를 잘 볼 수 없기 때문에 만족할만한 치료를 할 수 없었다. 나는 나를 데리러 온 宮廷 관리의 지시에 따라 치료했을 뿐이다.

나는 오늘 병원건물을 보러 갔다. 거의 완공단계였다. 나는 공교롭게도 그곳에서 外衙門 督辦 金允植과 協辦 네 사람을 만났다. 나는 때마침 역관이 없어서 내 소원을 김윤식 독판에게 알리느라 손짓 발짓을 해가며 설명한 것이 웃음거리가 되지 않았나 생각했다.

청국공사관에서 의료수가비 215달러 중 110달러를 나에게 보내왔다. 나는 전날 215달러의 의료비 청구서를 보낸 바 있다. 나는 이와 별도로 아르노우스(Arnous)에게 26달러의 청구서를, 唐紹儀(Tang Shiao Yui)에게 5달러의 청구서를 보냈더니 그들은 모두 의료비를 지불했다.[34] 나는 오늘 우리 집에서 일하는 下人輩들끼리 싸운다 해서 두 사람을 모두 호되게 매질한 일이 있었는데, 때리고 나니 미안한 마음이 들었다. 그래서 나는 어리석게도 매를 얻어맞은 군인을 내보내고, 나는 그를 돌보지 않고 의료업무를 개시했다.

3월 31일(火)

병원건물수리는 내일 완공될 것이며 모든 설비가 멋있게 보였으나, 새로운 골치거리가 발생할 것같아 보였다.포크 대리공사는 병원건설안을 수립 · 추진하는 데 그가 할 수 있는 한 전력을 다했다. 그는 심지어 갑신정변기간 중 도난 당한 가재도구 일체에 대한 손해배상청구서

34) 唐紹儀는 朝鮮總稅務司 묄렌도르프의 보좌관이다. 아르노우스는 독일인인 것같고 한 사람은 중국인이다.
Allen, *Korea:Fact and Fancy,* p.162, January 7, 1883.

제출조차 지연해가면서 일했다. 그러나 이제 손해청구서를 제출하기에는 시기가 너무 늦지 않았나 생각되었다. 그가 교섭을 벌인 조선인은 물론 외국인조차도 병원건설안에 대해 호감을 보였다.

그러나 오늘 포크 대리공사는 주한 독일 임시 총영사 부들러(Hermann Budler, 卜德樂)를 만났다. 부들러는 조선에 부임하기 전에 청국에서 근무한 적이 있었는데 그는 신교사를 싫어했다. 부들러는 이 병원이 '紛爭의 溫床'이요 '改宗策略'의 본거지가 될 것이라고 선언하면서 병원건설안에 부정적인 발언을 늘어놓고 있었다. 그는 나를 단순히 자선적인 무료의료 봉사활동을 벌이고 있는 醫療宣敎師로 간주하고 있었다. 이에 대해 포크 대리공사는 내가 한번 왕진에 5달러의 의료비를 청구하고 있다는 사실을 상기시키면서 무료의료 봉사만을 하는 의사가 아니라는 식으로 말하면서 되도록 그에게 창피감을 주지 아니하는 어조로 설득했다. 그러나 그는 이같이 부정적인 발언을 할만큼 선교사에 대한 논란이 있을 적마다 反宣敎的 태도를 취하고 있는 것처럼 보였다. 그가 포크에게 나의 선교사 임기에 관하여 꼬치꼬치 물어본 점으로 보아, 우리는 그가 장차 나를 조선으로부터 밀어낼 작정인 것으로 생각되었다. 우리는 오늘 경제 사정으로 중국인 廚房長을 해고했다. 국왕은 어제 사람을 보내어 약을 더 청구해서 수령해 갔다.

4월 3일(金)

어저께 우리는 편지 27통, 외교문서 40통의 우편물을 접수했다. 이들 우편물은 우리의 정기우편 증기기선인 일본 운송선편으로 조선에 수송된 것이다. 언더우드(Horace G. Underwood, 元杜尤)씨는 수일 내로 증기선을 타고 來韓할 것이다.

국왕과 왕비는 이제 완전히 회복되었다. 그런데 大君主 내외분은 관리편으로 나에게 傳言하기를 나를 대궐로 불러놓고는 내가 다른 환자를 진료하러온 것처럼 대군주 내외분을 마음대로 진찰하지 못하게 한 점에 대해서 사과한다는 뜻을 表明했다. 그들은 궁중 법도와 凡節上

함부로 나를 입궐시킬 수 없다고 말했다. 그들은 진정으로 진보적인 것 같았다. 국왕이 파견한 관리는 바로 宮內府大臣이었다.[35]

이전에도 그는 우리 집에 온 적이 있었는데 그는 갑신정변 때 처형된 반역자의 부인을 체포하고는 감금하여 고문했던 자이다. 그는 파니가 타는 오르간 연주를 무척 좋아했다.이때문에 두 시간동안이나 아무 일도 못하고 그를 위해 오르간 연주를 했다. 그는 또한 내가 아코디언 연주를 하니 나를 극구 칭찬하면서 王世子를 위해 아코디언을 얻고 싶다고 말했다. 그는 아코디언 이야기를 하도 늘어놓길래 나는 그만이 아코디언을 그에게 양도하지 않을 수 없었다. 마침내 아코디언을 주자, 그는 내가 기증한다는 인사말과 함께 왕세자께 선물로 바치겠다고 말했다.

다음은 統理交涉通商事務衙門(外衙門)에서 보내온 廣惠院 병원규칙이다.[36]

廣惠院 規則

제1조 廣惠院堂郎은 조선관리 중 선발, 임명하되, 병원의 업무를 지휘 감독한다.

제2조 廣惠院堂郎은 2명을 임명하되, 그중 1명은 상임직으로 병원경영업무를 담당한다.

제3조 학생 4명을 선발, 병원에 배치한다.

제4조 이들 학생들은 병원 의사를 도와주고, 의사의 감독 · 지시하에 醫藥品을 조제 · 投藥한다. 그리고 외국인 의사가 사용하는 의료기구를 사용하

---

35) 宮內府大臣 李耕稙인 것같다.

36) 조선정부는 알렌의 병원건설안을 받아들여 1885년 4월 3일(음 2월 18일)자로 병원설치를 인가하고 병원명칭을 일반백성의 병을 널리 치료하는 廣濟의 뜻으로 廣惠院이라 命名했다. 이에 관한 업무는 外署(外衙門)가 專管하게 했다. 廣惠院은 甲申政變 때 慘殺된 北部 齋洞 所在 洪英植의 집에 설치했다. 그러나 동년 5월 9일 濟衆院으로 개칭했다.
『高宗純宗實錄』 中, p.190, 高宗 22年 2月 29日條; p.193, 高宗22年 3月 20日條;『日省錄』, 卷22, p.55, 高宗22年 2月 29日條;『高宗時代史』, 卷2, p.720, 高宗22年 2月 18日條.

는 방법을 습득한다. 학생들은 환자들을 간호하며 의사의 지시에 따라 진료업무를 담당한다.[37]

제5조 병원운영의 기록과 병원비용 및 의료수가 등 업무를 담당할 廣惠院 主事 2명을 임명 · 파견한다. 이들 主事는 1년에 두 번씩 廣惠院堂郎에게 업무보고를 해야 한다.

제6조 2명의 主事는 반드시 병원 내의 사무실에 상주 근무해야 한다. 이들 주사는 병원 시설물을 깨끗이 정돈 유지해야 하며 동시에 의사의 소지품(의료도구 등) 보관에 대해서 책임을 져야 한다.

제7조 병원 보안을 위해 청지기(수위) 2명을 고용한다. 한 사람은 병원 外門 守直과 각종 信號 업무를 담당하는 동시에 병원 出入券을 발급한다. 다른 한 사람은 병원 內門 守直을 담당하여, 출입권을 접수하고 환자를 통과시켜야 한다.

제8조 병원에는 雜役을 시키기 위하여 下人 5명을 고용하는 데, 두 사람은 廚房업무를 담당하고, 두 사람은 병원 내부 및 병원 구내 마당을 청소하고 기타는 심부름꾼(급사) 노릇을 한다. 나머지 한 사람은 물긷는(汲水) 업무를 담당한다.

제9조 자기 집에서 진료하기 위하여 의사를 호출하는 환자는 對人報酬(personal fee)로 현금 5000냥을 지불해야 한다.

제10조 환자는 다음 4등급으로 분류한다.

1등급=개인전용 병실 일당 현금 1000냥

2등급=1병실에 환자 1~2명을 수용하며, 일당 현금 500냥

3등급=1병실에 3명 이상 수용하며, 일당 300냥

극빈환자용 병실=무료

제11조 모든 의료수가는 회복 후에만 병원비를 지불한다.

제12조 병원 종업원 전원은 의료업무 수행을 원활하게 수행하도록 안전을

37) 조선정부는 廣惠院을 개설하고 알렌으로 하여금 主管케 하는 한편, 학생을 모집하여 서양 醫法을 學習케 했다. 『高宗時代史』, 卷2, p.720, 高宗 22年 2月18日條.

보장해 주어야 한다.

4월 6일(月)

어제 저녁 언더우드 박사가 일본 미국 선교본부 소속 두 사람과 함께 우리 집을 방문했다.[38] 테일러(Taylor)와 스커더(Charler L. Scudder)는 유망한 인물이다. 지금 제물포에는 병든 처를 대동하고 내한한 監理教人 한 사람이 있다. 나는 그들 부부가 무슨 사업을 벌일지 모른다. 그곳 濟物浦에는 그들을 수용할만한 집이 없다. 우리 집도 지금 만원 상태이고, 포크 대리공사도 그들을 환대할 뜻이 없다고 주장했다. 언더우드씨는 아주 빈틈 없는 사람이고 사무적이고 민첩한 사람인 것 같아 보였다. 이때문에 그는 오히려 自慢에 빠지고 성급한 인간으로 看做되고 있다. 나는 이러한 그의 성격으로 인해 장차 우리들과 분쟁을 일으키지 않을까 우려하지 않을 수 없다.

나는 어제 묄렌도르프씨와 장시간 이야기를 나누었다. 그는 선교사 몇 사람에 대해서는 호감을 가지고 있는 듯 했으나, 그가 일본에서 겪은 일 때문에 언더우드를 원망하고 있었다. 묄렌도르프는 처음에는 나의 병원건설안에 반감을 가지고 이를 沮害하겠다고 선언했지만 장시간 대화 끝에 그는 마침내 우호적인 태도로 바뀌게 되었다. 그는 자기가 할 수 있는 한 나의 병원사업을 도와주겠다고 약속했을 뿐만 아니라 심지어 선교사 몇 사람을 조선정부의 학교인 同文學 교사로 채용하겠다고 언약했다.[39] 外衙門督辦 金允植이 어제 來訪했다. 그들 모두가 나의 병원사업에 비상한 관심을 보이고 있는 것 같았으나, 묄렌도르프

38) 미국 장로교선교사 언더우드(Horace G. Underwood, 元杜尤) 박사는 1885년 4월 5일 서울에 도착했다.
Allen, *Korea:Fact and Fancy,* p.171, April 5, 1885.

39) 묄렌도르프는 조선 최초의 근대적인 서양어학교를 개설했다. 즉 1883년 10월 1일 同文學이라는 영어학교를 창설, 영국인 핼리팩스(T.E. Hallifax, 奚來百士)에게 학교 책임을 맡겼다. 그런데 이 同文學은 1886년 9월 23일에 育英公院으로 그 명칭이 바뀐다.
金源模, 『近代韓國外交史年表』, p.109(1883. 10. 1).

가 이곳에 와 있기 때문에 나는 서서히 떠나지 않으면 안 되었다. 金督辦은 거의 무제한의 全權을 장악하고 있는 것 같았는데, 국왕이 데려오라는 미국인 대신에 이곳 농부 한 사람을 매수했을 뿐이다.

4월 10일(金)

병원은 어제 개원했는데 첫날 환자는 20명이고, 절단수술할 환자는 3명이지만 그들은 아직까지 절단수술을 거부하고 있다. 미국 선교본부의 2명은 어제 돌아 갔다(언더우드와 같이 일본에서 동행한 미국선교회 본부 임원임). 매클레이(Robert S. Maclay) 가족(미국 監理教監督 일본주재선교사)은 아직도 제물포에 체재하고 있다. 나는 매클레이 가족을 초청, 우리 집에 같이 지내고 싶었으나, 그는 포크 대리공사에게 도움을 요청했고, 상경 절차에 대한 충고를 받았기 때문에 우리는 그의 뜻에 따르지 않을 수 없다.

누구든지 이곳 서울에 올 수는 있지만, 재산이라든가 연구라든가 交易 등 여러가지 사업을 마음대로 할 수 없다. 선교사는 어느 다른 일반인과 마찬가지로 서울에 들어올 수 있다. 그렇지만 우리의 초청을 받고 우리 집에 와 있으면 그것은 완벽한 권리를 누릴 수 있다. 그런데 매클레이 박사는 이제 그가 주한미국공사관 당국에 대한 영향력이 있기 때문에 우리의 도움이 필요 없다는 점을 분명히 우리에게 과시하고 싶어했다. 그러나 이제 앞으로 내한할 선교사들의 재산 소유권 문제가 제기되면, 그들에게 불리한 결정이 나게 될 것이다. 초빙을 받지 않고 내한한다면 불행한 사태가 발생하며, 나아가서 그들 장래 발전에 장애 요인이 될 것이다.

나는 年俸 500달러로 일본공사관 의사로 의료활동하기를 협약을 체결했다.

4월 13일(月)

테시카(Teshika)가 오늘 저녁에 포크 대리공사 오시피호 승무원

해군대위 2명과 함께 내방했다. 테시카는 閔泳翊의 심부름으로 약을 가지러 왔다고 했다. 이야기를 나누는 도중에 그는 400년 전에 조선인 병자를 위해 창설한 구식 조선병원에 대해 재미있는 이야기를 했다. 그것은 惠民署(Hay Min So)라 하는데, 이에 소속된 관속들만 해도 1000여명이나 되며, 이제 惠民署가 해체되자, 그들은 직장을 잃어버린 데 대해 불평 불만이 대단하다는 것이다. 이제 서양식 근대 병원을 개설하기 위하여 이 혜민서를 폐지하고 말았다.[40] 새로 개설된 병원 명칭은 廣惠院(Kwang Hay Won)인데, 그것은 '美德(virtue)을 베푸는 開明된 집'이라는 뜻을 내포하고 있다. 혜민서에는 한의학을 공부하는 학생이 다수 소속되어 있었는데, 이제 이들은 우리 병원으로 이속될 것이며, 나머지 관리들도 우리 병원으로 전속될 것이다. 테시카는 조선 의약의 성전인 東醫寶鑑에 대해서 나에게 소개 설명했다.

4월 19일(日)

앞서 주문한 병원 소용비품 및 의약품이 어저께 도착했다. 비품은 샌프란시스코로부터 주문한 것인데, 비품상자 한 개가 열려있었고, 비품 일부가 도난당해 있었다. 병원은 금주부터 단골손님이 생기는 등 후원자가 많아서 영업이 잘 되어갔다. 우리는 하루 50명의 환자를 진료했다. 나는 진료하는 가운 데에도 수 많은 내·외국인의 방문객을 맞이했다. 나는 壞死病을 앓고 있는 환자의 大腿骨 절제수술을 에테르(Ether)의 도움으로 수술했다.

나는 어제 한 청국인 환자를 치료해 달라는 近藤眞鋤 일본 공사의 요청을 받고 왕진했다. 그런데 이 청국인 환자는 일본군인 행렬을 침입했다가 일군과 충돌, 결국 일본군인의 칼에 찔려, 왼쪽 갈비 8번 내지 9번째 갈비 등 뒤쪽에 刺傷을 입은 것이다. 나는 외국에서 의학공부를

40) 惠民署는 朝鮮朝 때 가난한 백성에게 무료로 병을 치료하며 약을 주고 침술을 가르쳐주던 官衙로서 1392(太祖1)년 창설된 것이다. 혜민서는 1882년에 철폐되었다.

한 일본인 군의관인 외과의사와 협의하면서 수술을 했다. 나는 하루의 激務에 너무 지쳐서 10시경 취침했고, 오후 11시에 다 죽어가는 청국인 환자를 진료하러 갔다. 내가 그곳에 도착했을 때 그는 이미 죽어있었다. 우리는 시체해부 검사를 해본 결과, 그는 出血과 충격으로 사망했음이 판명되었다. 무기가 그의 두 늑막사이로 통과, 깊은 상처가 나있었다. 이 사건은 대단히 불행한 사건이었고, 청 · 일 양군은 서울주재 외국인이 그랬던 것처럼 매우 흥분하고 있었다. 나는 일본공사 近藤眞鋤와 雇聘契約에 서명했다. 이제 나는 일본공사관에서 연간 500달러의 연봉을 받고 醫療奉仕 활동을 하게 되었다. 그대신 일본공사관에서는 의약품을 제공하기로 했다.

5월 2일(土)

지난 2주일동안에는 내가 칼에 찔려 중상을 입은 청국군 병사를 진료하러 일본공관으로 불려갔던 것을 제외하고는 그다지 놀랄만한 사건이 일어나지 아니했다. 일본군인은 갑자기 행렬에 끼어든 청국병사를 몰아내려다가 충돌이 발생, 그만 청국병사를 칼로 찌르고 말았는데 8번째와 9번째 갈비뼈 사이로 4인치 길이의 깊은 칼 상처가 나 있어서, 오른쪽 脊柱로부터 중앙부위까지 상처가 나 있었고, 늑막에는 상처가 없었다. 나는 일본 外科醫와 협의, 수술을 했었지만 환자는 너무나 흥분한 나머지 수술 후유증으로 그날 밤 사망하고 말았다. 近藤眞鋤 일본공사는 나의 이같은 의료봉사에 크게 감사하고 있다. 나는 얼마전 일본공사관에서 개최된 원유회에서 쓰러진 陳樹棠公使[41]도 치료해주었다. 일전에 나는 산부인과 환자를 왕진한 일이 있었는데, 임산부는 해산 임박 4일간 중노동을 했었기 때문에 내가 그를 구제 치료를 해보

41) 陳樹棠은 1883년 10월 23일 總領事 자격으로 서울에 부임했는데, 그의 공식명칭은 淸國總辦朝鮮商務(The Chinese Commissioner of Commerce)이다.
Allen, *Korea:Fact and Fancy,* p.164, October 23, 1883; 金源模, 『近代韓國外交史年表』, pp.109(1883. 10. 23); p.114(1884. 9. 1).

기도 전에 죽어버렸다. 병원 영업도 크게 성업을 이룩, 하루 환자 45명에서 70명을 진료했다. 오시피호의 럿셀 박사가 우리 병원에 와서 1주일간 우리와 같이 생활했다.

5월 12일(火)

나는 오늘 코카인으로 마취해서 白內障 수술을 4건이나 했다. 마취제와 같았다. 병원을 찾아오는 환자 수는 약 60명으로 증가했다. 내가 해야할 업무가 너무 쇄도하니 그만큼 나에게 부과된 책임과 초조감은 무거울 수 밖에 없었다. 나는 이따금 이 일에서 손을 떼고 싶은 충동이 일어나기도 했다. 이같은 나의 욕망때문에 나는 아둔해지거나 성미급한 사람이 되었고, 이때문에 나는 훌륭한 선교사 자격이 없는 것 같았다. 이제 두 달 후에는 우리 병원에서 일할 새 의사(해론)가 올 것으로 기대된다. 한편 메더디스트 감독파(M. E.)의 스크랜턴(William B. Scranton, 時奇蘭敦) 목사가 서울에 왔다(5월 1일에 내한함). 나는 1주일 전 내가 제물포로 왕진갔을 때, 거기서 스크랜턴 목사를 만난 일이 있었다. 그때 나는 스크랜턴 목사에게 서울로 올라와서 우리 병원에서 같이 지내자고 했더니 오늘 그가 우리 병원으로 찾아온 것이다.

나는 스크랜턴 목사에게 병원 일을 맡기겠다고 제의하면서, 스크랜턴이 병원 운영 책임자가 되었다는 취지를 조선정부에 통고하는 동시에 이를 승인해줄 것을 청원했다. 그러나 그는 제물포로 내려가더니만, 돌아오지도 않았고, 내가 제출한 청원서에 대한 조선정부의 回信도 없었다. 그는 분별있는 사람으로서 처신을 잘 한다. 나는 제물포에서 유쾌한 시간을 보냈다. 특히 오시피호를 탑승하고, 멋진 밤 연회를 즐겼다. 내가 진료한 환자는 조선인 하인인데, 그의 주인 양반이 이 하인을 어떻게나 애지중지하는지, 아무리 의료비가 많이 들더라도 제물포로 와서 하인을 치료해달라는 것이었다. 이제 우리 집은 깨끗이 잘 정돈되어서 보기에도 아주 훌륭해 보였다. 해론(John W. Heron, 惠論) 박사의 집도 어제 마련되어 있다.

5월 29일(金)

오늘 아침 나는 大君主와 왕비로부터 하사품을 받았는데, 그것은 속을 두어서 누빈 비단 두루마기로서 빛갈은 여러가지 색으로 변화하여 보이는 청동색이었다. 지난 주에도 국왕 내외분으로부터 아주 값진 선물을 하사 받았다. 국왕의 하사품은 누비 비단 100야드이다. 100야드 중 25야드는 내 두루마기 색깔인 청동색이고, 25야드는 연한 청색이며, 25야드는 연분홍색이고, 25야드는 궁정의 청동황색이다. 파니는 연분홍 및 황색비단은 두 개의 2인용 침대의 침대 시트로 만들었다. 청색 비단은 사용하기가 썩 좋을 것 같았다. 하사품 가운데 무색 명주피륙 100야드도 들어있었는데, 25야드씩 네 개의 천으로 나뉘어 있었다. 한 개의 천은 無地명주이고, 두 개의 천은 끝을 대었으며, 나머지 하나는 체크(바둑판) 무늬의 천이었다. 왕비로부터 내린 하사품 가운데는 돌 밥솥이 한 개 들어있었다.

이들 하사품은 진귀하고도 값진 물건으로서 대군주로부터 선물로 받지 아니하는 한 얻어볼 수 없는 희귀품이었다. 왕비는 우리가 이러한 하사품에 대해 정말로 그 진가를 인정했는지의 여부를 알아보기 위하여 포크 대리공사에게 가서 타진해보았다는 것이다. 나는 하사품이 진정으로 진귀품이라는 사실을 인정하지 않을 수 없었다. 왜냐하면 푸트 공사도 일찍이 이러한 물건을 구입하려고 무던히 애쓴 일이 있었기 때문이다. 또한 하사품 가운데에는 비단으로 휘감아 만든 창문 가리개(차양) 두 개와 아주 정교하게 수를 놓은 방석 여러개도 포함되어 있었다. 맨발로 방석을 밟다 보니 그 촉감이 땋아내린 머리를 만질 때 느끼는 그와같은 부드러운 기분이었다.

병원사업은 순조로이 성업을 이루고 있다. 내가 이전에 제출했던 진정서는 내게 유리하게도 승인을 받았다. 한편 스크랜턴 목사는 전에 내린 그의 결정과 이번의 진정서와는 관계 없이 병원 일을 맡을 수 없다는 진정서를 제출하고는 제물포에서 머물러있기로 결정했다. 그러나 포크 대리공사는 이 문제를 들고 나오면서 이는 배신행위이며 미국의 이권수호를 위해 용납할 수 없는 처사라고 선언했다. 이리하여 포크는 스크랜턴 목사를 소환하였고, 그가 미국공사관으로 올라오기는 했지만 여전히 병원 일을 맡는 데에 대해서는 그다지 관심을 보이지 않는 것 같다.

나는 오늘부터 난방비와 시간을 절약하기 위하여 병원에서 저녁식사를 하기로 했다. 나는 칼스의 저택을 구입하려 했지만, 집값이 너무 비싸서 집을 구입하지 않는 이유를 밝히지 않기로 했다. 그후 스크랜턴 박사는 집을 사러 나갔고 칼스씨는 집을 팔 생각이 없는 것 같았다. 그러나 칼스는 그들이 스스로 그 집을 필요로 하지 않을 경우 자기가 그 집을 스크랜턴 목사에게 선물로 주도록 주선할 용의가 있다고 말했다. 조선정부는 그 집의 처분권을 나에게 위임했으나, 그 위임권은 너무나 허약했다.

최근 그다지 중요하지 않은 사건이 발생했다. 영국함대가 巨文島를 占據했는데(4월 15일), 묄렌도르프가 조선 정부 當路者를 위협하는데 성공, 그 자신이 거문도 현장을 탐사하는 허락을 얻어낸 것이다. 이리하여 그는 청국 군함을 타고 거문도로 출발했는데, 이같은 움직임은 일본인을 자극, 일본공사관에서 이에 대한 해명을 요구하기에 이르렀다.[42] 한편 영국 칼스 총영사로부터 친전 편지가 왔는데 이에 의하면 영국이 거문도를 점거한 것은 단순히 일종의 경계조치(러시아의 南下에 대비하여)에 불과하며 자기로서는 거문도를 점령하거나 조약(朝·英)을 위반할 의도는 없다고 밝히고 있다. 이에 督辦交涉通商事務 金允植은 서울주재 각국 공사들에게 친전형식으로 신랄하고도 과장된 항의 편지를 보낸 것이다.[43] 김윤식 독판은 포크 대리공사에게 와서 자기의

---

42) 巨文島占據事件이 1885년 4월 15일에 발생하자 조선정부는 5월 6일 政府有司堂上 嚴世永, 協辦交涉通商事務 穆麟德(묄렌도르프)에 명하여 清統領 北洋水師 丁汝昌과 함께 巨文島를 탐사케 했다.
『高宗時代史』卷2, p.729, 732, 高宗22年 3月 26日, 4月 6日條;
Allen, *Korea:Fact and Fancy*, p.171, April 15, 1885.

잘못을 사과하면서 이에 유감의 뜻을 전하고, 또 포크를 무시한 데 대한 사과문을 쓰기도 했다.

興宣大院君 李昰應이 청국으로부터 還國하리라 한다. 이미 대원군을 모셔올 特使를 2주일 전에 임명, 청국으로 파견했다는 것이다. 왕비는 국왕의 대원군 환국조치를 도와주고 선물까지 제공하고 있다. 왜냐하면 왕비는 국왕이 閔氏 戚族을 증오할까 우려했기 때문이다. 지금 민영익은 정부의 諜者(右營使)이고 북쪽 邊境 지방에 올라가 있다. 그는 미국 군사교관과 고문관이 부임할 때까지 서울로 돌아오지 않겠다고 공언했다.

6월 3일(水)

미국으로부터 우편물이 도착했지만, 조선정부가 미국정부에 파견을 요청한 군사교관과 고문관에 대한 소식은 없었다. 포크 대리공사는 조선정부가 군사교관과 고문관 派送에 대한 비용을 전송할 준비가 되어있다고 본국 정부에 전보로 알렸으나 이에 대한 답전은 없었다. 조선관리들은 크게 난색을 표명하면서 포크에게 파송을 다그치고 있다. 국왕은 초조한 나머지 조선관리를 일본 長崎로 파견해서, 전신비용이 아무리 많이 든다 해도 상관하지 말고 다시 전보를 치라고 분부했다. 미국으로부터 오는 답전이 분실될까 염려되었기 때문이다. 만약 답전이 없거나 雇聘문제가 불리하게 될 경우 포크 대리공사는 해군무관직을 사임하여야 했고, 이러한 불확실한 일을 맡고 싶지 않지만, 조선정부를 위해 그 자신이 조선정부 고문관직을 맡을 결심을 하려고 마음 먹고 있었다. 포크는 자기가 본국 정부에 파견 요청한 사람은 자기

43) 督辦交涉通商事務 金允植은 영국총영사 대리 칼스, 駐清英國代理公使 오코너(Nicholas R. O'connor, 歐格訥)에게 보낸 친전 편지에서 거문도 점유사건은 양국의 友誼와 萬國公法에 위배되는 조치이므로 즉각 철수할 것을 촉구했다.
『高宗純宗實錄』中, pp.194~195. 高宗22年 3月 29日, 4月 7,8,10日條; 『高宗時代史』卷2, p.733, 高宗22年 4月 7日條.

가 신용하는 사람이기에 이들이 미국정부에 의해 그처럼 학대를 받는 것을 더 이상 좌시할 수 없기 때문이었다. 그래서 그는 이 죄없는 사람들이 그러한 고통을 받지 말아야 하며 또한 우리의 좋은 이름을 유지하려면 그 자신을 스스로 희생할 각오를 하고 있어야만 했다.

조선정부가 파견 요청한 군사교관과 고문관이 아직도 오지 아니한 것은 대단히 불행한 일이 아닐 수 없다. 이들의 내한 여부는 조선 백성의 태도여하에 달려 있다. 그리고 金鑛을 開鑛할 그들 자신의 방안을 세울 수 있을 뿐아니라 개광하게 되면 정부가 이를 채광할 것이다.

만약 이들 인사들이 오지 않을 경우, 포크 대리공사는 일본정부의 고문관으로 재직하고 있는 르젠드르(Charles W. Legendre, 李善得)를 추천할 생각을 하고 있었다. 그는 일찍이 미국 남북전쟁기간동안 장군으로서 명성을 날린 인물로서, 남북전쟁이 끝난 이후 청국 駐厦門領事에 임명되었고, 거기서 渡日, 일본정부를 위하여 여러가지 자격으로 봉사하고 있다. 그는 재정업무와 행정문제에 조예가 깊다. 그는 훌륭한 인물이라는 평판이 있었지만, 동료가 많이 있다. 그러나 빙햄(John A. Bingham) 주일미국공사는 그를 冷待하고 있다. 조선백성도 그를 경계하고 있다.

조선백성은 르젠드르가 바로 갑신정변과 관련이 있다고 생각하고 있었기 때문이다. 그는 일본 관헌이 추방되었을 때 서울에 왔다가 그의 하인배들과 함께 모래밭 위에 홀로 남게 되었었다. 그는 갑신정변의 반역자들과 긴밀한 유대관계를 가지고 있었으며 그들의 신임을 받고 있었기 때문에 갑신정변이 성공할 경우 한 자리를 얻을 것으로 기대했었다. 조선백성들은 2년 전에 그가 정부 돈 7만달러를 빌리러 서울에 왔다가 쫓겨난 사실을 역시 잘 알고 있었다. 포크 대리공사는 그가 일찍이 푸트 공사와 수 많은 재일 미국상인들로부터 조선정부 고문관 추천을 받았기 때문에 그를 두려워하고 있었으며, 만약 그가 조선정부 고문관에 임명되면, 그는 조선을 위해 일하기보다는 이들 상인을 위해 헌신하지 않을까 포크는 우려하고 있었다.

6월 17일(水)

오늘은 端午節이라 그네뛰기대회를 열고 있다. 튼튼한 긴 통나무 기둥을 두 개 세우고 그 꼭대기에 漢字로 '鞦韆'이라 쓴 장대를 동여매고, 솔가지 등 상록수와 꽃다발을 매어단다. 그네줄은 굵고 억센 밧줄인데, 전체로 보아 오하이오주의 피크닉 그네와 흡사하다.

국왕은 오늘 나에게 말 두 마리를 하사했다. 이 말들은 병원 濟衆院에서 쓰일 말들인데 나에게 보내진 것이다. 지금 병원 일을 도와주고 있으며 매사에 추악한 방법으로 질투심을 보이고 있는 스크랜턴 박사가 국왕이 내린 말 두 마리중 한 마리를 자기가 가지겠다고 나섰다.

병원 일은 계속 好況을 보였고 전망이 밝았다. 포크 대리공사는 병원 開院을 축하한다는 미국 국무성 축하 편지 몇 통을 나에게 보내주었다. 애스톤 총영사 부인 묄렌도르프 부인 등이 서울에 돌아옴으로써 이곳 서울에 살고 있는 서양인의 인구가 증가되었다. 우리는 여러 차례 방문했고, 방문이 있으면 答訪이 있었다. 파니는 淑女를 좋아했다. 나는 직업상 왕진 호출을 받았다. 지난 금요일 밤, 우리는 독일 총영사 젬브쉬(Zembsch, 曾額德) 집에 초대되어 저녁을 같이 했으나 따분한 시간을 보냈다. 그 자리에는 부인이라곤 알렌 부인 한 사람 뿐이었다. 러시아 임시 대리공사 슈페에르(Alexis de Speyer, 士貝耶, 駐日露國公使館書記官)가 지난 증기선편으로 서울에 도착했다(6월 16일 도착). 영국인 소유의 집이 스크랜턴 박사에게 양도되었다.

6월 19일(金)

어제 밤 포크 대리공사가 나에게 말하기를 駐日露國公使館 書記官 슈페에르는 조선정부에 대하여 미국인 군사교관 및 고문관 雇聘을 즉각 중단하고 그대신 러시아인을 군사교관으로 채용해야 한다고 강요했다는 것이다. 만약 조선정부가 자기의 요구조건을 들어주지 않을 경우 그는 조선 영토일부를 占據할 의향을 선언하겠다는 것이다. 청·일 양국은 러시아와 영국을 공동의 적국으로 또는 지난 날의 우방으로 간주하면서 그 옛날의 적대감을 잊어버리고 있다. 청 · 일 양국은 한결같이 미국인 고문관 고빙을 소리 높이 간청하고 있다.

포크는 일본에서 발족한 국제협회에 대해서 나에게 설명하면서 이 협회에는 지금 청국 · 조선 · 샴(Siam,泰國의 옛 이름) · 버마 · 인도 · 페르시아 등 제국이 이에 가입하고 있는데, 이들 나라들은 외세의 침탈로부터 그들의 權益을 수호하기 위한 목적으로 이 협회에 가입했다는 것이다. 그런데 이러한 국제적 동맹체제와 종교와는 아무런 관련이 없다. 본협회의 條例 중 한 규칙에 의하면 아메리카는 유럽이라는 語句의 범주에 들지 아니하며 위의 여러 나라들은 외국인 고문관이 필요할 경우 미국정부에 派送 신청을 제출한다는 것이다. 이는 바로 이들 나라들의 미국에 대한 호의적 태도를 잘 설명해 주고 있다.

영국은 巨文島 연안에 魚雷를 많이 埋設하고 있다. 그들은 또한 거문도로부터 上海근처까지 해저전선도 가설했다. 영국함대는 많은 조선인들을 고용, 작업을 하는 것으로 보아 거문도를 당분간 점거할 의향이 있는 것같이 보였다. 포크 대리공사는 조선국왕이 나를 參判(고관)에 임명해도 좋은지의 그 適否에 대해서 下問이 있었다는 사실을 나에게 알려주었다. 이같은 국왕의 下問에 대해서 포크는 내가 조선옷을 입고 조선 관습을 따른다면 그것은 미국식 예법 관념과는 일치되지 않을 것이다라고 대답했다는 것이다. 그러나 그는 내가 병원 外科醫師로서의 相應한 직책이 부여된다면, 나는 대궐에 들어가서도 예절바른 대접을 받을 수 있다고 말했다는 것이다. 현재로서는 우리들은 아무런 공식적인 身分地位가 없기 때문에 국왕을 마음대로 謁見할 수 없다. 왕비는 알렌부인과 애기를 몹시 보고싶어하고 있다. 스크랜턴 박사는 이런저런 일들을 처리함에 있어서 아주 서투르게 처신하고 있다. 포크 대리공사는 스크랜턴 박사를 定着시키려고 애쓰고 있었다. 나는 이에 대해 불평하지 아니했으나, 포크는 어떻게 해서 이를 알고 있었다.

6월 21일(日)

오늘 오후 해론(John W. Heron, 惠論) 박사와 그의 부인이 우리 집을 내방했다. 그들은 어제 세이로마루(Seiro Mrau)號 船便으로 濟物浦에 도착한 것이다. 우리는 그들을 무척 좋아했다. 그들은 南部人으로서 대단히 예절바르고 쾌활하다. 해론부인은 성품이 고상하고, 미모의 숙녀이다. 우리가 그들의 내한에 대비, 그들을 위하여 온갖 것을 주선하고 심지어 살림집까지 마련해준 데 대해 그들은 아주 감사하게 여기고 있는 것같이 보였다. 우리는 이제 스크랜턴 가족에 대하여 염려가 된다. 스크랜턴부인, 그녀의 언니와 동생들이 같은 증기선편으로 내한했기 때문이다. 포크 대리공사는 스크랜턴 가족의 行動擧止와, 그리고 그들이 추방된 아펜젤러(Henry G. Appenzeller, 亞扁薛羅) 가족을 데려온 데 대하여 넌더리를 내고 있다. 그는 하늘이 내려앉을 때까지 나를 지원해주겠다고 말했다. 그러나 그는 이 이상 선교사와는 관계를 갖지 않겠다고 말했다. 나는 이러한 일이 발생한 데 대해 유감으로 생각하고 있다. 그래서 무턱대고 트집을 잡으려고 외국인들 간에 시시한 언쟁이나 불러일으키기보다는 오히려 떠나는 것이 낫다고 생각했다. 조선국왕은 포크 대리공사에게 관리를 파견, 일전에 러시아 공사 슈페에르가 조선정부에 청구한 요구조건(군사교관 및 고문관으로 러시아인을 채용해 달라는 것)을 처리하는 데 도와달라고 했다.

국왕은 조선정부의 판서 한 사람(穆麟德)이 미국인을 雇聘하지 않겠다고 발언했다는 말을 듣고도 이에 대해 아무런 조치도 취할 수 없었다고 말했다. 국왕은 크게 震怒했고, 이같은 발언을 한 자를 색출, 처형하라고 하명했다. 이같은 발언의 장본인이 바로 穆參判 묄렌도르프이다. 목참판과 外衙門과의 관계는 단절되었고, 국왕은 그 자신이 穆參判을 처형할 권리가 있는지의 여부를 포크 대리공사에게 문의했다. 이에 포크는 국왕에게 묄렌도르프의 계획을 좌절시키라고 건의했다는 것이다.

우리는 오늘 저녁 8시 저녁식사 후 우리의 첫 일요예배를 보았다.

첫 일요예배에는 해론 박사 부처, 스크랜턴 부인의 언니, 나와 그리고 내 아내 등이 예배에 참석했다.

6월 28일(日)

6월 24일에 스크랜턴 박사 부처, 그의 어머니, 아기, 그리고 하인들이 우리 병원으로 와서 해론 박사 부처,언더우드와 함께 우리 집에서 하숙하기 시작했다. 스크랜턴 박사 부처는 얼마 전에 조선국왕이 해론 박사에게 하사한 우리 병원의 말 두 마리에 대하여 장황한 이야기를 늘어놓길래 나는 마침내 私的으로 하사받은 말에 대해 알고 있는 것이 있으면 이야기 해보라고 청했다. 이러한 까닭에 우리는 조용한 대화를 나누었는데, 이 대담에서 나는 조선정부가 기대하고 있었던 해론 박사에게 주기 위하여 이 말은 하사받은 것이며, 나는 이미 나의 고빙협정에서 언급한대로 해론이 올 때까지 스크랜턴은 내 병원사업을 도와줄 것으로 기대했다는 것, 스크랜턴은 처음에는 병원 부임을 거부했기 때문에 나는 조선정부에 청원한 바 있었고, 이에 따라 포크 대리공사가 스크랜턴을 설득, 병원에 오게 하는 데 힘을 썼다는 것이다. 그러나 스크랜턴은 심술궂은 인간이고 병원 일을 너무나 소홀이 했기 때문에 나는 그가 병원사업에 적임자가 아니라고 판단, 그대신 다른 사람을 임명해줄 것을 요청했던 것이다.

특히 스크랜턴은 병원사업이 순수한 福音傳道 사업이 아니기 때문에 선교본부에서도 자기가 이러한 병원사업에 종사하는 것을 승인하지 않을 것이라고 주장했다. 그래서 나는 그의 재임명을 요청하는 것은 합당치 않게 생각했다. 스크랜턴은 나와 함께 포크 대리공사를 만나러 가자고 청하자, 우리는 포크 대리공사를 만나러 갔다. 그러나, 포크 대리공사는 내가 한 말을 되풀이해 말하면서 그것은 더욱 강제적인 조치였다고만 말했다. 스크랜턴 박사는 자기 주장을 굽히지 않고 완고한 고집을 되풀이했다. 그래서 나는 그의 재임명을 요청하는 데 동의했다. 그는 이에 동의하지 아니하자, 우리는 이를 무시했다. 그는 동의서를 테이블위에 놓아두었기 때문에 그것을 챙길 것임에 틀림없다. 이 사건 발생 이후 포크 대리공사는 나에게 그는 나쁜 놈이기에 그를 해임할 것을 충고했다.

7월 19일(日)

어제 묄렌도르프는 러시아공사와의 은밀한 비밀조약 체결때문에 골치 아픈 紛糾를 일으켰는데, 이는 關稅 資金 流用과 일반적 분규사건에 連累된 사건으로서 이때문에 그는 곧 해임될 것이라고 조선정부는 포크 대리공사에게 통고했다.[44] 묄렌도르프는 그가 고용하고 있는 영국인 허치슨(W. du F. Hutchison, 轄治臣)을 통해 어제 나에게 다음과 같이 제의했다. 즉 내가 醫療宣教事業을 그만 두고 總稅務司附 의사로 부임, 내 병원을 그의 主管下에 운영하는 것이 어떻겠느냐는 의사를 타진해왔다. 이같은 轉勤에 대한 보상으로 외근 수당 年 5,000달러, 주택, 그리고 매 5년마다 1년분 특별 봉급을 지불하겠다고 약속했다. 이같은 수작은 바로 조선인 앞에서 자기 자신이 분발해보겠다는 허세를 과시하기 위한 음모임은 너무나 당연한 것이었다. 그는 내게 말하기를 濟衆院은 나의 소유물이며 閔泳翊과 함께 나의 병원사업은 성공을 거두었으며, 따라서 내가 어디에 가서 근무하든 간에 언제든지 병원을 차지할 수 있다는 것이다. 물론 나는 이같은 얄팍한 유혹에 넘어가지 말아야 한다고 마음 먹고 있었다.

어저께 제물포에 있는 海關廳舍가 불타버렸다. 지금은 장마철이다.

---

44) 第1次 韓露密約說(1885. 7)을 말한다. 李鴻章은 對韓宗主權 강화정책에 따라 묄렌도르프를 조선에 파견했는데, 묄렌도르프가 總稅務司 및 조선정부 고문에 부임한 이래, 親露拒清 정책을 강화, 러시아세력을 한반도로 끌어들임으로써 清 · 日을 견제해보겠다는 은밀한 계획을 수립했다. 그의 親露정책의 결과, 그는 러시아정부로부터 훈장까지 받기도 했다. 이러한 정책은 임명권자인 이홍장에게는 배신행위가 아닐 수 없다. 이에 이홍장은 引俄拒清策을 수립한 죄를 물어 1885년 9월 4일자로 그를 해임하고 말았다.
金源模, 「袁世凱의 韓半島安保策(1886)」, 『東洋學』 16(1986), p.236.

강물은 홍수로 범람하고 있었다. 내 병원 사무실은 장마비로 물이 새기 시작, 나는 우산을 매달아 놓고 그 밑에 앉아 있을 수 밖에 없었다. 마침내 내 집 안으로 물이 氾濫, 넘쳐 흘러들어와서 물은 배꼽까지 차올라와, 가구를 거리에 내놓기도 했다. 장마비로 집이 무너져서 4명이 사망했다 한다.

7월 29일(水)

어제 官報에 의하면 穆參判(묄렌도르프)이 조선 統理交涉通商事務衙門(外衙門)의 協辦交涉通商事務職으로부터 해임, 좌천되었다고 한다. 그러나 總稅務司 직책은 그대로 유지하고 있기 때문에 여전히 그는 穆參判인 것이다. 그는 이같이 協辦事務職에서 해임된 것은 러시아와의 親露음모에 기인한다고 나에게 시인하고 있다. 따라서 조선관리는 러시아와 아무런 관련이 없다는 사실을 청국에게 확인·해명했다고 그는 말하고 있다.[45]

대원군의 환국을 위해 특사를 청나라에 파견했다.[46] 대원군의 귀국특사는 얼마 전에 임명되었으나, 王妃를 중심으로 하는 민씨척족은 대원군의 귀국을 달갑게 생각하지 않고 있다. 그것은 대원군이 1882년(알렌 日記 원문에는 1881년이라 했는데 이는 誤記임) 壬午軍亂당시 민씨일

---

45) 묄렌도르프는 러시아공사 슈페에르와 은밀히 협의, 군사교관(鍊軍教師) 招聘 約稿를 작성, 고종에게 密呈하고, 督辦交涉通商事務 金允植으로 하여금 雇聘 調印하도록 강요했다. 김윤식 督辦이 김홍집과 민씨 척족들과 협의한 결과 군사교관은 이미 미국으로부터 초빙한 것이기에 이를 거절하면서 러시아 군사교관 초빙은 조선정부가 요청한 것이 아니라 전적으로 묄렌도르프 자신의 擅權에 의한 음모라고 비난했다. 청국 商務總辦 陳樹棠이 본국 이홍장에게 묄렌도르프의 이같은 親露拒清정책 조치를 보고, 드디어 그를 해임하게 된 것이다.
『高宗時代史』, 卷2, pp.746~747, 高宗22年 5月 25日條.

46) 大院君 還國을 위해 조선정부는 陳奏使 閔種默 副使 趙秉式 書狀官 金世基 등을 保定府로 파견, 대원군 귀국교섭을 하게 했다.
『高宗純宗實錄』 中, p.201, 高宗22年 6月 11日條;『高宗時代史』, 卷2, p. 755, 高宗22年 6月 11日條.

파를 몰살하려고 企圖했기 때문이다. 국왕도 이 점을 우려 대원군을 불신했다는 것은 의심의 여지가 없다. 그러나 훌륭한 儒教的 道德律을 신봉하고 있는 국왕은 그의 늙은 친아버지의 귀국을 청국에게 요청했고, 이와 똑같은 유교적 인간관계(父子有親)를 중시하는 청국도 조선 국왕의 요청을 받아들이지 않을 수 없었다. 특히 청국은 국왕의 親父에 대한 孝心에 감복한 것이다. 청국인 모두가 대원군의 환국을 바라고 있지 않기 때문에, 使者를 조선에 파견, 모든 적절한 귀국 절차가 마련될 때까지 특사파견을 중지할 것을 요청했다. 그 결과 국왕은 陳奏使 閔種黙에게 대원군은 身恙이 있어서 귀국여행할 수 없다는 것, 귀국 연기 사실을 공식적으로 공포했다고 통고했다. 그러나 며칠 전 청국으로부터 使者가 도착하자 特使一行(陳奏使)은 청국으로 出行했다. 이는 곧 대원군의 귀국 후 적절한 억류절차가 마련되었음을 의미한다.

귀국준비를 더욱 확실히 하기 위하여 특사일행은 증기선편으로 가게 되면 2, 3일이면 北京으로 직행할 수 있는 길 대신에 현재 계속되고 있는 장마철때문에 적어도 3개월이나 소요되는 陸路여행길을 택했다. 현재 청국에 가 있는 閔泳翊과 함께 李鴻章은 미국정부에 전문을 보내면서 조선정부가 초빙한 군사교관과 기타 관리를 즉각 파송해줄 것을 촉구했다. 이홍장 · 민영익의 전문이 군사교관 파송문제를 약간 촉진했을 가능성이 있다.

지금 병원사정은 모두가 즐거운 것만은 아니었다. 조선정부는 이 濟衆院을 운영할 자금이 없다고 생각하고, 환자들에게 給食을 중단하기로 결정하면서, 濟衆院에 파견근무케 했던 6명의 하인들을 모두 철수시키고 말았다. 이같은 조선정부의 처사에 대해, 나는 환자들에게 약값을 무료로 제공함으로써 보복조치를 취했다. 지금까지 나는 환자들에게 약값으로 엽전 100냥을 청구했었고, 그동안 식대로 20만냥 이상을 받아들인 것이다. 이것은 雇聘契約에 없는 사항이기 때문에 나는 이를 중단했고, 관리들도(濟衆院 主事) 빨리 제중원을 떠나 또다른 조선정부의 협박을 받지 않기를 희망했다.

8월 5일(水)

오늘은 우리가 아주 명예로운 날을 기념했다. 오늘은 알렌 부인의 생신일이라고 거짓 소문이 나있었다. 우리는 오늘 妓女(Dancing Girl)에 속한 젊은 少女 5명을 우리 병원에 맞아들였다. 그런데 이들 소녀들에게 女子醫學生의 이름을 부쳐주면서 순결한 생활과 의술학습을 익히도록 하여, 간호원이 된 것이다.[47] 이들 妓女들은 아주 총명했고, 알렌 부인도 이들을 만나보고 싶어 했다. 그들도 역시 서양인의 집에 가보고 싶어했다. 그래서 오늘 나는 조선 최초의 여자 의학생 5명 전원을 우리 집에 초대했는데, 이것이 事端 발생의 원인이 되었다.

督辦交涉通商事務 金允植이 우리 집에 온다는 것이고, 더군다나 그는 宮中 雅樂소속 국악인들을 대동하고 來訪한다는 사실을 알고 나는 깜짝 놀랐다. 김윤식일행은 한식요리 두 상을 가지고 왔는데, 한 상은 국악인을 대접하기 위하여, 한 상은 우리에게 대접하기 위한 요리상이었다. 이 한식요리상에 알렌 부인도 합석했다. 우리 모두는 상다리가 부러지도록 진수성찬으로 차린 요리상을 중심으로 그 둘레에 좌정했고, L과 E(아마 妓女출신 여자 의학생 이름의 이니셜인 것같다)가 젓가락으로 음식접대를 했다. 음식을 다 먹은 뒤에 우리는 아이스크림, 케이크(양과자) 레몬수를 대접했다.

한 妓女가 맛 좋은 술 한 잔을 따르면서 알렌 부인에게 술잔을 올림으로써 饗宴은 개시되었다. 그녀는 술맛을 보고는, 내 자신을 제외하고 해론박사 부처, 언더우드씨 순으로 술잔을 돌리면서 술맛을 즐겼다.

---

47) 조선정부는 제중원에 女病院을 開設하고 의술을 익힐 소녀를 모집했던 바, 양반 집 규수로서 이에 응하는 처녀는 한 사람도 없었다. 이에 黃海, 平安監營에 發關하여 이 女病院에서 의술을 익힐 13세에서 16세 사이의 총명한 妓女 2,3명씩을 선발 上送케 했다. 이리하여 妓女 5명이 역사상 최초로 입학, 의술과 간호학을 학습하게 되었다.
『舊韓國外交關係附屬文書』 卷3 (統署日記 1), pp.195~196, 高宗22年 3月 13日, 14日條. 關海營 箕營, 濟衆院幷設女病院 另擇妓女中 自十三歲至十六歲 聰明 穎悟者二三名 知委上送于該院 以爲肄習 醫術事.
『高宗時代史』, 卷2, p.725, 高宗22年 3月 13日條.

巡杯가 계속되는 가운데 한 소녀가 勸酒歌를 불렀는데, 그 가사내용인즉 우리들 모두 萬壽無疆을 빈다는 것이다. 우리 모두 거실에 앉아 있었는데, 식당으로 통하는 접게 된 문을 활짝 열어젖히니 거기에 6명의 樂工이 국악을 연주할 태세로 앉아 있었다. 이윽고 그들은 각자 다른 악기로 감미롭고 애조띤 가락을 연주했고, 한쪽 끝에는 유리 술잔처럼 생긴 장구, 그리고 다른 한쪽에는 북을 배열, 박자를 맞추고 있었다. 북은 북방망이로 치고, 장구는 손으로 쳐서 가락에 맞춘다. 弦樂器의 연주는 훌륭했다. 하프처럼 생긴 현악기에는 두 종류가 있었는데 하나는 오동나무판 위에 여섯 줄(6絃)을 걸어놓은 거문고이고, 다른 하나는 열 두 줄(12絃)을 걸어 놓은 가야금이다. 또 하나의 현악기는 여섯 줄의 鄕琵琶(향비파는 여섯 줄이 아니고 다섯 줄과 열 기둥, 五絃十柱이다)인데 줄을 튕겨서 내는 곡조가 저음의 굵직한 소리이다. 높은 음을 내는 피리, 플루트처럼 생긴 笛, 그리고 바이올린 처럼 생긴 奚琴 등의 악기가 있었다. 이상에서 열거한 악기가 이날의 국악기 전부이다.[48] 한 妓女가 현악기 중 가야금을 타고 있었다. 향연은 오후 3시부터 7시까지 계속되었는데, 아주 특이한 雅樂놀이였다.

뫼렌도르프는 기분이 울적해 보였다. 그들은 아직도 내가 그들의 자리(총세무사 소속의사)를 차지해줄 것을 촉구하면서 나에게 그들의 비밀을 털어놓고 있었다. 그는 濟衆院에서 조선정부가 베푸는 祝宴에 자기를 초청해달라고 간청했다. 데니(Owen N.Denny, 德尼) 판사가 조선정부 고문관으로 온다는 소문이 파다하게 퍼지고 있었다. 조선정부는 측량기사를 초빙했다고 한다.[49]

---

48) 雅樂의 일종으로서 이를 三絃六角이라 한다. 三絃은 세 가지 현악기를 말하는데 즉 거문고, 가야금, 鄕琵琶 등이고, 六角은 북, 장구, 해금, 피리, 및 저 한 쌍이다.

49) 미국인 크럼(Raymond Krumm, 巨廉)이 量地衙門 主任技士로 부임한 것은 1898년 9월 15일이다. Allen, *Korea:Fact and Facny,* p.205, July, 1898.

8월 10일(月)

어저께 밤에 나는 청국 光緒皇帝의 탄신일 기념 萬壽節 만찬에 참석하기 위하여 청국공사관에 갔다. 평생 처음으로 나는 正裝을 했다. 이 옷은 上海로부터 주문한 것인데 때마침 도착해서 입고 갔다. 청국공사관 만찬회는 다분히 정치적 중요성을 띤 모임이었다. 清國總辦朝鮮商務(公使) 陳樹棠은 이 자리에서 조선과 청국의 관계는 脣齒의 관계와 같다는 내용의 정치적 발언을 했다. 우리 해군의 해군소위에 불과한 포크 대리공사는 현 독일총영사이며 독일해군의 전함장인 젬브쉬보다 그 직위가 높다. 젬브쉬는 駐 漢城 獨逸총영사이지만 포크는 주한미국 대리공사이기 때문이다. 젬브쉬는 駐쿠바 領事로 전임하기 위하여 내일 아바나로 떠나게 된다. 우리는 20品 요리를 들면서 조선 아악 연주를 들었다. 저녁식사는 한식이 아니고 전적으로 중국요리 등 외국요리였다.

어제 밤에는 우리 濟衆院 병원에서 조선 統理交涉通商事務衙門이 주최하는 주한외국사절 초청 만찬에 참석했다. 이 만찬회에서는 서양요리를 대접하고 있었는데 오랫동안의 서양식 요리를 들고 난 후에 조선요리가 나오는데 서양식으로 대접하고 있어서 나는 몹시 지루한 감을 느꼈다. 우리는 宮中 雅樂 연주를 많이 들었고, 妓女醫學生 몇 명을 불러 노래를 부르게 하여 흥취를 돋구었다. 나는 일요일에는 이같은 행사에 참석하고 싶지 않았지만, 이 모임은 아주 최상의 만찬회라 생각된다. 넓은 外科 病棟에 식탁을 벌여 놓고 음식대접을 했지만, 주한외교관협회가 나의 식욕을 돋구는 것같이 느껴졌다.

9월 1일(火)

어제 나는 묄렌도르프로부터 年俸 720달러로 海關總稅務司附 의사로 근무하게 된다는 雇聘契約書를 접수했다. 내 병원사업을 하면서 겸직으로 근무하기로 했다. 긴 장마 끝에 태풍이 불어닥쳤다. 8월 28일 금요일 밤에 태풍이 우리 집을 휩쓸었다. 우리는 해론 박사와 아주 놀랄만하고도 짜증나는 의견 충돌이 일어나게 되었다. 내가 그에게 병원일을 도울 필요가 없을 때에는 집에 머물러있으라는 것, 선교본부가 촉구했듯이 어학공부를 하고 있으라는 것 등, 아주 친절한 말씨로 충고했을 때, 언쟁이 발생한 것이다. 나 역시 그의 하인이 식사 전에 우리 어름물병을 다 마셔버리고는 물병에 물을 채워 놓지 않는다고 불평을 털어놓았다. 이러한 감정적 대립은 해론의 가장 완고한 행동을 촉발시키고 말았다. 이로 인해 나는 드디어 선교부를 떠나겠다고 사임 의사를 선언하기에 이르렀다.

해론부인은 이 기회를 놓칠세라, 내가 선교사업을 맡을 적임자가 아니라고 비난하면서, 다만 이를 선교부 사임의 구실로 이용, 돈벌이에 나서려 한다고 痛駁했다. 이같은 모욕적인 발언은 정말로 그리고 당연히 나를 激憤시켰고 알렌부인을 애타게 만들었다. 사실 알렌부인은 오랫동안 선교사부인들을 그리워하고 있었고, 그래서 해론부인을 좋아하고 있었으며, 해론이 기타 불쾌한 일로 추태를 부려 분통을 터뜨릴 때까지 그녀는 해론과 나 사이에 不和가 있었다는 낌새를 조금도 느끼지 못했던 것이다. 이리하여 나는 마침내 뉴욕의 선교본부에 釜山에서 새 선교사업을 개척해보겠으니 부산 전근을 요청했다. 이는 내가 돈벌이보다는 선교사업에 더 열의를 가지고 있다는 것을 입증하기 위하여, 그리고 현재 내가 직면하고 있는 곤경에서 헤어나기 위해서이다.

9월 4일(金)

오늘은 조선국왕의 千秋節로서 國慶日이다. 주한 외교사절단 전원이 오늘 오전 탄신을 축하드리러 입궐했고, 오늘 밤에는 統理交涉通商事務衙門에서 개최되는 千秋節 경축 만찬회에 참석하게 될 것이다. 나는 이 두 가지 행사(入闕과 만찬회)에 정식으로 초청 받지 못했지만, 나는 국왕으로부터 優渥한 하사품을 푸짐하게 받았다. 하사품을 보면 꺽꺽우는 돼지 4마리, 닭 20首, 계란 600개, 비린 내가 물씬 풍기는 생선을 잔뜩 담은 큰 바구니 한 개, 또 다른 큰 바구니에는 소금에 절인 건어물이 들어있었고, 사과 배 복숭아 등을 담은 바구니 등이었다. 나는 나에게는 별 쓸모가 없는 물건이지만 이것들을 가지고 온 人夫들에게 관례대로 5000냥(3달러 12센트)을 주었다. 나는 下賜品 중 절반은 해론박사에게 주었고, 나머지 내 몫은 계란 그리고 상하기 전에 먹어야하는 소량의 과일을 제외하고는 모두 하인들에게 나누어주고 말았다. 이처럼 나누어 먹는 것도 조선 풍습에 따른 것이다. 나는 하사품에 대한 답례로 양주 두 상자를 국왕께 進上하는 것이 온당하다고 생각했다.

지난 8월 27일 목요일에 장마가 걷히더니 이어 태풍이 불어닥쳤다. 장안 백성들은 四大門 밖에 나가 3일간 祈晴祭[50]를 지냈다는 것이다. 이제 날씨는 가끔 비가 내리기는 했지만, 정상 날씨로 돌아온 것 같다.

9월 6일(日)

어제 날짜 官報(9월 5일)에 의하면 穆參判 묄렌도르프가 朝鮮 海關總稅務司의 직위에서 해임되고 濟物浦稅務司 스트리프링(A. B. Stripling, 薛必林)이 總稅務司 代理에 임명되었다는 것이다. 주한영국총영사 애스톤은 어제 스위프트(S. S. Swift)로부터 公文을 접수했는데, 이에 의하면 현재 清國 海關에 근무 중인 미국인 메릴(Henry F. Merrill, 墨賢理)을 朝鮮 海關 稅務司에 임명되어 곧 청국 砲艦을 타고 당지에 부임하리라 한다.[51] 묄렌도르프가 나에게 말하기를 자기는 總稅

50) 立秋가 지나도록 장마비가 그치지 아니할 때 날이 개기를 비는 제사이다. 일종의 민간 신앙으로서 山上峯에 壇을 만들고 烽火를 올리며 제물을 차려 놓고 제사 지낸다.

51) 메릴은 조선 관직으로는 戶曹參議 兼 稅務司에 임명되었다. 이홍장은 1882년 11월 5일 朝鮮海關 창설시에는 清國海關總稅務司 하트(Robert Hart, 赫德)와 同格인 總稅務司(Inspector General of Customs)를 두었으나 親露拒清政策의 책임을 물어 묄렌도르프를 소환하고 그 후임에 미국인 메릴을 파견하면서 朝鮮海關의 지위를 格下, 海關稅務司(Chief Cormmissioner of Customs)로 하고, 청국 海關의 지배를 받도록 했다. 金源模, 『近代韓國外交史年表』, p.292.

務司의 職位에서 해임되었지만 典圜局總辦職은 아직도 보유하고 있으며 總稅務司 본부 건물은 자기 소유이기 때문에 조선정부는 이 건물에 대한 충분한 代價를 지불해야 한다고 말했다. 나는 그후 포크 대리공사를 통해 總稅務司가 사용하고 있는 垈地는 조선정부 소속의 국유지이지만, 그는 몇 가지 구실을 붙여 이 건물의 부동산소유 權利證을 획득했기 때문에 이에 대한 권리를 포기할 수 없다는 말을 들었다. 내 병원 환자로서 허치슨씨도 나에게 이에 대한 비밀을 털어놓았는데, 나는 도대체 어느 쪽이 惡漢인지를 결정하기가 매우 난처하였다. 심지어 허치슨씨는 나로 하여금 침몰해가는 배와 운명을 같이 하도록 했다. 이는 그가 홍콩에 있는 영국정부 郵遞局 자리를 얻어보려고 어리석은 기도를 꾸밀만큼 어리숙했다. 그러나 그가 요구했던 자리는 그들이 차지하고 말았다는 사실을 알게 되었다.[52)]

9월 7일(月)

나는 어제 묄렌도르프의 부름을 받았는데 명목상으로는 그의 아이를 신료하기 위하여 왕진했지만 사실은 그의 주목적은 나에게서 무슨 정보를 알아내기 위해 유도신문하기 위한 것이었다. 그는 이 자리에서 자기는 조선정부 典圜局 總辦職도 사임했다고 말했다. 나는 독일系 미국인 로젠바움(Joseph Rosenbaum, 羅生寶)이 니플러(Kniffler)와 함께 성냥 제조공장을 건설했다는 사실을 알았다. 그들은 또 담배(煙草) 전매특권을 얻을 것이라고 한다. 그리고 메르텐(A. H. Maertens, 麥登司)은 그의 식당에서 養蠶을 개시했다 한다.[53)]

로젠바움은 묄렌도르프에게 고용되어 내한했으며[54)] 이제 성냥과

---

52). 허치슨(W. du F. Hutchison, 轄治臣)은 홍콩 영국정부 우체국장에 부임하려고 기도했으나 실패하고 결국 1885년 10월 14일에 조선정부 郵征局 顧問이 되었다. 그후 稅關 촉탁으로 일하다가 영어학교 교사가 되었다.
Allen, *Korea:Fact and Fancy*, p.173, October 14, 1885;金源模,『近代韓國外交史年表』, p.121(1885. 10. 14).

유리제조공장을 개설한다는 것이다. 그는 그의 上司인 묄렌도르프가 그에게 한 수 많은 약속 중 어느 것도 이를 뒷받침할만한 證憑文書조차 가지고 있지 않다. 그는 이 나라 사정을 전연 모르고 있으며 내한이래 株式(계약으로) 수천달러의 株를 모집하고, 공장에 설치할 기계류를 구입하기 위하여 독일에 갔었고, 독일에 살고 있는 그의 친척과 친지들로부터 수천 달러의 주식을 모집하고 지난 봄에 재차 내한했는데, 처음에 이 자금으로 유리공장을 건설할 협약을 체결했지만, 여의치 못해서 그대신 성냥공장을 세우기로 사업계획을 바꾼 것이다. 그러나 그는 홍수의 범람으로 그의 공장 기자재가 거의 유실되고 말았다. 오스트리아로부터 고빙한 그의 종업원 공장기술자와 그의 부인은 이로 인해 앓아 눕게 되었으며, 그 결과 그는 무일푼의 알거지가 되고 말았다. 이에 그는 묄렌도르프에게 주식 중 자기 持分의 돈을 내놓으라고 청구했다.

그러나 묄렌도르프는 로젠바움의 소유주식이나 그의 돈은 없다고 잘라 말하고 있다. 그의 소유로 되어있는 주식은 조선인 또는 조선정부의 주식이기 때문에 받고 싶으면 조선정부에 청구하라는 것이다. 이렇게 거절을 당하자 로젠바움은 묄렌도르프에게 동정을 호소하면서 계약을 충실히 준수할 것을 강조했다. 그는 로젠바움을 불쌍히 여길 필요가 없으며 법률상 계약에 의해 같이 조선에 왔을 뿐이라고 했다. 로젠바움은 묄렌도르프로부터 돈 한 푼 받지 못하고 거절당하자, 미국공사관으로 포크 대리공사를 찾아가 이 사건처리를 포크에게 위임하면서 이 문제를 중재 · 해결해줄 것을 간청했다.

---

53) 메르텐은 ,1884년에 내한, 양잠을 위해 景福宮 西門(迎秋門) 근처에 뽕나무를 심고서 이를 桑宮(Mulberry Palace)이라 命名하고 그해 8월에 蠶桑公司를 설립하였다. Allen, *Korea:Fact and Fancy,* p.164(1884) ; 金源模, 『近代韓國外交史年表』, p.110(1884).

54) 묄렌도르프가 朝鮮海關總稅務司에 임명되어, 1883년 1월 7일 부임할 당시 로젠바움과 니플러 등은 묄렌도르프에 고용되어 같이 내한했다. Allen, *Korea:Fact and Fancy,* p.162, January 7, 1883.

포크는 묄렌도르프와 로젠바움 사이의 계약은 처음부터 부정한 방법으로 체결되었다는 것을 알게 되었고, 이에 外衙門에 이 사실을 보고하였더니, 外衙門에서도 이같은 사실을 전연 모른다는 것이다. 그래서 마지막으로 조선정부의 원조 없이 그가 새 출발을 하기로 타협을 보았다. 그는 허치슨을 찾아가기로 결정, 나를 그의 방으로 안내, 자기가 하고 싶어하는 사업계획에 대해 설명하였다. 나는 이 자리에서 로젠바움에게 그가 할 수 있는 최선의 행동노선은 바로 즉시 조선을 떠나야만 한다고 강조했다. 묄렌도르프와의 관계때문에 조선관리들이 그를 신임하지 않는 것과 마찬가지로 포크 대리공사도 그를 불신임하고 있었다. 애스톤 총영사도 그를 협잡꾼이라고 비난하고 있었으며, 내 자신도 그가 이번 사건때문에 영국정부 소속의 자신의 지위를 포기한 어리석은 인물이라고 생각하고 있었다. 로젠바움은 끈질기게도 묄렌도르프에게 달라붙어 싸웠다.

묄렌도르프는 조선정부와 외국인 사이에 체결된 모든 계약서에는 外衙門의 도장이 날인되어 있어야 하며, 그렇지 않으면 그 문서는 무효라고 발표한 外衙門 規則의 법적 구속력을 피하기 위하여 7월 3일로 소급해서 그에게 임명장을 줌으로써 그와 화해했던 것이다. 그는 이 계약서가 실제 그 날짜에 작성되었다고 애스톤에게 확신시킨 것이다. 그는 8월 28일에 그 자신이 작성한 계약서 초안을 나에게 보여주면서 동시에 나를 위하여 내 雇聘계약서도 立案했다. 그는 내 계약서를 遡及日字로 작성하겠다고 했으나 나는 이를 거절하고 이미 봉사한 근무기간을 포괄하기 위하여 5월 초부터 보수를 받아내려고 8월 31일자로 했다.

묄렌도르프는 허치슨의 임명일자를 기록서에 소급해서 기록해 넣어 두었으나 이것이 탄로날까 두려워했다. 그래서 허치슨은 기록서를 재작성하고 있다. 이제 허치슨은 사무실로부터 기록문서 두 권을 가져왔는데 하나는 옛날 기록서이고 다른 하나는 새로 작성한 기록서이다. 그는 새 기록서를 어떻게 재작성했는가를 나에게 보여주면서 자기 자신은

適材適所에 임명되어 근무하게 되었다는 것을 보여주었다. 몇 가지 이유때문에 내가 모르는 데가 있었다. 그는 數字上의 계산을 할 수 없었던 것이다. 그의 임명장의 문서번호는 141인데 비해 기록서에는 142 또는 그 반대였다. 묄렌도르프는 나머지 부분에서는 아주 궁핍한 생활을 해왔다. 그의 가족은 식사 한 끼마다 각자 계란 한 개로 생활하고 있었다. 그래서 허치슨은 자기 가구를 부들러(H. Budler,卜德樂)에게 팔아서 묄렌도르프의 생활비에 충당했다는 것이다. 그러나 묄렌도르프는 쓰지 않고 모아둔 돈이 많이 있었다. 그래서 나는 그의 이같은 생활비 군색은 하나의 핑계에 지나지 않는다고 생각했다.

9월 20일(日)

1주일 전에 나는 濟物浦로 가서 미국 군함 마리온(Marion)호에 승선, 델라웨어의 내 친구인 마리온호 선장 밀러(Muriel Miller)를 만났다. 이 유쾌한 옛 친구와의 상봉은 갑자기 아기가 아파서 곧 상경하라는 아내 파니의 편지를 받고서 단축되고 말았다. 나는 월요일 날이 새자마자 급히 서둘러 길을 떠났는데, 억수같은 비가 계속 내리고 있어서 빨리 갈 수 없었다. 그래서 오후 2시경에 겨우 집에 도착해보니 아기는 중태인듯 했으나 약간은 차도가 있었다. 며칠간 애를 태우다가 우리는 유모 한 사람을 구했다. 한편 우리 아기에게 이따금 젖을 먹이면서 肝油로 塗擦療法을 실시하면서 아기의 목숨을 구해냈다. 우리 중국인 아저씨는 16일에 퇴원하여 지금 회복 중에 있다.

나는 서울 주재 모든 외교관들에게 지금 악성 가축유행병이 나돌고 있다는 공식 통고문을 돌리면서 오염된 상한 고기를 절대로 먹지 말라고 경고했다. 또한 지금 일본 중국에서 콜레라(호열자) 병이 猖獗하고 있다고 전하면서 이미 제물포에서 두 건의 질병이 발생했다고 주의를 주었다. 나는 이같은 사실을 조선정부 당국에 통고하면서계획을 수립, 적절한 예방조치를 취해줄 것을 촉구했다. 해론 박사 부처는 지난 16일 수요일 상해로 떠났는데, 이번 上海行은 해론부인의 눈 치료를 위한 것이다. 해론부인은 테니스 공에 눈을 맞아서 눈의 부상을 입었다. 어제 밤부터 언더우드씨가 우리 집에서 함께 宿食하기 시작했다. 청국 商務總辦 陳樹棠이 본국정부로부터 召還訓令을 들은지 3일 후 중풍증세로 쓰러졌다.

9월 27일(日)

지난 1주일동안 나는 일본과 중국에서 콜레라병이 만연하고 있다는 소식을 듣고 우리는 크게 경계하고 있었다. 그런데 일본 증기선 편으로 콜레라병 보균자 세 사람이 이미 제물포에 상륙, 그중 한 사람은 사망했고, 나머지 두 사람은 격리수용 중이다. 나는 서울 거주 모든 외국인들에게 발병사실을 공표하면서 예방에 대한 주의를 촉구했다. 이 지방의 가축들이 치명적인 敗血症 질병에 걸려있기 때문에, 이러한 병든 쇠고기를 먹으면 몸안에 세균이 번식하게 된다고 지적하면서 쇠고기를 절대로 먹지 말라고 주의를 주었다.

나는 조선정부 당국에 다음과 같은 조치를 취하라고 촉구했다. 각 도시의 出入大門마다 두 사람의 훌륭한 使者를 파견 배치, 콜레라 환자의 출입을 통제하고 아울러 격리수용하는 환자 집 밖에 있는 집에는 일체 숙식을 하지 말도록 당부했다. 아울러 각 세대주들에게는 집안팎을 깨끗이 청소하고 하수구에 石灰를 뿌리며, 방안에는 硫黃을 태우는 등 소독을 철저히 하라고 하였다. 또한 물은 반드시 끓인 물을 마시도록 했다. 이러한 예방지시를 주로 시달했지만, 이 지시를 이행하는 자가 적었다. 이같은 지시에 따르지 않아서 콜레라가 한층 더 극성을 부렸다.

오늘 京仁 간 電信 開通을 기념하는 축하연이 外衙門에서 개최되었는데, 이 전신은 서울-北京간을 연결하는 전신선의 일부이다. 이 전선은 청국에서 가설했고 조선정부는 15,000냥을 20년 年賦로 상환해야 한다. 조선은 이같은 전신가설을 원하지 아니 했다. 그러나 청국은 조선을 억압·지배하려는 한 방법으로 전선 가설을 강요한 것이다. 조선-

청국간 전선이 개통되면 장차 러시아와의 어떤 분규가 발생하더라도 청국은 군대를 파견 배치할 수 있다는 것이다. 일본은 이같은 청국의 강압적인 조치에 격분하고 있었다. 특히 일본은 釜山까지 海底 電線을 연결가설했다는 점을 감안, 조선의 모든 전선가설사업에 대한 계약체결권을 가지고 있다고 주장하고 있다.[55]

10월 4일(日)

오늘은 흥분된 하루였다. 주한러시아공사 웨베르(Karl Waeber, 韋貝), 애스톤 총영사 후임으로 임명된 주한영국총영사 베버(E. C. Baber, 貝德祿), 그리고 大院君 등이 한꺼번에 제물포에 도착, 곧 서울에 입성하리라 기대된다. 나의 雇聘協約은 영국정부가 영사관 외과의사로 임명했음을 확인함으로써 認准된 것이다. 청국공사도 나에게 이와 같이 그의 개인적인 업무를 하도록 주선했다. 이러한 계약에 의한 나의 복무의 수입은 지금 현재 2,695달러에 이르고 있다. 일전 外衙門督辦 金允植이 來訪, 나에게 詣闕特權을 부여하면서, "우리 대군주께서는 당신을 높이 평가하고 있으며, 만약 당신이 단독 입궐하면, 대군주께서는 당신이 대궐 뜰을 오락장소로 사용할 수 있게 할 수 있다"라고 말했다. 일본의 루미스(H. Loomis)씨가 지난 주 내한 滯京 中인데 나는 그를 故宮(昌德宮)으로 안내하여 관광했다. 아직까지 콜레라가 발병했다는 말이 없는 것 같다.

10월 5일(月)

大院君이 오늘 도착했다.

濟衆院 직원들이 나를 위해 방을 마련해 주었고 나는 루미스씨를 데리고 가서 이 방을 보게 했다. 국왕의 行幸은 보통 있는 일이지만 국왕의 아버지(대원군)의 행차는 흔히 볼 수 없는 일이다. 특이한 것은

55) 京仁間 電信開通: 덴마크인 電報敎師 뮬렌스테스(H.J. Muehlensteth, 彌綸斯)가 청국을 위하여 전선가설공사를 담당했다.

대원군은 청국 수병의 보위를 받으며 입경했다. 清國 總兵 王永勝이 40명의 水兵을 거느리고 대원군을 호위했다. 신임 朝鮮海關總稅務司 미국인 메릴도 이들 一行과 함께 入京했다.

10월 7일(水)

오늘 나는 거리에 쌓아둔 가구들 틈에 2구의 시체가 누어 있는 것을 목격했다. 이들 시체는 머리, 손, 발이 절단된채 방치되어 있었다. 이들은 이런 식으로 처단된 것이다.[56)]

王妃는 시아버지인 대원군을 아주 두려워 하고 있다. 그로부터 얼마 후 경복궁에서 주한 외교사절을 초청 향연을 베푼 일이 있었다. 국왕과 왕비는 慶會樓 큰 연못에 유람선을 타고 배안의 장막을 걷고 가을 정취를 즐기고 있었다. 잔인한 이세벨(Jezebel)[57)]은 국왕에세 전례 없이 아양을 떨면서 다음과 같은 勅令을 발표하게 했다. 즉 壬午軍亂에 가담했던 모반죄인들은 모두 81명이다. 임오군란은 왕비를 죽이기 위해 일으킨 반란으로 이때 왕비는 구사일생으로 살아났다. 임오군란에 가담한 한 불쌍한 졸때기를 推鞫한 결과 그로부터 약 30명의 謀叛者가 더 있다는 사실을 자백 받게 된 것이다. 이들 30명의 모반죄인들도 앞서 처형된 두 죄인(金春永 · 李永植)처럼 능지처참될 것으로 보인다.

大院君은 바로 임오군란의 최고 首謀者이기 때문에 아마 왕비는 대원군도 처형하고 싶어할 것이다. 물론 왕비는 대원군이 처단되기를 희망하고 있다. 러시아 외교사절이 지금 서울에 와있는데 그들은 미국 공사관 서쪽에 공사관부지를 마련, 이를 주한러시아 공사관으로 이용할

56) 三軍府에 庭鞫을 설치, 壬午軍亂의 죄인 金春永 · 李永植을 推鞫하고, 이들을 謀叛 大逆不道罪로 結案, 軍器寺 앞길에서 凌遲處斬했다. 『承政院日記』, 高宗22年 8月 26日, 27日, 28日 ;『高宗純宗實錄』中, pp. 207~209, 高宗 22年 8月 26日, 28日條;『高宗時代史』, 巻2, pp.775~777, 高宗22年 8月 26日, 28日條.

57) 이세벨은 이스라엘왕 아합(Ahab)의 사악한 왕비인데, 알렌은 왕비를 이세벨에 비유하고 있다.

예정이다. 우리 미국공사관은 이렇게 각국 공사관으로 둘러 쌓이게 되었다. 러시아 · 청국 · 조선간에 북쪽 國境問題를 둘러싸고 영토분쟁이 발생했다. 러시아는 豆滿江 밑으로까지 영토권을 주장하고 있었다(鹿屯島領有權問題). 그러나 청국은 朝 · 露간의 국경선은 두만강을 따라 동해로 이어지는 선이며, 이것이 朝 · 淸 · 露간 영토를 구획하는 국경선이라고 주장하고 있다. 勘界使 李重夏가 임명되었다.[58)]

10월 11일(日)

어제 나는 국왕의 아버지 大院君을 拜謁하는 영광을 가졌다. 대원군은 나를 따뜻하게 환영하면서, 거의 한 시간동안 나의 손을 잡고 온정을 베풀었다. 그는 閔泳翊을 통하여 나를 알게 되었다고 말하면서, 長壽할 수 있도록 보약을 지어달라고 청했다.

그런데 오늘 모든 사람에게 깜짝 놀랄 일이 발생했다. 대원군이 친히 우리 제중원병원을 방문했기 때문이다. 그는 우리 병원 구내를 둘러보고 면전에서 칭찬해주었다. 그는 외국인에 대해서 충분히 알고 있어서 외국인을 만날 때는 모자를 벗는다는 것도 알고 있었다. 그리고 모든 미국인은 좋은 사람이라고 주장했다. 나는 그가 강한 의지와 신념, 정직하고 결의에 찬 인간이라 생각되며, 이 모든 그의 인간성을 뒷받침해주고 있는 것은 친절한 온정이라 생각되었다. 그래서 누구든지 그의 心中을 꿰뚫어 감동시킬수만 있다면 그와 확고한 친구가 될 수 있을 것이다. 만약 그가 宣敎事業을 인정한다면 선교사업은 순조로이 진행될 것이다.

나는 女醫師 엘러스(Annie J. Ellers)를 왕비에게 보내어 侍醫하게 했다. 오늘 우리는 조선에서 최초로 改新敎교회 예배를 행했다. 이 개신

58) 鹿屯島 領有權問題 : 豆滿江 어귀에 있는 섬으로 현재는 토사의 퇴적으로 沿海州쪽으로 連陸되어 있다. 원래 조선 고유 영토였으나 1860년 露淸간 北京條約 체결로 淸國영토였던 沿海州 일대가 제정러시아로 넘어갈 때 녹둔도도 러시아에 귀속하게 되었다. 1885년 4월에 감계사 李重夏가 임명되었다.

교 牧會에는 아펜젤러(H. G. Appenzeller, 亞扁薛羅) 목사 부처, 스크랜턴 박사 부처, 그의 어머니와 아이들, 언더우드 목사, 알렌부인과 나 자신, 그리고 일본선교부 소속으로 지금 來韓 中인 루미스(H. Loomis) 목사, 역시 내한중인 미국 마리온호 승무원들, 함장 밀러(Muriel Muller), 회계주임 트레일리치(Trailich), 의무관 크레이그(Craig) 박사 등이 목회에 참석했다. 목회는 대단히 인상적인 성황을 이룩했고, 훌륭한 성과를 거두었다. 예배가 끝난 후 파티를 열었는데, 이 파티에는 나는 어머니로부터 물려받은 진귀한 銀製 茶주전자, 유리 술잔 등을 사용했고[나는 이 진귀한 茶주전자를 1920년 1월에 서울에 있는 게일(James S. Gale, 奇一) 박사의 宣教博物館에 기증했다], 그리고 알렌부인이 약간의 빵을 마련했고, 술은 더 좋은 것이 없어서 내가 가지고 있던 술로 축배를 들었다. 루미스 목사가 설교를 했다.

10월 22일(木)

청국 商務總辦 陳樹棠이 어저께 청국 芝罘로 떠났다. 묄렌도르프는 양복을 입고서 동시에 같이 떠나려했지만 그의 가족을 같이 동반하고 갈 수 없었고, 더군다나 가족을 두고 떠나기가 두려워서 가지 못했던 것이다. 애스톤 전 영국 총영사도 오늘 부인을 동반, 본국 영국 으로 향발했다.[59] 그들은 나의 따뜻한 친구들로서 특히 그들은 내가 애스톤

---

59) 영국이 1885년 4월 15일 거문도를 점거하자, 조선정부는 嚴世永 묄렌도르프를 대표로 파견했는데, 이들은 청국 丁汝昌과 함께 거문도를 탐사하는 동시에, 영국 당국에 거문도 불법점거를 항의한 일이 있었다. 영국이 거문도를 점거한 것은 어디까지나 러시아의 한반도 진출을 견제하기 위한 정략적 조치이다. 그런데 묄렌도르프는 러시아의 슈페에르와 교섭 군사교관(鍊軍) 초빙교섭을 벌이는 등 反英親露的 정책을 강화했는데, 이것이 곧 영국의 반감을 사게 되어 묄렌도르프는 해임된 것이라고 주장하고 있다.
Robert R. Swartout, *An American Adviser in Late Yi Korea: The Letters of Owen Nickerson Denny*(The University of Alabama Press, 1984), pp.8, 37~43, 171; 『高宗時代史』 卷2, pp.732~733; pp. 746~747, 高宗 22年 4月 6日, 5月 25日條.

씨를 치료해서 완치해준 데 대하여 감사하게 생각하고 있었다. 새로 부임한 稅務司 메릴에게 높은 官職이 내려졌는데, 그는 戶曹參議와 典圜局 總辦에 임명된 것이다.

대원군은 귀국 후 조용히 지나고 있었으나, 그와 국왕은 甲申政變의 반란 주모자로 지금 추방된 金玉均과 결탁하고 있었다고 한다. 여하튼간에 대원군 귀국 이후부터 왕비는 심기가 대단히 불안해서 청나라에 군대를 파견, 서울에 주둔해 있을 것을 요청했다. 왕비가 청나라에 請兵했다는 정보는 포크 대리공사의 宮內중개인에 의해 전해들은 이야기인데, 포크는 나에게 이같은 정보를 누설하지 말라고 당부하고 있다. 그러나 포크는 이 이야기를 핼리팩스에게 전해주자, 핼리팩스는 즉각 묄렌도르프에게 전했다. 묄렌도르프는 이같은 중대한 정보를 단기간 업무를 위해 오늘 上海로 떠나기 위하여 제물포에 가 있는 러시아공사 웨베르에게 전보로 알린 것이다. 이에 웨베르는 청군에 대항할만한 충분한 러시아군대를 서울에 주둔시키겠다고 말했다. 일본공사 高平小五郎도 포크 대리공사로부터 왕비의 청국군 청병소식을 전해 듣고 이에 대비할 것이다. 이리하여 請兵문제로 서울에서 장차 清·露·日 간에 분쟁이 발생할 조짐이 보였다.

11월 4일(水)

어제는 일본 明治天皇의 天長節이라 신축한 일본공사관 건물에서 축하 만찬회가 개최되었다. 일본공사관 건물은 아주 훌륭한 洋館이었다. 나는 이 만찬회에 초대되었는데, 만찬회에는 포크 대리공사, 베버 영국총영사, 스코트(James Scott, 薩允格) 영국총영사관 보좌관, 메릴 총세무사, 묄렌도르프, 그리고 朝·清 고위관리 등이 참석했다. 饗宴을 대단히 푸짐했다. 채소 고기 등은 모두 일본으로부터 직접 가져와서 맛있는 음식을 장만해서 대접했다.

이로부터 3일 후 일요일은 왕비의 탄신일인데, 왕실에서는 국왕의 千秋節 때와 마찬가지로 해론과 나 자신에게 푸짐한 下賜品을 보내왔다. 나는 지난 주 주한 영국총영사 베버와 두 차례 저녁식사를 나눈 바 있다. 영국 공관원들은 나에게 대단히 친절했다. 심지어 그들은 나를 공관 직원으로 간주한다고 주장하기도 했다. 묄렌도르프 해임문제를 둘러싸고 영국과 독일간에 분쟁이 발생함으로써 묄렌도르프 자신이 이곳에 유임하기로 결의를 굳히게 하는 데 하나의 계기가 되었다. 독일측은 묄렌도르프가 해임된 것은 전적으로 영국공사에 그 책임이 있으며, 이때문에 그들은 영국을 원망하고 있다는 것이다. 이같은 소식이 국왕에게 까지 전달되었고, 따라서 王權도 약간 약화되어 갔다.

11월 12일(木)

아펜젤러부인이 11월 9일에 女兒를 분만했는데, 이름은 앨리스(Alice)이다. 나는 스크랜턴 박사와 함께 해산 뒷바라지를 했다. 외국인 특히 미국인 부인으로서 조선에서 해산하기는 이번이 처음 있는 일이다. 나는 국왕의 眼疾을 치료해주고 있었다. 그런데 나는 직접 국왕의 龍顔을 보지 않고는 진단을 내릴 수 없다고 말했다. 어제 포크 대리공사가 나에게 말하기를 왕실에서는 나에게 입궐을 명할 것이라고 전해주었다. 나는 하루종일 王命을 기다려 보았지난, 결국 典醫들이 사자를 나에게 보내어 내가 입궐할 필요가 없다는 전갈이 왔다. 나는 이같은 일을 국왕에게 進言할 기회를 마련해 보기로 했다.

12월 1일(火)

신임 駐韓淸國公使 袁世凱가 着任했다.[60] 나는 도임인사차 원세개를 예방했는데, 그는 우리를 반갑게 맞이해 주었다. 濟衆院병원 직원 중

---

60) 淸國政府는 總辦朝鮮商務 陳樹棠을 소환하고, 그 후임에 원세개를 임명하는 동시에 그 직함도 駐箚朝鮮總理交涉通商事宜라고 개칭, 그 지위를 강화했다. 원세개가 부임하기는 1885년 11월 17일(음 10. 11)이다. 『承政院日記』, 高宗22年 10月 15日條 ;『高宗純宗實錄』, 中, pp.213~214, 高宗22年 10月 15日條.

남아있는 3명의 영리한 妓女 의학생은 너무나 값비싼 사치품인데, 이들이 원세개에게 팔려간 것이다. 이들 나이 어린 妙齡의 妓女들은 원세개 공관으로 팔려간 이후 비탄과 懷鄕病에 몸부림 치고 있었고, 귀여운 딸을 면회조차 할 수 없는 그들의 어머니들은 나를 찾아와서 자기네 딸을 구출해줄 것을 계속 졸라대고 있었다. 그들은 관료계층에 속해 있으면서도(官屬), 일을 할줄 모르지만, 그들은 우리 집에 같이 살게 해준다면 내 하녀로 남아있겠으며, 또한 내가 미국으로 돌아가게 될 경우 언제든지 나를 따라가겠다고 했다. 나는 그들을 구출해보려고 백방으로 애써 보았지만 끝내 실패하고 말았다.

오늘 저녁에는 만찬회가 있는 날이다. 우리는 주한 선교사들에게 秋收感謝節 만찬을 베풀었다. 나는 지난 밤에는 허치슨씨의 초대를 받았고 토요일 저녁에는 청국 및 독일공사관으로부터 초청을 받았지만 나는 후자 즉 독일공사관을 방문하기로 했다.물론 한 곳의 초청은 취소할 수 밖에 없었다. 나는 조선정부의 대학창립계획(國立醫學校)을 수립했다.포크 대리공사는 처음에는 나의 대학창립계획에 대단히 호의적인 반응을 보였지만 현재 미국으로부터 초빙한 교수들이 아직 이곳에 오지 아니했다는 이유로 대학설립안에 반대 의견을 제시했다.

묄렌도르프는 마침내 청국으로 돌아가고 말았다. 그는 국왕을 알현, 작별인사를 나누었는데 이 자리에서 묄렌도르프는 국왕에게 폭로적 발언을 했다. 그는 자기가 잘못했다고 전제하면서 자기로서는 청국의 지시와 訓令을 받고 움직여야 하기 때문에 달리 처신할 수 없었다고 솔직이 털어놓았다. 자기가 러시아와 교섭하게 된 것도(러시아 군사교관 초빙문제) 순전히 곤경에 처해있는 이 나라(조선)를 도와주기 위해서 취한 조치라고 해명했다. 그는 이제 청국과는 관계를 단절했기 때문에 무슨 발언인들 겁날게 없다고 전제하면서 다음과 같은 사실을 폭로했다. 즉 청국의 궁극적 목적은 조선을 지배하려는 이외의 다른 계획은 없다는 것, 모든 문제를 청국공사에 照會하지 않고 외국공사에게조회했다는 것, 무슨 곤란한 분쟁사가 발생하면 공사에게 알릴 필요가 있었다는 것이다. 이같은 사실은 지금 국왕의 통역관으로 재직하고 있으며 나에게 배웠던 제자가 나에게 전해준 것이다. 그 통역관은 나에게 말하기를 국왕도 상당히 성질이 누그러졌으며 묄렌도르프가 離任한데 대해 유감으로 생각하고 있었다. 묄렌도르프는 天津稅關 업무를 담당할 것이며 未久에 재차 來韓할 것으로 기대된다.

袁世凱는 다분히 의심스런 직함을 가지고 있다. 그는 인도 영국 총독의 代理事務官과 같은 직함을 띄고 있다고 주장하고 있다. 서울주재 각국 외교사절들은 이는 바로 조선의 독립을 부인하고 있기 때문에 원세개의 주장을 인정하고 있다. 포크 대리공사는 국무성으로 訓令下達을 요구하는 전보를 보냈다. 지금 巷間에는 악성 루머가 나돌고 있는데, 가령 포크 대리공사는 미국에 도망가 있는 조선 亡命政客[61]을 돕고 있다는 것, 이들 망명객들은 미국정부의 지원을 받고 있다는 것 등등의 온갖 터무니 없는 헛소문이 나돌고 있다는 것이다. 이러한 근거 없는 소문이 나돌게 된 근본 원인은 바로 포크가 과거 徐光範의 하인들 중 한 사람을 자신의 몸종으로 부리고 있다는 것, 포크는 이 몸종을 통하여 아직도 억류중인 서광범의 부인과 그의 어머니에게 생활비를 지급하고 있다는 데 근거하고 있다. 뿐만 아니라 최근 국왕과 왕비에게 올린 서광범 일당의 위협적인 上奏文에서 그들은 미국정부로부터 지원을 받고 있다고 밝히고 있다는 것이다.

최근 가장 나쁜 소문은 일본으로부터 귀국한 조선관리의 보고인데,[62] 이에 의하면 망명정객들은 미국으로부터 다이나마이트를 지급받아 현재 왕실 및 종친을 폭살시키기 위하여 귀국 중이라는 것이다. 국왕은 이에 관해 포크 공사에게 사실 여부를 하문해볼 만큼 지금까지 이를

61) 갑신정변에 실패한 급진개화파 徐光範 · 徐載弼 · 邊燧 등은 일본을 거쳐 1885년 5월 미국망명을 결행했다. 金源模, 「徐光範研究」, 『東洋學』 15 (1985), pp.249~251.

62) 조선정부는 金玉均 拿送을 요청하는 동시에 張澱奎를 일본에 파송, 김옥균 등 갑신정변 반역죄인의 동정을 探查케 했다. 『高宗時代史』, 卷2, p.795, 高宗22年 11月 14日條.

사실인양 믿고 있었다. 그래서 왜 우리 미국정부가 이같은 국가 반역자를 돌려보내지 않는 이유가 무엇인가에 대한 여러가지 추잡한 질문이 나오고 있다. 이를 모두 종합해보면 우리는 이곳에서 결코 안전감을 느낄 수 없다.

12월 20일(日)

우리는 12월 첫째 주일 대단히 소란스런 한 주일을 보냈다. 駐箚朝鮮總理 袁世凱가 下關 淸國領事로부터 한 통의 전문을 받았는데, 이 전문에 의하면 金玉均이 일본의 침략군을 정크선 8척에 탑승시키고, 지금 조선을 征伐하러 下關을 출발했다고 한다. 이때문에 서울의 상하 인심이 크게 흉흉했던 것이다.[63] 나는 진상을 알아보기 위하여 청국공사관에서 袁世凱 總理와 약 2시간 회견했고,이어 일본공사관에서 역시 두 시간 동안 高平小五郎 공사와 회견했다.그들은 모두 이 문제에 대해 흥분해 있었고 電線문제를 제기하고 있었다.

高平 일본공사는 일본은 전선가설권을 가지고 있어서 부산까지 전선을 가설하려 했지만 청국이 이에 반대하고 있다고 주장하고 있다. 일본은 현재 가설되어 있는 전선은 청국소유이기 때문에 現 전선을 이용하지 않겠다고 표명했다.[64] 일본은 난처한 외교적 곤란을 극복하기 위하여 온갖 비상한 방법을 강구하고 있다. 前 일본 고문관의 한 사람인

63) 갑신정변 실패로 일본에 망명중인 김옥균은 1885년 9월 이후부터 日本舊自由黨系 大井憲太郎 小林樟雄 등과 결탁, 호전적인 浪人無賴輩 등 일본 兵員1천명을 이끌고 강화도로 내침한다는 怪說이 유포됨에 서울의 민심은 극도로 흉흉했다.
『日本外交文書』, 卷19, pp.513~521, 521~534;『高宗純宗實錄』中, p.218, 高宗22年 11月 16日條.

64) 일본은 朝淸電線條約이 釜山口設海底 電線條約에 방해가 된다고 여러차례 항의하면서, 1885년 12월 21일 高平小五郎公使와 金允植督辦 간에 釜山口設海底電線條款 續約을 체결했다. 이에 의하면 仁川-義州電線을 釜山口 日本電信局에 通聯한다는 것이다.
『高宗純宗實錄』中, p.218, 高宗22年 11月 16日條.

미국인 어윈(Irwin)씨는 현재 하와이 총영사로 재직하고 있는데, 지금 다른 관리들과 함께 東京에 와있다. 그런데 일본정부는 어윈을 고용, 일본 暗號文으로 된 전신문을 포크 주한미국공사에게 전달해서, 포크가 이 암호전신문을 高平 주한 일본공사에게 전달하게 했다. 포크는 어윈의 요청을 받고 이같은 암호전신문을 두 차례 전달한 바 있다. 그러나 이같은 심부름으로 자기가 일본을 위한 計略의 앞잡이로 이용된다고 생각되어 포크는 이를 거절하고 말았다.

국왕은 나의 국립의학교 건설안[65]을 風聞으로 알아차리고, 포크 대리공사에게 이를 적극 추진하라고 요청했다. 물론 포크는 당연히 그렇게 해야만 했다. 조선정부는 화학 물리 해부 등에 필요한 의료도구 구입비로 250달러를 지급했다. 원세개 총리는 청국공사관을 舊宮쪽으로 이사하고, 현 부지를 濟衆院병원 및 의학교 부지로 제공하겠다고 했다. 데니 판사는 年俸 7,000달러로 조선정부 고문관에 부임할 것으로 기대된다. 해론과 나는 또 다시 사이가 나빠져서 不和상태이다. 해론은 질투심에 사로잡혀 있다. 나는 본국 정부에 보낼 사임 의사를 밝힌 공문서를 작성했다. 그리고 病暇로 귀국하도록 요청했다. 내가 사임서를 보내리라고 생각하지 말라.

65) 알렌은 국립의과대학건설안을 수립, 이를 추진한 결과 1886년 3월 29일에 드디어 朝鮮王室病院 濟衆院 부속 國立醫學校(Government Medical School)를 開校했다. 한국 최초의 國立醫科大學은 이렇게 탄생했다. 언더우드, 해론, 알렌 등이 교수직을 담당했다.
Allen Diary, Part Ⅰ, March 29, 1886; Allen, *Korea:Fact and Fancy*, p.174, April 10, 1886.

1886년

高宗 23(丙戌) · 光緖 12 · 明治 19

1월 17일(日)

포크 대리공사는 敎師雇聘문제를 해결하느라고 분주한 나날을 보내고 있다. 조선정부는 미국정부에 대하여 교사 3명, 농업전문가 1명을 파송해줄 것을 요청한 바 있다. 교사는 이미 선정되어 조선에 파견되기를 대기한지 거의 1년이 되었다. 일전에 베이야드(Thomas F. Bayard) 국무장관이 주한 미국공사관으로 보낸 전문에 의하면 조선정부가 교사 파송비용과 함께 봉급액수를 보장해준다면 이들 교사 전원이 출발준비가 되어있다고 했다. 포크는 교사고빙을 요청해온 統理交涉通商事務衙門(外衙門)으로 이 전문을 가지고 가서 전달했다. 그런데 金允植督辦 등은 교사들이 서울에 오면 그들이 하는 업무는 무엇이며, 우리는 그들의 보수를 얼마큼 지불해야 하는가고 물었다. 이에 포크는 그와 같은 문제는 당신의 소관업무이기 때문에 자기가 관여할 문제가 아니며, 조선 外衙門에서 교사 고빙을 요청한만큼 外衙門에서 이 두 가지 문제(교사의 업무와 봉급)를 확정해야 할 이유가 있는 것 같다고 답변했다. 이 문제는 국왕에게 上奏, 국왕은 즉각 派送電文을 보내라고 분부했다. 그러나 원세개 총리는 포크에게 교사 고빙을 반대한다고 언명하였는데, 그는 아마 교사 파견을 방해하려 하고 있는 것 같았다.

統理交涉通商事務衙門에서 작성한 雇聘契約書에 의하면 교사의 파견비용 및 주택비용을 별도로 지불하고, 봉급은 月 160달러(멕시코달러)로 정했다. 우리 집 건너편에 있는 집을 교사의 주택으로 확보했다. 국왕은 나에게 575달러의 특별 恩賜金을 내렸는데, 나는 이 돈으로 스토브 5개, 남포(램프) 26개를 구입했다. 국왕은 內帑金으로 家具 한 벌을 구입하는 문제를 교섭해 달라고 나에게 의뢰했다. 나는 지난주 추위로 앓아눕게 되었다. 어느 날 국왕이 보낸 관리가 나를 만나지 못하고 돌아가서, 이 사실을 국왕께 보고했다. 王室에서는 다음과 같은 편지를 내게 보내왔다. "大院君께서는 당신을 매우 보고 싶어하고 있으며 완쾌되기를 고대하고 있다"라고 되어 있었다.

1월 22일(金)

漢城府(서울) 管轄職制가 발표되었다. 漢城府를 5部로 나누어 다스렸다.[66] 各部를 統으로 나누었다.[67] 한 統에는 民戶 5戶로 구성되어 있다.[68] 서울을 漢城府라 일컫고 이를 관할하는 市長을 判尹이라 한다. 5部에는 각기 部를 다스리는 都事가 있다. 各洞·里에는 兩班계층의 尊位라 일컫는 長이 있다. 尊位는 洞을 다스릴 洞長을 임명한다. 洞長은 尊位의 업무를 도와주는 일종의 副 尊位格이다. 各 統에는 統首라는 이른 바 統長이 있다. 統의 어른인 統首는 民戶의 戶主들이 모여 선출되며, 나머지 모든 관리들은 정부에서 임명되고 있다. 統首는 한 달에 두 번씩 都事에게 업무보고를 하며, 統內의 사정을 자세히 설명한다. 都事는 수시로 자주 漢城判尹에게 업무보고를 하며, 判尹은 統理軍國事務衙門(內務衙門)을 거쳐 대군주께 1년에 두 차례 업무보고를 하는데, 그 시기는 6월과 12월 초이다. 各 統마다 '집주릅'이라고 불리우는 부동산 브로커가 있었는데, 이 집주릅은 통내의 모든 부동산 賣物의 기록문서를 보유하고 있으며, 부동산 去來를 주선하고, 그 대가로 賣渡人으로부터 1할(10%)의 口文을 받지만, 買收人으로부터는 일체 口文을 받지 않는다.[69]

---

66) 太祖 3년(1394)에 漢城府 行政區域을 5部로 나누어 관할했는데, 즉 東·西·南·北·中 등 5部로 나누고 각부마다 이를 다스리는 部라는 관청을 설치했다.

67) 조선시대 다섯 집을 한 統, 다섯 統을 한 里, 몇 개의 里를 합쳐 한 面으로 했다.

68) 五家作統을 말한다. 조선조 범죄자 색출 세금징수 賦役동원 등 업무를 효과적으로 시행하기 위하여 5民戶를 한 統으로 묶던 호적제도이다.

69) 주로 집 흥정을 붙이는 일을 업으로 삼는 사람을 '집주릅'이라 하며, 일명 가쾌(家儈)라고도 한다. 집주릅이 모이는 곳을 福德房이라 부른다. 집주릅이라는 말은 지금 死語가 되어 버렸다.

부동산 거래에 대해 정부가 기록해둘 필요가 없기 때문에 그 어떤 기록문서가 없다. 만약 어떤 사람이 부동산을 매수하게 되면, 매수인은 매도인으로부터 부동산 대금영수증과 함께 부동산 명세서(일종의 등기문서) 그리고 집주릅이 작성한 매도계약서를 받는다. 만약 화재로 집문서 또는 영수증이 분실될 경우에는 부동산소유주는 한성부에 문서발급신청서를 제출하는데, 그 자신이 정당한 소유주임을 입증하는 충분한 證憑書類를 제출하게 되면, 漢城 判尹은 새 영수증에다가 判尹의 도장을 찍어 발급하게 된다.

일종의 경찰제도같은 것이 있지만, 경찰업무를 담당하는 사람을 夜警꾼이라 한다. 이 야경꾼은 주민들로부터 돈과 음식을 갈취하는 폐단이 있어서 이를 폐지했으며, 현재 五家作統法을 시행하고 있어서 이 법에 따라 民生治安을 담당하게 된다. 만약 統內 어떤 집에 어떤 불측한 惡漢이 숨어있다면 統首는 洞長을 거쳐 都事에게 보고하면, 都事는 判尹에게 고발하게 되고, 그놈은 붙잡혀서 중벌을 받게 된다. 만약 統內의 어떤 집에 강도 방화 또는 기타 가옥 침해 사건이 발생하면, 그 집의 가족 하나가 징을 쳐서 나머지 네 집의 가족을 불러 모은다. 그러나 만약에 이러한 구조신호를 듣고도 이에 불응하는 자가 있으면, 統首는 그 자를 笞刑에 처하거나 또는 都事에게 고발한다. 만약 統首 또는 洞長이 이러한 업무를 충실히 수행하지 않고 직무유기를 할 경우 주민들은 직접 都事를 거쳐 漢城 判尹에게 고발하면, 그 統首와 洞長은 엄중한 문책과 처벌을 받게 된다. 統首와 洞長의 임무 가운데 가장 중요한 것은 관할구역 내에서의 음주 및 도박을 단속하는 것이다.

만약 어떤 사람이 이러한 음주 및 도박의 악습이 있다고 판단되면 統首는 都事를 거쳐 한성부에 압송하면 그는 역시 엄중한 처벌을 받게 된다. 심하면 死刑까지 받게된다. 都事는 部內의 모든 범죄자의 명단을 기록한 文簿를 작성해서 한성부에 제출해야 한다. 만약 統首가 사망하거나 기타사유로 해임되면 統內주민들이 모여서 새 統首를 선출, 이를 한성부에 보고한다. 15세 이상의 주민은 성명 연령 주소를 적어서 등록해야 한다. 이같은 일종의 戶籍簿는 한성부에 보관되어 있으며, 한성부는 각 개인별로 號牌를 발급한다.[70] 統首가 주민에게 호패를 보자 하면 이를 제시해야 하며, 만약 호패를 제시하지 않으면 도둑으로 몰려 처벌된다. 普信閣에서 人定종소리가 울리면 어떤 사람도 거리로 출입할 수 없는 옛날 舊習은 폐지되었다.[71] 남자는 여자와 마찬가지로 출입할 수 있게 되있다. 그러나 야간 거리를 통행하는 사람은 누구든지 提燈을 들고 다녀야 하며, 제등 없이 夜行하면 도둑으로 처벌된다. 統首는 자기 관할 구역내의 가옥배치도 가옥소유주의 성명 入住者의 성명 등을 적은 일람표를 작성, 이를 제시해야한다.

오늘 大淸帝國의 駐箚朝鮮總理 袁世凱(후에 청국 황제가 됨)가 우리 집을 방문했다. 그는 모피와 비단옷으로 화려하게 盛裝하고 수많은 從者를 거느리고 來訪했다. 그는 淸帝國이 임명한 駐箚朝鮮總理이기 때문에 대단히 큼직한 명함을 가지고 있으며 生殺與奪權을 장악하고 있다. 나는 작업 중 여성근로자의 목숨을 구해달라는 프랑스 신부 코스트(Eugene Jean George Coste, 高宜善)의 호출을 받고 왕진했다. 치료는 성공적이어서 코스트 신부는 나에게 심사의 뜻을 표했다.

3월 29일(月)

지난 두 달동안 여러가지 많은 대소 사건이 일어났지만 대부분 나의 書翰複寫簿(letter copy book)에 기록되어 있기에 굳이 본 일기에 적어둘 필요가 없겠다. 지난 주에는 나는 여태까지 서울에서 개최된

70) 16세 이상의 남자에게 차게 했는데 그 사람의 신분을 증명하는 牌를 號牌라 했다. 앞쪽에 성명, 나이, 生年의 干支, 신분, 거주 등을 적고 官衙의 烙印이 찍혀있다. 『圖說 韓國의 民俗』(温陽民俗博物館, 1980), pp. 38, 464.

71) 조선시대 종로 普信閣의 鐘樓에서 밤 10시 경 人定을 알리는 종을 28번 치면 통행금지가 되었고, 새벽 4시경 罷漏를 알리는 종 33번을 치면, 통행금지가 해제된다.

만찬연회 중 최대규모의 만찬회에 참석했다. 만찬회는 清國公使館에서 개최되었다.

나는 어제 베버 영국총영사와 함께 웨베르 러시아공사와 차를 마시기 위하여 러시아공사관을 방문했다.웨베르공사 부처는 오늘 답례로 우리 집을 내방했다. 나는 베버 총영사와 함께 내일 휴가차 제물포로 떠날 예정인데, 며칠 간 그곳에 머무를 작정이다. 그러나 나는 내 업무 상 바쁜 일이 있기 때문에 시골여행을 취소하지 않을 수 없었다. 조선왕실병원 제중원 부속의학교(Medical and Scientific School)가 오늘 개교되었는데, 언더우드 목사, 해론 박사, 그리고 나 자신 등이 이 의학교 교수를 담당했다. 원래 이 의학교 설립계획안은 내가 창안해서 개설을 추진했었다. 그러나 추진과정에서 동료들로부터 적대감만 사게 되었다. 일전에 우리는 모임을 가졌는데, 이 자리에서 나의 동료들은 나와 함께 같이 일하기로 했다. 그러나 이 기회를 이용하여 나는 그들에게 다음과 같은 성격상 인물평을 했다. 즉 언더우드는 僞善者요 수다장이이며, 해론은 잘 토라지는 샘꾼이라고 평했다. 그들은 나의 정확한 인물평에 의표가 찔린듯 당황했고, 나의 이같은 특별한 성격 비판 발언에 대해 반박도 할 수 없었다. 우리는 회의를 적당히 하고 끝냈다. 지난 한 달은 아주 유쾌한 한 달이었다.

4월 4일(日)

지난 주 나는 영국총영사 베버와 함께 단기휴가차 제물포에 갔었다. 이틀간 체류했는데 우리는 거기서 즐거운 휴가를 보냈다. 제물포 주재 청국 일본 유럽 등 모든 외국 인사들이 나를 찾아왔다. 우리는 점심때 팔로스(Palos)호 선상에서 넬슨(Nelson) 함장과 함께 내방객들에게 연회를 베풀었고, 저녁에는 상급사관실 장교들과 함께 만찬회를 가졌다. 데니 판사는 지난 월요일, 즉 3월 29일에 이곳에 도착, 조선정부 외교 고문관에 부임했다.[72] 申씨(Shin)가 그의 통역관에 임명되었다. 스코틀랜드 성서공회 天津支會의 브라이언트(Evan Bryant,영국 聖書

公會 代理人)가 지난 번 증기선편으로 제물포에 도착했는데, 나는 그를 서울까지 데려왔다.

4월 25일(日)

오늘 최초로 조선에서 개신교의 세례가 거행되었다. 스크랜턴 박사와 아펜젤러 목사의 딸들이 오늘 세례를 받은 것이다. 일본공사관 소속 일-영 통역관으로 근무하고 있는 일본인이 아펜젤러 목사의 도움으로 기부금을 기부한 것이다. 나는 女病院(Female Hospital 제중원 소속)의 監理教 스크랜턴부인을 도와주는 데 동의했다 해서 지난 주 나의 長老教 교인들과 말썽을 빚게 되었다(書翰複寫簿를 보라). 알렌부인 해론부인 등이 지난 주 대군주와 왕비로부터 입궐하라는 요청을 받았으나 아이들이 커서 이를 거절하지 않을 수 없었다. 나는 감리교 소속 부인들을 대궐로 데려가겠다고 요청했더니 입궐 허가는 거절되고 말았다. 그 대신 우리 장로교 부인들이 입궐요청을 받았다. 데니 판사는 오늘 천진 · 북경 · 상해 등지를 역방하기 위하여 중국을 향발했는데, 그는 중국에 있는 그의 부인을 데리고 곧 돌아올 것으로 보인다.

5월 7일(金)

프랑스 全權特使 코고르당(F. G. Cogordan, 戈可當)이 오늘 내한했다. 코고르당 특사의 부인이 알렌부인의 말 안장을 타고 왔다. 프랑스측은 조선정부가 信教의 자유를 보장하지 않는 한 조선측과 立約交涉을 벌이지 않겠다고 했다(서한복사부를 보라). 나는 오늘 포크 대리공사를

---

72) 이홍장이 천거한 미국인 데니는 1886년 3월 25일(음 2월 20일)에 내한, 協辦內務府事兼 統理交涉通商事務衙門 掌交司堂上에 임명되었다. Robert R. Swartout, Jr., *Mandarins, Gunboats, and Power Politics: Owen Nickerson Denny and the International Rivalries in Korea*(University of Hawaii , 1980), pp.37, 43~44, 57;『承政院日記』, 高宗23年 2月 8日, 3月 5日;『高宗純宗實錄』中, pp.227~229,高宗23年 2月 8日, 3月 5日條.

통하여 내가 조선정부에 끼친 공로로 敍勳을 받게 되리라는 것이다. 그는 敍勳에 대한 副賞으로 왕비의 선물이 알렌 부인에게 내릴 것이라고 말했다. 왕비의 선물은 오늘 밤에 도착했다. 두께 3인치나 되는 아름다운 褥로서 조선사람은 요를 펴고 그 위에 잠을 자고 있다. 조선요는 너비가 3피트 길이가 7피트가량 된다. 암청색의 펠트(毛氈)로 만든 것인데, 宮女들이 정교한 刺繡를 풍부하게 장식하고 있다. 똑같은 모양의 1제곱야드 크기의 방석도 같이 딸려왔다. 이 두 가지 물건은 모두 왕비의 침대 또는 깔개로 이용되고 있다. 그리스 양식으로 물감을 들여 화려하게 짠 草席 네 벌도 있었는데, 초석 가장자리에 비단을 대어 정교하게 감쳐놓고 있다. 초석의 크기는 너비가 4피트 길이가 10피트이다. 소형 초석방석 4개도 딸려 있었다.

선물품목 가운데는 조선에서나 볼 수 있는 발(簾) 4장도 들어 있었는바, 이는 아주 대형발로서 정교하게 짜여진 발인데, 안에서 밖을 훤히 내다볼 수 있는 투명발이었다.뿐만아니라 약 50야드(한 필)의 손으로 짠 무명 베와 린네르 종류의 세모시(細苧) 한 필도 있다. 금단추로 걸게 되어 있고 금실로 짠 예쁜 주머니 한 개도 있다. 이것은 왕비가 차던 주머니이다. 나는 오늘 新地獄篇이야기를 해서 파니를 울렸던 것이다.그리고 금주에 나는 月長石(The Moon Stone) 龍팔찌(The Dragon Bracelet), 新地獄(The New Inferno) 등의 이야기를 탈고했다. 그리고 하루 종일 병원 일로 바쁜 시간을 보내고 있다.

5월 9일(日)

오늘 아침에 국왕의 通詞(통역관)가 와서 국왕의 下問이라 전제하면서 내가 알고 있는 몇 가지 질문을 했다. 국왕의 질문사항이란 다름 아니라 프랑스인이 그들이 주장하고 있는 信敎의 自由 勅許를 받아서 이곳에 천주교 선교본부를 설립하는 문제였다. 이같은 문제를 다루는 것은 나의 본분이라 생각하고 드디어 중국 일본 멕시코 스페인 등지에서의 가톨릭교 포교사업을 설명한 후 나는 우리 미국국민은 독립정신이 강한 국민이며, 그래서 우리의 호의와 친절을 무시하는 그 어떤 것도 이를 冷待하고 있다고 말했다. 우리가 가톨릭교 신자였다면 우리의 대통령은 교황의 은총을 받게 될 것이다. 이는 우리가 허용할 수 없는 일이다. 우리가 가톨릭교를 받아들일 수 없는 이유 세 가지가 있다.

첫째, 우리는 우주의 창조자 이외의 그 어떤 우상이나 인물을 숭배하는 것을 반대한다. 가령 가톨릭교에서는 여자이며 그리스도의 어머니 성모 마리아를 경배하고 기도하고 있다.

둘째, 우리는 하나님 이외의 어느 누구도 죄를 赦할 수 없다고 생각한다. 가톨릭교에서는 죄를 赦할 수 있는 힘을 神父들에게 부여함으로써 신부를 부패 타락하게 했다. 모든 가톨릭교 신자들은 신부들에게 개인의 생각을 고백해야 하기 때문이다. 신부들은 모든 다른 남자와 마찬가지로 똑같은 기관과 감정을 가지고 있다. 더군다나 그들은 고자(內侍)가 아니다. 그러므로 부인네들이 그들이 가지고 있는 개인적 고민이나 罪科를 이같은 독신남자에게 은밀히 고백한다는 것은 안전하지 않을 뿐만 아니라 위험하다고 확신한다. 이 문제를 두고 나는 통사와 격론을 벌였고, 따라서 통사와 나눈 대화는 틀림 없이 효력을 발휘할 것으로 보인다.

5월 26일(水)

어젯 밤 나는 프랑스 사절단과 함께 러시아 공사관에서 만찬을 들었다. 프랑스 사절단을 보면 전권특사 코고르당, 비서관 팔리오로그(Paliologue), 함장 델피트(Delpit), 武官 니시에르(Nissieres), 델라로치(Delaroche), 베르네(Vernet) 등으로 구성되어 있다. 뿐만 아니라 이 만찬회에는 코고르당 부인, 조선정부 고문관 데니 판사, 포크 대리공사, 베버 영국총영사 등도 참석했다.

오늘 나는 신임 독일 총영사 캠퍼만(T. Kempermann, 景伯曼)과 함께 일본공사관에서 정찬을 들었다. 그저께 밤에는 나는 영국총영사관에서 저녁을 들었고, 내일 저녁에는 포울레트(Powlett) 제독, 케펠

(Keppel) 함장, 데니 판사, 포크 대리공사, 上海 은행가 등과 함께 역시 영국총영사관에서 저녁을 같이 하기로 되어 있다.

6월 24일(木)

6월 22일 화요일 오후 5시에 알렌 부인은 우리의 둘째 아들을 분만했는데, 알몸으로 체중이 9파운드였다. 그는 胎줄을 목에 감고 태어났기 때문에, 나는 그를 구하느라 애를 먹었다. 알렌부인은 출혈이 심했다. 나는 외로웠다. 산모와 아기는 지금 상태가 좋아지고 있었다. 국왕은 지난 주 나에게 參議벼슬(正三品)을 내려 敍勳했는데, 이는 九品벼슬의 세번째 品階(三品官)이다.[73] 국왕은 비취단추 두 개를 하사품으로 내려 주었다. 미국 공사 파커(William H. Parker, 巴巨)는[74] 술중독에 빠져 나흘간 누워있다. 나는 그가 헛소리하는 상태로 震顫症이 일어나지 않도록 치료하고 있다.

9월 5일(日)

3주일 전 국왕은 여의사 엘러스(Annie J. Ellers)와 나를 대궐로 불러서 王家一族을 진찰하게 했다. 엘러스양이 왕비를 진찰하고 있는 동안, 나는 국왕과 왕세자를 진찰했다. 국왕은 진찰을 받으면서 바깥 세상물정을 물어보는 질문방식으로 나에게 하문했고, 나는 그가 나의 충고를 들어주리라는 것을 알아차렸다. 이로부터 우리는 하루 걸러 한번씩 詣闕했다. 지난 월요일에는 알렌 부인과 아이들은 데니 부인과

73) 알렌은 제중원 병원사업의 업적이 인정되어 1886년 6월 14일에 여의사 엘러스(Annie J. Ellers)와 함께 조선정부로부터 堂上階 通政大夫에 特加되었다.
『承政院日記』, 高宗23年 5月 13日條;『高宗純宗實錄』, 中, p.239, 高宗23年 5月 13日條.

74) 주한미국변리공사겸 총영사 파커는 1886년 6월 9일에 到任했다.
『舊韓國外交文書』, 卷10(美案1), p. 230, *Legation of the United States*, June 9, 1886.

함께 선물로 하사품을 받았다. 그들은 한 시간 이상 대궐에 머물러 있었다. 모리스(Maurice)는 왕비에게 미소를 보냈고, 대군주의 마음을 사로잡았다. 헤리(Harry)는 수줍음을 잃고 심지어 대군주 팔찌를 가지고 놀 정도이다〔알렌의 아들인데, 헤리는 장남이고, 모리스는 차남이다〕. 대군주와 왕세자는 떠들며 뛰어놀기를 좋아했다.

대군주를 謁見한 후 우리는 1882년 壬午軍亂이후 왕비의 환궁을 기념하여 여름 정자에서 베푼 연회에 참석했다. 나는 이 연회에 해론 박사 부처를 초청해도 좋다는 允許를 얻어냈다. 해론 박사 부처는 그날 늦게 연회장에 도착했는데, 그들은 대군주를 직접 알현하지 못해서 심사가 언짢아 보였다. 해론은 연회석상에서 비 기독교적인 행동을 서슴지 아니했다. 그는 내가 알고 있는 사람 가운데 가장 시기심이 많은 사람이다. 해론과 나는 헤어지지 않을 수 없게 되었다. 내가 만약 선교회 일에 손을 뗀다면 서울에 있는 외국인들은 나를 도와주겠다고 약속했다. 나는 그렇게 할지도 모를 것이다.

우리는 청국측이 대군주의 진보적 改革조치를 저지하고 국왕의 아버지를 국왕으로 추대하려는 國王廢立陰謀때문에 난처한 지경에 빠져있었다.[75] 파커 공사는 언제나 술독에 빠져 헤어나지 못하고 있고, 데니 고문관은 내가 미국공사관 업무를 주도하지 않나 하고 그 낌새를 탐지하고 있는 것같이 보였다.

국왕폐립음모의 전말은 다음과 같다. 8월 20일 경 대규모의 청국함대가 조선을 정벌차 쳐들어온다는 것이다.[76] 이 함대는 조선 동해안

75) 조선정부는 원세개의 對韓內政干涉을 배제하고 독립을 보전하기 위하여 러시아 공사 웨베르에게 은밀히 조선을 보호육성해달라는 교섭을 벌였다. 이러한 조선의 引俄拒清策을 이른 바 第2次 韓·露密約說이라고 한다. 그러나 親清事大黨의 영수 閔泳翊은 引俄拒清策을 반대, 이 사실을 원세개에게 密報, 원세개는 한로밀약 사실을 이홍장에게 보고하면서 마침내 1886년 8월 13일 國王廢立陰謀를 꾸민 것인데, 원세개의 意中인물은 대원군의 장자 完興君 載冕의 아들 埈鎔으로 내정하고 있었다. 金源模, 「袁世凱의 韓半島 安保策(1886)」,『東洋學』16(1986), pp.236~240.

북쪽에 있는 블라디보스톡까지 올라간다는 것이다. 시베리아에 있는 청국 叛徒들은 朝 · 露국경지대를 감시하기 위하여 그곳으로 러시아함대의 출동을 요청하고 있었다. 그리고 청국함대는 長崎에 寄港하면서 일본에 위협을 기하고 있었다. 한편 2주일 간 우편업무가 중단되었기 때문에 이곳 청국 당국은 전신회선이 방해받고 있다고 보고하면서 모든 전신회선을 청국소유로 했다. 그러나 우리 몇 사람의 결사적인 노력의 결과로 芝罘에 정박하고 있는 오시피호가 이같은 뉴스를 입수했고, 오시피호로부터 외부로 뉴스가 누설된 것이다. 오시피호는 청국 군함 8척이 제물포에 입항했을 때와 거의 같이 해서 제물포에 파견 도착했다. 오시피호의 20명의 해병대가 서울 미국공사관에 진주했다. 청국인들도 이제 진정되었다. 데니 고문관은 李鴻章을 만나서 朝露密約說문제를 해결하기 위하여 천진으로 떠났다. 파커 공사가 본국으로부터 소환되어 어저께 귀국했다. 포크가 또 다시 미국공사관 대리공사 업무를 담당하게 되었다.

10월 10일(日)

2주일 전 국왕은 여의사 엘러스와 나 자신에게 각각 아름다운 비단 자수 요 및 방석 2장 虎皮 한 장 수 백야드의 각종 옷감 즉 무명 및 細苧 명주, 그리고 검소한 누비 이불 등 푸짐한 하사품을 내린 바 있었다.

나는 해론과의 관계 악화때문에 사임의사를 밝혔지만 선교본부로부터 사표가 반려되었다. 해론부인은 가령 최근 어떤 정기간행물에서 그녀의 편지 내용을 공개 게재한 바 있는데,여기서 그녀는 언더우드가 경영하는 고아원에서 오르간을 연주하고 있다고 언급한 사실에서도 그녀는 분명히 우리에 대하여 거짓말을 하고 있었다는 사실이 입증되고 있다. 그녀는 결코 고아원을 위하여 오르간을 연주한 일이 없다.

---

76) 원세개는 8월 14일 한로밀약설을 문죄하기 위하여 청국 金州 72營의 군대가 兵艦을 타고 조선을 정벌하러 온다고 발표했다.『新聞集成 明治編年史』, 卷6, pp.323~324(1886. 8, 7. 東京日日).

이와 반대로 알렌 부인이 매주 월요일 오전 정기적으로 언더우드의 고아원에 가서 일을 돕고 있다. 해론 부인은 이곳 서울에서 다른 부인들에 비해 거의 하는 일이 없다. 그럼에도 불구하고 자기가 일을 하고 있는 것처럼 가장함으로써 자기가 실제 활동하고 있는 명단에 끼이기를 바라는 소망에서 이같은 허위 편지를 작성한 것이다. 그녀는 해론 부인으로 해론 박사를 따라 이곳에 온만큼 언어(조선어) 배우기를 기대하지 아니 했다고 말하고 있다.

이에 대해 포크 대리공사는 해론 부처는 이곳 병원 사업의 발전의 가능성을 壓殺하려 하고 있다고 말하면서, 내가 濟衆院의 경영책임자로 남아있어야 한다고 강조하였다. 나는 선교사업의 성패는 하나의 영향력 여하에 좌우된다는 의견을 開陳했다. 나는 계속 여러가지 외부업무로 바쁜 나날을 보내고 있다. 그러나 나는 安易한 시간을 보내고 있다. 해론은 1주일 건너 한번씩 그 자신이 일을 하였는데, 1주일 건너 2~3시간씩만 매일 일을 하였다. 그는 연구도 하지 아니했다. 언더우드는 그만큼 많은 여가를 즐겼다. 감리교도 마찬가지이다. 나는 堅果 맛이 나는 부드러운 일이라고 생각한다.

10월 25일(月)

오늘 국왕은 나에게 參判벼슬을 내렸다.[77] 외국인은 국왕의 호출을 받지 않고도 자유로이 국왕을 謁見할 수 있다. 고위관리를 파견, 袁世凱에게 조선관습을 채택해줄 것을 요청했지만, 그는 이를 거절했다. 해론 박사는 날이 갈수록 나쁜 짓만 저질르고 있다[엘린우드(Frank F. Ellinwood)에 보낸 선교사업 보고문을 참조할 것. 엘린우드 박사가 23~29세의 인물을 선정한 편지와 서한복사부를 볼 것]. 나의 행동을 재가하거나 또는 견책할 것인가를 두고 선교본부는 그들이 24세의 인물

77) 10월 24일 教를 내려 알렌에게 嘉善大夫(二品階)를 特授하였다.『承政院日記』, 高宗23年 9月 27日條;『高宗純宗實錄』中, p.249, 高宗23年 9月 27日條.

을 선택하는대로 내가 선교회를 떠나거나 머물러 있도록 가부간 결정한다는 것이다.

地震이 일어났다. 지진의 충격으로 식기 찬장 유리잔 벽시계 등이 심하게 흔들렸다. 나는 포커를 잡아서 아이를 불렀는데, 호각소리가 들렸고, 빠져나가려고 문을 뒤흔들고 있었다.

9월 11일(土)

데니 고문관에 대한 조선인의 不信感과 딘스모어(Hugh A. Dinsmore, 丹時謨)가 새로 주한 미국공사에 임명되었으므로 포크가 조선을 떠나버리고 말았다. 이제 내가 서울에서 가장 영향력 있는 외국인이 되었다. 국왕은 國政의 모든 문제를 나와 협의하면서 언제나 내 충고를 채택하곤 했다. 나는 아메리카 무역상사를 위해 금광채굴권을 획득하였고, 나는 일당 250달러를 지급받았으나 일부는 거절하고 말았다. 여태까지 절단 수술 중에서 최대 규모의 절단 수술이 있은지 몇일 후에 나는 팔 절단 수술을 했다.

나는 이제 조선정부로부터 參判官 벼슬을 받았고, 또한 주한 미국공사관의 署理公使(Assistant Minister)에 임명되어 금주부터 공사업무를 視務하기 시작했다. 헤리(Harry)에게도 좋은 일이 있었듯이 나는 지난 8월에 이질병에 쓰러진 후 왕복여행비를 지급받아 금화로 3,000달러의 휴가비를 받고 1년간 휴가여행을 떠날 작정이었다. 국왕은 나에게 곧 돌아올 것을 희망했다. 우리 선교회사업은 원활하게 잘 되어 갔다.

감리교측에서도 국왕을 알현하러 불꽃을 튀기고 있는 것같았다. 챈들러(Chandler) 제독이 그의 일행과 함께 지금 서울에 와 있다. 그들은 지금 와렌(H. W. Warren) 주교와 그들 자신들의 국왕 謁見을 얻어내려고 애를 쓰고 있다. 국왕은 어리석은 바보가 아니다. 나는 將官 전속부관 마손(Mason)의 군사고문 자리를 얻었는데, 年俸 1만달러와 주택비를 받게 되었다. 마손은 전보로 휴가를 얻는 즉시 부임하리라 한다. 이 문제 때문에 데니 고문관은 앓아 눕게 되었다.

上述한 일기 내용은 본인이 1883년부터 1886년까지 중국과 조선에서의 의료선교사로서의 나의 초기 생활에 관계 되는 기록이며, 특히 조선과의 공식적 관계를 개시함에 따라(朝美條約 체결) 1984년부터 1886년까지의 조선의 정치적 사건 등을 기록한 것이다. 여기에 기록되지 않은 더 구체적인 내용은 본인의 신문 복사부(Press Copy Books)에 綴해 있다.

알렌(安連)

다음에는 막베그(Wayne McVeagh)와의 왕래서신이 나온다. 조선에서의 미국의 利權문제, 이는 美·日간의 이권쟁탈전의 양상을 보이고 있었으나 본 통신문에 의해 만족할만하게 해결되었다. 내가 매사추세츠주 브루클린에 잠시 머물고 있을 때 보스턴으로부터 써보낸 편지이다. 그래서 본 신문 복사부에는 포함되어 있지 않다. 그러므로 여기 부록으로 첨부해두는 바이다.

알렌

조선이 乙巳保護條約 勒結이후 일본에게 占據 되자 전 주한미국공사 알렌이 조선정부 고위관리들에게 보낸 書翰複寫簿가 있다. 일본의 조선 강점에 관한 몇 편의 논설도 이에 포함되어 있다.

알렌

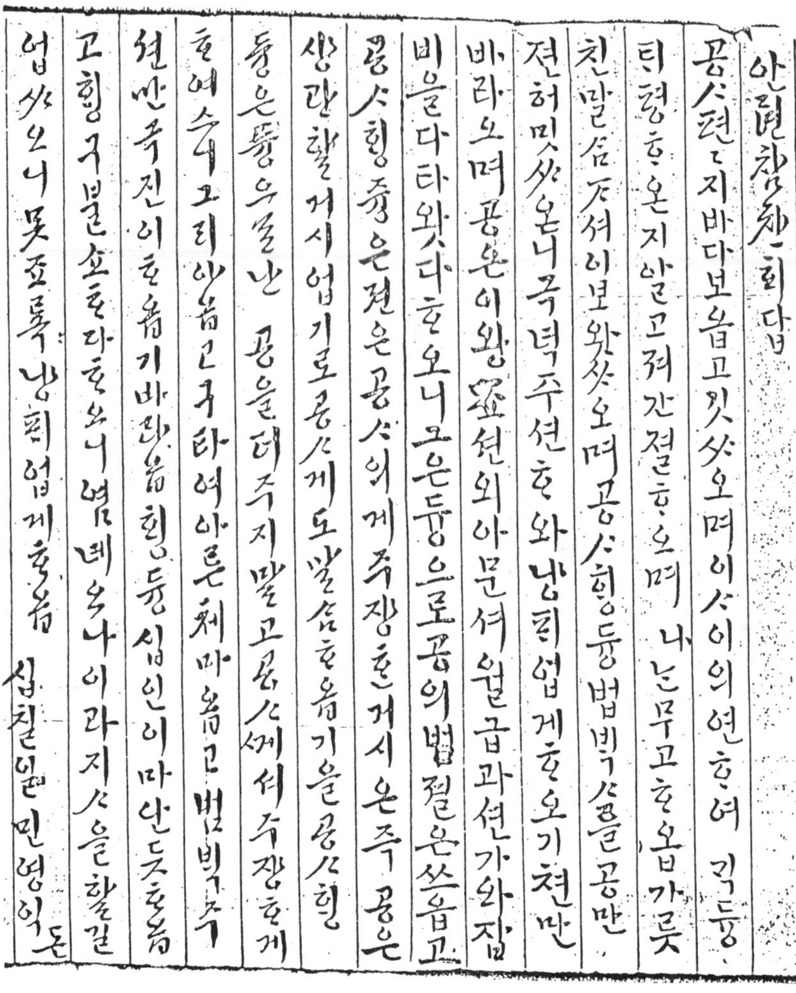

▲ 알렌 參贊官에게 보낸 閔泳翊의 한글 편지(1887년 음10월 17일).
閔泳翊이 亡命地 香港에서 初代駐美朝鮮全權公使 朴定陽을 수행하고 있는 알렌 참찬관에게 보낸 한글 편지이다.

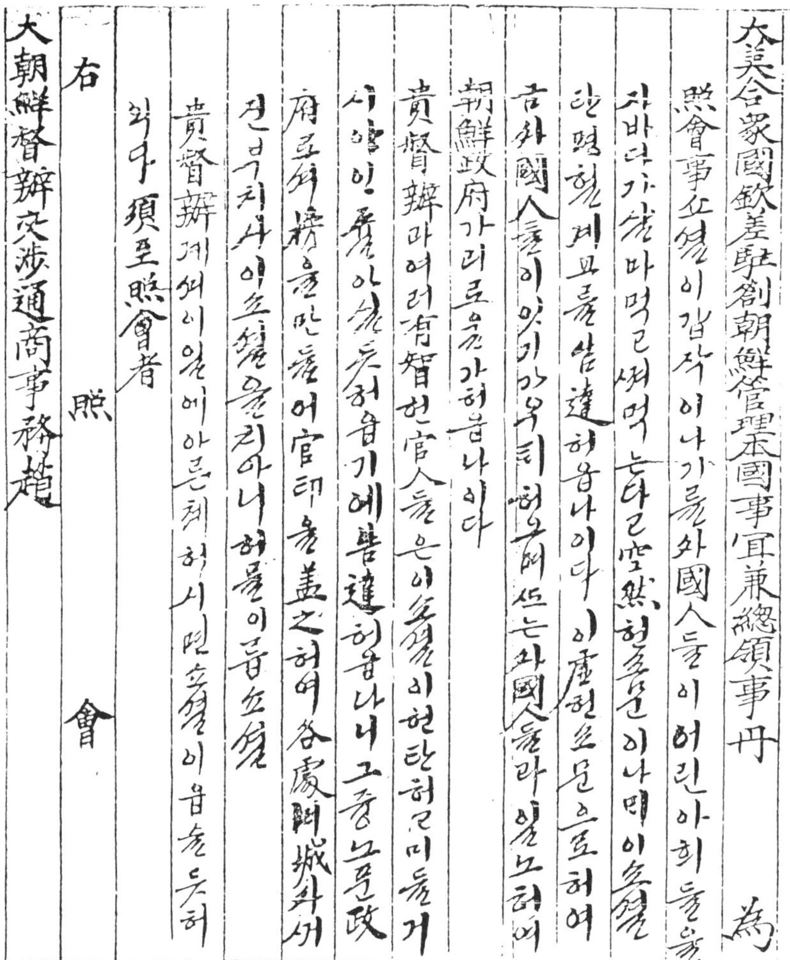

▲ 嬰兒取食(Baby Eating)의 헛 소문에 대한 딘스모어 미국공사의 照會文(1888. 6.)
미국 선교사가 어린이를 납치 · 살해한 후 삶아먹고, 눈알을 빼서 가루로 만들어 반죽한 후 유리원판에 발라서 사진을 촬영한다는 헛소문이 나돌아 '어린이 소동'(The Baby Riots)이 발생했다. 언더우드 경영의 고아원이 습격 대상이 되었다.

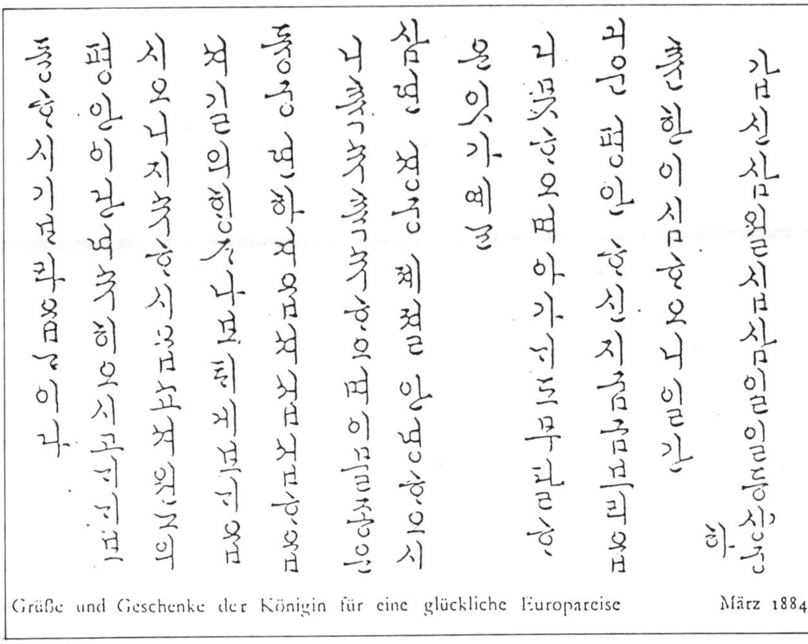

▲묄렌도르프에 보낸 閔中殿의 한글 편지(1884. 3.13).
묄렌도르프가 天津으로 떠날 때, 閔中殿이 路資를 내리면서 위로한 편지이다.

제 2 부

1887년 9월 23일～1888년 11월 1일

본 일기에는 알렌이 1887년 12명으로 구성된 初代駐美 全權公使 朴定陽 一行을 인솔하고 워싱턴使行을 단행, 험난한 외교적 경험과 또 워싱턴에서의 常駐公使館 개설을 성취시킨 것 등을 기술하였다. 조선외교관들은 나를 의심했고, 密輸를 기도했으며, 청국의 요구조건(이른 바 另約三端 遵守履行)에 양보해 주기를 원했다. 그러나 나는 단호히 이를 거절, 외교적 승리를 거둔 것이다. 이로부터 그들과 절친한 친구가 되었다. 그후 나는 농담 삼아 박정양 공사를 나의 養父로 모시겠다고 했더니 그는 무척 기뻐했다. 나는 이들 외교관들 중 한 사람은 首相에 임명되도록 힘썼고(李完用), 또 한 사람은 나의 제의로 주일 조선공사가 되었다(李夏榮, 1898). 네번째 인물은 漢城判尹이 되었다(李采淵, 1896). 나머지는 書記 또는 從僕이었다.

公式文書 및 謄本의 사본은 본서 裏面에 揭載되어 있다.

1887년

高宗 24(丁亥)・光緖 13・明治 20

9월 23일 (金)

전날 저녁 국왕을 謁見, 辭陛하고, 오늘 서울을 떠나 濟物浦에 도착했다. 박정양 전권공사는 남대문 밖에서 본인을 만나서,우리 일행과 함께 제물포로 동행하기로 했다. 그런데 그는 나타나지 아니했다. 우리는 그대로 제물포로 직행했다. 그 다음 날 알고 보니 그는 국왕의 부름을 받고 대궐로 되돌아갔다는 것이다. 北洋大臣 直隷總督 李鴻章은 온갖 수단과 방법을 동원, 조선주미공사 派美를 방해하면서, 조선정부가 전권대신을 파미할 경우 선전포고를 發하겠다는 위협적인 전문을 보내었으나, 결국 실패하자 駐箚朝鮮總理 袁世凱가 마지막으로 조선국왕을 위협 공갈했기 때문에, 이에 못이겨 국왕은 박정양을 소환한 것이다.

요양차 일본에 가있었던 駐韓美國公使 딘스모어(Hugh A. Dinsmore, 丹時謨)가 9월 24일에 長崎로부터 미국 해군군함 오마하(Omaha)호를 타고 제물포에 도착했다. 그도 역시 너무 늦게 도착했다. 청국측은 對韓 강경자세를 조금도 누구러뜨리지 않았으나, 이홍장의 전권공사 派美 沮止 노력은 허사로 끝나버린 것이다. 그러나 그는 원세개 총리에게 전문을 보내면서 조선은 본래부터 청국의 屬邦이며, 또 朝美條約 체결 때 조선국왕이 다른 나라 군주에게 보낸 別途照會에서도 이를 재확인했듯이 속국의 처지로 어떻게 전권공사를 파견할 수 없으므로 조선 외교사절단을 일본에서 철저히 저지 방해하는 데 총력을 기울여 달라는 내용이다(覺書 참조할 것).[1]

9월 30일 (金)

데니 고문관이 제물포로 와서 독일 국기를 게양한 조선 증기선을 타고 청국으로 향발할 예정이다〔이 증기선은 世昌洋行(Edward Meyer Company)에 아직도 정식으로 인도되지 아니했으며 上海로 가

---

1) 조선정부가 박정양 전권대신을 派美하기로 결정하자, 이홍장은 즉각 조선은 중국의 속국이므로 불가하다고 주장, 박 공사의 派美를 적극 반대하고 나섰다. 그러나 딘스모어 공사는 독립국가로서 締約國에 공사파견은 외교관례상 아무런 하자가 없거늘 이를 반대함은 조미조약 자체를 무시하는 행위라고 규탄하면서 항의하자, 원세개 총리는 첫째, 조미조약체결 후 조선 국왕의 별도조회문에 "조선은 중국의 속방이다"라고 명기해 있으므로, 속국의 지위로서 구미 각국에 전권공사 파견은 불가하며, 둘째, 朝·中관계는 主從間의 分內之事이므로 타국이 이에 관여할 수 없는 문제라고 주장하였다. 金源模, 「朴定陽의 對美自主外交와 常駐公使館 開設」, 『藍史鄭在覺博士古稀記念 東洋學論叢』(1984), pp.365~366.

서 함선의 바닥과 나머지를 수리할 예정이다]. 데니는 이번의 청국행의 목적은 요양차 떠난다고 주장하고 있다. 청국측은 그가 자기 봉급을 받기 위하여 청국에 간다고 주장하고 있다. 국왕은 그의 청국행을 반대하면서도 그는 결국 청국행을 決行했는데,국왕은 데니에게 전권공사 파미를 容認할 수 없다는 위협적인 원세개의 편지 사본을 보여주었다. 한편 국왕은 나에게 공사파미 문세를 미국 및 러시아 공사와 협의해서 과연 美·露 양국 공사가 전권공사 파미를 지지하고 있는지의 여부를 타진해달라는 것이었다.[2)]

10월 1일(土)

나는 말을 타고 4시간만에 서울로 올라갔다. 러시아 공사 웨베르와 미국 공사 딘스모어를 만나보고 의사를 타진해본 결과 그들은 萬難을 무릅쓰고라도 즉각 전권공사 파미를 단행해야 한다고 주장했다. 前者(웨베르, 믿을만한 노외교관)가 말하기를 우리가 본국정부에 이 문제와 관련 공문서를 보낸 바 있는데, 이에 대한 回電이 올 것이기 때문에 이에 따라 행동할 것인즉, 그때까지 기다려 달라는 것이었다. 이러한 공문전신을 수령했다는 사실 자체가 청국 외교관에게는 일종의 위협적인 의미가 충분하다고 볼 수 있다. 청국 외교관들은 본국 정부의 위신에 따라 행동한다고 생각하고 있었기 때문이다.

나는 웨베르의 충고를 따르기로 하고 그 다음 날 딘스모어 공사와

---

2) 청국은 미국으로부터 강력한 對韓內政干涉 비난에 부딪치자, 원세개는 첫째, 조선은 弱小國이며 自主不能하기 때문에 전권공사를 파견할 수 없다. 둘째, 조선은 경제적으로 빈약한 나라이기에 전권공사를 파견하더라도 재정난으로 중도에 철수할 것이다, 등 이유로 반대했다. 이에 高宗은 遣外使節 派遣案을 헌책했던 데니를 10월 4일 天津으로 파견, 이홍장과 이 문제를 매듭짓기로 했다. 데니의 강력한 항의에 결국 이홍장은 일보 양보, 公使派美를 허락하되, 전권공사가 아닌 三等公使 즉 辨理公使(Minister Resident)를 파견하는 데 합의했다. Swartout, *An American Adviser in Late Yi Korea,* pp.8~9, 72~73, 133; 金源模,「朴定陽의 對美自主外交와 常駐公使館 開設」, pp.366~367.

함께 돌아왔다. 그 다음 주에 딘스모어 공사는 국무장관 베이야드(Thomas F. Bayard)로부터 전신문을 받았는데, 전문 요지는 그가 국무장관에게 보낸 보고전문은 요령부득이기 때문에 보고전문을 다시 보내달라는 것이었다. 청국이 조선의 대외 전신망을 관장하고 있었기 때문에 청국관리가 전번과 마찬가지로 암호 전신문을 뒤섞어버린 것이다. 그후 딘스모어가 본국 정부에 보낸 전신문에 이러한 청국측의 장난으로 혼동되지 않고 온전하게 전달되었는지는 극히 의심스럽다. 그러므로 나는 국왕을 알현, 즉각 전권공사 派美를 결행할 것을 촉구했다.

국왕은 내 충고대로 단행하겠다고 말했고, 딘스모어 공사는 미국 해군함정 오마하호에 朴定陽 공사 일행을 태우고 長崎까지 호송하겠다고 약속했다. 나는 오마아호의 장병들의 제안에 따라 조선국왕에게 다음과 같이 제의했다. 본인이 딘스모어 공사를 통하여 본국 정부에 요청할 경우 미국정부는 오마하호의 배치 이동시기가 그때까지이고 또 본국 정부로부터의 훈령을 받아야 하기 때문에 조선공사 일행을 미국까지 계속 호송할 수 있게 될 것이라고 말했다. 딘스모어 공사는 본국정부로부터 이러한 공문 훈령을 받지 않는 한 그 요청을 제안하지 않겠다고 말했다. 왜냐하면 미국정부는 자기를 지지할 것이며, 그러나 미국의 조선문제 관여를 청국측은 이를 모욕적인 것으로 받아들일 것이라는 결론에 도달하게 된 것이다.박 공사가 도착할 무렵에 국왕은 급히 나에게 편지를 보냈는데(편지는 친필이 아니고 대필한 것임), 박 공사의 외아들 嗣子가 곧 죽게 되었은 즉 아버지는 지금 出行할 수 없다는 것이다.

그러나 만약 8월 5일(양력 9월 21일)까지 박 공사가 출발할 수 없다면 자기로서는 다른 인물을 선정, 신임 주미공사에 임명하겠다고 언명했다. 같은 날자로 보낸 다른 편지에 의하면 국왕은 박 공사의 아들 병세는 조금도 차도가 없으므로 부득이 주미 전권공사를 새로 임명할 수 밖에 없다고 했다. 김씨라는 한 고위관리는 서울에서 內陸지방 400里 떨어진 외진 곳에 살고 있다. 그로하여금 주미 공사에 임명 發程

준비를 하려면 상당한 시간이 소요되기 때문에 주미공사 派美에 차질이 생긴다는 것이다. 나는 이곳 제물포의 숙박편의 시설이 빈약하며 그렇다고 해서 나는 허치슨씨에게 집을 비우고 나가 달라는 강요를 하고 싶지 않다는 말을 국왕에게 전했다.

나는 내 가족과 繙譯官(李采淵) 李夏榮을 대동하고 橫濱으로 먼저 출항,거기서 박 공사 일행이 오기를 기다리기로 했다. 나는 히고마루(Higo Maru)호편으로 9월 26일 神戶 橫濱으로 출항하는데,李夏榮은 제물포에서 박 공사를 기다리는게 낫겠다는 것, 국왕은 모든 수단을 다하여 박 공사 일행을 9월 25일(양력 11월 10일)에 쑹가마루(Tsunga Maru)호편으로 보내야 한다는 것 등의 내용의 회답을 보냈다. 만약 박 공사가 그렇게 出行할 수 없다면 해외에서는 이미 박 공사 도미에 관하여 이렇쿵저렇쿵 말이 많아 흥분상태에 있는만큼 이제 박 공사는 미국행을 포기할 수 밖에 없으며, 박 공사 아들의 병은 出行 연기의 한 부분적 구실에 불과하며,따라서 박 공사 일행은 앞의 일자에 출발한다는 전문을 나에게 보내주어야 할 것이고, 만약 그때까지 아무런 전문 통고가 오지 아니하면 나는 10월 초순경(양력, 11월 20일경)에 미국으로 출항, 워싱턴에 도착, 국서를 미국정부에 전달하는 동시에 國璽가 찍힌 신임장을 제시하면서 200만달러의 借款을 교섭하고, 또 이러한 차관교섭을 원활히 추진하기 위하여 박 공사 일행이 미국행을 포기할 경우에 대비,경비조달조로 나는 조선 砂金 400온스 꾸러미를 휴대하고 갈 예정이었다. 아울러 나는 조선정부가 초빙한 군사교관 고빙문제도 교섭할 것이다. 그러나 딘스모어 공사는 이미 오래 전부터 교섭해오던 군사교관 고빙문제는 미국정부가 이들을 선발, 派韓하기로 결정했다는 취지의 전문을 접수한 바 있다.

10월 29일(日), 釜山에서

우리는 10월 26일 수요일 아침에 히고마루호편으로 출항, 橫濱으로 출발하려 하는데, 갑자기 香港에 체재하고 있는 閔泳翊[3]에게 보내는 국왕의 친서를 휴대하고 가서 그로부터 돈을 수령하여, 朴定陽 공사 일행을 만나기로 되어있는 長崎로 갖고 가서 박 공사에게 전해 달라는 국왕의 부탁 편지를 받게 된 것이다. 브루클린(Brooklyn)호의 챈들러(Chandler) 제독이 제물포로 가서 박 공사일행을 데려올 것임에 틀림없었다. 슈펠트(Robert Wilson Shufeldt, 薛斐爾) 제독이 이 브루클린호에 승선하고 있었다.[4] 챈들러 함장은 제물포로 갔었으나,국왕을 알현할 초청장마저 받지 못한 데 대해 크게 실망하고 있었다는 것이다. 駐歐五國全權公使(英・獨・露・佛・伊) 趙臣熙는 出使준비를 하라는 명령을 받고 있다. 데니 고문관은 그들의 외교문서 업무를 담당하고 있었다. 우리는 브롬화물 덕택으로 거친 바다를 무사히 항행하였다. 김씨(아마 金老美)와 실(Sill)은 뱃멀미를 하지 아니 했다.[5] 그러나 파니와 아기는 뱃멀미를 하고 있었다. 그들은 브롬화물을 복용하지 아니 했기 때문이다.

---

3) 민영익은 처음부터 引俄拒清政策을 반대했기 때문에 1886년 8월 韓露密約說 을 원세개에 提報한 것이다. 그러나 원세개는 이를 계기로 對韓宗主權정책을 강화하기 위하여 그 악명높은 國王廢立陰謀를 꾸민 것이다. 이는 민영익으로서는 고종을 비롯하여 조선정부에 대해 일종 배신행위가 아닐 수 없다. 이러한 죄책감에서 민영익은 국왕폐립음모사실을 조선정부에 密報함으로써 사태수습을 도와준 것이다. 그러나 민영익은 원세개와 조선정부 양편으로부터 의구심을 사게 되어 서울에 머물러 있을 수 없어서, 마침내 8월 말에 홍콩으로 망명한 것이다. 金源模,「袁世凱의 韓半島安保策」, pp.237~240.

4) 슈펠트 제독은 1882년 5월 22일 조미조약체결을 성사시킨 미국의 해군제독으로서 조선정부로부터 고문관 고빙교섭을 받았으나 이를 거절하였다. 그러나 슈펠트제독은 고종의 賓客으로 초청되어 1886년 10월 19일에 내한 그 이듬 해 봄까지 서울에 滯京한 일이 있다.
"Admiral Shufeldt's Visits to Korea", *Korea Magazine*, vol. 1, pp. 243~248 : F. M. Beck, "Interpreting for Captain Shufeldt", *Korea Magazine*, vol. 1, pp.239~240 ; 『尹致昊日記』(國史編委, 1973), 卷1, p.243(1887. 1. 23), p.247(1887. 2. 9.) ; Allen, *Korea : Fact and Fancy*, p.175, October 19, 1886.

5) 金老美는 알렌의 隨行 몸종이고 실은 알렌의 개인 비서이다.

10월 30일 (日)

長崎에 도착했다. 나는 長崎에서 류머티즘 말라리아병에 걸리고 말았다.

11월 2일(水)

어제 나는 몹시 앓았다. 오늘 아침 나는 베이야드 국무장관에게 박 공사일행이 出使하게 되었다는 소식을 보고했다. 나는 내가 휴대하고 간 金 400온스를 홈링거洋行(Holme Ringer and Company)[6]에 예치하고 銀貨로 換錢했다. 해군경리감 부인 스미드(Smith)씨, 해군소령 빅크웰(Bickwell), 해군대위 데니그(Denig) 부인 등이 우리 호텔에 같이 투숙하였다. 나는 테헤란(Teheran)호를 타고 오늘 홍콩으로 향발했다.

11월 6일(日)

매우 유쾌한 항행 끝에 홍콩에 도착했다. 선실에는 영국 신사숙녀가 가득 타고 있었고, 특히 소기(Sogy)부인과 그녀의 딸들도 있었다. 나는 프랑스 영사 부인의 어머니와 동경주재 영국영사 부인 소기 이외에는 아는 사람이라곤 찾아볼 수 없었다. 나는 특히 검소하게 일하면서 항상 유쾌한 기질을 가진 소기 부인을 좋아했다. 나는 제 자리에 와있지 아니한 그러한 어색한 느낌이 들었다고 고백했다. 나는 사교적인 인간이 아니기 때문에 사람들과 사귈 수가 없었다. 그래서 나는 장래 내가 어떻게 처신해야 할지를 몰랐다. 나는 농사일을 하는 농부가 되어야 할 사람이다. 그들이 대화를 나누는 언어는 영어인데, 영어는 음악적 방식으로 발음해서 나는 듣기가 즐거웠다. 말 소리는 리듬으로 廣東말

---

6) 홈링거洋行은 영국계 상사로서 일본 長崎에 그 본점을 두고 있다. 1896년 10월에 인천에 지사를 개설하고, 홍콩-上海銀行(Hong Kong and Shanghai Banking Co.)의 대리점이 되었다.
崔聖淵,『開港과 洋館歷程』(京畿文化社, 1959), p.98 ; Allen, *Korea:Fact and Fancy*, p.198, October, 1896.

씨와 유사하다. 나는 그들의 말을 알아듣기가 어려웠다. 아마 나는 귀머거리가 되어가는 것 같았다.

11월 7일(月)

홍콩에 도착하자마자 나는 閔泳翊의 행방을 백방으로 수소문해 보았다. 駐홍콩 미국영사 아더(Arthur)도 호텔측 종업원들도 모두 민영익을 아는 사람은 한 사람도 없었다. 그래서 나는 민영익을 찾는 데 지쳐 버렸다. 나는 上海주재 굴릭(Gulick) 박사를 만났더니, 그는 동료 목사가 船員상대로 하는 YMCA 설교를 듣기 위하여 나를 그곳으로 안내, 데려갔다. 나는 다시 죄에 빠져 들지 않을까 염려되었다. 나는 이같은 설교는 좋아하지 않는다. 오늘 아침 나는 홍콩경찰서를 방문, 민영익의 행방을 알아내었다. 경찰관 중 한 사람이 민영익과 절친한 친구이고 또 사실상 민영익의 고문 역할을 하고 있었다. 나는 일찍이 민영익에게 이야기한 바와 같이 지금 조선은 그처럼 수 많은 고문관을 고빙하고 있는데, 이같은 고문관 고빙을 중단하지 않으면 조선은 산산조각이 나고야 말 것이다.

민영익은 빅토리아호텔의 좋은 방을 차지하여 거처하고 있었다. 나는 홍콩호텔에 숙소를 정하고 있었다. 우리는 조선의 외교문제를 포함한 전반적인 업무를 협의하면서 이번 박정양 공사 일행의 미국행에 소요되는 경비 추산액을 보고했다. 민영익은 수행원 수가 너무 많으니 그 수를 줄이기로 나와 합의했다. 나는 민영익과 점심과 저녁을 같이 했고, 아더 영사와도 같이 식사를 나누었다. 나는 양복 한 벌을 주문했고 모자도 하나 구입했다. 이것은 내가 절대로 필요한 물품이다. 저녁에는 나는 아더 영사와 그의 딸을 방문했는데, 가보니 나는 깜짝 놀라지 아니할 수 없었다. 거만하게 생긴 남부의 노숙녀와 그녀의 어여쁜 세 딸과 그리고 방안에는 낯선 사람들로 가득 차 있어서 나는 이들을 만나 인사하느라 내 컵을 들고 있을 수 없었다. 나는 로마사람처럼 처신했다.

11월 9일(水)

나는 어제 밤 아더 영사댁에서 閔泳翊과 만찬을 같이했다. 아더 영사는 민영익에게 상당한 영향력을 행사하고 있는 것 같이 보였다. 그는 허치슨과 비슷한 점이 많았다. "사공이 많으면 배가 산으로 올라간다" 라는 옛 속담이 생각난다.

11월 10일(木)

나는 어제 香港五十年祭를 구경했다. 중국인 가장행렬이 한 장소를 통과하는 데 세 시간이나 소요되었고 또 화려한 옷차림이었다. 영국병사의 각종 衣裳 閱兵은 매우 흥미있었다. 나는 저녁 내내 민영익과의 업무협의로 바쁜 시간을 보내고 있어서 축하불꽃놀이를 관람할 수 없었다. 민영익은 아주 귀찮아 해 보였다. 그는 朴定陽 공사의 공관원 수를 적절한 수준으로 축소할 것을 희망하고 있었다. 그는 주미공사관을 유지하는 데 필요한 경비 조달문제와 그리고 우리들에게 매달 송금하는 방법 등에 관하여 약간 새로운 방안(아이디어)을 가지고 있었다. 나는 그와 광범위한 교섭과 상담을 한 후 이러한 상황하에서는 사절단의 美國使行 없이나 자신의 단독 미국행을 강행해서는 안된다고 말했다.

나는 은행으로부터 조선사절단에게 지불할 수 있는 모든 자금을 마련하겠다고 제의하면서 이 돈을 인출하는 데는 박정양 공사와 내 자신의 이름 공동명의가 필요하다는 것 등을 이야기함으로써 그의 마음을 가라앉혔다. 이는 바로 다른 조선인들의 僞造행위를 사전에 방지할 뿐만 아니라 더 나아가서는 박 공사 자신이 돈을 함부로 인출하여 흥청망청 써버리지 못하게 하는 예방책이 되기도 한다. 조선이 은행시설을 갖춘다면 모든 업무는 원활하게 추진될 것이다. 민영익은 박 공사 수행원 중 4명이 長崎로부터 제물포까지 귀환하는 데 필요한 소요 여비 및 보관비 일체 등 제경비를 지불하고, 이번 홍콩까지의 나의 왕복여비 100달러까지 지불하는 데 동의했다. 140달러를 동봉한 2만달러의 돈은 지금 홍콩50년제 축제행사로 은행문을 닫아버렸기 때문에 인출하는데 어려움을 겪었다.

11월 11일(金)

저녁에 일본행 여객선(P. and O. S. S)에 탑승, 그 이튿날 대낮에 일본을 향해 출항했다. 민영익은 박정양 공사 임무수행 자금으로 2만달러의 수표와 박 공사에 보내는 그의 친서를 나에게 手交했다. 홍콩 50년제행사때문에 은행이 모두 휴무하고 있어서 수표를 현금으로 換錢할 수도 없었고, 그래서 나는 수표를 아더 영사에게 맡기면서 내일 電信換으로 바꾸어 송금해달라고 부탁했다. 나는 영수증을 민영익에게 주었고, 아더 영사도 영수증을 나에게 써주었다. 민영익은 가외로 나에게 홍콩까지의 왕복 여비조로 100달러를 주었고, 또 본국으로 돌려보내야할 수행원들의 長崎에서 제물포까지의 여비조로 1인당 40달러를 주었다. 나는 홍콩까지의 왕복 여객선 船價로 60달러를 썼고, 홍콩 체재비용으로 63달러 10센트를 써버렸기 때문에 나는 정말로 돈이 없었다. 게다가 그중 22달러는 내가 주문한 양복값이었다. 홍콩은 해상에서 바라보아 훌륭한 도시로 보였다. 도시 전체가 밝게 빛나보였고 더군다나 50년제 축하 불꽃놀이가 화려하게 홍콩 하늘을 장식하고 있었다. 強風이 계속 불고 있어서 우리는 폭풍우가 불어닥친 험난한 항로로 항행할 것 같다.

閔泳翊은 내가 그의 생명을 구해준 인물이다. 그는 왕비의 친정조카이다(민영익이 왕비의 4촌동생은 잘못임). 그는 아주 겁이 많은 사람으로 회복되자마자 망명했는데, 內帑金(King's Money)을 은행에 예치해두고 있었으며, 그는 아주 富裕하다. 알렌 註

11월 17일(木)

우리는 폭풍우가 휘몰아 치는 가운데 長崎까지 항행했다. 나는 승객 가운데 유일하게도 뱃멀미를 앓지 아니했다. 선장과 1등항해사가 홍콩

체재 중 그들을 위한 50년제 축하무도회가 있었는데, 이때문에 그들은 이틀동안 아무 일도 하지 못했던 것이다. 11월 18일 長崎에 도착했다. 아내 파니는 건강하게 잘 있었으나 아이들은 악성 감기에 걸려있었다. 민영익과 함께 있을 때 첫날 우리는 서울 왕실로부터 전보를 받았는데, 이에 의하면 "公使出行"이란 내용의 전문이었다. 나는 민영익을 위하여 駐歐洲 五國全權公使(趙臣熙)도 출발했는지의 여부를 알아보기 위하여 駐長崎 미국영사에게 전보를 보낸 바 있다. 그러나 이에 대한 答電이 없었는데, 長崎에 도착해보니 趙臣熙 공사 일행은 아직도 도착하지 않고 있음을 알게 되었다.

朴定陽 공사 일행을 태운 오마하호는 곧 몇 시간 내로 이곳에 도착할 것이다. 나는 파니가 즐거운 시간을 보내고 있음을 알았다. 우리와 함께 같이 나온 선교사가 있었는데 그들은 우리를 무시하고 게다가 내가 뱃멀미가 심하고 내 아내가 중병때문에 브롬화물을 복용하고 있다는 나쁜 소문을 퍼뜨리고 있었지만, 지금에 와서 우리와 알게 되니 그들은 대단히 우리들에게 친절을 베풀고 있다는 사실을 알고 나는 크게 만족하고 있다. 이들 선교사들 중 세 사람은 어떤 경우에는 남편들의 통렬한 비난 때문에 부부관계가 원만하지 못하다는 것이다. 그래서 지역사회에서 인정을 못받고 있다. 그들 중 일부는 내가 이룩한 것처럼 꽤 성공을 거두었다. 그러나 선교사들은 어디에 가거나 환영 받지 못했으며, 나로서도 조선에 개척목사로서 처음 갔었지만 선교사들의 소집단으로 인정 받지 못하고 있다.

어제 밤에 슈펠트 제독이 내방, 캘리포니아 주민들이 자기에게 보낸 편지를 내게 보여주었는데, 이 편지에 의하면 캘리포니아 주민들은 조선정부가 타운센드(W. D. Townsend, 他雲仙)에게 인가한 광산채굴권과 캘리포니아 주민과는 아무런 관계가 없다는 것, 슈펠트제독은 이에 관여한 일도 없다는 내용의 편지였다. 이 편지 때문에 광산채굴권이 중단되었고, 그동안 조선정부가 청국으로부터 빌린 借款 負債를 상환하기 위하여 미국에서의 차관교섭의 전망이 암담해지고 말았다. 나는 미국으로부터 200만달러의 차관을 얻어내려고 교섭할 계획을 하고 있었는데, 이런 계획이 수포로 돌아가지 않을까 염려되었다. 우리 미국 국민은 보다 원대한 先見之明이 부족한 것은 참으로 불행한 일이었다. 이때문에 미국인은 對日 및 對清交易에서 손해를 보고 있으며, 지금 조선정부가 미국 상인들에게 어서 들어와서 한미간 교역활동 개시를 절망하고 있는 이때 미국 국민은 스스로 후퇴, 결국에는 이같은 황금 같은 절호의 기회를 놓치고 있지 않은가.

11월 21일(月)

10명으로 구성된 초대 주미 조선외교사절단[7] 일행이 미국 해군 포함 오마하호편으로 지난 토요일(19일) 이곳 長崎에 도착했다. 그들은 굉장히 큰 부피의 짐을 싣고 왔는데, 그중에는 사절단이 입을 각종 의복, 김치, 건어물 등이 들어 있었다. 짐상자를 짚꾸러미로 싸서 단단히 새끼로 동여 꾸린 짐이 무려 13개로서 함장의 후부 선실 절반을 차지할 정도였다. 박 공사는 이들 짐 전부를 자기네들이 묵을 일본호텔로 끌어다 옮겨달라고 하면서 내 말은 들을 것도 없다고 했다.

일요일(20일)에 나는 朴定陽 공사, 서기관 李完用, 번역관 李采淵, 그리고 武弁 李鐘夏 등 4명의 홍콩행 여객권을 구입했다. 박 공사는 홍콩에서 부임반대를 물리치고 미국행을 고집했던 것이다. 나는 어제 밤 상당한 고생 끝에 박정양 공사 일행을 독일 우편선인 제너럴 베르더(General Werder)호에 승선시켰고, 그들은 오늘 오전에 홍콩을 향해 출항했다. 어제 나는 박 공사 일행이 사용한 지출금 액수와 경비 내역을

---

7) 初代 駐美朝鮮公使館員은 다음과 같다.
全權公使에 朴定陽(47세), 參贊官에 李完用(30세), 書記官에 李夏榮(30세), 親軍後營文案 李商在(38세), 繙譯官 李采淵(27세), 隨行員에 姜進熙(37세), 李憲用(27세), 武弁 李鐘夏(43세), 그리고 從者(跟率) 金老美(27세), 許龍業(33세) 등 外務祕書官 알렌과, 알렌의 개인 비서 실(Sill)을 합쳐 모두 12명이다. 金源模, 「朴定陽의 對美自主外交와 常駐公使館開設」, pp.363~365; 文一平, 『韓美五十年史』(探求堂, 1973), pp.180~181.

확인하려 했지만 허사였다. 그것은 나의 소관업무 외의 일이기 때문에 알 필요도 없다고 정중히 내게 통고해 주었다. 경비문제에 관여하지 않으니까 나의 책임이 많이 덜어진 것 같다. 오늘 나는 박 공사 일행의 짐을 끄집어내어서 이를 보통화물편으로 보내기 위하여 모두 50개 꾸러미로 재포장하느라고 하루 종일 일을 했다. 그리고 한편으로 박 공사일행은 홍콩에서 閔泳翊을 만나 업무협의가 끝나는대로 즉시 回航할 것이기때문에, 우리일행은 横濱丸(Yokohama Maru)호편으로 일본으로 가기 위해 横濱行 여객권을 구입했다는 전보를 민영익에게 打電했다. 우리는 横濱에서 박 공사 일행이 돌아올 것을 고대하고 있었다.

11월 29일(火), 横濱에서

우리는 홍콩에 가있는 박 공사 일행을 제외한 나머지 조선 사절단 6명과 6톤에 이르는 화물을 가지고 長崎를 出航, 11월 25일 금요일 横濱에 도착했다. 요꼬하마 마루호편의 航行은 비교적 유쾌했다. 챈들러 제독과 駐神戶 美國 領事 제니켄(Jaenicken)은 우리의 神戶 체재를 최대한으로 편의를 제공해주었다. 챈들러 제독은 이곳에 정박 중인 모노카시(Monocacy)호의 글라스(Glass) 함장에게 적바림을 보내면서 이곳 체재를 편하게 해줄 것을 당부하자, 글라스 함장은 우리를 위해 온갖 편의를 마련해 주었다. 모오스(James R. Morse, 謨於時, 横濱 아메리카 貿易商社 사장), 그레이트하우스(Clarence R. Greathouse, 具禮) 駐横濱 美國 總領事, 애스톤(Willian G. Aston, 阿須頓) 부인 등을 비롯하여 기타 많은 인사들이 우리 숙소로 찾아와서 위로 해주어 즐거웠다.

우리는 그랜드 호텔(Grand Hotel)에 투숙했다. 우리는 이곳 横濱에서 당분간 박 공사 일행이 홍콩으로부터 돌아오기를 기다리고 있어야만 했다. 박정양 공사는 참찬관 이완용, 번역관 이채연, 그리고 武弁 이종하 등을 대동하고 홍콩으로 갔었는데, 이는 조선국왕의 지시를 받고 업무협의차 민영익을 만나러 간 것이다. 나는 200만달러 借款交涉權을 모오스 사장과 타운센드 아메리카 무역상사 인천 지사장에게 위탁하려고 마음 먹고 있었다. 나는 어제 일본주재 미국 장로교 목사 헵번(J. C. Hepburn) 박사 부처를 방문,헵번 박사로부터는 환대를 받았지만 헵번 부인에게는 냉대를 받았다. 어제 밤 모오스의 집에서 그의 가족과 저녁 식사를 하면서 나는 헵번부인의 냉대 이유를 알게 되었다. 즉 헵번부인은 모오스에게 말하기를 조선에서의 나의 처신은 평판이 좋지 못하고, 그래서 그녀는 나에게 친절하게도 행동에 조심하라는 충고의 편지를 써 보냈다는 것(이는 야비한 거짓말이다), 내가 그녀의 편지를 받고 모욕적인 답장을 그녀에게 보냈다는 것(또 하나의 다른 거짓말), 이제와서 내가 답답하니까 뻔뻔스럽게도 그녀를 찾아오지 않았나하고 생각하고 있다는 것이다. 나는 그녀가 이곳에서 보통 남을 중상모략하는 험담꾼으로 인정되고 있다는 사실을 알게 되었고,그녀의 딸도 자기 어머니는 진실을 말하기보다 거짓말을 밥먹듯 하고 있다고 말하고 있을 정도다. 그러나 헵번 박사는 이와 반대로 만인의 존경을 받고 있었다.

나는 역시 나의 친구 리(Graham Lee) 목사가 오랫동안 감리교 선교본부에 근무하고 있는 해미스판(Hamisphan)양과 불의의 邪戀관계를 맺고 있다는 치욕적인 癡情이야기를 듣고 놀랐다. 이곳에는 리 목사와 같은 선교사들의 스캔들이 많이 발생하고 있었지만, 나는 이것을 기억하고 싶지도 아니했다. 나는 어제 조선에 있는 해론 박사에게 친절한 편지를 써보내었다. 그러나 헵번 박사 부처가 해론의 편지를 막 받았다는 사실을 헵번 박사로부터 직접 들었다. 그래서 나는 해론이 역시 나에 관하여 거짓말을 늘어 놓았을 것임에 틀림없기 때문에 해론에게 쓴 편지를 찢어버리고 말았다. 내가 서울을 떠나 제물포에 도착했을 때 해론은 나에게 편지를 보냈는데, 이 편지에서 그는 자기를 좀 더 친절하게 대우해줄 것과 그는 나에게 잘못을 많이 저질렀는데, 사실상 그는 이전에 이 사실을 나에게 고백한 일이 있었다고 했다. 그러나 그는 나에 대해 거짓말을 했던 사람들에게 이와 똑 같은 편지를 쓸만큼 나쁜 사람이면 나는 그와 이 이상 관계하고 싶지 않다.

12월 7일(水)

몇 시간 내로 朴定陽 공사 일행이 오션익(Oceanic)호로 홍콩에서 이곳 橫濱에 도착할 것이다. 우리는 바로 이 오션익호로 호놀룰루를 거쳐 미국항행을 할 것으로 예정하고 있다. 우리는 출항을 앞두고 대단히 바쁜 일정을 보내고 있었다. 많은 인사들이 우리를 방문했고, 그들은 자기네를 기억해주기를 바라고 있었지만, 우리는 이들을 다 기억할 수는 없었다. 그레이트하우스 총영사는 자기 전용 마차를 우리 마음대로 사용하도록 내주는 등 여러가지 친절한 배려를 아끼지 아니했다. 허바드(Richard B.Hubbard) 주일 미국 공사도 친절하게 직접 우리를 찾아와 위로하면서 우리를 저녁식사에까지초대했다.그래서 주일 미국 공사관의 서기관 맨스피일드(I. S. Mansfield)와 만찬을 나누었다.

허바드 공사는 우리가 추진하고 있는 차관문제에 비상한 관심을 표명하면서 차관교섭을 촉진하는 데 자기가 할 수 있는 한 최대한 도와주겠다고 다짐했다. 그는 친절하게도 베이야드 국무장관, 델라웨어주 윌밍톤시의 윌슨(James H. Willson) 장군과 기타 영향력 있는 인사들에게 보내는 소개장을 써주기도 했다. 모오스도 역시 자기 친구들에게 차관문제를 도와달라는 편지를 전해주면서, 아울러 차관문서와 金鑛石見本을 나에게 제공해주기도 했다.

12월 9일(金)

朴定陽 공사 일행은 어제 아침 이곳 橫濱에 도착했다. 나는 날 샐녘에 박 공사를 마중하기 위하여 작은 증기선을 타고 나갔다. 그러나 그는 이미 삼판(Sampan)을 타고 빠져나와 벌써 일본호텔에 투숙해 있었다. 나는 박정양 공사 일행이타고 갈 여객권을 구입했는데, 1등석 여객표 5장, 2등석 표 2장, 3등석표 3장 등 모두 12장을 구입하고, 그리고 박 공사 일행의 貨物 40상자를 탁송했다. 그들은 아직도 자기네 일을

스스로 처리하고 싶어했고 나는 이곳에 머물고 있는 동안 그렇게 하도록 했다. 長崎 체재 중 슈펠트 제독은 슈펠트(Mason A. Shufeldt)(슈펠트제독의 次男) 중위를 주미 조선공사관 부 해군무관에 임명해 주기를 희망했다. 내가 해군무관 임명은 필요 없는 人事라고 설명하면서 반대 의견을 개진하자, 슈펠트는 나에게 은근한 압력을 가하면서 자기 아들이 해군무관에 임명되어 박정양 공사 일행에 참여, 사절단의 일원으로 미국까지 동행하고 싶다고 강요했으므로, 나는 이에 못이겨 그 뜻을 박정양 공사에게 즉각 천거했더니,박 공사는 한 마디로"우리는 해군무관을 쓸 형편이 못된다 "라고 잘라 말했다.

나는 해군무관 채용문제는 그곳에서 일단락 매듭지은 것으로 생각했었다. 그러나 딘스모어 주한 미국공사가 오마하호를 타고 제물포로 돌아간 것 같고, 슈펠트 해군중위는 딘스모어의 소개장을 얻어 조선국왕에게 해군무관 채용을 간청한 것이다. 조선국왕은 마음이 좋은 호인이라 외국인의 간청을 거절할 수 없었다. 그 결과 오늘 오후에나는 長崎에 체재중인 슈펠트로부터 전보를 접수했는데, 이 전보에 의하면 "조선사절단이 출항할 때 조선국왕은 본인의 사절단 참가(해군무관)를 요청할 것임"이란 내용의 전문이었다. 나는 "내일 아침 출항 예정"이란 답전을 보냈다. 나는 이 문제로 출항하지 말고 기다리라는 요청이 있을 것으로 기대했다. 그러나 우리는 이미 우리의 貨物을 탁송했고, 우리가 타고 갈 여객권도 구입했으므로 출항을 중단할 수 없었다. 하나님의 뜻이라면(D. V.) 우리는 내일 호놀룰루를 경유하는 오션익호 여객선편으로 출항할 예정이다.

12월 26일(月)

우리는 12월 10일에 예정한대로 橫濱을 출항했다. 출항한지 6일동안 폭풍우가 계속되는 악천후였다.조선 사절단은 모두 뱃멀미로 고생하고 있었기 대문에 자기 자신뿐만 아니라 기타 만사가 귀찮아했다. 조선 사절단은 1등석 5장만 가지고 있었지만, 나머지 5명은 2, 3등 선실에 모여 식사도 같이 하면서 지냈는데, 어찌나 더러운지 그들이 풍기는 악취를 참을 수가 없었다. 마침내 우리는 차액을 더 지불해서 1등석 2장을 더 구했다. 나는 35달러를 더 지불했는데, 총액이 85달러였다. 나는 특별히 우리의 종(奴僕) 金老美의 1등석 좌석을 구하였는데, 그는 우리 아들 헤리(Harry)와 같이 식사했다.

두 사람의 조선인 姜進熙는 지분거리기 좋아하는 사람이었고, 李商在도 더러운 사람인데, 이 두 사람은 그들의 객실에서 박 공사와 함께 식사했다. 사절단 일행은 출항 후 내내 뱃멀미를 앓고 있었고 자기 지정좌석에 앉아서 그들 하인배의 식사를 얻어내어 같이 식사하고 있었다. 박 공사는 사절단 일행 중 가장 나약하고 바보 천치같은 인물이었다. 조선 정부가 정식으로 임명한 번역관 이채연은 영어 한 마디 할줄 몰랐다. 參贊官 李完用과 서기관 李夏榮은 그래도 전반적으로 조선사절단의 나쁜 인상을 相殺 · 보충해주고 있다. 그들은 언제나 자기 객실 지정좌석에서 일어서서 항상 자리를 어지럽히고 있는가 하면 대가리가 큰 징을 밖은 가죽신으로 바닥을 긁어대며 날카로운 騷音을 내면서 바닥에 심한 자죽을 내고 있었다.

그들의 몸에서 계속 고리타분한 똥냄새가 풍기고 있었고, 그들은 선실에서 끊임 없이 줄담배를 피우고 있어서, 이 담배냄새에다, 목욕하지 않은 고린 체취, 똥냄새, 오줌 지린 내,고약한 냄새가 나는 조선 음식, 등이 뒤섞여 온통 선실 안은 악취로 가득했다. 오션익호 승객들은 매우 친절했다. 그러나 그들은 이 냄새나는 조선 사절단을 한 방으로 몰아 격리해준 데 대해 감사했고,나 자신도 그렇게 생각하고 있었다.

나는 매일 아침 문안겸 박 공사를 찾아가 인사했고, 그들을 깨워 일으켜 갑판으로 안내하기도 했다. 나는 이제 그이상 악취 때문에 선실에 그들과 같이 머물러 있을 수는 없었다. 그래서 나는 그들 옷에서 기어다니는 이(虱)를 가리키면서 이를 잡으라고 하는 등 주의를 주었지만 아무리해도 악취는 별 차이 없이 계속 풍기고 있었다. 그렇다고 해서 나는 조선 사절단 중 어느 누구에게 무례한 태도로 대하지 아니했다.

그러나 姜進熙만은 당분간 주의를 주고 싶지 아니했다. 그는 언제나 여객선의(대합실) 큰 홀에 나가 있겠다고 주장하면서, 그것도 정장차림이 아니라 아무렇게나 옷을 반도 입지 않고 돌아다니는 데, 그 몸에서는 고약한 악취가 풍겨나와 보기가 민망스러울 정도였기 때문이다. 나는 보다 못해 박 공사에게 제발 나돌아다닐려면 옷을 제대로 입고 몸을 깨끗이 하라고 당부했다. 그는 아주 지분거리기를 좋아하는 덥적꾼으로 아무나 집적거리면서 주위 승객을 괴롭히고 있었다.

나는 예기한 것처럼 슈펠트 중위로부터 전문을 접수했는데, 샌프란시스코에서 자기를 기다려달라는 것이었다. 그는 전문에서, "다음에 떠나는 히고마루호 선편으로 국왕의 敎旨(슈펠트 중위의 해군무관 임명장)를 보낼 것이니, 이를 접수할 것이며, 슈펠트 제독은 해군성에 휴가신청이 전보로 상신, 휴가 명령이 떨어지면, 샌프란시스코에서 조선 사절단과 합류하게 될 것이다."라는 내용이었다. 나는 모노카시호의 글라스(Glass) 함장에게 저간의 모든 사정을 상세히 이야기했다. 글라스 함장은 이를 슈펠트 제독에게 설명해줄 것이다. 그러나 그들의 너무나 어리석은 행위는 아마 십중팔구는 중단될 것이다. 가엽게도 조선국왕은 이를 딱 잘라 거절할 수 없었을 것이다. 그래서 보다 안이하게 대답했을 뿐이다.

우리는 12월 21일 수요일 오후 9시에 호놀룰루에 입항했고, 그 다음날 목요일(22일) 오전 1시 30분에 샌프란시스코로 출항했다. 승객 중 천연두 환자가 발생해서 우리 모두 하선할 수 없었다. 우리는 선실에 갇혀 꼬박 2주일 간 격리생활을 해야만 했다. 우리는 6톤의 阿片 짐을 부리고 말았다. 우리가 하와이섬으로 가게 되는 까닭도 이 아편때문이었는데, 이를 모두 부리고 떠났다. 그러나 그날 우리는 하와이섬 내 사탕수수밭과 그리고 그 근처에 공장이 있는 것을 목격했다.

드디어 크리스마스 전야를 맞이했다. 우리는 넓은 여객선 담화실에다 연회를 베풀었다. 내가 축하연설을 했다. 펀치(레몬즙, 설탕포도주의 혼합음료)와 샴페인이 자유롭게 巡杯 되었다. 모든 승객들이 이 연회에 참가했다. 밤 11시에 부인네들은 물러가고 남자들은 자정을 넘겨 새벽까지 계속 술을 마셨는데, 그중 몇 사람은 그만 고주망태가 되고 말았다. 우리는 서로 談笑를 나누며 또 노래도 불렀다(부인네들이 떠난 후에). 나는 그들의 허락과 양해를 얻어 조선에 관한 이야기를 해주었다. 내가 朝鮮談話를 끝내자 모든 사람들은 지저분한 노래를 부르기도 하고, 또 때로는 淫談悖說을 늘어놓기도 하였다. 나는 놀랍게도 자정까지 그 자리에서 놀다가 자리를 떴다.

어제 일요일은 크리스마스 날이다. 파니는 그녀의 진주 팔찌, 반지, 브로치 등을 꺼내어 몸 치장을 했다. 아내는 내게 잠옷 담는 가방을 주었다. 우리 아들 헤리는 캔디(사탕)를 먹으며 장난감을 가지고 즐겁게 놀고 있었다. 승객들 대부분은 茶商人들이었다. 승객 중 알렌 부인 이외에 또 한 사람의 숙녀가 있었는데,역시 미국인 부인이었다. 우리는 12월 28일 수요일 밤에 샌프란시스코에 도착할 예정이다. 우리는 일부 변경선을 통과하면서 하루를 더 벌었다. 橫濱에서 桑港까지의 航行은 모두 19일이나 소요될 것이다.

1888년

高宗 25(戊子) · 光緒 14 · 明治 21

1월 13일(金), 워싱턴에서

우리는 1887년 12월 28일 수요일 桑港에 도착했다. 그러나 우리는 승객 중 중국인 한 사람이 유사천연두 마마병(痘症)을 앓고 있었기 때문에 우리 승객 전원은 1888년 1월 1일까지 여객선 안에 격리 수용되지 않을수 없었다. 드디어 격리 수용이 해제되자마자 곧 팰리스호텔(Palace Hotel)에 투숙했다. 화요일(1.3) 정오에 우리는 화물을 모두 찾아서 짐을 풀고 재포장하여 철도편에 탁송하고 또 기차 승차권을 구입, 수요일(1.4) 대륙횡단 철도인 샌트럴 패시픽유니온(Central Pacific Union P.)의 버링톤 팬 열차(Burlington and Penn Vestibule Train, 각 차량의 복도가 통해 있는 열차)를 타고 워싱턴으로 향발했다. 눈 때문에 열차가 延發했다. 客車 히터가 얼어붙어있는 가운데 잠을 자고 있었다. 나는 추위를 이겨내기 위하여 담배를 피우지 않을 수 없었다. 드디어 열차가 움직이면서 달렸으나 영하 13도의 강추위로 무려 5시간이나 연착하였다.일요일(1.8) 오후에 시카고에 도착했다. 시카고에서 나는 아내 파니와 아기를 오하이오주 톨레도(Toledo)에 있는 고향집으로 보냈다.

월요일 저녁에 워싱턴에 도착, 곧 에비트 하우스(Ebbit House)로 갔다. 나는 조선 사절단과의 사이에 오늘 중 말썽이 끊임 없이 일어났다. 화요일(1.10)에는 브라운(Sevelon Brown) 국무차관을 만나서 그날 오후에 베이야드 국무장관을 만날 것을 약속했다. 나는 참찬관 李完用과 번역관 李采淵을 동반하고 국무성을 방문했다. 워싱턴에 무사히 도착했으며 國書(신임장)를 제정할 준비가 되어있다는 朴定陽 공사의 친서를 휴대하고 갔다. 그는 신임장 제정 일자를 1월 13일 금요일로 정했다고 약속 일자를 통고해 주었다. 오늘 우리는 유쾌한 기분으로 국무성으로 가서 원만하게 회견을 끝냈다.

그런데 아니나 다를까. 주미 청국 공사 張蔭桓은 조선 공사가 워싱턴에 도착하면 먼저 청국 공사관을 방문, 자기의 안내를 받아야한다고 痛駁하고 있었다.[8] 박정양 공사가 청국 공사를 尋訪하지 아니하자 청국 공사는 박 공사를 찾아온 것이다. 어제 박 공사는 청국 공사를 먼저 방문하자고 주장했다. 그러자 나는 내가 할 수 있는 모든 일을 이야기하면서 先清國公使訪問을 반대했다. 나는 드디어 마지막 방책으로 만약 조선공사가 미국 국무장관을 만나기 전에 먼저 청국 공사를 방문한다던가 또는 명함을 보내는 일이 있을 경우에는 나는 조선 공사 外務祕書官職(Foreign Secretary)을 사임하고 박 공사와 관계를 끊겠다고 선언했다. 우리가 국무성을 방문할 때 청국 공사가 그곳에 먼저 와 있을 것이라는 정보를 입수했다. 그러나 우리는 아침 일찍 국무성으로 떠났는데 때마침 비가 억수같이 내리는 바람에 청국 공관원 중 아무도 와있지 아니했다.

우리는 1월 17일 화요일에 클리블랜드(Grover Cleveland) 대통령을 예방, 국서를 제정했다. 나는 O가(O Street)에[9] 소재한 아담한 건물 하나를 임대하여 주미 조선공사관으로 임시 사용하게 하였다. 1층에는 거실 큰 홀, 식당, 주방, 식료품실이 있고, 2층에는 침실 5개, 무도장과 욕실이 있으며, 3층에는 대형 사무실과 저장실이 있었다. 그리고 공사관 허드렛 일을 시키기 위하여 인부 두 사람을 각각 월 30달러 봉급을 주기로 하고 고용했고, 공사관 임대료는 年間 780달러로 계약했다. 공사관 가구 什器費로 모두 1,250달러를 지불했는데, 이는 예상외로 적은 액수였다. 공사관 개설 업무를 완료하자 많은 내방객이 인사차 우리 공사관을 찾아왔고, 나는 특히 신문기자들과 친숙해져서 이들을 아주 훌륭하게 이용했다.

---

8) 청국 이홍장은 1887년11월 11일자(陽)로 조선 전권공사 파미를 조건부로 승인했는데, 그것은 곧 另約三端을 반드시 준행해야 한다는 것이다. 另約三端이란 첫째,조선공사가 워싱턴에 도착하면 즉시 청국 공사를 먼저 찾아보고 청국 공사의 안내로 국무성을 방문할 것,둘째 공식연회나 회의가 있을경우 조선공사는 청국 공사보다 낮은 자리에 앉을 것,세째, 긴요한 외교적 교섭사항이 있으면 조선공사는 먼저 청국 공사와 협의한 후 처리할 것 등이다.
U. S. Department of State, *Papers Relating to the Foreign Relations of the United States*, 1888, 1:pp.441~442, No. 73, Li to Yuan, enclosure in Dinsmore to Bayard, November 17, 1887;『淸季中日韓關係史料』, 卷4, pp.2379~82, 光緒13 年 9月 26日條.

9) 워싱턴시 15街 1513번지 소재 피셔(Fisher)屋을 임대,임시로 주미 조선공사관으로 사용하게 되었다.
Notes From the Korean Legation in the United States to The Department of State, 1883~1906. File Microcopies of Records in the National Archives, Washington D. C.:No. 166, Pak Chung Yang to T. F. Bayard, January 18, 1888.

1월 28일(土)

우리는 1월 17일에 대통령을 예방해서 대단히 유쾌한 대담을 나누었다. 朴定陽 공사는 화려하게 성장을 한 미국의 국왕(대통령)을 만날 줄로 기대했었는데, 보통 일반 평민과 다름 없는 검소한 옷차림을 한 사람이 대통령이라 하여 대통령 경호원이 따로 떼어놓는 게 아닌가. 대통령은 그의 歡迎辭를 마치 노래라도 부르듯이 낮은 목소리로 했다. 화요일(1.17) 오후, 대통령 예방이 끝난 후 우리는 외교 의례상 48차의 인사방문을 했는데, 마차를 타고 다니면서 朝鮮公使의 명함을 각각 전달했다. 우리는 주로 주미 각국공사, 외교관, 미국행정부 고위관리 셰리던(Sheridan)장군, 포터(David D. Porter)제족, 판사 등을 巡訪했다. 수요일(1.18)에 각국 공사관 인사를 끝낸 후 내방객들을 맞이하였다. 나는 공사관 개설 후 박정양 공사 일행과 같이 공사관에서 첫날 밤을 보냈다. 조선사절단은 공사관 건물에 크게 만족하고 있었다. 목요일(1.19)에는 공사관에 비치할 집기를 내 스스로 선택했는데, 가장 집물을 월 50달러로 세내었고, 지하실 1층 및 2층에 요리용 석유 스토브를 얻는 데 월 30달러로 구입 비치했다.

1월 19일 밤에는 나는 델라웨어로 떠나 다음날 저녁에 그곳에 도착했다. 내 가족 대부분은 유쾌한 상태가 아니었다. 아버지도 기분이 좋지 아니한 것같고, 어머니는 사람을 알아볼 수 없을만큼 건강이 좋지 아니해서 걱정이었다. 조지아(Georgia)는 두번째 사내아이를 출산했다. 1월 22일 일요일 아침에 나는 장로교 교회에서 설교를 했다. 나는 이 자리에서 내 몸종 金老美를 소개해 인사시켰다. 월요일 아침(1월 23일) 워싱턴으로 향발, 화요일 아침(1월 24일)에 當地에 도착, 스토우튼(Stoughten)가 1411번지 소재 내 집으로 직행했는데, 모든 것이 잘 정돈되어 있었다. 주미 조선공사관의 공관원들은 모두 安穩하게 지내고 있었다.

우리는 1월 26일 목요일 저녁 마침내 대통령 리셉션(환영회) 초청을 수락, 참석하기로 결정했다. 포르투갈 공사의 사망때문에 우리 외교관들은 다른 공사와의 만남을 정중히 사절했다. 1월 26일 목요일 오전 11시에 거행되는 포르투갈 공사 장례식에의 참석을 주선했었지만 마차가 오지 아니해서 참석하지 못했다.

목요일에 셰리던 장군을 만났다. 그는 국무성으로부터 조선에 파견할 군사 교관 3명을 선발해달라는 훈령을 받고 선발했는데, 이제 이들 군사 교관들이 조선 공사를 만나기 위하여 기다리고 있다는 것이다. 새로 선정된 군사교관을 보면, 참모장 다이(William M. Dye, 茶伊) 장군, 커민스(Edmund Cummins) 대령, 리(John G. Lee, 乙理) 소령 등인데, 특히 다이 장군은 너무 늙어 보였고, 나머지 두 사람은 아직 만나보지 못했다. 이들 두 사람(다이와 커민스)이 처음으로 인사차 조선 공사관을 내방했다.

어제 밤에 우리는 대통령의 리셉션에 참석한 후 휘트니(W.C. Whitney) 해군장관댁에서 만찬을 나누었다. 박 공사는 환영연에서 미인들이 거의 옷을 걸치지 않고 벌거숭이 알몸으로 다니는 것을 처음으로 보고 크게 충격을 받은듯, 이러한 나체 여인들을 쳐다보아도 괜찮으냐고 나에게 물었다. 이브닝 드레스의 긴 옷자락을 끌고 다니는 나체 여인 한 사람이 추위에 몸을 부들부들 떨고 있자, 박 공사는 보다 못해 자신의 두루마기를 벗어서 추위에 떨고 있는 그녀의 알몸을 목에서부터 감싸서 따뜻하게 해주면 어떻겠느냐고 내게 물었다. 우리 조선 사절단은 환영연회장소에 제일 먼저 도착해서, 제일 먼저 자리를 떴다. 오늘 밤에는 우리는 페어차일드(C. S. Fairchild) 재무장관 주최의 환영연에 참석했다. 오늘 나는 아내 파니와 함께 마닉스(Daniel P. Mannix) 타이콘데로가(Ticonderoga)호 함장 부인을 방문했는데, 우리의 처음 방문에서 그녀의 어린 사내아이가 장티푸스에 감염되어 있었음을 알게 되었다.

8월 23일 (木)

주미 조선공사관 업무를 어느 정도 안정하게 처리한 후 나는 2월에 윌슨(James H. Wilson) 장군과 차관문제를 협의하기 위하여 델라웨어주 윌밍톤(Wilmington)으로 갔다. 그는 친절하게도 월街(뉴욕증권거래소가 있는 금융계 중심지)에 종사하는 유력한 금융계 인사를 소개하면서 같이 만나보았지만, 아무도 조선에 차관을 제공해주겠다는 의사를 밝히거나 고려해보겠다는 인사는 한 사람도 없었다. 나는 광산이권 획득에 관심을 보이고 있는 로스앤젤레스의 제임스(Alfred James), 샌프란시스코의 킹(W. B. King) 등과 서신으로 차관교섭을 개시하였다. 그래서 미시간(Michigan)에 있는 이들 사업가를 직접 만나러 갈 작정이었는데, 공교롭게도 우리 집 아이 모리스(Maurice)가 거의 치명적인 발병때문에 일단 보류되고 말았다. 모리스는 아래층 계단을 내려가다가 넘어져 머리를 다친 후 그만 대장염에 걸리고 만 것이다.

나는 4월에 갔는데, 로스앤젤레스에 도착한 것은 그해 8월 15일이었다. 그러나 그 다음 날 집으로 돌아오고 말았다. 그 회사는 이미 광산이권 신청서류를 갖추고 있었다. 그들은 처음에 조선정부에 지불할 광구사용료를 10%로 책정했다가 그후 조건부로 20%로 바꾸겠다고 제의했다. 그들은 또한 나에게 1%의 口錢을 주겠다고 제의하기도 했다. 나는 이를 거절하고 말았다. 톨레도를 잠깐 들렀다가 워싱턴 집으로 돌아왔다. 나는 참찬관 李完用을 만났다. 그는 그의 몸종 許龍業과 번역관 李采淵과 함께 귀국한다는 것이다. 그래서 나는 그에게 마차를 제공하면서 조선국왕에게 보내는 覺書를 전달했다. 나는 이 각서에서 이곳에서의 차관교섭 계획이 만족할만한 성과가 없기 때문에 본인 스스로 鑛山開鑛계획을 제의했다.

6월에는 박 공사가 그 자신이 밀수입한 呂宋煙을 처분하려 했다가 말썽을 일으킨 것이다[10](딘스모어에 보낸 서한 복사집을 참조할 것). 7월과 8월 조선에 관해 언론 논쟁이 벌어졌다. 『뉴욕 헤럴드』지의 영

---

10) 박정양 공사는 공사의 특권을 이용, 關稅를 지불하지 않고 여송연을 수입한 후 이를 판매하다가 사법당국에 적발된 것이다.
Harrington, *God Mammon and the Japanese*, p.136.

(James Russell Young) 기자는 조선에 대해 경멸적 기사를 보도하고 있었다.[11] 7월에 나는 조선국왕으로부터의 전문 훈령에 복종하여 뉴욕에서 여러 차례 차관교섭을 활발히 벌이고 있었다.[12] 이번에는 일부 개스회사와 교섭한 결과 일은 쉽게 풀릴 것 같았다. 이들 개스회사들은 조선에서의 경제적 이권을 획득한다는 조건으로 차관문제에 관심을 보였기 때문이다. 미국 기업인들은 조선에서의 개스 및 수도시설권, 철도부설권을 얻어내려는 희망을 갖고 있었다.

이리하여 뉴욕에서의 교섭 전망이 유리해지자 뉴욕 기업인들은 나에게 대한 봉사와 도움이 대단했다. 나는 뉴욕 금융계인사들의 근본방침을 알게 되었고, 또한 그들로부터 후대를 받기도 했다. 뉴욕 은행가들 중 몇몇 인사들이 조선사정에 대해 여러가지로 문의하는 등 대단한 열의를 보였지만, 어느 한 사람도 차관을 제공하겠다고 선뜻 나서는 이는 한 사람도 없었다. 적어도 현 단계에서는 미국 국무성에서 보다 적극적으로 관심을 가지고 주선해주지 않는 한 차관문제는 절망상태이다. 이제 나는 조선에 직접 가서 광산개광권을 얻어내는 데 관심을 가진 일부 광산업자들과 새로운 합의를 하기에 이르렀다. 이들 광산업자들은 광업권을 획득하면 조선국왕에게 광구사용료로 총액 33%(1/3)를 지불하겠다는 데 동의했다. 이들 광산업자들은 내일 이곳에 오기로 되어 있는데, 만약 나의 충고가 강하게 받아들여진다면 조선국왕도 이에 동의할 것이다.

---

11) 이 당시 미국『뉴욕헤럴드』紙 등에서는 조선은 국제적으로 경제상 책임을 질 자격도 없으며 또 재정적으로 불안정하고 게다가 청국의 속국이기 때문에 믿을 수 없다는 등 극히 경멸적 기사를 게재하고 있다. *New York Herald*, August 4,6,1888.

12) 알렌이 고종과 조선정부를 위해 200만달러의 차관을 얻어내려는 목적은 조선정부의 빈곤한 歲出을 극복하고 국왕의 개혁안을 원활히 추진하며, 또 무엇보다도 청국의 재정적 지배와 예속으로부터 벗어나기 위해서이다. 청국의 對韓內政干涉으로부터 벗어나 정치적 독립을 이룩하려면 절대적으로 현금이 필요했기 때문이다.
Harrington, *God Mammon and the Japanese*, p.137.

교섭이 순조롭게 진행된다면 나는 즉시 간단한 광산개광기계를 휴대한 광산전문가를 대동하고 조선으로 떠날 작정을 하고 있었다. 만약 내가 조선 정부를 대표하여 이곳에서 계약을 체결한다면 개광기계류를 조선으로 탁송할 것이다. 이러한 교섭은 대개 개스회사관계 실업인들과 추진된 것인데, 이들은 광산개광권 획득이 성사되면 나에게 코미션(口錢)을 제공해주겠다고 약속했다. 나는 그들을 위해 광산이권을 획득했다(이 이권은 조선인들에게 이익이 될 것이라고 말했다). 나는 이에 대한 결과를 조선국왕에게 전문으로 보고하였더니, 조선국왕은 만족하지 않은 방식으로 答電을 보내왔다. 나는 재차 조선국왕에게 전보를 쳤다.

11월 1일(木)

조선국왕은 뉴욕商社에 광산개발권 특허를 거부하고 말았다. 한편 조선국왕은 나에게 3만달러의 거금을 보내오면서, 이 돈으로 광산장비를 구입하고 또 1년간 고빙조건으로 광산전문기술자를 보내달라는 것이었다. 朴定陽 공사는 본국 정부로부터 소환, 賜暇 귀국하게 되었고,[13] 나는 워싱턴에 계속 머물면서 광산개광기계를 조종할줄 알고 광산개발 전반문제를 감독지휘할 책임있는 전문기술자를 선발해서 조선으로 파견하는 일을 추진하였다. 나는 광산기사를 구하러 뉴욕과 센트루이스를 자주 왕래하면서 물색했지만 이에 적합한 광산기사를 구하는 데 큰 어려움을 겪었다.

---

13) 당초 청국정부가 另約三端 준수를 조건으로 조선정부에 전권공사 파미를 허락했는데, 주미 전권공사 박정양은 알렌의 충고를 받아들여 另約三端을 무시하고, 對美 자주외교를 유감 없이 발휘한 것이다. 이홍장은 이같은 처사는 청의 對韓宗主權 주장에 정면 도전으로 간주, 원세개 총리에게 박정양 소환을 지시, 마침내 1888년 11월 19일 박 공사는 부임 1년도 채 되기 전에 워싱턴을 떠나 본국으로 돌아간 것이다.
『清季中日韓關係史料』, 卷5, pp.2544~2556, 光緒 14年 11月 18日條·光緒 15年 1月 6日條; *Notes From The Korean Legation,* Pak Chung Yang to T. F. Bayard, September 28, November 16, 1888.

마침내 뉴욕의 레이먼드(Raymond) 교수와 하프닝(Harpening)씨와 기타 인사들의 천거로 피어스(Willard Ide Pierce, 陂阿士)를 고빙하기로 결정했다. 피어스는 훌륭한 광산기술자로서 그와의 계약조건은 年俸 금화로 5,000원에다 조선까지의 여행비용을 별도로 지급하도록 되어 있었다.

구체적으로 광산장비 구입계산서, 광산예산, 광산규약, 차관문제, 그리고 공식문서의 번역문 등을 여기 소개한다.

1887年 광산

5월 21일	전보비용 오클랜드	1.00달러
5월 22일	전보비용 뉴욕	2.59달러
5월 22일	기차표	.25달러
5월 24일	전신비용 샌프란시스코	4.01달러
5월 25일	전신비용 샌프란시스코	1.41달러
5월 26일	전신비용 샌프란시스코	1.00달러
5월 30일	전신비용 샌프란시스코	1.00달러
6월 2일	전신비용 샌프란시스코	2.00달러
6월 6일	전신비용 샌프란시스코	2.75달러
6월 8일	전신비용 샌프란시스코	1.00달러
6월 8일	동부 전신비용	.20달러
6월 12일	전신비용 샌프란시스코	1.00달러
	총계	18.71달러

11월 9일 피어스 雇聘

봉급선불	200.00달러
여행비용	500.00달러
광산장비 장비구입 교섭	200.00달러

11월 9일	덴버(Denver)상사	32.43달러
〃	루프(Reuffe)상사	32.25달러
〃	비즈(Beaze) 상사(155.60)	90.72달러
〃	모오스 사장, 일본 橫濱	
〃	프린스(Prince) 봉급선불	2400.00달러
〃	자체 장비구입비(광산)	90.64달러
〃	朴定陽 프린스 고빙교섭비	5000.00달러
1888년 1월 10일		
	프린스 및 피어스 2개월째 봉급	200.00달러
	다이(Dye) 전보비	94.86달러
	피어스와의 환전 2,400달러	6.00달러
	전보비	1.00달러
2월 10일	프린스 3개월째 봉급	200.00달러
3월 10일	프린스 4개월째 봉급	200.00달러
4월 12일	프린스 5개월째 봉급	200.00달러
4월 15일	프린스 고빙기간연장	200.00달러
5월 9일	프린스 〃	200.00달러
6월 12일	프린스 〃	200.00달러

이상은 조선국왕이 광산개광 목적으로 朴定陽 공사에 보낸 광산개발자금인데 총액이 3만달러임.

1887년 12월 9일(金)
조선사절단이 橫濱에서 금화로 환전한 금액

	은화	금화
朴定陽	14,000달러	=10,640元
李夏榮	2,000	=1,520元
李采淵	900	=684元

李完用 100=76元

환전 76
橫濱에서 조선국왕에게 보낸 경비계산서

	은화
금화 수익(보수) 총액(400m)	9287.26元
純 수익	9159.88元
봉급 금화 3000	은화 4000.000元
왕복 여비 금화 3225.00	4000.00元
이톤호텔(Eaton) 비용	
3개월 지연	300.00元
은화	83000.00元
금화	6225.00元
환전 76	
은화잔액	859.88元
금화잔액	644.91元

644.91달러의 금화 잔액은 박 공사에게 인계되었으며 또 전보비용 또는 차관교섭에 관계되는 임시 잡비로 사용되었음.

1888년 11월 1일 여행비 및 전보비 등 732.15달러

잔액(알렌) 87.24달러

朴定陽 전권공사가 미국 아더 대통령에게 바친 조선정부 국서(신임장)

大朝鮮國 大君主는 大亞美利駕合衆國 大伯理璽天德(대통령)께 글월을 올리압. 朕은 본국과 귀국 간에 최초로 조약을 체결하게 되어 영광으로 생각하고 있으며, 爾來 友誼가 篤厚하여 사절이 왕래한지 여러 해가 되었습니다. 양국간에 和好 및 商務가 날로 증진되고 있는 바 이같은 관계가 계속 유지되기를 간망하는 바입니다. 이에 朕은 信愛하는 從二品 協辦

內務府事 朴定陽을 全權大臣에 임명, 귀국에 파견, 귀국 수도(京都)에 駐箚코자 하오니 交涉事를 妥辦하기 바랍니다. 朕이 알기로는 본 대신(朴定陽)은 충성스럽고 근실하며, 매사에 꼼꼼하고 자세하므로 그 직책을 능히 감당할 수 있을 것이며, 본 국서를 휴대하고 그곳에 가서, 친히 국서를 奉呈할 터이오니, 바라건대 대통령께서도 이 사람을 성실하게 신임하고 從優接待하시기 바라며, 아울러 수시로 入覲하여 朕의 衷曲을 대신 아뢸 것입니다. 더욱 상호 친목하여 平和(昇平)를 함께 누리고 대통령의 鴻禧無量을 祝願하는 바입니다.

朝鮮 開國 496年 8月 7日(1887년 9월 23일) 印

서울, 景福宮에서

督辦交涉 通商事務 趙秉式 印

長崎에 도착했을 때의 조선사절단 전체 定員

全權公使	朴定陽
公使 隨行祕書	姜進熙
公使 隨行下人	李鐘夏
一等書記官(參贊官)	李完用
參贊官 隨行祕書	李憲用
參贊官 수행 하인	許龍業
二等書記官	李夏榮
三等書記官	李商在
繙譯官	李采淵
下人 (알렌 몸종)	金老美
外務祕書官	알렌(安連)

※ 알렌 개인비서 실(Sill) 제외

주미조선공사관 경상비 내역

全權公使 朴定陽 봉급	금화	5,000,00元
參贊官 李完用 봉급	금화	1,500.00元
書記官 李夏榮 봉급	금화	1,000.00元
조선인 하인 2명		200.00元
미국인 하인 3명		600.00元
공사관 건물 임대료		1,000.00元
공사관 가구 집기		1.000.00元
문방구		100.00元
	금화	10.400.00元
	70% 금화	14,857.14元
		멕시코 달러
워싱턴까지의 1등승차권 3장		1,800.00
貨物보관료(워싱턴까지의) 2회		400.00
기타 여행 임시비용 및 공사관 수리비		2,942.86
	멕시코 달러 총액	20,000.00
알렌, 공사관 외무 비서관		
1년 봉급 금화		3,000.00
70% 멕시코 달러		4,280.57
1등 기차승차권 3장, 화물 보관료 1회		2,000.00
歸還票		2,000.00
	총계	8,280.57

주미조선 공사관 지출 내역

	元
全權公使 朴定陽 봉급 금화	3,000.00
外務 祕書官 알렌(安連) 봉급 금화	3,000.00

一等 書記官 李完用 봉급 금화	2,000.00
二等書記官 李夏榮 봉급 금화	1,500.00
三等書記官 李商在 봉급 금화	1,000.00
繙譯官 李采淵 봉급 금화	1,000.00
현 공사관 비용, 만찬비용 등	2,000.00
공사관 임대료	1,000.00
공사관 가장 집물	1,000.00
조선인 하인 3명	400.00
미국인 잡역부 2명	500.00
문방구류	100.00
금화총계	16,500.00
70% 은화	23,571.42
여행비용	
서울에서 워싱턴까지의 5명 조선외교관 은화	3,000.00
알렌 가족 및 하인 1명	2,000.00
하인 3명	600.00
여행비 총계	5,600.00
제1차년도 총계 은화	29,171.42

朝鮮國王이 이탈리아국왕에게 보낸 照會文[14)]

조선은 본래 청국의 속국이나 그 內治外交는 종전과 같이 조선국왕이 自主

14) 朝伊條約은 1884년 7월 26일에 서울에서 朝鮮全權大臣 金炳始와 伊國全權大臣 루카(Firdinand de Luca, 盧嘉德) 사이에 체결되었다. 당초 청국 이홍장과 미국대표 슈펠트 간에 朝美條約 立約交涉時 이홍장은 조약문에 속방조항을 明文化할 것을 주장했으나, 슈펠트는 조선은 주권독립국가이므로 이를 단호히 거부했다. 이에 이홍장은 立約 후 조선정부가 別途照會文에 조선은 청의 속국이라는 내용을 밝히기로 타결한 것인데, 여기 소개한 照會文은 바로 그 내용이다.

自行하고 있다. 조선국왕은 朝伊條約을 체결함에 있어서 이탈리아국왕과 동등의 지위에서 立約한다. 前者(조선 국왕)가 이를 확인하고 조약문 조항에 동의한다면 그는 독립국가의 군주로서 성실히 조약문을 준수하게 될 것이다(主權獨立國家의 交涉事를 규정하고 있는 법규에 따라). 조선이 청국의 속국으로서 그 임무를 수행해야 하는 의무조항과 관련하여, 이는 이탈리아국과 毫無의 관계가 없다는 것이다(즉 이탈리아국은 조선의 국가 지위와는 아무런 관계가 없음). 조약체결을 위해 전권대표를 파견할 것이며, 조선국왕은 上記 사실정보를 이탈리아 국왕에게 조회해야 한다. 이탈리아국왕에 보내는 공식조회문.

※上記 조회문은 필사본인데, 이는 청국이 조선정부가 전권공사를 派美하게 되자 조선은 본래 청국의 屬邦이라는 從屬關係 主張을 재강조하기 위해 알렌에게 제시한 것으로 보인다.

전문 사본

서울, 조선, 1887년 10월 25일

베이야드 국무장관, 워싱턴

首席 軍事教官의 봉급은 멕시코달러로 5,000달러이고, 나머지 教官助教는 각기 3,000달러로 부임 근무하게 한다. 이들이 서울에 着任하면 여비조로 멕시코 달러로 500달러를 추가 지급해야한다. 봉급은 매월 선불해야 한다. 가구가 비치 안된 주택을 무료로 제공함.

딘스모어

朴定陽 공사가 클리블랜드 대통령에게 國書를 提呈한 후 행한 陳詞

워싱턴, 1888년 1월 17일

대조선국 전권대신으로 임명된 본인 朴定陽은 大美國君主(대통령)를 친히 拜謁, 조선국 대군주의 명을 받들어 휴대하고 온 국서(신임장)를 奉呈하는 바입니다. 국서 제정 후 본인은 미국 수도에 常駐, 양국 간에 우호

통상 관계를 증진시킬 것을 희망하는 바입니다. 또한 양국 국민은 영속적인 우의와 지속적인 평화를 계속 유지하면서 보다 밀접한 관계를 결합하기를 간망하는 바입니다. 이 모든 것을 미국대통령께 드리는 바이며 번영과 대통령의 鴻禧無量을 축원하는 바입니다.

클리블랜드 대통령의 답사

白堊館 블루룸에서, 1888년 1월 17일 오전 11시

조선 공사, 귀하는 주미 조선전권공사로 대조선국 대군주의 국서를 휴대하고 와서 본인에게 이를 제정하게 되어 본인으로서는 대단히 歡洽하는 바입니다. 미국정부는 근대적인 代議制로 조직된 정부 가운데 최초로 조선과 立約 修交한 나라입니다. 미국정부는 우리 양국이 조약에 규정되어 있는 바와 같이(朝美條約 제2조) 상호 외교교섭관계의 확립을 확인함으로써 양국이 바라던 우호적인 교섭을 하게 되어 크게 만족하는 바입니다. 朝鮮公使! 우리 양국 간에 友誼의 紐帶를 강화하고 양국에게 유익한 관계를 증진하는 데 우리는 노력을 아끼지 말아야 할 것입니다.

友好國家의 외교대표로서 귀하의 우리나라 首都 워싱턴 常駐를 충심으로 환영하는 바이며, 이곳에서 귀하의 건강과 안락한 공관생활을 통하여 우리 양국에게 영속적인 봉사가 될 수 있을 것으로 확신하는 바입니다.

濟物浦 여객선 출항(1887)

10월 26일 히고마루(Higo Maru)호	음 9월 10일
11월 8일 쓰루야마루(Tsuruya Maru)호	음 9월 23일
11월 16일 히고마루호	음 10월 2일

橫濱 出航

11월 10일 北京號(City of Peking)	음 9월 25일
11월 20일 산파블로(San Pablo)호	음 10월 6일
11월 30일 시드니(City of Sydney)호	음 10월16일

12월 10일 오션익(Oceanic)호 음 10월26일

12월 20일 리우데자네이루(City of Rio de Janeiro)호

캐나디언 패시픽(Canadian Pacibic)호 음 11월 6일

橫濱 出航

11월 22일 아비시니아(Abyssinia)호 음 10월 8일

스미스 여사(Mrs. Prescott Smith)

체이스 어비뉴 88(88 Chase Ave.)

이스트 월너트 힐즈(East Walnut Hills)

신시내티(Cincinnati)

公館 문짝 영수증

워싱턴, 1888년 5월 5일

조선 공사관 출입문 문짝 6개를 조립하여 설치한 대금으로 알렌으로부터 10달러를 正히 영수함

플로우치(Amos Flouche)

李夏榮의 領收證

제물포, 1887년 10월 16일

본인은 알렌 박사에게 맡겨 둔 600달러를 여행비용 일부로 알렌 박사로부터 영수하였음.

李夏榮

알렌에게 보낸 閔泳翊의 한글 편지[15]

안련참찬회답(安連參贊回答)

공ᄉᆞ편(公使便) 편지(便紙) 바다보옵고 깃ᄊᆞ오며 이ᄉᆞ이 의연(毅然)

ᄒᆞ여 ᄀᆡᆨ듕ᄐᆡ평(客中泰平)ᄒᆞ온지 알고져 간졀(懇切)ᄒᆞ오며 나ᄂᆞᆫ 무고(無故)ᄒᆞ옵 가릇친 말ᄉᆞᆷ ᄌᆞ셔(仔細)이 보왓ᄊᆞ오며 공ᄉᆞᄒᆡᆼ듕 범ᄇᆡᆨᄉᆞ(公使行中凡百事)를 공(公)만 젼(全)허 밋ᄊᆞ온니 극녁(極力) 주션(周旋)ᄒᆞ와 낭ᄑᆡ(狼狽) 업게 ᄒᆞ오기 쳔만(千萬) 바라오며 공(公)은 이왕(已往) 조션외아문(朝鮮外衙門)셔 월급(月給)과 션가(船價)와 잡비(雜費)을 다 타왓다 ᄒᆞ오니 그 은듕(銀中)으로 공(公)의 범졀(凡節)은 쓰옵고 공ᄉᆞᄒᆡᆼ즁은젼(公使行中銀錢)은 공ᄉᆞ(公使)의게 주장(主掌)ᄒᆞᆫ 거시온즉 공(公)은 샹관(相關)할거시 업기로 공ᄉᆞ(公使)게도 말ᄉᆞᆷᄒᆞ옵기을 공ᄉᆞᄒᆡᆼ듕은듕(公使行中銀中)으로난 공(公)을 더 주지말고 공ᄉᆞ(公使)ᄭᅦ셔 주장(主掌)ᄒᆞ게 ᄒᆞ여스니 그리 아옵고 구타여 아른체 마옵고 범ᄇᆡᆨ주션(凡百周旋)만 극진(極盡)이 ᄒᆞ옵기 바라옵 ᄒᆡᆼ듕십인(行中十人)이 마난듯(많은듯) ᄒᆞ옵고 ᄒᆡᆼ구불쇼(行具不少)ᄒᆞ다 ᄒᆞ오니 염녜(念慮)오나 이과지ᄉᆞ(已過之事)을 할길 업ᄊᆞ오니 못죠록 낭ᄑᆡ(狼狽) 업게 ᄒᆞ옵

---

15) 본 한글 편지는 민영익이 남긴 유일한 친필서한으로서 대단히 귀중한 사료적 가치를 지니고 있다. 박정양 공사가 홍콩으로 와서 그 자신과 요담을 나눈 후 1887년 12월 1일(음10월 17일) 박 공사가 일본 橫濱으로 떠날 때 민영익은 알렌에게 보내는 이 한글서한을 박정양에게 전달한 것이다. 알렌은 서울을 떠날 때 고종으로부터 홍콩에 가있는 민영익을 만나서 조선사절단 워싱턴 사행비조로 2만달러를 수령하고 가라는 하명을 받은 바 있다. 이에 알렌은 홍콩에서 민영익을 만나 조선사절단 문제를 협의한 결과 조선 경제사정 상 사절단 규모가 너무 크다 해서 4명을 줄이기로 합의, 이들을 돌려보내기로 했다. 그러나 조선사절단 10명 중 4명을 감원하지는 아니한 것 같다. 그당시 민영익은 1886년 8월 제2차 韓露密約事件과 관련, 홍콩에 망명 중이었는데, 망명시 그는 거액의 조선왕실 內帑金을 휴대, 이를 은행에 예금해두고 자신은 일류 빅토리아(Victoria)호텔에서 호화로운 생활을 하고 있었다. 알렌은 조선사절단 자금 2만달러와 그 자신의 홍콩까지의 왕복여비 100달러와 4명의 조선인 수행원을 서울로 돌려보내는 귀환비 160달러를 민영익으로부터 인수하고 일본 橫濱으로 떠난 것이다. 알렌이 민영익을 만나고 돌아온 후 박정양 공사가 뒤이어 홍콩으로 가서 민영익을 만나 공사업무 수행을 협의한 후 일본 橫濱에서 알렌과 합류하러 떠날 때 이 편지를 받아가지고 알렌에게 전한 것이다. 한글 구철자를 원문대로 옮기되 이해를 돕기 위해 漢字를 괄호안에 併記했다.

Allen Diary, Part Ⅱ, November 11, 1887.

십칠일 민영익 돈(十七日 閔泳翊 頓)

(1887년 12월 1일)

주미 조선공사관 참찬관 알렌의 광산교섭 경비 내역[16)]

		달러
1888년 金嘉鎭이 朴定陽 공사에게 전달한 자금		30,000.00
11월 9일 피어스 1년간 봉급 예치	5,000.00	
11월 9일 여행 비용	500.00	
11월 9일 광산장비 구입비	200.00	
11월 9일 뉴욕에서의 구입비	90.62	
11월 9일 여행비 및 전문기술자고빙 교섭비	90.64	
11월 9일 박정양 공사에게 선불금	5,000.00	
1888년		
11월 15일 피어스와의 換錢費	6.00	
1889년		
1월 14일 大砲 구입교섭차 다이 장군 電信費	94.86	
1월 14일 뉴욕에서 大砲 구입 및 전보비	1.00	
6월 18일 샌프란시스코 연합철강공장으로부터의 광산장비 구입비 및 경비	11,863.23	
6월 18일 샌프란시스코 은행환전	59.31	
6월 18일 연합철강 전보비	18.71	
6월 18일 李完用 예금	1,010.65	
	30,000.00	30,000.00

피어스 기사 수중에 남아있는 광산경비 중 잔여금은 조선정부에 지불될 것임

은화 245.84

16) 피어스 광산기사가 雇聘契約을 체결하기는 1888년 11월 1일이었다. Harrington, *God Mammon and the Japanese*, p.141, see note(28).

광산경비 중 미사용금

朴定陽 금화	5,000.00
李完用 금화	7,075.63
피어스 은화	245.84

직접 지출금액

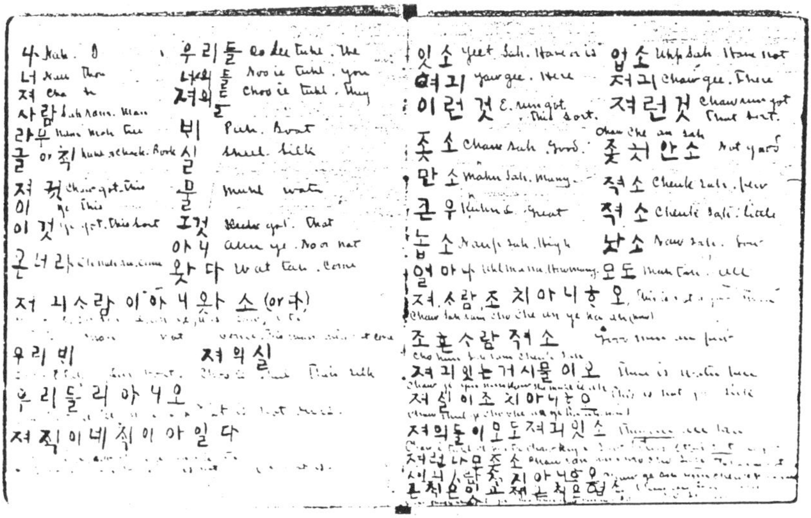

▲알렌이 편찬한 朝鮮語敎本(A Language Book of Korean), 1890年代.
알렌은 1884년 내한한 직후부터 조선어를 습득, 언더우드의 영한사전보다 먼저 최초의 조선어교본을 편찬했는데, 이는 아직까지 미출판원고이다. 이 책은 외국인이 조선어를 쉽게 습득할 수 있게 길잡이가 되는 일종의 조선어 숙어집(Korean Phrase Book)이다.

▲朴定陽에게 보낸 알렌의 한글편지(1890. 3. 1).
편지내용은 주미 조선 임시서리공사 李完用말에 의하면 공사관원 모두가 좋지 아니한 미국병(향수병)에 걸려 있고, 게다가 돈도 없다는 것이다. 그리고 내용은 조선정부 정치외교고문 데니가 임기를 끝내고 본국으로 돌아가고 그 후임에 일본 참찬관의 추천으로 르젠드르(Charles W. Legendre. 李善得)를 조선정부 정치외교고문관으로 고빙할 것을 건의하는 편지이다.

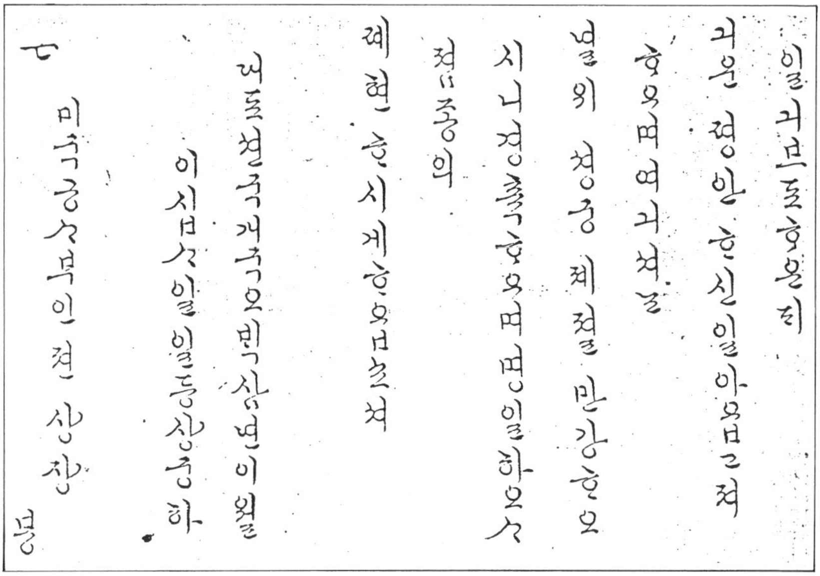

▲시일 미국공사 부인에게 보낸 閔中殿의 한글 초청장(1894. 2. 24).

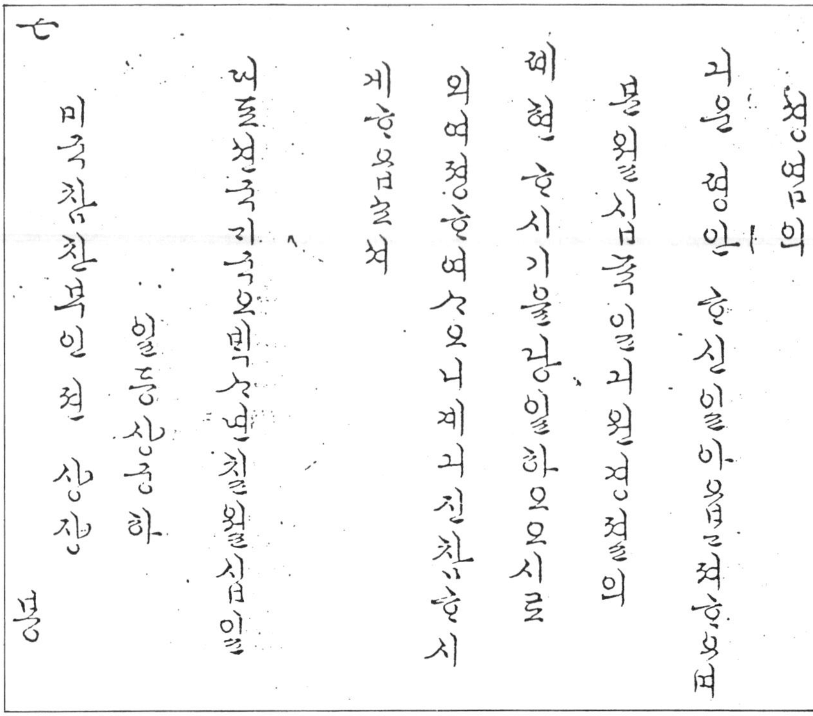

청염의
긔운 평안 ᄒᆞ신일이옵ᄂᆞᆫ져ᄒᆞ오며
본월십삼일긔원경졀의
폐현 ᄒᆞ시기울낭일하오오시로
외여청ᄒᆞ여ᄉᆞ오니졔긔진참ᄒᆞ시
게ᄒᆞ옵ᄂᆞ셔
대조선국긔국오빅ᄉᆞ년칠월십일
일등상궁 하
미국참찬부인젼 상장
七 봉

▲미국공사관 알렌 서기관 부인에게 보낸 閔中殿의 한글 초청장.
閔妃弑害事件직전에 보낸 편지이다(1895. 7. 10).

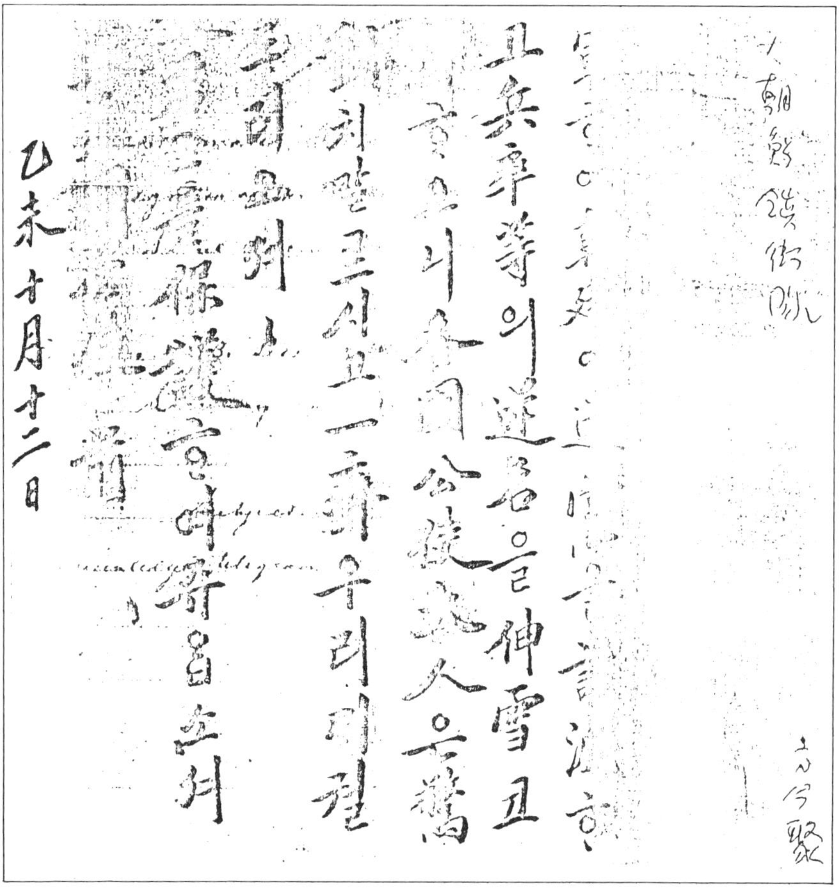

▲ 高宗의 신변보호호소문. **春生門事件** 1895년 11월 28일(음 10.12)
鎭衛聯隊를 동원(聚軍)하여 朝廷의 逆黨(日本軍 및 訓鍊隊)을 討滅코자하오니 각국 공사들은 경동하지 말고 대궐로 들어와서 大君主를 보호해달라는 미국공사에 보낸 정부 호소문.

照會第五十号 抄錄

大韓外部大臣趙秉式爲照會事照得我中樞
院顧問官 貴國人徐載弼雇一事業
經面商查該員原非請聘於
貴政府因有伊將保薦而爲也有難待其
約限無令免退茲將備文照會請煩
貴公使查照轉飭該員所帶約書塗銷
收回以爲註銷可也須至照會者

右 照 會

大美欽命駐紮韓國便宜行事大臣兼總領事安連閣下

光武元年十二月十三日

▲徐載弼 解雇 照會文(1897. 12. 13).
한국정부는 美國에 歸化한 徐載弼을 中樞院顧問官으로 10개년간 계약 雇聘했으나(1894. 12) 3년만에 해고했음을 알렌 공사에게 통고하고 있다.

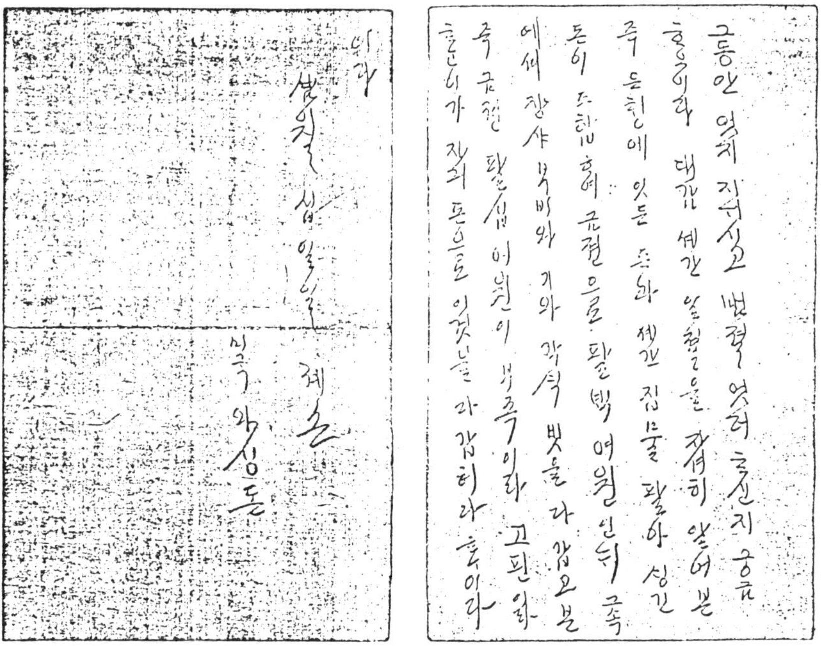

▲徐載弼의 한글 편지(1898. 3. 11).
徐載弼이 徐光範의 未亡人 朴氏에게 유산처분을 알리는 한글편지로서 여기서 徐載弼은 미국이름 졔손(Jaisohn)이라 쓰고 있다.

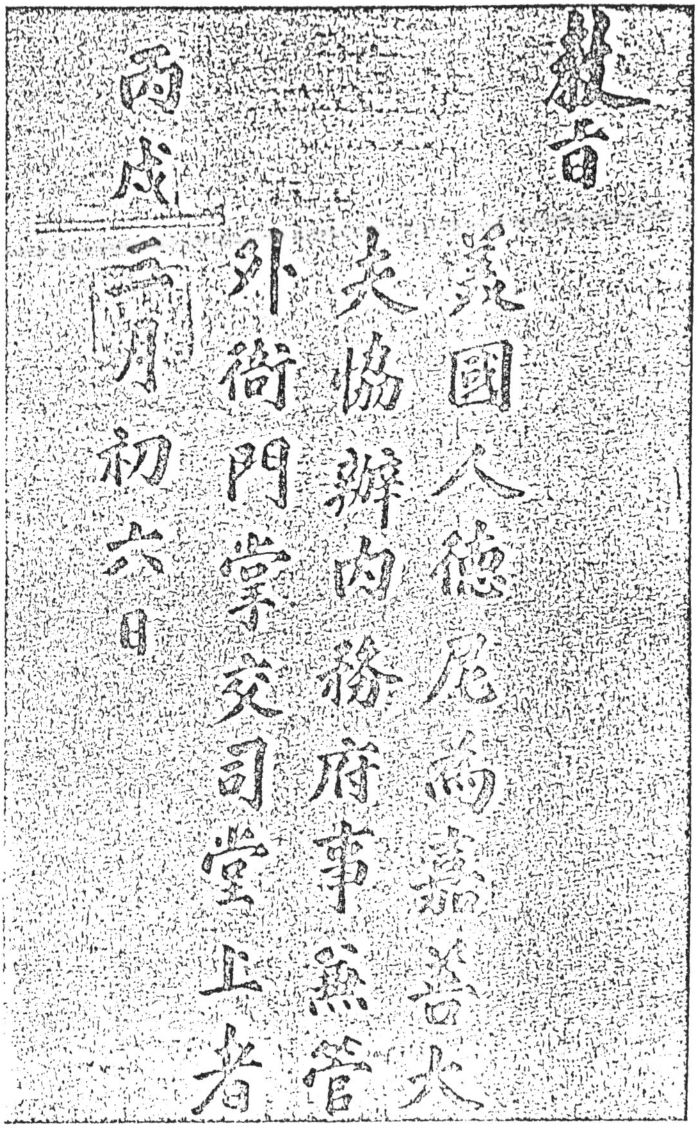

敎旨
美國人德尼爲嘉善大
夫協辦內務府事兼管
外衙門掌交司堂上者
丙戌二月初六日

▲데니(德尼)의 教旨(1886. 3. 6).
조선정부가 데니를 外交顧問에 임명한다는 임명장이다.

제 3 부

1897년 9월 14일~1898년 7월 27일

1897년 9월 7일 러시아정부는 가장 거만하고도 시끄럽고, 또 아주 유능하면서도 예절 바른 슈페에르를 駐韓露國公使에 임명 파견했다. 그는 선임자인 웨베르(Karl Waeber, 韋貝)와는 정반대의 인물이었다. 슈페에르는 모든 사태를 러시아에 유리하게끔 전복하려 기도했었다. 심지어 그는 일본인을 한반도로부터 驅逐하고 재한 미국의 이권까지 독차지하려고 기도했다. 그는 일본에게 한반도에서의 러시아의 至上優越權(paramountcy) 장악 의도를, 그리고 露·日間의 명백한 대결의 필요성을 보여줌으로써 결국 이러한 그의 정책노선이 露·日전쟁 발발의 원인이 된 것이다.

슈페에르의 對韓膨脹主義 政策路線은 노골적인 분쟁의 원인이 되었기 때문에, 그는 곧 해임되고 말았다. 그러나 그의 후임자인 파블로프(A. Pavloff, 巴禹路厚)도 일반적으로 전임자인 슈페에르의 외교노선을 답습하고 있었다.

나는 주한 미국공사에 임명되었으므로(1897. 9. 13) 슈페에르의 호언장담(mouthing)에 처음에는 주의를 기울여 보았지만, 역겨워서 그 이상 주목하지 아니했다. 본 일기 중 몇몇 항목은 그 당시 러시아가 어떻게 파멸로 치닫게 되었는가를 여실히 보여줄 것이다.

1897년

光武 1(開國 506, 丁酉)·光緖 23·明治 30

9월 14일(火)

한국 외부에서 閔種默 외부대신과 알렌(安連)과의 대담

알 : 귀하께서는 釜山 近海에 있는 絶影島(Deer Island)를 석탄 貯炭所로 어떤 외국에 割讓하는 문제를 고려 중이라는 이야기를 들었는데 사실입니까.[1)]

민 : 시인은 했지만 아직 결정을 내리지 아니했습니다.

안 : 그들이(러시아) 신청한 貯炭所는[2)] 그 면적이 약 20에이커로서, 특히 絶影島의 平地 약 절반은 各國 租界地(General Forign Settlement)로 지정하기로 예정된 것으로 본인은 알고 있습니다. 이번에 러시아가 基地를 신청한 곳이 바로 이곳입니까.[3)]

민: 그같은 계획을 아직 알지 못하고 있지만 釜山府使의 보고에 의하면 절영도는 각국 조계지로 지정할 예정지로 확정했다고 합니다.

알: 부산에 각국 조계를 설치하는 것은 조약 상에 허용되어 있다는 사실을 생각해 보더라도, 우리는 부산에 살고 있는 우리 미국인들이 租界指定 遲延으로 말미암아 손해와 불편을 겪고 있기 때문에, 귀국 정부에 조계지정을 촉구한 지 여러 해가 되었으며, 그러므로 각하께서도 어느 특정 국가에 석탄보급지 설치계획을 認許하기 전에 우선적으로 부산 절영도를 각국 조계지로 지정하는 조치를 취해 주시기 바랍니다.

민 : 조계 설정문제는 오랫동안 논의해온 것으로 알고 있습니다. 그러나 여러가지 사정으로 지연되어 오고 있습니다. 절영도는 상당히 큰 섬이고, 일본은 이미 이 섬에 석탄보급지를 확보하고 있으며, 러시아도 조선정부에 석탄보급

---

1) 러시아는 釜山 근해 絶影島에 러시아 군사기지를 설치하기 위하여 한국 정부에 租借를 신청했지만, 결국 이는 거부되고 말았다.
Harrington, *God Mammon and the Japanese*, pp. 299~300, 305.

2) 주한러시아공사 웨베르는 1897년 8월 16일에 러시아 태평양함대 알렉세예프(E. Alexeieff, 亞歷細布) 제독의 요청에 따라 부산 절영도에 貯炭所 租借를 한국정부에 신청했지만 영국의 반대로 高永喜 외부대신은 이를 准許하지 아니했다.
金源模,『近代韓國外交史年表』, p. 158(1897. 10. 1).

3) 한국 외부는 1898년 6월 3일에 부산 절영도의 900,000㎡를 各國 租界地로 지정했다.
Allen, *Korea: Fact and Fancy*, p. 204, June 3, 1898.

지 설정신청을 하고 있습니다.

알 : 본인은 귀하의 절영도에서의 석탄보급지 설정 認許문제에 대해서 언급하고 싶지 않습니다. 뿐만 아니라 어느 특정 국가가 석탄보급지 설정 신청을 했다는 문제에 대해서도 말하고 싶지 않습니다. 다만 본인이 한 마디 하고 싶은 것은 본인이 입수한 정확한 소식통에 의하면 석탄보급지 설정 예정지는 각국 조계지로 지정해야 할 유일한 適合地라는 사실입니다. 절영도 내에는 이곳 말고도 석탄보급지로 지정할 땅이 많이 있는데도 불구하고 하필이면 부산에서 조계지로 가장 적합한 이곳에 석탄보급지로 지정해야 합니까. 본인은 일찍이 주한 미국공사관 임무를 띠고 1892년에 부산에 가본 일이 있어서 이 절영도를 아주 잘 알고 있습니다. 주한 각국 외교사절들도 한결같이 여러 차례 본인과 같은 견해를 피력한 바 있습니다. 그러므로 각하께서는 절영도의 어느 일부를 어떤 특정 국가에 基地로 제공하기 전에 우선 모든 締約國과의 조약상 보장되어있는 바와 같이 이 절영도에 하루 속히 조계지 설정을 단행해 주시기를 분명히 그리고 강력하게 촉구하는 바입니다. 각하께서 이 문제를 도외시한다면 여러가지 골치 아픈 紛爭事가 발생할 것입니다. 더군다나 석탄보급지 설정문제는 어느 특정국가의 이권문제이고 그것은 부산에 거주하고 있는 각국 외교사절들과 관련된 문제이므로 각하께서는 하루 속히 석탄보급지 설정 신청이 들어오더라도 이를 却下해 주시기 바랍니다. 본인은 아직도 석탄보급지 설정계획을 검토해보지 아니해서 그들이 무엇을 요구하고 있는 것조차 모릅니다. 그러나 본인은 그들의 설정 계획을 정식 보고 받기 전에는 아무런 조치를 취하지 않을 것이며, 뿐만 아니라 한국과의 모든 체약국 외교대표들과 충분히 협의한 후 이 문제 해결방안을 결정하게 될 것입니다.

9월 26일(日)

한 선교사가 러시아공사관의 음악도구(악기)를 몰수했다고 한다. 그 이유는 러시아 공관원들은 일요일에도 이 악기를 사용하고 있었기 때문이다. 린톤(Linton) 박사 문제. 외교각서가 교환된 후 나는 린톤 박사에게 명함에다 다음과 같이 쓴 쪽지를 보낸 일이 있다. 즉 "제발 러시아

공사관 물건을 포기하고 나를 만나러 오시오"라고. 그는 즉각 나를 찾아 왔다. 그래서 내가 "당신은 러시아공사관 물건을 포기하였소?"라고 물었더니 그는 "아니오. 그들(러시아인)이 일요일에도 일하기를 고집하는 한 나는 포기할 수 없소"라고 대답했다. "그러면 나는 당신을 위하여 아무 것도 해줄 수 없소. 왜냐하면 당신은 러시아공사관에 소재한 그들 소유의 재산을 압류할 권리가 없으므로 당신은 부득이 이를 포기해야만 하기 때문이오." 그는 마침내 악기들을 그들이 가져가기 좋은 먼 거리에 있는 길 앞에다 갖다 놓기로 합의했다. 그러나 조용한 협의가 끝난 후 그는 러시아인들이 그들이 편한대로 이 물건을 인수하는 방법과 시기를 전하도록 하는 데 동의했다. 그는 러시아인들이 자기 집 뜰밖에서 일하지 않는 한 그들이 하는 일에 이 이상 간섭하지 않겠다고 말했다.

10월 4일(水)

覺 書

친애하는 그레이트하우스

본인은 귀하께 우호적인 충고를 드리게 되었음을 용서해 주시기 바랍니다. 귀하 자신을 생각해서나, 또 귀하의 한국 친구들을 위해서나 귀하는 지금 서울을 떠나지 않는게 좋겠다고 본인은 생각하고 있습니다. 알렌 백

8월 6일(水)

오늘 나는 그레이트하우스[4]를 만나 그가 이전에 전체적으로 언급했거나 부분적으로 발언한 그의 성명서 내용을 확인하기 위하여 회담했다. 그는 9월 30일 목요일에 조선정부 내각개편이 단행되었을 때, 주한러시

4) 그레이트하우스(Clarence R. Greathouse, 具禮)는 1890년 8월 30일 조선정부 법률고문에 임명되어 1899년 10월 21일 재직 중 사망할 때까지 법률고문으로 활약했다.
Allen, *Korea: Fact and Fancy*, pp. 181, 209, August 30, 1890, October 21, 1899.

아 공사 슈페에르가 장차 외부대신으로 임명될 趙秉式과 장시간 회담했다고 전했다. 슈페에르는 이전에 자기(그레이트하우스)에 대해 惡談을 늘어놓았다는 것이다. 그러나 이번 기회에 그레이트하우스의 말에 의하면 슈페에르는 "나는 이번에 그레이트하우스를 시험해볼 것이며 그렇게 하는 것이 가장 좋다고 생각되어 그와같이 결정했다"는 것이다. 그레이트하우스는 자기가 잘못을 저질렀다고 생각된다고 말했다. 슈페에르가 대답하기를 "아닙니다. 나는 잘못이 없습니다. 당신은 알게 될 것입니다"라고 말했다. 그레이트하우스가 말하기를, 자기는 정낙영(General Chung Nak Yung, 鄭洛鎔) 장군의 인물 성격에 대해 슈페에르에게 물어 보았고, 또 나에게도 물어 보았다. 무엇보다도 슈페에르는 이번에 단행하는 조선정부의 내각개편을 받아들이고 싶다는 것이다. 그러나 그레이트하우스는 내각개편이 곧 없을 것이라고 내다보았지만 사태 때문에 어쩔 수 없이 그렇게 되었지만, 이는 한국황제와는 아무런 관계가 없다는 것이다.

10월 7일(木)

주한영국총영사 조던(J. N. Jordan, 朱爾典)이 오늘 오전에 나에게 말하기를 자기는 어제 한국 외부로 보낸 슈페에르 공사의 편지를 보았는데, 이 편지에 의하면 "露國特派 特命全權公使 閔泳煥이[5] 1896년 러시아로 떠날 때 한국 황제는 閔 特使를 통하여 러시아 황제에게 몇 가지 중대사를 요청한 일이 있었는데, 이제 러시아정부는 한국황제의 요청을 받아들여 한국정부의 재정고문 및 韓國總稅務司를 파견했던 바, 이들이 방금 서울에 도착했다는 것이다.[6] 그러므로 이들이 언제 자기 직무를 떠

---

5) 閔泳煥은 1896년 3월 18일 러시아(俄羅斯) 皇帝戴冠式에 참석하기 위해 特命全權公使에 임명되어 러시아를 다녀왔다.
『閔忠正公遺稿』(國史編委, 1958), pp. 69~135; 『梅泉野錄』, p. 207, 建陽元年 9月條.

6) 러시아정부는 1897년 10월 5일 알렉세예프(KIr Alexeieff, 戞櫟燮)를 한

맡게 될 것인지를 알고 싶다는 것이다."[7)]

나는 조던 총영사에게 말하기를, 슈페에르가 만약 브라운(J. McLeavy Brown, 柏卓安) 總稅務司를 해임하고 그 자리에 러시아인을 임명한다면 조던 영국 공사는 한국을 떠나고 싶다고 한국 외부대신에게 그와 같은 말을 했다는 이야기를 한 한국인 관리로부터 전해들었다고 말했다. 조던 총영사는 그런 말을 한 일이 없다고 말했다. 그러나 슈페에르는 조던이 그런 말을 발설했을런지도 모른다는 것, 그렇게 될 경우 자기(슈페에르)는 이에 대한 책임을 지겠다고 말했다는 이야기를 조던은 들었다는 것이다.

10월 14일(木)

오늘 밤에 우리 집에서 만찬회가 있었는데, 이 자리에서 슈페에르 공사는 그레이트하우스 법률고문에 대해서 언급하기를 그레이트하우스야말로 서울 주재 미국시민 가운데 내가 가장 신임하는 유일한 인물이라고 말했다. 그레이트하우스는 러시아에 대해서도 성실하다. 그러나 다른 미국인들은 그렇지 않다는 것이었다. 내가 슈페에르에게 말하기를 내가 생각하기로는 당신이야말로 당신이 알고 있는 것보다 더 在韓 미국인들로부터 더 많은 동정과 지지를 받고 있다고 말했다.

"오! 그렇습니다. 일본인들이 한국에서 주도권을 장악하게 되면 우리

국정부 재정고문에 임명 파견했다. 알렉세예프는 10월 25일에 한국 度支部 總裁顧問官 브라운 후임으로 한국 海關總稅務司에 부임했다. Allan, *Korea: Fact and Fancy*, p.201, October 5, 1897: Allen Diary, part Ⅲ, October 27, 1897.

7) 슈페에르는 군사교관을 파견, 한국군대의 병권을 장악하고 산림채벌권, 채광권, 철도운영권, 韓露은행경영, 그리고 영국인 브라운(J. McLeavy Brown, 柏卓安) 총세무사 대신 러시아인으로 교체하고, 러시아인으로 한국 재정고문을 떠맡고, 부산 절영도에 러시아 군사기지를 설치하는 등 너무 적극적인 對韓膨脹主義政策을 추구해오다가, 美·英·日 등 주한외교관의 반감을 사는 등 물의를 빚게 되자, 본국 정부로부터 1898년 3월 28일에 소환되고 말았다.
Harrington, *God Mammon and the Japanese*, pp. 299~300, 305.

러시아인들은 자진해서 한국 친구들을 구제하러 달려올 것입니다"라고 슈페에르는 솔직히 말했다. 그러나 그후에 그는 이같은 발언을 부정하지 않았던가! 최근에 들은 이야기로는 내가 슈페에르의 흠을 잡아 그를 비난했다는 것이다. 뿐만 아니라 슈페에르는 러시아 군사교관 派韓이 미국의 국가이익에 도움이 되지 않기 때문에 미국은 러시아군사교관 派韓을 반대하고 있다고 지적했다. 군사교관 雇聘문제에 관해서는 나는 다음과 같이 답변했다. "미국공사관에서는 본국정부로부터 한국이 군사교관이 필요하면 일본군사교관을 채용하는 것이 좋겠다는 訓令을 받은 바 있다"고 전제하면서 "이 문제가 해결되지 않은 한 계속 외교적 분쟁사는 가라앉지 않는다"고 말했다. 그러나 러시아군사교관 파견을 반대하든 찬성하든 간에 이 문제와 관련, 서울주재 미국선교사들이 이에 관계가 있다고 생각하는 것은 슈페에르의 오해이며 그것은 그릇된 정보를 듣게 되었기 때문이라고 나는 확언했다.

일부 외교관들은 슈페에르를 의심하면서 자기 나라 시민들에게 슈페에르에 대하여 이러쿵저러쿵 오해를 불러일으키는 이야기를 잘못하고 있으며, 그러므로 슈페에르도 이에 맞서서 이들을 부당하게 다루고 있다고 지적했다. "한국주재 미국선교사들은 특히 신사답고 예절 바르게 행동하면서 좋은 일을 많이 하고 있다. 미국선교사들은 한국정치에 관여하고 싶지 않기 때문에, 한국인들과 親交關係를 맺지 않고는 그처럼 장기간 이곳에 살아갈 수 없다는 점을 슈페에르는 알아야 한다." 그랬더니 슈페에르는 "친구말입니까. 아! 그렇습니다. 당신의 말씀은 지당하신 말씀입니다마는 그들이 사귀는 한국친구란 정치적 친구(political friends)들입니다"라고 말했다. 이어 슈페에르는 "아닙니다! 귀국정부(미국)는 공적으로 한국에 대해 정치적 영향력 행사를 원하지 않으며, 그러므로 在韓 미국시민들에게 공공연히 정치적 영향력 행사를 企圖해서는 아니된다고 공식적으로 선언한 바 있습니다. 그럼에도 불구하고 미국시민들 특히 선교사들은 러시아 군사교관 파견을 반대하면서[8] 그들의 절친한 한국친구들을 만나기만 하면 언제나 줄곧 정치이야기만을 늘어놓고 있습니다."라고 미국선교사들을 신랄하게 비난하였다.

나는 슈페에르의 발언에 단호하게 동의할 수 없다고 밝혔다. 우선 미국인들은 러시아군사교관 파견문제와는 아무런 관계가 없다고 천명했다. 그렇게 오해를 받게 된 것은 러시아인과 같이 일하던 한 미국인이 군사교관 파견문제가 화제에 오르자 이를 반대한다는 의견을 피력한 바 있었는데, 이 때문에 미국인은 러시아군사교관 파견을 반대하는 것처럼 널리 알려졌다는 것이다. 더군다나 이 미국인은 군사교관 雇聘契約을 裁可 받을 수 있는 영향력도 없었다. 나는 슈페에르에게 어디까지나 자기 자신의 판단에 따라 행동하되 어떠한 외부로부터의 충고에 영향을 받아 오해를 일으키는 일이 없도록 하라고 확언했다. "당신은 李完用 그 사람을 나보다 더 잘 알고 있을 줄로 믿습니다. 그는 내가 알고 있는 사람 중에서 '가장 나쁜 악인'(ze(the) worst)입니다"[9]라고 나는 이완용의 親露行動을 비난했다.

이완용은 露·日전쟁에서 일본이 전승을 거두고 일본의 한국지배가 확실해지자 친일파로 변신, 총리대신이 되었다. 내가 1887년 초대 주미조선공사 朴定陽일행을 인솔하고 도미했을 때 그는 일등서기관으로 동행

8) 한국정부는 청일전쟁 이후 한반도에서의 일본의 지배권이 강화되자, 以夷制夷策으로 引俄策에 의해 일본세력을 견제하려 했다. 때마침 閔泳煥은 러시아 황제 대관식에 특명전권공사로 임명, 러시아에 가서 러시아 군사교관 파견을 교섭, 이들을 데리고 온 것이다. 이리하여 1896년 10월 24일 러시아 군사교관 포차타(Potiata) 대령 등 10여명이 서울에 도착, 한국군대를 훈련하게 된 것이다. 이들은 실제로 고종황제가 기거하고 있는 慶運宮(德壽宮)을 수비하는 임무를 담당하기도 했다.
金源模, 「에케르트軍樂隊와 大韓帝國愛國歌」, 『崔永禧先生華甲紀念 韓國史學論叢』(1987), pp. 483~484; Allen, *Korea: Fact and Fancy*, pp. 198~199, October 24, 1896, February 20, 1897; 『舊韓國官報』(亞細亞文化社, 1974), 卷4, p. 686, 建陽 元年 10月 24日條.

9) 여기서 알렌은 재미나게도 러시아어 액센트를 사용하고 있다. 즉 李完用은 이 당시 철저한 친로파 인물인데, 이완용을 경멸적으로 표현하기 위하여 영어의 "the worst"(가장 나쁜놈)을 러시아어 액센트 "ze worst"로 표기하고 있었다.

했었다. 나는 그의 이름에다가 '로보트같은 사람'(clon)이라 덧붙였다. 내가 한국에 있는 한 그는 결코 한국정부의 공직을 갖지 말아야 할 인물이다. 그는 미국을 다녀온 후 한때 親美黨(Pro-American Party)의 領袖(ze head)로서 항상 '獨立 獨立'을 외치고 있었다.[10] "슈페에르 당신도 이를 알고 있을 것이다. 나는 이같은 친미당을 한국으로부터 추방해야 하며, 결코 한국에 존재해서도 안된다. 이같이 된 것은 당신(슈페에르)에게 그 책임이 있는 것 같다고 생각된다. 왜냐하면 이같은 독립의 착상은 바로 귀국 공사관에서[11] 발생했고 귀하의 선임자 웨베르공사가 이를 적극 지원해준 것이기 때문이다."

내가 이렇게 이야기하자 슈페에르는 "오, 웨베르씨 말입니까. 나는 웨베르씨를 찬성하지 않습니다. 나는 그가 주한러시아공사 재임기간 중 처리한 여러가지 일들을 좋아하지 않습니다. 귀하는 내가 전형적인 진정한 러시아인임을 깨닫게 될 것입니다. 웨베르씨는 러시아인이 아닙니다."

나는 슈페에르와의 대화가 그를 초청한 주인으로서 나에게 난처하게

---

10) 청일전쟁에서 일본이 전승을 거두자 일본은 재빨리 金弘集 친일내각을 구성 對韓 정치적 지배권을 확립했다. 이에 불안을 느낀 고종은 以夷制夷策으로 제3세력을 끌어들여 일본을 견제하려 했다. 이리하여 한국정부는 親露反日政策을 추진하였으니 주한미국공사 시일(John M. B. Sill, 施逸)과 러시아공사 웨베르가 이를 적극 지원했다. 이와같이 일본세력을 억제하고 자주독립을 보전하기 위하여 주로 구미 각국을 다녀온 친로·친미파 인물들을 중심으로 이른바 貞洞俱樂部를 결성하였는데, 그 중심 인물은 李完用·李允用·李夏榮·玄興澤·閔商鎬·尹雄烈·尹致昊·閔泳煥·李範晋·李學均 등으로서 이들은 주로 貞洞의 존타그(Antoinette Sontag, 孫澤)양이 경영하는 孫澤호텔에서 모여 정치활동을 전개했었다.
金源模, 「貞洞俱樂部와 春生門事件」, 『一洋』(1986年 5月號), pp. 6~7.

11) 일본의 한국지배에 불안을 느낀 고종은 마침내 1896년 2월 11일 경복궁으로부터 貞洞 러시아공사관으로 피신했으니, 이른바 俄館播遷이다. 그 결과 金弘集, 鄭秉夏 등이 살해되고 김홍집 친일내각이 붕괴되면서 친로 친미파 인물들로 親露內閣이 성립되었다.
Allen, *Korea: Fact and Fancy*, p. 195, February 11, 12, 1896; 『高宗純宗實錄』, 中, pp. 578~579, 建陽元年 2月 11日條; 『梅泉野錄』, pp. 193~194, 高宗32年 12月 27日條; 『大韓季年史』, 上, pp. 137~141, 建陽元年 2月 10日條; 『明治編年史』, 卷9, p. 375(報知, 1896. 2. 18).

전개되자 그만 실례한다고 말하면서 대화를 중단하고 말았다. 나는 그가 그의 선임자 웨베르의 對美 우호정책과 특히 철도부설권을 미국에게 넘겨주게 하는 데 도움을 준 웨베르의 對韓政策을 찬성하지 않고 있다고 결론을 내렸다. 그러므로 슈페에르는 미국인이지만 그레이트하우스를 무척 좋아하고 있다. 그 이유는 그레이트하우스는 전복기도를 했고, 1892년 철도부설권문제에서 손을 떼고 모오스와 사이가 나빠졌기 때문이다. 러시아인으로부터 직접 들었다고 한 徐載弼(Philip Jaisohn) 박사로부터 전해 들은 이야기인데, 그레이트하우스는 슈페에르에게 나(알렌)를 비롯하여 모든 在韓 미국인들을 통틀어 험담했으며, 그레이트하우스 자신과 슈페에르도 이같은 사실을 이야기한 바 있다 [그레이트하우스는 한국정부 법률고문으로 부임하기 전에는 駐橫濱 美國總領事로 재직했으며, 한국부임 후부터는 나에게 아주 비굴하게도 성실하고 충성스런 인물이 되었다. 알렌註]

10월 27일(水)

오늘 조던 영국총영사가 나에게 전하기를 어젯밤에 자기는 한국 외부에서 근무하고 있는 미국인으로부터 공문서를 접수했는데,[12] 그 서신에 의하면 러시아인 알렉세예프가 한국 度支部顧問 및 海關總稅務司에 임명되었다는 것이다. "海關總稅務司이며 度支部 總裁顧問인 영국인 브라운을 해임한 데 대하여 본인(르젠드르)은 귀하(조던)를 만나 이 문제를 토의하고 싶다"라는 편지내용이다. 조던은 오늘 르젠드르에게 답장을 보내면서 그 문제라면 토의할 건덕지가 없다고 했다. 어젯밤에 조던 총영사는 슈페에르 공사를 초청, 만찬회를 베풀었다. 서울주재 각국 외교

12) 한국 외부의 미국인이란 바로 르젠드르(Charles W. Legendre, 李善得) 정치고문을 가리키고 있다. 르젠드르는 데니 후임으로 1890년 2월 19일에 조선정부 정치고문(協辦內務府事)에 부임, 1899년 9월 1일 사망할 때까지 재임했다.
Allen, *Korea: Fact and Fancy*, pp. 180, 209, April 1890, September 1, 1899.

관들 모두가 이 만찬회에 참석했지만 슈페에르 부처는 그들 아이의 병 때문에 참석을 거절했다.

11월 3일(水)

조던 총영사가 오늘 나에게 말하기를 자기는 본국정부로부터 페테르스부르크(Petersburg, 帝政러시아 首都) 소식을 전해 들었다는 것이다. 이 소식통에 의하면 슈페에르 공사는 그의 對韓 主導權 掌握企圖에 착수했다는 것이다. 러시아정부는 페테르스부르크 주재 영국 대리공사 하워드(Henry Howard)에게 한국정부가 러시아정부에 재정고문 파견을 요청했기 때문에 러시아정부가 이를 받아들여 재정고문 알렉세예프를 파한했으며, "우리는 결코 주한 러시아공사에게 브라운 해임에 관하여 훈령을 내린 바 없다"고 밝혔다는 것이다. 그러자 영국 대리공사는 주한 러시아공사에게 이 문제와 관련 전문을 보내어 본국정부의 훈령을 접수할 때까지 행동을 지연시켜줄 것을 요청했다. 아시아문제 담당책임관인 이 관리(페테르스부르크 영국 대리공사)는 본국정부의 외무장관과 이 문제를 협의하겠다고 말했다.[13)]

12월 13일(月)

오늘 趙秉式 외부대신이 來訪, 부끄러워하는 태도로 다음과 같이 말했다. "한국정부는 徐載弼을 해임할 예정인데,[14)] 이에 대한 해명편지를

---

13) 영국의 對韓政策의 기본 노선은 러시아의 한반도 지배를 저지하는 것이었다. 영국은 이미 러시아의 남진정책을 견제하기 위하여 1885년 4월 巨文島 점거사건을 일으킨 바 있다. 1896년 한반도에서 러시아가 득세하자, 영국 정부는 슈페에르의 한반도 지배권 확립 음모기도를 저지하는데 역점을 두고 있다.

14) 일본은 청일전쟁에서 戰勝을 거두고, 청국세력을 한반도로부터 완전 구축, 對韓支配權을 확립하고자 친일내각을 조직하였다. 이에 갑신정변 실패로 10여년간 일본 미국 등에 망명 중인 朴泳孝·徐光範·徐載弼 등을 귀국시켜 1894년 12월 17일 金弘集 親日內閣에 起用하였는데, 徐載弼은 10년 계약으로 中樞院 顧問職을 맡았다.
Allen, *Korea: Fact and Fancy*, p. 191, December 17, 1894.

나에게 보내기 전에 친구로서 찾아왔다."고 했다. 한국황제가 나에게 다음과 같은 말을 전해주었다. 즉 러시아공사관부 통역관 金鴻陸이 한국 외부가 서재필 박사를 해임해야 한다는 내용의 러시아공사관에서 작성된 공문서를 자기한테 가져왔다는 것이다. 나는 서재필 박사를 만나보았는데, 그는 당초 한국정부와 10년간 고빙계약을 체결했으므로 나머지 8년간 봉급을 지불해준다면, 中樞院顧問職을 그만둘 작정이라고 말했다. 그는 아메리카 동양광업개발주식회사(American Mining Co.)로부터 좋은 조건으로 그 회사 통역관 겸 회사 전속 외과의사로 와달라는 특별 초빙을 받았기 때문이다. 황제는 이것은 서 박사 개인의 所關事이며 자기로서는 내가 이 문제와 관련 불쾌감을 갖지 말기를 희망한다고 환언했다.

조병식 외부대신이 말하기를 서재필(So Jay Pil)은 1884년 甲申政變의 역적(Yuk Chuk)이며, 그는 불청객으로 귀국해서 1895년 역적내각(金弘集 친일내각)의 고문관으로 10개년 고빙계약을 체결했다고 언급했다. 그는 자기가 발행인으로 있는 신문 『독닙신문』(獨立新聞, 1896년 4월 7일 창간)에서 정부를 비난 중상하는 기사를 게재했기 때문에 우리는 이 이상 그를 필요로 하지 않는다고 했다.

趙秉式·알렌 대담

알 : 徐載弼은 그래도 언론에 관심이 있어서 신문을 발행하고 있으며, 게다가 이 독립신문은 정부 지출금으로 발행되기 때문에 정부가 이 신문들을 반정부신문이라 생각되어 싫다면 언제든지 마음대로 정간시킬 수 있다고 봅니다. 그는 공적으로 한국 국왕에게 매수된 것이며 그의 재산은 정부에 반환되었고, 한국황제의 俄館播遷(1896. 2. 11) 후에 그의 고빙계약이 認准된 것입니다. 만약 그를 해임할 경우 귀하는 그의 계약 만료까지의 봉급 전액을 지불해야 할 것입니다.

조 : 당신은 한국 사정을 너무나 잘 알고 있습니다. 당신도 알다시피 그는

진정 한국인입니다. 한미 간의 우의를 고려해서라도 왜 당신은 계속 서재필을 비호하십니까.

안 : 그는 현재 미국시민권을 가진 미국인이기 때문에 우리 미국공사관에서 그를 보호할 의무가 있으며, 또 그는 당연히 보호를 받게 될 것입니다.

조 : 그러면 한국 정부가 고빙계약상의 잔여 봉급 전액을 그에게 지불하게 되면 당연히 그는 한국을 떠나야 할 것입니다.

알 : 본인이 알기로는 서재필은 아메리카 동양광업주식회사의 초빙을 받아 그 회사로 가게 될 것입니다. 그러므로 한국을 떠날 수 없을 것입니다.

조 : 아닙니다. 그는 한국을 떠나야 합니다. 그렇지 않으면 우리는 그에게 돈을 한 푼도 주지 않을 것입니다.

알 : 그가 한국을 떠날 것인가 체재할 것인가는 나로서는 결정할 일이 아닙니다. 본인이 알기로는 귀하가 그를 해고한다면 그에게 계약상 잔여 기간 봉급 전액을 지불해야 하며, 그가 떠날 것인가 체재할 것인가는 전적으로 그 자신이 결정할 일입니다. 본인으로서는 타당한 이유 없이 한 사람을 강제 추방할 수 없습니다.

조 : 귀하도 알다시피 역적의 몸으로 한국에 그대로 머물러 있겠다 하면 이는 파렴치한 소행이 아닙니까.

알 : 본인은 그에게 적용되는 그와 같은 조건을 듣고 싶지 않습니다. 그는 국적 여하를 개의치 않고 모든 외국인과 함께 이곳 서울에 와 있습니다. 일반 서민들은 서재필을 독립투사로 추앙하고 있으며, 양반계층도 그를 훌륭한 인물로 존경하고 있습니다. 그의 젊었을 때의 과실(갑신정변 가담)만 하더라도 勅令에 의해 特赦를 받았기 때문에 한국황제뿐만 아니라 한국 국민 전체가 그의 죄과를 용서할 것입니다.[15)]

조 : 그렇다면 만약 한국 정부가 잔여분 봉급을 지불하지 않고 그를 해고한

15) 조선정부는 일본정부의 압력을 받아 1894년 12월 9일 甲申罪犯에 대한 赦免令을 내렸다.
『日本外交文書』, 卷5, pp. 596~597; 金源模, 「徐光範研究」, 『東洋學』 15 (1985), p. 258.

다면, 당신은 어떻게 하시겠습니까.

알 : 본인은 이 사실을 우리 미국정부에 보고할 것입니다. 그리고 설사 그 돈이 정부 재산으로 귀속되는 일이 생기더라도 우리는 공동보상금을 청구, 이를 획득할 수 있는 여러가지 방안을 강구할 것입니다.

조 : 그러면 본인은 돌아가서 이 문제를 협의한 후 다시 귀하를 만나겠습니다.

1898년

光武 2(戊戌)·光緒 24·明治 31

2월 24일(木)

우리 집에서 슈페에르·알렌 대담

슈 : 이번 獨立協會에서 러시아를 반대하는 上疏文을 올렸다는데 미안한 말씀이지만 이는 미국인의 책임이 아니겠습니까.[16)]

알 : 누구를 지칭하는 말입니까.

슈 : 고문관 르젠드르 장군, 군사교관 닌스테드(F. J. H. Nienstead, 仁施德) 대령, 徐載弼 박사 등입니다.

---

16) 獨立協會 회원들이 1898년 2월 22일 獨立館에 모여 대한자주독립을 호소하는 상소문을 올린 바 있는데, 독립협회회장 安駉壽 首書名으로 된 상소문에는 러시아라는 특정 국가만 지칭한 것이 아니고 모든 외국인 지배를 반대한다고 역설하고 있다. 그 요지는 첫째, 自立하여 타국에 의뢰치 않을 것, 둘째, 自修하여 政事와 法을 一國에 행할 것 등이다. 『高宗時代史』 卷4, pp. 501~503, 光武2年 2月 22日條; 『高宗純宗實錄』, 下, p. 33, 光武2年 2月 22日條; 『독립신문』, 光武2年 2月 22日, 24日; Allen, *Korea: Fact and Fancy*, p. 203, February 23, 1898.

알 : 참으로 놀라운 일이군요. 서재필로 말할 것 같으면, 본인이 알기로는 그가 그의 독립신문에서 선언한 바와 같이 자주독립운동을 주도하고 있는 사람입니다. 르젠드르로 말할 것 같으면, 그는 한국 인사를 거의 모르고 있으며, 영향력도 없기 때문에 설사 이같은 일을 기도한다 해도 아무 것도 성사시킬 수 없는 爲人입니다. 끝으로 닌스테드로 말할 것 같으면, 그는 반 죽은 사람이나 다름 없으며 그러한 일에 관심도 없습니다. 본인은 귀하가 무슨 오해를 하지 않나 생각됩니다.

슈 : 오해가 아닙니다. 닌스테드로 말할 것 같으면, 그는 아주 나쁜 사람이고 부정직한 사람입니다. 만약 이번 反露上疏事件에 혐의가 드러나면 우리는 그를 해고할 것입니다. 르젠드르로 말하더라도 본인은 大院君 서거(1898년 2월 22일 훙서함) 전에 反露음모를 꾸미기 위하여 늙은 대원군을 자주 방문했다는 날짜와 장소 등 확실한 증거를 가지고 있습니다. 특히 그는 李完用・李載純을 통해 한국국민들에게 反露運動을 선동하고 있는 것으로 알고 있습니다.

알 : 왜 당신은 르젠드르가 이재순과 결탁하고 있다고 봅니까.[17)]

슈 : 본인이 알기로는 르젠드르는 宮內府로부터 운동자금 5만원을 받아내는데 이재순을 도와주었다는 것입니다.

알 : 그런데 우리는 2년 전 조선정부로 하여금 그에게 봉급을 완불한 후 해고하게 했고, 이는 駐韓 佛・露 양국 공사의 요청에 따라 고빙계약이 철회된 것이고, 그 이후부터는 그가 그의 年金을 타러 이곳 宮內府로 출입한 것을 제외하고는 우리는 거의 그 사람을 본 일이 없다는 사실을 귀하는 알아야 할 것입니다. 우리는 그를 프랑스인으로 간주하고 있습니다. 그는 미국에 몇 해 살고 있었을 뿐인데, 항상 미국기관에 대해 험담을 하는 경향이 있습니다.[18)]

---

17) 貞洞俱樂部 회원들은 閔妃弑害事件 이후 일본수중에서 공포에 떨고 있는 고종을 구출하고 민비시해사건에 대한 보복을 하기 위하여 1895년 11월 28일 이른바 春生門事件을 일으켰다. 결국 親露 親美派의 인사들이 高宗의 환궁과 金弘集 親日內閣의 타도를 기도, 거사했지만 실패로 끝난 것이다. 그 결과 李載純・林最洙 등은 체포되어 3年刑 선고를 받았다. 金源模, 「貞洞俱樂部와 春生門事件」, pp. 6～7.

18) 르젠드르는 원래 프랑스 출생인데, 미국 이민, 1862년 남북전쟁에 참전

슈 : 예, 그렇습니다. 그러나 그는 언제나 미국의 보호를 요청하고 있습니다.

알 : 그는 자기를 천거한 사람들을 배신하는 행동을 하고 있어서 내가 얼마나 난처했는가를 보이기 위하여 앞서 말한 사실들을 언급했을 뿐입니다.

슈 : 나는 그를 잘 알고 있으며 내가 이곳에 부임했을 때는 그와 아무런 관계가 없었습니다. 나는 쁠랑시(V. Collin de Plancy, 葛林德) 프랑스 공사에게 르젠드르가 얼마나 나쁜 사람인지를 또는 능청맞은 "늙은 할멈"인가를 알려주었더니 쁠랑시도 그를 해고했던 것입니다. 지금 듣자하니 르젠드르는 李載純의 알선으로 8년 간 새로 고빙계약을 체결했다 하는데, 이같은 사실은 한국황제도 모르고 있다 합니다.

알 :나는 그를 어떻게 처리해야할지 모르겠습니다. 귀하는 사실대로 말하지 않고 있습니다. 내가 르젠드르에게 이같은 사실을 이야기하면 그는 전적으로 이를 부인하고 있으니 문제는 바로 여기에 달려 있습니다. 서재필에 대해서는 본인은 이미 할 수 있는 모든 조치를 취했습니다. 나는 그의 잔여 임기 봉급 지불을 조건으로 그로 하여금 고빙계약을 포기하게 했는데, 그도 이에 동의했습니다마는 아직도 문제는 남아 있습니다.

슈 : 그렇지만 그는 아메리카 동양광업주식회사에 초빙되어 계속 한국에 머물러 있겠다는 이야기를 들었습니다.

알 : 그렇게 되지 않을 것입니다. 본인은 서재필이 아메리카 동양광업주식회사에 취업할 것이라는 趙秉式의 주장에 동의하지 아니했습니다. 다만 정당한 이유 없이 미국시민을 국외 추방할 수 없기 때문입니다. 그는 봉급 지불이 끝나면 한국을 떠날 것임을 확언할 수 있습니다.

슈 : 서재필의 봉급은 곧 귀하에게 지불될 것입니다.

안 : 러시아공사관의 러시아어 통역관 金鴻陸의 암살음모기도[19] 대원군의

했기 때문에 장군이란 敬稱이 붙고 있다. 1866년 駐厦門 美國領事, 1872년 일본의 臺灣事件顧問, 1890년 데니 후임으로 金嘉鎭과 近藤眞鋤 일본공사의 천거로 조선정부 고문이 되었으며, 1899년 9월 1일 宮內府顧問으로 在職中 死亡했다. Allen, *Korea: Fact and Fancy*, pp. 180, 209, April, 1890, September 1, 1899.

19) 러시아공사관 러시아어 통역관 金鴻陸의 使嗾를 받고 그의 도당 孔洪植

薨逝 등은 서재필에게는 유쾌한 일이 될 것입니다. 특히 대원군의 홍서로 敵한 사람이 없어졌기 때문입니다. 러시아어 통역관 처형으로 서재필의 지배권은 더 강화되었고, 결국 그는 獨立黨의 주도권을 장악하게 될 것입니다. 그는 미국 해병 50명을 더 청구하지 않았습니까.

다이 장군에 대해서 말할 것 같으면 한국황제가 미국정부에 초빙을 의뢰했기 때문에 나로서는 참으로 괴로운 일이며 그래서 내가 나서서 해결하지 않으면 안 되었고, 모든 사항을 감안해 보더라도 연봉 3,000달러는 상당히 좋은 대우인 것 같다고 슈페에르에게 설명했다.

그랬더니 슈페에르는 한국황제는 그에게 계속 연금을 지불하고 있는 것으로 추측된다고 말했다. 내가 그에게 간다면 그는 나를 도와줄 것이라고 했다. 슈페에르는 이제 알렉세예프의 봉급지불 문제에 대하여 언급하려 했다. 나는 이 이상 말하고 싶지 않다고 사절하고 말았다. 나는 이 모든 문제를 한국정부를 상대로 해결할 수밖에 없었다.

租界문제에 대해서 언급하면 그는 아주 심각하게 생각하고 있었다. 주한독일총영사 크리인(F. Krien, 口麟)의 정력적 노력에 의해 租界章程이 체결된 것이다(1897년 10월 16일 鎭南浦 · 木浦 各國租界章程이 체결되었음). 슈페에르는 독일정부가 이 조그만 더러운 유태인의 소행보다는 그 자신의 對韓政策에 대해 더 잘 알고 있으며, 작은 유태인을 경멸하고 있다는 것을 알게 될 것이다. "나는 그의 마음을 고정시킬 것임을 당신은 알게 될 것입니다"라고 말했다.

슈페에르는 이미 합의한대로 일본공사 加藤增雄이 소집한 외교관회의가 취소된 이유를 묻고, 이어 자문자답식으로 그렇게 된 것은 加藤增

과 金鍾和는 1898년 9월 11일 萬壽聖節날 밤에 毒茶를 고종황제께 進御했으나, 냄새가 이상해서 마시지 아니했으며, 황태자는 이를 마시고 피를 토하면서 쓰러진 사건이 발생했다. 이 毒茶陰謀事件으로 金鴻陸은 처형된 것이다.
『高宗純宗實錄』, 下, p. 54, 光武2年 9月 12日條; 『高宗時代史』, 卷4, p. 656, 光武2年 9月 11日條.

雄이 한국황제를 위해 한국의 외부를 지배하고 있기 때문이라고 설명하고 있다. 그는 이어 말하기를 만약 외교관회의가 소집된다 하더라도 미리 그러한 회담이 개최될 것이라는 통보를 먼저 해주지 않는 한 자기로서는 이같은 회의에 참석하지 않겠다고 했다. 뿐만 아니라 釜山 絶影島 러시아 저탄소 설치 문제와 조계지 구입문제에 관하여 외교관회의를 소집한다면 역시 참석하지 않겠다고 언명했다. 그 자신과 한국정부 간에 이러한 문제를 협의한다는 것은 외교관의 소관업무가 될 수 없다.

나는 부산 및 진남포를 정식 조계지설정을 한국정부에 요청하기 위해서라도 외교관회의는 소집되어야 한다는 점을 그에게 강조했다. 나에게 의견 開陳을 요청한다면 조계지 설정을 위해 절영도에 일본 및 러시아 저탄소 설치를 한국정부가 승인해야 한다는 점을 청구하고 싶다고 언명했다. 이런 식으로 이야기를 하자 그제야 슈페에르는 외교관회의에 참석하겠다고 말했다. 그는 나에게 말하기를 加藤增雄 공사가 자기를 찾아와서 日本外相 西 德二郎 男爵의 친서를 보여주었는데, 이 편지에 의하면 슈페에르에게 개인적 청탁에 의하여 木浦와 鎭南浦에 토지구입을 축소해달라는 내용이었다.

슈페에르는 加藤增雄 공사에게 자기로서는 본국 정부가 승인한다면 西園公望 男爵의 요청대로 이행하겠다고 전해달라고 했다. 왜냐하면 자기는 본국정부로부터 토지구입비로 25,000루불을 수령했는데, 이 돈으로 진남포에 15,000루블어치의 땅을, 목포에는 10,000루블어치의 땅을 각각 구입했다는 것이다.[20] 슈페에르가 생각하기로는 한국에서 러시아의 영향력은 開港場에서의 러시아정부가 구입한 토지의 적고 많음에 좌우되는 것이 아니라고 확신하고 있었다. 다만 西 德二郎 남작이 러시아가

---

20) 러시아정부는 1898年 6月 6日 木浦 租界밖 十里 內의 孤下島 街頭 4만㎡를 구입 기도했으나, 兪箕煥 외부대신은 이를 거부했으며, 6월 21일에는 甑南浦 街頭 3,860㎡를 러시아 기지로 擇定했다고 발표한 바 있다. 『高宗時代史』, 卷4, pp. 580～581, 光武2年 6月 6日條; p. 599, 光武2年 6月 21日條.

되도록이면 토지를 적게 구입하라는 요청에 주의를 기울이지 않을 수 없다고 밝혔다. 동시에 슈페에르는 이와같은 어색한 요청을 한데 대해 유감이라는 말을 西 德二郎 남작에게 傳言해달라고 加藤增雄 공사에게 부탁하면서, 먼저 러시아 공사가 일본 공사를 방문, 이 문제를 함께 협의하자고 제의했다.

일본측이 먼저 회담일자를 택일하고, 러시아측이 나중에 택일하는 등, 모든 일이 합의적으로 처리되는 것처럼 보였다. 슈페에르가 加藤增雄에게 동의의사를 밝히자 加藤增雄은 얼굴을 붉히면서 슈페에르에게 이같은 제의를 해준 데 대해 감사하다고 말한 다음, 일본 공사의 입장에서 말하는 것이 아니라 加藤增雄의 개인적 견해임을 전제하면서, 일본정부가 이같은 요청(즉 러시아정부가 토지구입을 축소화하라는 것)을 했다는 것은 참으로 이상한 일이라고 생각한다고 했다. 슈페에르 · 加藤增雄 회담은 무려 1시간 45분간 계속되었다.

또한 슈페에르는 나에게 말하기를 京仁鐵道敷設權을 일본이 買收했다는 답장을 아직 받지 못했다고 전하면서, 시간이 부족해서 실현하기가 어렵게 되지 않을까 염려하고 있다. 그러나 만약 일본이 철도부설권을 획득한다면 이는 결국 러시아의 외교수단에 떨어지게 될 가능성이 있다고 전망했다.[21] 나는 경인철도부설권을 미국이 획득했다가 일본에 양도하게 된 것은 매우 유감스러운 일이라고 말했더니, 슈페에르는 그렇게 된 것은 나의 책임이 아니라고 말했다.

결국 슈페에르의 말을 음미해보면 러시아가 장차 경인철도부설권을 획득할 기회는 충분히 있기 때문에 지금 당장 일본이 철도부설권을 매수했다고 해도 그것은 러시아로서는 잘된 일이라고 생각한다는 것이다.

---

21) 京仁間鐵路合同은 1896년 3월 29일 조선정부와 미국인 모오스 사이에 체결된 바 있다. 그러나 일본은 일본외무성 고문 데니슨(H. W. Denison)의 알선으로 1897년 5월 8일 모오스로부터 5만달러로 매수하고 말았다.
金源模, 『近代韓國外交史年表』, pp. 63~68.

7월 22일(金)

오늘 오전에 크리인 독일 총영사를 방문했더니 한국정부가 독일 世昌洋行(Edward Meyer & Co.)에게 江原道 金城 堂峴鑛山 採掘權을 准許했다고 말했다. 그래서 나는 광산채굴권 획득을 축하한다고 인사했다.[22] 그랬더니 크리인은 "당치도 않은 말씀입니다. 저에게 축하인사를 할 일이 아닙니다. 다만 독일이 한국정부에 광산채굴권을 신청한지 얼마 안되어 그처럼 빨리 인가가 났으니 미안할 뿐입니다. 만약 한국정부가 鑛山出願을 지연시켰다면, 본인은 이보다 더 유리한 광산을 획득했을 것입니다." 그는 아주 흥분을 참지 못하는 듯, 앞뒤로 왔다갔다 했다. 그는 이번 일로 본국 정부로부터 신임을 받게 되었다고 말하면서, 앞으로 본국 정부가 자기의 제의를 받아들여 조치를 취한다면 보다 유리한 이권을 얻어낼 수 있을 것이라는 내용의 電文을 본국 정부에 打電하는 일에 착수하겠다고 말했다.

7월 27일(水)

본인은 京釜철도 부설권을 일본에 認許하는 데 조력했다. 오늘 아침 加藤增雄 公使를 만나서 경부철도 부설권과 관련하여 모오스와 大隈重信 外相과의 계약협정에 대해 이야기했다.[23] 나는 加藤增雄에게 이에 관여하고 싶지 않지만, 중요한 지점에서 미국의 이권과 상충되는 점이 있으므로 부득이 干與하게 될지도 모른다고 언명했다. 경부철도부설권에 대해 내가 지금 요청을 받은 일은 없지만, 나는 일반적 원칙에 따라 경부철도 부설권을 일본에 認許하는 것을 줄곧 찬동해왔다. 그래서 나는

---

22) 兪箕煥 외부대신은 1898년 7월 18일부 크리인 독일총영사에게 조회하면서 金城 堂峴鑛山採掘權을 世昌洋行에 准許한다고 밝혔다.
『高宗時代史』, 卷4, p. 637, 光武2年 7月 30日條; Allen, *Korea: Fact and Fancy*, p. 205, July 19, 1898.

23) 1898년 9월 8일 朴齊純과 加藤增雄 일본공사 사이에 京釜鐵道 暫定合同을 체결했다.
『高宗時代史』 卷4, p. 655, 光武2年 9月 8日條.

加藤增雄 공사가 이 문제와 관련, 나의 원조를 원하고 있는지 또는 나의 關與를 원하고 있지 않는지의 여부를 알고 싶다고 말했다. 나는 사전에 大隈重信과 모오스 간의 경부선협약이 내가 이에 간여해야할만큼 固守되고 있는지를 알고 싶었다. 加藤增雄 공사는 심사숙고한 끝에 다음과 같이 말했다. "본인은 귀하의 원조가 절대 필요합니다. 만약 귀하가 나를 도와준다면 美製상품 구입에 본인은 전력을 기울일 것이며, 또 귀하가 大江卓이 제의했다고 말한 것처럼 모오스 사장을 통하여 미국 이권 증진에도 최선을 다할 것입니다." 濟物浦 백성들이 上京할 오늘 오후에 나는 사람들을 만나보고 그리고 상담 준비도 해야 되기 때문에 다음 두 가지 계획중 하나를 제안했다.

첫째, 京仁철도부설권을 京釜철도부설권으로 확대할 것. 모오스와 大江卓은 이 문제를 협의를 통해 타결할 수 있을 것이다. 그것은 현재 경인철도부설권은 일본인 소유이기 때문에 일은 간단하게 처리될 수 있기 때문이다. 둘째, 한국정부는 일본과의 협약에 따라 경부선 철도공사를 담당하고 일본은 철도건설자금을 제공하며 25년간 협약으로 착공해야 한다. 加藤增雄 공사는 前者를 훨씬 좋아했다. 그러나 우선 무엇보다도 하나의 철저하고도 완전무결한 협약을 체결하고 싶다고 말했다. 철도부설권을 출원신청하면 본인이 居中調停을 담당하겠다고 약속했다.

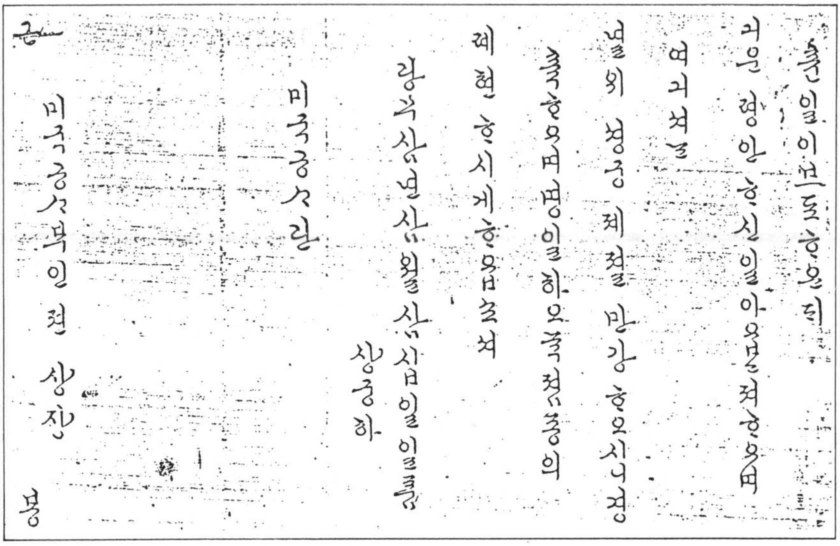

▲알렌 公使 夫人에게 보낸 한글 초청장(1899. 3. 30).

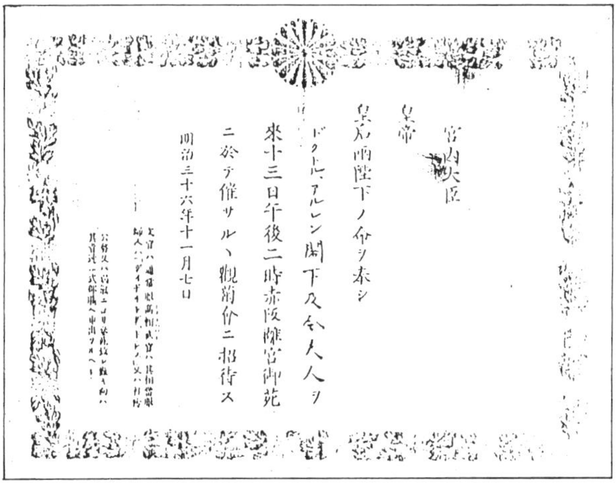

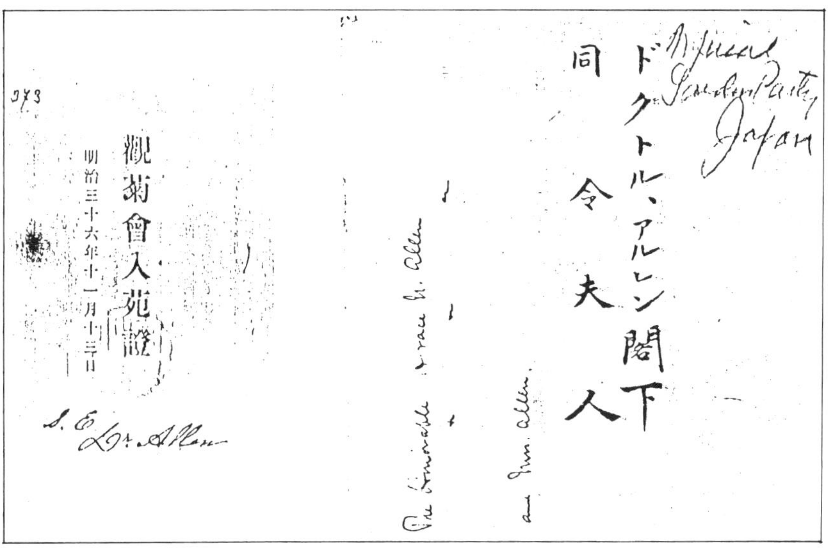

▲주한미국공사 알렌이 본국 루스벨트 대통령에게 親露 · 反日政策을 피력하고, 서울로 귀임하는 길에 東京에 기착, 日本 明治天皇의 觀菊會에 초청되어 관람했다(1903. 11. 13).

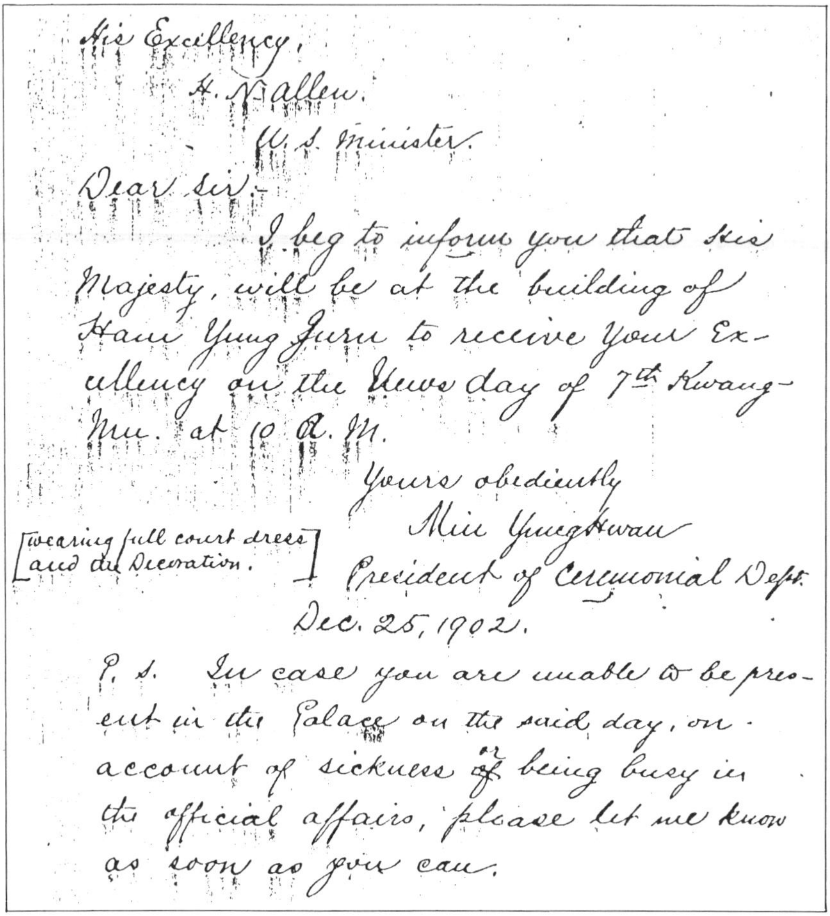

His Excellency,
H. N. Allen.
U. S. Minister.

Dear Sir:-

I beg to inform you that His Majesty, will be at the building of Ham Yung Jurn to receive Your Excellency on the News day of 7th Kwang-Mu. at 10 A. M.

Yours obediently
Min Yung Hwan
President of Ceremonial Dept.

[wearing full court dress and the Decoration.]

Dec. 25, 1902.

P. S. In case you are unable to be present in the Palace on the said day, on account of sickness or being busy in the official affairs, please let me know as soon as you can.

▲**掌禮院卿** 閔泳煥이 알렌공사에게 보낸 英文초청장(1902. 12. 25).
正裝을 하고 德壽宮 咸寧殿에서 陛見하라는 내용이다.

제 4 부

1903년 6월 1일～11월 20일

시베리아經由 世界一周 旅行日記

1903년에 우리는 새로 개통된 시베리아 대륙횡단 철도를 타고 귀국 여정에 올랐다. 이 철도는 14일 간격으로 隔週로 운행되는 급행열차로서 동서양을 왕복, 운행하고 있다.

이번의 귀국여행은 러·일전쟁 발발 직전에 단행되었기 때문에 런던주재 미국외교관 초오트(Joseph H. Choate), 화이트(Henry White), 파리주재 미국외교관 포터(Horace Porter) 등에게 아시아 사태를 자세히 설명할 기회가 있었는데, 그들은 매우 관심있게 내 말을 傾聽했다.

그해 9월에 워싱턴에 도착하자 나는 록힐(William W. Rockhill, 柔克義)이 陪席한 가운데 루스벨트(Theodore Roosevelt) 대통령과의 기억에 남을 중대한 회담을 가졌다. 록힐은 나의 절친한 친구이며 그 당시 루스벨트 대통령이 가장 신임하고 있는 아시아문제담당 대통령 외교고문으로 일하고 있었다. 나는 이 자리에서 미국이 일본을 지지, 또는 동정하게 되면 그 결과 일본으로 하여금 對露宣戰布告를 촉발하게 되기 때문에 이는 미국의 對아시아정책의 중대한 失策이라는 점을 대통령에게 인식시켜보려고 애썼다. 그러나 루스벨트 대통령은 러일전쟁은 바로 그 자신이 희망하고 있다는 점을 확실하게 표명하고 있다. 이 자리에서 나는 러시아가 광대한 만주를 平定·開發하게 되면 우리 미국에게 엄청난 경제적 이득이 돌아올 것이요, 한편 내가 單線으로 부설되어 있는 시베리아 대륙횡단 철도로 여행한 후 내가 예언했듯이 일본이 戰勝할 경우 우리 미국의 경제적 이권은 큰 손실을 입게 될 것이 확실시되고 있다고 주장했다.

그후 공개 연설에서 當路者들은 그들의 對日政策樹立의 과오, 특히 일본이 실제적으로 미국을 위협하게 될 시기를 상호 충분히 인식하고 있었다.

우리는 1899년에 우리 집 아이를 진학시키기 위하여 수에즈 경유 세계일주여행을 결행한 바 있었다. 나는 그 흥미진진하지만 별로 중요성이 없는 여행일기를 기록하지 아니했다. 그러나 이번 1903년의 세계일주여행 기간 우리는 영국에 유학하고 있는 우리 아이들을 만났고, 불어공부를 완성시키기 위하여 1년간 제네바에 유학하게 했다. 내 계획은 우리 아이들이 1년간 제네바 유학을 끝내고 여름방학을 한국에서 보낸 후 내년 1904년 가을 신학기에 매사추세츠 공과대학(M.I.T.)에 입학준비를 하기 위해서 이러한 유학계획을 수립한 것이다. 우리 아이들은 1908년에 매사추세츠 공과대학을 졸업한 것이다.

1903년

光武 7(癸卯) · 光緖 29 · 明治 36

6월 1일(月)

1903년 시베리아 대륙횡단 여행

우리는 오후 2시에 출발 예정으로 주위 親知들에게 작별인사를 나눈 후 오전 11시 50분에 집을 나섰다. 우리는 駐韓淸國 出使大臣 許台身을 제외하고는 서울주재 각국 외교관들을 만나지 아니했다. 辭陛 인사차 한국황제를 陛見하였더니, 황제는 내가 실제 먼 길을 떠난다는 말을 듣고 나에게 온정을 베풀어 주었다. 황제는 콜브란 보스트위크商社 상환문제가 11개월이 지나도록 미결된 데 대해 큰 불만을 털어놓았다.[1)] 李容

1) 宮內府는 1898년 2월 15일 콜브란 · 보스트위크商社(Collbran and Bostwick Co.)의 漢城電氣會社(Seoul Electric Co.)와 電車 및 發電所건설계약을 체결했는데, 건설 소요자금은 200만원이었다. 궁내부가 이 자금을 만기일이 지나도록 지불하지 않자, 보스트위크는 한성전기회사에

翊은 나를 진절머리 나는 인물이라고 한국황제께 꼬아바치면서 자기로서는 이 돈을 상환하지 않고도 해결할 수 있다고 進言했다는 것이다. 滿洲 주둔 러시아 군대 미철수 문제를 圍繞하고 러일간에 위협적인 분쟁이 발생하자, 황제는 한국의 운명에 대하여 심히 우려하고 있었다.

나는 그동안 한국 정부의 자금군색 때문에 황제에게 전등 개발사업을 중단시키려고 노력했다는 것, 일단 건설 계약이 성립된 이상 계약에 따른 자금상환을 이행하도록 노력했다는 말씀을 進言했다. 그러나 나의 충고는 받아들여지지 아니했고 이제 나에게는 債務償還 이행을 집행하는 일만이 남게 되었다. 나는 이를 수행해야 하고 황제에게 미국이야말로 한국의 우방이며, 미국 국민이야말로 한국이 장차 難境에 빠질 경우 황제를 위하여 강력하고도 사심 없는 충고를 할 수 있는 국민이라는 점을 강조하면서, 그러나 한국정부가 당연히 갚아야 할 부채상환 의무를 포기하려 기도하고 있기 때문에 본인으로서는 한국정부의 부패 타락상을 폭로해야 할 입장에 놓이게 되었으며, 더군다나 우리 미국정부가 한국정부의 이같은 군색한 변명을 믿어줄지 의심스럽다고 말했다.

한국황제는 전쟁발발의 가능성에 대해 하문했다. 나는 군대철수의 만기가 10월이기 때문에 10월까지는 전쟁이 발생하지 않을 것 같다고 말했다. 그러나 나는 鴨綠江에서 분쟁이 발생할 염려가 있다고 밝히면서 특히 다음과 같은 이유로 유혈사태가 발생할 가능성이 있다고 암시했다. 그것은 한국정부가 북부 변경지대 전역(압록강 두만강 연안 일대)과 鬱陵島의 삼림벌채권을 러시아에 허가했다는 것이다.[2] 한편 한국정부는

게양한 태극기를 철거하고 星條旗를 게양하는 등, 항의했다. 이에 궁내부는 該額償還을 연기하는 계약을 체결했는데, 계속 지불이 안되고 있어서 한미간에 분쟁거리로 남아있었다. 『皇城新聞』, 光武6年 7月 21日; Allen, *Korea; Fact and Fancy*, pp. 203, 227, February 1, 1897, August 15, 1902.

2) 한국정부는 1896년 9월 9일 러시아인 브리너(Jules Bryner)의 合成朝鮮木商會社에 압록강유역과 울릉도의 삼림벌채 및 養木權을 허가했다. 『高宗純宗實錄』, 中, p. 597, 建陽元年 9月 9日條; 金源模, 『近代韓國外交史年表』, p. 154(1896. 8. 29).

일본에게도 압록강 유역에서의 삼림벌채권을 수년간 특허한다는 협약을 체결한 일로 전쟁발발 가능성을 점칠 수 있다는 생각을 갖는 것이다.

일본은 압록강 유역에서 대규모 삼림을 벌채해서 압록강에서 뗏목을 사용하여 하류지방으로 유입시킬 준비를 하고 있는데, 만약 이 뗏목이 압록강 하구로 집합되면 러시아는 이 뗏목을 압수하려는 것이 러시아의 원래 의도라는 것이다. 그런 사태가 발생하면 일본은 뗏목을 빼앗기지 않으려고 저항하게 될 것이고, 그 결과 자연히 유혈사태가 발생할 것으로 전망된다. 그러나 결국 이 문제는 러일간에 협상타결로 매듭짓게 될 것이라고 사료된다고 했다. 만약 전쟁발발이 임박하다고 생각되면 나는 떠나지 않을 것이라고 언명했다.

이같은 나의 時局觀을 開陳하자 황제는 아주 내 말을 흥미있게 傾聽했고, 이어 나를 전송하기 위하여 한국정부 관리를 濟物浦까지 따라가게 했다고 말했다. 나는 이와같은 황제의 호의적 배려를 듣고 심히 심기가 불편했다. 나는 되도록이면 한국인을 따돌리고 혼자 마음 편하게 길을 떠나고 싶었기 때문이다. 그러므로 나는 대궐로부터 슬쩍 빠져나오고 말았다. 황제는 우리에게 많은 선물을 하사했다. 나는 이 이상 陛見하지 아니했다. 나는 5월 30일 林 權助 일본공사, 조던 영국공사와 함께 陛見할 예정이었다. 돌연한 발병을 핑계로 陛見이 연기된 것은 나에게는 다행한 일이었다. 연기된 주원인은 황제가 가장 싫어하는 샌즈(William F. Sands, 山島)가 陛見을 요청했기 때문이었다. 심지어 황제는 宮內府顧問 샌즈를 만나기보다는 차라리 모든 접견을 포기하겠다고 말하였다.

6월 2일(火)

우리는 제물포에 있는 데실러(David W. Deshler)씨 소유의 사람이 살고 있는 집에 묵기로 했다. 아메리카 무역상사 인천지점장 타운센드와 식사했다. 버틀러(Butler) 선장과 마이어商社(世昌洋行) 직원 그리고 청국 쿨리들이 이곳에 와 있었다. 우리는 그가 기상하기 전에 아침 일찍 서울을 빠져나왔기 때문에 패독(Gordon Paddock, 巴德) 미국 임시대리공사가 오늘 제물포로 내려왔다. 그는 오늘 正午 전에 공사관까지 갈 수 없을 것이다. 오늘 나는 러시아 돈 루블貨와 영국 화폐 파운드 화폐를 환전했다.

6월 3일(水)

우리는 오늘 旅順行 아르군(Argun)호로 제물포를 출항했다. 해상 파도가 점점 거칠어지기 시작했다. 汽艇에서 삼판 배에 옮겨 실었던 우리 뱃짐이 바다물에 흠뻑 젖어버렸다. 알렌부인은 젖은 옷가지를 말리느라고 분주했다. 러시아공사 파블로프, 서기관 케르베르그(P. de Kehrberg, 克培), 러시아공사관 통역관 스타인(Evgenii F. Stein, 師德仁) 등이 부두까지 나와 우리를 전송했다. 러시아인 군즈부르크(Gabriel de Gunzburg) 남작이 러시아로 돌아가기 위하여 우리와 함께 같은 배에 동승했다. 저녁에는 海關總稅務司 브라운씨가 전송차 우리를 찾아왔다. 인천항에 새로 설치한 등대가 처음으로 휘황한 불빛을 발하기 시작했다. 브라운씨는 등대의 작동을 보기 위하여 항구주위로 巡航하고 있었다. 내륙쪽에 있는 신호기는－두 개는 백색, 한개는 홍색 섬광을 내뿜고 있다－아주 멋지게 보였다.

영국광산회사에 출장왔었던 잘딘 마데슨商社(怡和洋行, Jardine Matheson and Company)의 로우데일(Laudale)씨와 엘리어트(Elliot)씨도 같은 배에 동승했다. 나이는 70이 더 되어 보이는 절름발이 노파로서 駐漢城 러시아領事 폴리야노프스키(Z. Polianovsky, 鮑乙良)의 叔母인 더글라스(Douglass) 부인이 우리 배를 같이 타고 런던까지 동행했다. 나는 그녀를 전에 만나본 일이 있었다. 그녀는 몇 주일 전에 조카와 같이 지내보기 위하여 서울에 왔었는데, 모든 것이 여의치 아니해서 고국으로 돌아간다는 것이다. 특히 폴리야노프스키 영사부인은 알렌부인에게 편지를 보내면서 여행기간 그녀를 잘 돌보아 달라고 부탁하면서 "大連(Dalny)에서 기차를 태워줄 것"을 당부하고 있다. 나는 露語나 佛語를 할줄 몰라서 그녀를 돌보아주기가 무척 힘들 것 같아서 끝까지 돌보아주겠다는 책임을 거절하고, 폴리야노프스키 박사에게 제의하기를 기차에 태워서 스스로 집을 찾아가게 하되, 우리도 그녀를 친절하게 돌보아 주겠다고 제의했다.

폴리야노프스키 박사는 심지어 제물포로 전송나올 때도 그녀와 동행하지 아니했기 때문에 승선하는 데도 곤란을 겪었다. 군즈부르크 남작은 러시아 사정을 너무나 잘 알고 있기 때문에 아마 더글라스부인을 돌보아주게 될 것 같다. 러시아 동부철도회사의 대리인 살라틴(Salatin)은 上海와 旅順에서 온 電文 지시를 가지고 있었는데, 이에 의하면 우리 일행에 대해 특별히 관심을 가지고 안내할 것, 그리고 아르군호의 특등객실에 모시고 오라는 내용이었다.

6월 5일(金)

우리는 제물포를 출항, 여순까지 항행하는데 어제 오전 4시부터 오늘 오전 10시까지 30시간 항행시간이 소요되었다. 우리는 여순까지 오는데 바다는 줄곧 잔잔한 호수 같았다. 객실에서의 바다航行은 무척 편안했지만, 식사는 형편 없었다.

여순항은 군사적 要塞化 작업으로 부산했다. 놋쇠단추를 달고 있는 까무잡잡한 의사 한 사람이 우리가 하선하기를 기다리고 있었다. 그는 승객검진을 하지 아니했다. 얼마 후에 여객회사소속 대형 예인선 한 척이 와서 우리들을 태우고 상륙시켜주겠다고 했는데, 이는 나 때문에 현지 경찰법규를 위배하면서 이같은 특별호의를 베풀어준다는 것이다. 나는 기다리기로 결정했다. 로우데일씨는 여권이 없어서 通關 상륙하기에 곤란을 겪고 있었다. 그러나 군즈부르크 남작이 그를 통관하도록 주선해 주었다.

신여권 법규가 3일 전에 실시되었다고 한다. 아무도 신여권 법규에 어긋나는 여권을 가지고는 상륙할 수가 없다. 나는 신법규에 대비한 여권을 준비했다. 그러나 경찰은 상부로부터 나에 대해 특별주의를 하라는 지시를 받아서인지 내가 소지하고 있는 여권을 보지도 아니했다. 오전

11시에 드디어 군즈부르크 남작과 함께 부두를 빠져나와 상륙했다. 우리는 상륙하자마자 은행으로 직행, 러시아화폐로 2,112루블을 환전했다.

우리는 여순 소재 아메리카 무역상사로 가서 던(Dun) 부처를 만났다. 나는 뉴욕에 가 있는 아메리카 무역상사 모오스 사장에게 다음과 같은 전보를 보냈다. "여순 뉴욕 출발 알렌." 전보 수수료는 3.9루블이나 되었다. 서울에서는 1자당 3.64원에 비해 이곳 여순에서는 1자당 98코펙(kopeck, 소련 銅貨로 100루블)이나 되어서 루블화가 훨씬 비쌌다. 던씨는 우리를 만찬에 초대, 저녁식사 후 저녁에는 '나르는 요르단'(Flying Jordans)이라는 서커스를 관람하자고 청했다. 그러나 우리는 7시 40분발 大連行 열차로 떠나야 하기 때문에, 이를 거절하지 않을 수 없었다.

나는 러시아 동양함대 사령관 水師提督 알렉세예프(Alexeieff, 亞歷細布) 관저를 방문했는데, 우리는 그로부터 환대를 받았다. 군즈부르크 남작도 나와 동행했다. 이들은 우리 일행에게 大連방문을 주선했고, 우리는 알렉셰예프 관저에서 여장을 풀었다. 나는 군즈부르크와 함께 러시아 터키 森林商社의 船積사무실을 방문했는데, 한 시크(Sikh) 교도가 경비를 서고 있었다. 우리는 이 회사의 책임자인 발라코프(Balakof) 장군도 만나보았다. 발라코프 장군은 후에 여순 러시아 총독이 한 것처럼 우리와 함께 군함을 방문, 군즈부르크 남작과 함께 러시아 해군클럽에서 점심식사를 했다. 러시아 해군클럽은 '구시가지'로 알려진 여순항의 군사요충지 내에 있는 굉장히 넓은 중국 古刹 안에 자리잡고 있었다. 나는 식당 안에서 앉고 서고 할 때 거기 모인 모든 인사들과 악수하면서 러시아인의 그 유쾌한 인사 예절을 볼 수 있었다.

점심식사 후 나는 여객선으로 돌아왔고, 오후 3시 30분에는 영국인 혈통이지만 러시아에서 태어난 굿디어(Goodier)라는 젊은이와 함께 외출했다. 군즈부르크 남작이 이 젊은이를 내게 보내어 旅順일대의 군사요새지와 신시가지일대를 두루 관광하도록 호의를 베푼 것이다. 여순항이야말로 항구가 바다로 좁게 열려 있고 배후에는 각종 군사요새지와 兵

營이 점재한 높은 丘陵으로 둘러싸여 있는 매우 소규모의 천연적 항구였다.

구시가지는 지금 낡은 중국인 오두막과 임시 판자집으로 꽉 차있는 아주 초라한 빈민구역이다. 구시가지일대는 곧 전체적으로 개축사업, 즉 재개발사업이 착수될 것이다. 구시가지 거리에는 먼지와 쓰레기가 길길이 쌓여있었다. 바람이 불어대면 말들이 바람과 함께 뛰어다니면서 먼지바람을 일으키고 馬夫는 눈물을 흘리고 있었기 때문에 시가지를 마음대로 돌아다닐 수 없을 지경이었다. 碇泊地는 너무나 비좁아서 교역에 유용한 港灣層을 형성하려면 엄청난 규모의 항만준설 사업을 벌여야 될 것 같다. 교역상인들은 大連으로 가기를 좋아하지 아니했다. 왜냐하면 군대가 주둔하고 있는 이곳 여순항이 교역활동을 벌이는 데 보다 유리한 안전 適地이기 때문이다. 우리는 영국 상선 수쿠루船 리라(Lyra)호를 구경했는데, 이 배에는 슐리츠(Schlitz) 맥주와 미국 시애틀에서 싣고 온 밀가루 푸대가 잔뜩 船積되어 있었다.

러시아 당국은 여순항을 교역항으로 육성하는 데 관심이 없었다. 그들은 그들이 원하기만 하면 언제든지 마음대로 외국인을 강제 추방할 수 있기 때문이다. 러시아 당국은 여순항에 각국 영사관 개설을 허용하지 않고 있다. 그래서 규제조치 받기를 싫어하는 모든 교역상인들은 대련으로 가게 된다. 大連은 러시아 정부가 그들의 극동 新領地에 훌륭한 良港을 건설하겠다고 약속한 그러한 통상상의 자유항구이다.

대련에서 사용할 돈이란 승객담당원을 확보하는 데 쓰이는 돈이다. 대련은 통상 및 군사상 良港이다. 병목처럼 생긴 좁은 地峽에 운하를 개착하고 신시가지 앞에 항구 준설사업을 벌여 항만출입이 아주 편리한 良港이었다. 우리는 대련 항만을 한 눈에 내려다보이는 지점에 있는 공원 앞 조용한 식당에서 저녁식사를 했다. 신시가지에는 아주 훌륭한 호텔 2개 동을 건축 중에 있었다. 그러나 여순항에는 현재 적당한 호텔이 없다.

四頭馬車가 왔다. 팁을 주었는데 2마리당 3루블을 주었다. 馬車는 높이가 낮고 차체가 작은 無蓋馬車였다. 이 마차는 어디든지 누비고 다녔는데, 수레채 안에 있는 말은 밖에 있는 말들이 달리고 있는 동안 빨리 걷기가 힘들 정도로 좁았다. 수레채에는 말목위에 걸치는 활처럼 생긴 큰 나무멍에가 매어져 있었다.

오후 8시경에 우리는 大連行 열차에 승차했다. 정성스럽게 꾸민 화려한 특등객실에 안내되어서 우리는 무척 놀랐다. 객실에서 우리가 대련에 가면 숙식할 숙박소에 대한 이야기를 들었는데, 그곳은 침대가 딸려있고 우리의 식사를 날라주는 식사담당 지배인까지 있는 호텔에 투숙할 예정이라는 것이다. 우리는 기분이 매우 유쾌했다. 대련에 도착하니 총독전용마차가 우리를 기다리고 있다가 대련호텔로 데리고 갔다. 대련호텔에 도착,기차 객실에서 들은대로 침실 2개 거실 하나가 딸린 특실방에 여장을 풀었다. 내 침대의 시트는 진짜 린네르 천으로 되어 있었다. 그러나 그것은 태팅(tatting) 뜨개질로 장식되어 있었다.

나는 이 방에는 벼룩 빈대같은 해충이 한 마리도 없음을 느꼈다. 다만 유리창 커튼을 제외하고는 모든 편의시설이 깨끗하고 편안했다. 그런데 거리쪽으로 나있는 유리창 커튼은 거의 투명천으로 되어 있었고, 커튼 기장이 짧아서 방바닥까지 내려오지도 않았다. 창문의 18인치 정도는 완전히 노출되어 있었다. 나는 기차 특등 객실 담당원에게 3루블을, 그리고 총독 전용마차의 마부에게는 1루블을 각각 팁으로 주었다. 그리고 우리는 러시아 철도승차권 3장을 구입하는 데도 그들의 호의적 친절로 많은 돈을 절약할 수 있었다.

6월 6일(土)

기차칸에서 만난 駐大連 미국영사 랑한스(Langhans)가 아침 일찍 호텔로 내방했다. 나는 駐大連 러시아총독 사카로프(Sakarof)를 예방했다. 나는 일찍이 1899년 그와 함께 움브리아(Umbria)호를 타고 大洋횡단 항행을 한 바 있는데, 그 당시 그는 나에게 대련항 건설계획을 설명한 바 있었다. 나는 그때 그가 내게 한 말이 과장된 이야기로 받아들였다. 그러나 지금 이곳에 와보니 사실이었다. 그는 이 황량한 未開地에 훌륭한 근대 도시를 창설하고 있지 않는가. 나는 그에 대한 변한 감정(오해의 감정)을 그에게 솔직히 이야기했다.

우리는 사카로프 총독 그리고 그의 수행원들과 함께 오후 1시에 점심식사를 했다. 그의 저택은 참으로 호화로운 건물이었다. 그의 부인은 카바로브크(Kabarowk)의 딸이다. 점심식사 후 우리는 총독 전용마차와 市소속 마차를 번갈아 타면서 시내 관광을 즐겼다. 쌍두마차로서 말 한 마리는 수레채 안에서 한 마리는 바깥채에서 달리고 있었다. 마부는 허리까지는 붉은 실크로 된 웃옷을 입었고, 나머지는 검은색 바지를 입고 있었다. 경찰서장이 우리 마차 3대를 수행, 경호해 주었다. 우리는 대련 시내를 밝혀주는 발전소를 관람했다. 바닥에는 타일을 깔아놓았다. 부다페스트에서 제작한 발전기 4대를 설치해 놓았다. 발전소 바닥에는 타일을 깔아놓았지만 우리가 저녁식사를 하는 동안 정전이 되고 말았다. 우리는 여기서 300피트 위에 있는 드라이도크(乾船渠)를 보았는데, 그로부터 600피트 윗쪽에 새 도크 하나를 건설 중에 있었다. 도크 밖에는 防築(방축:일시적으로 바다물을 막는 제방)이 있었지만, 도크 중앙에는 방축으로 통하는 漏水口가 있었다.

우리는 이 아름다운 大連灣 건너편 9마일 지점에 있는 遼東마을 해군기지에 수 많은 굴뚝이 솟아있는 것을 볼 수 있었다. 우리는 방파제로 나가 보았다. 완공된 방파제의 길이는 2,000피트나 되었는데, 아래쪽은 시멘트 블록으로 위쪽은 화강석으로 축조되어 있었고, 방파제 위에는 철도궤도와 창고가 있었으며, 방파제 안쪽의 수심은 18피트이고, 바깥쪽은 30피트였다. 우리는 방파제에 정박중인 고속증기선 만추리아호를 타고 대련만을 巡航했다. 이 만추리아호는 트리에스테(Trieste)에서 건조한 것으로서 배값이 100만루블에 이른다고 한다. 이 쾌속증기선은 참으로 화려한 대형선박으로서 알렉산드리아로부터 트리에스테까지 운항되는 함부르크支線의 여객선과 흡사했다. 이제 우리는 대련만을 굽어보는 높은 언덕에 지금 공사중인 유원지를 마차를 타고 갔다. 대련만 입구에 있는 작은 섬에는 檢疫所가 있었다. 우리는 유원지를 관람하고 그 다음 동물원으로 갔는데 거기에는 羚羊, 사슴, 곰 따위가 있었다.

대련도시는 고원지대에 자리 잡고 있었다. 거리 좌우에는 멋진 벽돌가옥이 즐비해 있었고, 일부 가옥은 아주 예술적인 취향을 살린 건축물이었다. 개통된 도로의 길이는 30마일이었다. 도시 중심부와 부두 사이에 있는 상가에는 플래트식 주택이 있었다. 분쇄한 돌(자갈처럼)로 도로를 포장하고 있었지만, 이 근처를 제외하고는 가옥이 드물었고 몇 군데 청국 상점이 줄지어 있었다.

던(Dun)씨의 말에 의하면 그 액수를 밝히지는 아니했지만 敷地 값은 비싸다는 것이다. 어떤 값 비싼 건물은 땅을 구입한 자가 지었을 것임에 틀림없다. 이같은 추세는 젊고 기업심이 강하지만 자금이 없는 가난한 기업인의 경제적 자립을 방해하는 결과를 초래하고 만다. 그러므로 부유하고 성숙한 판단력이 있는 사람들만이 이곳에 발붙일 수 있을 뿐이다. 이러한 사업가들은 官憲의 제반 조치에도 불구하고 다소의 문제성이 있는 새로운 기업에 착수해서 이미 성공을 거두었기 때문에 이곳을 떠나기를 주저하고 있다. 그래서 大連에서는 심지어 기득권이 있는 러시아인 기업가조차 유치할 수 없다.

그러므로 외국인들은 언어 통역을 제외하고는 할 일을 찾을 수 없기 때문에 이곳에서 잘 살아갈 수 없다. 대련주재 미국영사 랑한스는 사회적 학식과 재능이 있는 머리가 좋은 젊은이이다. 그러나 그는 적당한 주택수당도 받지 못하고 있어서 호텔이나 사무실에서 '칸막이 작은 침실'(hall bedroom)을 가지고 영국인과 생활하지 않으면 안 되었다. 그는 영어 이외에는 다른 말을 할 수 없고 그러므로 그가 상대해서 이야기할 수 있는 사람이라고는 고작 대련시내 3, 4명 뿐이다.

대련의 인구는 현재 4만명 정도인데, 대부분 중국인, 일본인, 한국인이고, 러시아인은 약 3천명 정도이다. 미국인은 유일하게도 랑한스 미국영사 한 사람 뿐이고, 영국인은 4명이다. 5월의 대련항 수입 총액은 200만 루블인데, 정부 보급품과 茶가 주종을 이루고 있다. 특히 러시아로부터 다량의 시멘트가 수입되고 있다. 사카로프 총독은 이곳에 훌륭한 가구공장과 철공소 등을 개설, 사업에 성공을 거두고 있다. 나는 이들 공장에서 생산된 양질의 가구제품을 본 일이 있다.

미국 영사와의 저녁식사 후 나는 만주·시베리아 대륙횡단 기차표값으로 군즈부르크 남작에게 700루블을 주었다. 그가 차표를 사가지고 와서 내게 하는 말이 이르쿠츠크까지만 차표를 살 수 있기 때문에 차표 한 장에 108루블이 들었다고 했다. 우리 트렁크 2개의 荷物값에 대해서는 우리는 제한 초과 운임으로 8~31루블을 별도로 지불했다. 이같이 출발 준비를 서두른 후 군즈부르크는 484루블(알렌은 차표 값으로 700루블을 지불했는데, 이르쿠츠크까지 2장을 샀기 때문에 잔액 484루블을 환불받아야 한다)을 주지 않고 284루블만 환불하지 않는가. 나는 그에게 계산착오 사실을 전보로 알렸다. 더욱이나 그에게 혐오감을 느끼게 되는 것은 군즈부르크는 그 자신과 그의 공식적 수행원인 굿디어(군즈부르크가 알렌에게 안내원으로 파견한 사람)씨를 이르쿠츠크까지 나와 함께 동행하도록 파견했음을 알게 되었다.

나는 굿디어의 인간성을 좋아하지 않는다. 그는 기계처럼 말하고 있었다. 나는 그를 따돌리려고 온갖 노력을 다했지만 허사였다. 군즈부르크는 굿디어를 통역으로 나를 수행하게 한 것이다. 그는 굿디어의 기차표를 구입하고 3주일간 휴가를 허락했다. 러시아 木商會社는 군즈부르크를 통하여 삼림벌채권(압록강유역) 계약을 체결하기를 희망했다. 그러나 군즈부르크는 일본의 방해로 채벌권을 얻어낼 수 없었다. 이는 군즈부르크가 당연히 해야 할 의무의 일부이지만 성사시키지 못했으니 그로서는 마음이 언짢지 않을 수 없다. 최근에 그가 성취했을 때 마일스(Miles) 장군을 위해 그 이상 해주지 아니했다.

6월 7일(日)

우리는 객실 두 개를 확보했는데, 서로 트여있는 방이었다. 열차는 최고급으로서 미끄러지듯 잘 달리고 있었다. 나는 기차 객실에서 나의 특급열차가 전속력으로 질주하는 가운데 글을 쓰고 있었다. 객차의 한쪽 끝에만 화장실이 딸려 있었다. 이런 점에서 풀먼차의 특별실(Pullman Staterooms, 설비가 갖추어져 있고 침대 있는 특등차)만큼 쾌적한 차는 아니었다. 식당차는 참으로 훌륭했다. 언제나 먹고 싶은 음식을 주문해서 먹을 수 있었다. 우리는 몸 단장을 하기 전에 우리 객실에 앉아서 맛있는 커피와 빵을 먹었다.

피터는 佛語를 약간 지껄이고 있었다. 우리는 서로 마음이 맞아서 친숙해졌다. 우리는 잠을 푹 잤다. 침대가 매우 길고 넓어서 좋았고 전등도 독서를 위해 침대 곁 테이블 위에 내려놓을 수 있어서 마음에 들었다. 우리는 사환이나 식당종업원을 부를 일이 있으면 벨을 눌러서 호출한다. 이 특급열차에는 열차 차장이 배속되어 있었는데, 그에게 소개를 받은 일이 있다. 힐코프(Hilkoff) 공은 우리 사절단에게 대륙여행기간 중 우리 일행을 안내해달라는 전보훈령을 타전할 것을 제의했지만 나는 번거로운 일이 싫어서 출발한다는 것을 타전하지 아니했다. 우리끼리 그대로 가다가 그들이 오게 되면 일을 처리하면 된다.

객차는 한쪽에 복도를 따라 모두 '칸막이 방'으로 되어 있었고, 餘分의 수하물을 올려놓을 선반, 그 밑에 창문곁으로 '내려앉은 좌석'(let down seats)이 있었다. 특등실식으로 꾸민 칸막이방 내부에는 선반이 있었는데, 한 사람이 여행용 손가방 3개 이상을 가지고 들어갈 수 없게 되어 있다. 기온은 꽤 서늘하면서 좋은 날씨였다. 객차 안에는 먼지가 없었다. 우리는 칸막이방에서 熟眠을 취했다.

오전 10시 30분에 우리는 遼陽에 도착했다. 땅딸막한 대형 탑이 서있는 전형적 만주 성곽도시였다. 이 遼陽은 최근 1894년 청일전쟁으로 유명해진 도시가 되어 있었는데, 특히 이 탑은 한국에 대한 지배권 쟁탈전에서 일본의 전승을 기념하기 위하여 세운 것이라고 한다. 이 도시는 2,500년의 역사를 자랑하는 古都로서 瀋陽(奉天)보다 오래 된 도시이다. 대규모 러시아타운(村)이 있었는데, 견실한 벽돌집들로 꽉차 있었다. 우리가 이야기로 전해 들었던 러시아 兵營을 보았는데 주둔 병력이 7,000

명이나 되었다. 그러나 우리가 보기에는 실제 그 이상의 병력으로 보였다. 지금 러시아군이 들어 있는 막사는 텐트가 아닌 흙과 나무로 지은 막사인데 머지 않아 이를 돌과 벽돌로 지은 막사로 대체한다고 한다.

나는 遼陽에서 굿디어로 하여금 군즈부르크에게 타전하게 했다. 우리는 遼陽시내를 산책하면서 러시아 해군 군의관과도 대화를 나누었다. 그는 스타트(Start)라는 군의관으로서 1896년 俄館播遷 때 서울 러시아 공사관에서 근무했다고 말했다. 遼陽일대는 동쪽 멀리 산이 보였고, 기름진 광막한 평야를 끼고 있었다. 토담으로 둘러싸인 농가가 집단적으로 모여있는 농촌마을이 여기저기 보였다. 이들 농가는 멀리서 보아도 알 수 있듯이 햇볕에 말린 진흙벽돌로 지은 것으로 보였다. 농가 주위에는 여기저기 수풀이 點在해 있었다. 내가 大連에서 만난 터얼리(R. T. Turley) 선교사가 내게 말하기를 이곳의 土壤은 하도 기름져서 거름을 사용하지 않고 농사를 지으며, 거름을 주면 오히려 작물은 줄기가 말라버린다는 것이다. 밀, 옥수수, 기장, 大豆 등이 이 지방의 주요 농작물이다. 우리는 遼陽을 출발, 灯塔을 통과했다. 이 灯塔은 석탄광산으로 유명한 광산촌인데 영국인 머리(Murray)가 경영책임을 맡고 있는 청국 東滿鐵道株式會社가 이 광산을 운영하고 있었다. 기차역마다 러시아인들이 아늑한 주택에서 살고 있는 것을 목격할 수 있었다. 어디를 가나 여자들이 많았고, 열차가 통과할 적마다 군복 입고 무기를 휴대한 러시아 경비경이 軍禮를 하고 있다.

1루블짜리 점심을 들었는데, 맛있는 야채국, 생선, 쇠고기와 생채요리(샐러드), 파인애플과 복숭아, 차와 커피 등으로 되어 있었다. 점심을 먹는 동안에 우리 열차는 瀋陽을 통과했다. 철도 동쪽 1, 2마일쪽에 우뚝 솟은 성곽도시가 보였다. 중국인들이 떼지어 역 앞에 모여 있었다. 瀋陽驛은 龍으로 장식된 반 중국식 驛舍였다. 만주의 驛舍는 대부분 단단한 벽돌과 돌로 축조되어 있었다. 심양역사도 벽돌로 단단하게 지어져 있었다. 병영 모양의 벽돌집들을 역 근처에서 건축하고 있었다. 러시아 수비대가 붉은 색 상의 군복을 입은 청국 기마대를 훈련시키고 있었다. 나는 여기서 나의 캘리포니아 친구를 상봉했다. 그는 '지급' 전보훈령을 받고 하차했다는 것이다. 도시 외곽 및 역 주변에는 터키식 尖塔 모양의 거대한 탑이 무너질듯 서있다. 이 탑은 피라밋 모양의 基壇 위에 축조된 상부구조물인데 거대한 사발처럼 생겼으며, 채색으로 장식되어 있었고, 맨 꼭대기에 방울을 단 금속 모자를 씌워놓고 있다. 이 탑은 현재의 淸朝가 滿洲에서 興起한 것을 기념하기 위하여 이 탑을 건조한 것이라고 한다. 이 탑과 같은 무너져가는 탑들이 심양 근처에 산재해 있고, 그리고 수백 에이커의 감자밭이 보였다.

우리 肉眼으로 바라볼 수 있는 광막한 평야가 농지로 경작되고 있었다. 잡초라곤 보이지 아니했다. 밭고랑의 굴곡선이 아름답게 끝없이 뻗어있다. 동쪽 10 내지 20마일 지점에 아스라하게 보이는 산들이 펼쳐지고 있어서 매우 기분 좋은 風光을 돋구고 있었다. 맨발에다 커다란 머리장식을 달고 오른쪽 머리에는 꽃을 꽂은 다 큰 만주처녀들이 그들의 오두막집에서 나와 기차로 다가오는 모습을 볼 수 있었다. 중국이나 한국에서는 볼 수 없는 처녀들의 모습이다. 탄력이 없고 지붕이 없는 만주 달구지(2륜마차)들이 瀋陽驛에 셀 수도 없을만큼 널려 있었다. 어떤 달구지에는 만주여인을 야하게 그려 놓았는데, 이는 분명히 손님을 끌기 위한 선전용인 것으로 보이며, 마부들이 역광장에서 고객들을 기다리고 있었다.

심양에는 외국인 선교사들이 많이 살고 있었다. 그러나 미국인 선교사는 한 사람도 없었다. 이들을 보면 대개 아일랜드인, 캐나다인, 스코틀랜드 장노교파 선교사들이었다. 瀋陽 시내의 가옥은 지붕이 납작하고 얇은 초가지붕이 아니면 기와지붕이었다.

6월 초에 南滿洲 여행을 하는 것은 대단히 유쾌한 것 같다. 기후는 서늘한 기분이고, 들에는 새로 자라는 작물들로 온통 녹색빛이었다. 종전에는 이 평야가 황량하고 不毛의 荒蕪地였다고 한다. 최근 농지개간으로 이곳은 아름다운 농경지가 되었다고 생각된다. 지금 한낮이 되니 기온은 아주 따뜻한 기분이다. 우리는 오후 2시 30분에 상당히 큰 도시에 정차했다. 내가 만주사람들에게 "체코 시 쉐모 티팡"(Chekko Shi Shemmo Tipang)이라고 묻자, 그들은 나에게 "신태자"(Sintaitza)라고 即答했는데 이는 정확한 발음임을 알게 되었다. 그들은 서양사람을 보게 되어 반가운듯 지껄이고 있었다. 소년들은 보트카 병에다 신선한 우유를 가득 채워 팔고 있었는데, 그들은 아마 러시아말인 듯 "파론 코노이다"(paron konoida)라고 외쳐대었다. 나는 그들에게 초콜렛을 주었더니 받으면서 고맙다고 인사했다. 그러나 그들은 의심스러운듯 우리 눈치를 살피며 초콜렛을 맛보고 있었다. 이곳에 와서는 열차의 속도가 줄었다.

大連으로부터 이곳까지 415베르스타였다(露里로서 1베르스타는 약 1,067m). 鐵路에는 자갈을 깔아놓았고 보수공사를 했으며 적당한 교량을 가설하고 있었다. 이 고장은 미국의 새크라멘토와 흡사하게 보였다. 사실상 나는 미국에 와있는 것처럼 때때로 착각을 느꼈다. 수하물차, 식당차, 1등객차 1량, 2등객차 2량 등으로 되어있는데 이 1등객차에 타고 있는 승객은 9명뿐이다. 이들 승객 가운데 일부는 3등표를 소지한 자도 있다. 그래서 관리들도 3등표를 가지고 2등객실을 이용한다. 열차는 승객이 만원이 되었건 아니 되었건 간에 계속 달리고 있었다. 화요일 열차는 토요일 열차보다 훨씬 붐볐다. 그것은 長崎 上海로부터 旅順으로 오는 특급여객선이 이 철도와 접속되기 때문이다. 객차는 육중하고 튼튼했으며 철제품을 많이 장착하고 있었다. 객차 밑의 끄트머리에 최상의 수레바퀴가 달려있고, 이 수레바퀴들은 미국의 객차보다 더 컸다. 객차의 창문은 미국객차 것보다 크지 아니하고 더 높다.

鐵嶺에 가서 정차했다가 거의 한 시간 후 오후 4시30분에 발차했다. 이 도시도 탑 한 개가 있는 성곽도시다. 이 도시는 난리통에 피해를 많이 입었음을 볼 수 있다. 도시의 높은 언덕에는 寺院과 키 큰 첨탑들로 둘러싸여 있었다. 드넓은 러시아 군사도시가 형성되어 있었으며, 단단한 벽돌 집 굴뚝을 지금 건축 중에 있었다. 이 도시는 군사상 요충지임에 틀림없다. 鐵嶺 바로 북쪽에 강폭이 넓은 건조한 강이 있다(遼河로 통하는 支流인듯 생각됨). 이 강은 雨期가 되면 수시로 급류로 돌변하고 만다.

그래서 현재 열차의 꼭대기 수준의 높이로 철로 궤도를 부설할 필요가 있어서 현재 철교 건설공사를 하고 있는 중이다. 먼곳에 정크 帆船이 강을 건너고 있는 것을 나는 보았고, 열차는 강의 지류를 따라 달리고 있었다. 철교공사장의 쿨리(근로자)들은 알몸으로 일하고 있었다. 중국 본토나 한국에서는 뱃사공이외에는 이같이 알몸으로 일하는 근로자를 본 일이 없다.

鐵嶺에는 기관차고와 기관차수리소가 있다. 우리는 피곤하고 더럽게 보이는 농부들을 잔뜩 태운 大連 및 旅順行 군용열차가 통과하는 것을 보았다. 이곳 鐵嶺에서 기관사가 교체되었다. 우리는 하루 종일 15마일 간격으로 나있는 역들을 통과하였는데, 역마다 군막사들이 있었고 대부분 반 중국식 가옥에 임시 수용되어 있었다. 어느 경우이든 간에 임시 막사들은 곧 훌륭한 장교막사가 딸린 벽돌과 돌로 단단하게 지은 널찍한 병영으로 교체되고 있다.

6월 8일(月)

어제 저녁에는 기분이 언짢은 일이 있었다. 내 안내인 굿디어가 자기와 그리고 페루에서 온 폴란드 태생의 미국인 치코비치(Chickovitch)씨와 함께 저녁식사를 같이 하자고 나를 청했다. 치코비치씨는 러시아말을 잘했고, 1899년이래 블라디보스톡에서 미국 클라크슨商社(Clarkson and Company)에 근무하고 있다는 것이다. 나는 식사 초청을 피하려고 단호하게 이를 거절하고 말았다.

우리가 이 사람에게 제발 혼자 있게 내버려달라고 청했음에도 불구하고, 굿디어는 기어이 저녁식사를 같이 하자고 졸라대었다. 그는 자기 친구 치코비치의 기분을 상하게 할까봐 걱정이 된다는 것이다. 그러나 우리는 식사초대에 불응했다. 우리가 식당으로 들어갔을 때, 그들은 샴페인을 곁들인 저녁식사를 하고 있었다. 우리는 저녁식사를 얻어먹으려고 거의 한 시간을 기다리지 않으면 안 되었다. 이같이 식사배달이 늦어지는 이유가 이들 때문이라고 생각했다. 그들은 한 사람밖에 없는 웨이터를 독차지해서 온갖 식사를 주문해서 먹고 있었는데, 모두 10명이었고, 또 한 사람의 외국인이 들어오고 있었다. 더글라스(Douglass) 양이 들어와서 우리와 대화를 나누었다.

오늘 아침에 나는 치코비치씨를 만나 즐거운 대화를 나누었다. 나는 그에게 어제밤 저녁 식사 초대건에 대하여 그의 기분을 상하게 하지 않기 위해 좋은 말로 설명했다. 그는 예절 바르고 상냥한 신사로서 미안하게 생각할 필요가 없다고 말하면서, 내가 식사초대를 거절한 것도 불유쾌한 책임감때문에 그렇게 된 것으로 쉽게 양해된다고 말했다.

15 내지 20마일 간격으로 도시가 있었는데 도시마다 대형건물을 지어 놓았고 지금 건축공사중인 건물도 있었다. 대규모 벽돌공장과 저멀리 굴뚝이 즐비하게 늘어져 있는 것으로 보아 우리는 하르빈(哈爾濱)에 가까이 왔음을 실감했다. 우리는 하르빈에 오전 11시 15분에 도착, 오후 1시 20분에 출발했다. 하르빈 시가는 3마일 떨어져 있었고, 특히 중국인이 살고 있는 구시가는 7마일 맞은편 거리에 위치하고 있었다. 굿디어는 이곳 하르빈에서 하차, 시내로 들어갔다. 아마 그는 우리와는 작별하고 떠나버린 것 같다. 군의관 스타트(Start) 박사가 말하기를 자기 자신과 러시아 승객들은 굿디어를 얼마나 싫어했고, 우리가 그의 저녁식사 초대를 거절했을 때 얼마나 기뻐했는지 몰랐다고 실토했다.

나는 혼자 쓸쓸히 남게 된 프랑스인 한 사람을 발견했다. 그는 하행선 급행열차를 타고 가다가 이곳 하르빈에서 상행선열차가 대기하고 있는 플랫포옴(昇降場)으로 잘못 와서(상행선열차는 번잡한 역구내의 맞은편 홈에 대기하고 있었다), 상행선열차에 탑승하고 갑자기 자기가 타고 온 하행선열차가 자기 짐을 싣고 그대로 떠나버린 것이다. 이 가엾은 이방인은 낯선 고장에서 길 잃은 外地人이 된 것이다. 승객들은 자기가 타고 가는 열차의 좌석을 固守하는 것이 바람직한 일이다.

우리는 松花江철교를 건넜다. 강에는 수 많은 증기선이 정박하고 있었다. 하르빈 신시가지는 훌륭하게 형성되어 아주 견실한 도시로 보였다. 현재 하르빈의 인구는 대부분 중국인이지만 이곳에는 약 4만명의 러시아인이 살고 있는 것으로 추산되고 있다. 뉴욕 출신의 프리엘(Friel)씨가 이곳에 와있다. 그는 이곳에 온지 18개월이나 되는데, 러시아태생이다. 아메리카 무역상사가 이곳에 진출하기에는 아주 불리한 입장이기 때문에, 당분간 賃借하는 것이 보다 유리할 것 같다. 경험 없는 대리인들은 서투른 사업경영과 지연 등 장애 요인을 유발하기 때문이다. 하르빈 북쪽 마그네곤(Magnegon)[중국인은 이를 센드리고(Shendrigo)라 부르고 있다]에는 드넓은 목축용 초원이 펼쳐 있다. 날씨가 더웠다. 건조하고 바람이 많이 불고 있었다.

어제 밤에는 기온이 서늘했는 데도 담요 공급이 없었고, 그래서 다만 깔개만 깔고 잤다. 모기는 아직 보지 못했으나 오늘은 파리가 약간 날고 있었다. 알렌 부인은 날씨가 더워져서 그러한지 모르지만 약간 활기를 띠고 있는 것같이 보였다. 그것은 나를 곤란하게 만들었다.

6월 9일(火)

찰란타운 또는 찰란토운(Chalantoun or Tchalantougne)은 훌륭한 도시이다. 이곳 일기는 건조하고 더우며 바람이 많이 불고 있었으며 우리는 푸른 언덕이 많으며 灌漑가 잘된 농경지 들판을 통과하고 있었다. 나는 만주 대륙 종단여행을 하면서 사진 촬영을 하지 아니했다. 그것은 헐버트(Homer B. Hulbert, 紇法)씨가 만주에 가면 심지어 쌍안경 觀望도 허용되지 않을 것이라 예측 경고했기 때문이다. 이제 나는 차장으로부터 사진 촬영을 해도 좋다는 허락을 받은 것이다.

이주민을 실은 열차가 통과하고 있는 것이 보였다. 긴 화물열차에는 이주민의 가재 도구를 積載하고 있었다. 어떤 다른 화물칸에는 남녀노소가 더러운 화물차 바닥에 쓰러져 함께 뒤엉켜 잠을 자고 있었다. 또 어떤 화물칸에는 말들을 잔뜩 싣고 있었는데, 말을 지키는 주인이 말머리 사이에 짚을 깔고 잠을 자고 있었다. 이들 이주민들은 남러시아로부터 블라디보스톡 지역으로 가는 길이었다. 어떤 젊은 부인네들은 즐거운 표정을 짓고 있었다. 장거리여행에 지친 사내어린이는 항상 때묻은 얼굴로 미소를 지으며 손을 흔들어 응대하고 있었다.

열차가 정차할 때마다 어린이는 차에서 내려 용변을 보았고, 부인네들도 용변을 보러 으슥한 먼 거리까지 종종걸음을 치고 있었다. 부인네들은 블라우스와 치마만 입고 있어서 높은 열차로부터 내려올 때 신발을 신지 아니한 그들의 맨발이 노출되어 보였다.

알렌 부인은 이곳에서 진주 브로치를 분실했다고 신고했다. 그녀는 확실히 간직하기 위하여 블라우스에다 진주 브로치를 꽂아서 열려있는 손가방에 넣어둔 것이다. 나는 이같은 행위를 나무랐다. 나는 우리 방 담당의 어린 러시아인 사환이 혐의가 있다고 생각하고 싶지 않았고, 다만 철저하게 보따리 속을 뒤져보라고 했다. 블라우스 하나하나를 면밀히 검사해 보았지만 진주 브로치는 나타나지 아니했다. 그래서 확실히 분실했다는 태도로 손가방을 나에게 넘겨주었지만 조사는 계속되었다. 그런데 뜻밖에도 진주 브로치는 블라우스 안대기에 꽂혀있지 않은가. 이로부터 작은 새미가죽 주머니에다 그녀의 다른 보석과 함께 진주 브로치를 넣어서 그녀의 목에 걸고 다니게 했다.

바라임(Barime)에 와서부터는 아름다운 산악풍경이 전개되기 시작했다. 비가 오고 기온이 제법 쌀쌀했다. 어제부터 기온이 갑자기 떨어졌다. 나는 이곳까지 오는 데 줄곧 얇은 털옷을 입고 있었는데 여기서부터는 오후 2시에도 두꺼운 털옷을 입지 않을 수 없었다. 우리는 이곳에서 38분간 정차했다. 기관차 교환을 위해 으레히 이곳에 정차하지만 항상 예정된 정차시간을 초과하고 있다. 이제 우리는 이곳에서 한 시간 이상 정차, 기차가 떠나기를 기다리고 있었다. 적어도 하루 두 번 한 시간 정차하는 일이 보통이었고, 10분도 못되는 2분 정차는 거의 없었다. 훌륭한 새 철로를 부설하고, 곳곳에 철교를 건설하면 과속을 내지 않고도 旅順에서 페테르스부르크까지 10일만에 주파할 수 있다.

이곳의 토양은 대단히 기름진 검은 빛 토양인 것처럼 보였다. 산에는 흰색의 자작나무(白樺)가 빽빽하게 덮여 있어서 멀리서 보기에는 마치 해안선처럼 보였다. 집들은 통나무 집이지만 깔끔하고 편안해 보였다.

벽돌로 건축한 건물을 찾아볼 수 없다. 이곳 도시는 木材都市로서 지금 건설 중에 있었다. 이곳에서는 부케도우(Boukhedou)라 쓰고 있다. 만주와 몽고 사이의 국경지대의 산악지방에 자리잡고 있는 살타노보(Saltanowo)와 키네가베(Khinegave) 사이에는 터널을 뚫는 난공사가 진행중에 있었다. 그래서 이곳에 중국인과 러시아인들이 임시 대규모타운을 건설, 거기에는 기계상점, 발전소 등이 있었다.

현재 大連쪽으로 총 8베르스타 거리의 산악 정상을 올라갈려면 4개의 지그재그 궤도선로를 따라 올라가야 하고 모스크바 쪽으로 내려갈려면 23베르스타의 선로를 따라 점진적으로 내려가야 한다. 우리 열차는 이 가파른 산악을 올라가는 데 추진 기관차를 後尾에 달고 있었다. 이곳에서 대련까지의 거리는 1,400베르스타였다. 약 960마일로서 우리는 여기까지 오는 데 67시간 소요되었다. 우리는 매시간당 평균 14⅖마일을 달려온 것이다.

오후 6시 30분에 이르쿠츠크(Irkutsk)에 도착했다. 기분 나쁠 정도로 추위가 엄습하더니 비바람이 계속 불어대고 있다. 우리는 앞길에서 沙汰가 발생하여 철로를 뒤덮었기 때문에 이곳에서 발이 묶여 꼼짝 못하고 밤을 새워야 했고, 이르쿠츠크에서 우리는 접속기차를 놓치게 하는 원인이 되었으며, 그곳에서 이틀동안 묵어야만 했다. 우리가 예약한 열차를 놓치게 되니 모스크바행 열차 가운데에서 이보다 더 붐비는 열차를 타고 가지 않을 수가 없었다. 화요일의 大連發 모스크바행 열차는 특급여객선과 접속되는 것이기 때문에 승객이 가장 많이 붐비는 열차였다.

6월 10일(水)

우리는 이르쿠츠크에서 아직도 머물러 있어야만 했다. 오전 중으로 이곳을 출발할 것 같지도 않다. 이제 듣자니 오늘 하루 종일 이곳에 머물러 있어야만 할 것 같다. 우리가 타고 갈 이르쿠츠크열차는 이 열차의 일부와 단순히 접속해야 하기 때문에 우리를 기다리지 않으면 안된다는 말을 들었다. 음산한 추운 날씨다. 이 지방의 地勢는 얕으막한 야산에 나무가 없는 습지평원을 이루고 있다. 이곳에서는 석회가 불태워지고 있었다. 큰 낙타가 4륜짐마차에다 돌을 가득 싣고 가마솥으로 끌고 가기도 하고 석회를 화물열차로 운반하기도 했다. 말이 끄는 짐마차와 낙타가 끄는 마차가 뒤섞여 있었다.

이제 나는 음식값을 계산 지불하게 되었는데, 탄산수 한 병에 30코펙, 슐리츠(Schlitz) 맥주 60코펙, 커피와 빵이 60코펙이었다. 정오경에 우리는 1루블짜리 점심식사를 먹었다. 저녁식사는 수프, 고기, 맥주 한 병, 차와 초콜렛으로 되어있는 2루블짜리였다. 여기서도 웨이터에 10%팁이 추가되었다.

12시 30분에 이 얼빠진 사나이 굿디어(하르빈까지 알렌을 안내했던 러시아인)가 또다시 나타났다. 그는 우리가 점심 또는 저녁식사를 하고 있을 때 우리에게 하는 말이 封鎖장소로 즉시 출발하여 우리가 타고갈 다른 열차쪽으로 우리의 수하물을 옮겨야 한다는 것이다. 그렇지 않으면 하행선 열차의 승객들이 우리의 수하물을 가지고 갈 것이라고 하였다. 우리는 즉시 짐을 꾸리고 출발했는데 오후 1시경에 도착, 수하물을 하나씩 하나씩 끄집어내면서 이리저리로 분주히 뛰어다녔고, 우리는 수 많은 중국인 짐꾼에게 팁으로 1루블씩 주었다. 그곳에서 오후 3시까지 열차를 기다렸으나 나타나지 아니했다. 內者와 나는 돌아와서 늦어진 점심을 먹었다. 그제사 우리는 하행선 열차의 승객들 모두가 자기가 타고 온 열차로부터 하차하기를 거부하기 때문에 우리가 타고 온 열차를 그대로 타고 가야한다는 이야기를 들었다. 나는 그들을 나무라고 싶지 않았다. 이 얼마나 무질서한 처사인가. 거기 있는 모든 제복 입은 관리들을 위시해서 관련 인사들 어느 누구도 권위있는 말을 하는 사람은 없었다. 우리는 줄곧 차 바깥에서 몸을 떨고 있었는데 적어도 2시간 정도나 되었다. 더군다나 수백 명의 중국인 쿨리들이 우리 주위를 에워싸고 구경하고 있었기 때문에 적지아니 방해가 되었다. 러시아 하사관으로 보이는 키 큰 바보녀석은 자기 통역으로 보이는 어린 중국인 소년을 마구 꾸짖고 있었다.

나는 영어를 할 줄 아는 장교를 통하여 어제 화물기관차가 산사태로 모래더미에 묻혀버렸기 때문에 건설공사차가 와서 별도의 철로를 부설, 대체해준다는 말을 듣고 그는 자신이 통역을 담당하면서 2시간 내로 장애물 제거 작업을 완료하겠다고 제의했다. 그러나 그들은 산사태때문에 다이너마이트를 사용하지 않고는 장애물 제거는 불가능하다고 확언했다. 마지막으로 아일랜드인으로 보이는 청부업자 또는 什長이 오더니, 우리가 점심을 먹고 있는 반 시간 동안 쿨리들에게 작업을 지시, 산사태 돌 파편더미를 대부분 제거했다. 제거작업이 끝나자 반대쪽에서 군복 입은 러시아군인들 다수와 키 큰 금발기관사를 태운 기관차가 도착했다. 그는 빠르게 지껄여대며 주먹을 휘두르면서 반대편에 러시아 군인들이 편하게 서있는 가운데 쓰레기더미 위에 있는 중국인들에게 "來 來" 하고 외쳐대었다. 이것은 형식적인 절차를 위해서는 가장 나쁜 계획이고 완전히 무의미한 것이었다.

만약 미국에서 이같은 산사태가 일어났다면 철도 장애물을 제거하는 데 2시간 정도면 족하다. 그런데 이곳에서는 형식적 절차때문에 이와같이 무려 24시간이나 소요된 것인데, 이같이 시간이 오래 걸린 것은 하나님만이 알 수 있다. 러시아는 이같이 쓸데 없는 형식적 절차가 러시아의 어리석은 행위를 보완하는 데 도움이 되지 않는 한, 일본과 군사적 대결을 할 경우 뼈아픈 각성을 하게 될 것이다.

우리는 수하물을 찾는 데 1루블, 짐을 운반하는 데 2루블을 지불하고, 짐꾼에게 작별 팁을 더 주었다. 우리는 점심을 잃어버린 것은 그의 잘못이라고 나는 굿디어에게 말했다. 그는 여하튼 간에 나를 도와주기 위해 현장에 있지 아니했기 때문이다. 심지어 이 노처녀 더글라스 양을 도와주지도 아니했다. 우리 스스로 정성껏 우리가 할 수 있는 모든 일을 다 했다. 우리가 수하물을 객실에다 안전하게 넣은 후 굿디어가 와서 하는 말이 우리 짐을 다 찾았는지를 물었다. 나는 역겨워서 그를 따돌리기 전에 그의 엉덩이를 차버릴까 생각했다. 만약 군주부르크가 자기 자신의 일에 주의를 기울인다면 나도 내 자신의 일에 유의해야 할 것이 아닌가.

그렇게 되면 나는 적은 비용으로 보다 유쾌한 여행을 즐기게 될 것이다. 우리는 장애물 제거작업을 하다보니 오후 5시가 지났다. 날씨는 무척 추웠고 두터운 동복이 필요할 정도의 강추위였다.

6월 11일(木)

우리는 滿洲里 변경 정거장에 오전 5시에 도착, 그곳 정거장에서 通關 절차를 밟았다. 웨베르씨가 2주일 전에 이곳에서 통관하는 데 곤란을 당하고, 페테르스부르크에 가서 항의를 제기한 일이 있었다. 웨베르씨는 내가 자기를 만나러 오는 외교사절이라는 특별 전문을 보내왔기 때문에 통관 직원들은 나를 정중하게 대우했다. 그들은 단순히 형식적으로 내 짐을 열어보고 닫아버리는 것이다.

나는 만주리 변경에서 짐꾼 그리고 그 부하들에게 1루블씩 지불했다. 통관절차를 밟는 데는 스타트 박사의 안내를 받았기 때문에 많은 도움이 되었다. 나는 여기서 우리 내외의 차표를 구입했다. 페테르스부르크까지의 차비는 160.70루블, 大連으로부터 108루블, 모두 277.20루블이고 旅順에서 大連까지의 화물상환불로 150루블, 濟物浦에서 여순까지의 여객료 운임 20루블을 포함하여 298루블이 소비되었다. 나는 수하물 초과운임으로 25.40루블을, 트렁크 2개 8.31루블과 33.71루블을 각각 지불했다. 우리는 滿洲里역에서 오전 5시부터 오전 8시까지 머물렀다. 24시간 연착한 열차로서 너무 오래 정차하는 것 같았다. 미국을 다녀왔던 러시아 승객들은 러시아 철도원들의 무성의와 무책임을 신랄하게 비난하는 불평을 털어놓고 있었다.

나는 만주리역에서 지체 높은 러시아 농부 승객들의 아침 세수하는 양을 목격했다. 이들은 역 대합실 벤치에서 잠을 자다가 일어나 나오더니 눈을 비비면서, 활기있게 가슴에 십자를 긋고는 한 손으로는 음료수 통으로부터 물을 떠내어 이슬방울 같은 이 약물에다 손을 담그어 비비고 난 다음 또 한 통을 퍼내어 물에 손을 적셔서 이마를 문지르고, 그런 다음 먼지낀 머리를 약간 문질렀다. 그리고 기름에 전 외투자락을 손으로 툭툭 먼지를 털면서 문지르고는 인근 러시아 正教會에 가서 기도하면서 가슴에 십자를 그리고 있었다.

러시아 정교회는 박공벽(摶拱壁) 위에 二重 十字形 '‡'이 있었고, 문 위에는 밝은 성상을 걸어놓고 있었다. 그들의 종교에 대한 보편적 공헌에 대해서 언급하면서, 이 러시아 장로는 말하기를 "예, 우리 정부는 러시아 정교회를 통하여 백성들을 강력하게 통치하고 있습니다."라고 했다. 스텝지대(시베리아의 수목 없는 대초원)는 풀들이 바람에 휩쓸려 놀치고 있는 대초원이었다. 나무라곤 한 그루도 찾아볼 수 없지만 키 작은 풀이 짙게 융단처럼 깔려 있었다. 토양의 表土層도 아주 얇은 것 같이 보였다.

정오경 나는 보르자(Borzia, Borzya)[시베리아 만주의 국경도시]에서 처음이고 마지막이며 그리고 이번 대륙여행에서 유일하게 사진 촬영을 시도했다. 나는 旅順港에서 그리고 이와 비슷한 군사 요새지역에서도 여러가지 모든 대상물을 사진 촬영을 할 수 있다는 보장을 받았다. 그러나 만주여행 중 다른 승객들로부터 사진 촬영하기가 곤란하다는 말을 듣고부터는 나는 사진촬영하지 않기로 결정한 것이다. 러시아 육군 및 해군장교인 스타트 박사와 해군 대령 그리고 열차의 장교들은 서울에 있는 파블로프 주한 러시아 공사와 마찬가지로 어디에서나 사진을 촬영할 수 있으며, 그들은 그 지방 관리들에게 똑 같은 질문을 하면서 사진촬영이 허용된다는 말을 들었다. 그래서 나는 보르자에서 우리가 제일 먼저 구경한 러시아 정교회를 촬영하기 위하여 카메라를 꺼내었다.

이 교회는 백색 도움에 뾰족탑(尖塔) 2개와 그위에 각각 한 개의 십자가를 올려놓은 대형 비잔틴식 건물이었다. 나는 농담 삼아 스타트 박사에게 말하기를 내가 만약 사진을 찍다가 체포되면 당신이 구출해 주리라고 기대한다고 말했다. 그러자 스타트 박사는 잠깐만 기다려 달라고 하더니 헌병에게 말을 걸었다. 그 헌병은 사진 촬영은 금지되어 있다고 말하지 않는가. 스타트 박사는 이 말에 깜짝 놀라 펄쩍 날뛰었다. 그러자 나는 그만 두자고 했다. 그러나 스타트 박사는 헌병대장을 찾아내어 기어이 그로부터 사진 촬영 허가를 받아 내었다. 그러나 나는 이미 카메라를 챙겨 넣어두었기 때문에 새삼스러이 꺼내고 싶지 않았다. 불쑥 나온 이 말에서 나는 그 관리들도 헌병을 좋아하지 않는다는 것을 알 수 있었다. 어떤 사람이 말하기를 이제부터 나는 러시아 땅에 확실히 와 있다는 것이다. 왜냐하면 이제부터 항시 내 곁에는 헌병이 따라다니면서 무슨 무슨 일을 해서 안된다고 일일이 이야기해 준다는 것이다.

오후 4시경 우리는 오논(Onon)강 위의 긴 철교를 통과, 올로바나자(Olovannaja)에 도착했다. 이곳에는 대규모 朱錫 鑛山이 있었다. 이곳 올로바나자와 다음 역인 오가(Oga)역 사이에는 많은 비카트(Buicate, 러시아어로 목장이란 뜻)가 산재하고 있었는데, 말, 소, 낙타떼 그리고 키작은 짐나르는 말들이 한가로이 풀을 뜯고 있었다. 이곳의 바위는 슬레이트 모양으로 생겼고 토양층은 얇으며, 예쁜 풀이 짙게 깔려 있고, 물은 풍부하다. 丘陵이 많은 이곳 野山까지 오는 데 푸른 풀밭으로 덮여있다. 제트로비디아(Zetlovidia)에 오기 전 오후 8시 30분에 우리는 꼬불꼬불한 산 정상을 지나쳤다. 풍경이 아름답다. 이제 막 日沒이 되어 가고 있었다. 이제 오후 9시가 되었는데도 전기불은 들어오지 않고 있다. 생선수프, 콩팥 스튜, 러시아 맥주 한 병, 버터 없는 빵 등이 나오는 저녁식사 값은 4.50루블, 10%의 팁을 합해서 총계 5.00루블이다.

6월 12일(金)

바이칼 횡단지역은 산이 많으나, 給水상태가 양호하며 포플라 전나무類 등 키 작은 灌木수풀이 보였다. 전나무는 예술적 통나무집을 짓는데 이용되었고, 포플라는 엔진 연료로 쓰이고 있었다. 산불이 발생 삼림이 크게 황폐되었고, 아직도 불타고 있었다. 현재와 같이 황폐화된다면 이 고장은 산에 나무 없는 裸地化 현상이 될 것이다. 카자흐(Cossack, Kazakh)인 定着民이 보통 가난한 小農集團을 형성하고 있었다. 각 역마다 모든 건물들은 말쑥하게 다듬고 나무껍질을 벗긴 통나무로 지어져 있었으며, 그위에 나무장식을 멋지게 해 놓았다. 더 잘 지은 고급주택은 그 위에 미늘 판자를 대고 있다. 통나무 집들은 모두 틈이 갈라지고 있었으나, 이끼섞인 뱃밥으로 갈라진 틈을 잘 틀어막았기 때문에 공기가 통하지 않고 완전 밀폐상태여서 이끼류는 보이지도 않았다.

오늘은 기온이 더운 날씨라서 파리가 많이 날고 있었다. 겨울 내의가 답답할 정도이지만, 우리는 내일 아침 바이칼(Baikal)湖에 가게 되면 내의가 또 필요하게 될 것이다. 이곳에서의 정차는 지루하게 계속되고 있었다. 열차가 왜 이처럼 장시간 지체하는지 나로서는 그 이유를 모르겠다. 미국 정부가 경영한다면 모스크바－旅順間 거리를 8일 간 손쉽게 단축 운행할 것이다. 滿洲里로부터 이곳까지의 철로 받침대(枕木)는 참으로 훌륭했고, 그 바깥에는 돌벽을 쌓았으며 그리고 바닥에는 자갈을 깔아놓았고 石橋가 있었다. 만주행 선로도 이와 비슷한 양식으로 부설되고 있었으나 시간당 20마일 이상 더 느리게 운항해야 하며, 이같이 어처구니 없는 정차를 할 경우 시간당 14마일밖에 달릴 수 없을 것이다.

형식적 절차문제. 러시아에는 관리가 필요 이상 너무 많이 배치되어 있어서 어느 누구도 솔선하는 정신을 발휘하는 자가 없다.

우리 열차에 탄 한 러시아 해군함장은 가장 영향력을 가지고 있는 것 같아 보였다. 페테르스부르크에 가면 내가 상당한 영향력 있는 인물로 간주되기 때문에 그는 나를 이용하려 한다고 생각했다. 그는 우리가 타고 갈 모스크바행 열차가 이르쿠츠크에서 대기하라고 전보를 타전했던 사람이다. 6월 10일에 기관사를 불러오고 산사태 장애물을 제거하게 한 장본인도 바로 이 해군함장이었다. 오늘 그는 바다(Bada)에서 우리가 한 시간 반이나 기다리는 대신 우편 열차는 우리를 위하여 한쪽 역에서 기다려달라고 타전했다. 그런데 실제로는 반 시간 이상 기다렸고, 그래서 우편열차가 우리를 기다리고 있는 동안 일행은 나무숲, 작으마한 오두막집이 있는 곳에 가서 기다리지 않을 수 없었다. 더러운 이주민들을 잔뜩 태운 열차가 통과하고 있었다. 아무도 우리가 우편열차로 가리라고 생각하는 사람은 없었다. 이 열차는 2등 칸막이 특실이 없다. 아마도 객차의 절반은 이주민들로 꽉 차있기 때문에 3등 객차만 있는 것 같다.

이 철로에는 기관차끼리 충돌 사고의 위험은 별로 없는 것 같다. 열차가 도착하자 제복 입은 역장이 기관사로부터 철제 바통을 받고 있다. 이 바통은 역 구내 박스에 걸어두는데, 다음 정거장에 가는 철로에 차가 운행되지 않을 때에만 제거할 수 있다. 바통을 담아두는 박스는 철로에 기차운행을 하지 않는 한 열리지 않겠끔 전기로 작동하게 되어 있다. 이 철제 바통을 최종적으로 기관사에 인계되면 붉은 모자를 쓴 제복입은 철도역무원이 역 앞에 걸려있는 종 치는 철도직원에게 신호를 하고 다른 철도역원이 두 번 호각을 불어대면 기관차가 칙칙 소리를 내면서 움직이며 서서히 출발하게 된다.

우리는 오후 4시에 모스크바행 우편열차에 승차했다. 이 열차는 페트로스크(Petrosk)에서 우리보다 앞서 가있고 우리 열차는 지연된 것이다. 우리가 통과한 도시는 전형적 러시아 도시이다. 1900년도의 가옥 수는 681호에 이르고 있다. 그 이후 많은 새로운 주택을 건축했다. 이곳에는 180만 파운드 생산 능력을 갖춘 페트로스크 제철소가 있다. 풀무 1개, 연료공급 용광로 2개, 반사로 1개, 용접로 3개, 용광로 1개, 풀무 엔진 1개, 銑鐵爐 11개, 증기 버너 1개, 수력 버너 17개, 水車 14개 등이 비치되어 있고 종업원은 250명이었다. 이곳에는 그 연료로 나무대신 석탄을 이용하기 시작했다. 이 석탄은 시베리아 광산에서 채광한 瀝靑炭이었다.

6월 13일(土)

사건 많은 날이었다. 오늘 하루는 러시아 관리들이 얼마나 자기가 맡은 직분을 너무나 소홀히 하고 있다는 例證을 경험한 날이다. 우리는 오전 2시 30분에 바이칼호변에 있는 미소바이알(Mysovaial)에 도착했는데, 차가 떠나는 소리에 잠을 깼다. 그러나 이내 잠이 들어 熟眠했다. 우리는 전날 밤에 꾸리지 못했던 짐을 다시 챙긴 후 한 시간 가량이나 기다렸다. 우리는 碎氷船 바이칼호를 타고 오전 4시에 바이칼호수를 건너기 시작했다. 바람이 심하게 불고 약간 요동이 있었다. 제 1갑판 위에는 짐을 실은 화물차 13대가 늘어서 있다. 제 2갑판에는 이주민들이 타고 있었다. 2층 갑판에 1등 객실이 있었다. 우리는 빵과 커피를 약간 들었다. 우리를 위해 러시아 관리들이 바이칼호를 보내주었다는 사실은 우리로 하여금 급행열차가 우리를 기다리고 있다고 확신할만큼 고무적인 일이 아닐 수 없었다. 이제 육상에는 급행열차가 왕복운행하는 데 별 위험이 없다.

碎氷船 바이칼호를 타고 4시간 항행 끝에 우리는 호수 앞 바이칼에 도착했다. 이르쿠츠크까지 철도로 3시간 거리이다. 여기 와서 보니 우리가 기대했던 급행열차는 이미 떠나버린 것이다. 우리를 위하여 쇄빙선을 파견했지만, 오후 3시까지 이르쿠츠크행 열차를 끝내 타지 못했다. 오후 3시에 이주민 열차라는 우편열차가 떠날 참이었다. 우리는 이 번잡하고 아주 불결한 정거장의 일반대합실에서 정규 이주민 양식으로 우리의 수하물을 한 곳에 쌓아놓지 않으면 안되었다. 애기 울음소리가 도처에서 귀가 따갑게 들려오고 병든 어른들은 벤치위에 누워있었고, 그리고 대합실 밖에서는 비참한 몰골의 남녀노소 수백 명이 남녀 구별 없이 서로 뒤엉켜 플랫포옴에 늘어앉아 그들 고유의 검은 빵을 먹으면서 서로의 머리를 맞대고 있었는데, 고약한 냄새를 풍기고 있었다. 용변차 변소에 가보니 선반이 달린 방이 있었다. 변소위에 선반이 달려있었는데, 선반위에 큰 구멍 4개를 뚫어놓은 큰 상자를 올려놓고 그 안에 사람이 들어가 있지 않은가. 이들은 이 상자 속에 들어앉아서 이곳을 자주 드나드는 사람들을 찾기 위해서 이렇게 앉아있다는 것이다. 나는 재빨리 변소에서 물러나오지 않을 수 없었다.

나는 이르쿠츠크에 특급열차를 태워달라는 전문을 타전했다. 그리고 페테르스부르크의 미국공사관에도 전보를 타전하려고 시도했다. 그러나 페테르스부르크에의 타전이 불가능했다. 이르쿠츠크 이외의 다른 지역에 보내는 전문은 접수할 수 없다는 것이다. 우리는 밤까지는 이르쿠츠크에 갈 수 없다. 우리는 이르쿠츠크에 전화통화를 시도해 보았지만, 어저께가 휴일이기 때문에 아무도 없다는 것이다. 우리는 8시부터 기다리다가 오전 11시에 악취가 풍기는 혼잡한 대합실에서 점심을 먹었다. 油布를 깔아놓은 식탁에서 내 평생 가장 이질적인 사람들과 함께 식사를 하였다. 그러나 점심식사는 비교적 양호했다. 사우르크로트(Saurkraut)국 2사발, 소시지와 빵, 그리고 차가 나오는 식사였다. 우리는 바이칼 호수를 한 눈에 내려다 볼 수 있는 높은 부두에 올라가서 산책했다. 저 멀리 높은 산에는 눈이 하얗게 덮여 있었다. 이 호수는 淡水湖로서 세계 제4위의 큰 호수인데 물이 깨끗하고 아름답다. 겨울 내의와 외투가 아주 포근해서 기분이 좋았다. 12시 30분에 아주 더럽고 초라한 1등 객차 1량, 이보다 더 더러운 2등 객차 1량, 수 많은 이주자를 태운 객차 등을 연결한 우편열차가 들어와서 엄청나게 많은 인간동물의 짐들을 부리고 있었다.

우리는 오후 3시발 이르쿠츠크행 열차에 승차하기를 고대했다. 그러나 역장은 이를 허용치 아니했다. 이 열차는 우리가 탈 차가 아니라고 말하면서, 심지어 접속열차를 부탁하는 우리의 전보에 대해서 응답조차 하지 아니한 인간들이다. 마지막으로 같은 승객인 러시아 장교가 헌병대장을 붙들고 그에게 우리의 사정을 자세히 설명, 나의 美國公使 직함을 최대한도로 이용하면서 지금 박스위에 앉아있는 분이 駐韓美國公使라고 설명했다. 헌병대장은 이같은 사정이야기를 듣고 역장에게 다가가서 미국공사를 만나게 된 경위를 설명하니까 그제서야 우리는 승차가 허용되었다. 그러나 우리가 탄 차는 내 평생에 이처럼 더러운 차는 처음 타보는 그러한 지저분한 객차였다.

우리는 오후 3시에 출발, 이르쿠츠크를 6시에 도착, 내일 급행열차를 타기로 작정하고 정기 馬車를 탔다. 우리는 메트로폴(Metropole) 호텔로 직행했다. 이 호텔은 큰 통나무로 지은 아담한 2층 호텔이었다. 우리는 2층 구석에 침대 딸린 특실에 들어갔다. 또 한 개의 침대는 특별실 내에 있었다. 대리석 세면대는 밑바닥에 구멍이 뚫려있어서 세면대 안에 물을 담아 놓을 수는 없었고, 세면할 때마다 세면대 위에 있는 조그마한 수도꼭지를 틀어서 한 움큼의 물을 받아서 세수하게 되어 있었다. 러시아인은 물(H_2O)을 좋아하지 않는 것 같다. 특별실에는 2중 창문이 있고 전등이 많이 비치되어 있었다. 문에는 정성들여 만든 커튼이 걸려있었으나 창문에는 레이스커튼만 쳐져 있었다.

나는 그동안 온정을 베풀어준 해군장교(함장)에게 신세를 갚는다는 뜻에서 함장과 스타트 박사와 만찬을 같이 하자고 초청했다. 현재의 상황에서는 나는 술 마시는 것을 사양할 수 없었다. 나는 보트카, 맥주, 크라스(Krass), 브랜디 등 각종 술을 많이 마셨기 때문에 취하지 않을까 염려했었는데, 끄떡 없이 잘 견더내면서 잠을 잘 잤다.

6월 14일 (日)

아침에는 비가 내리고 있었다. 우리는 술을 마시느라 밤 늦게 잠자리에 들었고, 우리 방에서 커피 버터가 발라진 빵 등으로 식사를 했다. 나는 군즈부르크에게 편지를 썼다. 장교가 내 방에 들어와서 전하는 말이 세르비아(Serbia) 국왕 내외가 암살되었다는 것이다. 그들은 이어 체신장관 힐코프(Hilkoff) 공이 장군을 특사로 이르쿠츠크로 파견, 철도사정을 시찰하게 했다는 것이다. 장교들은 체신장관에게 우리가 지체한 그간의 사정이야기를 자세히 설명하였던 바, 그는 책임을 물어 즉각 전보로 바이칼호 역장을 해임 통고하였다는 소식을 우리에게 전해주었다.

바이칼호 역장은 우리에게 접속열차의 편의를 제공하지 아니했을 뿐만 아니라 우리의 전보 부탁에도 불응했기 때문이다. 또 체신장관은 우편열차를 우리가 도착하기 전에 먼저 發車케 하는 등, 우리 일행을 장시간 지체케 한 다른 역장도 더 있다는 사실을 알게 되었고, 또한 산악지방에서 산 사태로 우리를 장시간 지체시킨 이같은 불친절한 처사를 철저히 조사 보고하라고 명령을 하달했다는 것이다. 해군함장은 힐코프 공에게 모든 사실을 전보로 보고하면서 아울러 주한미국공사 알렌이 당지를 방문한다고 정식 통고한 것이다. 그는 즉각 타전하기를 다른 열차와 모든 조건이 똑같은 급행열차가 오늘 떠나는데 우리는 이 급행열차의 이중으로 된 특실 칸막이 방에 들어가도록 지시했다는 것이다. 나는 이 특급열차가 특별히 나를 위하여 투입된 것으로 예상했다. 그러나 이는 정기적인 운행이라는 사실을 알게 되었고, 내일까지 침대열차는 운행되지 않는다고 한다. 이르쿠츠크발 모스크바행 특급열차와 침대열차는 격일제로 운항되는 것 같다. 우리는 침대 4개가 있는 2중 특실을 확보하려면 3등표 한 장을 더 구입해야 하므로 침대차로 가지 못하게 된 것을 다행으로 생각하고 있었다.

메트로폴 호텔에서 점심을 들었는데, 食單은 수프, 식칼위에 꽂혀있는 양고기, 콜리플라워(꽃 양배추), 빵, 맥주 한 병, 나르짠 음료수(Narzan water) 한 병 등인데, 점심값은 모두 6루블이었다. 개인 자격이 아니라 한 나라의 공사자격으로 여행을 하다 보니 이같이 여행 비용이 많이 든다.

이날 내가 지불할 청구서 내역은 다음과 같다.

호텔 왕복 마차비용 5루블, 수하물 왕복운반비 2루블, 호텔 방 값 8루블, 침대 시트 및 타월 한 개 1루블, 커피 값 2루블, 저녁식사대 15루블, 점심식대 6루블, 합계 39루블이고, 여기에 팁 6루블을 가산해서 하루 사용한 비용 총계는 45루블에 이르고 있다. 우리는 점심 식사 후 소풍을 할 작정이었는데, 도무지 우리를 세심하게 따라다니는 굿디어를 따돌리고 우리끼리만 나갈 수는 없었다. 나는 전신국으로 가서 내 아들에게 전보를 보냈다. "뉴욕 존스街 알렌 졸업식 축하 인사 아빠"라고 타전했는데, 전보 비용은 6.58루블이었다.

정거장으로부터 왕복하면서 우리는 이르쿠츠크가 상당히 기이한 도시임을 알게 되었다. 이 도시 근처에 금광이 있기 때문에 이르쿠츠크는 오랫동안 풍요하고 돈을 흥청망청 쓰며 사악한 도시로 내려왔기 때문이다. 이르쿠츠크에는 尖塔과 도움이 있는 훌륭한 러시아正教 성당이 있었으나, 지금은 수리 중이라 폐쇄되어 있다. 이밖에도 시내 도처에 수 많은 정교교회 건물이 기이하게 생긴 둥근 도움을 자랑하고 있으며, 가옥은 대부분 통나무집이지만 매우 아늑하고 가장 예술적 취향을 살린 멋진 주택이었다. 이곳 이르쿠츠크에는 정교회 이외에도 가톨릭성당과 대규모

루터교회도 있었다. 이곳 고장을 둘러싸고 있는 주위에는 丘陵지대가 많고 樹林이 우거져 있어서 주위 풍광은 대단히 아름다웠다.

이르쿠츠크에 가려면 앙가라(Angara)강에 가설되어 있는 浮橋를 건너 철도편 이외로는 이 도시에 들어올 수가 없다. 앙가라강은 바이칼호수에서 發源하여 예니세이(Yenisei)강으로 北流하다가 북극 지방으로 유입하고 있다. 더글라스 양은 과로로 병이 들고 말았다. 그래서 비깥 소풍도 못하고 호텔에 누워있었다. 굿디어가 그녀를 간호하게 될 것이며 그녀는 우리 장교와 함께 수요일 차로 오게 될 것이다. 놀라운 것은 굿디어 부인이 大連에서부터 이곳까지 우리를 따라온 것이다.

우리는 오후 5시에 출발했다. 우리의 열차는 편안했지만, 미국에서 볼 수 있는 근대화된 훌륭한 열차는 아니었다. 식당차는 꽤 시설이 좋았다. 우리는 오리만큼 큰 메추라기고기 두 접시, 맛있 는 감자, 절인 오이 두 접시, 빵, 보트카 2병, 나르짠 음료수 한 병 등, 팁 55코펙을 포함하여 식사대는 3. 45루블이었다. 여기서 한 끼 식사를 잘 하려면 1달러면 족하다.

6월 15일 (月)

매우 추운 날이다. 동복을 입어야하는 날씨다. 광대한 석탄 및 철광산이 있는 이곳 시체노브딘스크(Sichenowdinsk)에는 3일 전까지만 해도 기온이 여름 날씨로 40도였다. 날씨가 너무 더워서 무수한 모기떼가 극성을 부리기도 했었다. 이러한 갑작스런 추운 날씨를 예측도 하지 못했기에 열차에도 담요 준비를 못한 것이다. 우리는 침대마다 겉덮개 이불과 깔개가 있어서 내의를 입은 채 잠자리에 들어가니 추위를 모르고 편안하게 잠을 잤다. 이 열차에 승차한 승객 일부가 러시아어 이외의 다른 나라 말을 하고 있었다. 나는 내가 휴대하고 온 러시아어 숙어집을 이용하지 않을 수 없었고, 러시아관리는 내 러시아 발음이 훌륭하다고 칭찬해준다. 적어도 나는 내가 원하는 것을 항상 얻을 수 있었다. 셈하는 것과(數字) 단어 발음을 배웠기 때문에 나는 물건사는 데 더욱 쉬웠다. 1

루블하던 커피와 빵, 그리고 버터도 우리 방에서는 각각 10코펙 30코펙에 불과하다. 다른 열차보다도 이 열차가 음식 값이 훨씬 헐하다. 저녁식사 값은 1루블 내지 5루블이다. 오늘 우리는 수프, 생선, 불고기, 사탕절임 등을 1루블로 먹게 될 것이다. 음료수 맥주 그리고 팁까지 합산하면 식사대 총액은 3루블이다. 우리는 이 지방 물은 사용하지 아니했다. 심지어 양치질할 때도 이곳 물을 사용하지 아니했다.

정오에 눈이 내렸다. 4品런치 1루블인데, 양배추 수프, 생선, 쇠고기, 오렌지 등이다. 이곳은 단조로운 고장이다. 丘陵지대가 많은 야산에는 키 작은 전나무숲으로 우거져 있었다. 늪이 많은 지대에는 곳곳에 피라밋 흙더미를 이루고 있었는데, 꼭대기에는 자라는 풀로 뒤덮여 있었다. 풀밭과 늪지대에는 모양이 장미같은 오렌지 빛깔의 꽃들이 화사하게 피어있어서 황색화원을 방불케 한다. 이보다 고지대에는 자주빛 이리스(붓꽃속의 식물)꽃이 滿開하고 있다. 날씨는 변덕스럽게 추웠고, 이와 동등하게 번갈아가면서 비가 오다가 눈이 오기도 하고 때로는 햇볕이 나기도 했다.

다음 정거장은 바이론프카(Baironfka)로 가는 정거장 가르(Gar)역이다. 이 가르는 시즈노딘스크 (Sizhnodinsk)와 칸스크(Kansk) 중간 지점에 있다. 우리는 이곳에서 한 시간동안 정차하였다. 왜 이렇게 지체되는지를 알고 보니 바이론프카에서 열차끼리 충돌사고가 발생, 두 열차가 겹쌓이게 되었다는 것이다. 우리는 이곳 정거장에서 충돌열차의 파편 제거작업이 완료될 때까지 기다리지 않을 수가 없었다. 확실히 전기기계와 발차해도 좋다는 강철바통(steel baton)을 기관사에게 정식으로 인계했다고 해서 틀림 없이 열차충돌 사고를 예방하는 것은 아니라는 것이 분명해졌다. 이 사고 발생으로 우리는 오후 4시부터 오후 10시까지 지체되고 말았다. 열차충돌 사고는 우둔한 농민 轉轍手가 다른 화물열차가 정차해있는 軌道로 화물열차를 달리게 했기 때문에 발생한 것이다. 이 전철수는 기관차가 들어온 후 전철기를 逆動함으로써 화물차 2량을 넘어뜨리고서 열차를 정지하게 함으로써 그 이상의 피해발생을 예방했던 것이다.

6월 16일 (火)

아직도 대낮이었고, 오후 10시가 되어도 전기불도 들어오지 아니했다. 어제 밤에 우리가 민스크(Minsk)를 통과할 때, 두 개의 열차가 충돌하여 전복, 심하게 파괴되었음을 목격했다. 기관차는 相接해 있었고, 심한 충격을 받은 것 같았지만 손상된 것은 없었다. 우리가 이렇게 또다시 지체하게 된 것은 그 「형식적 절차」(the red tape)에 기인하고 있다. 번다한 형식적 절차를 거쳐 분쇄된 장애물을 제거하고, 또한 철도위원이 170베르스타 떨어진 원거리로부터 사고발생역까지 오는 데 장시간이 소요되었기 때문이다. 우리 열차 승무원은 이같은 형식적 절차와 그리고 러시아 장관은 소도시 근처로는 출장조차 나가지 않는다는 사실 등에 관하여 누누히 우리에게 설명한 바 있다. 이 점이 바로 러시아정부철도의 핸디캡인 동시에 경쟁력이 없다는 증거가 되고 있다. 이와 같이 철도는 승객들에게 큰 불편을 주고 있다.

정오경 크라스노고르스크(Krasnogorsk)에 도착했다. 이 도시는 시베리아 대도시 중의 하나이다. 이 도시는 해양방면으로 출입하는 선박들이 항행할 수 있는 예니세이(Yenisei) 강변에 자리 잡고 있다. 파니의 친구들은 북극해를 거쳐 이곳 크라스노고르스크에 도착할 예정이다. 우리는 폭 여섯 뼘(약 54인치 정도) 전장 2,800피트의 철교를 건넜다. 우리는 예니세이 江上流로부터 대형 증기여객선 한 척이 내려오는 것을 보았다. 이곳에서 돌덩이 운반용 썰매(stone boat) 한 대를 45루블을 주고 구입했다. 이 열차에는 이발소와 목욕탕이 갖추어져 있었다. 식료품 저장실 앞 식당차 안에 있었다. 목욕탕 바닥에는 백색 타일을 깔아놓았고, 벽에도 흰색 또는 청색 에나멜 타일을 장식해 놓고 있었다. 가장 정교하게 꾸며놓은 浴槽이지만 더운 물이 나오자면 두 시간이나 걸렸다. 우리의 1등객차의 사환은 이발사였다. 그는 역시 藥劑師이기도 했다. 나는 그에게 이발하고 1루블을 주었더니 무척 만족한 표정을 짓고 있었다. 그는 머리를 깎는 동안 줄곧 러시아말로 이야기를 했다. 나는 뜨거운 물에 목욕을 하려고 했지만, 더운 물이 나오려면 두 시간씩이나 걸린다는 말을 듣고 나는 목욕을 포기하고 말았다.

간 밤에 서리가 내렸다. 그래서 오늘은 으스스 추운 날씨이다. 게다가 찬비가 내리고 있었다. 알렌 부인은 동복을 꺼내입고 그 위에 깔개 두 장을 감싸고 있었다. 이곳은 지난 주만 하더라도 줄곧 날씨가 더웠고 모기떼가 극성을 부렸다고 한다. 이제는 모기도 먼지도 볼 수 없다. 이 고장은 산이 많고 껍질이 흰 키 작은 자작나무가 우거진 단조로운 산악과 늪이 도처에 산재해 있다. 심지어 억센 러시아 농민(moujiks)들조차 삼림에 갈 때는 머리에 모기장을 쓰거나 장갑을 끼고 다녀야 한다. 오후 7시에 아친스크(Atchinsk)에 도착했다. 이 도시는 철도선로에서 2마일 떨어진 곳에 자리잡고 있는 여행상 중요한 도시이다. 출무(Chulmu)강에는 증기 通信船이 운항되고 있었다.

6월 17일 (水)

오늘은 우리 집 아이가 졸업식을 갖는 날이다. 이곳에는 비가 그쳤고, 태양이 찬란하게 비추고 있다. 우리는 아직도 단조로운 平原 그리고 자작나무 전나무 사시나무(白楊)와 함께 오렌지 빛깔의 황색 꽃들로 덮여있는 야산을 통과하고 있었다.

우리는 점심을 먹는 사이에 오비(Obi)를 통과했다. 오브 혹은 오비(Ob or Obi)강 東岸으로 펴져있는 상당히 큰 도시이다. 이 강 위에 전장 2,400피트의 철교가 놓여있다. 이 도시와 다른 세계와의 모든 교통통신은 강물을 통하여 연결될 수 있다. 우리는 강 위에 증기선들이 왕복운항하는 것을 보았다. 우리는 또한 증기기관이 아니라 진짜 말의 힘(馬力)에 의해 예인되는 배를 목격했다. 여러 마리의 말들이 바지(거룻배)에 타고서 배에 설치한 자아틀(卷揚機, 윈치) 주위를 돌면서 배 옆에 가설된 기선의 外輪을 회전함으로써 배를 예인하는 것이다. 기선은 이렇게 말의 힘에 끌리어 멋지게 강 상류쪽으로 올라간다.

이 열차는 도서실을 갖추고 있었다. 비치된 도서는 모두 러시아어로 된 책들이다. 그러나 나는 이 책 가운데 마지막으로 영문잡지 레뷰(Review)를 보았다. 스타트는 지겹게도 자기 손님에 대해 비방 중상을 늘어놓고 있었다. 이 잡지 여러 곳에 검은 잉크로 지워져 있었다. 지운 부분은 검열관의 마음에 들지 않은 기사인 것 같았다. 낯선 이방 지식인들은 이러한 검열에 복종할 것이다.

우리는 지금 이르티슈(Irtysh)강과 오비(Obi)강 사이에 있는 바라바(Baraba) 스텝지대에 와있다. 날씨가 따뜻했다. 그래서 처음으로 모기를 잡았지만 한 마리는 오랫동안 창밖에 그대로 매달려 있었다. 그 놈은 나를 노려보고 있었다. 그런데 이상하게도 우리가 상당히 큰 도시를 많이 통과했는데도 日刊新聞 한 장도 구경할 수 없었다는 점이다. 러시아 해군장교는 우리 모두가 세르비아와 불가리아 사태에 관한 뉴스를 듣고 싶어하는 데 대해 아주 불쾌감을 느끼고 있는 것같이 보였다. 이스토민 함장(사령관)은 법률절차를 밟기 위하여 내달 24일 수요일까지 파리에 가지 못하면 80만 프랑을 상실할지 모른다. 그래서 언제나 그는 앞장서서 서두르며 떠날 것을 재촉하고 있었다.

우리는 이곳에서 아주 유쾌한 시간을 보냈고, 특히 정차시간이 짧아서 좋았다. 이스토민(Istomine) 함장은 페테르스부르크 冬宮의 경호실장이 자기 동생이라고 소개하면서, 소개장을 내게 써주기도 했다. 그는 자기 동생에게 보내는 명함을 우리 모두에게 보여주었다. 알렌부인은 감기 오한을 앓고 있었으며 여전히 옷을 두껍게 입고 있었다. 지난번 통과한 역에서는 오후 6시엔 많은 모기떼가 나타나지 아니했다. 하늘에는 모기떼들로 가득했다. 일어서고 앉고 하는 장소에만 불을 켠다. 사람들은 항상 모기를 쫓기 위하여 잔가지 다발 묶음을 들고 다니면서 부채질한다. 우리는 방안으로 들어가서 모기가 들어오지 못하게끔 방문을 꼭 닫아버렸다.

6월 18일 (木)

밤사이 추워지면서 비가 내리더니 오늘 오전에는 땅이 늪지대 같이 매우 질퍽해졌고, 평지에는 여기 저기 나무숲이 點在해 있었다. 어제 밤에는 모기장을 치고 잤지만 지금은 필요 없다. 이 열차는 통행권을 가지고 있어서 어제 저녁에는 시속 50마일을 달리고 있었기 때문에 그때부터 우리 열차는 시속 50베르스타를 달리고 있었다. 선로가 직선으로 뻗어있었고, 객차가 크기 때문에 우리는 레이크 쇼우(Lake Shore) 철도로 아주 순조롭게 달리고 있었다. 그래서 펜실베이니아 철도나 미국 서부 철도보다 훨씬 좋은 철도였다. 우리는 지금 키르기스(Kirgiz) 스텝지대를 통과하고 있었다. 물이 말라빠진 조그만 호수 줄기를 따라 스텝지대가 펼쳐지고 있었는데, 지금은 호수에 물이 그득하다.

정오에 페트로파블로프스크(Petropavlovsk)에 도착했다. 춥고 비가 내리고 있었다. 이 페트로파블로프스크는 대단히 중요한 도시이다. 서중국과 중앙아시아의 투르케스탄(Turkestan)으로부터 오는 隊商路의 중심지이기 때문이다. 그곳에는 대규모 가축 도살장이 있으며, 가죽을 벗기고 내장을 꺼내는 등 도살업이 성행하고 있다. 이곳 사람들은 유럽으로 가는데 철도보다는 隊商을 지어 배로 가기를 선호하고 있었다. 이곳 페트로파블로프스크는 인구가 2만 5천 내지 3만명에 이르는 꽤 큰 도시임에도 불구하고 여전히 신문을 찾아볼 수 없었다. 밤에 옴스크(Omsk)를 통과했다.

6시 30분에 쿠르간(Kurgan)을 통과했다. 이 쿠르간은 상당히 큰 도시이며 오랫동안 지역적 중요성을 띠고 있다. 이 도시는 물 밑에 잠겨있는 듯, 홍수의 범람이 잦다. 많은 네덜란드 노인들은 철도연변에 풍차를 가설하고 이곳에서 버터를 제조하여 덴마크나 영국 등지로 수송해서 판매하고 있다. 역시 러시아인은 유태인을 증오하고 있다는 증거를 확인할 수 있었다. 옷을 말쑥하게 차려입은 풍채좋은 유태인 한 사람이 어제부터 같은 승객으로 동행하게 되었다. 그 결과 두 사람의 러시아해군장교와 군즈부르크 남작 부부는 식사시간 이외에는 식당 안에 들어오지 않는다. 유태인이 없으면 그들은 대부분 식당에 앉아있다. 그들은 유태인을 신랄하게 악평하고 있었다. 이 유태인은 1년 전에는 한 마리의 개처럼 불쌍한 사람이었다. 이제는 1백만달러 이상의 재산을 지닌 부유한 자산가가 되었다. 모두가 영국자본으로 러시아 銅鑛山 개발로 돈을 벌어들인 것이다. 이제 그는 자기 종교를 버리고, 당국으로부터 법적 제재조치를 피하기 위하여 러시아 正教信者가 된 것이다. 이같은 일이 그들로 하여금 이 유태인에 대해 더욱 혐오감을 가지게 되는 원인이 되고 있다.

6월 19일 (金)

오전 8시에 즐라토우스트(Zlatoust)에 도착했다. 우리는 오전 3시경 우랄산맥을 횡단하기 시작, 6시 30분에 유럽대륙과 아시아대륙의 경계선인 철로선 남쪽에 있는 산을 통과했다. 우랄산맥은 시에라 네바다(Sierra Nevada, 캘리포니아주 새크라멘토 계곡) 산맥의 산기슭처럼 風光이 아름답다. 즐라토우스트는 멀리 보기에는 호수나 큰 강 밑으로 누워있는 것같이 보였다. 이 도시에 있는 정교 교회당 건물은 따뜻하고 밝은 햇빛을 받아 매우 壯麗한 모습을 드러내고 있다. 우리는 즐라토우스트 동쪽 동·서 경계선 서쪽에 있는 상당히 큰 역에서 한 장군을 태운 특별열차의 통과를 위하여 반 시간 이상 기다려야만 했다. 이 러시아 장군은 바로 압록강 개발을 위해 러시아 정부가 특파한 한 사절이었다.[3)]

분명한 것은 러시아는 鴨綠江유역 삼림 벌채권을 획득해서 압록강유역 개발을 추진할 계획을 수립하고 있었다. 이같은 러시아의 對韓政策이 결국 일본으로 하여금 '러시아 銃殺 打倒'(shoot down)의 행동화를 유

3) 露日 양국은 한반도의 경영주도권을 장악하기 위하여 각축전을 벌였는데, 특히 일본은 압록강유역의 개발권을 독점하려고 압록강유역 조사를 실시한 바 있다. 즉 1903년 10월 17일 萩原守一 일본공사관 서기관은 압록강유역 조사를 위해 떠났고, 이에 앞서 인천 露國領事 폴리아노프스키(Z. Polianovsky, 鮑乙良)도 조사한 바 있다. 여기 압록강 개발임무를 띠고 가는 러시아 장군도 같은 맥락에서 활동한 것 같다.
Allen, *Korea; Fact and Fancy*, p. 235, October 17, 1903.

발할 가능성이 있다고 본다.[4] 군즈부르크는 장기간 한국에 체류하면서 함경도 전체에 걸친 광산 채굴권을 얻어내려고 노력하고 있었지만, 여태까지는 브리너에게 삼림벌채권을 부활하는 데에는 실패했다.[5] 러시아정부는 이같은 삼림벌채권을 충분히 주장하기만 하면 北韓 변경지대 전지역에 대한 管轄權을 장악하게 될 것이다. 만약 어떤 구체적인 결과를 가져온다면 러시아정부는 청국과 영국과도 개인적인 협상을 벌이게 되는데, 이는 장차 러시아의 한반도 經營意圖를 명백히 암시해주고 있다. 현재로서는 현지 주한 러시아 대리인들에 의해서만 경영획득 교섭을 벌이고 있을 뿐, 페테르스부르크 정부는 이를 거부하고 있다. 그러나 내가 이번 대륙횡단 여행을 통하여 러시아 大公(황태자)은 한국의 木商문제에 관심을 보이고 있다는 이야기를 傳聞했으며, 그들은 내가 러시아 정부의 삼림벌채권 및 광산 채굴권획득에 대하여 지지해줄 것으로 예상하고 나에게 인정어린 특별한 優待를 아끼지 아니했다. 러시아인들은 철로 枕木用으로 森林을 단순히 벌채한다기보다는 그 이상의 더 큰 이권의 몫을 노리고 이같은 개발사업을 추진하고 있다.

즐라토우스트에 있는 몇 개의 작은 상점에는 우랄의 강철로 만든 장신구를 진열해놓고 팔고 있었다. 소브(Sob) 남작은 말 탄 인간상을 새긴 대형 청동제품 2개를 각각 15루블과 13루블을 주고 샀다. 이들 청동제품은 예술적 견지에서 보면 그다지 훌륭한 작품이 되지 못한다. 기후는 따뜻하고 햇볕은 쨍쨍 빛났다.

정오에 키아즈노바야(Kiaznovaya)에 도착했다. 산악같은 계곡을 낀

4) 여기서 알렌은 러시아가 鴨綠江 森林伐採 등 적극적인 對韓膨脹政策이 일본을 자극, 결국 露日戰爭 勃發의 원인이 될 것이라고 전망했다.

5) 한국정부는 1896년 9월 9일 러시아인 브리너의 合成朝鮮木商會社에 압록강 유역 산림벌채권을 허가한 바 있었는데, 압록강변에서의 청국인 소요사건으로 말미암아 사업 착수가 지연됨에 1901년 4월 11일 20년간 연장한다고 발표했다. 러시아정부는 이를 근거로하여 압록강변의 넓은 지역에 대한 광범위한 개발사업을 추진한 것이다.
Allen, *Korea: Fact and Fancy*, p. 215, April 11, 1901.

공원이 아름답다. 여름철 휴양호텔을 경영하기에 알맞는 유원지 고장이다. 우리는 첼랴빈스크(Chelyabinsk)에서 이곳까지 오는 동안 줄곧 석유를 연료로 이용했다. 旅順港에서 미소바이알(Mysovaial)까지는 나무장작을 때다가 중간 중간 석탄을 땠던 것이다. 모두 러시아 생산품이었다. 즐라토우스트로부터 오우파(Oufa)까지의 각 역에는 철광 및 기타 광산 채굴을 목적으로 한 자재가 쌓여있는 것을 목격했다. 우랄산맥에서의 지방은 참으로 그림처럼 아름답다. 울퉁불퉁한 바위산등성이, 아름다운 소나무가 울창한 야산, 그리고 그 밑으로 시냇물이 졸졸 흐르는 계곡, 잘 손질한 농토가 이곳 저곳에 點在하고 있는 牧歌的인 고장이다. 농가는 너무나 초라한 오두막 草家집이었다. 얼마나 비참한지 우리는 가축을 기르기에도 적당하지 않겠다고 생각할만큼 볼품 없는 오두막집이었다. 그러나 농가마다 尖塔教會가 있었다. 우리가 미국에서 흔히 볼 수 있는 그러한 버젓한 농가를 찾아볼 수는 없었다.

이곳은 러시아 본토이지만, 바슈키르(Bashkirs)인 100만명 이상이 이곳에서 살고 있다. 그런데 바슈키르인은 지난 19세기 帝政러시아 통치하에 들어온 북방 터키계 주민인 타타르계 종족(Tatar, 韃靼)이다. 한달 전 서울에서 山査나무 꽃이 만발하게 피었는데, 이곳에 와보니 지금 한창 피고 있었다.

오우파에는 대규모 러시아 철도 기계공장이 이곳에 있다는 점으로 미루어보아 이 도시는 중요한 대형 공업도시인 것 같다. 나는 이 도시에서 노벨(Nobel) 또는 기타 다른 명칭을 써놓은 대규모 油槽탱크 몇 개를 발견했다. 거기에는 꽤 큰 유조통 제조공장도 있었다. 도시 전체가 오우파江과 벨라야(Belaya)江의 합류지점의 堤防지대에 자리 잡고 있었으며, 강에는 증기선과 대형 바지선(Barge船)이 왕래하고 있었다. 생각컨대 탱크차로 석유를 이곳까지 싣고 와서(나는 탱크차를 많이 목격했다) 대형 油槽통에다 석유를 가득 채워넣은 다음, 북쪽지방 철도편으로 운반할 수 없는 그러한 고장으로 이곳에서 선박을 이용 수송한다는 것이다. 우리는 오늘 밤 사마라(Samara)에서 볼가(Volga)강을 횡단했다. 이곳 사마라에서 철로가 카스피 횡단 철도로 오렌부르크(Orenburg)로 뻗어 있다. 선박이 정기적으로 볼가강을 下流運航, 노브고로트(Novgorod) 시(볼 호프강 연변에 있는 노브고로트주 수도)까지 왕래하는데 이 여객선은 북쪽으로 나있는 철도노선과 이따금 접속된다.

6월 20일 (土)

우리는 오전 8시에 사마라에 도착, 이곳에서 볼가강을 횡단했다. 이곳 사마라는 러시아 최대의 상업도시 중의 하나인데, 철도 접속선이 없으며 곡물 및 가축의 集散地이다. 어제 오후 5시경부터 우리는 완전히 야산지방을 떠났는데, 그때부터 이 고장에 오니 광활한 평원이 전개된다. 이 고장이야말로 불가사의한 고장이다. 그러나 모두가 나와 같은 미국인에게는 어찌할 도리가 없는 것 같았다. 주민들은 한 사람도 살고 있지 않는 것처럼 쓸쓸해 보인다. 주민들은 無知상태이며 小作農이다. 명칭 자체를 별도로 치더라도 '농부의 집'(Farmer's houses)이라는 오두막집을 수 없이 통과하면서 보았다.

이들 농부의 오두막집들은 韓國 농촌의 초가집보다 조금도 나을 것이 없었다. 러시아 농가는 조금도 다듬지 않은 자연 그대로의 통나무로 지어졌고, 지붕에는 널빤지를 덮고 그 위에 짚으로 엮은 이엉을 이고 있다. 이들 농가들은 모두 집단적으로 옹기종기 모여있었고 외떨어진 오두막은 찾아 볼 수 없었다. 이들 집단 농가를 지배하고 위압이라도 하는 듯, 푸르고 金鍍金한 거대한 正教會가 마치 한 마리 큰 용처럼 이 농촌마을을 내려다보고 있다. 거대한 관료집단과 이러한 비참한 농민 계층으로 구성되어 있는 이 나라에 무슨 희망을 가질 수 있겠는가. 사실상 중간 및 상인계층도 존재하고 있는 것만은 틀림 없다. 그러나 그들은 우리가 이미 철도역을 통과하면서 목격했듯이 초라한 小都市集團을 형성하고 있었는데, 내가 傳聞한 그들의 불평 불만을 판단하건대, 소도시 집단에서 대개 유태인 아니면 독일계 주민이 상권을 장악하고 있다는 것이다. 러시아는 철도 기차 속력으로 달려도 14일간을 달려야만 통과할 수 있는 참으로 거대한 나라이다.

제정러시아야말로 세계를 거의 수용할 수 있다. 이처럼 광대한 러시아의 地中海에로의 진출의 출구를 봉쇄하려는(제정러시아의 南進政策을 가리킴) 영국과 독일의 어리석은 실책을 보고 우리는 경악을 금할 수 없었다. 러시아는 스스로 싸우다가 支那海(중국)에로의 진출 출구로 바람을 불어대다가 결국 무위로 끝나버린 것이다. 그것은 마치 러시아가 이쪽에만 여전히 갇혀있게 된다면 페르시아만에로의 진출을 반드시 기도하게 될 것이다. 이 나라에는 모든 면에서 큰 장래가 있을 것임에 틀림없지만 일반 평민들의 상태를 보면 그들은 미국의 사상을 수용하지 못하고 있다.

우리는 바르타키(Bartaki or Batraki) 근처에 있는 아주 훌륭한 공학기술 건조물인 전장 4,550피트의 알렉산더(Alexander) 철교를 지나 볼가강을 다시 횡단했다. 노벨(Nobel) 석유회사를 비롯하여 기타 석유회사들은 이곳 도시에 대규모 석유 저장소를 보유하고 있는데, 카스피해로부터 볼가강으로 설치된 送油管을 통해 기름을 끌어올려 저장하고 있다. 그런데 볼가강은 카스피해로 일단 유입되다가, 페테르스부르크에 이르러서는 다시 지상으로 솟아오른다. 볼가강은 마치 미국의 미시시피강과 같은 大河이고 자칫하면 홍수의 범람 가능성이 있었다. 볼가강 오른쪽 堤防위에 우리는 처음으로 과수원을 보았다. 이곳은 24시간 무척 더운 날씨에다 먼지가 날리고 있었다. 우리는 오늘 오전에 얇은 옷으로 갈아 입었고 오후에는 더 얇은 옷을 입었다. 창문 커튼을 내리고 말았다. 오늘 저녁부터 점점 산이 많아졌고 울창한 숲이 보였다. 오후 6시경 펜자(Penza)를 통과했는데, 이 도시의 인구는 4만명이고 고원지대에 자리잡고 있는 아름다운 도시이다. 이 도시에는 비잔틴식 교회 5개가 있었고, 교외에는 대형 공장들이 산재해 있었다. 驛舍는 훌륭했지만 너무나 더웠다. 벼농사지역과 가축을 많이 사육하는 곳이 있었는데, 꼴사납게 생긴 낡은 풍차로 물을 揚水하여 벼 논과 가축에 물을 공급하고 있었다. 미국의 풍차를 여기 도입한다면 성공을 거둘 것이다.

이 철도는 미국인에게는 놀라운 철도이다. 滿洲를 벗어나면서, 시베리아를 횡단, 이제 대륙횡단철도는 다 끝이 나버린다. 그러나 바이칼 호수를 지나면서 나는 높이 약 18인치의 작은 말뚝이 철도 연변 약 200야드 내지 150야드 거리 간격으로 세워 놓여진 것을 목격했다. 말뚝마다 말뚝을 중심으로 그 주위에 10인치 정도의 풀(植物)고리를 형성하고 있었다. 이 圓의 표면에는 색깔있는 돌을 가지고 삼각형으로 깨끗하게 단장했는데, 한쪽 角은 흰색, 다음은 붉은 색 등으로 모자이크를 꾸며 놓았다. 이런 말뚝 장식은 수천마일의 시베리아 횡단철도 연변의 到處 驛마다 장식되어 있었는데, 數 베르스타 거리마다 배치되어 있는 철도 경비원이 기차가 지날적마다 인사하면서 이상이 없으면 그들은 접었던 깃발을 올리고 기차가 통과하면 철로 궤도 중간으로 들어온다. 이들 철도경비원은 야간에는 랜턴(提燈)을 들고 다닌다. 시골 농촌의 철로 건널목에서는 노파들이 이같은 일을 수행하고 있었다. 철로의 물매(傾斜度)는 아름답게 꾸며놓은 花園으로 장식되어 있었다.

6월 21일 (日)

大連을 떠난지 보름이 되었다. 우리는 한 시간 뒤 오후 1시 40분에 모스크바에 도착할 예정이다. 이르쿠츠크로부터 시간을 어기지 않고 왔기 때문에 우리는 지난 월요일에 잃어버린 시간을 보충할 수 있었다. 이번 여행은 나에게는 완전히 새로운 세계의 여행이었다. 그러나 유감도 많았지만 훌륭한 이번 대륙횡단여행도 이제 끝나가고 있다. 특별 객실(간막이칸)은 공간이 넓고 편안하다. 나와 같이 키 큰 사람에게도 침대가 너무 길었다. 이르쿠츠크로부터는 식당차의 음식은 싸구려 음식이어서 좋지 아니했다. 서비스는 신속하고도 친절했다.

참으로 유쾌한 철도여행이었다. 나는 전적으로 누구에게나 시베리아 대륙횡단 철도여행을 권해 보고 싶다. 오전 9시에 툴라(Tula)를 통과했다. 최고급 사모바르(Samovar, 러시아 차 끓이는 주전자)가 이곳 공장에서 제조된다. 또한 툴라에는 러시아군대용 병기제조창이 있다. 도시의 인구는 약 5만 5천명이다. 이번 일요일 모스크바에서의 최대행사는 이날 오후에 개최되는 競馬이다. 우리는 슬라비안스키 바자(Slaviansky Bazar)에 가게 되고, 에르미티지(Eermitage)에서 식사하고 저녁에는 카페 샤르탕(Chaartant)에 갈 예정이며, 내일에는 크레믈린 모스크바 언덕을 방문하게 될 것이다. 화요일 밤에는 페테르스부르크에 갈 예정이다.

6월 22일 (月)

우리는 오후 1시 30분에 드디어 모스크바역에 도착했다. 슬라비안스키 바자에서 하루 방값 5.50루블의 아주 편안한 방을 얻었다. 전등하며 모든 것이 아주 색다른 곳이었다. 나는 주한러시아공사 파블로프의 편지를 바르텐에프(Barteneff)에게 전달했더니 그는 즉시 來訪했다. 나는 울시(George M. Woolsey)에게 다음과 같은 전문을 보냈다. "우리는 런던 出帆 예정, 페테르스부르크의 주소는 잉글톤 호텔(d'Engletone), 토요일 런던 향발." 나는 駐러시아 미국공사 리들(Riddle)씨에게 페테르스부르크로 갈 예정이니 호텔방을 예약해두라는 편지를 써서 발송했다. 우리는 이곳에서 목욕을 하고 몸을 깨끗이 했다. 목욕 후에 우리는 시간당 3루블짜리 마차를 타고 페트로프스키(Petrofsky) 공원을 관광했다. 울창한 自然林에다 비포장도로 양쪽으로 러시아귀족의 통나무 별장이 줄지어 서있다. 가장 아름다운 작은 시골집이었다.

우리는 공원에서 돌아와보니 소베르트(Sobert) 박사와 이스토민(Istomine) 함장이 모스크바의 작은 식당 에르미티지(Ermitage)에서 나의 저녁 식사 초대에 응하고, 참석차 기다리고 있었다. 우리는 말몸통 前四半部 위에 안장의 앞가지를 걸어놓고 마차의 바퀴가 유별나게 작은 아주 기이한 마차를 타고 관광길에 올랐다. 마차 바퀴가 고무타이어이기 때문에 소음이 나지 아니했으나, 자갈길 위로 덜컹거리면서 달렸다.

모스크바는 대부분 저급주택들로 구성된 대도시이다. 꽤 큰 백화점 몇 개가 있고 그리스 正教會가 무려 천 개에 이른다고 한다. 우리는 크레믈린궁전 안으로 들어가 관람했고, 12시에 우리와 합류한 바르텐에프씨와 함께 아주 재미나는 명승지를 관광했다. 에르미티지 식당 건물은 아주 아름다운 건물이었다. 우리는 보트카와 주스카(zuhuska) 등 러시아술을 마신 후 쇠고기 수프를 먹는 등 정통 러시아 만찬을 들었다. 그리고 英貨 1파운드짜리 맛있는 볼가 생선(Volga fish)도 맛보았다. 이 생선은 볼가강에서 잡아가지고 산채로 가져와서 요리하여 은쟁반에 담아왔다. 생선값만 해도 10루블이다. 식사대 총액은 45루블에 이르렀다. 이스토민 함장은 자기의 식사대만 지불하겠다고 한다. 소베르트 박사는 나와 공동부담으로 지불하자고 했다. 그러나 나의 항의로 결국 나는 3분의 1의 식사대만 지불하기로 했다. 그들은 베란다에서 먹은 브랜디와 커피값 8루블을 내가 내도록 요구했다. 음식을 다 먹은 후 우리는 식당 주방까지 모든 시설물을 구경했다. 그런 후에 우리는 카페 샤르탕으로 갔다.

소베르트 박사는 대취했고, 우리는 그를 그 이상 보지 못했다. 오후 10시까지 날이 어두웠다가 12시 30분에 집으로 돌아갈 때 날이 훤히 동트기 시작했다. 카페 정원은 멋지고 아름답게 꾸며놓았다. 배우들은 미국인 아니면 프랑스인인 것 같아 보였다. 우리는 연주회장의 우리의 지정 좌석에 들어가 앉았다. 이곳은 알함브라궁전(Alhambra, 스페인의 궁전)을 본떠서 이처럼 우아하게 장식한 것 같다. 관람 후 그곳에서 음악 연주와 댄스가 시작되었고, 우리는 카페 가든에 있는 우리의 식탁 좌석으로 나갈 수가 있었다. 가든에 나가보니 수 천명 관람객들이 무대위의 사람들을 포함하여 길들인 코끼리, 돼지, 기타 길들인 동물들을 올려놓고 온갖 妙技를 관람하고 있었다. 여기에 출연하는 연예인 한 사람이 하루 밤 출연료로 5천프랑을 받는다는 이 프로의 제1막에는 한 여인이 자동차를 타고 45도 경사의 사닥다리를 내려오다가 원형관람석 주위를 돌아다니는 것이었다. 참으로 위험스럽기 짝이 없어 보였는데, 그녀는 재빨리 그리고 안전하게 묘기연출을 훌륭하게 해내고 있었다. 나는 이같은 赤貧의 나라에서 이처럼 수 많은 인사들이 쓸데 없이 돈을 낭비하고 있는 것을 보고 낙담하지 않을 수 없었다.

6월 23일 (火)

우리는 어제 12시에 바르텐에프씨와 함께 크레믈린으로 갔었다. 유쾌한 老總督을 만나러 간 것이다. 大公의 이름은 쿠르나호프(Kurnahoff)였다. 그는 우리에게 부채 하나씩을 주면서 고대 유물박물관, 궁전 내의 방과 홀, 그리고 제정러시아 황제 戴冠式을 거행하는 고대 및 근대의 정교회 등을 두루 관람케 했다. '숲속의 正教會'(Church in the forest) 별칭을 가진 모스크바에서 가장 오래된 교회가 있었는데, 지금 삼림 속에 있는 것이 아니라 그 주위에 궁전들로 에워싸인 궁전 뜰안에 자리잡고 있었다. 무게가 몇 톤이나 되어보이는 대형 종이 큰 받침나무에 매달려 있었는데, 이 종은 종을 받쳐주고 있는 통나무 건조물이 내려앉는 바람에 종이 떨어져서 일부가 파손 상태로 남아있다. 반시간 후 우리는 몹시 피곤했지만 곧 온갖 종류의 상품을 진열해 놓은 일종의 진열 잡화상가로 갔다. 이 잡화상가는 시장 전 블록에 걸쳐서 3층높이의 아케이드식 상가로 꾸며져 있었다. 저녁식사 후(양딸기 두 접시에 2.50루블) 우리는 아름다운 팔콤(Palcom) 공원으로 마차를 몰았다. 이 공원은 모스크바 반대쪽에 있었다. 팔콤 공원을 관광한 후 우리는 잠자리에 들었다.

우리가 호텔에 들어갔을 때는 오후 10시 30분인데도 아직 황혼이었다. 우리가 호텔에 도착했을 때 나는 내 여권을 포기하지 않을 수 없었다. 그후 알렌부인은 洗禮名으로 프란시스(Frances)로 불리었다. 오늘은 날씨가 너무 더워서 우리는 외출을 많이 할 수 없었다. 그러나 저녁에는 러시아 특유의 목욕탕을 구경하러 나갔다. 호화로운 대리석 건물인데 탕 안에 벌거벗은 사내들이 많이 있었다. 목욕탕을 구경하고 소베르트 박사와 함께 나폴레옹(Bonaparte Napoléon) 침공으로부터의 모스크바 구제를 기념하기 위하여 건축한 정교회를 구경하러 갔다. 이 교회는 내가 여태껏 보았던 것 중에 가장 장엄한 교회였다.

나는 곧바로 길을 재촉하여 호텔로 돌아와서 루블화를 바꾸어 가지고 추가 여행계획을 수립, 러시아의 모든 것을 구경했다. 세속적인 여성에 불과한 그녀는 가장 신성한 성당에 들어갈 수 없었다. 우리는 1881년에 암살된 알렉산드르 2세(Alexnander Ⅱ)[6] 기념관으로 가서 관람하고 호텔로 돌아와 식사한 후 짐을 꾸려 오후 9시에 특급열차편으로 페테르스부르크로 출발했다. 멋진 열차였다. 호화로운 객차에는 전기불을 휘황찬란하게 밝혀 놓았다. 그러나 우리 두 내외는 방을 하나만 사용해야 했기 때문에 너무나 협소했다. 객차 실내는 무더웠다.

6월 24일 (水)

오전 9시에 페테르스부르크에 도착했다. 우리는 聖 이삭 교회(St. Isaac's Church) 맞은 편에 있는 잉글톤 호텔 한쪽 구석, 특별객실의 방 3개를 얻었다. 방값은 하루 9루블이었다. 처음에는 호텔종업원이 우리에게 하등짜리 방을 주었으나 내가 주한미국공사의 신분을 밝히는 旅券을 내보였더니, 그들은 나에게 閣下 존칭으로 예우하면서 이같은 특실 3개를 배정해준 것이다. 방을 깨끗이 청소한 후 이곳에 도착한 우편물을 읽기 시작했다. 우편물은 울시, 모오스(아메리카 무역상사 사장), 모건(Edwin V. Morgan, 毛艮, 주한미국공사관 서기관), 조지아(Georgia) 등 인사로부터 온 편지였다[베리어(Berrier)의 결혼식을 선언하고 있다.] 이어 서울로부터 온 캘훈(Callhoun)의 전보에는 모든 사태가 여전하다는 내용이다. 점심식사 후 나는 웨베르 전 주한러시아 공사를 예방했다. 웨베르 가족은 러시아 귀족구역에 있는 아주 아담한 아파트에 살고 있었다.

우리는 오후 내내 웨베르 가족과 지냈다. 호텔로 돌아와서 산책을 조금 즐겼다. 그리고 웨베르 가족과 함께 이중마차를 타고 여러 섬과 곶(Point)으로 관광여행을 떠났다. 오후 11시에 그들과 저녁식사를 하고

---

6) 알렉산드르 2세(Aleksandr Ⅱ) 제정러시아 황제(1855~1881). 니콜라이 1세의 長子로서 1861년 農奴解放을 실시하여 '解放皇帝'라고도 불렸다. 1874년 국민개병제도를 도입하는 등 자유주의적 개혁을 단행하였다. 극동에서는 청국과 愛琿條約(1858), 北京條約(1860)을 체결 沿海州를 점령했으나, 1867년 알래스카를 미국에 매각하는 실책을 저질렀다.

호텔로 돌아왔다. 실내전등은 독서하기에 알맞게 조명이 밝았다. 오후 9시 25분에 日沒. 우리가 외출 중 駐러시아 미국 대리공사 리들씨가 來訪했다. 그는 내게 온 나의 우편물에 대해 신경을 집중, 친절하게 전달해 주었다. 그래서 나는 이에 대한 답례로 서울에 보낼 잡지 한 부를 그에게 선물로 주었다. 그리고 러시아 외무성을 통하여 파리 카시니(Artur P. Cassini)백작(주미 러시아공사)에 보낼 소포를 꾸렸다.

6월 25일 (木)

우리 집 아이들은 켈틱(Celtic)호로 유럽을 향해 내일 출항할 것이다. 우리는 오전 11시에 점심을 들었다. 나는 駐露美國 代理公使 리들을 방문한 후, 웨베르와 함께 에르미타지 박물관(Hermitage Museum)을 3시간 관람했는데, 몹시 피곤했다. 주위의 모든 사람들을 떨쳐버리고 우리 마음대로 편안하게 있는 방법을 강구하고자 했다. 우리는 오늘 저녁 6시에 웨베르와 저녁식사를 했다. 旅順港에 있는 군즈부르크로부터 총 42자에 달하는 전보를 받았는데, 이 전보에 의하면 여행 도중 康寧을 축원한다는 것, 그리고 여순에서 차표구입금 거스름돈을 지불하는 데 계산착오로 환불하지 못한 나머지 돈 200루블은 자기 아버지가 상환 지불할 것이라는 내용이다. 우리는 이 돈을 받으면 우리 식구와 친구를 위하여 페테르스부르크에서 사업용으로 사용할 예정이다. 우리는 웨베르의 집에서 저녁 식사를 했다. 웨베르 가족은 정말로 훌륭한 아파트에서 살고 있었다. 11시에 푸짐한 저녁식사를 했다. 유지인(Eugene)이 피아노 연주공연을 한다는 이야기를 들었다. 그들이 초청 공연할만한 훌륭한 연주였다. 정말로 그의 연주기법은 놀라운 솜씨였다. 이곳 페테르스부르크에서의 일몰시간은 보통 9시 30분이다. 자정이 되어도 환한 달빛이 비추듯 밝다. 그리고 오전 1시에 먼동이 트기 시작했다. 자정에 태양이 뜨는 나라이다. 우리 집 아이들은 오늘 켈틱호로 뉴욕을 출항, 유럽으로 향발한다.

6월 26일 (金)

우리는 프러싱(Flushing) 경유 런던행 러시아 특급열차 이중 특별실 차표를 200.80루블을 주고 구입했다. 4륜마차는 적당했고, 노르드(Nord) 특급열차는 수요일까지 모두 예약되어 있었다. 함장의 형 이스토민(Istomine) 대령이 보낸 입장권을 가지고 冬宮 (에르미타지)으로 구경을 떠났다. 우리는 이 동궁에서 모든 것을 잘 구경했다. 우리는 심지어 1881년 암살된 제정러시아 황제 알렉산드르 2세의 私室까지 관람했다. 나는 그의 조그마한 간이침대, 나무브러쉬(솔), 그의 궁전 도처에서 널려 있는 코펙동전 등을 보았다. 웨베르도 함께 동행하여 관광한 후, 우리 호텔에서 차를 마셨다. 저녁에는 웨베르 가족과 함께 동물원 관람을 했다. 러시아 舞姬, 일본 곡예사, 푸루나의 싸움(Battle of Pluna) 등을 관람했다. 저녁에는 군즈부르크 남작의 저택을 방문했다. 군즈부르크의 아버지를 만나기 위해서 방문한 것이다. 호텔생활은 정말로 편안했다. 침대도 마음에 들었고, 전등도 훌륭했다. 방 3개를 사용했는데, 하루 9루블이었다. 모스크바에서는 물을 받아 먹을려면 우스꽝스럽게도 페달을 밟아서 받는다. 이곳 페테르스부르크에서는 물을 받아 먹으려면 익살스럽게도 唾具를 사용해서 물을 받아낸다.

6월 27일 (土)

런던에 가있는 모건 주한미국공사관 서기관으로부터 전보가 왔다. 우리는 수요일 사보이(Savoy) 호텔에 투숙할 것이라는 내용의 答電를 보냈다. 늙은 힐코프(Hilkoff) 공을 예방했다. 그는 반가운 듯 내 손을 그의 양손으로 감싸쥐면서 우리를 환대했다. 그는 미국인을 대단히 좋아했다. 駐露美國 代理公使 리들을 방문, 우리가 그와 더 많은 시간을 보내지 못한 데 대해 유감의 뜻을 전했다. 우리는 오늘 밤 저녁식사 겸 水族館 구경에 그를 초대했다. 그는 공교롭게도 오늘 오후부터 내일 일요일 오전까지 지방출장을 가기로 약속했기 때문에 내 초대에 응할 수 없다는 것이다. 호텔에 돌아와보니 소베르트 박사가 기다리고 있었다. 그와 함께 점심과 저녁식사를 같이 했다. 웨베르와 함께 동물박물관에 갔다. 우리는 이 동물박물관에서 살갗과 털이 그대로 살아있는 것처럼 달려있는 유일한 맘모스 동물 표본을 관람했다. 어떤 맘모스는 몸집이 큰 코끼리만큼 크지는 아니했으나 꾸부정한 엄니가 象牙보다 더 길었다. 유지인이 그곳에 와서 그의 '시험'에 대해 걱정을 하고 있었다. 그래서 나는 웨베르에게 그와 동행하기를 청했다.

그리고 나서 호텔로 돌아와 곧 쇼핑하러 나갔다. 우리는 시장을 두루 살펴보았다. 우리가 사고 싶은 물건을 찾아볼 수 없었다. 그래서 네오스키(Neosky)와 함께 다녔다. 마지막으로 우리는 가장 훌륭한 예술품점에서 31번(No. 31) 품목을 골랐는데, 有色에나멜을 등 뒤에 새겨놓은 큰 스푼 6개를 150루블을 주고 샀다. 제일 큰 숟가락에는 번쩍 번쩍 빛나는 러시아 에나멜을 새겨 놓았고, 茶 여과기 2개와 각설탕 집게 하나에도 마찬가지로 러시아 에나멜을 새겨 놓았다. 우리 아이들 선물용으로 에나멜 그림이 박힌 성냥통 2개, 시계줄 1개, 연필 등을 구입했고, 러시아 찻잔과 그릇 등은 내가 쓰기 위해서 각각 구입했다. 그리고 우리 호텔 근처에 있는 유태인 가게에서 러시아 은박 허리띠 한 개와 정신들게 하는 약 등을 20루블을 주고 구입했다. 우리는 한 개 1.50루블하는 복숭아를 약간 샀다. 나는 1.50루블로 6개를 사려고 했으나, 같은 값을 요구하기에 그만 취소하고 말았다.

聖 이삭 성당으로 가서 설교를 듣고 저녁미사에 참례했는데, 신도들 대부분이 가난한 사람들로서 聖像에다 아낌없이 키스하고 있었다. 開明된 정부가 어찌하여 이와같은 비위생적인 의식절차를 허용할 수 있는지를 모르겠으나 아뭏든 정부관리들은 찬성하고 있는 듯 여겨진다. 저녁식사 후 우리는 수족관으로 갔다. 아주 훌륭하게 꾸민 아름다운 정원에 있었다. 향료판매점에 대해서는 이야기할 것이 없었다. 식탁에 앉아서 차 한 잔과 맥주 한 병을 주문했다. 종업원에게 1루블을 주고서야 우리는 테이블을 차지할 수 있었지만, 많은 액수의 팁을 주게 되면 그가 망설일까 보아서 나는 그에게 20코펙을 주어서 그를 안심시켰다.

6월 28일 (日)

우리는 웨베르 가족과 함께 점심 식사를 하고 나서 페테르호프(Peterhoff)에 갔다. 이곳은 바다쪽으로 페테르스부르크로부터 서남쪽으로 약 50분거리에 있는 제정러시아 황제의 夏宮이 있는 곳이다. 우리는 마차 한 대를 전세 내었다. 마차 전세값은 15루블인데 내가 전액 지불하겠다고 주장했다. 우리는 궁전 내부를 두루 구경했는데, 특히 피오트르 대제(Piotr the Great)가 사용했다는 기묘한 침대 커버를 보았다. 궁전 안에 있는 飮用 噴水栓은 정말로 볼만한 것이었다. 夏宮의 正殿은 높은 臺地위에 자리잡고 있었으며 바다를 향하고 있었고, 그 밑으로 낮은 대지를 형성하고 있었다. 궁전 뒤 계단 모양의 높은 대지로부터 폭포수가 시원스럽게 내려오면서 가지각색의 분수가 수 없이 내뿜고 있었는데, 어떤 분수는 높이 80피트나 하늘 높이 쭉쭉 내뿜고 있었다. 또 다른 하나의 폭포는 피라밋모양으로 꾸민 무수한 噴出口로 장식되어 있었다. 폭포수는 바로 바다로 관통되어 있는 운하 통로를 통해 바다로 유입하고 있었으며, 그리고 양 편에 서있는 나무사이로 나있는 키 큰 분수에서도 물을 내뿜고 있었다. 큰 나무사이로 좁은 길이 나있고 그 끝에 큰 분수가 또 있었다. 금속으로 만든 人造나무도 있었는데, 이 나무에도 분수를 설치해 놓고 물줄기를 내뿜고 있었다. 각 궁전 건물마다 그 자체의 정원과 삼림이 갖추어져 있었다. 정말로 짜르(제정러시아황제)의 夏宮이야말로 웅장하고 아름다운 궁전이었다.

우리는 웨베르 부부에게 작별인사차 예방, 이곳 페테르스부르크 체재중 항시 우리에게 베풀어 준 환대에 대해 무한한 감사의 뜻을 전했다. 우리는 내일 정오에 베르린, 프러싱(Flushing) 경유, 런던으로 향발한다. 나는 저녁식사 후 駐露 韓國公使 李範晋을 예방했다. 李範晋 공사는 내가 모스크바에 있을 때, 나에게 페테르스부르크 철도역에서 나를 마중나올 수 있도록 언제 도착할 것인가를 전보로 알려달라는 편지를 내게 보낸 바 있었다. 나는 오늘 밤 9시 30분까지 이곳을 떠나기 마지막 순간까지 그를 만나지 않고 열차를 기다리고 있었고, 또 이제 의무적 外交儀

禮로 그를 방문했을 뿐이다. 그는 주미 한국 공사 재직 때와 마찬가지로 이곳에 부임한 이래 역시 불쾌한 인물로 간주되고 있어서, 이곳 외교관들 측에 끼이지 못할만큼 미미한 존재이다. 다행이 그는 외출 중이어서 나는 내 명함만 남기고 왔다. 힐코프 공이 오늘 나를 찾아왔다.[7)]

6월 29일 (月)

오늘 오전 호텔 체재비를 완불한 후 루블화를 파운드화로 환전했다. 625루블(626.39)을 주었더니 66파운드였다. 안내 책자를 구입하려 했는데 영어책방에서 구할 수 없는 책이었다. 지도할 사람도 이와 비슷한 대리점도 런던에는 없었다. 사람들은 말하기를 안내서는 별 효과가 없다는 것이다. 한국에서 이곳까지의 여행 비용은 런던행 기차표까지 포함해서 모두 1,500元이었다. 이 가운데는 선물 구입비 200元이 포함되어 있으며, 그러나 그때 그때 들었던 여행 잡비는 포함되어 있지 아니했다. 한국을 출발, 수에즈운하를 경유하는 여객선 항행으로 런던까지의 비용은 약 100파운드이다.

11시 15분 열차에 승차했다. 1등 특급열차이다. 無蓋貨車에도 전기불이 켜져 있었다. 그것은 대단히 초라한 열차였다. 우리가 타고 갈 열차는 훨씬 좋은 열차이다. 식당차도 아주 만족할만한 고급식당차였다. 점심으로 오믈릿, 감자를 곁들인 토우스트 비이프, 커피와 빵, 모두 1루블이었다. 웨베르, 소베르트 박사, 李範晋 公使 등이 역까지 나와서 우리를 전송했다. 웨베르는 사탕을, 소베르트 박사는 러시아 황제의 궁전에서 피는 꽃다발을, 이범진 공사는 사탕과 담배 등을 선물로 주었다. 나는 런던까지 가는 여정을 모르고 있다. 그저 조용히 앉아서 되어가는대로 처신할 수 밖에 없었다. 국경선을 넘어서서 오전 6시에 차를 갈아타고 내일

7) 알렌이 페테르스부르크 체재시, 주재국 현직 공사인 李範晋 駐露 韓國公使를 한번도 만나지 않고, 주로 전 주한 러시아공사 웨베르만 상대하였다는 점으로 보아, 이 당시 한국의 外交權이 얼마나 허약, 有名無實했음을 알 수 있다.

은 아이츠쿠넨(Eydtkunen)에, 다음 날 밤에는 베를린에 도착할 예정이다. 소베르트 박사가 이중 특실을 얻도록 사전에 전보했다는 것이다.

6월 30일 (火)

우리는 오전 5시에 러시아 국경도시에 도착했다. 거기서 커피를 한 잔 들고 1마일정도 가니까 국경을 횡단, 아이츠쿠넨이라는 독일 국경도시에 도착했다. 한 순간에 나라가 바뀐 것이다. 어제 밤 객차 실내가 아주 더러웠다. 특히 남녀 공용 화장실은 형편 없이 더러웠다. 시트를 까는 데 2루블을 지불하지 않으면 안되었고, 게다가 담요도 없었다. 러시아의 농민들은 오두막집에 살고 있었다. 그러나 이곳 독일에 와서 보니 독일 농민들은 아늑하고 쾌적한 농가에서 서로 떨어져서 살고 있었다. 滿洲에서 어제 밤 이곳에 도착할 때까지 우리는 항상 통나무집에 머물고 있었는데, 이제 이곳 독일에 와서 보니 기와 없는 벽돌 2층집에 들어가 잠을 잘 수 있었고, 게다가 항상 사람들을 감시하고 통제하는 정부 대신에 자유를 만끽하는 그러한 고무적인 企業精神을 가진 사람들을 볼 수 있었다. 러시아는 극소수 관료가 수 백만 무지몽매한 농민들을 다스리는 그러한 나라인 것같다. 일찍이 나폴레옹이 생각했듯이 페테르스부르크나 모스크바를 장악할 수 있는 사람이면 누구나 토지를 소유할 수 있는 것 같이 보였다.

오전 8시 경 인스투부르크(Instuburg)를 통과 12시 30분에 손(Thorn)에 도착, 11시에 점심을 들었다. 식단은 수프, 비프 스테이크, 감자, 아스파라거스, 셀처 탄산수, 보드카, 맥주 등 식대는 9.50마르크 팁 0.50, 총계 10마르크, 미화 2.50달러이다. 이 나라는 부유하고 농사도 잘된다. 독일 국민들은 우리와 비슷하다. 개방된 큰 저택을 중심으로 멋진 큰 농가가 잘 배치되어 있었다. 한쪽 측면 농가 건물이 4가구의 농가를 형성하고 있었다. 기온은 매우 따뜻해졌다. 기차표 좌석 2장에 2마르크 대신에 좌석표 4장에 4마르크를 지불했다. 하루 종일 운행되는지 아닌지는 모르겠다.

오늘 밤 베를린에서 블리싱겐(Vlissingen)까지 가는 열차의 적당한 칸막이방을 얻을 수 있을지 모르겠다. 그런데 이 블리싱겐은 독일어로 플러싱(Flushing)이라 표기하는 것 같다. 보통 라인스돌프(Reinsdorf)가 쓰는 것처럼 줄곧 수 많은 병정들이 철모를 쓰고 있는 모습을 볼 수 있었다. 이처럼 더운 날씨에 저와 같이 철모를 쓰고 있으니 그들은 무척 더울 것이라고 생각되었다. 농장에는 부인네들이 남정네들과 어울려 농사일을 하고 있었다. 오늘 밤 늦게 베를린에 도착할 것임에 틀림없는 것같다. 기차 시간표가 없다. 우리는 지금 미국의 표준시간에 시간을 맞추고 있다. 3시에 포젠(Posen)에 도착했다. 나는 4시간 걸릴 것이라 생각했었다. "포젠의 聖人". 신문, 웨이터의 조수 등 도처에 미국과 유사했고, 러시아와는 판이한 현상이었다.

오후 7시 30분, 베를린에 도착했다. 우리는 차표를 내보이면서 즉시 포츠담(Potsdam) 정거장으로 향했다. 린덴(참피나무 거리, Unter den Linden)을 발견했다고 생각했다. 凱旋門을 지나 아주 시원한 깊은 공원을 통과했다. 포츠담역에 도착해보니 나의 타전이 잘못되어 철도국에서는 내 전보를 받지 못했기 때문에 침대차를 예약하지 못했다는 것이다. 나는 영어를 조금 할 줄 아는 식당차의 웨이터를 통하여 이같은 사실을 비로소 알게 되었다. 우리는 기차표를 구입하기 위하여 프레데릭스트라세(Frederickstrasse) 정거장으로 돌아왔다. 그러나 철도역원들은 미친듯이 독일어로 이야기하다가 한 마디 영어로 우리를 포츠담의 반호프(Potsdamer Banhoff)에게 보낸다고 하였다. 5마르크의 잡비를 들여서 드디어 1등차표를 구하는 데 성공했다. 이 좌석은 아이츠쿠넨(Eydtkunen)에서 승차했던 1등차와 꼭 같은 열차였다. 우리는 깔개를 이용하여 딱딱한 쿠션을 부드럽게 해서 베개로 이용하려 했다. 독일의 철로 위로 달리는 열차의 속도는 경편열차로서는 그 속도가 너무 빠르기 때문에 차체의 동요 소음 등이 너무 심하여 잠을 잘 수 없었고, 잔다고 해도 선잠을 잘 수밖에 없었다.

7월 1일 (水)

우리는 오전 5시에 기상, 몹시 피곤했다. 불결한 화장실에는 수도물이 나오지 아니해서 세수조차 할 수 없다. 식당차도 없었다. 에센(Essen)에서 약간의 커피와 샌드위치를 사먹었다. 그런데 우리는 에센에서 탄 열차가 入換관계로 操車場으로 轉轍하여 거기서 한 시간정도 대기하였다. 에센에서 플러싱 또는 블리싱겐까지 열차로 달리면서 철로연변 풍경은 그림처럼 아름답다. 홀란드(Holland)는 아름다운 나라이다. 게펜(Geppen)이나 런던의 세관에서는 알콜이나 담배류에 관하여 간단한 질문을 할 뿐 수하물 짐을 열어보지 아니했다. 7시간의 도버해협 항행은 대단히 편안했다. 바다는 잔잔했고 선체의 동요가 전연 없었다. 우리는 객실에 들어가서 10시에 취침, 熟眠했다. 여객선상에서 점심과 저녁식사를 했다. 7시 30분 런던에 기착, 즉시 사보이호텔로 직행했다. 외국인이 목욕실 딸린 방 하나를 예약한 것인데 작지만 아담한 방이었다.

7월 2일 (木)

모건이 來訪, 하루 종일 나와 시간을 보냈다. 알렌 부인과 함께 점심식사를 했다. 나는 '시티 오브 런던 클럽'(City of London Club)에서 울시(George M. Woolsey)와 점심을 같이했다. 아메리카 무역상사에서 펠리(Pelly)씨를 만났다. 그는 웨베르 가족과 함께 시베리아 대륙횡단 철도로 여행했다고 한다. 양복 및 외투 등을 주문했다. 8시에 오페라하우스에서 〈컨트리 걸(Country Girl)〉을 관람했다. 아주 훌륭한 오페라였다. 2층 좌석 2개의 관람료는 25파운드였다. 호텔 저녁식사 2인분은 가벼운 것으로 해서 20파운드를 환전해야만 했다. 15층 목욕실이 딸린 방 2개에 하루 42파운드로 예약했다. 호텔 식당의 식사대금 청구에 나는 참을 수 없었다.

7월 3일 (金)

나는 더미니언 여객선회사(Dominion Line) 소속의 9월 15일자 리버풀(Liverpool) 보스턴(Boston)간 정기 여객선 승선권을 구입했다. 바깥쪽 객실 2개 좌석에 각 25파운드였다. 안쪽 좌석은 20파운드이다. 안쪽 좌석표가 매진되었기 때문에 나는 바깥쪽 좌석 2개를 50파운드로 구입했다. 필요하다면 한 좌석이 더 추가되는 일이 있으면 40파운드로 해주겠다고 했다. 그러나 그들은 그 좌석에 한 사람도 배정하지 않겠다고 보장했다. 알렌 부인은 모건과 외출했다. 나는 메트로폴(Metropole)에서 점심식사를 하고 7월 12일부터 우리 일행 4명이 묵을 목욕탕 딸린 더블룸 2개를 하루 32파운드로 예약했다. 그리고 기차표를 구입했다. 어제밤 역장에게 편지를 하여 식당차 안의 좌석 2개를 예약한 것이다. 아주 다행스런 일이다. 우리는 줄곧 편안하게 앉아서 매우 푸짐한 식사를 했다. 누군가가 내 모자 상자를 집어갔기에 분실물센타에 신고했지만 아직까지 찾지 못했다. 이같은 영국제도에 대해 나는 혐오감을 느끼지 않을 수 없었다. 나는 분실신고를 하지 않으려 했지만, 울시가 그렇게 하는 것이 안전하다고 말하면서 이곳 식당차는 적합한 좌석이 아니라고 했다. 그래서 나는 시키는대로 했다. 그런데 값진 모자상자와 모자곁에 두었던 다른 물건도 분실하고 말았다. 켈틱(Celtic)호는 내일 늦게까지 오지 않을 것이다(리버풀, 아델피 호텔, Adelphi Hotel).

7월 4일 (土)

켈틱호는 6시 15분에 퀸스타운(Queenstown)을 통과했고, 오늘 밤 9시 30분까지 런던에 도착하지 못할 것 같다. 우리는 오늘 오후 聖 조지홀(St. George's Hall)로 가서 오르간 독주회를 관람했다. 훌륭한 홀이었고, 멋있는 오르간에다 감미로운 음악이었다. 섹톤(Sexton) 공원으로 마차를 타고 가서 관광한 후, 거리를 산책했다. 그리고 워커 미술관(Walker Art Gallery)을 관람했다.

7월 5일 (日)

어제 저녁 9시에 우리 집 아이들이 이곳에 도착했다. 우리는 부두에 나가 그들이 오기를 기다리고 있었다. 그들은 건강하고 유쾌해 보였다. 맏아들 헤리(Harry)에게 영국체재기간 동안 재정담당을 맡겼다. 오늘은 진종일 비가 와서 우울했다. 우리는 오전 중에 그동안 아이들의 지낸 이야기를 들었고, 오후에는 우리 식구 모두 마차를 타고 섹톤 공원으로 소풍을 나갔다. 흙투성이의 양물푸레나무숲으로 걸어서 가다가, 마차를 타고 시골길로 달리던 중, 길을 잘못 들어서서 다른 마차로 갈아탔다. 아기를 안고 마차 꼭대기에서 한 남자가 떨어지는 것을 보았다.

7월 6일 (月)

1등열차편으로 글래스고우(Glasgow)로 6시간을 달려 그곳에 도착했다. 3등석도 상당히 훌륭했다. 그랜드호텔에 투숙했다. 그러나 그랜드호텔은 황폐상태였다. 방 4개에 18파운드. 식물원 관람을 했다. 저녁에는 아이들과 같이 그 지겨운 보드빌(Vaudeville, 노래 · 춤 · 만담 · 곡예 등을 섞어 하는 쇼)을 관람했다. 저녁 일찍 떠나서 '카일스 오브 버틀' (Kyles of Buttle)에서 아르디샤이그(Ardishaig)까지 콜룸바(Columba)호로 항행했다. 여객선을 타고 아리얀 운하(Ariyan Canal)를 관통 항행했다. 기차로 던눈(Dunoon)까지 갔다가 콜룸바호로 강을 따라 돌아왔다. 클라이드(Clyde) 造船所를 시찰했다. 아이들과 함께 나는 저녁에 보디빌 관람을 즐겼다.

7월 8일 (水)

로치 로몬드(Loch Lomond)행 열차를 놓치고 그 대신 12시 30분 발 에딘버러(Edinburgh)행 열차를 탔다. 우리는 성 앤드루우즈 호텔(St. Andrews Hotel)로 갔다. 시설은 형편 없이 빈약하다. 그래서 한두 개 다른 호텔을 물색한 결과 가장 시설이 좋은 로열(Royal) 호텔에 투숙했다. 이 호텔은 전망이 썩 좋았다. 호텔 창문을 열면 성곽, 공원, 그리고 시가 전체가 한 눈에 들어온다. 에딘버러는 참으로 아름다운 도시이다. 내가 구경한 도시 중에서 가장 실효성이 있는 도시이다. 오전에는 에딘버러 성곽을 관광했는데, 참으로 훌륭한 구경을 했다. 아이들과 나는 저녁에 아주 깨끗한 보드빌극장으로 가서 쇼를 관람했다. 밤은 밝고 또 짧았다.

7월 9일 (木)

우리는 배를 타고 포드 河口(Firth of Forth)를 지나 애버딘(Aberdeen)까지 올라갔다. 점심을 준비해가지고 피크닉을 떠났다. 유쾌한 소풍으로 즐거운 시간을 보냈다. 돌아올 때는 철도편으로 포드 철교를 지나 돌아왔다.

7월 10일 (金)

브루스(Ruft Bruce)가 살고 있었던 호손든 글랜드(Hawthornden Glend)로 기차를 타고 갔다. 우리는 스코틀랜드의 메리 여왕(Mary Queen)이 숨어살았다는 브루스의 붉은 城砦를 구경했다. 노트(Jud Knot)가 이 성채에서 메리 여왕을 改宗시키려고 설교했다고 한다. 시인 드러먼드(William Drummond or Drummond of Hawthornden, 1585~1649)가 詩를 썼다는 좌석도 보았다. 골짜기를 따라 걸어가니 상쾌했고 가다가 보니 그 옛날 토굴감옥과 지하 아파트가 있는 러슬린 성곽(Ruslin Castle)에까지 이르렀다. 러슬린 교회당은 아주 놀랍게도 조그만 계곡에 자리잡고 있었다. 러슬린 로열 호텔(Ruslin Royal Hotel)에서 점심을 들었다. 참으로 유쾌한 소풍이었고 돌아올 때는 4륜 유람마차를 타고 돌아왔다. 쿠크스(Cooks)를 통해 50파운드를 구해야만 했다. 런던에서 HKOS 외환은행에 전보로 통고해야만 했다. 쿠크스 가족들은 4년 전만큼 우리들에게 신경을 쓰지 아니했다. 나는 그들의 표를 구입하려고 했으나 너무나 거만한 태도로 대우했기 때문에 즉시 떠나고 말았다. 나는 역장에게 편지를 보내어 3등식당차 좌석 4개를 예약할 것을 부탁했다.

7월 11일 (土)

역장은 우리의 좌석을 예약해 주었다. 급사장에게 1실링을 지불함으로써 우리는 런던까지 줄곧 식탁 좌석을 차지하면서 갔다. 이 비용은 1등 요금의 절반도 안되는 것이지만 좌석은 편안했다. 메트로폴 호텔에 가서 욕실 딸린 방 2개에 34실링을 주고 투숙했다. 식당은 시설이 형편없었고 음식값은 비싸고 또 제한적이었다. 나는 아이들을 데리고 〈나의 숙녀 몰리(My Lady Molly)〉라는 오페라를 관람했다.

7월 12일 (日)

런던에서 일요일이 되면 아주 조용하다. 오후에 나는 아이들을 데리고 마차도 타고 그리고 시내도 산책했다. 저녁에는 편지를 썼다.

7월 13일 (月)

아메리카 무역상사로 가서 아이들의 옷과 내의, 그리고 우리 식구 모두의 모자 등을 주문했다. 아내 파니는 자기 모피옷을 보고 좋아했다. 분실된 나의 모자를 찾아가지고 돌아왔다. 아이들과 나는 오후에 曲馬場에 갔었다. 저녁에는 가족 전원이 단테(Dante)에 있는 어빙(Irving)으로 갔었다. 참으로 훌륭했었다. 이 호텔은 소년들에게는 아주 효과적인 호텔이었다. 그들은 열심히 옷차림을 단정히 하여 모양을 내는가하면, 예복을 입고도 즐거워하고 있었기 때문이다.

7월 14일 (火)

내 아내와 아이들은 쇼핑했는데, 둘째 아들 모리스(Maurice)에게 외투를 사주었다. 보스트위크(Harry R. Bostwick, 普時旭) 부처 내외가 킹프리그 윌리엄(King Prig William)호로 어제 밤 세실(Cecil)에 도착했다. 보스트위크 부인은 오후에 내 아내와 같이 시간을 보냈다. 아이들과 나는 각자 계산하는 쇼핑을 했다. 우리 가족 전원이 저녁에는 세컨드 탕쿼리(Second Tanqueray)에 있는 캠프벨(Patrick Campbell)을 만나러 갔었다. 나는 보스트위크 부처, 울시 부인을 저녁식사에, 그리고 저녁에는 내일 저녁에 공연되는 극장으로 초대했다.

7월 15일 (水)

저녁에 메트로폴과 엠파이어(Empire)에서 중국 요리 허니문 마티네 디너(Chinese Honey Moon Matinee Dinner)에 울시부인과 보스트위크 부처를 초청, 저녁식사를 같이 했다.

7월 16일 (木)

크리스텐(Christen) 제독을 오후에 만나보고, 저녁에는 보스트위크를 집으로 초대했다.

7월 17일 (金)

오후에는 윈저 성곽(Windsor Castle)을, 저녁에는 〈하이델베르크(Heidelberg)〉를 관람했다. 그리고 駐英 미국공사관도 방문했다.

7월 18일 (土)

저녁에 〈킹스 마티네(King's Matinee)의 소녀〉와 〈카르멘(Carmen)〉을 관람했다.

7월 19일 (日)

편지를 쓰다. 모리스(Maurice)에게 편지를 발송하게 했다. 이어 나는 헤이그(Hague)행 乘船券을 구입했다(토요일). 홀란드의 후크(Hook)경유. 8시 30분에 출항하였다. 훌륭한 항행이다. 로테르담(Rotterdam)으로 항행했다. 시가 전차를 타보기도 하고, 해상관광여객선을 탔다. 和蘭(네덜란드) 사람은 많은 팁을 요구하는 놀라운 국민이다. 40金의 가치가 나가는 길더(Guilder, 네덜란드의 화폐 단위)도 영국의 실링만큼 가치가 없다. 오전 10시 경 헤이그에 도착했다. 뷰 데렌(Vieux

Daelen) 호텔에 투숙했다. 더그매 방 2개에 하루 10길더(4달러)이다. 저녁식사도 10길더이다. 홀란드의 브라이톤(Brighton of Holland)이라는 쉐리닝겐(Sheriningen)으로 갔다.

일찌감치 잠자리에 들었으나 잠은 오지 아니했다. 21일 화요일에는 라이든(Leyden)까지 자전거로 갔다. 11마일에 달하는 도로는 훌륭했다. 라이든까지 갔다가 내리지 않고 왕복 22마일을 달려서 돌아왔다. 라이든 공원을 통해서 자전거를 타고 갔다. 저녁에는 쉐리닝겐에 갔다. 나넬(Nanel) 공사가 우리에게 마차를 보냈으나, 이를 타지 못했다.

7월 23일 (木)

왕실미술관을 관람한 후 나넬 공사를 예방했으나 또다시 그를 만나지 못했다. 호텔방 청구서를 지불하고, 점심을 먹은 후 암스테르담(Amsterdam)으로 떠났다. 오후 3시에 암스테르담에 도착, 유럽 호텔(Hotel del Europe)에 투숙했다.

방 3개에 10길더(4달러)이다. 그중 한 개의 방은 운하를 굽어볼 수 있는 전망이 훌륭한 방이었다. 꽤 큰 창문이 달린 훌륭한 식당도 있었다. 호텔방은 2중문이 달려있었으나 문위에 달린 유리창으로 불빛이 비참하게 비추고 있었다. 모기떼가 극성을 부리고 있었지만 모기장은 없었다. 네덜란드는 물가가 비싸고 외국인에게 악의적인 요금을 청구하고 있었다. 색다르고 그림처럼 아름답지만 전혀 바람직한 풍경은 아니었다.

7월 24일 (金)

아이들이 열쇠를 가지고 외출했기 때문에 나는 뒷방에 갇혀 그대로 방을 지키고 있을 수밖에 없었다. 그들은 아주 검소한 소년이지만 두뇌가 날카로운 명석한 소년은 아니었다. 아무튼 이번 여행으로 그들에게 인생을 통찰할 수 있는 기회가 되었으면 한다. 그들은 나의 솔직한 가르침을 따르지 아니해서 이번 매사추세츠 공과대학(M.I.T.) 시험에 불합격했다. 별다른 수험준비도 없이 무턱대고 만리우스(Manlius)에서 응시했기 때문에 전과목 불합격된 것이다. 知事를 찾아가 허둥지둥 볼일을 끝마치고 아이들을 입학시켰다.

배를 타고 마아켄(Maarken)島 관광길에 나섰다. 거기에서 이상한 풍습으로 살고 있는 어부들을 보았다. 소년소녀들의 옷차림은 거의 비슷하나 모자에다 조그만 장식품을 달고 있었다. 노파 두 사람이 겨울철 홍수가 났으므로 윗층에서 외롭게 살고 있었고, 아래층은 온통 물바다였다. 불을 피울 수 없기 때문에 빵과 물만으로 연명하고 있었다. 노파가 살고 있는 집을 촬영했다. 우리가 타고 갈 작은 증기선으로 돌아오기 전에 비가 내렸다. 파니는 마아켄에서 은수저를 10.50길더를 주고 샀다. 우리는 주이델 지(Zuyder Zee)호를 타고 오는 동안에 뱃멀리를 앓았으나, 점심을 들고 나서 한결 좋아졌다.

우리는 섬 관광을 끝마치고 나서 대륙으로 횡단 항행, 비를 무릅쓰고 네덜란드에서 가장 오래된 교회를 보았다. 우리는 운하를 거슬러 溯航, 브로크(Brock)라는 마을에 기착했다. 거기서 우리는 에담 치즈공장(Edam Cheese factory)을 구경했다. 여름철이면 가축의 축사를 주거지로 이용하고, 겨울철이면 벽에 붙어 있는 폐쇄된 벽장에서 잠을 자는 모범농장도 구경했다. 파니는 이곳에서 네덜란드의 사자를 장식한 예쁜 은쟁반 하나를 구입했다. 이 은쟁반은 긴 겨울철에 쟁반류만 수집하는 사람을 위해 구입한 것이다. 은쟁반 만드는 일은 정부의 공식적 국가계획에 副應, 생산되는데, 순수한 은으로 제작하고, 일정한 기간에만 제작하며, 이번에 우리가 구입한 이 은쟁반의 제작연대는 1750년으로 소급된다. 은쟁반 값은 50길더이나 나는 46길더만 가지고 있었기 때문에 주머니에 있는 이 돈으로 구입했다(17.60달러).

음침한 날씨였으나 유쾌한 여행을 했다. 저녁이 되기 전에 우리는 우리 호텔 손님들이 놀라울 정도로 소증기선을 타고 악취가 풍기는 암스테르담 운하 항행 관광을 즐겼다. 참으로 흥미진진한 운하 관광이었지만, 역겨운 냄새로 고생했다. 우리는 외국인 피만 빨아먹는다는 모기떼를 제외하고는 유럽호텔이 우리에게는 아주 편안했다. 식당에는 객실 옆

문만한 큰 창문이 달려 있었고 식탁도 훌륭했다.

7월 25일 (土)

오전 7시에 암스테르담을 출발, 오후 6시에 스트라스부르(Strasbourg)에 도착했다. 네덜란드 횡단여행은 그다지 재미있는 여행은 아니었다. 稅關에서도 아무런 문제가 없었다. 2등 객차에 승차했는데, 1등과 아주 비슷했고, 안온한 좌석이었다. 우리는 차장에게 2길더를 주었더니, 칸막이 특실 전체를 배정해 주었다. 콜로뉴(Cologne)의 라인(Rhine) 강변 풍경은 아름다웠다. 식당차에서 맛있는 저녁식사를 들었다. 스트라스부르는 아주 유쾌한 도시였다. 가장 좋은 내셔널(National) 호텔에 투숙했는데, 매우 아늑한 호텔이었다.

7월 26일 (日)

대성당을 방문, 대성당을 촬영했다. 오후에는 비가 억수같이 내렸다. 저녁에는 아이들과 같이 야외오페라를 관람했다. 이곳은 프랑스 영토 안에 있었지만 시설이 아주 빈약했다. 어저께 밤(토요일)에는 우리 식구 모두가 공원 내에서 개최되는 아주 매혹적인 음악회에 참석했는데, 군악대의 연주를 들었다. 입장료는 얼마 안되었지만 좌석에 앉을 경우 약간의 맥주를 사먹어야만 했다. 놀라운 것은 모리스(Maurice)란 놈은(둘째아들) 고양이가 우유를 마시는 듯했고, 헤리(Harry)란 놈은(맏아들) 자기 몫을 손도 대지 않고 있었다.

7월 27일 (月)

스트라스부르 오전 10시 출발, 오후 7시에 제네바에 도착했다. 우리는 열차의 요동이 심하고 열기가 있어서 약간의 멀미氣를 느꼈다. 바젤(Basel)을 떠난 후 한 유태인이 우리의 특실에 같이 타고 있었던 한 독일인 좌석을 빼앗으려 했기 때문에 말다툼을 하게 되었다. 제네바 호수(Lake Geneva)와 로잔(Lausanne)에 가까이 올수록 風光은 더욱 아름다웠다. 베른(Berne, 스위스의 수도)은 그림같이 아름다운 도시이다. 내셔널호텔에 투숙했는데, 이곳은 베른시내 호텔 가운데 최고급 호텔이다. 우리는 3층 방 3개를 차지했는데, 북쪽으로 호수와 그 인접 계곡 그리고 자라(Jara)산맥 등을 바라볼 수 있는 전망이 썩 좋은 방들이었다. 그러나 블랑(Blanc)산은 앞쪽 즉 동쪽에 있었다. 호텔 숙박비는 우리네 식구를 포함하여 하루 60프랑(12달러)이다. 호텔 정면에 넓은 정원이 있었다. 식당도 훌륭했고, 투숙객들도 아주 조용했다. 우리는 가장 좋은 좌석에 앉아 관현악을 관람했다.

7월 28일 (火)

주한 미국공사관 서기관 모건(Edwin V. Morgan)과 駐 스위스 미국영사 워싱턴(Horace Lee Washington)을 예방했다. 특히 후자 워싱턴은 아주 친절한 사람으로서 우리와 점심을 같이 했고, 전 대통령, 백악관 소속 미술인인 뉴욕 출신 미첼(Murray Mitchell) 등을 만나게끔 주선해주었다. 미첼은 세인트루이스 박람회와 기타 박람회를 설계한 미술가이다. 스트라스부르에 있을 때인 7월 25일 토요일 저녁에 우리는 공원까지 시내의 전차를 타고 갔었다. 나는 우리 아이들을 이곳에 남아있게 해서 그들로 하여금 어학공부를 더 철저히 연마하는 등 장차 매사추세츠 공과대학 입학시험 준비를 하도록 하는 것이 좋겠다는 영감을 얻었다. 파니는 즉각 이 계획을 추진했다. 우리는 이 문제에 대하여 아이들과 논의했더니, 그들도 이에 반대하지 아니했다. 이같은 유학 계획을 모건에게 상의했더니, 그도 훌륭한 계획이라고 말하기에 이 계획을 추진하기로 결정했다.

31일에 나는 대학 夏期學校 베니스(Benice) 교수를 만났더니, 그는 뒤푸르(Jules C. Dupour) 교수를 만나라고 하기에 나는 파니와 함께 이날 오후 그를 면담했다.

7월 31일 (金)

힐(Hill) 박사를 오전에 만났다. 그는 우리 아이들을 떠맡아서 개인지도를 해주겠으며 그의 아버지의 도움으로 독일어를 가르치고, 외부교사를 채용, 수학을 지도하며 숙식비와 지도비를 포함, 매월 각각 60달러를 지불하기로 합의했다. 나는 월요일에 이를 승락했다.

8월 2일 (日)

우리는 모건씨와 함께 호수 주위로 관광소풍을 떠났다. 테리테트(Territet)에서 하차, 큐론(Cuellon)城을 관광했다. 7월 30일에 우리는 블랑(Blanc)산을 보기 위하여 傾斜鐵道를 타고 그랜드 살리브(Grand Salive)까지 올라갔다. 이 철도여행은 대단히 값비싼 여행이었으나 만족할만한 성과는 없었다. 하루 종일의 관광 코스가 아니라 반나절의 소풍이었다. 사랑하는 스위스 사람들에게 압력을 가한다면 매력을 끌지 못하게 될 것이다.

8월 3일 (月)

아이들은 뒤푸르(Jules C. Dupour) 교수에게 매일 학습지도를 받기 시작했는데, 토요일·일요일은 제외하고. 이 두 아이들의 학습지도비는 3프랑이었다. 우리 아이들은 매일 아침 8시 30분에 호텔을 떠나 9시부터 수업에 들어가고, 10시 30분에 귀가, 점심 때까지 그 다음 날 학과 예습을 한다. 그들은 이미 학업 성과가 좋아지고 있었다. 우리는 뒤푸르 선생의 이같은 학습배려를 보고 우리 아이들의 유학계획을 잘 했다고 생각했다.

8월 9일 (日)

나는 모건씨 아이들과 함께 디본 르 베인(Divonne le Bain)에 가서 헌트(Leigh Hunt)여사를 만났다. 그녀는 프랑스식 온천장에서 噴水治療를 받고 있었다. 우리는 보트를 타고 코페트(Coffet)로 가서 거기서 마차를 타고 3마일 반 더 갔다. 이곳에서부터 2시간 미만의 여행길이었다. 그곳은 프랑스 領內에 있었지만 누구나 교외로 갈 적마다 프랑스 땅에 들어갔다가 계속해서 세관을 통과, 재통과 절차를 거쳐야 한다.

8월 16일 (日)

보스트위크 가족이 지난 화요일에 이곳 내셔널 호텔로 와 있다가 오늘 떠났다. 헌트 여사는 내일 오기로 했다.

8월 19일 (水)

우리는 철도편으로 쵸닉스(Chaunix)로 갔다. 폭우가 내렸지만, 이튿날 20일 아침에 날씨가 활짝 개이고 햇볕은 쨍쨍 났다. 우리는 로열(Royal) 호텔에 묵고 있었다. 아름다운 산을 바라볼 수 있는 전망이 좋은 방 3개를 차지했다. 나는 아이들을 데리고 안내인의 선도로 글레이스 氷河(Glace Glacier)를 등반했다. 여관에서 점심 식사를 한 후 안내인이 우리가 훌륭한 산악 등반인이라고 생각한 듯, 보통 일반 등반로보다 훨씬 험준한 산길을 가로 질러 빙하를 건너가게 했다. 나는 깊게 갈라진 빙하 龜裂 사이로 고개를 떨구어 안내인의 부축을 받으며 빙하 경사면을 조심스럽게 건너갔다. 안내인이 찰칵하고 사진을 촬영했다. 이 사진은 현상 후 우편엽서에 붙이기로 했다.

8월 21일 (金)

쵸닉스로부터 텔 느와르 패스(Tele Noir Pass)를 넘어 마르티그니(Martigny)까지 마차로 갔다. 이 여행길은 참으로 훌륭한 여행이었다. 줄곧 빙하를 통과, 스위스까지 오게 된 보람이 있었다. 마르티그니로 가는 중간 지점에 있는 샤트라드 호텔(Hotel del Chatelard)에서 점심을 들었다.

8월 22일 (土)

마르티그니에 있는 몽블랑산 호텔을 출발, 2등객차로 비스프(Bisp)를 향해 떠났다.

시카고 출신의 디킨슨(Don Dickinson) 여사를 만났는데, 그녀의 남편은 파리 주재 알래스카 准州委員會(Alaskan Commission)에 근무하고 있다. 1,000프랑 어음을 현금으로 교환할 수 없어서 우리는 비스프발 제르마트(Zermatt)행 톱니꼴 레일철도의 3등객차를 타고 떠났는데, 제르마트에 도착, 로즈산 호텔(Hotel Mt. Rose)에 투숙했다. 세르빈산 호텔(Hotel Mt. Cervin)은 만원이었다.

8월 23일 (日)

다음 날 일요일 우리는 가파른 톱니꼴 레일철도를 타고 가너 그레트(Garner Grat)로 향발, 무서운 강풍이 몰아치는 가운데 점심을 먹었다. 돌풍은 집을 온통 날려버릴 것만 같았다. 차칸에는 승객들이 붐볐다. 우리는 무사히 도착, 하차하였으니 다행이었다.

8월 24일 (月)

다음 날 우리는 철도편으로 테리테트(Territet)로 떠났다. 그랜드 호텔에는 투숙하지 않기로 했다. 그곳에는 작은 식탁도 없기 때문이다. 45도 각도의 경사지에 위치하고 있는 로커스 드 네이(Rockers de Nay)행 가파른 철로를 따라 발차했다. 우리는 그날 밤을 그곳에서 보낸 후 알프스산맥 위로 떠오르는 日出을 보기 위하여 새벽 일찍 기상했다. 융프라우(Jungfrau) 산과 베르니스 아벨란드(the Bernise Aberland)도 구경했다. 참으로 장엄한 대산맥의 자연풍광이었다.

8월 25일 (火)

그런데 이번 휴가기간 나는 치통으로 고생하고 있다. 아늑한 내셔널 호텔에 투숙하니 다행이었다. 우리가 발견한 이 호텔에 도착하기는 8월

25일 화요일이었다. 호텔에 가보니 헌트(Leigh S. J. Hunt)가 와 있었다.[8] 헌트는 현재 이집트 白나일(the White Nile) 토지개발공사 사장이며 또 수단 토지개발 사장으로 활약하고 있는 미국인 실업가이다. 그는 한국에서 활약하고 있는 콜브란(Henry Collbran, 高佛安)과 보스트위크(H. R. Bostwick, 普時旭)를 아주 증오하고 있었다.[9] 헌트는 내가 콜브란과 보스트위크와 이권관계가 있다는 취지로 어느 누군가가 루스벨트 대통령과 헤이 국무장관에게 나에 대해 편견을 갖도록 악의적인 모함을 하고 있다고 나에게 확신시키려 企圖하고 있었다. 헌트의 이같은 태도는 결국 내가 루스벨트 대통령과 국무장관이 나에게 관심이 없다는 것을 믿게 함으로써 내가 콜브란 보스트위크에게 얼마나 관심을 가지고

---

8) 조선정부는 1895년 7월 15일 알렌의 적극적 주선으로 평안북도 雲山 금광 광업권을 아메리카 무역상사 사장 모오스(James. R. Morse, 謨於時)에게 허가했다. 그러나 모오스는 광업권을 획득하고도 開鑛을 미루다가 결국 알렌의 주선으로 시애틀의 자본가 헌트, 뉴욕의 자본가 파세트(J. Sloat Fassett)에게 수백만 달러 하던 雲山금광 광업권을 1897년 불과 3만 달러로 양도하고 말았다. 헌트와 파세트는 1897년 9월 29일 웨스트 버지니아주에서 총자본금 500만 달러로 동양광업개발주식회사(Oriental Consolidated Mining Company, West Virginia)를 설립했는데, 社長에 퍼킨스(Henry C. Perkins), 부사장에 헌트, 이사에 파세트였다. 이리하여 헌트는 본격적으로 雲山금광을 개광하기 시작한 것이다.
Allen, *Korea: Fact and Fancy*, pp. 192-193, July 15, 1895; Harrington, *God Mammon and the Japanese*, pp. 158, 160~161.

9) 콜브란은 영국인인데 1881년 미국으로 이민. 처음에 운송업에 종사하다가 콜로라도 中部鐵道局(Colorado Midland Railway) 총지배인을 지냈고, 그후 크리플 크리크線(Cripple Creek Line) 건설사업을 주관하다가 콜로라도 중부철도회사(Midland Terminal Railway of Colorado) 사장이 되었다. 그는 아시아방면에도 관심을 가지더니 1896년 내한, 샤타뉴우가(Chattanooga, 미국 테네시주 소재) 출신 제임스(James)와 공동으로 1897년 3월 22일 京仁鐵道敷設 공사계약을 체결, 건설공사를 했다. 그러나 제임스가 후퇴하자 샌프란시스코 출신 자본가 보스트위크와 제휴했다. 알렌은 모오스·헌트처럼 콜브란·보스트위크를 좋아하지 아니했다. 그 이유는 그들이 욕심 많게도 무엇이든지 움켜쥐려는 태도(grasping ways) 때문이라고 알렌은 고백했다.
Harrington, *God Mammon and the Japanese*, pp. 186~187; Allen, *Korea: Fact and Fancy*, p. 199, March 22, 1897.

있는가를 알아보려는 아주 질투심 많은 所爲임을 깨닫게 되었다. 나는 러시아 문제에 관해서는 내가 콜브란 · 보스트위크와는 아무 관련이 없다는 宣誓陳述書(affidavit)를 국무성에 제출한 바 있다는 사실을 헌트에게 이야기할 수 있어서 다행한 일이었다.[10] 금전상 나에게 이로운 바 하나도 없으며 약속한 바도 없다.

9월 1일 (火)

우리 집 아이들이 호텔을 떠나 뒤푸르家(Jules C. Dupours)에 개인학습을 받기 위하여 오늘 출발했다.

9월 2일 (水)

우리는 파리로 향발했다. 오늘은 이번 여행기간 중 가장 더운 날씨이다. 심술궂은 영국인이 같은 좌석에 앉아 가게 되었다. 그런데 파니는 막상 아이들을 떠나보내고 우리 내외끼리 가게 되자 사람들이 보는 앞에서 母情에 못이겨 울고 있지 아니한가. 그러나 나는 우리 내외의 좌석에 좌정하고부터 만사가 형통이다. 나는 여분으로 20프랑을 지불했다. 내가 이 차표를 구입했다면 나는 84프랑을 지불해야만 했다.

파리 푸르스 호텔(Hotel del Fource)에서 9월 2일 수요일부터 6일 일요일까지 체류할 예정이다. 일기는 대단히 더운 날씨이다. 식당에도 열기가 가득하다. 더위때문에 파리생활이 불유쾌했고, 그래서 파리에 매력을 느낄 수 없을 것 같다. 연극은 졸렬했고 연극배우도 마음에 들지 아

---

10) 이 당시 한국과 조약을 체결한 체약국 열강간에 제각기 한국에서의 경제적 이권을 획득하기 위한 쟁탈전이 치열하게 벌어졌다. 자기가 먹자니 싫고 개를 주자니 아까운 태도를 취하고 있던 러시아는 雲山 金鑛 개광사업을 확장하려는 헌트의 광산개발계획을 방해하려 했다. 그러나 1903년 가을에 이른 바 헌트-군즈부르크협정(Hunt-Gunzburg Arrangements)이 체결됨으로써, 러시아는 헌트의 사업을 방해하지 않기로 했다.
Harrington, *God Mammon and the Japanese*, pp. 193~194.

니했다. 9월 4일 금요일은 화창한 날씨였다. 聖 게르메인(St. Germain)으로 소풍, 거기서 점심을 들었다. 駐韓 獨逸領事 바이페르트(H. Weipert, 瓦以璧) 박사가 일본 가옥세 중재재판(Japanese House Tax Arbitration)을 위해 지금 파리 루브르박물관(the Louvre)에 와 있다. 우리는 파리에 와서 알렌부인의 모자를 약간 사려 한다고 그에게 알렸다. 알렌부인의 모자를 구입했다.

9월 6일 (日)

우리는 비를 맞으며 런던으로 갔다. 신형 터빈 증기선 퀸(Queen)호로 한 시간만에 도버해협을 편안하게 횡단 항행했다. 세실(Cecil) 호텔에 투숙했는데, 이 호텔은 메트로폴(Metropole) 호텔보다도 더 값싸고 시설도 더 좋고 해서 더 편안하게 지낼 수 있었다.

그 다음 날 7일 월요일에 나는 아메리카 무역상사로 가서 다이아몬드와 紫水晶 구입에 착수했다. 울시(Woolsey)씨는 나를 위하여 달톤(Thomas Dalton)씨와 매매계약을 체결했는데, 이 계약에 따라 다음 날 나는 작은 다이아몬드 16개를 31파운드로, 아름다운 자수정 120개를 12파운드로 구입했다. 특히 나는 내 아내 파니의 자수정 목걸이를 만들어주기 위하여 충분한 자수정 알이 필요하기 때문에 이를 확보하고 싶었다. 나는 9월 7일 월요일 밤에는 대단히 拙作으로 보이는 미국 연극 〈칭커즈(The Chinkers)〉를 관람했다. 9월 8일 화요일 저녁에는 우리 내외는 파티(A Party), 〈여학생(The School Girl)〉과 고상한 오페라를 관람했다. 9월 9일 수요일 오후에는 〈메달과 아가씨(The Medal and Maid)〉를 관람하러 마티네(낮 흥행)에 갔다. 그것은 아주 시시한 오페라였다.

9월 9일 (水)

저녁에 우리 내외는 윌라드(Henry Willard) 추기경을 예방했는데, 그는 인격적으로 훌륭한 분이었다.

9월 10일 (木)

우리는 리버풀(Liverpool)로 가서 억수같이 내리는 暴雨를 흠뻑 맞으며 보스턴행 더미니언 여객선(Dominion Line)의 코먼웰드(Commonwealth)호에 탑승했다. 코먼웰드호는 13,000톤급 대형여객선이다. 우리는 폭풍을 무릅쓰고 부두로 나갔는데, 갑자기 불어닥친 疾風으로 船積에 큰 피해를 입혔고, 지붕이 날아가고 電信이 불통되었으며, 우리가 퀸스타운(Queenstown)에서 들은대로 퀸치(Quinch) 해안의 철도교통도 두절되었다는 것이다. 그러나 우리는 코먼웰드호에 탑승하고부터 별로 불편을 느끼지 아니했다.

코먼웰드호에는 1등석 승객이 221명이고, 2등석 승객은 이보다 더 많았다. 여객선은 승객들로 붐볐고 사람이 너무 많아서 유쾌하지 못했다. 날씨는 폭풍우 때문에 너무나 으스스 춥고 기분 나쁜 날씨였다. 음식은 좋지 않아 맛이 없었고, 우리 아이들이 타고 온 켈틱(Celtic)호가 이 배보다 훨씬 낫다고 말할 수 있다. 우리는 브롬화물 덕택으로 지금까지 뱃멀미를 앓지 아니했다.

9월 18일 (金), 보스턴

우리는 9월 18일 저녁에 보스턴에 상륙했다. 稅關은 환어음을 가지고 있었고, 나에게 호의적인 태도로 대했다. 저쪽 테이블에는 매부댁 에베레트 가족(Everetts)을 위시하여 톨레도(Toledo) 고향 친구들이 마중나와 있었다. 차일즈(Childs) 부부는 선박도매업 製靴業으로부터 퇴직했고, 그의 딸과 사위 마르크스(Alto Marx)는 치과의사다. 나는 지금 미국에 거주하고 있으면서 면제품 사업을 하고 있는 유쾌한 영국인과 같이 휘스트(Whist, 카드놀이의 일종) 놀이를 했다. 패톤(Paton)씨는 1902년 태평양 여행 때 사귄 친구이고, 텍사스 출신의 도란스(Dorance), 보스턴 출신의 힐(Hill), 코네티컷 출신의 도드(Dodd) 등과 함께 놀이했다. 모두가 훌륭한 카드 솜씨를 발휘했다. 너무나 잘 놀아서 나는 그만 물러서고 말았다.

우리는 같은 승객가운데 불타오르듯 붉은 수염을 달고 있다 해서 구레나룻씨(Mr. Whiskers)라는 별명을 가진 한 뻔뻔스런 사내가 있었다. 그는 아마도 시골 서점 점원으로 일하다가 이번에 처음으로 외국나들이를 했다는 것이다. 그는 넉살좋게도 연주회를 조직, 스스로 지휘자가 되어 연주회원을 깨우고, 또 심지어 2등 객실에 타고 있는 승객들까지 불러들여 한바탕 음악연주를 하곤 했다. 2등 객실에는 모르몬 교도(Mormons) 70명이 탑승하고 있었는데, 대부분 여신도들이었다. 그들의 지도자와 구렛나룻씨는 참으로 재미있는 친구인 것 같다. 각자가 回教國國王의 後宮(harem)될 자격이 있는 것처럼 보였다. 투레인(Touraine) 호텔은 만원이어서 우리는 먼로(Kirk Monroe)가 추천한 브룬스위크(Brunswick) 호텔에 투숙했다. 이 호텔은 뉴욕의 맨해턴처럼 우리에게 숙박비가 너무 비싼 호텔이었다. 값 비싼 호텔이지만 편의시설은 초라하고 더럽고 빈약했다.

9월 19일 (土)

우리는 매사추세츠 공과대학을 방문, 우리 집 아이들의 입학절차에 대해 알고 싶어하는 사항을 알아내었다. 한 가지 새로운 사실은 신입생들이 기숙사를 차지하여 학습하고 있었기 때문에 우리 집 아이들은 공과대학 기숙사 방에 入舍시키지 않는 것이 좋겠다는 결론을 내렸다. 게다가 기숙사비가 불필요하게 너무 비싸다는 것이다. 타일러(Harry Tyler) 교수는 선생 중에 한 분이 우리 집 아이들을 숙식시켜주겠다는 분이 있다고 말했다. 타운센드(Townsend) 여사로부터 들은 이야기인데, 그녀는 감독파 교회의 성직자 가족이라는 측면에서 볼 때 아주 훌륭한 저택을 가지고 있다는 것이다. 이 마음씨 고운 늙은 노파는 우리 집 아이가 우등생 졸업을 하게 된다면 마치 자기 친 손주처럼 기뻐하면서 교회신문에다 이 사실을 게재, 신도친구들에게 널리 회람케 하여, 우리 집 아이들을 자랑한다는 것이다. 우리는 유니언 클럽(Union Club)에서 타운센드(Edward Townsend)와 그의 어머니와 함께 점심 식사를 하고 하버드(Harvard) 대학을 방문, 보스턴 시내를 두루 관광했다. 저녁에 나는 타운센드와 함께 〈실버 슬리퍼(Silver Slipper〉라는 연극을 관람하였다.

9월 20일 (日)

우리는 뉴욕으로 향발했는데, 코네티컷주 페어필드(Fairfield) 근처에서 한 사람이 차에 치어 온 몸이 산산조각이 날 정도의 교통사고가 발생했다. 뉴욕에서 우리는 맨해턴(Manhattan) 호텔로 직행, 11층 550-51호 목욕실 딸린 방 2개를 얻었다. 동쪽으로 향한 방으로서 전망이 썩 좋았고 공기도 맑았다. 하루 숙박비는 9달러였다.

9월 21일 (月), 뉴욕

우리는 보석상 디오도르 스타즈(Theodore Stars)로 가서 엉클즈(Uncles)씨에게 줄 진주를 구입했다. 그는 이 진주를 무척 갖고 싶어하면서도 아직까지 사지 아니했다. 그 다음에 우리는 란델 배리모어(Randel Barry- more), 크리스티 빌링스(Christie Billings), 홀콤(Holcomb), 무레이(Murray) 그리고 메이든 레인(Maiden Lane) 등을 尋訪했다. 그들은 진주를 구입하지 않고 자수정의 모양과 크기가 모두 다르기 때문에 170달러 이하로는 구입할 수 없었다. 그들은 이 진주와 자수정을 살 수 없었지만, 보석상들은 팔아보려고 애썼다. 마침내 나는 12개를 제외하고는 모두 합해서 45달러를 주고 구입했다. 나는 제네바에서도 최상품 진주와 자수정을 소매로 5프랑, 미화로 1달러를 주고 구입한 일이 있었다. 그러나 이곳 뉴욕에서는 너무 비싸다. 이들 12개를 합해서 15달러를 주고 샀다. 나는 이것을 구입해서 진주 10개를 꿰어 진주목걸이를 만들어서 파니의 크리스마스 선물로 줄 작정을 했다. 참으로 훌륭한 선물이 될 것이라고 그녀는 상상하지도 못할 것이다. 이 진주목걸이에는 다이아몬드를 박고, 그리고 큰 진주 4개를 펜던트(pendant, 늘어뜨린 장식)로 달아볼 예정이다. 이것은 전적으로 내가 고안한 디자인이다. 나의 디자인이 성공을 거둔다면 파니는 무척 기뻐할 것이다.

한국황제가 나에게 선물로 하사하신 4개의 큰 진주는 그 값이 디오도르 스타즈에서 구입한다면 1,000달러가 된다(여기서 알렌은 1.00달러인지, 100.00달러인지 또는 1,000.00달러인지 기록상 혼동을 일으키고 있다). 다이아몬드 16개가 도매가로 35달러다. 30.83파운드는 152.00달러이고, 자수정 120개의 값은 12파운드 즉 60달러인데, 세일로는 42달러도 못된다. 12개 소매값은 18달러이고 진주 10개에 310원, 즉 미화 155달러, 61달러인데 총계는 234달러이다.

우리는 뉴욕시내 5번가로 걸어다니면서 공원으로 산책하다가 셰리(Sherry)에서 식사한 후 나는 런어웨이(Runaways)에서 살고 있는 템플턴(Fay Templeton)을 만나러 갔다. 그녀는 너무 정 떨어지는 인상을 하고 있었다. 아메리카 무역상사에 들러 볼일을 보고 집으로 돌아오는 길에 우리는 레게트(Leggett)에게 줄 선물로 많은 책을 구입했다. 우리는 아메리카 무역상사 사장 모오스, 뉴욕 한국명예총영사 스티븐스(William H. Stevens, 施大頻)와 함께 도렌 턴 클럽(Doren Turn Club)에서 점심식사를 했다.

9월 22일 (火)

나는 서울에 있는 漢城電氣會社 사장 콜브란으로부터 전보를 접수했는데, 서울집에 가지고 있는 내 피아노와 자동피아노를 한국 황실 閔泳煥에게 매도할 의향이 없는지 그 여부를 속히 전보로 회전해달라는 것이다. 나는 즉각 '不可'라는 回電을 보냈다. 피아노를 수집하고 싶었기 때문이다. 우리는 오늘 화요일 저녁에 스티븐즈 駐뉴욕韓國名譽總領事와 함께 〈오즈의 마법사〈Wizard of Oz)〉를 관람하러 갔다. 알렌 부인은 몹시 피곤을 느꼈기 때문에 이 시시한 연극이 끝나기도 전에 자리를 뜨고 말았다. 샤쓰를 많이 샀다. 플래시처럼 생긴 휴대용 전등 한 개를 구입했다. 그리고 스티븐즈 총영사와 저녁식사를 했다.

9월 23일 (水)

파니는 쇼핑을 했다. 나는 면도기구 등을 구입했다. 우리는 그리스 식당에서 저녁식사를 했다. 식사 후 나는 〈사랑하는 神(Darling of the God)〉이란 일본연극을 관람했다. 무대가 대단히 화려하고 일본인 생활의 眞面目을 보는 것 같아서 참 잘된 연극이라 생각했다.

9월 24일 (木)

〈펜터키트 백작(The Earl of Pantucket)〉이란 연극을 관람했다. 내가 여름동안 관람한 것 가운데 최우수 희극이었다. 알렉산더(William Alexander)씨를 예방했다. 그와 점심식사를 같이 했다. 그 다음 날 우리는 버나즈빌(Bernardsville)로 가서 그의 병약한 아내를 문병하기로 했다. 그런데 저녁에 그녀의 병세가 악화되었기에 오지 말라는 전보를 받았다. 타운센드(Arthur Townsend)와 그의 부인과 함께 저녁식사를 한 후 우리는 델리스(Dalys)에서 〈예쁜 세 아가씨(Three Little Maids)〉라는 연극을 관람했다. 이 연극은 음악적으로 편성되어 있는 훌륭한 뮤지칼이었다.

9월 25일 (金)

나는 저녁에 〈블랭크리즈에서 온 사나이(Man from Blankleys)〉라는 연극을 관람했다. 시내를 돌아다니다가 당구대 한 개, 털실, 포도주 몇 병, 자전거 따위를 구입했다.

9월 26일 (土)

우리는 매클라리즈(McClarys)에서 검은 담비 칼라(목도리) 머프(모피로 만든 외짝 토시같은 것) 등을 1,800달러를 주고 구입했는데, 파니 것만큼 좋지 아니했다. 마르틴(Martin's)[델모니코스(Delmonicos)의 옛터]에서 점심식사를 하고, 연극〈펜터키트의 백작〉을 관람했다. 나는 밤에는 릴리안스 파파(Lilians Papa)로 갔다.

9월 27일 (日)

우리는 잉글우드(Englewood)로 가서 아메리카 貿易商社 모오스 사장과 그의 가족, 하튼(Hatton) 여사, 스틱크니(Stickney) 여사 그리고 한 캘리포니아 노인들과 함께 점심을 나누었다. 약 1시간 반 동안 마차를 타고 가서 허드슨(Hudson)강에 도착했다. 집으로 돌아가는 길에 무서운 번개 천둥이 동반한 폭풍우가 휩쓸었다. 우리는 오늘 폭풍우에 갇혀 장시간 페리(Ferry)가에 머물게 되었다. 방에서 굴 스튜를 먹으면서 아주 조용한 저녁을 보냈다.

9월 28일 (月)

우리는 뉴욕에서의 볼일을 끝내고 짐을 꾸렸다. 저녁에 맥신 엘리어트(Maxine Elliott)로 가서 〈그녀 자신의 방식(Her Own Way)〉이란 연극을 관람했다. 첫날 밤이었다. 연약한 연극이었지만 훌륭했다.

9월 29일 (火)

철도편으로 워싱턴으로 향발, 저녁에 워싱턴에 도착했다. 윌리아즈(Williards)호텔에 투숙했다. 저녁에는 〈슐러의 술탄(이슬람교국 군주)(Sultan of Suler)〉라는 연극을 관람했다.

9월 30일 (水), 워싱턴

나는 국무성으로 가서 나의 외교 업무를 개시했다. 먼저 록힐(William W. Rockhill, 柔克義)[11]을 만나서 한국문제를 논의하기 시작했다.

---

11) 록힐은 1884년 駐淸 미국공사관에서 근무하다가 1886년 來韓, 약 4개월간(1886. 12. 1~1887. 4. 1) 주한 미국 임시 대리공사를 역임한 후, 1887년 부터 1891년 티베트(Tibet)를 중심으로 한 아시아대륙을 광범위하게 답사여행했다. 한청 양국에서의 외교관생활과 아시아대륙 여행을 통해 그는 극동문제 전문가(Far Eastern Expert)로서 국무성에서 일하게 되었다. 그는 汎美聯盟(Pan American Union)의 전신인 全美國際協議會(International Bureau of American Republics) 회장을

이어 루스벨트 대통령을 예방, "러시아에 관해 록힐은 실책을 저지르고 있다(He was making a mistake regarding Russia)"라고 공박했다.[12] 허지만 대통령은 록힐과 업무협의를 했는가고 물었다. 나는 록힐을 만났다고 대답했다. 그러자 대통령은 오늘 밤 9시 30분에 대통령, 록힐, 나 3者會談을 개최, 이 문제를 협의하겠다고 약속했다.

나는 밤에 있을 대통령과의 회담에 신경과민이 된 탓인지 몹씨 심적 불안을 느끼게 되었고, 게다가 심한 치통으로 고생했다. 오후에는 駐美韓國公使館의 불쌍한 한국공관원을 심방했다(趙民熙 公使). 그들을 만나보고 쉽게 빠져나왔다. 나는 서울에 있는 캘훈(H. Callhoun)으로부터 전보를 받았는데, 이 전문에 의하면 주미 한국공사 趙民熙로 하여금 즉

맡으면서 사실상 루스벨트 대통령의 對아시아정책 외교담당 고문 역할을 담당하고 있었다. 특히 그는 주한 미국공사를 역임했음에도 불구하고 철저하게도 親日·反露·反韓 정책을 立案, 일본으로 하여금 한국지배를 돕고 있었다. 露日전쟁에서 일본이 전승을 거두자 평소부터 親日·反露政策을 고수하고 있었던 루스벨트 대통령은 록힐의 政策수행을 높이 평가하면서 록힐을 駐淸 미국공사(1905~1910)에 임명했다.
Allen, *Korea: Fact and Fancy*, p. 175, December 11, 1886; Harrington, *God Mammon and the Japanese*, p. 313; Paul A. Varg, *Open Door Diplomat, The Life of W. W. Rockhill*(Urbana: University of Illinois Press, 1952), p. 51.

12) 알렌은 루스벨트의 對아시아정책이 親日·反露정책이라고 신랄하게 비판하면서, 러시아의 만주점령을 반대하고 문호개방정책을 폐기할 일본을 지지하는 것은 실책이라고 지적했다. 평소부터 親露的 입장(Russophile Position)을 고수하고 있는 알렌은 러시아가 광대한 만주를 평정, 도로·철도 등을 건설함으로써 개방하고 있기 때문에, 미국은 만주에서의 무역 거래는 75%를 차지할 수 있다고 전망하고 있다. 이는 러시아가 미국의 문호개방정책을 저극 지지하고 있기 때문이다. 미국이 親露·反日정책을 추진한다면 러시아는 미국의 문호개방정책을 준수, 만주에서의 미국의 무역활동을 보장할 것이고, 만약 대통령 복안대로 親日·反露정책을 실시한다면 결국 일본은 영·미의 지지를 배경으로 하여 러시아를 물리치고 만주를 점령, 미국의 문호개방정책을 폐기함으로써 만주에서의 경제적 이권을 독점하게 될 것이며, 나아가서는 종국에는 미·일간에 칼을 겨누게 되는 군사적 대결(cross swords with Japan) 사태로 발전한다고 알렌은 예견하고 있다.
Harrington, *God Mammon and the Japanese*, pp. 315~316.

각 한국황제에게 콜브란 · 보스트위크 請求問題[13]를 해결해달라는 전문을 보내게 해달라는 것이다. 캘훈은 조민희 공사가 이러한 전문을 직접 한국황제께 보내면 상환문제 해결에 크게 도움이 되리라고 생각했기 때문이다. 나는 조민희 공사로부터 그렇게 하겠다는 동의를 받았다.

저녁 세리온(Serrion)에서 나는 루스벨트 대통령에게 다음과 같이 설득조로 의견개진을 했다. 첫째, 러시아는 滿洲를 平定하고 만주의 위험(匪賊)을 진압했으며, 동시에 도로와 철도를 건설함으로써 엄청난 상업시장(a great commercial field)를 개방해 놓았으며, 이처럼 엄청나게 크고도 발전해가는 무역거래의 75%를 우리(미국)가 차지하게 될 것이라고 강조했다. 둘째, 그러므로 러시아는 강력한 약속(compelling promises)[14]을 지킬 수도 없으며, 또 지켜질 수도 없다고 우리가 인식하는 것은 러시아를 격노케 하고 괴롭히는 결과를 초래하기 때문에, 이는 대통령의 失策이라고 비난했다.[15] 셋째, 러시아는 결코 자진해서 만주로부터 撤兵할 가망은 없다. 그것은 마치 우리 미국이 텍사스나 혹은 더 좋은 예로 하와이로부터 물러난다는 것은 당치도 않은 일과 같은 이치이다[알렌은 만주여행을 통하여 이같은 결론을 내린 것이다]. 넷째, 이러한 사정이기 때문에 러시아는 그의 약속(門戶開放政策)을 엄수해서 奉天과 같은 요충지를 외국거류민과 治外法權을 가진 외국영사들에게 개방할 것으로 충분히 상상할 수 있다. 다섯째, 루스벨트 행정부의 이같은 태도는 결국 미국이 일본과 영국을 위하여 불속에서 밤(栗)을 꺼

---

13) 콜브란 · 보스트위크의 한성전기회사는 서울시가 전차 및 발전소 건설자금 200만원을 宮內府에 지불청구를 했으나 아직까지 궁내부는 상환하지 못하고 있었다.

14) 만주에서의 미국의 문호개방정책(Open Door Policy)을 의미한다. 러시아는 이미 문호개방정책을 준수, 지지하겠다고 언명한 바 있다. Harrington, *God Mammon and the Japanese*, p. 315.

15) 알렌은 일본의 너무 지나친 對露好戰的 태도(a too bellicose attitude towards Russia)를 지적하면서 이같은 대통령의 親日 · 反露정책은 일본의 침략전쟁을 고무하는 결과를 가져온다고 꼬집었다. *Ibid*, p. 315.

내고 있는 것처럼 생각되며,[16] 그렇게 되면 틀림 없이 일본은 미국의 원조에 의지하게 될 것이고, 나아가서는 일본으로 하여금 너무 지나친 對露 好戰的 태도를 갖게 할 것이다. 뿐만 아니라 이렇게 될 경우 우리가 원하든 원하지 않든 간에 미국은 영·일과의 동맹체제에로 말려들지 않을 수 없게 된다고 경고했다.

루스벨트 대통령과 본인 간에 아시아 문제를 둘러싸고 격론이 벌어졌고, 배석했던 록힐은 대통령의 對亞政策을 적극 지지하고 나섰다. 즉 일본은 결단코 미국에게 어떠한 종류의 원조도 의존하지 않는다는 보장을 받았다고 말함으로써 上司의 주장을 뒷받침하고 있었다. 그러나 일본은 미국에게 이와같은 정신적인 지원(moral support)을 의존하게 될 것이며, 러시아는 우리 미국을 일본편에 있다고 간주할 것이라고 주장했지만, 루스벨트 대통령과 록힐은 자기들의 주장이 옳다고 확신하고 있었기 때문에 나는 그 이상 토론을 진척시킬 수 없었다.

록힐은 훌륭한 친구이며, 설득력있는 이론가이다. 뿐만 아니라 대통령이 나에게 두 번씩 언명한 바와 같이 록힐은 미국의 對아시아 정책의 立案者이며 후원자이다. 이에 록힐은 나에게 우호적인 태도를 취하면서 다음과 같이 강력히 자기 의견을 개진했다. 즉 본인(알렌)은 단순하게도 상업 무역상 이권을 위해 '기회주의적 정책'(a time-serving policy)을 主唱하고 있다는 것, 러시아 정부는 문호개방(Open Door)정책을 추구하려는 우리의 모든 企圖를 전적으로 인정했다는 것, 러시아는 開港場(open port)을 확보하려는 미국의 노력을 지지했다는 것, 지금에 와서 우리 미국이 어떤 정책변화를 취한다면 그것은 自家撞着에 빠지게 될 것이고, 미국의 立地를 해치게 된다는 것 등을 주장했다.

이에 나는 러시아정부는 이 문제(록힐의 주장)에 대해 만족하고 있다

---

16) 1902년 1월 30일 영·일동맹을 체결했는데, 이는 러시아의 남진정책을 저지하는 데 공동제휴하겠다는 일종의 군사적 동맹이다. 알렌은 이같은 미국의 친일정책을 가리켜 미국을 영국과 일본의 앞잡이(cat's-paw)로 만들려는 정책이라고 비난하고 있다. *Ibid.*, p. 315.

고 믿을 수 없다는 점을 분명히 밝혔다. 그러자 루스벨트 대통령은 내 말을 날카롭게 쏘아붙이면서 "우리는 이 문제에 대해 충분한 보장을 받고 있다"라고 반박하였고, 록힐도 상사의 말을 전적으로 변호했다. 나는 록힐의 정책이 危機局面(a precipice)으로 몰고 가지 않을까 우려된다고 대통령에게 실토했다. 이에 마지막으로 나는 대통령에게 보다 마음에 드는 진술을 하지 못해 미안하다고 고백했다.

이상에서 개진한 내 의견은 만주를 거쳐 러시아까지의 대륙횡단 여행을 한 후 얻은 나의 최종 결론인 것이다. 나는 내가 맡은 바 직무상(주한미국공사로서의 사명) 이러한 나의 정책(親露 反日政策)을 루스벨트 대통령에게 소상히 천명한 것이다.

10월 1일 (木), 워싱턴

파니는 안과 의사 로링(Loring) 박사에게 가고, 나는 치과에 가기로 결정했다. 나는 앤더슨(Anderson) 박사에게 진찰을 받고 이빨 3개를 치료하게 했다. 신경계통에 끼어 있는 齒石을 제거하고는 마지막으로 金으로 뒤집어 씌우는 수술을 했다.

나는 국무성으로부터 새 암호전신부를 입수했다. 레밍턴 타이프라이터 2대, 사무실 탁상 문갑 한 개 등을 구입했다.

나는 국무성 차관보 루미스(Loomis)를 만나 약간의 대화를 나누었다. 그는 소용 없는 일이지만 나에게 군함을 보내주겠다고 한 것 이외에는 콜브란 · 보스트위크의 상환청구문제 해결에 대해 아무런 건의조차 없었다. 그들이 원하고 있는 바는 모든 일은 긁어부스럼을 만들지 말고 될대로 내버려 두자는 것, 그리고 내가 한국문제를 그들에게 이 이상 말썽을 일으키지 말고 원만하게 처리해달라는 것이었다. 국무성 당국은 조키트(Jocket)가 이것은 비상히 중대한 문제라고 지적하지 아니하는 한 내가 보내는 공식적 외교문서조차 읽지도 아니했다.

10월 2일 (金), 워싱턴

루스벨트 대통령이 나를 위해 베푼 환영연은 진심에서 우러난 것이었다. 한국에 있는 헌트(雲山 金鑛)가 대통령과 잘 아는 사이이고 해서 헌트가 대통령에게 나를 좋게 소개했기 때문이다. 한국과 같은 '폭풍우의 중심'(a storm center)에 駐劄하고 있는 全權公使(Minister Plenipotentiary)이지만, 이곳에서 너무 멀리 떨어져 있는 약소국의 공사이기 때문에 워싱턴에서는 중요하지 않은 시시한 인물로 간주되고 있는 것 같다. 그것은 마치 강물과 같아서, 강의 발원지에 가까이 갈수록 물줄기가 가늘어지는 것과 같다.[17)]

나는 한국황제에게 주미 한국공사 趙民熙가 서명한 공문서를 전보로 발송했는데, 이 외교문서는 나의 제의에 의해 작성된 것인 바, 콜브란·보스트위크 상환청구문제를 조속히 처리하는 것이 한국에게 유리하다는 내용의 문서이다. 이 전문은 암호전보로서 국무성은 전보비용을 지불하지 아니했다. 전보비용은 내 개인 부담으로 52달러가 들었다. 우리는 여객선(B and O)편으로 콜럼버스(Columbus, 미국 오하이오주)로 향발했는데, 그것은 견딜 수 없을만큼 역하고 더러우며 거친 항행이기 때문에 뱃멀리를 몹시 앓게 되었다. 나는 우리의 식당차를 타지 못해 섭섭하게 생각했다.

10월 3일 (土), 콜럼버스

나는 오하이오 州知事 나쉬(George K. Nash)에게 우리가 오늘 아침 콜럼버스에 갈 것이라는 내용의 전보를 통보했더니, 그는 신시내티에서 개최하는 정치집회에 참석하기 위하여 오전 7시에 떠나지 않으면 안된다는 것이다. 그러나 그 대신 그의 딸 바브콕(Babcock) 여사와 그녀의

---

17) 여기서 알렌은 자신이 露·日·淸 등 列強의 角逐場이 되어 있는 '폭풍우의 중심지' 한반도에 주재하고 있는 현직 미국 전권공사이지만, 워싱턴에서는 별로 중요하지 않은 인물로 무시되고 있다는 데 불만을 터뜨리고 있다.

남편을 역으로 마중보내겠다는 것이다. 그들은 우리를 마중하러 역까지 몇 차례 나와보았지만, 우리 열차가 연착하는 바람에 역에서 만나지 못했다. 그래서 우리는 하는 수 없이 마차를 타고 니일 하우스(Neil House)로 가서 투숙했는데, 나중에 우리가 도착했다는 소문을 듣고 바브콕 내외가 찾아왔다. 우리는 캐피털(Capital) 맞은 편에 있는 데실러(D. W. Deshler)家[18]를 방문했다. 그의 딸 루이스(Louis Deshler)가 작년 봄에 내한, 우리 집을 찾아온 일이 있었는데, 그 당시 이 가여운 소녀 루이스가 그녀의 아버지와 일본 여인과의 결혼 사실에 대한 기미를 알아차린 일이 있었다. 그런데 그녀는 이 소문을 자신의 동료 친구들에게 자랑삼아 허풍을 떨고 다녔는데, 어떤 친구가 허풍을 그만 두라고 경고해서 중단한 일이 있었다. 이제 루이스 양은 알렌부인으로부터 그전에 어떤 사태가 벌어졌는데 이에 상관 없이 그녀의 아버지 데실러는 소문대로 정말로 일본여인과 결혼했다는 이야기를 듣고 안도의 숨을 내쉬게 되었다. 타운센드 어머니의 경우처럼 그녀도 아버지를 바른 길로 인도하기 위하여 최선을 다하지 않으면 안되었다.

우리는 니일 하우스에서 순회 판매원으로 일하고 있는 내 4촌 에저톤(Ernest T. Edgerton)을 상봉했다. 저녁에 우리는 델라웨어로 떠났다. 우리는 여느 때와 마찬가지로 다른 승객들과 같이 뒷좌석에 앉아서 조는 듯 조용한 옛도시로 달려가서 옛집에 도착했다. 이 집에서 내 누이 조지아(Georgia)가 기다리고 있었는데, 그녀는 내가 워싱턴에서 전보로 언제쯤 가리라는 통보를 받았기 때문이다. 베시(Bessie), 지금은 밀러(Edward T. Miller) 여사가 된 그녀도 거기 와 있었다. 남편 밀러는 오화이오州 軍務局長補로서 州軍과 正規軍(연방군)의 일반군사 연습차 켄터키에 출장 중이었다. 나는 그후 밀러씨를 만났는데, 그는 참으로 훌

---

18) 타운센드(W. D. Townsend, 他雲仙)는 1884년 5월에 내한, 아메리카 무역상사 인천지점을 개설했는데, 1897년 2월에 데실러가 이에 가담, 타운센드와 공동사업을 벌이게 된 것이다.
Allen, *Korea: Fact and Fancy*, p. 165, May, 1884.

륭한 사람임을 알고서 나는 베시가 좋은 사람에게 시집갔다고 생각했다.

10월 4일 (日), 델라웨어

나는 오늘 교회에 가지 않고 델라웨어 사람들을 접견했다. 오전과 오후 두 차례 우리의 가족 묘지에 갔었다. 나는 우리 가족의 묘에 몇 가지 꽃을 헌화하고, 우리가 장차 묻히게 될 우리 자신의 묘지도 둘러보았다. 그후 묘지가 빽빽이 들어차서도 아직 餘地가 있기는 하지만 이 계획을 취소했다. 왜냐하면 우리 집 식구는 12명이고 게다가 이 근처에 숙모 스프링스(Lucy Springes)의 넓은 묘지가 있는데, 거기에는 단 1기의 그것도 幼兒로 죽은 어린 딸의 묘만 있었기 때문이다.

엘머(Elmer)는 집에 없었다. 그는 지금 밀러(Millers)가의 용무로 출장 중이다. 그의 사위 밀러(Cal Miller)가 사장으로 있는 루이스 문방구회사의 事業用務를 보기 위해서이다. 나는 누이 와트슨(Elmer Watson) 여사의 명의로 1,500달러의 이 회사 주식을 인수하는 데 동의했다. 와트슨 여사는 증권을 나에게 양도하면서 이 증권의 명의는 자기 이름으로 되어 있지만 자기 남편의 회사의 사정이 개선되도록 하기 위하여 그녀 명의로 한다는 취지의 但書를 붙이고 있다. 나는 그후 나의 매부 에베레트(Clayton Everett)씨로 하여금 명세서를 마련하도록 했다. 나는 페테르스부르크에서 가져온 에나멜이 박힌 숟가락을 내 누이 조지아(Georgia)와 베시(Bessie)에게 각각 1개씩 선물로 주었다. 나는 알렌(Allen)과 로브(Rob)에게도 각각 제네바 돈지갑에다 현찰 15달러를 넣어서 주었다. 조지아에게는 현금 20달러를 주면서 필요하다면 내 手當 중 월 25달러를 계속 송금하겠다고 약속했다. 로브는 아주 훌륭한 젊은이로 정력적인 인간이다. 그는 내 둘째아들 모리스(Maurice)녀석을 약간 닮은 듯 보였다. 알렌은 괴상한 놈이다. 약질에다 놀라운 정신적 특성을 타고 났지만, 무언가 모자라는 데가 있었고, 그래서 너무 수줍어하고 말이 없다. 자기 스스로 일을 할 수 없지 않을까 염려된다. 그러나 알렌은 좋은 사람임이 판명되었다. 내 누이는 건강해 보이지만 빨리 늙는 것 같아 보였다. 심한 고생으로 가장 단련된 외로운 성격의 인간이 되었고 가장 훌륭한 어머니가 되었다.

10월 5일 (月), 톨레도(오하이오州)

우리는 마리온(Marion)에 잠시 머물러 숙모 에저톤(Ellen Edgerton)을 뵈었다. 화살처럼 꼿꼿한 데다 생활의욕과 정력이 충만해 있었다. 이 병약한 내 이모는 몸이 더 튼튼한 동생보다도 더 오래 살았고, 심지어 자기 자신의 삶과 다른 사람들의 생활에 대해서도 깊은 관심을 표명하기도 했다. 내 매부 에베레트(Clayton Everett)가 역에서 우리를 마중했다. 그는 전과는 아주 몰라보게 변해 있었고, 야윈 볼에다가 어깨가 꾸부정하게 처져있었고, 머리도 백발이 성성했다. 그는 건강을 해친 노인으로 보였고, 여자 프로모터 무렐(Murrell) 여사의 감언 유혹에 넘어가서 골드 터늘(Gold Tunnel)이라고 불리우는 콜로라도주 실버톤(Silverton) 근처의 금광개광사업과 철도회사사업 등 무모한 사업(a wild cat)에 뛰어든 것이다. 그는 전재산을 이 무모한 사업에 투자했을 뿐만 아니라 자기 주위의 친구 다수도 자기 사업에 자본 투자를 하게 했다. 나는 그의 사업에 내 명의로 5,000달러, 우리 아이들 이름으로 각각 100달러, 그리고 내가 책임을 지기로 동의한 내 누이 조지아의 상속재산 1,200달러 등을 투자한 것이다.

에베레트의 제의로 나는 내 친구 콜로라도 스프링스(Calorado Springs)의 리텐하우스(Edward E. Rittenhouse)로 하여금 광산을 답사조사하게 했다. 리텐하우스는 광산 조사 전문가이기 때문이다. 그는 유럽여행 중 제네바에 있을 때 제네바로 그의 답사보고서를 내게 보낸 바 있다. 이에 의하면 신념 하나만으로 그처럼 값비싼 금광공장을 그곳에 설치하는 것은 가망이 없는 무모한 사업이라고 진단하고 있다. 제네바에 있을 때 이 보고서를 헌트에게 보여주었더니, 그는 이러한 광산이 100개라도 그중 한 개가 성공할 가망이 없다고 말했다. 에베레트는 내가 그의 광산사업에 깊이 관여하기를 切望하고 있다는 것이 분명했다. 그러나 나는 이 보고서를 받고는 그 이상 자본투자를 거절하는 편지를 그에게 보낸 것이다. 나는 빚을 완전 청산하고 싶기 때문에 어쨌거나 투자하고 싶지 않았다.

나는 내 누이 제니(Jennie)와 그녀의 남편 에베레트가 크리스찬 사이언스(Christian Science)[19)]라는 특수 기독교 宗派를 신봉하면서 그 종파의 교회에 다니고 있다는 것을 알게 되었다. 나는 이 종파가 그들에게 틀림없이 덕이 되기 때문에, 크리스찬 사이언스 종파문제를 둘러싸고 그들과 論難을 일으키고 싶지 않았다. 기도하는 사람의 신앙인으로서 헌금을 하게 되면 은혜로서 感應을 받고, 헌금하지 않고 무료로 기도할 경우에는 아무런 感應을 받지 못한다는 것이다. 분명히 정통파의 종파가 이곳 위대한 분야에 침투했던 것이다.

우리는 마벨(Mabel)이 영리한 젊은 은행가 보울리(Bowley)씨와 약혼했다는 사실을 알게 되었다. 보울리는 모른(Maurne) 강가에 있는 에베레트집 가까이에 살고 있었다. 나는 무렐 여사가 어떻게 그러한 가족생활 속에 들어가게 되었는가를 알고서 마음이 괴로웠다. 내 생각으로는 에베레트씨가 그녀에게 방심하지 않고 경계하고 있었음에 틀림 없다고 생각했다. 그러나 일부 인사들은 에베레트 가족에 대한 무렐 여사의 영향력에 대해 불필요한 정신분열을 일으키고 있다는 것이다.

10월 14일 (水), 톨레도

우리는 10월 5일부터 14일까지 톨레도에 머물러 있었다. 이곳에서의 나의 所關事는 잘 풀려나갔다. 내 재산권으로 15만 달러에 관한 순이익 5%를 수령하고, 앞으로도 그렇게 계속 받을 것 같다. 아직도 나는 그들

---

19) 크리스찬 사이언스란 미국 보스턴의 에디(Mary Baker Eddy) 부인이 1879년에 만든 神癒主義者의 기독교 종교단체이다. 물질은 모두 幻影에 지나지 않으며, 정신이나 영혼만이 실재하고 있으므로 약품을 쓰지 않고 신앙요법을 특색으로 하는 교파이다.
Howard L. Hurwitz, *An Encyclopedic Dictionary of American History*(N. Y.: Washington Square Press, 1970), p. 109.

에게 28,000달러의 빚을 지고 있다. 그러나 에베레트는 내게 나의 명의로 되어있는 부동산 약 12,000달러를 빚지고 있으며, 나와 내 아내의 위임장(power of attorney)으로 이 부동산을 매각하였던 것이다.

골드 터늘 광산(Gold Tunnel Mine) 소장 에베레트 사무실에서 10월 12일 회의가 개최되었다. 무렐(Murrell) 여사도 세인트루이스 광산 변호사를 대동하고 이 회의에 참석했다. 내가 이 회의에서 전반적인 사항에 대해 매우 불쾌감을 가지게 된 것은 비밀을 유지하려는 분위기이다. 에베레트는 처음부터 이러한 회담이 개최되리라는 계획조차 나에게 통고조차 하지 않았고, 무렐 여사가 오리라는 것도 이야기한 적이 없었다. 뿐만 아니라 어떤 사태가 발생하리라는 것조차 내게 귀띔하지도 아니했다. 나중에 다른 사람으로부터 들은 이야기로는 資金難에 직면한 에베레트는 광산자금을 모금하기 위하여 이러한 회의를 개최했고, 그는 부유한 리드(Reed)씨의 사위인 힉코크(Hickok)라는 사람으로부터 사업자금을 빌린 것이다. 그런데 리드씨는 이미 이 광산에 많은 액수의 자본투자를 했다. 이 힉코크라는 사람은 열심히 뛰는 재주있는 사업가로서 아마도 자기 아내의 유산을 보호하고자 했을 것이다. 그는 이미 7만 내지 8만 달러를 빌려주었다고 하는데(이는 급박한 재정난을 극복하는 데는 충분한 액수이지만 아직도 끝나지 아니했다), 전재산에 대한 抵當權 설정을 했다고 한다. 에베레트는 무렐 여사에게 이에 동의하게끔 강요했다는 것이다. 그러자 힉코크는 미첼(Mitchell)이라는 사람을 자기 재산 관리인으로 광산에 파견 투입했다. 그런데 미첼은 광산에 대해서는 아무것도 모르는 백지상태여서 쓸데 없는 비용만 들게 된 것이다. 나는 白紙委任式으로 내 증권에 서명하고 원가로 처분해주기를 청했다.

톨레도에 도착해서 나는 매부 클레이톤(Clayton)과 제거(Jaeger) 박사에게 면도날 3개가 달린 면도칼을, 누이 제니(Jennie)에게는 러시아 에나멜이 박힌 스푼을 각각 선물로 주었다. 플레그(Georgia Flagg)에게는 러시아 혁대를, 마벨(Mabel)에게는 결혼 축의금으로 200달러를 각각 주었다. 떠날 때는 관례대로 허드(Frank Hurd)와 루이자(Louisa)에게 각각 5달러를 주었다. 10월 11일 일요일에는 나는 디트로이트에서 살고 있는 어머니를 뵈러 갔다. 새벽에 일어나 역으로 가서 커피를 마시고 기차를 탔다. 두통이 났고 배를 타고 돌아와서 굶은 채 잠자리에 들었다. 나는 무엇인가 음식을 먹기 위하여 시내에 머무를 수 없었다. 리지(Lizzie)에게는 러시아 스푼 한 개, 핀 한 개를, 제인(Jeane)에게는 핀 한 개, 제거 박사에게는 면도칼 한 개 등을 선물로 주었다. 훌륭한 점심을 들고 나는 어머니에게 내가 여태까지 보아온 것 중에 가장 훌륭한 담배갑을 선물로 드렸다. 이것은 캘훈(Callhoun)이 나에게 준 것들이다.

톨레도에 있는 동안 나는 캘훈으로부터 편지 한 장을 접수했는데, 이 편지의 요지는 다음과 같았다. 크럼(Raymond Krumm, 巨廉)[20]이 李容翊에게 다음과 같이 설득했다는 것이다. 즉 자기가 만약 공무를 띠고 워싱턴에 파견된다면 국무성에 콜브란 · 보스트위크의 상환청구가 불법행위(iniquity)라는 것, 그리고 나를 공사직으로부터 해임하게끔 설득할 수 있다고 했다. 그의 전보 비용은 한국정부가 상환 지불해야 하며, 그에게 주어진 雇聘延長 신계약은 성취해야만 했다. 9월 17일까지만 해도 한국황제는 이 신계약에 동의하려 하지 아니했고, 크럼이 한국 外部로부터 약간의 서류를 입수하였지만, 어느 누구도 이러한 임무를 떠맡으려 하지 아니했다.

나는 한국황제는 허약한 인간이기 때문에 나에게 해가 되는 일에 동의했으리라고는 믿을 수 없었다. 그러나 나는 이미 황제가 萬機를 總攬하는 한국황제로서의 책임을 다하지 못하고 있다고 생각한 지 오래다. 나는 오히려 露 · 日간의 사태에 관해 몸이 오싹해질 정도로 흥분이 되는 전쟁발발뉴스를 듣고 싶었다. 露 · 日戰爭이 발발하면 전승을 거둔 어느 한쪽이 한국의 大君主地位(Overlordship)를 차지해서 허구적인 대한

---

20) 한국정부는 1898년 7월에 量地衙門을 설치하고, 미국인 기사 크럼을 초빙, 9월 15일에 크럼은 量地衙門 주임기사로 부임하였다.
Allen, *Korea: Fact and Fancy*, p. 205, July, 1898.

제국을 파멸하고 그 대신 한국국민들에게 약간의 자유를 부여할 것이다. 나는 이 편지 사본을 모건 주한 미국공사관 서기관, 국무성, 나쉬(George K. Nash) 오하이오주지사, 밀러(Ed. T. Miller) 대령, 신문사를 경영하고 있으며 아직도 언론기관과 관련이 있는 베시(Bessie)의 남편, 콜로라도 스프링스시에서 데일리 텔레그래프(Daily Telegraph)지의 편집장 리텐하우스(Edward E. Rittenhouse), 보스트위크(Frank Fiske Bostwick, 寶時旭) 駐 桑港 한국명예 영사 등에게 발송했다. 나와 국무성 사이에 關係惡化를 조장, 이간질하려는 그 어떤 음모에 대해서 일체 介意치 아니했고, 그래서 나에 대한 신문기사의 惡評報道를 나는 좋아하지 않는다.

나는 내 누이 제니(Jennie)를 위하여 램프 두 개를 구입했는데, 이는 우리가 그곳에 체재하고 있는 동안 그녀가 한 개를 깨뜨렸기 때문이다. 언론기관에서 나에 대한 비논리적인 악평보도 때문에 내 심기는 불편했다.[21] 한국에 있는 아메리카 광업회사(American Mining Company, 東洋鑛業開發株式會社)의 부사장인 뉴욕 브로드가 30번지의 불(William L. Bull)을 통하여 덴버를 경유 샌프란시스코행 대륙횡단 철도기차표를 구입했다. 나는 전에 올 때와 마찬가지로 제한 초과 手荷物 때문에 골치를 앓게 되었다. 시카고에서 초과 운임을 물었고, 샌프란시스코에서 초과 운임을 징수했던 것이다. 우리는 10월 14일 수요일 오후 2시에 톨레도를 출발했는데, 전기 접속의 차단으로 말미암아 역까지 마차를 타고 갔다.

---

21) 9월 30일 루스벨트 대통령과의 회견시 親日·反露정책을 추구하고 있는 루스벨트와 親露·反日정책을 고수하고 있는 알렌 간에 의견충돌이 벌어진 바 있다. 알렌은 국가원수에게 너무 지나친 무례의 태도를 취했다해서 록힐로부터 비난을 받기도 했다. 그러나 알렌은 주한 미국공사로서의 푸대접을 받았다고 생각해서 화를 내었고, 자기의 진의를 대통령에게 진언한 내용을 미국 국민에게 호소하고 싶어서 무의식 중에 대통령의 말에 순종하지 않았다고 했다. 이러한 루스벨트-알렌의 관계악화를 신문에서 보도하니 알렌은 불안할 수밖에 없다.
Harrington, *God Mammon and the Japanese*, p. 317.

10월 16일 (金), 콜로라도 스프링스(콜로라도州)

열차는 몇 시간 연착했다. 우리는 식당차를 놓치고 말았다. 그래서 오전 11시 30분 덴버 정거장에 도착할 때까지 아무 것도 먹지 못했다. 우리는 오후 2시 30분에 콜로라도 스프링스에 도착, 안틀러(Antler)에 투숙했다. 리텐하우스 데일리 텔레그래프지 편집장은 역에서 우리를 오랫동안 기다리고 있었으나 열차가 제시간에 들어오지 않았다고 불평을 실토했다. 우리는 10월 16일 금요일 저녁에 리텐하우스 가족과 저녁식사를 나누었다. 이 자리에는 유르겐(Ruth Yurgen), 가장 나이 많은 엘리노(Eleanor), 그리고 지라드(Girard) 등이 함께 자리를 같이했다. 다음 날 우리는 조용한 자동차를 타고 신문사에 나갔다. 나는 드디어 리텐하우스와 조심스럽게 인터뷰했는데, 이 인터뷰기사가 그 다음 날 데일리 텔레그래프지에 게재되었고, 연합통신(Associated Press)은 이와 같은 보도자료를 입수, 전국적으로 보도해버린 것이다. 나는 이 기사를 샌프란시스코에 도착해서 비로소 알게 되었다.[22)]

우리는 10월 17일 저녁에 콜로라도 스프링스역을 출발, 샌프란시스코에 늦게 도착했는데, 10월 20일 화요일 오전 9시에 도착할 기차가 오후 4시에나 이곳에 도착한 것이다. 우리는 보통 때와 마찬가지로 옥시덴탈 호텔(Occidental)에 투숙했다.

10월 20일 (火)~23일 (金), 桑港

제네바에 유학 중인 우리 아이들의 자살 사건에 관한 전보로 크게 당

---

22) 알렌과 리텐하우스 간의 신문회견 내용은 알렌과 루스벨트 대통령 간의 의견충돌에 관한 기사였다. 만주에는 匪賊들이 跳梁하고, 교통수단의 부족으로 국제무역 시세에서 벗어나고 있었지만, 러시아가 만주를 점거, 질서를 확립하고 철도를 부설함으로써 미국의 상업을 위해 유리하고도 장래 발전할 수 있는 지역으로 만들어놓은 것이다. 그러므로 러시아가 미국 상인들의 상업진출에 등을 돌리지 않도록 露日紛糾에 있어서는 일본을 도와주어서는 안되며 초연한 입장을 취해야 된다는 것이다. Harrington, *God Mammon and the Japanese*, 317.

황했다. 그러나 알고 보니 뒤푸르(Jules C. Dupour)부인이 이같은 자살소동을 일으켰다는 사실이 드러났다. 뒤푸르부인은 가엾게도 정신착란 증세를 일으켜 한 바탕 소란을 피웠던 것으로 보인다. 우리는 우리 집 아이들을 뒤푸르 집에 하숙시키고 있었는데, 아이들이 이러한 발광증세를 보고 혼쭐이 난 모양이다. 그러나 정상적인 인간으로 만들려면 온갖 종류의 경험을 겪어야 될 것 같다. 나는 즉시 그녀에게 동정의 위로전문을 타전했다.

나는 샌프란시스코에서 내 아들 헤리(Harry)에게 멋진 스위스제 손목시계 하나를 사달라고 20파운드를 송금했다. 스위스시계 본사는 이 시계를 일본 橫濱에 있는 메리만(Merriman)씨에게 靑銅케이스에 넣어 보내면, 메리만씨는 이 시계에다 금은 象嵌을 넣어서 우리 아이들에게 보낼 것이고, 아이들은 이 시계를 가지고 내게로 올 것인데, 그들은 내년 여름 한국에서 여름방학 휴가를 보내기 위하여 시베리아 대륙횡단 철도를 타고 내한할 것이다. 나는 중국과 일본에 주재하고 있는 동료 외교관들, 심지어 寄航港(port of call)의 각 영사들에게 부여된 것과 같이 시베리아(Siberia)호편의 완전 通航券을 얻으려고 애썼다. 그러나 태평양 우편선의 불결상태를 감독하고 있는 전 해군 함장 시워린(Schwerin)은 너무나 옹고집을 부리며 내 소청을 모욕적으로 거절했다. 나는 그가 언젠가는 이를 후회하도록 할 것이다. 그는 이미 푼돈을 아끼느라 상당한 비용 삭감을 단행하고 있었는데, 이는 결국 경쟁 상사의 설립과 막대한 무역거래의 손실만을 유발하는 원인이 되기도 했다. 우리는 푸들 도그(Poodle Dog)에서 식사했다.

10월 21일 (水), 10월 22일 (木)

헌트(Emma Hunt) 여사 댁에서 우리는 와이어(Wier) 부부를 만났다. 그녀는 미혼시 버언즈(Byrnes) 양으로 1902년 우리와 함께 항행한 일이 있었다. 헌트 여사는 대규모 위스키 집을 경영하고 있는 여주인인데, 켄터키의 최우수상품 한 상자를 나에게 보내주었다. 나는 슈레브

(Shreve)에게 내 진주를 팔려고 했지만 그들은 내 진주를 전연 입찰할 의향조차 보이지 아니했다.

베리아호

정오에 [illegible] 30분까지 점심을 먹지 못했다. 우리가 타고 갈 시베리아호는 편안한 대형 여객선이었다. 우리는 갑판에 있는 선실 한 개를 얻었다. 선실은 비좁고 備品 등의 정비가 제대로 되어있지 아니했다. 게다가 쓸데 없는 목재품 때문에 소파 밑에 얇고 폭 넓은 트렁크를 넣을 수도 없었다. 비치 도서도 거의 없었고, 찬장도 없었다. 우리는 플레이서(Placer) 선장 왼편쪽에 자리잡고 있었고, 마닐라의 아이드(Ide) 판사의 예쁜 딸이 그 옆에 자리잡고 있었으며, 전 해군함장 하버(Harber)와 오스터하우스(Osterhous) 등 두 사람이 우리 좌석 다음에 앉아 있었다. 윈스로프(Winthrop)씨와 그의 신부가 아이드의 딸 곁에 앉아 있었다. 윈스로프씨는 현재 태프트(William. H. Taft) 필리핀 民政長官의 비서로 일하고 있었다. 포터(James Brown Porter)의 처제가 되는 포터(Porter) 여사는 그녀의 남편을 만나기 위하여 필리핀으로 가는 길이다. 커스터(Custer) 장군의 미망인도 우리와 같은 승객이었다. 이상이 완전한 명부이다.

우리는 호놀룰루에서 즐거운 하루를 보냈는데, 그곳의 아주 훌륭한 근대식 호텔인 알렉산더 영(Alexander Young)이란 호텔에 투숙했다. 우리는 사실상 아침 조반을 들지 않고 나왔기 때문에 10시 30분에 이 호놀룰루 호텔에서 점심겸 조반식사를 들었다. 식사 후 나는 브루어商社(Brewer and Company)의 비숍(E. F. Bishop)씨를 방문했는데, 브루어상사는 한국인 하와이 이민 교섭업무로 한국에 주재하고 있었다. 비숍씨 부부는 오후 2시에 우리를 찾아와서 함께 마차를 타고 오후 내내 호놀룰루 시 내외의 여러 곳을 두루 관광했다. 비숍씨는 막 샌프란시스코로 가야 하기 때문에 저녁에는 우리는 그와 송별 만찬을 나누었다. 그리고 영국 부영사 스왕글라(Swangla)와도 식사를 했는데, 그는 미국

선교사의 딸 주드(Judd) 양과 결혼했다. 이들은 완전한 樂園에 살고 있는 것같아 보였다. 그러나 생활하기에는 주택값이 너무 비싸서 사탕수수밭을 경영하는 사람 이외의 수입이 적은 사람들은 생활비 때문에 이곳에서 살기가 힘든다. 물론 나를 이렇게 환대하는 것은 하와이 사탕수수밭 농원에 일할 한국인 移民에 큰 관심이 있었기 때문이다. 한국인은 아주 우수한 노동력을 갖춘 노무자로 입증되고 있었기 때문에 이곳에서는 한국인 이민을 환영하고 있다. 한국인 노동자들은 일하기를 좋아하고 주위환경에 적응력이 좋다는 것이다.

일부 젊은 변호사가 비숍씨를 상대로 1903년 3월 이민법 위반 소송을 제기한 바 있다. 그러나 에스티(Estee) 판사는 비숍씨의 이민 교섭을 동법 시행 이전에 행했기 때문에 아무런 법적 구속력이 없다고 판시했다. 이리하여 변호사의 소송 제기는 敗訴했다. 판사는 하와이 准州政府가 한국인 이민문제를 취급, 한국인 노동자들에게 지금 하와이 섬에는 노동자들이 일할 농장이 있다는 사실을 알리게 했다. 그리고 이민 당국은 그들의 권한에 따라 모든 한국인 이민을 도와주고 있는 것 같이 보였다. 그것은 마치 미국 내의 노동자 선전원들이 한국인들의 하와이 渡來를 막을 수 있는 유일한 방법은 한국인을 중국인 이민법(Chinese Act)에 포함 적용시키려고 한 것 같다.

11월 2일 (月)

우리는 日附變更線인 180°(度)의 子午線을 항행 통과하면서 11월 1일부터 11월 3일까지 우리 생활에서 완전 하루를 잃어버린 것이다.

11월 10일 (火), 日本

우리는 橫濱에 도착, 뉴 오리엔탈 팰리스 호텔(New Oriental Palace Hotel)에 투숙했다. 방 두 개에 하루 25円이다. 오후에는 쿠퍼(Cooper) 제독을 만났다. 그는 우리 일행을 미국함정으로 한국까지 호송하라는 지시를 받은 바 없다고 말했다. 그래서 나는 神戶에 있는 에반스(Bob Evans) 제독에게 협조편지를 발송했다. 다음 날 오후에는 답전이 있을 것으로 기대했었지만, 아무런 소식이 없기에 나는 國務省으로 국무차관보 루미스(Loomis)씨가 나에게 일본에서 한국까지의 선편을 준비해 주겠다고 약속했었는 데도 불구하고 이곳에 와보니 아무런 채비가 없다고 전보로 보고했다. 다음 날 오전 10시 30분에 국무성으로부터 답전이 왔는데, 내가 타고 갈 함정을 파견했으며 곧 제독으로부터 확인 통고를 받을 것이라는 내용이다. 우리는 11월 12일 東京으로 갔다. 帝國호텔(Imperial Hotel)에 투숙했다. 주일미국공사 그리스콤(Lloyd C. Griscom) 부처, 그의 두 딸 브라이스(Bryce)와 저지(Judge)양, 그리고 윈스로프(Beckman Winthrop) 여사와 함께 일본요리집에 가서 일본요리를 먹고, 일본 메플 클럽(Maple Club)에서 일본무용을 관람했다. 그런데 일본요리집에서 생선회를 먹었는데, 그만 프토마인 식중독(Ptomaine poisoning)에 걸리고 말았다.

11월 13일 (金)

우리는 日本皇室 園遊會에 참석, 일본황실의 상징인 菊花 花園을 관람했는데, 1,000송이의 각양각색의 국화가 현란하게 만개되어 있었다. 明治天皇은 근엄한 자세로 저만치 거리를 두고 떨어져 있었으나, 우리는 印度 土侯 國王부처와 함께 황후 곁으로 안내되어 관람했다. 인도 토후국왕부처는 말쑥한 피부 빛깔을 띤 힌두사람이었다. 우리는 그들과 함께 점심과 저녁을 같이 나누었다.

11월 14일 (土)

나는 인도 토후국왕으로부터 露·日間의 전쟁발발은 피할 수 있을 것 같으며 따라서 전반적인 한국문제는 아마도 일본에게 유리하게 전개되리라는 최근 소식을 들어서 알았다.

11월 16일 (月)

우리는 神戸까지 기차로 갔다. 15일 일요일에는 横濱으로 가서 알바니(Albany)호편에 우리의 모든 수하물을 탁송하였는데, 우리는 바로 神戸에서 이 알바니호에 탑승할 예정이다. 그런데 알바니호 탑승은 오전 7시부터 오후 10시 30분까지 계속되었다. 神戸行열차는 우리 미국의 구형 시가전차보다 조금도 나을 게 없었다. 난방시설도 되어있지 아니했다. 우리는 오리엔탈 호텔로 가서 잠을 푹 잤다.

나는 11월 17일 화요일 아침에 에반스 제독을 방문, 한국행 항행문제를 협의했다. 그리고 그날 오후 2시에 알바니호에 탑승하기 위하여 호텔을 떠났다. 제독을 대신하여 위스콘신(Wisconsin)호 함장의 내방인사를 받았다. 우리는 導船士와 함께 3시 30분경에 출항했다. 폭풍우 경보신호가 계속 발효중이다. 神戸에서 下關까지 導船士의 안내로 무사히 항행했으나, 날씨는 더욱 거치른 豪雨로 변했다.

파니는 11월 18일 수요일에는 점심식사도 사양하고 잠자리에 들었는데, 그녀는 한국 濟物浦 항구에 도착할 때까지 물 한 모금조차 마시지 않고 빈 속으로 항행했다.

11월 20일 (金), 따뜻함, 韓國

제물포에서 귀국환영회가 개최되었다. 러시아함대 사령관에게 21발의 예포를, 나에게 15발의 예포가 울려 퍼졌다. 부두에는 나를 마중하러 많은 인사들이 나왔는데, 콜브란, 콜만(Coleman), 타운센드 가족, 두블러(Dublers) 가족들이 우리 내외를 맞이했다. 우리는 이날 금요일 저녁에 무사히 귀가했다. 서울 내 주위의 모든 인사들이 우리의 무사귀가를 환영하면서 기뻐했다. 하도 인정어린 영접을 해주어서 이에 대한 보답으로 우리는 다음 목요일 저녁에 서울 거주 모든 미국인들을 우리 집으로 초청, 추수감사절 환영회를 개최하기로 예정했다. 나의 한국인 親知들도 지금은 모든 것이 잘 되어가는 것처럼 우리 내외의 무사귀국을 환영해 주었다. 외국으로 먼 여행을 하러 출국하는 것도 즐거운 일이지만, 돌아와서 이와 같은 따뜻한 환영을 받으니 더욱 유쾌한 일이다.

나는 東京에 있을 때 국무성으로부터 電文訓令을 접수한 바 있었는데, 그 내용은 이 전문에서 "公的事項에 대해 나의 의견개진을 삼가하라"는 경고 전보였다.[23)]

---

23) 알렌은 10월 21일자『워싱턴 포스트』(Washington Post)지, 10월 18일, 19일자, 『콜로라도 스프링스 텔레그래프』(Colorado Springs Telegraph)지 등에서 루스벨트 대통령의 親日·反露정책을 반대하는 인터뷰기사를 게재한 바 있다. 일개 주재공사로서 게다가 '폭풍우의 중심지'(storm center)로 간주되고 있는 주한 미국공사로서 대통령의 정책을 정면으로 비난하는 반정부견해는 용서될 수 없는(Inexcusable) 행위이다. 루스벨트는 발끈 화를 내고 당장 파면조치를 단행하려 했지만 헤이 국무장관이 이를 만류했다고 한다. 그러나 그 대신 이와같은 譴責전문이 전달된 것이다.
Harrington, *God Mammon and the Japanese*, pp. 317~318.

제 2 편

新聞資料

1 『콜로라도 스프링스 텔레그래프』(1903. 10. 18)

2 『콜로라도 스프링스 텔레그래프』(1903. 10. 19)

3 『워싱턴 포스트』(1903. 10. 21)

4 『콜로라도 스프링스 텔레그래프』(1903. 10. 24)

5 『보스턴 선데이 포스트』(1903. 11. 29)

6 『코리아 레뷰』(1903. 11)

7 『駐韓美國公使館聲明書』(1903)

8 『샌디에이고 유니언』(1904. 3. 23)

1 『콜로라도 스프링스 텔레그래프』(1903. 10. 18)
Colorado Springs Telegraph, October 18, 1903

러 · 일간의 분쟁에도 불구하고 만주 교역에 가장 유리한 입장을 취하고 있는 미국인들…… 주한 미국공사 알렌 어제 이곳에 도착. 극동문제에 대해 언급하다. 알렌 공사 세계일주 항행 중이다.

여러 해 동안 주한 미국 전권공사직을 맡고 있는 알렌과 그의 부인은 리텐하우스(E. E. Rittenhouse) 부부의 賓客으로 이곳 콜로라도 스프링스에 와서 어제 하루를 보냈다.

알렌 박사 부처는 지난 봄에 동양의 자기 집(서울 알렌 저택)을 출발, 새로 개통된 시베리아 대륙횡단 철도로 시베리아를 횡단 여행 끝에 스위스에서 여름 한 철을 보냈다. 알렌 부부는 어제 밤 세계일주여행을 마감하기 위하여 서부로 향발했는데, 그들은 약 30일 이내로 한국의 수도 서울에 도착할 것으로 기대된다.

알렌 공사는 탁월한 외교관인 동시에 유명한 여행가이기도 하다. 그는 태평양을 무려 열두 번씩 왕복 횡단 항행함으로써 지구를 한 바퀴 이상 돌았기 때문이다.

시베리아 여행과 동양사태에 대해 그는 다음과 같이 언급하고 있다.

"우리는 滿洲 旅順港에서 기차를 탔다. 그러나 여순항은 군사상 요충지이기 때문에 철도는 보통 大連에서 발차하게 된다. 대련은 여순항 동북 18마일지점의 대련만에 자리잡고 있는 무역항구이다.

철도청은 우리들에게 여순발 대련행 열차의 개인전용 객실 좌석을 제공해 주었다. '멀리 떨어져 있다'는 의미를 가진 大連은 정말로 주목할만한 훌륭한 도시이다. 실용적인 벽돌로 지은 주택, 포장된 거리, 화강암으로 축조된 드넓은 부두, 편안한 대형 증기여객선은 上海를 비롯하여 한국 일본의 각 항구로 정기 운행되고 있다.

부동산 구입에 대한 규제가 심하고, 이 도시를 건설한 정부(러시아)에 의해서만 건물을 건축할 수 있으므로 資産家만이 이 도시에서 살아갈 수 있다. 그러므로 우리 미국의 新西部에서 번창하고 있는 신생도시와 좋은 대조가 되고 있다. 미국의 신서부에서는 젊은이들이 활기찬 생활을 하고 있으며, 생활을 개시하면서, 임시변통으로 지은 가건물 안에서 사업을 전개하고 있는 것을 흔히 볼 수 있었다. 그러므로 우리 신생도시와 같은 불굴의 기상이 없다고 서운하게 생각하는 미국인에게는 이곳 도시는 흥미가 없다.

대련을 건설한 러시아정부의 知事 사카로프(Sakarof) 총독은 4년 전 나와 함께 대서양 항해 여행을 같이 한 바 있다. 그 당시 사카로프는 일개 기사에 불과했지만 그는 1천만 달러의 신도시 건설자금을 가지고 대련으로 갈 작정이라고 나에게 그 포부를 피력한 바 있다. 그 당시 나는 그의 말을 거의 신용하지 아니했었는데, 지난 6월 대련에서 그의 궁전같은 저택에서 함께 저녁식사를 할 때, 그 당시 그가 한 말이 허황된 이야기가 아니었음을 입증된다고 솔직히 고백한 일이 있었다. 그러자 그는 '내가 건설한 도시를 보여줄 때까지 기다려 주십시요'라고 대답했다. 황량한 만주 未開地에 이처럼 훌륭한 도시 건설상을 보고나서는 나는 과연 그가 기적을 이룩한 인간임을 비로소 인정하지 않을 수 없다.

시베리아 횡단 철도여행의 호사

大連에서 모스크바까지 장장 6천 마일에 이르는 철도여행에는 모두 13일이 소요되었는데, 중간에 단 한 곳에 철로가 끊겼기 때문에 우리는 객차 26輛을 적재할 수 있는 대형 페리선을 타고 바이칼호를 횡단 항행했고, 이 배는 얼음 두께 4내지 5피트의 結氷을 깨뜨리기 위하여 건조되었다. 한 겨울에는 호수의 얼음 두께 6 내지 8피트로 결빙되어 얼음 위로 철로궤도를 부설하여 운행하기도 한다.

시베리아 열차의 객차는 편안했고, 철로의 게이지(軌間)는 5피트이고 러시아 객차는 미국의 객차보다 훨씬 넓고 높아서 좋았다. 러시아 객차는 미국 객차보다 훨씬 더 편안했고, 객차 양 끝에 승강구가 딸려 있을뿐만 아니라 內室이 딸려있었다. 칸막이 객실은 2명 내지 4명을 수용할 수 있는 1인용 또는 2인용 객실이 있었다. 침대차를 이용해도 추가요금을 물지 아니했다. 그래서 여행비용은 크게 절감되었다. 즉 대련에서 페테르스부르크까지 140달러밖에 들지 아니했다. 더군다나 미국 철도에서와 마찬가지로 이곳에서도 식사를 한 끼도 거르지 아니했다. 왜냐하면 전 철도 구간에 걸쳐 식당차가 항상 딸려있었기 때문이다. 식당차에서의 식사는 밤낮 가리지 않고 언제든지 주문해서 먹을 수 있었다. 식사값도 헐한 데다가 아주 훌륭했다. 승객들은 웨이터들이 승객들의 필요를 예상해서 서비스를 잘 해주었기 때문에 웨이터들과 사귀게 되었고, 식사대는 여행이 끝난 후에 일괄 청구서가 발급되어 지불하였던 것이다.

각 객차에는 타일과 모자이크로 장식한 화장실 두 개가 양끝에 딸려있었고, 바닥과 벽에는 백색 타일을 깔아놓은 멋진 목욕실 한 개가 있었는데, 거기에는 磁器 浴槽와 니켈용구(부속품)가 있었다. 식당차 한 끝에는 샤워기구도 있었는데, 한번 목욕에 1루블(50센트)이었다. 식당차에는 이발소, 피아노, 소도서실도 갖추어져 있었다. 객차는 대부분 강철로 만들어져 있었다. 철로가 수 마일 가도록 일직선으로 부설되어 있었기 때문에 열차는 요동 없이 미끄러지듯 달리고 있어서 승차감은 좋았다. 기관차는 美製 아니면 미제를 본뜬 러시아제였다.”

2 『콜로라도 스프링스 텔레그래프』(1903. 10. 19)
Colorado Springs Telegraph, October 19, 1903

極東 狀況 討論.

주한 미국공사 러·일간의 위기상황을 논의함.

주한 미국공사 알렌은 한국에 주재한지 18년이나 되었는데, 그는 지금 동양으로 돌아가는 길에 콜로라도 스프링스에 와서 하루 밤을 묵어가게 되었다. 그는 지난 봄에 서울을 출발, 시베리아 대륙횡단 철도를 타고 러시아 횡단여행을 했고, 유럽과 미국에서 여름을 보낸 것이다.

극동의 정치적 상황에 대하여 알렌은 다음과 같이 언급했다.

“지금까지 극동문제는 러·청·일 3국간에 협상이 진행되어 왔었는데, 물론 나는 이에 관련된 문제를 여기 인용하고 싶지 않다. 우리 미국의 입장은 이들 3개국에 대하여 중립적 태도를 견지하고 있기 때문에, 이들 3개국은 모두가 미국에 대하여 대단히 우호적 태도를 취하고 있다. 그러나 이제 이들 3국과 관련된 문제를 결정 해결하지 않으면 안 될줄로 안다. 그것은 미국에게 불이익이 되지 않을 것같다.

한국은 아시아의 ‘폭풍우의 중심지’(storm-center)로 간주되고 있다. 청국·러시아·일본 등 강대국이 번갈아가면서 한국에 대해 지배권을 행사해 왔었다. 일본이 한국의 절대적 독립을 확보하기 위하여 청일전쟁을 일으켜 전승국이 된 이래, 청국세력은 한반도로부터 물러나고 그 대신 러·일간의 한반도에 대한 우월권 쟁탈전이 벌어지게 된 것이다.

지난 한 해 동안 러시아는 삼림벌채권을 행사해 왔는데, 이는 북한 邊境지방 대부분을 포함했다고 한다(1901년 4월 11일 러시아는 鴨綠江邊

삼림벌채권을 1년간 연장한다고 발표했음). 러시아가 삼림채벌을 강행하자 러시아의 合成朝鮮木商會社 사장은 일본측의 이권과 충돌할 수밖에 없었다. 일본도 이 지방 관리들과 이와 비슷한 삼림채벌협정을 체결했기 때문이다(일본은 1903년 10월 17일 일본공사관 서기 萩原守一이 삼림채벌을 위해 압록강유역을 답사한 바 있다). 이와 같은 러・일 양국에 대한 삼림벌채권 특허는 앞으로 양국 간에 중대한 분쟁의 결과를 초래할 것으로 예상된다.

일본 가까이에 위치한 한국 남해안의 馬山浦 항구를 둘러싸고 당분간 러・일간에 분쟁의 원인이 되어 왔었다. 러시아는 한국정부로부터 마산포를 러시아 특별조차지로 지정 허가를 받았고, 아울러 이곳에 석탄저장소를 설치한다는 조약을 체결한 바 있다(1900년 3월 30일 馬山浦 地所租借에 관한 韓露조약이 체결되었다. 러시아는 마산포에 석탄저장소 설치 및 해군병원 등을 설립한다는 것이다). 그러나 한국정부는 일본에게도 이와 비슷한 마산포 日本專管租界地 설정을 인가한 바 있었기 때문에 이로 인해 韓露間租借協定은 사실상 相殺 내지 폐기된 것이다(1901년 5월 17일 한일간 마산포에 일본專管租界地 설정 협정이 체결됨). 어떤 강대국이 군사적 방식으로 이러한 요충지 마산포 租界地를 점거하려고 시도한다면 그것은 틀림 없이 중대한 난국에로 이르게 될 것이다.

러시아는 3억달러의 막대한 비용을 들여서 시베리아 대륙횡단 철도와 만주의 여러 도시를 건설했고, 종전에는 만주 백성들이 마음 놓고 그들의 생산품을 시장에 출하, 판매행위조차 못할 정도로 跳梁하던 만주 비적떼를 소탕・진압함으로써 러시아는 이제 이 광대한 만주 농업지대에 질서를 회복했고, 그럼으로써 만주 무역은 광범위하게 확대 발전하고 있는데, 현재 만주 무역거래의 75%를 미국이 차지하게 될 것이라는 전망이 보이고 있다는 사실에 대해 나는 깊은 감명을 받고 있다. 이런 점에서 볼 때 만주야말로 미국 통상무역 진출을 위해 발전 가능성이 있는 유망지역인 것이다."

3 『워싱턴 포스트』(1903. 10. 21)
Washington Post, October 21, 1903

高位職의 등불

우리는 주한 미국공사 알렌을 신임하고 있기 때문에 그가 어떤 흥미진진하면서도 아주 필요한 정보를 미국 국민에게 알림으로써, 그 결과 국무성으로부터 미움을 사지 않기를 희망한다. 알렌 공사는 한국에 주재한지 15년 내지 18년이나 되기 때문에 그가 한반도를 중심으로 한 이 지역의 사정에 대하여 정통하다는 인정을 받게 된 것도 너무나 당연한 일인지도 모른다. 더군다나 그는 일개 민간인이 아니고 미국을 대표하는 주한 미국 특명전권공사라는 공직을 띠고 있기 때문에 그의 고결한 지성과 성실을 우리는 보장하게 된다. 이와같이 "우리는 이곳 언론보도기관에 게재되는 보도전신을 보면 부정확한 정보, 선풍적 인기위주의 기사만 보도한다는 정확한 징조를 감지할 수 있다"라고 그가 正鵠을 찌른 발언을 했을 때, 우리는 우리들 민간인들의 우려하는 바를 명백하고도 신뢰할 수 있게끔 이를 확인해 준 데 대하여 우리는 그에게 감사한다. 그러므로 우리는 자연히 우리가 여태까지 주로 虛僞性 報道에 진저리가 났던만큼 그가 그러한 문제에 대하여 우리들에게 정확한 진실정보를 제공해주었기 때문에 국무성과의 분쟁에 휘말리게 되지 않기를 희망한다.

한 가지 예를 든다면 만주에서 러시아와 일본이 각축전을 벌인다하더라도 그 결과 미국은 상업상의 권익이나 미국의 존엄성과 자존심에 아무런 손상을 입지 않는다고 알렌은 확신하고 있다는 점이다. 이 점에 관해서는 무슨 사태가 발생하더라도 우리 미국의 입장에는 아무런 영향을 받지 않는다고 그는 확고한 신념을 가지고 있다. 그러나 우리 미국의 처지는 러·일간의 분쟁에 개입하지 않고 초연한 입장을 취하는 것이 현명한 정책인가에 대한 여부는 각 개인의 취향과 상상에 따라 좌우되는 문제이다. 이제 알렌의 단호한 주장 발언을 다음에 소개한다.

"러시아는 3억 달러의 막대한 비용을 들여 시베리아 대륙횡단 철도와 만주의 도시를 건설했고, 이전에는 만주 백성들이 그들의 생산품을 시장에 출하, 판매 행위조차 못할 정도로 跳梁하던 만주 匪賊떼를 진압함으로써 러시아는 이 광대한 만주 농업지대에 질서를 회복했고, 그럼으로써 만주 무역은 광범위하게 발전하고 있는데, 현재 만주 무역거래의 75%를 미국이 차지하게 될 것이라는 사실에 대해 나는 깊은 감명을 받고 있다. 이런 점에서 볼 때 만주야말로 미국 통상무역 진출을 위해 발전가능성이 있는 훌륭한 有望地域이다."

다른 인사들도 이와 똑 같은 방식에 감명을 받고 있었다. 지난 수 개월 동안 우리 미국의 주요 신문들은 현실적 지식과 경험을 근거로 하여 미국의 통상은 만주에서의 러시아의 활동에 크게 자극을 받아왔다는 것, 과거 황소달구지 대신에 철도교통이 개시되었고, 6년 전까지만 해도 비적떼들이 橫行했었는데, 오늘날 법과 질서 그리고 상업상의 안보가 보장되었다는 등, 취지의 인터뷰기사를 보도하고 있다. 더욱이나 목적 취지에 더욱 합치되는 것은 새로 조성된 교역의 가장 좋은 부분이 우리 미국 몫으로 떨어지고 있다는 것, 러시아와 러시아의 영향력과 보호권 안에 있는 주민들은 바로 미국의 고객이라는 사실을 보여주고 있다는 것이다.

그러나 이와같은 모든 사실들은 미국의 고위직 관리들에 의해 확인되었다는 것은 유쾌하고도 고무적인 일이 아닐 수 없다

사실상 사실을 확인할 기회란 얼마든지 많이 있으며 그리므로 고위직 관리의 聲明은 절대적인 신뢰를 받을 자격이 있다.

실로 우리는 미국 행정부가 이같은 불안한 국민의 우려를 해소하고, 장래를 위하여 영국 런던을 통해서 들어오는 有害하면서도 놀라운 뒷空論을 믿는 것이 아니라 오히려 해당지역에 주재하고 있는 공식적 외

교대표(주재공사)들과 상의하는 것이 上策이라고 우리는 고무적인 희망을 가지는 바이다.

4 『콜로라도 스프링스 텔레그래프』(1903. 10. 24)
Colorado Springs Telegraph, October 24, 1903

필라델피아 출신 미국 아가씨 에밀리 브라운(Emily Brown) 양이 한국황제의 배우자로서 황후가 되다.

1천7백만 한국 백성은 황후의 신민이 되다.

브라운 양과 한국황제와의 결혼, 이제 막 공표되다.

시카고－1903년 10월 24일

미국 아가씨가 정식으로 어엿한 한국황우에 오른 지도 어언 2개월이 되었다. 황후의 존함은 에밀리 브라운이다. 그녀는 필라델피아 피터 브라운(Peter Brown) 박사의 令愛이다. 그녀의 남편은 「한국황제 李熙」(the Emperor Yi Hi Hoang of Korea)이고, 그녀는 지금 서울에 살고 있다. 이것은 도저히 믿을 수 없는 奇想天外의 소식인 것 같다. 그래서 광범위하게 관심과 흥미를 끌만한 소식임에도 불구하고 믿어질 수 없는 소식이라 해서 이 젊은 미국 아가씨의 고향 마을에 이처럼 소식 전달이 뒤늦어진 것이다. 그런데 이 국제결혼소식을 처음으로 보도한 것은 비엔나(Vienna)의 『新自由新聞(Neue Freie Presse)』으로서 이에 관한 장문 특종기사가 게재되었는데, 오늘 시카고에서 「황후 브라운」(Empress Brown)이란 제목으로 된 기사를 접수, 보도하게 된 것이다. 동 기사의 일부를 소개하면 다음과 같다.

"금년 고타貴族名鑑(유럽王家의 系圖鑑)에 해당하는 璿源系譜에 의하면 조선왕조 13대 왕(사실은 26代임)인 高宗皇帝는 엄격한 皇室의 규칙(국왕은 외국인과 결혼할 수 없음)을 깨뜨리고 1895년(乙未 閔妃弑

害事件) 이래 독신으로 지내오다가 총애하던 브라운 양을 皇后로 맞이하게 되었다는 것이다.

일찍이 포르투갈의 에들라 핸슬러(Edla Hensler)는 貴賤相婚한 여왕(Morganatic Queen)이며 커즌(Curzon)부인은 미국인 인도여왕이었다는 것은 널리 알려진 사실이다. 그러나 브라운 양은 최초로 한국황후의 왕관(Imperial Crown)을 戴冠한 미국인으로서 1천 7백만 한국 신민위에 군림했다는 사실이다.

브라운의 아버지는 용감한 목사로서 한국에 정착한 최초의 미국인 개신교 목사이며 그는 10년 전 필라델피아 長老教 선교사로서 한국에 파견된 것이다."

5 『보스턴 선데이 포스트』(1903. 11. 29)
Boston Sunday Post, November 29, 1903

미국인 아가씨는 어떻게 유밀무이한 한국황후의 왕관을 戴冠했는가.

알라딘이[1] 공주와 결혼했을 때, 그 결혼 의식은 평민출신의 에밀리 브라운이 서울에서 한국황제와의 결혼 의식 즉 한국황후의 대관식을 거행할 때만큼 더 아름답고 화려하지는 아니했을 것이다. 비록 황후대관식(Coronation)은 지난 8월에 거행되었지만, 지나치게 야한 대관의식으로서 화려한 의전절차의 모든 행사를 사실 그대로 여기 최초로 기사화하고자 한다.

에밀리 브라운은 미국인 아가씨이며, 서양인으로서는 첫번째로 한국황실의 황후가 되었고, 畏敬에 떨고 있는 1천 7백만 한국 신민의 생사여탈권을 장악하게 된 것이다. 그녀가 서울 거리에 행차하면 5만여 서울장안 백성들이 허리를 굽혀 엎드려 이마를 땅에 대면서 큰 절을 한다.

현재 한국황후가 된 미국인 처녀는 4백년 된 고궁에 살고 있으며, 만약 뱀 한마리가 殿閣 천정 꼭대기로부터 떨어져 高宗황제를 놀라게 하는 불상사가 발생한다면, 더 오래된 왕궁으로 移御, 살게 될지도 모른다. 약 500명의 侍衛隊가 그녀를 경호하고 있는 가운데 약 2천명의 궁

1) 알라딘(Aladdin)은 아라비안 나이트(Arabian Nights) 즉 千一夜話(The Thousand One Nights)에 나오는 不可思議한 램프(Lamp) 이야기에 등장하는 주인공 이름이다.

녀, 驅從別陪 등이 왕궁 내에서 황제 · 황후를 모시고 살고 있으며, 왕궁 밖에는 대한제국의 상비군인 親衛隊가 수비하고 있다.

대관식이 거행되기 몇달 전에 황실로부터 푸짐한 황금보화의 御賜品이 브라운 양에게 내려졌다. 이 어사품을 실은 우마차와 짐꾼 행렬이 줄을 이었고, 이처럼 곧 황후가 될 미국인 신부에게 내린 예물이 산처럼 쌓였던 것이다.

실제의 대관식을 거행하기 며칠 전에 豫行嘉禮儀式이 거행되었다. 가례식 날 아침 일찍부터 이 경사스런 가례식을 구경하기 위하여 서울 도성 4대문 밖으로부터 몰려든 백성들로 서울 장안은 인산인해를 이루었다. 멀리 떨어진 궁벽한 시골에 살고 있는 선비 양반들도 이 황실가례식을 경축하기 위하여 서울로 모여들었을 뿐만 아니라 심지어 전국 방방곡곡의 일반 서민 · 천민계급 그리고 농부 노동자 등 民草들도 화사한 새옷으로 차려입고 서울로 꾸역꾸역 모여들었으니 서울 도성은 그야말로 유례 없는 대혼잡을 이루었다.

대궐 문 밖에는 친위대가 배치되어 삼엄하게 수비하고 있었는데, 제각기 긴 자루로 된 도끼 즉 斧鉞(儀仗用도끼)을 들고 수비하면서 구경꾼들의 접근을 제지하고 있었다. 황제의 행차시에도 이와같이 무장한 친위대가 호위하고 있었다. 왕궁을 에워싸고 있는 궁성을 따라 좁은 골목에도 요소요소마다 친위대가 수비하면서, 行幸신호를 기다리고 있었다.

드디어 進軍신호가 내려졌다. 행렬 선두에는 친위대장이 지휘하는 친위대가 보무도 당당하게 나오고 있었다. 약 1천명 가량의 친위대행렬이 지나갔을 때, 갑자기 나팔이 요란하게 울리면서 대궐문이 활짝 열리자 번쩍번쩍 빛나는 戰笠과 구군복을 떨쳐입은 500명의 시위대가 隊伍도 정연하게 행진해 나왔다.

이 시위대 뒤에 눈이 부시도록 화려한 비단옷으로 치장한 시녀들이 뒤따르고 있었다. 마지막으로 귀가 먹먹할 정도로 웅장한 북소리가 나더니, 마침내 큰 가마 즉 輦 두 대가 나왔다. 의자식으로 된 無蓋輦으로서 한 연에는 고종황제가, 다른 한 연에는 한국황후가 된 에밀리 브라운이 타고 있었다. 브라운 황후의 옷치장은 일찌기 문명인으로서 그녀만큼 성장한 일이 없을 정도로 화려한 옷차림이었다. 머리 끝에서 발끝까지 그녀는 각종 보석과 비단옷으로 감싸여 있었고, 황후의 옷은 겹겹이 입고 있어서 너무 무거워 마치 모직물 의상처럼 접혀서 전신에 드리워져 있었다.

황제와 황후가 탄 가마(연) 위에는 길이가 14피트나 되는 한 마리 용을 수 놓은 龍旗가 나부끼고 있었다. 그 용기 깃발 바로 밑에 紅色日傘을 떠받들고 있었는데, 이는 바로 한국의 대군주와 황후가 통치권을 가지고 있다는 것을 만백성들에게 알리는 상징물인 것이다.

황제와 황후가 탄 연이 지날 적마다 종로 雲從街 거리 양 옆으로 대군주 行幸을 구경하러 나온 백성들은 길바닥에 부복하여 대군주 행렬이 다 지나갈 때까지 감히 고개를 들어 쳐다보는 이가 한 사람도 없었다. 황제 황후가 탄 연 뒤에는 화려한 金冠朝服을 입은 문무대관들이 수행하고 있었다. 대군주 행렬이 대궐문 밖으로 나오자 대궐 수비병이 행렬을 지어 안으로 들어가면서 대궐문이 꽝 닫히고 만다.

서울의 주요 간선도로에는 황제 행렬과 이를 구경하러 나온 장안 백성들로 인산인해를 이루었고, 이처럼 시가 행진을 끝낸 후 황제·황후 일행은 왕궁으로 還御했다. 일반 백성들에게 皇室嘉禮를 알리는 서울 시가 行幸儀式 행사는 이렇게 모두 끝났다. 그러나 황실에서는 이보다 더 큰 화려한 경축행사를 준비하고 있었다. 그것은 보석 진주 등 각종 패물로 장식하고 화려한 황후의상 즉 翟衣를 입고 왕관을 쓴 에밀리 브라운 양이 정식으로 황후에 책봉되어 황제와 결혼하는 嘉禮式이 거행될 예정이다.

가례식에는 주한 각국 공·영사들이 참석했는데, 미국인 황후로서는 일생일대의 최고의 영광스런 순간이 아닐 수 없다. 특히 가례식에는 영국·미국 공사가 일본 공사와 가지런히 앉아 지켜보는 가운데 의식이 치러졌기 때문이다.

에밀리 브라운으로 알려지고 있는 미국인 아가씨는 이제 〈아침의 黎明〉

(Dawn of the Morning)이란 별명을 띠고 嚴皇后(Empress Om)[2)]가 되었는데, 그녀는 미국 오하이오에서 태어나서 거기서 성장했다. 그녀가 妙齡 15세였을 때, 장로교 목사인 그녀의 아버지가 선교사로 한국에 파견되었다. 15세의 꽃다운 소녀 브라운 양은 이때 아버지를 따라 한국에 와서 교회 성가대를 지휘하게 되었다.

한국에서의 황제는 獨擅的으로 처리할 수 있는 절대권이 부여되어 있다. 그래서 한국황제는 선교사의 딸을 궁내로 출입할 수 있는 특권을 허용함으로써 이 절세미인 선교사 딸은 마음대로 宮廷출입을 하게 되었고, 그 결과 그녀가 도저히 거절할 수 없을만큼 한국황제의 총애를 담뿍 받게 된 것이다. 처음 한동안에는 브라운 양은 대궐출입 초청을 거절했다는 것은 사실이다. 그러나 한국황제가 조속한 시일 내로 결혼하겠다고 약속함으로써, 브라운 양은 황제의 청혼을 받아들였고, 마침내 그녀의 아버지가 牧會事業을 벌이고 있는 교회 일을 손 떼고 대궐출입을 하게 된 것이다. 그녀가 아들을 출산하면 언젠가는 大韓帝國 황제에 즉위하게 될 것이고, 그렇게 된다면 이는 세계 역사상 최초로 미국 부인 소생이 한국의 제왕이 될 것이다.

그러나 미국 아가씨가 이러한 약속된 상속권(帝位繼承權)을 받기까지, 그 이전에 한국황실에는 비극적인 사건이 발생했다는 사실을 비로소 알게 되었다. 황실 내에서의 여자들의 궁정생활은 안락한 생활만은 아니었다. 가령 한국황제의 첫 왕비는 비극적 종말을 가져왔는데,[3)] 이는 에밀리 브라운에게는 하나의 교훈적 경고가 되고 있다. 한국의 황후

2) 여기서 嚴皇后라 함은 지금 한국황제의 繼妃 嚴妃와 대비해서 브라운 양이 엄비를 제치고 당당하게 정식 황후가 되었음을 과시하기 위한 표현일 것이다. 嚴妃(1854~1911)는 嚴鎭三의 장녀로 8세에 입궐, 처음에는 민비의 侍衛尙宮이었다. 그러나 1895년 민비가 일본인에 의해 시해되고, 이어 신변에 불안을 느낀 고종황제가 俄館播遷이후부터 嚴尙宮이 고종을 모시게 되면서 1897년에 아들 垠을 낳아, 貴人에 책봉되었고, 이어 純獻貴妃에 책봉된 것이다. 그러나 정식 황후는 되지 못했다.

3) 1895년 10월 8일 민비시해사건을 말한다. 일본은 청일전쟁에서 전승을

는 대한제국에서 전지전능한 無所不爲의 절대권자이지만, 궁정내 구석구석에서, 서울거리에서, 그녀의 동정을 살피고 있는 스파이에 의해 항시 감시 당하고 있었다.

현 한국 황제의 첫 왕비는 親露派 인물이었을뿐만 아니라, 그녀가 憎惡와 저주를 받게 된 다른 여러가지 이유도 있었다. 20년 전 어느날(壬午軍亂) 왕비는 난을 피해 자취를 감추었다. 그래서 朝廷은 王妃昇遐를 발표, 12개월 간 弔喪한 일이 있었다.[4] 승하한 것으로 발표했던 왕비가 또다시 살아나서 還宮한 것이다. 그는 임오군란이 발생, 난군이 犯闕, 위급을 고하자 병정의 아내로 변장(宮女로 변장했음) 경복궁을 몰래 빠져나와 탈출에 성공함으로써 목숨을 구했으나, 그 대신 수행했던 다른 궁녀가 희생된 것이다. 환궁한 왕비는 남편인 황제 옆에서 13년간 통치하다가 최근 베오그라드(Belgrade, 유고슬라비아 수도)에서 발생한 암살사건과 같은 비극적 乙未事變이 서울에서 발생, 시해된 것이다.[5]

거두고 한반도에 지배권을 확립하자, 이에 불안을 느낀 민비는 제3세력인 러시아를 끌어들여 일본을 견제코자 親露反日政策을 추구했다. 이에 일본은 민비를 제거함으로써 친러세력을 억제, 한국을 지배할 수 있다고 단정, 드디어 국모인 민비를 시해하고 말았다.

4) 일본공사 三浦梧樓는 親露反日政策을 강화하고 있는 민비를 시해할 음모를 꾸몄지만, 다른 한편으로는 大院君도 항상 민비제거 음모를 도모하고 있었다. 대원군과 민비는 시아버지와 며느리(舅婦) 사이지만 대권장악을 위해 적대관계였다. 1882년 7월 23일 대원군은 민씨 척족세력을 제거, 민비를 시해하려는 이른 바 壬午軍亂을 배후에서 조종했다. 민비는 난군을 피해 忠州로 변장 탈출, 간신히 목숨을 구했다. 조정에서는 한동안 민비가 살해되었다고 단정, 6월 10일 閔后喪을 頒布하기도 했다. 그러나 대원군은 청국 天津으로 납치되어 갔고, 민비는 8월 1일에 환궁하므로써 대원군 재집권의 꿈은 사라지고 말았다. 여기서 민비 弔喪을 1년간 계속했다는 것은 잘못된 것이다. 『高宗純宗實錄』 中, p. 51, 高宗19年 6月 10日條; p. 59, 高宗19年 8月 1日條.

5) 세르비아(Serbia)왕국(1878~1918)은 발칸반도에 있던 나라로서, 세르비아 국왕 암살사건을 말한다. 閔妃는 1895년 10월 8일(음 8월 20일) 宮內府大臣 李耕稙, 侍衛隊聯隊長 洪啓薰, 궁녀 3명과 함께 坤寧閣에서 일본 浪人輩에 의해 시해된 것이다. 『高宗純宗實錄』, 中, p. 570, 高宗32年 8月 20日條.

한국황제의 아버지 大院君은 '철석같은 사나이'(bowels of iron and a heart of stone)로서 임오군란 이후부터 왕비제거 음모를 주도, 왕비와 대립항쟁을 벌였으나 대원군 피납으로 불화관계는 일단 중단되었다. 그러나 그후 왕비가 환궁하고, 또 청국 天津으로 납치되었던 대원군이 3년만인 1885년 10월 3일에 귀국함으로써 대원군과 왕비 간의 권력암투는 재개된 것이다. 한국 황제는 사태를 수습, 평온을 되찾음으로써 위기를 극복하자, 이제 에밀리 브라운과 조용히 결혼함으로써 브라운 양을 정식으로 황후로 맞이하게 된 것이다. 더군다나 御極 40년 稱慶禮式을 치르게 되는 뜻 깊은 해(1903)를 맞이하여 한국황제는 미국 아가씨와의 결혼을 만백성에게 반포한 것이다.

6 『코리아 레뷰』(1903. 11)

The Korea Review, Vol. Ⅲ, p. 501, November, 1903

거짓말이 사실인양 살아있다는 것은 놀라운 일이다. 신시내티(Cincinnati)의 한 신문에는 한 미국인 아가씨가 한국황후가 되었다는 고십기사를 게재해서 世人의 주목을 끌고 있었기 때문이다. 일전에 어떤 분이 본지 편집실을 찾아와서 이 보도가 허위보도라는 사실을 미국 언론기관에 알림으로써 이를 시정하는 방법이 없는가고 문의한 적이 있었다. 미국 언론기관에 알리는 방법은 있었지만 그렇게 해도 아무 소용 없는 일이다. 얼마 전 뉴욕의 최대 일간지 중의 한 신문은 동지 일요판에 활자화할 한 성명서가 허위라는 증거를 입수한 바 있다. 그러나 동 신문 당국은 어깨를 으쓱대면서 "누군가가 우리들에게 이 성명서 게재를 부탁했기에, 우리는 그렇게 게재하려 한다"라고 말했다. 여기서 말하는 허위관계 성명서란 義和公(義親王: 高宗의 5째 아들로서 李堈)에 관련된 기사로서, 李堈公이 과연 한국 제왕에의 등극을 수락할 것인가, 그렇지 않으면 한 여성 모자상회를 인수할 것인가에 대한 문제를 신중히 고려하고 있다는 것이다. 모든 정직한 미국 국민은 이같은 미국의 주요 신문이 이처럼 저속한 익살 記事를 게재할 수 있었다는 데 대해 수치심으로 부끄러워하고 있다. 하나의 세계를 형성하려면 모든 종류가 필요로 하고 있다. 그러나 우리는 미국이 이와 같은 종류의 보도자료를 제공하지 않기를 바란다. 그러나 에밀리 브라운과 한국황제의 결혼설에 관한 訛傳된 보도(canard)가 처음으로 보도된 것은 미국신문이 아니고 유럽신문이라는 사실을 만족스럽게 자위코자 한다.

7 『駐韓美國公使館聲明書』(1903)

Legation of the United States, Seoul, Korea, 1903

주한미국공사관과 관련된 더 상세한 문의사항이 있는 자는 다음 사항을 참조하시기 바랍니다.

에밀리 브라운

한국황제는 외국 아가씨와 결혼한 사실이 없다. 에밀리 브라운 양의 이 놀라운 결혼설을 뒷받침해줄만한 사실 근거를 추호도 찾아볼 수 없다. 따라서 한국황실로부터 간호원 · 시녀 · 여자 가정교사 · 교사 · 의사 · 안잠자기와 같은 외국인 여자를 고용하겠다는 雇聘要求를 받은 일도 없다.

8 『샌 디에이고 유니언』(1904. 3. 23)

San Diego Union, March 23, 1904

코로나도(Coronado) 방문자 한국 사태에 대해 상세히 진술하다.

이곳 부동산을 소유하고 있는 주한미국공사 알렌을 찬양하고 있다.

리텐하우스(E. E. Rittenhouse) 호기심을 끄는 隱遁王國을 이야기하다.

— 주한 미국인들 호감을 사고 있다.

코로나도 호텔에서 3월 23일.

콜로라도 스프링스 텔레그래프(Colorado Springs Telegraph)지 편집장이며 저명한 특파원인 리텐하우스씨는 지난 2주일간 코로나도에 와 머물다가 이번 주일 귀가했다. 이전 코로나도에 보낸 편지에서 언급했듯이 리텐하우스씨는 일찍이 1년여간 한국에 주재하면서 한반도 유일의 철로부설 공사를 감독한 일이 있었다. 한국 최초의 철도(京仁鐵道)는 전 아시아를 통하여 최초의 廣軌 철로였다.

지난 어느 날 저녁, 만찬을 끝낸 후 리텐하우스씨는 한국문제에 관심을 가지고 있는 인사들에게 한국사태를 자세히 밝혔던 것이다. 리텐하우스씨는 특히 주한 미국공사 알렌과는 절친한 친구이다. 일반적으로 널리 알려지고 있지 않지만, 알렌 공사는 샌 디에이고(San Diego)에 상당한 부동산을 소유하고 있다는 것이다. 몇해 전 알렌 공사가 이 샌 디에이고를 방문했을 때 이 고장이 그의 취향에 맞기 때문에 이 지역의 부동산을 구입했던 것이다.

극동아시아에서의 전쟁기간 주한 미국공사가 차지하는 공사직의 중요성을 인정하는 인사들에게는 알렌 공사의 인간성과 성격에 대한 리텐하우스씨의 평가야말로 더할 나위 없이 흥미를 끌고도 남음이 있다고 본다. 오하이오에서 태어난 알렌 공사는 웨즐리안 대학(Wesleyan University)에서 수학했다. 그는 장로교회 소속 의료선교사로 신부를 대동, 1884년에 渡韓했다.

알렌 박사의 생애를 생각해볼 때, 우리는 프랑스인, 영국인, 독일인들이 미국정부가 해외주재 공사를 선정하는 방식을 보고 버릇처럼 곧잘 비웃고 있다는 사실을 우리는 인상 깊게 연상하지 않을 수 없다. 유럽에서는 외교관을 파견하기 전에 관습적으로 철저하게 외교적 훈련을 시키고 있는 데 반하여 미국의 해외주재 공사들은 이러한 외교적 훈련을 거치지 아니한다는 사실에 그들은 주의를 환기시키고 있다. "그러나", 지난 어느 날 저녁에 리텐하우스씨는, "일단 유사시에는 외국 정부에 파견할 외교관을 얻을 수 있는 방안을 고려하고, 기회가 도래하면 이러한 수요에 부응할만한 미국인을 신임할 수 있으며, 비록 외교적 노선에 따라 외교관 훈련이나 외교업무 교육을 받지 아니하였지만, 그러나 적정한 외교관을 현명하게 물색하여 충당할 수 있다."고 그는 외치고 있었다. 그런 후 리텐하우스는 콩거(E. H. Conger, 康格, 1898~1905) 駐淸 미국공사의 외교관 생애, 東京에서 미국의 對아시아 외교수완을 유감 없이 발휘한 그리스콤(Lloyd C. Griscom) 주일 미국공사, 그리고 터키에서의 외교적 업적, 마지막으로 한국 서울에 파견된 알렌 박사의 외교적 업적 등에 대해 언급하고 있었다.

알렌 박사와 그의 부인은 조선 왕국이 구미열강에게 문호를 개방한 직후에 서울에 도착하였는데, 渡韓한 지 얼마 안 되어 서울에서 혁명이 발생했다(1884. 12. 4. 甲申政變). 갑신정변 기간 이 젊은 미국인은 그의 본색을 드러냈다. 그 당시 서울 주재 미국인 전원이 난리를 피하여 안전한 곳을 찾아 공사관을 버리고 떠나버렸지만, 알렌은 조금도 무서워하지 않고 서울에 홀로 남아서 미국 성조기를 게양하고 공사관을 사수했던 것이다. 청일간의 싸움을 끝까지 지켜보기로 결심한 알렌은 서울에 홀로 남아서 부상병들을 치료하는 데 헌신했던 것이다.[6)]

갑신정변 발발시 조선 왕국의 重臣 몇 사람이 중상을 입었고, 알렌 박사는 왕궁으로 소환되어 갔다. 그가 왕궁에 도착했을 때 조선인 한의사가 막 상처에다 짙은 흑색 밀초(밀로 담근 식초의 한 가지)를 막 쏟아부으려 하고 있었는데, 알렌은 이를 제지함으로써 그 부상자의 목숨을 구제한 것이다.[7)] 그는 이 중상자의 목숨을 구해준 인연으로(閔泳翊의 목숨을 구한 것) 조선 국왕과 절친한 친분을 맺게 되었고, 나아가서 조선 국왕으로부터 褒賞을 받게 된 것이다. 이로부터 조선 국왕은 알렌을 단순한 친구로 대하지 않고 아주 유능하고 신용할 수 있는 고문관 친구로 대우했다. 이를 계기로 그후 그가 장기간 조선 체재기간 중 줄곧 각계각층으로부터 절대적 호감과 우호적 대우를 받았던 것이다. 이같이 조선 국왕으로부터 두터운 신임을 받고 있는 알렌은 미국인을 위해 철도부설권 · 서울시가 전차부설권 · 전등가설권 · 광산채굴권 등을 조선정부로부터 특허권을 부여받았고, 또한 조선인과의 우의를 돈독히 유지했던 것이다. 더군다나 그는 일본정부나 러시아정부에 대해 특별히 적대적 행위로 반감을 사는 일을 하지 아니했다.

1887년에 알렌 박사는 초대 주미 조선공사 朴定陽과 함께 워싱턴에 왔다. 워싱턴에 주미 조선공사관 개설업무를 완수하고 주한 미국공사관 서기관에 임명되어 1890년에 조선으로 돌아갔다. 그가 주한 미국공사가

---

6) 甲申政變 발발로 淸 · 日 양군이 交戰을 벌이자, 주한 미국공사 푸트를 비롯하여 서울주재 각국 외교관들은 황급히 濟物浦로 피난하면서, 조선사태가 더 악화할 경우, 일본으로의 피난계획을 세웠다. 그러나 알렌은 피난을 기부하고 끝까지 미국공사관에 성조기를 게양하고, 부상병을 치료하는 등 용감성을 발휘했다.
Allen Diary, Part Ⅰ, December 20, 1884.

7) 甲申政變 발발시 親淸事大派 人物 尹泰駿 · 韓圭稷 · 李祖淵 · 閔泳穆 · 閔台鎬 · 趙寧夏 등 6명은 慘殺되고, 閔泳翊은 중상을 입었다. 알렌은 조선에서 최초로 근대 洋醫術로 閔泳翊을 치료한 것이다.

된 것은 1897년이었다.

한국인

"현재 한국 인구는 1천 2백만. 이 나라는 반도국이며 면적은 미국 플로리다州 보다 3分1 더 큰 국토이다"라고 리텐하우스씨는 소개했다. 한국인은 체격은 크고 튼튼하지만, 한국인은 역사 개시 이래 장구한 세월 속에 주변 강대국으로부터 끊임 없이 침략을 받아오면서 장기간 혹독한 시련을 겪고 있었다. 그러므로 항시 투쟁정신만 배양 유지해오고 있기 때문에 自治能力이 부족하다. 한국인은 천성적으로 소박하면서도 친절한 국민이며 특히 한국인은 다른 어느 국민보다 미국인에 대해 호감을 가지고 있었다.

한국인은 그들 자신의 운명에 관하여 무관심하며, 그러기에 그들은 기꺼이 다른 나라에 지배받기를 희망하고 있다. 리텐하우스씨의 말에 의하면 한국인은 '용기 없는 국민'(a people without nerves)이다. 엄격한 세습적 兩班 특권 신분제도(The Caste System)가 사회를 지배하고 있으며, 논밭에 나가 농사일을 하는 부인을 제외하고는 모든 여자들은 나들이할 때 얼굴을 가리기 위하여 長옷 또는 처네를 입는다. 한국인은 모두가 검소하기 때문에, 재한 미국인들은 이 장옷(veils)이야말로 신의 은총이라고 주장하고 있다.

궁궐에 살고 있는 황실 가족은 3천명이나 된다(여기서 말하는 3천명이란 흔히 3천궁녀라는 일반적 전래용어에서 따온 숫자이다). 이 3천명 가운데는 황실 內命婦소속 女官을 비롯하여 황실 소속 관리와 가족들이 포함되어 있었다. 모든 한국 여성들은 머리를 가리마로 타서 단정하게 뒤로 빗질하여 댕기를 들이고 핀으로 꽂는다. 심지어 장가를 들지 않은 총각들도 처녀와 같이 댕기를 들이고 있다. 그러나 일단 成婚하면 상투를 틀고 그 위에 網巾을 쓰고 동곳을 꽂아 맨다.

그런데 한국에는 미혼 남자(총각)를 거의 찾아볼 수 없다. 리텐하우스가 한국에 장기간 머물고 있는 동안 총각들이 있는가고 눈여겨 관찰해 보았지만 단 세 사람만의 총각을 목격했을 뿐이다(早婚風習). 여자들은 절대로 교육을 받는 일이 없다. 그래서 한국에는 絶對文盲(absolute ignorance)이 일반화되고 있다.

한국인은 대부분 농업에 종사하고 있으며, 농사꾼의 하루 품삯은 미화로 10센트 내지 12센트이다. 조선 종이를 상당히 생산하고 있는데, 한국인들은 이 조선 종이에 들기름을 듬뿍 먹여서 장판지를 만들어 방바닥에 카핏모양으로 깔아붙인다. 한옥은 멕시코주택을 많이 본따서 지은 것같이 보였다.

제 3 편

論　　文

알렌의 韓國獨立保全運動(1903)

—『알렌 日記』를 통해본 알렌의 親露・反日政策—

머 리 말

Ⅰ. 高宗-브라운孃 結婚報道事件

Ⅱ. 알렌의 對韓政策

1. 淸 支配期(1884. 12. 4～1894. 7. 25)

2. 日本 支配期(1894. 7. 25～1896. 2. 11)

3. 러시아 支配期(1896. 2. 11～1898. 4. 12)

Ⅲ. 露日戰爭 前後期 (1898. 4. 12～1905)에 있어서
알렌의 親露・反日政策과 韓國 獨立保全政策

맺 는 말

머 리 말

1903년 10월 24일자 미국『콜로라도 스프링스 텔레그래프』지, 그리고 11월 29일자『보스턴 선데이 포스트』지에 잇달아 한국의 고종황제와 미국 아가씨 에밀리 브라운(Emily Brown)양과의 황실결혼사실을 크게 보도 함으로써 미국 국민들에게 비상한 관심과 흥미를 불러일으킨 것이다. 고종황제가 미국 아가씨를 皇后로 맞이했다는 특종 기사는 미국 신문에만 보도되었을뿐 당시 한국에서의 국내신문에는 일체 보도되지 아니했기 때문에 재한 미국인과 그리고 미국 국민들만 이를 알고 크게 흥분했다. 이는 믿어지지 않는, 믿을 수도 없는 허황된 기사였기 때문에 한미 양국의 국민은 이색적인 황실결혼사건에 관심을 집중하지 않을 수 없었다. 그것은 아마도 아라비안 나이트(千一夜話)에 나오는 주인공 알라딘(Aladdin)이 공주를 맞이한 것 이상으로 흥미진진하고도 그로테스크한 보도사건이기 때문이다.[1)]

고종황제와 브라운 양과의 결혼보도 사건은 공교롭게도 주한 미국공사 알렌(Horace N. Allen, 安連)이 政務報告次 워싱턴에 가있는 동안에 발생했다는 점에서 이 사건은 더욱 알렌의 對韓政策과 결부된 정략적 정치보도 사건임을 강력히 시사해주고 있다.[2)]

알렌은 본국 임무를 완수하고 서울로 돌아오는 길에 그의 절친한 친구인『콜로라도 스프링스 텔레그래프』지 편집장 리텐하우스(Edward E. Rittenhouse)와 인터뷰를 했는데, 동지에 처음으로 황제 결혼

---

1) *The Colorado Springs Telegraph*, Octoer 24, 1903; *The Boston Sunday Post*, November 29, 1903.

2) 알렌은 1903년 6월 1일 서울을 떠나, 만주 旅順·大連을 기쳐 시베리아 대륙횡단 철도여행을 하고 유럽 각국을 순방한 후 워싱턴을 방문, 루스벨트 대통령과 한국문제를 중심으로 한 열띤 정책토론을 벌인 후 한국으로 돌아왔는데,『콜로라도 스프링스 텔레그래프』지의 한국황실 결혼기사는 알렌이 미국에 있을 때 보도되었고,『보스턴 선데이 포스트』지는 알렌이 11월 20일 서울에 도착한 직후에 보도된 것이다.
Allen Diary, Part Ⅳ, June 1, October 23, November 20, 1903.

기사가 보도되었다는 점을 주목하지 않으면 안된다. 알렌은 리텐하우스와의 인터뷰를 통해, 그 자신의 親露反日政策을 피력하면서, 파멸위기에 있는 한국을 구원하기 위한 한국 구국운동을 벌인 것이다. 알렌-리텐하우스 인터뷰기사는 聯合通信(AP)을 통해 미국 각 신문에 보도된 것이다. 그러므로 필자는 고종결혼 보도사건은 알렌과 리텐하우스와의 인터뷰와 무관하지 않다는 기본인식 하에 한미외교사에 있어서 이 황제결혼 보도사건이 갖는 정치적 의의를 집중 추구하고자 한다.

이러한 시각에서 필자는 왜 이같은 荒唐無稽한 픽션(fiction) 기사가 한 번도 아닌 두 번씩이나 특종기사로 보도된 의도와 동기를 심도있게 분석 검토하고, 나아가서는 한국 獨立保全을 위한 알렌의 친러반일정책과 고종-브라운양 결혼보도사건과 어떤 연관성이 있는가를 집중 추구하고자 한다. 그동안 한국 사학계에서는 이러한 전무후무한 국제결혼 보도사건이 있었다는 것조차 모르고 있었을 뿐만아니라 알렌의 한국독립보전운동을 看過해 왔었다. 이에 필자는 본고에서 알렌이 외교교섭을 통해 끈질기게 전개해 왔던 한국 구국운동의 실상을 한국독립운동사 연구의 차원에서 이를 재조명해보고자 한다.

Ⅰ. 高宗-브라운孃 結婚報道事件

에밀리 브라운양은 미국 오하이오주에서 독실한 장로교목사의 딸로 태어났다.[3] 브라운양의 아버지 피터 브라운(Peter Brown) 박사는 오하이오주에서 장로교 교회 목회를 하다가 10년 전 선교본부로부터 한국 선교사에 임명되어 서울에 부임하게 되었다. 브라우 목사는 서울 부임시 어린 딸 15세 소녀 에밀리 브라운양을 대동하고 내한했다. 그 당시 주한 미국선교사들이 흔히 하는 관례대로 브라운 목사도 부임인사차 대궐로 고종황제를 陛見하러 예궐할 때 예쁜 딸 에밀리 브라운양을 대동하고 입궐한 것이다. 고종황제는 금발 머리에 푸른 눈동자의 백인 소녀의 빼어난 미모를 보는 순간 황홀한 연정이 싹튼 것인지도 모른다. 이때부터 에밀리양에게 궁중출입이 공식적으로 허용되었다. 고종황제가 오랫동안 독신생활을 청산하고(1895년 閔妃弑害 후 皇后 闕位), 미국 아가씨 브라운양을 황후로 맞이한다는 루머도 이와 때를 맞추어 퍼지기 시작했다. 브라운양의 궁중출입이 잦을수록 황실결혼설은 파다하게 서울 장안에 퍼지기 시작했다.[4]

『콜로라도 스프링스 텔레그래프』지 10월 24일자 신문에 「필라델피아 출신 미국 아가씨 에밀리 브라운양이 한국 황제의 아내, 황후가 되다 (American Girl, An Empress Miss Emily Brown, of Philadelphia, Wife of Emperor of Korea)」라는 제하에 이색적인 황실 결혼사실을 처음으로 보도했다. 그로부터 한 달 조금 지나서 두번째로 1903년 11월 29일자 『보스턴 선데이 포스트』지는 「유일한 미국인 왕후 어떻게 戴冠했는가?(How the Only American Empress Was Crowned?)」라

3) *Colorado Springs Telegraph*(Sunday), October 24, 1903에서는 브라운양은 필라델피아 출신의 장로교 목사의 딸로 10년 전 장로교 선교사인 아버지를 따라 내한했다고 했다. 이에 반해 *Boston Sunday Post,* November 29, 1903에서는 브라운양이 오하이오주 출신의 장로교 목사의 딸이라고 보도했다. 필자는 후자의 것을 따르기로 했다.

4) *Boston Sunday Post,* November 29, 1903.

는 제목으로 황실결혼 사건을 전면 톱기사로 특종 보도했다. 고종황제와 브라운양을 나란히 태운 無蓋輦 위에 고종은 만족의 미소를 짓고 있고, 브라운양은 영국 왕관 스타일의 크라운을 쓰고 화려한 궁중예복 翟衣를 입고 수줍은듯 다소곳이 앉아있는 모습을 그린 스케치 그림이 더욱 이색적인 흥미를 자아내고 있었다. 좌측 상단에 太極兩儀를 그려놓았고 황제 황후 뒤에 한 시위군사가 日傘을 받쳐들고 있는 이 한 장의 스케치는 누가 보아도 韓·美人간의 황실결혼을 사실로 믿을 수 밖에 없었다. 심지어 『텔레그래프』즌 부제로 「1천 7백만 한국백성은 브라운양의 臣民이 되었으며, 그녀의 결혼은 이제 막 반포되다」라고 전하고 있다.

1902년 즉 光武 6년은 고종황제가 즉위한지 40년이 되는 뜻깊은 해이다. 한국 정부는 이를 기념하기 위하여 登極 40년 稱慶禮式을 거행하기로 했다. 동년 9월에는 官民이 공동 출자하여 광화문 네 거리에 稱慶紀念碑閣을 세웠다. 그러나 콜레라의 猖獗로 말미암아 부득이 기념예식을 연기하지 않을 수 없었다. 기념예식을 일단 1903년 10월경에 거행하기로 했다. 그렇다면 御極40년 칭경예식과 브라운양의 皇后册封儀式이 겹치기 때문에 한국 황실로서는 이중의 경사스런 일이 아닐 수 없다.

『보스턴 선데이 포스트』지에 "피터 브라운 목사가 한국 파견 선교사에 임명, 서울에 부임할 때 브라운양은 방년 15세 소녀였다. 브라운양은 아버지를 따라 '고요한 아침의 나라 서울에 온 것이다. 브라운양은 처음에는 아버지가 牧會를 주관하고 있는 장로교 교회에서 聖歌隊를 지휘하고 있었다. 브라운 목사는 부임인사차 고종황제를 폐현하러 입궐할 때 사랑하는 딸 브라운양을 대동했다. 고종황제는 브라운 목사의 부임인사를 받는 자리에서 브라운양을 본 찰라, 그 우아하고 아름다운 姿色을 보고 황홀감을 느꼈다. 한국의 황제는 萬機를 總攬하고 全權을 행사하는 절대군주이다. 그래서 고종황제는 선교사의 딸에게 대궐출입을 허용했고, 이로써 미모의 선교사 딸은 대궐을 무상 출입할 수 있게 되었다. 궁중출입을 하면서 브라운양은 도저히 거절할 수 없을만큼 황제의 寵愛를 받게 된 것이다."[5]라고 보도했다.

브라운양은 고종황제로부터 대궐출입 초청을 받고 처음에는 이를 거절하려 했다. 그러나 한국황제는 절대권을 가진 제왕이어서, 이를 거절한다는 것은 아버지의 선교활동에 막대한 지장이 될 것이므로 어쩔 수 없이 궁중출입을 하게 되었고, 이를 계기로 고종으로부터 무쌍의 사랑을 받게 된 것이다. 이리하여 고종황제로부터 조속한 시일 내에 정식으로 결혼하겠다는 은총의 약혼언약을 받은 것이다. 이는 브라운양에게 최대의 영광인 동시에 한·미 양국의 유대강화에도 지대한 공헌이 되기 때문에, 브라운양은 한국황제와의 국제결혼을 허락한 것이다. 브라운양이 대궐을 무상 출입하게 되면 아버지 브라운 목사가 주관하는 교회성가대 지휘를 전담할 수 없기 때문에, 브라운양은 교회성가대 일을 그만두고 본격적으로 궁중생활을 하기로 했다. 이리하여 1903년 8월에 정식으로 한국황후에 책봉되어 嘉禮를 올린 것이다. 일찍이 1871년 미국 아시아함대가 강화도에 내침, 한미전쟁을 벌였을 때(辛未洋擾), 고종은 미국인을 가리켜 洋醜니, 洋魁니 부르면서 그야말로 개나 양과 같은 인간동물로 취급,洋夷 미국의 침략행위를 규탄한 바 있다. 그러나 이제 그토록 증오의 대상이었던 미국의 백인처녀를 황후로 맞이했다는 것은 역사의 아이러니가 아닐 수 없다.[6]

미국의 일개 평민출신의 아가씨와 한국 황제와의 결합에 대하여『콜로라도 스프링스 텔레그래프』지는 다음과 같이 털어 놓았다. "일찍이 포르투갈의 핸슬러(Edla Hensler) 여왕은 신분이 낮은 평민과 결혼함으로써 貴賤相婚의 선례를 남겼으며,역시 평민 출신인 미국 여인 커즌(Curzon)부인도 인도여왕이 되었다는 것은 널리 알려진 사실이다. 그러나 에밀리 브라운양은 1천7백만 한국 신민위에 君臨할 황후의 冠을 戴冠한 최초의 미국인이었다."[7]라고 보도했다.

---

5) *Ibid.*
6) *Ibid.*
7) *Colorado Springs Telegraph*(Sunday), October 24, 1903.

한편 『보스턴 선데이 포스트』지에 의하면, "에밀리 브라운양은 미국인 아가씨이자 서양 여인으로서는 첫번째로 한국황후가 되었고, 황실의 존엄과 畏怖에 떨고 있는 1천 7백만 신민에 대한 생사여탈권을 장악하게 되었다"[8]라고 보도하면서 한미 양국의 결합을 축하하고 있다. "지금 황후가 된 미국처녀는 4백년의 역사를 자랑하는 웅장한 고궁(경복궁)에서 살고있다. 만약 황제가 朝賀를 받는 勤政殿이나 便殿의 천정으로부터 뱀 한 마리가 기어나와서 용상위에 떨어져서 황제를 깜짝 놀라게 하는 불상사가 발생하면, 브라운황후는 이보다 더 오래된 다른 대궐(창덕궁이나 창경궁)로 옮겨서 살게 될 것이다. 그런데 브라운황후와 고종황제 사이에서 왕자가 출생하면, 언젠가는 이 왕자가 한국황제에 등극하게 될 것이고, 그렇게 될 경우 이는 역사상 최초로 미국부인의 所生이 한국의 제왕이 되는 것이다"[9]라고 동지는 브라운양의 국제결혼의 의의를 평가 보도하고 있었다.

지난 8월 성대한 嘉禮를 올리기 전에 황후 揀擇을 기념하는 예비의식, 즉 약혼식이 대궐에서 거행되었는데, 이때 宮內府로부터 브라운양에게 푸짐한 결혼선물을 내린 것이다. 보석 패물에서부터 각종 비단 예복에 이르기까지 갖가지 진귀하고도 값진 幣帛을 실은 우마차가 브라운가에 답지한 것이다. 약혼식과 가례식을 구경하고 이를 축하하기 위하여 경향 각지로부터 백성들이 구름떼처럼 몰려왔다. 시골 양반집 선비(士大夫)로부터 농어민, 상민, 일반서민들, 그리고 천민계급에 이르기까지 각계 각층의 民草들이 서울로 몰려와서 서울장안은 온통 축제 분위기가 절정을 이루었다.[10]

브라운양은 가례식을 거행함으로써 정식으로 한국황후가 되었다. 고종황제는 이를 만천하에 엄숙히 반포하면서 새로 맞이한 브라운황후의 모습을 만백성에게 과시해야만 했다. 제왕의 대궐밖 나들이를

8) *Boston Sunday Post,* November 29, 1903.
9) *Ibid.*
10) *Ibid.*

가리켜 行幸이라 일컫고 있는데, 고종황제는 황후를 대동하고 서울 종로거리로 거둥하기로 결정했다.

行幸준비를 하는 데 고종은 가례식을 기념하는 행행이기 때문에 翼善冠을 쓰고 皇龍袍를 입고 있었다. 브라운양은 한국왕비의 전통적인 首飾인 大首를 쓰지 않고 파마머리에다 영국 여왕이 쓰는 서구식 왕관을 쓰고 있었는데, 그것은 황금보석으로 찬란하게 장식한 왕관이었다. 브라운양의 의상은 황후가 입는 옷으로서 붉은 비단 바탕에 청색자수를 수 놓은 翟衣였다. 금발과 푸른 눈동자, 그리고 흰 피부색, 수줍은듯한 우아한 얼굴 모습에다 이처럼 화려한 황후 의상을 갖추어 입고, 錦上添花格으로 호화찬란한 왕관을 쓰고 있었으니, 그녀의 용모는 그야말로 花容月態를 자랑하고 있는 仙女와 같이 보였다. 만백성에게 선보이기 위하여 황제와 황후는 덮개 없는 無蓋輦을 가지런히 타고 行幸길에 나선 것이다. 새로 등극한 국모를 구경하기 위하여 서울 종로거리는 온통 인산인해를 이루었다.

제왕의 行幸에는 일정한 의장대가 따르기 마련이다. 대궐문이 활짝 열리면서 선두에 大吹打의 행렬이 우렁찬 군악을 울리면서 나왔다. 대취타란 취타와 細樂을 갖춘 군악으로서 징(鉦)·나(鑼)·大角·螺角·喇叭·胡笛·바라·북·장구·피리·奚琴 등 총 52명으로 구성되어 있다. 그 뒤에 약 1천명 정도의 의장병과 시위대가 뒤따르는데, 의장병은 금빛 은빛 도끼로 된 斧鉞을 잡고 햇빛에 번쩍이면서 엄숙하게 행진하고 있었다. 이윽고 황제와 황후를 태운 無蓋輦 두 대가 나란히 대궐문을 나서고 있다. 무개연 위에는 帝王을 상징하는 龍을 수놓은 龍旗가 바람에 펄럭이고, 황제와 황후의 머리위에는 황금빛 日傘을 떠받들고 있었다. 이는 바로 황제와 황후가 한국의 통치권을 가지고 있다는 것을 만백성에게 알리는 상징적 표상이었다. 한 대의 연 위에는 고종황제가 인자스런 웃음을 띠고 앉아 있었고, 또 한 대의 연위에는 브라운황후가 다소곳이 앉아 있었다. 두 대의 연을 중심으로 붉은 또는 푸른 青紅 비단 옷으로 盛裝한 侍女들이 에워싸고 있었다.

브라운황후의 盛裝 모습을 미국의 한 신문은 이렇게 사실적으로 묘사하고 있다. "현대 문명인으로서 브라운양만큼 성장한 사람은 일찍이 없었다. 머리끝에서 발끝까지 그녀는 황금 보석과 눈이 부시도록 화사한 비단옷으로 감싸고 있다. 비단 치마는 너무 길고 무거워서 마치 모직물로 짠 옷처럼 접혀져 길게 드리워져 있었다."[11]

두 대의 무개연을 중심으로 전후 좌우에는 벙거지(戰笠)를 쓰고 동달이를 입은 侍衛隊가 긴 창을 들고 엄숙하게 호위하고 있었다. 그 뒤에 붉은 빛 金冠朝服을 입은 각부 대신들이 뒤따랐다. 이처럼 황제·황후를 비롯하여 각부대신·시녀·시위대에 이르기까지 각기 그 옷차림의 색깔이 다르게 5색빛으로 다양하게 어울려 높푸른 코발트빛 가을하늘을 배경으로 색상은 더욱 영롱하게 빛나 일대 絢爛한 장관을 이루었다. 황제와 황후가 탄 두 대의 연이 대궐문을 나와서 서울의 간선도로인 종로거리로 나서자 길가에 운집하고 있었던 만백성들은 일제히 땅바닥에 부복하여 브라운황후를 우러러 쳐다 본다.

종로 雲從街는 구경꾼들로 입추의 여지가 없었고, 선두에서 장엄하게 울리는 대취타의 군악소리, 백성들의 브라운 황후에 대한 끝없는 德談소리가 한데 어울려 축제분위기는 최절정에 다달았다. 황제의 거둥치고 이처럼 장엄하고 화려한 행차는 일찍이 볼 수 없었다. 고종황제의 행행은 서울 간선도로를 한 바퀴 순행한 후 경복궁으로 환궁함으로써 대단원의 막을 내린 것이다.[12]

이상에서 소개한 것은 미국 신문에 보도된 기사내용을 요약,정리한 것이다. 그런데 『콜로라도 스프링스 텔레그래프』지가 처음으로 한국황실 결혼사실을 보도할 때 뉴스자료를 한국으로부터 받은 것이 아니라 유럽계 신문이라고 밝히고 있다. 그러니까 「브라운양의 한국황후」의 특종기사를 처음으로 보도한 것은 유럽계 신문이라고 강조하고 있다.

---

11) *Ibid.*
12) *Ibid.*

즉 비엔나에서 발행되고 있는 유명한 『新自由新聞』(Neue Freie Presse) 이 서울발 기사로 장문의 특종기사를 보도했다는 것이다. 그런데 여기서 주목할 것은 설사 『신자유신문』이 이같은 허황된 사실을 보도했다면 六何原則에 따라 年月日字를 분명히 밝혀야만 보도의 가치와 신뢰성을 인정받을 수 있다. 그러나 『텔래그래프지』는 막연하게 『신자유신문』의 보도 사실만 소개했을 뿐이다. 이는 결국 보도사실의 책임을 유럽계 신문에 돌리려는 저의가 깔려있다.[13)]

그당시 국내에서는 『皇城新聞』을 비롯한 다른 2개의 신문도 발행되고 있었는데, 이같은 기괴한 황실 결혼 사실을 일언반구 보도한 적이 없다. 이런 점으로 보아 한국 국민들은 이같은 허위보도가 있었다는 사실 자체도 까맣게 모르고 있었다는 것이다. 어떻게보면 한국황실에 대한 모욕적인 이러한 기사보도에 대해 한국정부는 정식으로 미국공사관에 항의 조회조차 한 일이 없었다는 것을 보더라도 전체 한국인은 보도사실 자체를 몰랐다고 판단된다. 그러나 미국의 유력한 신문에서 두 번씩 고종황제와 브라운양의 결혼사실이 특종기사로 보도되자, 이같은 뉴스를 본국으로부터 전해 들은 서울주재 미국인들, 외교관·선교사·상인들에 의한 확인 문의가 미국공사관으로 빗발치듯 쇄도했다. 당시 서울에서는 영문 월간잡지 『코리아 레뷰』(Korea Review)지가 발행되고 있었는데, 동지 11월호에 비로소 허위보도를 시인하는 기사가 게재되었다. 『코리아 레뷰』지는 다음과 같이 보도했다. "거짓말이 참말처럼 살아 있다는 것은 놀라운 일이다. 신시내티(Cincinnati)의 한 신문은 한 미국인 아가씨가 한국황후가 되었다는 고십 기사를 게재해서 세인의 주목을 끌고 있기 때문이다. 일전에 어떤 분이 이 보도가 허위보도라는 사실을 미국 언론기관에 알려주는 방법이 없을까 하고 우리 편집실로 문의해 왔었다. 알리는 방법은 있었지만 그렇게 해도 아무 소용이 없는 일이다. 모든 정직한 미국인은 이와같은

13) *Colorado Springs Telegraph,* October 24, 1903.

'익살스런 기사'(buffoonery)가 미국의 각 신문에 보도되었다는 사실에 대해 수치감으로 얼굴을 붉히고 있다. 보도의 사실여부를 미국 국민에게 알려야 한다. 우리는 미국 특파원이 이러한 종류의 보도자료를 본국의 언론기관에 제공했다고는 믿지 않는다. 브라운양과 고종황제와의 결혼설에 관한 訛傳된 보도(canard)가 처음으로 보도된 것이 미국신문이 아니고 유럽계 신문이라는 사실을 우리는 다행스럽게 여기고 있다."[14)]

이와 같은 『코리아 레뷰』지 기사를 분석해 보면 양심있는 미국 특파원이라면 이같은 허무맹랑한 기사정보를 미국 언론기관에 제공했을 리 만무하다고 단언하면서 허위보도의 책임은 이를 처음으로 보도한 유럽계 신문에 있다고 규정하면서 보도책임을 회피하고 있었다. 과연 이와같은 결론을 내릴 수 있을까. 필자는 보도 자료를 유럽계 신문으로부터 입수하여 보도했다기보다는 이 보도는 전적으로 미국 신문이 사실을 날조해서 꾸며낸 픽션(fiction)극으로 시종일관했다고 단정하지 않을 수 없다. 그러므로 한국황실 결혼사실을 처음으로 보도한 비엔나의 『신자유신문』이라는 주장 자체도 조작했을 가능성이 있기 때문이다. 그것은 어떻게 대중 언론매체인 미국 신문이 사실여부를 확인하지도 안은채 두 번씩 되풀이하여 보도할 수 있었는가에 대해 의문시되기 때문이다.

한편, 본국 출장 휴가를 끝내고 이제 막 서울 任地로 돌아온 주한 미국공사 알렌은 날마다 서울 거주 외국인을 포함해서 미국인들이 공사관 당국에 사실확인 문의를 해오자 크게 당황해 하였고, 이에 알렌 공사는 미국인의 오해를 풀기 위하여 이를 공식적으로 해명할 필요성을 느끼게 되었다. 이리하여 한국황실 결혼보도는 사실무근임을 다음과 같이 밝히고 있다. "한국황제는 외국 여자와 결혼한 사실이 없다. 에밀리 브라운양이 고종황제와 결혼했다는 사실근거를 찾아볼 수 없기 때문이다. 따라서 우리 미국 공사관은 한국황실로부터 간호원 · 시녀 ·

14) *The Korea Review,* Vol Ⅲ, p.50, November 1903.

여자 가정교사 · 교사 · 의사 · 안잠자기 같은 외국인 여자를 고용하겠다는 雇聘요청도 받은 바 없다."[15]라고 선언했다. 미국공사관 당국이 이같은 성명서를 발표함으로써 비로소 황실결혼 보도는 사실무근의 오보사건으로 공식 판명된 것이다.

15) "Legation of the United States, Seoul, Korea, 1903." in *The Horace Newton Allen Manuscripts Collection(The Allen MSS)*, The New York Public Library.

Ⅱ. 알렌의 對韓政策

조선개항이후부터 러·일전쟁에 이르기까지 청·러·일 등 제국주의 열강은 한반도 지배권 장악을 위해 상호 치열한 각축전을 벌이고 있었다. 이들 열강은 번갈아가면서 對韓支配權을 행사해왔다. 알렌의 대한정책은 한 마디로 한반도의 지배국의 실체가 교체될 때마다 항상 이에 대응, 자신의 대한정책도 변화했다. 이와같이 정책변화를 일으킨 데는 두 가지 기본정신에 근거하고 있다. 즉 그 하나는 국가이익 수호이다. 외교란 국가이익이 우선되게 마련이며, 어느 한 나라가 득세하면 미국의 권익이 위해될 우려가 있으므로 지배세력을 견제하고 반대세력을 지원하게 된다. 다른 하나는 한국의 獨立保全이다. 알렌은 朝美條約 제1조에 명문화되어 있는 居中調停(good offices) 조항을 성실히 준수, 제국주의 침략 위협으로부터 한국을 구제한다는 것이다.

열강의 한국지배기를 다음 네 시기로 구분해 볼 수 있다. 즉 (1) 갑신정변 발발부터 청일전쟁 발발까지의 청의 한국지배기(1884. 12. 4~1894. 7. 25), (2) 청일전쟁이후부터 俄館播遷까지의 일본의 한국지배기(1894. 7. 25~1896. 2. 11), (3) 俄館播遷부터 러시아철수까지의 러시아의 한국지배기(1896. 2. 11~1898. 4. 12), (4) 러시아 철수부터 러·일전쟁에서 일본의 전승이후까지의 일본의 한국지배기(1898. 4. 12~1905) 등 4시기로 대별해 볼 수 있다.

1. 清 支配期(1884. 12. 4~1894. 7. 25)

朝美條約교섭의 최대 쟁점은 屬邦문제였다. 李鴻章은 조미조약문에 "조선은 본래부터 중국의 속국이다"라는 속방조항을 명문화할 것을 주장했으나, 슈펠트(Robert W. Shufeldt, 薛斐爾)는 단호히 이를 거부, 조선의 완전 독립국 지위를 인정할 것을 주장했다. 결국 美·淸 대표간에 속방조항 명문화를 취소하는 대신 조선 국왕이 미국 대통령에게 보내는 別途 照會文(속방 조회)에 조선의 속방 지위를 밝히는 것으로 최종타결된 것이다.[16] 이로써 조선은 국제법상 완전 자주 독립국가임을 공인받게 된 것이다. 그러나 1882년 5월 22일 조미조약 체결 당시 조선대표 申櫶·金弘集이 5월 15일자로 작성한 미국 대통령에게 보내는 조선국왕의 속방 조회문을 슈펠트에게 수교하였는데, 이에 의하면 "조선은 본래부터 중국의 속방이지만, 內治外交는 대조선국 군주가 自主한다."[17] 라고 속방의 지위를 인정하면서, 내치외교는 조선 국왕이 自主自行한다는 것을 밝히고 있다. 속방 조회문이 바로 청의 對韓宗主權 主張의 근거가 되고 있다.

청국은 비록 조미조약에서 조선의 독립국 지위를 공인했었지만, 조선에 대한 속방 관념만은 고정불변이었다. 李鴻章의 聯美論의 기본정신은 한반도에 미국세력을 끌어들여 북쪽으로 러시아세력의 남진정책을 저지하고, 남쪽으로 일본의 한반도 침략을 억제함으로써, 대한종주권을 계속 유지하자는 데 그 바탕을 두고 있다. 그러므로 대한종주권 주장(Claim to the Overlordship of Korea)의 具現이야말로 청의 국가지상목표인 것이다. 그러기에 청은 국제법상 조선의 완전 독립국을 공인했었지만 계속 조선을 속방시 하면서 對韓지배권 강화를 기도했다.[18]

壬午軍亂(1882. 7. 23)의 발발을 계기로 청의 대한종주권 주장은 더욱 강화되었다. 종래의 형식적 의례적인 관계로부터 차차 실질적 직접적인 종속관계로 변했기 때문이다. 난을 진압한다는 명목으로 吳長慶은 청군 3,000명을 이끌고 서울에 주둔하게 되었는데, 이때 慶軍前敵

---

16) 宋炳基,『近代 韓中關係史硏究』(檀大出版部, 1985),pp. 222~234;金源模,『韓美修交百年史』(韓國放送事業團, 1982), p.116.

17) "朝鮮素爲中國屬邦而內治外交 向來均由 人朝鮮國君主自主…."『舊韓國外交文書』(高大 亞細亞問題硏究所, 1967) 卷 10(美案 I), p.10;『淸季 中日韓關係史料』(中央硏究院 近代史硏究所, 1972), 卷2, p.675(以下關係史料);奧平武彦,『朝鮮開國交涉始末』(刀江書院, 1969), pp.236~138.

18) Horace N. Allen, "An Acquaintance With Yuan Shi Kai", *North American Review,* 196(1912), pp.109~117;金源模,『近代韓國外交史年表』(檀大出版部,1984), pp. 48~59,「袁世凱論」.

營務處次席으로 吳長慶을 따라 조선에 온 袁世凱는 재빨리 朝鮮親軍營을 창설, 각각 500명으로 편성된 左·右營을 조직, 朝鮮親軍을 훈련하는 임무를 수행했다. 守舊親清 事大黨 李祖淵이 左營使에, 尹泰駿이 右營使에 임명, 사실상 병권을 장악했던 것이다.[19] 뿐만 아니라 원세개는 大院君을 납치함으로써(8.30), 청의 대한지배권을 재확인했다.

임오군란 발발 직후 朝清商民水陸貿易章程을 체결했는데(1882. 8. 23), 그 제1조에 "중국이 속방을 우대하는 厚意에서 나온 것인만큼 다른 각국과 一體 均霑하는 例와는 같지 않다."[20]라고 한·청간의 전통적인 종속관계를 재확인했다. 원세개는 본 조약에서 조선이 스스로 청의 속국임을 인정했다고 주장하고 있었다. 이홍장은 속방체제를 강화하기 위하여 묄렌도르프(Paul G. Moellendorff, 穆麟德)와 馬建常을 추천 파견함으로써, 조선의 외교와 세관업무의 실권을 장악하였던 것이다.[21] 조선 정부는 앞서 원세개가 조직했던 朝鮮親軍營의 營制를 개편 제정하였는데(1884. 8. 26),그 결과 朝鮮親軍 4營을 설치하였다. 前營使에 韓圭稷, 左營使에 李祖淵, 右營使에 閔泳翊, 後營使에 尹泰駿 등 모두 친청사대당 인물로 충당, 원세개가 거느리는 청군과 함께 완전 조선의 병권을 장악했던 것이다.[22]

甲申政變 발발(1884. 12. 4)은 청으로 하여금 대한지배권 확립의 결정적 전기가 되었다. 앞서 임오군란시 패퇴했던 일본은 급진개화파를 앞세워 친청사대당을 제거하고 친일내각을 구성, 대한지배권을 확립하고자 쿠데타를 일으켰지만, 원세개는 청군 개입에 의해 그 꿈이 좌절되고 말았다. 그 결과 閔泳翊을 중심으로 한 친청내각이 구성되어 개화파

19) 姜在彦, 『朝鮮の開化思想』(岩波書店, 1980), p. 218.
20) "中國優待屬邦之意 不在各與國一體均霑之例."
『舊韓末條約彙纂』(國會圖書館調查局, 1965) 中, pp. 392~406.
21) 『高宗純宗實錄』 中, p.75, 高宗19年 11月 5日條: Owen N. Denny, *China and Korea*(Shanghaii: Kelly and Walsh, Limited Printers, 1888), p.14
22) 『高宗純宗實錄』 中, p.169, 高宗 21年 8月 26日條.

는 완전 숙청된 것이다. 天津條約 체결(1885. 4. 18)로 청일 양군은 한반도로부터 완전 철수했지만, 조선의 친청내각 구성으로 청의 대한지배권은 그 입지가 더욱 굳건해지고 있었다. 집권한 친청사대당 정부 내부에는 개화 알레르기가 만연되어 청일전쟁 발발까지의 10년간은 개화운동의 가혹한 雌伏期인 동시에 사실상 청의 한반도 지배기인 것이다.[23]

청은 朝·日間 체결한 釜山口設海底電線條約(1883. 3. 3) 체결에 자극을 받아,[24] 朝·清 電線條約을 체결(1885. 7. 17), 인천을 기점으로 漢城 경유 義州와 만주 鳳凰城에 이르는 조선 북부 통신망을 장악했다.[25] 이어 조선 남부의 전신망도 일본의 해저전선에 대항하기 위하여 中國代辦朝鮮陸路電線續款合同(1886. 3. 24)을 체결함으로써 한성-부산간의 통신권도 장악해버린 것이다.[26] 이홍장은 한반도 남북의 전신권을 확보한 후, 그 자신의 대한정책의 지상 목표인 대한종주권 확립을 위하여 자신의 심복 부하인 袁世凱에게 전권을 부여, 總辦朝鮮商務 陳樹棠을 소환하고, 원세개를 駐箚朝鮮總理에 임명 파견한 것이다.[27]

그런데 이홍장이 대한종주권 강화를 위해 파견한 묄렌도르프는 임명

---

23) 1885년 4월 18일 李鴻章·伊藤博文 간에 체결된 天津條約에는 4개월 내 청·일 양군의 동시 철병, 양국은 조선에 병력을 派員하지 아니할 것, 유사시 출병할 경우 行事知照할 것 등을 담고 있다.
『舊韓末條約彙纂』 中, pp. 142~147; 『金玉均全集』(亞細亞文化社, 1979), pp. 77~91, 12月 4日條; 姜在彦, 『朝鮮の開化思想』, p. 229.

24) 『高宗純宗實錄』 中, p.86, 高宗20年 1月 24日條; 『舊韓末條約彙纂』 上, pp. 176~180.

25) 『高宗純宗實錄』 中, p. 200, 高宗22年 6月 6日條; 『舊韓末條約彙纂』 下, pp. 429~433.

26) 『高宗純宗實錄』 中, p.228, 高宗23年 2月 19日條. 『舊韓末條約彙纂』 下, pp. 434~438.

27) 1885년 10월 당년 26세 청년 袁世凱의 官職名은 駐箚朝鮮總理交涉事宜이고 英語로는 Director-General Resident in Korea of Diplomatic and Commercial Relations이다. 監國大臣으로서 보통 袁大人이라 불렀다.
Denny, *China and Korea*, p.14; Horace N. Allen, *Korea: Fact and Fancy, Being A Republication of Two Books Entitled "Korean Tales" and "A Chronological Index"* (Seoul: Methodist Publishing House, 1904), p.172, October 3, 1885.

권자인 이홍장의 對韓政策을 무시하고, 聯露拒淸政策을 수립한 것이다. 묄렌도르프는 조선이 청 · 일의 각축전에서 자주독립을 보전하려면 제3세력인 러시아를 끌어들어야 한다는 이른 바 引俄策을 조선 정부에 獻策한 것이다.[28] 조선 정부는 이를 채택, 引俄策의 일환으로 1884년 7월 7일 朝露修好通商條約이 체결되었다.[29] 한반도에 러시아세력의 진출은 러시아의 대한팽창정책을 경계하고 있는 영국에게는 심각한 위협이 아닐 수 없다. 이에 영국은 러시아의 한반도 진출을 저지코자 마침내 1885년 4월 15일 巨文島를 점거하고 말았다.[30] 묄렌도르프의 引俄策에 의해 청의 대한침략을 견제해 보고자 드디어 제1차 한로밀약설(1885. 7)이 발생한 것이다. 이에 이홍장은 묄렌도르프를 배신자로 규정, 즉각 소환(1885. 9. 4)하고, 묄렌도르프에게 부여했던 외교와 세관업무를 분리, 외교고문에 미국인 데니(Owen N. Denny, 德尼)(1886. 5. 28)를, 朝鮮海關 總稅務司에는 메릴(Henry F. Merrill, 墨賢理)을 각각 임명 파견했다.(1885. 10. 3)[31]

주차조선총리 袁世凱에게 부과된 최대 임무는 조선 정부의 聯露拒淸政策을 감시 예방하고, 나아가서는 대한종주권을 확립하는 것이었다. 이리하여 원세개는 對韓內政干涉을 일삼기 시작한 것이다. 원세개의 내정간섭이 심화될수록 불안을 느낀 反淸親露派는 러시아공사 웨베르(Karl Waeber, 韋貝)에게 독립보전을 호소하였으며, 이것이 이른 바 제2차 한로밀약설이다(1886. 8).[32] 원세개는 閔泳翊으로부터 밀서를

---

28) Rosalie von Moellendorff, *P.G. von Moellendorff, Ein Lebensbild*(Leipzig:Otto Harrassowitz, 1930), pp. 67, 78.

29) Imperial Maritime Customs, *Treaties, Regulations, ETC., Between Corea and Other Powers, 1876～1889*(Shanghaii, 1891), pp. 263～276.

30) Park Il-Keun, *Anglo-American Diplomatic Materials Relating to Korea, 1866～1886*(Shin Mun Dang Publishing Company, 1982), pp. 488～760, The Temporary Occupation of Port Hamilton:李用熙,「英國의 巨文島占據」,『韓英修交100年史』(韓國史硏究協議會, 1984), pp. 69～105.

31) Allen, *Korea:Fact and Fancy*, p. 172, September 4, 1885;p. 174, May 28, 1886;p. 172, October 3, 1885.

32) 『李文忠公全集』(文海出版社, 1965) 卷4, p. 522.

입수하고(1886. 8. 13) 대한강경방침을 취하겠다고 이홍장에게 보고하였다. 앞서 제1차 한로밀약 때는 묄렌도르프를 문죄, 그를 소환했지만, 이번에는 조선 정부에 책임을 물어 조선 국왕을 폐위한다는 강경책을 강구하기에 이르렀다. 원세개의 의중인물은 대원군의 장자 完興君 載冕의 子 埈鎔이었다.[33)]

한로밀약설과 國王廢立陰謀는 동시에 발생한 사건이었다. 민영익은 한로밀약설의 정보를 원세개에게 밀보한 데 대한 죄책감으로 원세개의 국왕폐립 음모를 조선정부에 밀보함으로써 자신의 체면을 어느 정도 회복할 수 있었다. 그러나 이같은 이중행위로 말미암아 원세개와 조선정부로부터 혐의를 받아 결국 香港으로 망명하고 말았다.[34)] 이 사건을 계기로 원세개의 대한정책은 더욱 강경화되었다. 첫째로, 더욱 고압적인 자세로 대한 내정간섭을 강화했고, 둘째로, 청의 주도 하에 한반도의 안보를 강구한다는 이른바『朝鮮大局論』『時事至務十款』『諭言四條』등을 발표했다.[35)] 원세개는『朝鮮大局論』에서 조선은 安保策으로 미국 등 서양 각국의 外勢를 끌어들이지 말 것이며, 특히 러시아와 일본의 침략야욕을 경계하면서 스스로 굳게 自守해야 한다. 조선이 독립을 보전하려면 오로지 청의 庇蔭을 구해야 한다. 청에게 의존하는 것만이 조선의 안보는 보장된다는 것이다.[36)]

원세개의 대한내정간섭은 1887년 초대 주미전권공사 朴定陽을 派美했을 때 최절정에 다달았다. 데니는 이홍장이 파견한 조선 정부의 외교고문인데, 그는 전임자인 묄렌도르프의 聯露拒淸政策을 지양하고 속방정책을 충실히 具現하는 것이 그의 本務인 것이다. 그러나 데니는 서울에 부임하고부터 조선정부에 대한 원세개의 내정간섭이 날로 심화되어가

33)『高宗時代史』卷2, pp.860~861, 高宗23年 7月 17日條.

34)『新聞集成明治編年史』(明治編年史編纂史會, 1936) 卷6, p.321(1886. 9. 1. 朝野).

35)『高宗純宗實錄』中, p. 243, 高宗23年 7月 29日條.

36)『關係史料』卷4, pp.2160~2163, 光緒 12年 9月 26日條;金源模,「袁世凱의 韓半島安保策(1886)」,『東洋學』16(1986), pp.227~261.

는 것을 목격하고, 이러한 청의 羈絆으로부터 벗어나 독립을 유지하려면 구미 각국과의 多邊外交를 통해 조선을 구제할 수 있다고 확신하고 고종에게 遣外使節派遣案을 헌책한 것이다.[37)]

고종은 데니의 헌책에 따라 구미각국에 전권공사를 파견하기로 결정, 1887년 8월 18일 박정양을 주미 전권공사에, 沈相學을 駐歐 五國全權公使에 임명했다. 그러나 沈相學이 依病辭職함에 趙臣熙를 代替 임명하였다.[38)] 초대 주미 공사 박정양사절단은 총 10명인데, 이 사절단을 실질적으로 인솔하고 가는 외교적 책임자는 알렌이었다. 알렌은 外務秘書官(Foreign Secretary) 즉 參贊官으로 박 공사를 수행하면서 외교자문역할을 하게 된 것이다.[39)] 박정양일행은 辭陛하고 인천으로 떠나게 되는데, 갑자기 回還命令이 떨어진 것이다. 그 이유는 원세개의 朝鮮遣使的干涉으로 조선정부는 전권 공사 파미를 일시 중단했다는 것이다.[40)] 원세개는 조선 정부의 주미 전권공사 임명사실을 이홍장에게 보고하면서 청국정부로부터 허가 없이는 공사 파미를 단행할 수 없으므로 취소 중단할 것을 고종에게 강요했기 때문이다. 원세개로부터 공사 파미 보고를 받은 이홍장은 즉각 원세개에게 보낸 전문 훈령을 통해 "조선은 본래

37) Robert R. Swartout, ed., *An American Adviser in Late Yi Korea: The Letters Owen Nickerson Denny*(The University of Alabama Press, 1984), pp.72~76, Allen to Detring, July 21, 1888;Robert R. Swartout, *Mandarins, Gunboats, and Power Politics:O. N. Denny and the International Rivalries in Korea*(The University Press of Hawaii, 1980), pp.90~91, 109~110.

38) 『關係史料』 卷4, pp. 2361~62, 光緖13年 8月 20日條;『高宗純宗實錄』 中, p. 271, 高宗24年 6月 29日條;『舊韓國外交文書』 卷10(美案1), p.316.

39) 全權公使에 朴定陽(47), 參贊官에 李完用(30), 書記官에 李夏榮(30), 親軍後營文案 李商在(38), 繙譯官 李采淵(27), 隨員 姜進熙(37), 李憲用(27), 武弁 李鐘夏(43), 從者(跟率)에 金老美(27), 許龍業(33), 그리고 參贊官 즉 外務秘書官에 알렌 그리고 알렌의 개인 비서 실 등 총 12명이다. 文一平, 『韓美五十年史』(探究堂, 1975), pp.180~181;*The Horace Newton Allen Diary,* Part Ⅱ, October 29, December 9, 1887.

40) 『關係史料』 卷4, pp. 2355~59, 光緖 13年 8月 20日條, 林明德, 『袁世凱與朝鮮』(中央研究院, 1970), p. 159.

부터 청의 속방이다. 조미조약 체결시 조선국왕의 屬邦照會文에서도 이를 재확인했듯이 속국의 처지로 전권 공사 파견은 불가하다."[41]라고 밝혔다.

알렌 참판관은 원세개의 악랄한 내정간섭을 규탄하면서 직접 고종을 알현, 즉각 전권공사 派美決行을 촉구하였고, 고종도 알렌의 건의대로 이행할 것을 약속했다. 뿐만아니라 주한 러시아공사 웨베르, 주한 미국공사 딘스모어(Hugh A. Dinsmore, 丹時謨)도, 전권공사 派美를 적극 지지하고 나섰다.[42]

그런데 원세개는 이 사실을 李鴻章에게 보고하면서, 조선은 본래부터 중국의 속국이므로, 전권공사 파견을 용인할 수 없고, 또 먼저 청국의 허락을 받은 후에 파견해야 한다는 先咨後派의 원칙을 어겼기 때문에 용납할 수 없다고 주장하면서, 朴定陽 派美를 반대하고 나섰다.[43] 이에 딘스모어 미국 공사는 反對不可를 다음과 같이 밝히고 있다. 첫째, 조선 정부는 先咨後派한 것은 아니지만, 박정양의 전권공사 임명 사실을 청국정부에 통고한 것이다. 둘째, 조미조약에 조 · 미 양국은 공사교환을 보장하고 있는 바, 이제와서 공사파견을 반대함은 조미조약 체결 정신에 위배된다는 것이다. 셋째,주일 전권공사 파견 때 아무런 반대가 없었는데,유독 주미 공사 파견을 문제삼는 일은 외교적 차별대우이다.[44] 이에 대해 원세개는 派美 불가 이유를 다음과 같이 밝히고 있다. 첫째로, 조선은 중국의 속국이기때문에, 전권공사를 파견함은 屬邦體制에

41) *Allen Diary*, Part Ⅱ, September 23, 1887.

42) *Allen Diary*, Part Ⅱ, October 1, 1887.

43) 『尹致昊日記』(國史編委, 1973),卷1, p.280, 1887年 8月 15日 ;『關係史料』卷4, p. 2355, 光緖13年 8月 20日條.

44) U. S. Department of State, *Papers Relating to Foreign Relations of the United States*, Washington D. C. :Government Printing Office*(For. Rel.)* 1887. p.435, Dinsmore to Yuan Shi Kwai, September 27, 1887; Spencer J. Palmer, ed.,*Korean-American Relations:Documents Pertaining to the Far Eastern Diplomacy of the United States*, Vol Ⅱ, The Period of Growing Influence , 1887～1895(Berkeley and Los Angeles, 1963), pp.104～106.

어긋난다는 것이다.[45] 둘째, 조선은 빈곤한 나라이기 때문에 전권공사를 파견하더라도 재정난으로 중도에 공사를 철수하게 될 것이다.[46]

한편, 미국 정부는 이를 방관할 수 없어서 베이아야드(T. F. Bayard) 국무장관은 덴비(Charles Denby,田貝) 주청 미국공사에게 청국정부에 항의를 제기하라는 훈령을 내렸다. 그 결과 덴비 공사는 청국 정부에 정식으로 조선의 전권공사 派美를 방해하는 것은 朝美條約을 무시하는 처사라고 비난했다.[47] 마지막으로 공사 파견을 獻策했던 데니가 天津으로 가서 이홍장과 담판하기로 했다. 데니는 이홍장에게 "만약 清이 조약문에 명시되어있는 공사교환 조항을 무시한다면, 조선의 대외조약은 아무런 쓸모가 없게 된다."[48]라고 강조했다. 베이야드 국무장관, 덴비 공사, 데니 조선정부 고문관 등으로부터 잇달아 이같은 강력한 항의를 받은 이홍장은 美清간의 외교적 분쟁발생을 우려, 일단 후퇴하지 않을 수 없었다. 그래서 전권공사 아닌 三等公使 즉 辨理公使(Minister Resident) 派美를 허용함으로써 청의 대한종주권을 유지하는 방향으로 처리해줄 것을 데니에게 요구했다.[49] 이처럼 李鴻章이 미국의 항의에 부딪쳐 대한 강경책에서 온건정책으로 전환됨에 따라, 원세개도 강경일변도를 포기하고 強穩 양면을 쓰는 이른 바 軟硬兼施的 政策으로 전환하게 되었다.[50] 이리하여 청국 정부는 국제여론에 굴복, 1887년 11월 11일자 另約三端을 遵守 應行한다는 조건부로 박정양 전권공사 派美를 최종 허락한 것이다.[51]

알렌은 朴定陽 공사일행을 인솔하고 워싱턴에 도착, 몇가지 외교적 성과를 이룩하였다. 첫째로, 알렌은 청이 요구하는 另約三端을 무시하

45) 『關係史料』 卷4, pp. 2361~62, 光緖 13年 8月 20日條.
46) 同上, p. 2373, 光緖 13年 9月 3日條.
47) *For. Rel.*,1887, p. 220, No. 146, Bayard to Denby, October 6, 1887 ; 『關係史料』 卷4, pp. 2367~2376, 光緖 13年 8月 21日, 9月 10日條.
48) Swartout, *Mandarins, Gunboats, and Power Politics,* p.91.
49) 金和鎭 譯, 「朴定陽使美紀行」『中央日報』(1955. 3. 10~4. 10), 1887. 10. 24 ; 林明德, 『袁世凱與朝鮮』, pp. 161~162.
50) 林明德, 『袁世凱與朝鮮』, p. 163.

고 對美 自主外交를 유감 없이 수행한 것이다. 1888년 1월 11일~12일 주미 청국공사 張蔭桓은 參贊官 徐壽朋을 박정양에게 보내어 另約三端을 준수 이행할 것을 촉구했다. 그는 박 공사에게 先赴(박 공사가 청국 공사를 만나지 않고 먼저 국무성을 방문하는 것)할 것인가,同赴(박 공사가 청국 공사의 안내로 국무성을 동행하는 것)할 것인가의 여부를 타진하면서 同赴를 이행할 것을 강요했다.[52] 이러한 강압적인 장 공사의 同赴 요구에 못 이겨 박정양 공사는 알렌에게 先赴하지 말고 同赴하자고 말했다. 이에 알렌은 다음과 같이 단호한 결단을 내렸다. "나는 먼저 청국공사관을 방문,청국 공사와 함께 국무성을 방문하는 同赴를 절대 반대한다. 만약 조선공사가 미국 국무장관을 만나기 전에 먼저 장 공사를 방문한다거나 또는 명함을 보내는 일이 있을 경우에는 나는 조선 전권공사의 외무비서관(參贊官)직을 사임하고 박 공사와는 관계를 끊겠다."[53]라고 단호한 결의를 표명하면서, 同赴를 반대하고 先赴할 것을 촉구했다. 그러자 박정양 공사는 알렌의 단호한 反淸·自主精神에 감복, 徐壽朋 參贊官에게 "본국 정부로부터 공문을 받은 일이 없으니 同赴를 할 수 없다."[54]라고 대답했다. 이로써 알렌은 張 공사가 강요하는 同赴를 단호히 거부하면서 另約三端을 무시했고,박 공사로 하여금 국서를 클리블랜드 대통령에게 제정케 함으로써 대미 자주외교를 유감 없이 수행한 것이다.

둘째로, 알렌은 한국 최초로 워싱턴에 상주공사관을 개설했다는 것이

51) 另約三端이란 첫째,조선 공사는 미국에 도착,청국 공사의 안내로 국무성을 방문할 것. 둘째, 조선 공사는 청국 공사보다 낮은 자리에 앉을 것. 셋째, 외교적 교섭대사가 있으면, 반드시 청국 공사와 협의 후 처리할 것 등이다. 『關係史料』 卷4, pp.2379~82, 光緖 13年 9月 26日條;*For. Rel.*, 1888, 1:pp.441~442, No. 73, Li to Yuan, enclosure in Dinsmore to Bayard, November 17, 1887.

52) 『朴定陽使美紀行』, 高宗24年 11月 28日(1888. 1. 11), 11月 29日(1. 12).

53) *Allen Diary*, Part Ⅱ, January 13, 1888.

54) 『朴定陽使美紀行』, 高宗24年 11月 28日(1888. 1. 11).

다. 박정양 공사가 1월 17일 클리블랜드(Grover Cleveland) 대통령에게 국서를 제정한 그 다음 날인 1월 18일에 알렌은 워싱턴 15가 1513번지 소재 피셔(Fisher) 건물을 임대, 상주공사관을 개설한 것이다. 이는 조선 정부로서는 歐美 列強 가운데 최초의 常駐 공사관 개설이다.[55]

세째로, 1888년 1월 17일 박정양 공사가 클리블랜드 대통령에게 제정한 國書에는 '朕'이란 용어를 사용했다는 점이다. 개국 496년 8월 7일자(1887.9.23)로 작성된 국서에는 開國年號를 사용했을 뿐만 아니라 조선의 대외 외교문서로는 최초로 '朕'이란 용어를 사용함으로써 조선 국왕이 청의 光緒帝와 동등한 지위의 제왕임을 국제적으로 과시했고, 이로써 조선 왕조가 자주독립국가임을 공식적으로 인정받게 된 것이다.[56] 이는 바로 알렌의 주도 하에 대미 자주외교를 통하여 청국의 대한 종주권 주장을 적극 부정하려고 기도했다는 것이다.[57]

이에 張陰桓 공사는 박 공사에게 同赴하지 않고 先赴한 것은 속방체제에 어긋난 일이라고 詰責하면서 이는 另約三端을 위배한 일이라고 痛駁했다.[58] 另約三端 不履行 보고를 받은 袁世凱는 조선 정부에 대해 박 공사에게 另約三端 遵守를 촉구하는 훈령을 내릴 것을 강력히 요구하면서 당장 이행여부를 밝히라고 했다. 이에 조선 정부는 2월 6일자(음 12. 25) 원세개에게 보낸 公翰에서 "同赴하지 않고 先赴한 것은 조선 공사의 違章(法)이다."[59]라고 공식 시인했다. 李鴻章은 알렌의

55) U. S. Department of State, *Notes From The Korean Legation in the United States to The Department of State, 1883~1906.(Korean Legation Notes)*, File Microcopies of Records in the National Archives, Washington D. C.: No. 166, Pak Chung Yang to Bayard, January 18, 1888

56) 『舊韓國外交文書』 卷10(美案1), p. 317.

57) 林明德, 『袁世凱與朝鮮』, p. 159.

58) 『關係史料』 卷 5, p. 2441, 光緒14年 2月 6日條.

59) 『朴定陽全書』(亞細亞文化社, 1984) 卷6, pp. 394~395, 「美行日記」, 1888. 5. 11.(음 4. 1).

주도 하에 박정양 공사의 另約三端 불이행은 청의 對韓宗主權을 부인하는 행위로 간주, 원세개에게 박 공사 소환을 명했다. 원세개의 강력한 소환압력에 못이겨 조선 정부는 마침내 박정양 召還 訓令을 내린 것이다.[60] 박정양 공사는 부임 10개월만에 청의 대한내정간섭에 희생, 1888년 11월19일 워싱턴을 떠나 귀국길에 올랐다. 趙臣熙 駐歐 五國全權公使는 任地에 부임도 하지 못한채 香港에서 귀국하게 된 것이다. 그러나 박공사는 원세개의 문책이 두려워, 일본에 장기체류 끝에 1889년 8월 20일 귀국 복명한 것이다.[61] 박 공사는 약 9개월간 귀국하지 못하고 방황했다. 일국의 전권공사로서 마음 놓고 귀국조차 못하는 이같은 외교간섭 事例는 세계외교사상 그 유례를 찾아보기 어려울 것이다.

박정양 소환으로 청의 대한종주권은 확립된 것이다. 이로부터 袁世凱의 대한내정간섭은 더욱 강화되었다. 이제 그는 한반도를 지배하는 「사실상의 지배자」(the real ruler)가 된 것이다. 마치 식민지에 군림하는 총독행세를 하고 있었다. 조선정부의 공식회의 때 上座자리 두 자리를 마련해놓고 하나는 조선 외부대신이, 하나는 자신이 앉아서 회의를 주도했다. 대궐 출입 때는 내외국인 지위고하를 막론하고 궐문 밖에서 下馬하여 도보로 詣闕해야 한다. 그런데 서울 주재 각국공사들은 하마해서 도보로 들어가는데, 유독 원세개만은 四人轎를 탄채 便殿 앞까지 들어가서 他國 公使보다 우선적으로 국왕을 謁見하고, 밖에 나오면 각국 공사가 도열하고 있는 가운데 쿨리 종복 구종배를 거느리고 거들먹거리면서 호기있게 나간다. 원세개는 便殿 밖에 도열하고 있는 각국 공사들을 마치 청의 속국에 파견된 「속국의 특사」(vassal envoys)인양 下待하면서 오만불손한 무례를 자행하고 있었다. 뿐만 아니라 서울 주재

60) 『關係史料』 卷5, p. 2544, 光緒 14年 11月 8日條.

61) *Korean Legation Notes,* Pak Chung Yang to Bayard, November 16, 1888; 『關係史料』 卷 5, p.2556, 光緒15年 1月 6日條; 『朴定陽全書』 卷 6, pp.546~547, 高宗26年 7月 24日(양 8. 20); 金源模, 「朴定陽의 對美自主外交와 常駐公使館開設」, 『鄭在覺博士古稀紀念東洋學論叢』(1984), pp.361~396.

각국 외교관 회의를 개최하면 袁世凱는 으레히 불참하고 만다.[62]

袁世凱의 무례한 행동과 대한 내정간섭에 극도로 모욕감과 반감을 가지게 된 외교관이 있다면 近藤眞鋤 일본 공사는 말할 것도 없고, 데니와 알렌이었다. 조선 정부 외교고문관인 데니는 내정 간섭을 일삼고 있는 원세개는 조선의 정치적 독립과 경제 발전에 癌的 存在이기 때문에 그를 추방해야 한다고 강력히 주장하였다. 알렌도 데니와 같이 원세개의 대한 내정간섭에 강력한 혐오감을 느꼈고, 이것이 결국 反淸思想으로 발전된 것이다. 데니는 『淸韓論』에서, 알렌은 『袁世凱論』에서 각기 반청사상을 전개한 것이다. 미국의 이러한 반청사상은 일본으로서는 「不敢請이언정 固所願」인 것이다. 이리하여 알렌은 일본이 주장해온 「조선의 절대적 독립」을 지지함으로써 反淸 · 親日政策으로 전환한 것이다. 원세개의 조선 지배는 결국 일본으로 하여금 강력한 군국주의 국가에로의 발전 요인이 되었고, 나아가서는 청일전쟁 발발 遠因이 된 것이다. 따라서 알렌의 반청 · 친일사상은 일본의 한반도 침략에 심각한 정신적 영향을 준 것이다.[63]

2. 日本 支配期(1894. 7. 25～1896. 2. 11)

1894년 7월에 발발한 청일전쟁은 일본의 압도적 전승으로 끝났고, 따라서 일본은 한반도로부터 청국세력을 완전 구축함으로써, 이제 일본의 한반도 지배기가 개시된 것이다. 일본은 1894년 12월 17일에 金弘集 친일내각을 발족, 對韓支配權을 확립하는 동시에,淸國人 入國制限令을 공포함으로써 청국세력의 한반도 진출을 원천적으로 봉쇄해버린 것이다.[64] 이어 1895년 4월 17일에 馬關條約이 체결되었는데, 제1조에 "청국

---

62) Allen, "An Acqiaintance With Yuan Shi Kai", pp. 109～117; Denny, *China and Korea,* p. 33.

63) 金源模, 「袁世凱論」, 『近代韓國外交史年表』, pp. 48～59; 「淸韓論」, 『東洋學』 10(1980), pp. 257～351.

64) Allen, *Korea:Fact and Fancy,* p. 191, December 17, 1894.

은 조선국의 완전무결한 자주 독립국임을 확인한다.[65] 이는 일본이 전통적인 朝淸간 종속관계를 단절, 청의 간섭을 받지 않고 조선을 정복·지배하겠다는 뜻이다. 이로써 일본의 한국지배는 明若觀火한 사실로 공인되고 있었다.

클리블랜드 행정부시대의 주한 미국공사는 시일(John M. B. Sill, 施逸)이었다. 그러나 알렌은 1890년 이래 주한 미국공사관 서기관으로, 시일 부재기간에는 임시 대리공사직을 맡아 사실상 미국공사관의 외교업무를 주관해왔던 것이다.[66]

일본의 대한 지배권이 강화될수록 조선 왕실의 불안과 공포는 심화되어 갔다. 일본의 침략위협에 직면한 高宗, 특히 閔妃는 제3세력인 러시아세력을 끌어들여 일본을 견제하고자 이른 바 引俄策을 강구한 것이다. 이같은 引俄策은 일본의 한반도 침략 계획에 중대한 도전이 아닐 수 없다.

이로부터 친로파와 친일파는 대립항쟁을 벌이게 되었다. 이에 일본은 러시아세력을 원천적으로 거세하고자, 친로파의 중심 인물 민비를 암살하려는 음모를 꾸민 것이다. 민비를 비롯하여 조선왕실은 생명의 위협을 느끼지 않을 수 없었다. 당시 주한 일본공사 井上 馨은 조선 왕실의 불안감을 누그러뜨리기 위하여 "조선왕실에 대한 반역행위가 있을 경우에는 일본정부는 무력을 써서라도 기필코 조선왕실을 보호할 것입니다."[67]라고 언명한 바 있었다. 이 말을 전해 들은 민비는 알렌에게 井上의 말은 거짓말이 아닌가고 확인 문의한 일이 있었다. 그러나

65) 淸日講和條約(馬關條約)은 伊藤博文·李鴻章 간에 1895년 4월 17일에 체결되었다.
『舊韓末條約彙纂』,中, pp. 148~166.

66) Jeffery M. Dorwart,"The Idependent Minister:John M. B. Sill and the Struggle against Japanese Expansion in Korea,1894~1897", *Pacific Historical Review,* 44(November 1975), pp. 485~502.

67) U. S. Department of State, *Despatches From United States Ministers to Korea, 1883~1905(Korea Despatches),* File Microcopies of Records in the National Archives, Washingston D. C.:No. 134. vol. 12, Sille to

알렌은 일국을 대표하는 공사의 발언은 公信力이 있기 때문에 거짓말이 아니라고 전제하면서, "일본이 세력을 잡고 있는 한 왕비와 왕세자는 폭력을 두려워 할 필요가 없다"[68]라고 단언한 바 있다.

조선 왕실을 보호하겠다고 공언한 井上 공사가 물러가고, 가장 호전적인 팽창주의자 三浦梧樓가 주한 일본공사에 부임했다(1895. 9. 1). 三浦 공사 부임 후, 조선 정부가 일본인이 지휘하는 訓鍊隊를 해산하리라는 소문이 나도는 가운데, 훈련대 제2대대장 禹範善이 三浦 공사에게 高宗이 훈련대 해산지시를 내렸다고 밀고했다. 이에 三浦 공사는 훈련대 해산 전에 閔妃弑害거사를 앞당겨 결행한 것이다.[69]

그당시『漢城新報』편집장으로서 민비시해의 실행대로 활약한 小早川秀雄은 閔妃弑害 이유를 다음과 같이 밝히고 있다. "조선과 러시아와의 관계를 이대로 방치한다면, 일본 세력은 완전히 한반도로부터 배척당해 조선의 운명은 러시아가 장악하게 될 것이다. 이것은 단순히 반도의 위기일뿐만 아니라 진실로 동양의 위기이며 또한 일본제국의 一大危機라고 말하지 않을 수 없다. 이런 형세의 변동을 눈 앞에 보는 사람이라면 어찌 분연히 궐기하지 않을수 있겠는가. 일본의 온화한 對韓政策으로는 도저히 러시아에 대항할 수 없다. 그렇다면 비상수단에 호소하여 朝露關係를 단절하고, 궁중의 중심 인물인 閔妃를 제거하여 러시아와의 결탁할 당사자를 없애는 수 밖에 다른 좋은 방법은 없다."[70]라고 밝히고 있다. 이리하여 三浦 公使는「大院君과 訓鍊隊의 쿠데타」[71]를 결행한 것이다.

---

the Secretary of State, July 27, 1895: "Official Report On Matters Connected with the Events of October 8th, 1895, and the Death of the Queen", *The Korean Repository,* 3(1896), pp.131~132; Homer B. Hulbert, *The History of Korea* (Seoul, 1905), vol. 2, pp. 286~288.

68) F. H. Harrington, *God, Mammon and the Japanese*(The University of Wisconsin Press, 1966), p. 265.

69) 角田房子,『閔妃暗殺』(新潮社, 1988), p.301.

70) 同上, p.305

71) 同上, p.286.

三浦 공사가 부임한지 불과 한 달만인 10월 8일에 그 악명 높은 민비시해사건이 발생한 것이다. 三浦는 깡패집단인 壯士패를 동원, 경복궁을 침입, 민비와 宮內府大臣 李耕稙, 侍衛隊 聯隊長 洪啓薰, 그리고 궁녀 3명 등을 무자비하게 학살하는 악행을 저질렀다.[72] 만약 알렌이 井上 공사의 조선왕실 보호 발언을 거짓말이라고 진언했더라면, 민비는 1882년의 壬午軍亂 때처럼 안전한 곳으로 피신했을 것이다. 결국 알렌과 井上 馨은 민비시해를 도와준 격이 되어버렸다.[73] 알렌은 일본의 배신행위에 분노하였고, 잔인무도한 조선 국모 참살 만행을 저주한 것이다. 이를 계기로 전국 각지에서는 의병이 봉기, 일본의 침략야욕을 규탄하는 항일운동이 거세게 일어났다.

이제 알렌은 민비시해사건을 계기로 종래의 반청·친일정책에서 반일·친로정책에로 급선회한 것이다. 알렌은 주한 러시아공사 웨베르와의 협조 외교를 통해 강경한 반일·친로정책을 취하게 되었는데, 이같은 대일 강경외교를 취하게 된 데는 두 가지 기본적 대한정책이 그 바탕을 이루고 있다. 하나는 미국의 국가이익 수호이다. 외교란 국가이익이 우선되게 마련인데, 일본이 득세하면 한국에서의 미국의 권익이 위해를 받을 것이라고 전망하면서 알렌은 우선적으로 미국의 이익을 보호하지 않으면 안된다는 것이다. 이리하여 알렌은 국가이익 수호를 위해 일본을 공격하기 시작했다. 다른 하나는 조선의 주권 존중 즉 조선왕실 보호이다. 민비시해사건 이후부터 고종은 사실상 포로상태에서 불안과 공포에 떨고 있었다. 고종을 보호해야겠다는 동정심이 알렌으로 하여금 대일 강경외교를 취하게 된 동인이 된 것이다.[74]

반일·친로정책을 바탕으로 한 일렌의 대일 강경외교를 다음 세 가지로

72) Allen, *Korea:Fact and Fancy*, p.194, October 8, 1895.

73) "Address to the Naval War College and Allen to the Secretary of State, August 31, 1900", in *The Allen MSS*.

74) Dorwart, "The Independent Minister", pp.501～502; Allen to the Secretary of State, October 10, 1895, December 23, 1898, in *The Allen Mss*.

例證해 보겠다. 첫째, 알렌은 민비시해사건의 진상을 철저히 규명, 이는 三浦梧樓 공사가 바로 그 主犯임을 만천하에 폭로하는 일을 수행하였다. 알렌은 三浦의 만행을 폭로하는 보고문을 무수히 국무성으로 보냈다. 민비시해사건 발생 직후 알렌은 웨베르와 함께 경복궁에 가보니, 이미 민비는 암살되었다는 소식을 접했고, 그순간 알렌은 三浦 공사가 시해사건의 주범임을 단정한 것이다. 그러나 三浦는 자신의 관련설을 완강히 부인하면서, 그것은 양복을 입고 일본인으로 변장한 조선 폭도의 소행이라고 주장하였다.[75] 친일내각의 金允植 外部大臣도 "단 한 사람의 일본인도 궁궐에 나타난 바 없다."[76]라고 三浦의 주장을 지지했고, 일본 정부도 공식적으로 현지 공사의 관련설을 부인하고 나섰다. 심지어 친일 외교관인 던(Edwin Dun) 주일 미국공사도 알렌이 국무성에 보낸 무수한 전문 보고문은 자신의 견해와는 다르며, 자기로서는 三浦 관련설을 믿을 수 없다고 주장했다. 이와같이 사건발생 직후에는 알렌의 三浦 주범설은 이처럼 국내외에 걸쳐 지지받지 못했다. 그러나 알렌은 三浦의 만행을 일본과 전세계에 폭로하는 데 고군분투했다.[77]

민비시해사건 발발 당시『뉴욕 헤럴드』사는 코크릴(John A. Cockerill)을 서울에 특파 취재하게 했다. 코크릴은 민비시해사건을 현장취재, 생생한 기사를 본사로 송고하려 하자, 三浦 공사는 자신의 관련설을 은폐하기 위하여 電信局에 압력을 가해, 기사 송고를 방해했기 때문에, 코크릴은 부득이 상업전신국(Commercial Cable)을 통해 유럽지국을 거쳐 본사에 기사를 송고한 것이다. 코크릴은 사건 발생 4일 후 10월 12일자『뉴욕헤럴드』지에, 드디어 三浦의 "일본인으로 변장한 조선인 소

75) Allen to Jennie Everett, November 5, 1895, in *the Allen MSS;Korean Repository,* 3(1896), pp. 128~129; *Korea Despatches,* vol. 12, Allen to the Secretary of State, October 10, 11, 13, 14, 1895.

76) Harrington, *God Mammon and the Japanese,* p. 273.

77) Korean Minister of Foreign Affairs to Allen, October 8, 1895, Seoul Legation Files, State Department Archives; *Korea Despatches,* Sill to the Secretary of State, November 20, 1895.

행" 주장을 뒤엎고, "민간인 복장을 입은 日本 壯士(Soshi)패의 所行"이라고[78] 보도했다. 이어 일본 당국이 일본인 관련설을 은폐하기 위하여 "민비시해사건 보도를 전면 금지했다."[79]라고 폭로하면서, 다이(William M. Dye, 茶伊) 장군의 목격담을 근거로 王世子의 증언을 보도했는데, 이에 의하면 三浦 일본공사가 관련되었다고 폭로했다.[80] 뿐만 아니라 『헤럴드』지는 王世子와 閔妃의 초상화를 게재했는데, 특히 閔妃의 사진컷은 閔妃가 아니라, 清 乾隆帝의 香妃의 초상화였다. 香妃는 邊境 카슈가르(Kashgar, 중국신강성 위구르) 출신으로서 컷에는 용모·복장·머리장식까지 香妃와 똑같이 그려서 게재하고 있다. 또한 朴泳孝를 소환, 친일내각을 구성할 것이며, 이를 계기로 日·露간 大紛爭이 발생할 것이라고도 보도했다. 이같이 코크릴의 취재기사는 알렌의 三浦主犯說을 강력히 뒷받침해주고 있다.[81] 신임 주한 일본공사 小村壽太郎도 10월 17일자 西園寺 公望에게 보낸 전문에서 민비시해의 使嗾者는 三浦梧樓라고 분명히 밝히고 있다.[82]

둘째, 알렌은 친일내각이 시해사건 이틀 후에 발표한 閔妃 廢后詔勅을 승인하지 아니했다. 친일내각은 10월 10일 "王后 閔氏를 廢ᄒᆞ야 庶人을 삼노라"[83]라는 민비 폐서인 조칙을 발표했다. 그러나 알렌은 "이 廢庶人詔勅은 대군주께서 친히 내리신 것으로 인정할 수 없다"라고 선언하면서 친일각료들이 詔勅을 조작해서 발표했다고 주장하고 나섰다. 한 나라의 국모를 암살하고도 사건의 중요성을 축소화하기 위하여 일본은 친일내각으로 하여금 폐서인 조칙을 날조해서 발표했다고

78) *New York Herald,* October 12, 1895.
79) *Ibid.,* October 14, 1895.
80) *Ibid.,* October 17, 1895.
81) *Ibid.,* October 15, 1895.
82) 角田房子, 『閔妃暗殺』, p. 336.
83) 『高宗純宗實錄』中, pp. 570~571, 高宗32年 8月 22日條; 市川正明 編, 『日韓外交史料: 韓國王妃殺害事件』(原書房, 1981), pp. 436~453; 『官報』(號外), 開國504年 8月 22日.
84) "Official Report on Matters Connected with the Events of October

알렌은 주장하고 있다.[84]

서울 주재 각국 공사의 외교단(Diplomatic Body)의 首席公使(doyen)이며 고종의 절친한 친구인 알렌은 이같은 일본의 간악한 弑害隱蔽企圖를 국제외교에 폭로 · 고발하기 위하여 일본 공사를 제외한 서울 주재 각국 공사를 소집, 그 자신이 직접 외교단회의를 주재했다.[85] 국제분규가 발생하더라고 중립을 지키고 독자적 행동을 취하지 말 것이며 절대로 한국의 정치문제에 관여하지 말라는 「국무성 외교훈령 제64호」(Diplomatic Instruction 64)를 무시하고 알렌은 영 · 불 · 러 · 독 등 각국 공사들과의 협조 외교로 閔妃廢后詔勅에 대한 공식적 승인을 거부했던 것이다.[86]

세째, 알렌은 坤位를 잃고 울분과 비탄에 빠져 있는 고종의 신변 안전을 보호하는 동시에 반일·친로파 정객들을 미국 공사관에서 보호조치하였다. 알렌은 경복궁에서 可謂 포로상태로 감금되어 있는 고종과 생명의 위협을 당하고 있는 반일 · 친로파 정객들의 애처로운 처지를 다음과 같이 전하고 있다. "고종은 문자 그대로 어린 애가 아버지에게 매달리듯 자기에게 의지하고 있고, 반일파 정객들은 전심전력 자기에게 의존하고 있다."[87]라고 그 절박한 상황을 밝힌 바 있다. 이리하여 알렌은 서울주재 미국 선교사들의 도움을 요청, 교대로 고종을 경호하고, 미국 해병대로 하여금 왕궁을 호위하게 했으며, 심지어 알렌 부인이 직접 경복궁에 들어가서 요리하여 수라상을 차리게 했다.[88] 한편 알렌은 반일· 친로파

8th", *Korean Repository*, 3(1896), p. 135; Harringtion, *God Mammon and the Japanese*, p. 275. "I cannot recognize this decree as coming from His Majesty".

85) Frederick A. Mckenzie, *The Unveiled East*(London: Hutchenson and Co., Paternoster Row, 1907), p.154.

86) *Korea Despatches*, vol. 12, Allen to the Secretary of State, October 12, 13, 17, 1895, especially the despatch of October 13, enclosing Allen's Note to the Korean Minister of Foreign Affairs; *For. Rel.*, Olney to Sill, November 11, 1895; *Korean Repository*, 3(1896), p. 135.

87) Allen to Jennie Everett, November 5, 1895, in *The Allen MSS*.

88) 그 당시 경복궁을 교대로 경호한 주요 인물은 다이(William M. Dye,

정객 6명을 미국 공사관에 피신 보호조치를 강화했다.[89]

앞서 조선왕실 보호를 공약한 바 있었던 井上 馨이 日本慰問大使로 내한했다.[90] 井上 馨이 조선왕실을 보호하겠다고 장담했고, 알렌이 이를 전폭 지지했기 때문에, 결국 민비시해사건이 발생한 것이다. 그러므로 이 두 사람은 시해사건 발생에 대한 도의적 책임을 느끼지 않을 수 없었다. 그래서 알렌은 井上 馨과 이 문제를 교섭, 마침내 井上 馨으로부터 시해사건에 三浦가 관련되었다고 시인한다는 답변을 얻어내었다. 井上 馨은 弑害사건을 신랄히 비난하면서, "閔妃廢后 詔勅은 무엄한 처사이며, 이는 한국사의 가장 어두운 일면"이라고 규정하면서, 친일내각을 해산하고 조선국왕의 안전조치를 취하기로 알렌과 합의했다.[91] 그러나 井上 馨이 귀국한 이후 고종은 여전히 포로상태였고, 친일내각은 해체되지도 아니했다.

알렌이 이처럼 대일 강경외교로 대처, 일본을 견제하는 데 상당한 성과를 거두었다. 그러나 그는 그 어느 때보다도 난처한 입장에 놓이게

茶伊) 장군, 미국선교사 3명, 그리고 알렌 서기관 등 미국인과 러시아 공관원 등이다. 『日本의 韓國侵略史料叢書』(韓國出版文化院, 1988), 卷21, pp. 290~294(1895. 11. 28~11. 29); Harrington, *God Mammon and the Japanese*, p. 276.

89) 미국 공사관에 피신, 보호를 받고 있는 反日·親露派 人物 6명은 李完用·李允用·李夏榮·李采淵·閔商鎬·玄興澤 등 6명이다. 이들은 주로 反日·親美·親露派로서 貞洞俱樂部의 중심 인물이었다. 이들은 1896년 2월 11일 俄館播遷 때까지 계속 미국공사관에서 피신생활을 했다.
Allen, *Korea: Fact and Fancy*, p. 194, October 8, 1895; *Korea Despatches*, vol.12, Allen to the Secretary of State, October 10, 1895; "Address to the Naval War College" in *the Allen MSS*; Horace N. Allen, *Things Korean, A Collection of Sketches and Anecdotes Missionary and Diplomatic* (Fleming H. Revell Company, 1908), pp.233~234; 金源模, 「貞洞俱樂部와 春生門 事件」, 『一洋』, 1986年 5月號, pp. 6~7; *New York Herald*, October 17, 1895.

90) 『高宗時代史』 卷3, pp. 1014~1015, 高宗32年 9月 14日條; 『大韓季年史』 (國史編委, 1971), 上, p. 123, 高宗32年 9月 11日條; 『明治編年史』 卷9, p. 312.

91) *Korea Despatches*, vol.12, Sill to the Secretary of State, November 20, 1895; Allen to Jennie Everett, November 5, 1895, in *The Allen MSS*.

되었다. 그것은 본국 국무성에서는 알렌의 對韓措置를 내정간섭이라 규정하고 이를 인정하지 아니했기 때문이다. 三浦 主犯 폭로보고문을 접수한 올니(Richard Olney) 국무장관은 "한국 정치문제 개입은 「외교훈령 64호」에 금지되어 있다."라고 지적하면서 "미국의 참다운 힘은 독자적인 행동을 취하고 상대방 국가와 체결한 조약에서 부여된 권리 이상의 것을 결코 추구하지 말아야 한다."[92]라고 밝히면서 미국의 한국 정치문제 不介入을 거듭 강조하고 있다. 알렌이 일본 공사를 제외하고 서울 주재 각국 공사를 소집, 외교관회의를 주재하여 閔妃廢后詔勅 승인을 거부한 데 대해 유감의 뜻을 표하면서 "그것은 그가 해야할 의무가 아니다."라는 譴責전문이 잇달아 왔다.[93] 반일·친로파 정객을 미국공사관에 피난 보호한 조치에 대해서 올니 국무장관은 시일 공사에 내린 譴責전문에서 "피난정객은 그나라 국법을 어긴 자들인데, 귀하가 해당 정부의 관리들이 체포하려는 것을 막고 보호할 수 없다. 귀하는 한국의 국내문제와 정치에 간섭하지 말 것이며, 미국의 이익을 보호하는 일에만 행동을 제한해 주기를 바라는 바이다."[94]라고 알렌의 대한조치를 전면 부정하고 있었다. 그러나 시일 공사도 본국의 국무성에서도 다같이 알렌의 이같은 적극적인 反日運動을 막지 못했던 것이다.

---

92) "Intervention in political concerns of Korea is not among your functions, and is forbidden by diplomatic instruction 64." *For. Rel*, pp. 972~974., Olney to Sill, November 11, 1895 : Harrington, *God Mammon and the Japanese*, pp. 279~280.

93) *For. Rel.*, Olney to Sill, November 20, 21, 1895 : Olney to Sill, January 11, 1896 ; Rockhill to Allen, November 23, 1895, March 17, 1896, in *the Rockhill MSS.*

94) *Korea Despatches*, vol.12, Sill to the Secretary of State, October 26, November 9, December 1, 2, 1895 ; U. S. Department of State, *Diplomatic Instructions of the Department of State, 1801~1906 : Korea (Korea Instructions)*, File Microcopies of Records in the National Archives, Washington D. C. : No. 77, vol. 1, Olney to Sill, December 2, 31, 1895, January 10, 11, 1896 ; Allen to Jennie Everett, November 4, 1895, in *the Allen MSS.*

3. 러시아 支配期(1896. 2. 11~1898. 4. 12)

1896년 2월 11일 俄館播遷과 동시에 金弘集 親日內閣이 붕괴되고 친로내각이 발족됨에 따라 이제 러시아의 한국 지배기를 맞이하게 되었다. 러시아는 대한지배권을 강화하기 위하여 러시아 水兵 약 200명을 濟物浦로부터 러시아공사관으로 이동, 고종이 移御하고 있는 러시아공사관을 엄히 수비하고 있었다. 고종을 러시아공사관에서 보호하고 있다는 것은 이는 곧 러시아의 한국지배를 의미한다.[95] 친로파가 집권한 직후 閔泳煥이 특명전권공사에 임명, 1896년 3월 러시아 니콜라이 황제 대관식에 참석하게 되었다.[96]

청일전쟁에서 패전한 李鴻章도 니콜라이 황제 대관식에 참석했는데, 이때 로바노프(Lobanov) 위테(S. Witte)는 이홍장과 밀담, 이른 바 淸露密約(1896. 5. 22)을 체결했다. 이는 러시아의 극동아시아에로의 팽창주의정책의 일환으로 취해진 것이다. 즉 러시아는 시베리아 철도의 만주 종단연결을 위해 만주의 東淸철도부설 밀약을 淸과 체결했으니, 궁극적 목적은 만주와 한반도에서의 일본세력을 追放하고 러시아의 지배권을 확립하는 것이었다.[97]

이리하여 러시아 정부는 對韓膨脹主義政策을 具現하기 위하여 웨베르를 소환하고, 슈페에르(Alexis de Speyer, 士貝耶)를 주한러시아공사에 임명 파견하는 동시에[98] 한국정부에 정식으로 군사교관 파견을 제의했던 것이다.[99]

---

95) Allen, *Korea:Fact and Fancy,* p. 195, February 9,11, 1896;『明治編年史』卷9, p. 373(東京日日, 1896. 2. 14).
『알렌年表』에는 러시아 水兵 160명이라 했고,『明治編年史』에는 200명으로 기록하고 있다.

96)『高宗純宗實錄』中, p. 583, 建陽元年 3月 11日條;Allen, *Korea:Fact and Fancy,* p. 196, March 18, 1896.

97)『舊韓末條約彙纂』, 中, pp. 191~194.

98) Allen, *Korea:Fact and Fancy* p. 195, January 13, 1896.

99) *Ibid.,* p.197, July, 1896.

신임 주한 러시아공사 슈페에르는 철두철미한 대한 팽창론자이고, 따라서 러시아 세력의 伸張을 강화하기 위하여 反美·反宣教的(Anti-American, Anti-missionary) 武力外交를 펼치고 있었다.[100] 이는 슈페에르가 미국 개신교 선교사 대신에 러시아 정교회 선교사를 派韓하여, 한국에 正教會를 확립하고, 이에 의하며 한반도에서의 러시아 세력을 강화하려는 저의가 깔려 있었다. 종교 포교문제를 둘러싸고 알렌과 슈페에르 간에 심한 논쟁이 벌어지게 된 것이다. 먼저 슈페에르는 미국 선교사들이 한국 정치에 관여하고 있다고 비난하기 시작했다. 알렌은 미국선교사들은 행동이 점잖고 신사적인 인물이기에, 한국의 정치문제에는 개입하지 않고 중립적 자세를 취하고 있다고 주장했다. 그러나 슈페에르는 미국 정부는 한국에서의 정치적 영향력 행사를 원하지 않는다고 공언했음에도 불구하고 주한 미국 선교사들은 기회있을 때마다 정치이야기를 하면서 對韓內政干涉을 일삼고 있다고 비난했던 것이다.[101] 이와같이 슈페에르가 한반도에서의 지배권 확립정책을 강화함에 따라 알렌은 이로부터 反露親日政策으로 전환, 이에 맞서게 되었다.

슈페에르는 친로파 領袖 李容翊과 제휴, 對韓지배권을 확립하려 기도했는데, 부임일(1896. 1. 13)부터 1898년 4월 12일, 지나친 대한 팽창정책때문에 본국정부로부터 소환되고 후임 공사 마추닌(N. Matiunine, 馬王寧)과 교체될 때까지 약 2년 간은 사실상 러시아의 한국지배기였다. 슈페에르는 러시아 군사교관 및 財政顧問 초빙,그리고 삼림벌채권 등 대한경제이권 획득 등 실로 절대적인 영향력을 행사했던 것이다. 러시아의 대한 팽창주의 정책의 사례를 보면 다음과 같다.

첫째, 閔泳煥 전권공사는 니콜라이 황제 대관식에 참석하고, 러시아 정부에 군사교환 고빙을 교섭,[102] 10월에 귀국할 때 러시아 군사교관인

---

100) Harrington, *God Mammon and the Japanese,* p.105.
101) *Ibid.,* p. 111.
102) 金源模,「에케르트 軍樂隊와 大韓帝國愛國歌」,『崔永禧先生華甲紀念 韓國史學論叢』(1987), p. 483.

포차타(Potiata) 대령을 비롯하여 士官 3명, 러시아 군인 10명 등을 대동하고 귀국하였다.[103] 둘째, 슈페에르는 한국 정부에 교섭, 1896년 8월 29일 압록강 · 두만강 · 울릉도 등지의 삼림벌채권을 획득하였다. 이로써 러시아는 1897년 3월부터 함경북도 茂山 及 豆滿江, 평안도의 압록강 유역 그리고 울릉도 등지에서 養木 및 伐木 사업을 개시했던 것이다.[104] 세째, 러시아 정부는 한국 재정권을 확보하기 위하여 1897년 10월 5일 러시아국 재무대신 알렉세예프(Kir Alexeieff, 戞櫟燮)를 派韓, 한국 度支部 총재고문에 임명하더니, 10월 25일에는 영국인 브라운(J.McLeavy Brown,柏卓安) 후임에 알렉세예프를 한국 海關總稅務司에 임명한 것이다.[105]

네째, 러시아는 장차 馬山浦에 해군기지 설치를 예정, 1897년 10월 1일 마침내 한국정부에 釜山 絶影島에다가 러시아 貯炭所 租借權을 신청하였다.[106] 뿐만 아니라 슈페에르 공사는 각 개항장 내의 토지를 구입하여 이를 군사거점으로 하려고 본국 정부로부터 토지 구입비조로 25,000루

---

103) 『高宗時代史』 卷4, p. 289, 建陽元年 10月 24日條 ; Allen, *Korea: Fact and Fancy*, p. 198., October 24, 1896 ; 『駐韓日本公使館記錄』, 機密本省往, 1896, 機密第90號 ; 『舊韓國官報』(亞細亞文化社, 1974), 卷4, p. 686, 建陽元年 10月 24日條 ; 『梅泉野錄』, p. 207, 建陽元年 9月條 ; 『舊韓國外交關係附屬文書』, 卷6(外衙門日記)(高大 亞細亞問題研究所, 1974), p.204, 建陽元年 10月 18日條 ; p. 232, 建陽 2年 1月 1日條.

104) 『外衙門日記』, p. 188, 建陽元年 9月8日條 ; p.189, 建陽元年 9月 10日條 ; p. 256, 建陽2年 3月 2日條 ; p. 260, 建陽2年 3月 10日條 ; Allen, *Korea: Fact and Fancy*, p. 198, August 29, 1896.
한국 정부는 1896년 8월 29일 러시아인 브리너(Jules Bryner)의 合成朝鮮木商會社에 압록강 · 두만강 · 울릉도 등지에 삼림채벌권 및 養木權을 허가한 것이다. 金源模, 『近代韓國外交史年表』, p.154.
金源模, 『近代韓國外交史年表』, p. 154.

105) 『外衙門日記』, p. 367, 光武元年 10月 18日條 ; p. 381, 光武元年 11月14日條 ; *Allen Diary*, Part Ⅲ, October 7, 1897 ; Allen, *Korea: Fact and Fancy*, p. 201, October, 5, 25, 1897.

106) 러시아가 租借權을 신청한 부산 절영도 石炭用地所는 바로 일본 石炭庫 西側에 위치하고 있다. 『日本의 韓國侵略史料叢書』 卷5, pp.54～60 (1897. 8. 18～8. 26) ; 『外衙門日記』, p.333, 光武元年 8月 16日條.

블을 수령, 鎭南浦에 15,000루블, 木浦에 10,000루블 상당의 토지를 매입코자 했다. 그러자 일본은 러시아의 토지구입에 민감한 반응을 보이더니, 加藤增雄 公使는 슈페에르에게 토지를 구입하더라도 축소화하여 약간의 땅만 구입할 것을 촉구한 바 있다.[107] 이상 러시아가 貯炭所 租借地와 鎭南浦.木浦 開港場 토지구입 시도 등은 러시아의 적극적인 對韓 軍事據點 確保策의 일환으로 추진된 야심적인 교섭이었다. 그러나 러시아의 南支那海에로의 남진정책을 경계하고 있었던 영국의 강력한 반대에 부딪쳐 좌절되고 말았다.[108]

상술한 바와 같이 러시아는 한반도에서의 종교적 · 군사적 · 경제적 · 정치적 우월권을 확립, 사실상 지배권을 행사하기에 이른 것이다. 1898년 1월 6일자 『독립신문』은 러시아의 한반도 지배권을 다음과 같이 보도하고 있다. "아라사 정부에서 大韓에 있는 度支部 고문관 알렉세예프를 명하여 大韓서 俄羅斯와 大韓 사이에 商務를 興하게 하여 영국과 일본 商務를 겨루어보라 하였으며, 희랍教堂을 서울에다 排設하라고 명하였다더라."[109] 러시아의 이같은 적극적인 한반도 진출은 처음에는 영국이 이를 경계하더니 일본 · 미국이 공동 대처하기에 이르렀다. 말하자면 영 · 미 · 일 3국이 마치 동맹관계를 맺은 양 러시아의 한반도 勢力扶植을 공동대처한 것이다. 이리하여 러시아의 대한 팽창정책은 영 · 미 · 일의 공동대처에 부딪쳐 실패, 한반도에서의 러시아 우월권은 오래 가지 못하고 2년만에 무너지게 되었다.

1898년 3월 11일 러시아 정부는 한국에 파견된 군사교관 · 재정고문 등을 모두 철수하는 동시에, 4월 12일에는 대한 팽창정책을 강력히 추진했던 슈페에르 공사를 소환함으로써 러시아의 한국 지배권은 종지부를 찍은 것이다.[110] 1898년 4월에 러시아세력이 후퇴하고 그

107) *Allen Diary,* Part Ⅲ, February 24, 1898;『日本의 韓國侵略史料叢書』, 卷5, pp. 254~255 (1898. 1. 27);pp. 278~284(1897. 12. 19).
108) *Allen Diary,* Part Ⅲ, September 14, 1897.
109)『독립신문』, 광무 2년 1월 16일(1898).
110) Allen, *Korea:Fact and Fancy,* p. 204, April 12, 1898.

대신 일본세력이 한반도 우월권을 장악하게 된 것이다. 일본이 러시아세력을 한반도로부터 구축하고 한국지배권을 확립하는 데 성공을 거둔 것은 어디까지나 영·미의 협조에 힘입은 바 크다. 러시아가 팽창정책을 포기하고 한반도로부터 철수하게 된 배경은 다음 세 가지 요인에서 찾아볼 수 있다.

첫째, 일본은 정치적 外柔策(the velvet glove)에 의해 한국정부로 하여금 러시아 세력을 제거하게 했다는 점이다.[111] 일본은 甲申政變 실패로 10여년간 美國 망명중인 徐載弼을 귀국 조치, 1896년 7월 獨立協會를 창립하도록 유도했다. 독립협회는 "한국을 강한 독립국가, 자립할 수 있는 나라로 만든다."를 표방하고 있었다. 이는 곧 그 당시 한국지배자인 러시아세력으로부터의 독립, 나아가서는 러시아세력의 제거를 목적으로 설립된 단체임을 여실히 입증해 주고 있다. 말하자면 일본은 以夷制夷策으로 독립협회가 러시아 세력을 몰아내는 데 앞장 서게 한 것이다. 그러기에 일본은 獨立協會의 활동을 적극 지지했던 것이다. 그것은 독립협회의 설립취지와 목적이 바로 일본의 對韓關心과 일치했기 때문이다.[112] 徐載弼은 1896년 4월 7일에 순 한글신문 『독닙신문』을 창간하면서, 러시아 군사교관, 러시아의 對韓經濟的 膨脹計劃, 친로파 영수 李容翊 등을 공격하는 데 앞장 섰다.[113]

둘째, 영·일 양국의 협조체제가 성과를 거둔 것이다. 영·일 양국은 러시아의 남진정책에 공동대처, 부산 절영도 貯炭所 租借企圖를 좌절시켰고, 러시아의 영국인 財政顧問 브라운 축출기도를 반대했으며, 한국 세관에 대한 25년간 佛·露借款을 저지했던 것이다. 영·일 간의 이같은 협조체제는 결국 1902년 1월 30일 英·日同盟 체결로 발전했다.[114]

---

111) Harrington, *God Mammon and the Japanese*, p. 305.

112) 愼鏞廈, 『獨立協會研究』(一潮閣, 1981), pp.82~89; Harrington, *op. cit.*, p.306.

113) *Korea Despatches*, vol. 15, Allen to the Secretary of State, December 23, 1898.

114) Allen to Wilson, October 11, 1897 in the Allen MSS; *Korea Despatches*,

셋째, 러시아 지배기간에는 미국은 러 · 일 양국에 대해 중립적 입장을 취하고 있으면서도 對日同情心을 견지했었다. 알렌은 본국정부의 이같은 친일적 태도에 동조, 한국 독립보전을 위해 親日 · 反露的政策을 고수, 영 · 일의 대한정책과 협조 제휴함으로써 러시아의 한반도 철수를 실현시킨 것이다.[115)]

이제 알렌의 反露 · 親日政策이 어떻게 전개되었는가를 살펴볼 필요가 있다. 첫째, 알렌은 러시아의 부산 절영도 貯炭所 설치안을 반대했다. 알렌은 절영도에 러시아 저탄소가 설정되면, 러시아의 군사기지화 될 것이고, 이는 러 · 일간 군사적 대결을 촉발하는 결과가 되기 때문에 반대했다. 그러나 알렌은 이곳은 各國 租界地로 지정하기에 적합한 要衝地이기 때문에 한국 정부에 대해 이곳에 조계지 설정을 촉구하면서, "이곳 말고도 저탄소를 설정할 땅이 많이 있는데도 불구하고 하필이면 이곳에 지정할 이유가 없다."라고 언명하면서 한국 정부에 대해 슈페에르 공사가 絶影島 저탄소설정을 신청하더라고 이를 각하할 것을 촉구했다.[116)]알렌의 주장대로 釜山 絶影島에 각국 조계지를 설정하게 된 것은 1898년 6월 3일이었다.[117)]

둘째, 알렌은 러시아 군사교관 派韓을 처음부터 반대했었다. 1897년 10월 14일 알렌은 미국 공사관에서 슈페에르 공사와의 단독 대담에서 슈페에르는 "만약 일본인이 한국에서 주도권을 장악한다면, 러시아는 자진해서 한국을 구제하러 올 것입니다."라고 한국이 위급할 때 러시아의 對韓援助를 전제하면서 러시아 군사교관 파견의 當爲性을 강조했

Vol. 13, Allen to the Secretary of State, October 9, November 18, 1897 ; vol. 17, Paddock to the Secretary of State, February 21, 1902;『日本外交史辭典』(日本外務省 外交史料館, 1979), p.32, 第1回英日同盟協約(1902. 1. 30); Allen, *Korea:Fact and Fancy,* p.223, January 30, 1902.

115) Department of State, *United States Policy Regarding Korea, 1834~1941,* Part I (1834~1910), p.16.

116) *Allen Diary,* Part III, September 14, 1897.

117) Allen, *Korea:Fact and Fancy,* p. 204, June 3, 1898.

다. 이어 슈페에르는 "러시아 군사교관은 미국의 국가이익에 도움이 되지 않기 때문에 미국은 교관 파견을 반대하고 있다."라고 미국의 러시아 군사교관 파견 반대를 비난했다.[118] 이에 대해 알렌은 러시아 정부가 한국에 군사교관을 파견하는 것은 곧 한반도에서의 군사적 至上優越權(paramountcy) 장악 의도를 여실히 드러내는 처사이며, 나아가서는 이는 러·일간 군사적 대결의 원인이 될 것이라고 강조했다.[119] 슈페에르는 在韓 미국선교사들이 한국정부의 반로·친일인사들과 단짝이 되어 러시아의 군사교관 파견을 반대한다고 비난했다. 그러나 알렌은 "한국 주재 미국 선교사들은 신사답고 예절 바르게 행동하면서 좋은 일을 많이 하고 있다. 선교사들은 한국 정치에 관여하지 않기 때문에 한국인들과 친교관계를 유지하지 않고는 이곳에 살아갈 수 없다."라고 선교사의 한국정치 干與主張을 반박하면서, 미국 선교사들이 러시아 군사교관 파견 반대설과 관계가 있다고 생각하는 것은 슈페에르의 큰 오해라고 지적했다. 그러나 슈페에르는 미국 선교사들이 사귀는 한국 친구란 모두 '정치적 친구'(political friends)라고 지적하면서 미국 정부는 公的으로는 한국 정부에 대해 정치적 영향력 행사를 원하고 있지 않으며, 미국인은 정치적 영향력 행사를 기도해서도 안된다고 공식 선언했음에도 불구하고, 선교사들은 러시아 군사교관 파견을 반대하고, 한국 친구들을 만나기만 하면 정치 이야기를 일삼고 있다고 선교사들의 정치활동을 맹렬히 비난했다. 이에 대해 알렌은 노골적인 親日·反露政策을 다음과 같이 표명했다. "미국공사관에서는 본국 정부로부터 한국 정부가 군사교관이 필요하면 일본 군사교관을 고빙하는 것이 바람직하다는 외교훈령을 받은 바 있다. 이 문제가 해결되지 않으면 외교적 분쟁은 가라앉지 않을 것이다."라고 경고했다. 이와같이 알렌은 러시아의 대한 군사지배권을 전면 거부하면서 일본의 대한정책에 동조하고

118) *Allen Diary,* Part Ⅲ, October 14, 1897.
119) *Allen Diary,* Part Ⅲ, Preface.

있었다.[120)]

세째, 알렌은 친로 · 반일파의 영수 李完用을 추방할 것을 한국 정부에 촉구했다. 이완용은 러시아 지배기간(1896~1898)에는 철저히 친로 · 반일적 인물이었는데, 1898년 러시아세력이 후퇴하자, 친일 · 반로로 변신한 인물이었다. 청일전쟁에서 戰勝을 거둔 일본은 재빨리 金弘集 친일내각을 구성, 대한지배권을 확립했다. 이에 불안을 느낀 고종은 以夷制夷策으로 제3세력인 러시아 세력을 끌어들여 일본의 對韓침략을 견제하려 했다. 이리하여 한국정부는 自救策으로 친로 · 반일정책을 추진했던 것이다. 일본세력을 배제하고 자주독립을 표방하는 한국 최초의 정치단체인 貞洞俱樂部를 결성했는데, 그 중심인물이 李完用 · 李允用 · 李夏榮 · 玄興澤 · 閔商鎬 · 尹雄烈 · 尹致昊 · 閔泳煥 · 李範晋 · 李學均 등으로서 이들은 주로 貞洞의 존타그(Antoinette Sontag, 孫澤)양이 경영하는 孫澤호텔에서 모여 정치활동을 전개했었다. 미국공사 시일과 러시아 공사 웨베르가 이를 적극 지원하고 있었다.[121)]

한때 親美黨의 領袖인 李完用이 웨베르 공사와 밀착, 일본 세력을 한반도로부터 구축하고, 在韓 미국이권을 독점하려는 러시아의 대한정책에 적극 협조하고 있었던 것이다.[122)] 이에 알렌은 李完用을 '가장 나쁜 惡人' [Ze(the) Worst] 또는 '로보트같은 인간'(clon)이라 경멸적인 호칭을 붙이면서 "자기가(알렌) 한국에 있는 한 李完用은 公職을 가져서는 안된다"고 주장했다. 이완용은 말 끝마다 독립을 외치고 있었는데, 그것은 일본으로부터의 독립이지만, 사실상 러시아의 빌붙는 결과만 초래했다고 비난하고 있었다. 그 배후에 웨베르가 조종했고, 이미 슈페에르가 이완용을 앞세워 이같은 철저한 친로 · 반일 운동을 전개했다는 것이다.[123)]

120) *Allen Diary,* Part Ⅲ, October 14, 1897.
121) 金源模, 「貞洞俱樂部와 春生門 事件」, pp. 6~7.
122) *Allen Diart,* Part Ⅲ, Preface.
123) *Allen Diary,* Part Ⅲ, October 14, 1897.

넷째, 알렌은 獨立協會와 徐載弼을 적극 후원했다는 것이다. 서재필은 일본 당국의 배려에 의해 미국망명지로부터 귀국한 인물이라는 것, 또 그가 표방하는 독립이란 곧 러시아의 지배로부터의 독립을 의미하고 있다. 이는 일본의 대한정책과 일치하고 있다. 뿐만아니라 독립협회는 러시아 對韓經濟 침탈행위를 규탄하고, 러시아 군사교관 파견을 반대하였다. 서재필은 원래 한국정부와 10년간 고빙계약으로 中樞院 고문직에 재직하고 있었는데, 『독립신문』을 통해 노골적인 反露운동을 전개,일본에 동조하자 한국 정부는 그를 2년만에 해고 조치하고 말았다. 그러나 알렌은 서재필이 미국 시민권을 가진 미국인이기 때문에 그를 庇護할 수 밖에 없으며, 미국공사관에서 그를 보호할 의무가 있다고 주장하면서, 10년간 고빙계약에서 잔여 임기 8년간 봉급 전액을 상환 지불할 것을 한국 정부에 강력히 촉구했다. 이 문제는 한국 外部와 분쟁의 씨앗이 되었는데,결국 봉급상환 후, 서재필이 한국을 떠난다는 조건으로 타결된 것이다.[124] 알렌의 특별 배려에 힘입어 서재필은 8년간 봉급 전액을 보상받고 1898년 4월 27일에 미국으로 돌아가고 말았다.[125]

한편, 독립협회에서는 1898년 2월 22일에 反露上疏文을 올렸다는 것이다. 독립협회 회장 安駉壽 首書名으로 된 상소문에는 러시아라는 특정 국가만을 지칭한 것이 아니고 모든 외국인의 지배를 반대한다고 전제하면서, 첫째, 自立하여 타국에 의뢰치 말 것, 둘째, 自修하여 政事와 법을 일국에 행할 것 등을 밝히고 있었다.[126] 분명히 러시아를 반대하는 상소문이 아닌데도 불구하고 슈페에르 공사는 독립협회란 곧 친일 · 반로단체라 규정하면서 이는 결국 反露上疏文이라 규탄하고 있었다. 슈페에르는 독립협회가 이같은 反露상소문을 올리게 된 배후에

124) *Allen Diary,* Part Ⅲ, December 13, 1897.
125) Allen, *Korea:Fact and Fancy,* p. 204, April 27, 1898.
126) 『高宗時代史』 卷4, pp. 501～503, 光武 2年 2月 22日條; Allen, *Korea:Fact and Fancy,* p. 203, February 23, 1898.

는 미국의 힘이 작용했다고 보며, 그리하여 알렌에게 그 책임을 추궁하면서, 장본인이란 곧 르젠드르(Charles W. Legendre, 李善得) · 닌스테드(F. J. H. Nienstead, 仁施德) · 徐載弼 등 미국인이라고 지적했다. 르젠드르는 1890년 2월 19일 데니(O. N. Denny, 德尼) 후임으로 조선정부 정치고문으로 재직하고 있는 친일적 미국외교관이고, 닌스테드는 1888년 4월 28일에 군사교관에 고빙되어온 미국 육군대령이다. 특히 르젠드르는 李完用 · 李載純을 통해 한국인에게 반로운동을 선동했으며, 이재순을 앞세워 반로운동자금 5만원을 宮內府로부터 받아내는 데 배후역할을 담당했다고 슈페에르는 폭로 · 규탄하면서 독립협회 주동 인물 徐載弼을 국외추방할 것을 촉구하였다.[127] 슈페에르가 지적했듯이 알렌이 적극적으로 독립협회를 지지 후원했다해서 褓負商들은 萬民共同會를 습격하는 등, 미국공사관을 습격 파괴하겠다고 위협할 정도에 이른 것이다(1898. 12. 23).[128]

다섯째, 알렌은 일본을 위하여 철도부설권을 획득하는 데 일익을 담당한 것이다. 원래 京仁間 鐵路合同은 1896년 3월 29일 조선정부 외부대신 李完用 · 농상공부대신 趙秉稷과 미국 아메리카 무역상사 사장 모오스(James R. Morse, 謨於時) 사이에 체결되었다. 그러나 일본외무성 고문 데니슨(H. W. Denison)과 주한 미국공사관 서기관 알렌의 알선으로 1897년 5월 8일 모오스는 5만달러를 받고 일본에 양도한 것이다.[129] 이와같이 경인철도부설권을 일본에 양도하는 데 일익을 담당했던 알렌은 1898년 7월 27일에는 일본정부가 京釜鐵道敷設權

---

127) *Allen Diary,* Part Ⅲ, February 24, 1898; Allen, *Korea: Fact and Fancy,* pp.177, 180, 209, April 28, 1888, April, 1890, September 1, 1899; William F. Sands, *Undiplomatic Memories, The Far East 1896~1904* (New York, 1930), p.48.

128) *Korea Despatches,* vol. 13, Allen to the Secretary of State, November 13, 1897; vol.14, March 19, April 27, 1898; vol. 15, September 17, 27, November 14, 28, 1898; Allen, *Korea: Fact and Fancy,* p. 207, December 23, 1898.

129) 金源模, 『近代韓國外交史年表』, pp. 63~68.

을 획득하는 데 도와준 것이다. 加藤 공사는 알렌에게 “본인은 귀하의 원조가 절대로 필요합니다. 만약 나를 위해 철도부설권을 얻어준다면 일본은 미제상품 구입에 전력을 기울일 것이며, 미국의 국익증진에도 최선을 다하겠습니다.”[130]라고 미제 상품 구입에도 협조하겠다고 다짐하고 있다.

일본은 이와같이 영·미의 지지와 협조로 결국 러시아세력을 한반도로부터 몰아내는 데 성공했다. 1898년 3월 12일 러시아정부는 서울주재 군사교관 및 재정고문을 철수한다고 발표하고, 이어 4월 12일에는 對韓至上優越權 확보에 광분했던 슈페에르공사를 소환함으로써 러시아의 한반도지배는 종식된 것이다.[131] 러시아세력의 후퇴를 다음 사건에서 이를 확인할 수 있다. 가령 신임 주한 러시아 공사 마추닌은 俄館소속 친로 한국 관리의 처형에 대해 한 마디 항의도 제기할 수 없었다. 1898년 9월 11일에 러시아공사관 소속 俄語通譯官 金鴻陸이 萬壽聖節 밤에 고종 황제와 황태자에게 毒茶를 올려 암살하려는 이른 바 毒茶陰謀事件이 발생했다. 한국정부는 金鴻陸을 체포, 10월 10일에 사형집행한 것이다.[132] 그럼에도 불구하고 러시아공사관은 이에 대해 한 마디 항변조차 제기하지 못했다. 뿐만 아니라 러시아정부는 한국주재 러시아 실업인들의 철수를 명했다는 사실이다. 위태(Witte) 재무대신은 한국 주재 러시아 실업인들에게 이 이상 대한경제이권에 관심을 갖지 말라고 경고했다는 것이다.[133] 이상에서 보듯이 러시아의 대한 영향력은 退潮현상을 보인 것이다. 러시아세력의 후퇴로 한국에서의 일본의 영향력은 반사적으로 증대하기 시작, 이제 한국은 일본의 지배를 받게 되었다. 러시아의 한국지배기에는 친일·반로정책을 고수했던 알렌은 일시 정책방향을 상실할 정도였다.[134]

---

130) *Allen Diary,* Part Ⅲ, July 27, 1898.
131) 『日本의 韓國侵略史料叢書』 巻8, pp.278~281(1898. 4. 5); Allen, *Korea: Fact and Fancy,* p. 204, April 12, 1898.
132) Allen, *Korea: Fact and Fancy,* p. 206, October 10, 1898.
133) Harrington, *God Mammon and the Japanese,* p. 303.

Ⅲ. 露日戰爭 前後期(1898. 4. 12~1905)에 있어서 알렌의 親露·反日政策과 韓國 獨立保全政策

한국의 국력배양과 자유를 표방, 러시아의 지배로부터 독립을 외쳤던 徐載弼이 가위 국외추방되다시피 미국으로 떠났을 때, 일본은 이를 傍觀했었다.

뿐만아니라 반동적 褓負商들이 독립협회의 萬民共同會를 습격하고, 1898년 10월 25일 독립협회가 해산했을 때도 일본은 한 마디 반대의 뜻을 표명하지 아니했다.[135]

이제 독립협회는 일본의 동정을 받을 수 없었다. 그 이유는 일본은 한국이 러시아의 지배로부터 독립되기를 바랐지, 일본으로부터 독립되는 것을 희망하지 아니했기 때문이다.[136]

독립협회의 자주 · 자유운동은 러시아 세력의 후퇴로 이제 그 존속의 가치조차 없다고 판단한 일본은 이를 타파 · 해산하는 데 온갖 술책을 행사했다. 이 운동을 적극 지원했던 알렌은 일본의 독립협회 해산책동에 의해 독립협회가 해산되자, 그의 정치적 영향력은 약화될 수 밖에 없었다.

알렌은 한국이 아시아의 '폭풍우의 중심지(storm center)'이며 청 · 러 · 일이 번갈아가며 한반도에 대해 지배권을 행사하고 있다고 간파한 것이다.[137] 알렌은 러시아지배기간 미국의 경제적 이익수호의 관점에서 일본을 도왔지만, 일본을 좋아하지는 아니했다. 러시아 후퇴 후 일본의 한국 지배방식이 잔인하고 어리석은 짓이라고 공격하기 시작했다.[138] 알렌 공사는 국무성에 일본의 한국침략 야욕을 다음과 같이 보고 했다.

---

134) *Ibid.*, p. 309.

135) Allen, *Korea:Fact and Fancy*, p. 206, October 24, 25, November, 1898

136) Harrington, *God Mammon and the Japanese*, p. 308.

137) *Colorado Springs Telegraph*, October 19, 1903.

138) Harrington, *op.cit.*, pp. 310~311.

"점차로 일본은 한국을 자기 나라의 특별활동 영역으로 간주하고, 다른 나라 사람들을 한갓 훼방꾼으로 생각할 정도로 對韓 侵略態勢를 취하고 있다."라고 보고하면서, "현재 러시아는 일본의 한국지배를 묵인하고 있는 것이 명백해졌다."라고 밝히고 있다.[139] 이제 일본의 한국 지배는 불가피한 운명이라고 알렌은 결론짓고 있다.

알렌은 러시아의 한국지배기간에도 러시아를 대항할 나라는 일본밖에 없으며, 그러기에 "일본은 달리는 차에 制動을 걸 만큼의 강력한 힘을 갖고 있는 나라"라고 평가했다. 이같은 신흥 일본이 본격적으로 한국 침략을 노골화함에,이는 곧 미국의 對韓利權의 위협으로 받아들이지 않을 수 없었다. 이리하여 알렌은 한국에서의 일본의 경제적 이권우위를 인정하지 않고, 일본의 이권획득을 좌절시키면서 排日感情을 심어주었고, 결국 일본의 제1 적국인 러시아에 호의와 동정을 보이는 친로·반일정책으로 전환하기에 이른 것이다. 알렌은 한국의 독립을 보전하고, 미국의 경제적 이권을 수호하기 위하여 일본을 견제하는 것이 현명하다고 판단했기 때문이다.[140]

비록 러시아가 1898년 4월에 서울 철수를 단행했었지만, 한국을 완전 포기한 것은 아니었다. 첫째, 러시아는 1900년 4월 20일 馬山浦 해군기지를 확보했다는 것이다. 한국 외부대신 朴齊純과 러시아 공사 파블로프(A. Pavloff, 巴禹路厚) 간에 馬山浦地所 租借에 관한 한로조약이 체결되어,한국 정부는 마산포를 러시아 특별조차지로 지정한 것이다. 이리하여 러시아는 마산포에 貯炭所 설치, 해군병원 건설 등을 한국정부로부터 인가받아 건설할 계획이었다.[141] 둘째, 1901년 4월 11일 러시아 정

139) *Korea Despatches,* vol. 14, Allen to the Secretary of State, July 18, 1898; vol. 15, November 18, 1899; vol. 16, August 23, 1900.

140) McKenzie, *The Unveiled East,* p. 155; Harrington, *God Mammon and the Japanese,* pp .302, 311.

141) Allen, *Korea: Fact and Fancy,* p.211, April 20, 1900; 金源模, 『近代韓國外交史年表』, p.174(1900. 4. 20).

부는 압록강 유역 삼림채벌권을 20년간 연장한다고 발표했다. 원래 한국 정부는 1896년 8월 29일 러시아인 브리너(Jules Bryner)에게 삼림벌채권을 허가한 바 있었는데, 이를 20년간 연장한다고 발표한 것이다. 러시아는 두만강 · 압록강유역에 있는 풍부한 삼림자원을 마구 벌채하는 등 목재사업을 활발히 전개하면서, 심지어 군즈부르크(Gabriel de Gunzburg)는 1903년 4월 23일에 러시아 木商會社(Russian Timber Company) 서울사무소를 개설하기까지 했다.[142] 세째, 러시아는 한국 정부에 대해 京義線 철도부설권을 요청했다는 사실이다. 1903년 2월 16일 스타인(E. Stein, 師德仁) 러시아 대리공사는 한국정부에 러시아인 군즈부르크에게 철도부설권을 특허해줄 것을 요청한 것이다. 그러나 이 계획은 일본의 강력한 반대로 좌절되었다.[143]

이상 馬山浦 해군기지 문제, 압록강 삼립벌채권문제, 京義線 부설권 문제 등은 러 · 일간의 對韓利權의 정면 대립을 가져오는 원인이 되었다. 경의선 철도부설권은 일본이 원천적으로 봉쇄했기 때문에 러시아의 대한진출이 좌절되었지만,마산포 해군기지 설치는 러시아가 한국을 포기하지 않겠다는 국가정책의 강렬한 의지의 표현이다. 특히 두만강 · 압록강 삼림벌채 이권을 둘러싸고 러·일간 분쟁이 발생할 조짐이 보였고, 이것은 유혈사태로까지 발전할 가능성이 엿보였다. 한국 정부는 러시아에 압록강유역 삼림벌채권을 허가했을 뿐만아니라, 일본에게도 이와 비슷한 삼림벌채권을 수년간 특허한다는 한 · 일협약을 체결했기 때문이다. 일본이 지방관헌의 허가를 받아서 압록강유역의 삼림을 벌채해서 이를 뗏목으로 압록강河口로 유입할 경우 러시아는 한국과의 삼림벌채권협약을 내세워 이를 압수하겠다고 위협했다는 것이다. 이로 인해 러 · 일간에 군사적 유혈사태가 발생한다고 알렌은 전망하고

142) Allen, *Korea:Fact and Fancy,* pp.198, 215, 234, August 29, 1896, April 11, 1901, April 23, 1903.

143) *Ibid.,* p. 233, February 16, 1903.

있었다.[144]

이와같이 러시아는 압록강 유역에서 대규모 삼림을 벌채하는 등 일본과 날카롭게 대립하고 있는 이상 일본의 對韓침략정책과 러시아의 남진정책은 상호 군사적 대결이 불가피하게 되었다. 더군다나 러시아는 극동 아시아에로의 진출을 위해 3억달러의 거액을 들여 시베리아 대륙 횡단철도를 완공했을 뿐만아니라[145]러시아 사카로프(Sakarof) 총독은 1천만달러를 투자, 大連港에 군사도시를 건설했던 것이다.[146] 러시아는 비록 한반도로부터 철수를 완료했지만, 旅順·大連을 군사요새화하는 등[147] 만주의 요충지를 점령하고 있었다. 일본은 계속 러시아의 만주 철병을 주장하고 있었지만 알렌이 보기에는 절대로 철병을 하지 않을 것으로 전망하고 있었다. 알렌은 러시아의 민주철병 불가를 다음과 같이 천명했다. "러시아는 결코 자진해서 滿洲로부터 철병할 가망은 없다. 그것은 마치 우리 미국이 텍사스나 혹은 더 좋은 예로 하와이로부터 물러난다는 것은 당치도 않은 일과 같은 것이다"[148]라고 전망했다. 그렇다면 露日戰爭 발발은 너무나 明若觀火한 사실이라고 알렌은 확신하고 있었다.[149]

알렌에 의하면 露日戰爭이 발발하면 전승국이 한국 국민에게 약간의 자유를 許與하면서 한국 대군주 자리를 차지함으로써 허구적인 大韓帝國은 멸망하고 말 것이라고 전망했다.[150] 따라서 그 전승국은 러시아보다 일본일 가능성이 높은데, 일본이 전승을 거둔다면 한반도와 만주에서의 미국의 경제적 이권은 큰 손실을 입게 될 것으로 전망했다.[151]

---

144) *Allen Diary,* Part Ⅳ, June 1, 1903.
145) *Colorado Springs Telegraph,* October 19, 1903.
146) *Colorado Springs Telegraph,* October 18, 1903.
147) *Allen Diary,* Part Ⅳ, June 5, 1903; *Colorado Springs Telegraph,* October 18, 1903.
148) *Allen Diary,* Part Ⅳ, September 30, 1903.
149) *Colorado Springs Telegraph,* October 19, 1903.
150) *Allen Diary,* Part Ⅳ, October 14, 1903.
151) *Allen Diary,* Part Ⅳ, Preface; Allen, *Things Korean,* p. 251.

이상 알렌의 통찰력 있는 예언은 그뒤 역사발전을 보더라도 정확한 선견지명이 있는 時局觀임을 알 수 있다. 이와같은 러·일간에 긴장이 고조되고 있는 이 마당에 현지 공사직을 맡고 있는 알렌으로서는 단호한 정책결정을 할 중대한 국면을 맞이한 것이다. 그 당시 미국은 러·일 양국에 대해 가능한한 중립적 태도를 견지하고 있었기 때문에 어느 한쪽으로부터 노골적인 적대감정을 사지 아니했다. 그래서 사실상 미국의 입장은 앞으로 전진해오는 일본과 후퇴하고 있는 러시아의 두 수레바퀴 사이에 짓눌려 있는 形局이었다.[152)]

알렌은 현지 공사로서 정책 결정을 할 시점에 도달했다고 확신했다. 미국이 만약 일본을 동정·지지한다면(친일정책), 그 결과 일본으로 하여금 對露 선전포고를 觸發할 위험이 있으며, 이는 곧 미국의 對亞政策의 중대한 실책이 될 것이다. 러·일전쟁에서 일본이 승리한다면 일본은 결국 門戶開放原則을 폐기, 한국과 만주에서의 경제적 이권을 독점하게 될 것이고, 그 결과 미국은 일본에 의해 추방되고 말 것이라고 알렌은 확신하고 있었다.[153)] 알렌은 한국을 일본의 침략으로부터 구제하고, 한반도와 만주에서의 미국의 경제적 권익을 수호하기 위하여 미국은 절대로 친일·반로정책을 고수할 것이 아니라 친로·반일 정책을 수립해야한다고 확신하고, 현지 공사로서의 정확한 정보를 제공함으로써 미국의 對亞政策의 실책을 바로 잡는 것이 그 자신에게 負荷된 외교관으로서의 책무라고 통감하고, 드디어 본국으로 가서 직접 대통령과 국무장관을 만나서 한국 사태를 설명하기로 결심한 것이다.

1884년 의료선교사로 내한한 이래 근 20년간 한국에 장기간 체재하면서, 미국공사관의 서기관·대리공사 그리고 주한 미국공사 등을 역임하면서 한국의 사태발전을 지켜보고 있었던 알렌 공사의 對韓關心은 열성적이었다. 한국의 정치문제에 관여하지 말라는 「외교훈령 64호」

152) Harrington, *God Mammon and the Japanese,* p. 306.
153) *Allen Diary,* Part Ⅳ, Preface.

가 주한 미국공사관에 하달된 것은 1895년 11월 11일 올니 국무장관이 시일 주한 미국 공사에게 보낸 전문에서 이를 확인할 수 있다. 이와같이 미국 정부는 분명히 對韓 불개입정책 및 친일정책을 견지하겠다는 결의를 표명한 바 있다. 결국 미국은 한국의 정치문제에 관여하지 않겠다는 것, 어느 한쪽과 단짝이 되어 국제분쟁에 휘말려 들지 않겠다는 對韓不干涉政策을 수립한 것이다. 그럼에도 불구하고 알렌은 이러한 「외교훈령 64호」를 무시하고 대한관심을 보였다.[154] 그 이유는 "한국은 부패 · 혼란 · 악정의 상태에 있으므로 이를 저지하지 않는다면, 미국의 권익은 크게 손상된다고 판단되기 때문에 한국 문제에 간여할 필요가 있다."[155]고 알렌은 對韓介入의 명분과 필요성을 역설하고 있다. 알렌은 미국의 對韓公約인 居中調停 준수 원칙에 입각, 한국을 구제하지 않으면 한국은 결국 일본의 식민지화될 것이며, 그 결과 미국의 이권은 위협을 받게 될 것이라고 확신했기 때문이다.

그 당시 루스벨트(Theodore Roosevelt) 행정부의 對亞政策을 수립하는 최고 當路者는 전주한 미국 공사 록힐(William W.Rockhill, 柔克義)이었다. 한국과 청국에서 외교관생활의 경력을 가진 록힐은 루스벨트 행정부의 아시아문제 담당 외교고문역을 맡고 있었는데, 록힐의 對亞政策의 기본 노선은 미국은 한반도에서 러 · 일간에 분쟁이 발생하더라도 이에 불개입하며 초연한 중립외교의 입장을 취한다는 것이다. 그러나 그는 친일 · 반로정책으로 기울고 있었다. 록힐의 대한불개입정책에 따라 루스벨트 대통령은 철저하게도 한국을 포기하는 정책을 고수하게 되었으니, 한국은 어차피 러 · 일 양국 중 어느 한 나라에 지배될 운명이며, 러시아보다는 일본의 지배를 받는 것이 바람직하다는 친일 · 반로정책을 굳히고 있었다. 알렌은 록힐 · 루스벨트의 이같은 대한정책은 극히 위험한 실책이라고 지적하면서, 이같은 실책을 수립하

154) *Korea Instructions,* vol. 1, Secretary of State Olney to Sill, November 11, 20, December 2, 31, 1895.

155) Harrington, *op. cit.,* p. 308.

게 된 것은 어디까지나 현지 공사의 정확한 사실 정보 보고에 의한 것이 아니고, 국민여론을 誤導하는 런던발 기사를 비판 없이 받아들여 이를 근거로 아시아 정책을 수립했기 때문이라고 알렌은 분석하고 있다.[156)]

알렌은 "실로 우리는 미국 행정부가 이같은 불안한 국민의 우려를 解消하고, 장래를 위하여 영국 런던을 통해서 들어오는 有害하면서도 놀라운 '뒷 空論'(gossip)을 믿을 것이 아니라 오히려 해당지역에 주재하고 있는 공식적 외교대표(駐在公使)들과 상의하는 것이 上策이다."[157)] 라고 駐在 公使의 정세 보고의 공신력을 강조하였다.

이리하여 알렌은 아시아 대륙에서의 러 · 일간 전운이 감도는 가운데 그 자신이 직접 본국행을 단행하기로 결심했다. 알렌은 전문보고가 아니라 직접 국무성으로 직행, 정확한 보고를 하고 대통령에게 아시아 사태를 설명하기로 결심했는 바, 이번의 본국행은 루스벨트 행정부에 대해 外交福音(diplomatic gospel)을 설교한다는 사명감을 가지고 떠나게 된 것이다.[158)]

알렌은 그 자신의 지론인 친로 · 반일정책의 당위성을 헤이(John Hay) 국무장관과 루스벨트 대통령에게 자세히 설명하려면 러시아의 현지 답사에 의한 정확한 정보수집이 절대로 필요하다고 판단, 1903년 6월 1일 仁川 출항, 旅順 · 大連을 거쳐 滿洲를 시찰하고, 새로 개통된 시베리아 대륙횡단 철도로 러시아 수도까지 철도여행을 결행하기로 계획했다.[159)] 러시아 여행을 하면서 알렌은 두 가지 어두운 면을 목격했다. 하나는 러시아 농촌의 후진성과 정체성을 실감했다는 사실이다. 시베리아 농가는 한국 농촌의 초가집보다 조금도 나을 것이 없다는 사실을 체험했다. 다른 하나는 러시아 관리의 비능률적인 형식주의를 수 없이 체험했다는 사실이다. 러시아 관리들은 형식(red tape forms)

---

156) *Washington Post,* October 21, 1903.
157) *Ibid.*
158) Harrington, *God Mammon and the Japanese,* p. 312
159) *Allen Diary,* Part Ⅳ, June 1, 1903.

만을 내세울 뿐, 무슨 일이 생기더라도 어느 한 사람 자진해서 솔선수범하는 자가 없다는 것이다. 그러나 광대무변한 러시아의 국토, 무진장한 천연자원이 러시아의 장래를 보장해주고 있다고 보았다. 이런 점에서 알렌은 러시아가 '경이의 나라'(wonderful country)라고 확신했다.[160]

알렌은 유럽 각국을 순방하면서 런던 주재 미국외교관 초오트(Joseph H. Choate)·화이트(Henry White), 그리고 주불 미국공사 포터(Horace Porter) 등 현지 외교관들을 만나, 아시아 사태를 자세히 설명했다.[161] 알렌은 시베리아를 경유 러시아와 유럽 각국을 순방한 후 워싱턴에 도착했을 때, 그의 세계일주여행에서 얻은 최종 결론은 만약 러·일전쟁이 발발하면, 러시아가 패전할 것이기 때문에 미국은 러시아를 도와주어야 하며, 일본을 도와주면 결국 일본에게 이용만 당하고 말 것이라고 전망했다. 알렌은 러시아의 落後된 후진경제, 형식에 얽매인 비능률적 관료주의가 바로 러시아가 신흥 일본을 이길 수 없다고 판단했기 때문이다.[162]

워싱턴에 도착한 알렌은 우선 루스벨트의 극동문제 외교고문인 록힐을 만났다. 알렌은 록힐에게 미국은 어떤 일이 있어도 러시아를 도와주어야 한다고 그 자신의 친로·반일정책을 피력했다. 그러나 록힐은 미국은 무슨 일이 있어도 일본을 도와야 하고 일본의 한국병합을 허용하고 만주를 차지하려는 러시아의 계획을 저지하는 것이 미국의 對亞政策의 기본임을 피력했다.[163] 알렌은 록힐과 對亞政策을 둘러싸고 정면으로 의견충돌을 일으키고 말았다. 이어 알렌은 루스벨트 대통령을 예방, "아시아에 관해 록힐은 失策을 저지르고 있다."[164]라고 록힐을

160) *Allen Diary,* Part Ⅳ, June 5~22, 1903.
161) *Allen Diary,* Part Ⅳ, Diary of A Trip Around The World Via Siberia.
162) Harrington, *God Mammon and the Japanese,* p.313.
163) *Ibid.,* p.314:Paul A. Varg, *Open Door Diplomat, The Life of W. W. Rockhill* (Urbana:University of Illinois Press, 1952), p.51.
164) *Allen Diary,* Part Ⅳ, September 30, 1903.

공박했다.

1903년 9월 30일 저녁 세리온(Serrion)에서 루스벨트 대통령 · 록힐 · 알렌 三者會談이 개최되었다. 이날은 알렌의 20년간 외교관 생활에서 잊을 수 없는 극적인 날이었다. 이날 알렌은 루스벨트 대통령과 미국의 對아시아 정책을 둘러싸고 치열한 논쟁을 벌임으로써 알렌의 외교관 생애에 있어서 정책토론이 최절정에 달했던 날이기 때문이다. 이 자리에서 알렌은 친로 · 반일정책을 설득력있게 대통령에게 다음과 같이 개진했다.[165)]

첫째, 러시아는 만주를 平定하고 만주의 匪賊을 진압했으며, 동시에 도로와 철도를 건설함으로써 '엄청난 상업시장'(a great commercial field)을 개방해 놓았는데, 이처럼 엄청나게 발전해가는 만주무역거래의 75%를 미국이 차지하게 될 것이다. 둘째, 러시아는 문호개방(Open Door Policy) 정책을 엄수하겠다는 강력한 약속(compelling promises)을 했다고 강조하면서, 만약 대통령이 러시아가 이러한 약속을 지킬 수도 지켜질 수도 없다고 단정한다면, 이는 결국 러시아로 하여금 對美敵愾心을 촉발하게 되어 만주에서의 미국의 경제적 이권은 위협을 받게 될 것이다.

세째, 러시아는 결단코 만주로부터 撤兵하지 않을 것이다. 러시아는 1천만달러를 들여 大連港을 건설했고, 3억달러를 투입, 시베리아 철도를 건설했기때문에 만주로부터 물러서지 않을 것이다. 그것은 마치 미국이 텍사스나 하와이로부터 철수한다는 것은 당치도 않은 일과 같다. 네째, 러시아는 문호개방 원칙을 엄수하여, 奉天과 같은 국제적 요충지에 외국 居留地를 허용하고 외국 영사들에게 治外法權을 인정하는 등 만주를 개방할 것이다. 만약 일본이 만주를 점령하면 일본은 문호개방원칙을 폐기, 미국을 포함한 모든 외국인을 추방, 만주의 이권

165) *Ibid;*Kim Won Mo, "Theodore Roosevelt's Korean Policy in the Far East, 1901~1905", *Journal of Social Sciences and Humanities,* No.43 (1976), pp. 99~116.

을 독점할 것이라고 알렌은 경고했다. 다섯째, 알렌은 루스벨트 행정부의 친일·반로정책을 정면으로 공박하고 나섰다. 그렇게 되면 결국 미국은 일본의 간교한 외교술에 이용만 당하고 말 것이라고 전망했다. 그것은 마치 英日同盟으로 결속한 영국과 일본을 위해 미국이 "불속에서 밤(栗)을 꺼내고 있는 것처럼 착각을 불러일으킬 수 있다"는 것이다. 이는 결국 일본이 미국의 원조에 의지하여, 對露 호전적 태도를 취하게끔 자극하는 결과를 초래할 뿐만 아니라, 미국은 싫든 좋든 간에 영·일과의 동맹체제에 말려들지 않을 수 없다고 전망했다.[166]

러·일 양국은 적어도 미국에게 정신적 원조(moral support)를 기대하고 있다고 전제하면서, 알렌은 미국이 일본을 도와주면 일본은 결국 러·일전쟁을 도발할 가능성이 있기 때문에 일본 보다는 러시아를 도와주어야 한다고 강조했다. 이같은 주장에 대해 루스벨트는 일본은 결코 미국의 원조를 바라지 않는다는 친일 발언을 했다. 그러나 알렌은 "미국과 영국은 우호국이고, 또 이 두 나라는 일본의 강력한 우방국이다. 그러므로 미국은 영·일동맹의 경우와 마찬가지로 일본과도 동맹관계에 있다."[167]라고 언명한 주한 일본 공사 林 權助의 親美 發言을 인용하면서, 일본은 미국과의 동맹체제를 구축, 루스벨트의 친일·반로정책에 힘입어 전쟁을 도발하게 되면, 일본이 승리할 것이고, 그 결과 미국의 권익은 손상을 입을 것이라고 경고했다.

루스벨트 대통령은 알렌에게 "상업무역상 이권을 위해 기회주의적 정책(a time-serving policy)을 主唱하고 있다."[168]라고 알렌의 친로·반일정책을 반박하면서, 미국이 反露措置(Anti-Russian action)를 취했다고 해서 滿洲에서의 미국의 경제적 이권은 손상을 입지 않는다고 주장했다. 그러나 알렌은 조금도 자신의 정책을 굽힘 없이 開陳하면서 미국의 친로와 친일 양정책의 득실을 다음과 같이 분석 전망했

166) *Ibid ;Colorado Springs Telegraph,* October 18, 19, 1903.
167) Harrington, *God Mammon and the Japanese,* p. 316.
168) *Allen Diary,* Part Ⅳ, September 30, 1903.

다. 미국이 친로 · 반일정책을 고수한다면 러시아는 자기 나라가 처리할 수 있는 모든 무역을 미국이 차지하기를 희망하고 있다는 점을 천명했다. 이와 반대로 친일 · 반로정책을 견지한다면 미·일간에 위기국면(a precipice)으로 몰고 갈 우려가 없지 않다고 경고하면서, "일본은 반미적 태도를 취하면서 미국에게 날로 더 큰 곤란을 가져다줄 것이고, 그리하여 마침내 미국은 일본과 칼을 겨누어야만 될 처지에 도달하게 될지도 모른다."[169]라고 알렌은 장차 美日간의 군사적 대결을 예언하기도 했다. 알렌의 친로 · 반일정책은 그 당시 아시아에 평화를 가져오고, 한국을 일본의 침략으로부터 구원한다는 통찰력있는 時局觀을 바탕으로 하여 수립한 정책인 것이다. 그의 시국관이 얼마나 正鵠을 찔렀는가는 그 뒤의 역사 발전을 보더라도 너무나 이를 克明하게 입증해주고 있다. 러·일전쟁에서 일본이 전승을 거두자, 일본은 한국을 保護國으로 지배하더니, 결국 한일합방을 실현했고, 문호개방정책을 폐기, 만주에서의 경제적 이권을 독점하였고, 종당에는 미국세력을 아시아로부터 구축, 1941년 하와이 眞珠灣 奇襲으로 미국에 군사적 대결을 도발하지 않았던가.

알렌은 현지 공사로서 반년간에 걸친 세계일주여행을 통하여 직접 목격하였던 정확한 정보를 대통령에게 전달하는 것은 그 자신에게 負荷된 외교관으로서의 책무라고 생각했다.[170] 그러나 이같은 솔직한 정세보고가 대통령의 정책과 相衝되어, 그만 반정부 발언을 하는 외교관이라는 낙인이 찍힐 위기에 몰렸다. 그러나 알렌은 조금도 이에 개의치 않고 워싱턴에서의 임무 수행을 완수한 후 서울로 귀임하는 길에 콜로라도 스프링스에 들러, 그의 오랜 친구 『콜로라도 스프링스 텔레그래프』지 편집장 리텐하우스(Edward E. Rittenhouse)를 만나 특별 인터뷰를 했는데, 이 기사가 연합통신(Associated Press)을 통해 전국 각

169) *Ibid* ; Allen, *Things Korean*, p. 251; Harrington, *op.cit.*, p. 316.
170) *Washington Post*, October 21, 1903.

신문에 보도된 것이다. 『콜로라도 스프링스 텔레그래프』지는 「極東狀況討論(Talks of Situation in The Far East)」이란 表題로, 『워싱턴 포스트』紙는 高位職의 등불 (Light from High Places)」이라는 題下로 다음과 같이 보도하고 있다.

> 러시아는 3억달러의 막대한 비용을 들여 시베리아 대륙횡단 철도와 만주의 도시(旅順·大連 등)를 건설했고, 종전에는 만주 백성들이 그들의 생산품을 시장에 가지고 가서 판매행위조차 못할 정도로 跳梁하던 만주 匪賊떼를 진압·평정함으로써 러시아는 이 광대한 농업지대에 질서를 회복했고, 그럼으로써 만주 상업무역을 광범위하게 발전하고 있는데, 현재 만주 무역거래의 75%를 미국이 차지하게 될 것이라는 사실에 대해 나는 깊은 감명을 받고 있다. 이런 점에서 볼 때 만주야말로 미국 통상무역 진출을 위해 발전 가능성이 있는 훌륭한 유망지역이다.[171]

알렌은 인터뷰 기사에서 그 자신이 현지 시찰여행을 통하여 수집한 정확한 정보를 바탕으로 滿洲平定을 실현한 러시아의 공적을 치하하면서, 미국의 만주진출의 청사진을 펼치고 있었다. 러시아는 만주에서 황소 달구지 대신에 철도교통의 편의를 제공했고, 6년 전만 해도 馬賊떼가 횡행하였으나, 이제 이를 평정, 법과 질서를 회복함으로써 상업무역상의 안보가 보장되었다는 것이다. 이와같이 새로 조성된 교역의 최상 有利點을 미국이 차지하게 될 것이며, 러시아의 영향력과 보호권 안에 있는 만주 주민들은 바로 미국의 고객이 될 것으로 확신한다고 결론을 내리고 있다.[172]

한 나라의 일개 주재공사에 불과한 알렌이 과연 국가원수인 대통령의 외교정책을 정면으로 반대할 수 있단 말인가. 이는 아마도 미국

171) *Colorado Springs Telegraph*, October 19, 1903; *Washington Post*, October 21, 1903.

172) *Ibid.*

외교사상 전무후무한 정책 대결사건이 아닌가 평가되고 있다. 그러면 알렌의 정의를 위한 감투정신, 불의에 대한 강렬한 저항의식, 한 번 옳다고 판단하면 자기 의견을 굽힐줄 모르는 不撓不屈의 정신, 투철한 의무감, 미지의 세계에 대한 강렬한 모험심, 이같은 알렌 특유의 정신은 어디에서 비롯된 것일까. 그것은 그의 인간성에서 찾아볼 수 있겠다.

알렌은 미국 오하이오주 델라웨어에서 전형적인 개척자의 양키 가문에서 태어났다. 그의 조부모 가운데는 에이레(愛蘭)의 피가 섞여있기도 했지만, 그는 철처하게도 뉴 잉글랜드 혈통을 지니고 있었다. 그의 부친은 오하이오주 개척자였고, 그의 종조부 에탄 알렌(Ethan Allen)은 그린 마운틴 에탄(Green Mountain Ethan) 소년단 지도자였을 뿐만 아니라 독립전쟁 때 타이콘데로가(Ticonderoga) 전투를 지휘한 영웅이었으며, 또 다른 從曾祖 라이먼 홀(Lyman Hall)은 독립선언서에 서명한 인물이었다.[173] 이와같이 알렌은 서부개척자와 독립전쟁에 혁혁한 공을 세운 가문에서 성장했다. 그는 어릴 때부터 캘빈주의의 신조와 퓨리탄적 신학에 영향을 받았고, 개척자가 본능적으로 발휘하는 강렬한 의무감, 정력적인 근면성을 물려받아서인지, 그의 태도는 자신만만한 패기가 넘쳐 있었고, 성급한 기질과 毒舌로 남의 잘못을 신랄하게 비판하는 본성을 가지게 되었다. 이러한 가정환경에서 자라난 알렌은 不義와는 타협할줄 모르는 옹고집의 기질로 발전, 이러한 완고한 고집이 다른 사람과 자주 충돌을 일으키는 원인이 되었다.[174]

알렌은 개척자의 집안에서 자라난 탓인지 모험심이 강하여 여행을 좋아했고, 한국에 부임한 이래 무려 태평양을 12차례 왕복 항행을 했을 뿐만 아니라, 1903년에는 시베리아 대륙횡단 기차여행을 통해 세계일주 여행을 수행했다.[175] 미지세계에 대한 강렬한 탐구정신에서 그의 독특한 용감성과 투철한 의무감이 배양된 것이다. 알렌의 용감한 감투정신과

173) 金源模, 「알렌 研究」, 『近代韓國外交史年表』, pp. 15~44.
174) Harrington, *op.cit.*, p. 4
175) *Colorado Springs Telegraph*, October 18, 1903.

책임감을 다음 몇 가지 사실에서 이를 확인해볼 수 있다.

첫째, 1884년의 甲申政變발생 때 알렌은 그의 용감성과 의무감을 유감 없이 발휘했다. 갑신정변(1884. 12. 4)은 알렌이 한국에 부임한지(9. 22) 두 달만에 발생한 정치적 쿠데타였다. 아직 한국 사정도 제대로 파악하지 못한 가운데, 주한 미국공사관부 의료선교사인 알렌은 政變시 중상을 입은 閔泳翊을 치료하는 등 그의 책임을 완수하는 데 비상한 수완을 발휘했다. 심지어 주한 미국 공사 푸트(Luicus H. Foote, 福德) 가족을 비롯하여 서울 주재 모든 외국인들은 인천 제물포로 피난, 함정을 대기시키고 일단 사태가 악화되면 배를 타고 일본으로 철수할 준비를 하고 있었다. 그러나 알렌은 제물포 피난을 물리치고 서울에 홀로 남아서 미국공사관에 성조기를 게양하고 민영익과 청·일 양군의 부상병들을 치료하는 데 헌신한 것이다.[176]

둘째, 1887년 초대 주미 조선공사 朴定陽을 수행, 조선의 자주외교를 지도했던 것이다. 그 당시 청의 대한 내정간섭은 극에 달했다. 조선은 淸의 속국이므로 전권공사 파미는 불가하다는 것이다. 그러나 미국은 청의 屬邦論은 조선의 완전독립을 인정하고 체결한 조미조약 정신에 위배된다고 항의, 결국 청은 另約三端을 준수한다는 조건으로 초대 주미공사 파견을 승인한 거이다. 알렌은 박정양 공사로 하여금 기필코 청의 요구조건인 另約三端을 무시하고 대미 자주외교를 완수하게끔 지도했던 것이다.[177]

세째, 1893년 4월 알렌은 시카고 만국박람회에 조선 참가를 주선, 조선 문화의 독자성과 우월성을 세계만방에 과시한 것이다.[178] 알렌은 參贊官 자격으로 出品事務大員 鄭敬源과 국악인 10명을 대동하고, 조선

176) *San diego Union,* March 23, 1904; Allen Diary, Part 1, December 11, 20, 1884, February 14, 1885.

177) *Allen Diary,* Part Ⅱ, January 13, 1888; 金源模, 「朴定陽의 對美自主外交와 常駐公使館 開設」, pp. 373~382.

178) Allen, *Korea:Fact and Fancy,* p.184, February 23, 1893.

토산품을 출품 전시했다.[179] 시카고 세계박람회에는 조선을 비롯하여 세계 47개국이 참가했는데, 조선정부는 6, 7間 되는 朝鮮館을 조선식 기와집으로 건축하고 조선 특산품을 전시하면서, 국악인으로 하여금 조선의 전통적인 宮中 雅樂을 연주케 했다. 시카고 세계박람회의 조선 참가는 전적으로 알렌의 적극적인 주선에 의해 실현된 것인데, 조선 출품이 양적으로 규모가 적었지만, 조선 특산품을 역사상 최초로 국제 박람회에 출품했다는 것, 국악 연주를 통해 조선왕국이 청 · 일 양국과는 상이한 문화를 가지고 있는 독자적인 문화국가임을 국제무대에서 과시했다는 점에서 그 참가 의의는 실로 크다 하겠다.[180]

네째, 알렌은 1903년 9월 30일 루스벨트 · 록힐과의 三者會談에서 벌인 정책토론에서, 미국은 조미조약 제1조에서 공약한 居中調停을 준수하여 한국을 일본의 침략으로부터 구제해야 하며, 아시아에서의 미국의 경제적 이권을 수호하기 위하여 러시아를 도와야한다고 역설한 것이다. 알렌의 친로 · 반일정책과 루스벨트 대통령의 친일 · 반로정책이 정면으로 충돌한 것이다.

이상 네 가지 예를 보더라도 알렌은 한국을 중심으로 청 · 일 · 러 등 강대국이 한국지배를 圍繞하고 치열한 角逐戰을 벌이는 가운데, 미국이 취해야 하는 외교적 大道는 일본의 대륙침략 기도를 봉쇄하자는 것이었다. 알렌이 보기에는 청은 이미 청일전쟁 패배로 종이 호랑이로 전락했고, 러시아는 일본과 전쟁을 하더라도 승산이 없다는 것이다. 이는 그 자신의 현지 여행에서 얻은 최종적 결론이었다. 그렇다면 일본의 대륙침략은 明若觀火한 현실문제로 등장한 것이었다. 러 · 일 양국은 모두 미국의 정신적 도움을 바라고 있는데, 미국이 일본을 도와준다면, 일본은 1차적으로 한국을 정복 지배하고, 한반도와 만주에서의 경제적 이권을 독점할 것이다. 여기서 미국이 일본을 돕는다는 것은

179) 『高宗純宗實錄』 中, p. 446, 高宗 30年 2月 24日條.

180) 『日省錄』 卷30, pp. 330~331, 高宗 30年 11月 9日條;『承政院日記』, 卷12, p. 762, 高宗 30年 11月 9日條.

어떤 구체적인 물질적 원조라기보다는, 조미조약 제1조에 명문화되어 있는 對韓居中調停公約을 폐기함으로써, 對韓介入을 포기하여 일본으로 하여금 한국침략을 방관한다는 것이다. 이것은 결국 영 · 미 · 일 동맹체제를 미국이 인정하는 것과 같다. 알렌은 루스벨트의 이같은 친일 · 반로정책을 반박하면서 친로·반일·親韓정책을 대담하게 開陳한 것이다. 이는 일개 주재공사가 대통령의 국가정책을 거역하는 일종의 抗命행위가 아닐 수 없다. 알렌은 그 자신의 시국관이 정당한 것임을 확신하고 이같이 대통령과 정면 의견충돌을 빚게 되었는데, 이것은 알렌 특유의 정의감 어린 대담성 불의와 타협을 거부하는 옹고집의 기질이 아니고는 불가능한 일이다.

알렌은 대통령과 정책대결을 벌였을뿐만 아니라 각 신문에 대통령의 對亞政策은 큰 실책이라는 반정부 발언을 기사화함으로써 더욱 루스벨트 대통령의 격노를 샀다. 루스벨트는 알렌을 즉각 파면조치하려 했다. 그러나 헤이 국무장관이 이를 만류하자, 그 대신 알렌에게 譴責전문을 보내게 된 것이다. 알렌이 본국 임무를 완수하고 서울로 귀임하는 길에 11월 12일 일본 東京에 기착했을 때[181] 이 譴責전문을 접수했는데, 이에 의하면 "公的事項에 대해 귀하의 의견 개진을 삼가 하라."[182]는 경고 전문을 받은 것이다. 이는 곧 대통령이 알렌에게 친로 · 반일 · 친한적 발언을 참가하라는 경고 조치이다. 다시 말하면 알렌에게 반정부 발언을 삼가하고, 대통령의 친일 · 반로정책을 순종하라는 것이었다. 루스벨트 대통령의 對亞政策 기본노선은 일본이 미국 대신 러시아의 남진정책을 저지, 그 대가로 한국의 운명을 일본에 맡기고, 아시아에서의 일본의 우월권을 승인함으로써 동양평화를 구현한다는 것이었다.

181) *Allen Diary,* Part Ⅳ, Novmeber 12~15, 1903.
182) *Ibid.,* November 20, 1903.

맺는 말

1903년 미국 신문에 게재된 고조황제와 미국 아가씨 에밀리 브라운 양과의 결혼보도 사건은 철저하게도 날조된 픽션 보도사건이었다. 이러한 황당무계한 황실결혼 보도사건은 주한 미국 공사 알렌이 정무보고차 미국에 가있는 동안을 전후하여 발생했다는 점에서 이 사건은 알렌의 韓國救國運動과 결부된 정치적 보도사건임을 강력히 시사해주고 있다. 『콜로라도 스프링스 텔레그래프』지 1903년 10월 24일자에 최초로 황실결혼 기사가 보도되었는데,[183] 이때는 알렌이 리텐하우스와 회견한 지(10.17) 1주일 후이고, 알렌이 본국 임무를 완료하고 10월 23일 샌프란시스코를 출항, 일본 橫濱으로 항진하던 때이다.[184] 알렌은 워싱턴 임무를 완수하고 서울로 돌아오는 길에 10월 16일에 콜라라도 스프링스에 도착, 10월 17일에 『콜로라도 스프링스 텔레그래프』지 편집장 리텐하우스와 인터뷰했는데[185] 루스벨트 대통령의 친일 · 반로정책을 반대하고 자신의 친로 · 반일정책을 강조하는 반정부 발언 기사가 그 다음 날에 계속 보도되었다.[186] 1903년 11월 29일자 『보스턴 선데이 포스트』지에 두번째로 황실결혼 사건이 고종과 브라운 皇后가 無蓋輦을 타고 行幸하는 모습을 스케치한 삽화를 곁들여 대대적으로 전면 보도되었다.[187] 알렌이 미국으로부터 서울 任地로 귀임한 것은 11월 20일이므로,[188] 두번째 보도사건은 알렌의 서울 도착 직후에 발행한 사건이었다.

그렇다면 도대체 누가 이같이 아라비안 나이트처럼 흥미진진한 고종황제의 국제결혼사건을 기사화하여 그처럼 두번씩이나 대대적인 보도를 했단 말인가? 그리고 과연 누가 보도자료(press handout)를 제공했

183) *Colorado Springs Telegraph,* October 24, 1903.
184) *Allen Diary,* Part Ⅳ, October 23, 1903.
185) *Ibid.,* October 16, 1903.
186) *Colorado Springs Telegraph,* October 18, 19, 1903.
187) *Boston Sunday Post,* November 29, 1903.
188) *Allen Diary,* Part Ⅳ, November 20, 1903.

단 말인가? 이 두 가지 의문이 풀린다면, 언론 보도사상 그 유례를 찾아볼 수 없는 픽션기사가 그당시 두번씩이나 보도되었다는 사유를 그럴듯하게 이해할 수 있을 것이다. 이 황실결혼 보도사건은 알렌-리텐하우스 인터뷰와 無關하지 않다는 사실을 주목하지 않으면 안된다. 알렌은 서울로 돌아오는 길에 10월 17일『콜로라도 스프링스 텔레그래프』지 편집장과 인터뷰했던 바, 이러한 황실결혼 사건이 처음으로 10월 24일자『콜로라도 스프링스 텔레그래프』지에 보도되었기 때문이다.

그러므로 알렌은 리텐하우스와의 인터뷰 당시 황실결혼 보도자료를 제공했다는 결론을 내릴 수 있다. 가령『보스턴 선데이 포스트』(1903. 11. 29)지 기사에서 고종-브라운 황후의 行幸광경을 사실적으로 보도하였는데, 그것은『알렌 日記』(1885. 3. 3)의 고종-민비의 行幸기사와 너무나 흡사하다는 사실이다. 즉 1885년 3월 3일 고종은 창덕궁에서 경복궁으로 移御 행차를 단행했는데, 이때 알렌은 그의 일기에서 고종-민비의 行幸 모습을 자세히 기록해 놓고 있는 바, 그 내용이『보스턴 선데이 포스트』기사와 일치하고 있다.[189] 바로 이 점이 알렌이 보도자료를 리텐하우스에게 제공했음을 뒷받침해주고 있다.

리텐하우스는 알렌과는 절친한 친구사이이다. 리텐하우스는 일찍이 아시아 최초의 廣軌 철로인 京仁鐵道 부설공사를 감독하기 위하여 1년 남짓 滯韓한 일이 있었는데, 이때부터 주한 미국 공사 알렌과 친밀한 친우가 되었다. 그는 귀국 후 신문사 편집장이 되어 언론기관에서 활약하고 있었다. 아무리 자유언론을 보장하는 미국이지만, 알렌의 반정부 발언기사를 보도하게 된 것도 이같은 절친한 친구사이이기 때문에 가능하다. 리텐하우스는 대통령의 정책을 비판하는 반정부기사를『콜로라도 스프링스 텔레그래프』지에 보도했을 뿐만 아니라 이를 합동통신에 제공, 전국적으로 보도하게 한 것이다. 알렌-리텐하우스 會見記事가 게재된 신문 수는 모두 6개 일간지이다.[190] 리텐하우스는

189) *Allen Diary,* Part Ⅰ, March 3, 1885.

190) 알렌은 1903년 10월 17일『콜로라도 스프링스 텔레그래프』지 편집장

알렌으로부터 보도자료를 입수, 이번에는 고종황제와 브라운양과의 결혼을 사실보도인양 가장하기 위하여 寫實的인 스케치 삽화를 그려서 『보스턴 선데이 포스트』지에 게재하게 했다. 신문 보도의 생명은 六何原則에 의한 사실 보도이다. 그럼에도 불구하고 미국 언론기관에서 서울 현지로 사실 확인도 거치지 않고 무조건 리텐하우스의 이같은 事實無根 픽션기사를 보도할 수 있단 말인가. 그것은 리텐하우스가 영향력 있는 현직 신문사 편집장이라는 사실, 보도자료 제공자가 현직 주한 미국 공사라는 사실이 보도의 신빙성을 높여주고 있기 때문에 가능하다.

알렌과 리텐하우스와의 肉親的 友誼關係가 얼마나 친밀했는가를 다음 기사에서 이를 확인할 수 있다. 리텐하우스는 1904년 3월 23일자

리텐하우스와 인터뷰했는데, 이 인터뷰기사가 전국 각 신문에 보도되었다. 이를 일자순으로 정리하면 다음과 같다.

(1) *Colorado Springs Telegraph,* October 18, 1903: 알렌의 친로·반일 정책과 만주 시베리아 여행기를 기사화한 내용이다.

(2) *Colorado Springs Telegraph,* October 19, 1903:
루스벨트 대통령의 친일·반로정책을 비난하고 그 자신의 친러·반일정책의 당위성을 천명한 기사이다.

(3) *Washington Post,* October 21, 1903:
10월 19일자 『텔레그패프』지 기사를 轉載한 것으로 역시 알렌은 한국 구제의 차원에서 친로·반일정책을 역설하고 있다.

(4) *Colorado Springs Telegraph,* October 24, 1903:
高宗皇帝와 미국 아가씨 에밀리 브라운양과의 결혼기사를 처음으로 보도한 것이다.

(5) *Boston Sunday Post,* November 29, 1903:
고종황제가 브라운양을 한국황후로 맞이하는 嘉禮가 8月에 거행되었다는 보도이다. 이것은 황실결혼 보도로는 두번째로서, 이번에는 결혼기사의 신빙성을 높이기 위하여 고종과 황후 브라운양이 無蓋輦을 타고 行幸하는 광경을 스케치 그림으로 全面 보도하고 있다.

(6) *San Diego Union,* March 23, 1904:
1903년 10월 17일 리텐하우스가 알렌을 회견했을 때, 알렌의 진술 내용을 정리하여 보도하면서 주한 미국 공사로서의 알렌의 외교적 업적을 찬양하는 기사이다.

『샌 디에이고 유니온』지 회견기사에서 한국에서의 알렌의 외교적 업적을 극구 찬양하고 있었다. 아시아 주재 미국외교관 중에서 駐淸 미국 공사 콩거(E.H.Conger, 康格,1898~1905), 주일 미국 공사 그리스콤(Lloyd C. Griscom, 1903~1905), 주한미국공사 알렌 등 세 사람이 가장 훌륭한 외교관이라고 지적하면서, 그중에서 특히 알렌은 외교관으로서의 경력이 없는 의료선교사 출신인데도 불구하고, 미국의 對韓利權獲得과 한국의 自主外交를 위해 이룩한 그의 외교적 성과를 높이 평가 보도하고 있었다.[191]

그렇다고 해서 알렌이 처음부터 황실결혼 사실을 꾸며서 리텐하우스에게 기사를 제공했을 리 없다. 황실결혼보도사건은 어디까지나 리텐하우스와 알렌과의 친밀한 우정관계를 바탕으로 꾸며낸 허위보도사건인 것이다. 결국 픽션기사를 작성 보도하는 데 주동적 역할을 담당한 장본인은 리텐하우스인 것이다. 알렌은 콜로라도 스프링스에서 2일간 머물면서, 리텐하우스에게, 한국 사태를 자세하게 설명한 것이다. 즉 그 자신과 고종황제와의 친밀한 우정관계, 지금 한국은 국가존망의 위기에 처하고 있기 때문에 미국의 구원이 그 어느 때보다 절실히 요망되고 있다는 사실을 피력했을 것이다. 오로지 한국을 일본의 침략으로부터 구제하기 위하여 루스벨트 대통령의 친일 · 반로정책을 반박하는 발언을 했다. 일본을 도울 것이 아니라 러시아를 도와주어야만 한국의 領土保全과 主權獨立을 보장하고, 미국의 이권을 수호할 수 있다는 것이다. 만약 미국이 일본을 도와준다면, 결국 일본은 한국을 파멸, 식민지화하고, 나아가서는 문호개방정책을 폐기, 결국 한반도와 만주에서의 경제적 이권을 독점할 것이다. 이상과 같은 내용의 한국이 처한 절박한 사태를 리텐하우스에게 설명했을 것이다. 이 회견장소에서 리텐하우스는 알렌과 한국과의 관계는 마치 한 애국지사와 조국과의 관계, 그리고 고종황제와 알렌과의 관계를 부부간의 관계로 상정했다는 결론을 내려

191) *San Diego Union*, March 23, 1904.

볼 수 있다. 이같은 견해는 한국에서의 20년간에 걸친 외교관 생활을 통해 오로지 한국 救助를 위해 그가 남긴 헌신적 외교업적에서 이를 類推해 볼 수 있다.

알렌은 甲申政變 발발부터 청일전쟁 발발까지의 10년간 청의 한국지배기간(1884~1894)에는 반청·친일정책을 취했다. 對韓 內政干涉을 일삼고 있는 청에 대해 혐오감을, 한국의 '절대적 독립'을 주장하고 있는 일본에 대해 동정심을 표하는 태도를 견지했다. 청일전쟁에서 일본이 전승을 거두고 한반도에서의 지배권을 확립, 한국을 지배하던 일본지배기(1894~1896)에는 알렌은 친로·반일정책을 취했다. 일본의 침략에 위협을 느낀 한국은 제3세력인 러시아를 끌어들여 일본을 견제하려는 이른 바 引俄策을 강구했던 것인데, 일본은 이같은 친로파를 제거하기 위하여 잔인무도한 閔妃弑害事件을 저질은 것이다. 알렌은 일본을 저주하고 한국의 처지에 동정심을 보인 것이다. 俄館播遷과 동시에 金弘集 친일내각이 무너지고,친로파가 득세하던 때부터 러시아 세력이 한반도로부터 철수할 때까지의 러시아의 한반도 지배기(1896~1898)에는 알렌은 친일·반로정책으로 旋回했다. 알렌은 러시아의 對韓 膨脹主義政策을 반대하고 일본의 한국독립 정책에 동정심을 보인 것이다. 1898년 러시아 군사교관과 고문관이 철수하던때부터 그 자신이 주한 미국 공사직에서 해임(1905. 3. 21)되던 때까지의 일본의 한반도 지배기(1898~1905)에는 본격적으로 일본의 對韓 침략기도가 노골화하기 시작했다. 이를 지켜본 알렌은 일본을 견제하고 한국을 구제할 나라는 미국밖에 없다는 결론에서 친로·반일·친한정책으로 急旋回했던 것이다.[192)]

이상에서 살펴보듯이 알렌은 한국 지배자의 實體가 바뀔적 마다 그 자신의 對韓政策은 변화했다. 비판적 시각에서 보면 알렌이야말로 줏대없는 '變身의 化神'으로 보일런지도 모른다. 알렌의 변신을 분석 검토

192) Harrington, *God Mammon and the Japanese*, p. 309.

해보면 그 밑바탕에는 다음 두 가지 기본정책을 준수하겠다는 정신이 깔려있음을 알 수 있다. 하나는 미국의 利權守護精神이다. 어느 나라 외교관이건 상대국에 대한 외교 교섭에는 반드시 국가이익이 우선되게 마련이다. 한반도에서의 지배국의 실체가 득세하면 在韓 미국이권이 위협받을 염려가 있으므로 항상 이를 견제하면서, 그 반대세력에 동정심을 표하게 마련이다. 다른 하나는 한국 獨立保全 精神이다. 시대에 따라 청·러·일 등 강대국이 번갈아가면서 한국지배자가 되는데, 알렌은 철저하게도 조미조약 제1조에 明文化되어있는 居中調停公約을 준수, 한국 문제에 적극 개입, 한국을 침략위협으로부터 구제하는 것이 그 자신의 責務라고 확신하고 있었다. 다시 말하면 한국을 구제해야 하고 또 구제할 수 있는 나라는 미국밖에 없다는 것이다.

이와같이 한반도에서의 지배자의 실체가 바뀌는 데 따라 對韓政策을 對應變化시키고 있었지만, 이상 두 가지 정신만은 고정불변의 것이 되고 있다. 이렇듯 이권 수호정신과 한국독립 보전정신은 알렌의 대한정책의 불변의 공통분모라고 말할 수 있다.

러·일전쟁 발발이 임박해지면서 알렌은 일본의 선승을 예상하면서, 그 결과 일본은 大韓帝國을 파멸할 것이라고 전망했다. 전승을 거둔 일본은 한반도에 남아서 한국을 지배하게 될 것은 명약관화한 사실이기 때문이다. 한국을 구제하려면 서울 주재 각국 공사들이 조약정신을 받들어 일본에 공동대처하는 것만이 한국 독립보전의 유일한 길이다. 주한 각국 외교관들의 외교적 단결(diplomatic combination)만이 일본의 한국지배를 저지하고, 나아가서 한반도로부터의 철수를 강요할 수 있기 때문이다. 그러나 각국 외교관의 단결이란 현실적으로 기대하기 어렵다. 그렇다면 한국을 구제할 수 있는 나라는 미국밖에 없다는 결론에 도달한다. 알렌의 수장에 의하면 미국은 한국분쟁에 개입, 한국을 구제해주겠다는 對韓居中調停公約을 성실히 준수하는 만이 한국 구제의 유일한 희망이라고 확신하고 있다. 미국은 한국의 우방이고 미국 국민은 한국이 침략위협을 받을 경우, 강력하고도 私心 없는 救援

을 해줄 수 있는 유일한 국민이기 때문이다.[193]

리텐하우스는 한국황실 결혼기사를 작성함에있어서 고종과 알렌과의 인간적 관계를 염두에 두고 꾸몄던 것이다. 고종과 에밀리 브라운과의 결혼이 아니라, 高宗과 알렌과의 '인간적 결혼'이라는 차원에서 이 허무맹랑한 기사를 작성한 것이다. 물에 빠진 자가 지푸라기라도 잡으려고 안간힘을 쓰고 있는 것처럼, 고종의 가련한 모습에서 한국 멸망의 운명을 예견한 알렌은 어떻게 해서라도 고종을 구원하고 싶은 충동이 일어나게 마련이다. 알렌은 고종과의 관계를 이렇게 고백하고 있다. "러·일 양국 중 어느 한 쪽이 한국황실에 더 큰 영향력을 행사해도 그것은 나에게는 아무런 관계가 없다. 한국황제는 언제나 나에게 의지하고 있었고, 러·일 양국이 한국황제를 위협하면 할수록 고종은 더욱더 나에게 의존하려 한다."[194] 알렌은 1903년 6월 1일 정무보고차 본국으로 향발하면서 辭陛한 자리에서 "미국이야말로 한국의 우방이며, 미국 국민이야말로 한국이 장차 어려운 처지에 빠질 경우 고종과 한국을 위하여 강력하고도 사심없는 충고를 할 수 있는 국민이다."라고 강조한 바 있다. 이렇듯 알렌은 워싱턴으로 떠나면서 고종에게 한국이 난경에 빠질 경우 구제해 주겠다고 약속하였고, 사실상 한국 구국운동을 벌이기 위하여 워싱턴行을 결행한 것이다.[195]

1903년 10월 14일 알렌은 서울로 돌아오는 길에 고향 톨레도(Toledo)에 들렀을 때 서울에 주재하고 있는 미국인 캘훈(Callhoun)으로부터 한 통의 편지를 받았다. 이 편지에 의하면 한국 量地衙門 主任技士 크럼(Raymond Krumm, 巨廉)이 알렌을 음해하고 있다는

193) *Korea Despatches,* vol. 20, Allen to the Secretary of State, April 14, 1904; *Allen Diary,* Part Ⅳ, June, 1, 1903; Allen to Hunt, April 13, 1900, Allen to Morse, September 30, 1904, in *the Allen MSS.*

194) *The Rockhill MSS,* Allen to Rockhill, February 28, 1901; *Korea Despatches,* vol. 14, Allen to the Secretary of State, December 27, 1897; vol. 16, August 31, 1900; allen to Hunt, December 2, 1899, Allen to E. V. Morgan April 21, 1902, in *The Allen MSS.*

195) *Allen Diary,* Part Ⅳ, June 1, 1903.

것이다. 즉 크럼이 고종과 알렌 사이를 이간질하면서, 자기가 李容翊을 통해 한국 정부로부터 派美特命이 내리면 渡美, 워싱턴 당국에 알렌 해임을 건의하겠다는 내용이다. 이 편지를 받고 알렌은 그 자신과 고종과의 관계는 부부간의 동심일체같은 인간관계임을 강조하면서, 心弱한 고종은 결단코 크럼의 요청을 받아들이지 않을 것이라고 단언한 일이 있었다. 알렌은 이 편지 사본을 주한미국공사관 서기관 모건(Edwin V. Morgan 毛艮), 나쉬(George K. Nash) 오하이오州知事, 『콜로라도 스프링스 텔레그래프』지 편집장 리텐하우스, 보스트위크(Frank F. Bostwick, 寶時旭) 桑港 韓國名譽總領事 등 여러 인사들에게 발송한 것이다.[196]

리텐하우스는 이 편지를 받았고, 따라서 알렌을 직접 만났을 때 알렌으로부터 고종의 간절한 韓國救濟 哀訴談을 듣고 알렌과 고종과의 관계를 부부관계로 설정, 한국 황실의 결혼사건을 픽션기사로 꾸민 것이다. 그러니까 에밀리 브라운 자리에 알렌을 대치하면 이 풍자적인 기사는 제격에 어울린다고 볼 수 있다. 리텐하우스는 알렌의 韓國救國運動에 감동, 한국황제와 미국 아가씨와의 국제결혼을 기사화함으로써, 미국인의 對韓 同情心을 誘發, 마지막 꺼져가는 대한제국을 구제해보려는 충정에서 이같은 풍자극을 연출한 것이다.

알렌은 리텐하우스를 통해 친로 · 반일정책을 역설하는 반정부기사를 보도함으로써 한국 구제를 호소했지만, 루스벨트의 친일 · 반로정책에 부딪쳐 좌절된 것이다. 결국 알렌은 한국의 운명과 더불어 쓰러지고 말았다. 이런 점에서 볼 때 알렌과 한국과의 관계는 공동운명체적 관계이다. 이와 마찬가지로 한미 간의 공동체적인 유대관계를 고종과 브라운양과의 결혼사건으로 연결 象徵化함으로써, 마지막으로 미국 국민의 對韓關心을 환기, 한국을 구제해보려는 그의 한국 독립보전 의도는 허황된 꿈으로 사라진 것이다.

乙巳保護條約 勒結 전후기의 국권 상실기에 있어서 가장 헌신적인 독립투사가 있다면, 內國人으로는 閔泳煥, 외국인으로는 알렌을 손꼽을

수 있다. 그런데 민영환은 을사보호조약 勒結에 항의, 자결함으로써 항일의병의 봉기를 유발한 것이다. 이에 반하여 알렌은 국권상실 직전 루스벨트 대통령의 친일·반러정책을 정면으로 반대하면서 친로·반일 정책을 통하여 한국 구국운동을 전개한 것이다. 이런 점에서 볼 때 알렌의 한국독립 보전을 위한 희생적 투쟁정신은 재평가되어야 할 것이다. 특히 알렌은 외교관으로서 청·러·일·미 등 열강을 상대로 외교적 교섭을 통하여 한국 구국운동을 전개했다는 점에서 그의 국제외교적 한국독립 투쟁의 의의는 크다고 하지 않을 수 없다.

196) *Allen Diary,* Part Ⅳ, October 14, 1903.

제 4 편

Horace Newton Allen's Diary

Part Ⅰ August 20, 1883～October 25, 1886
Part Ⅱ September 23, 1887～November 1, 1888
Part Ⅲ September 14, 1897～July 27, 1898
Part Ⅳ June 1～November 20, 1903

Part Ⅰ

August 20, 1883~October 25, 1886

This diary contains an account of my going to China as a medical missionary, whence I was able to proceed to Korea where missionaries were not allowed, but where I was received as medical officer, first to the American Legation and later, by virtue of having saved the life of Prince Min Yong Ik, medical officer to the Royal Court; the Korean Government(including a hospital they furnished me) and to the other Legations.

The diary includes much of an official and political nature, and concludes with my departure for Washington with an embassy to establish a legation and thus destroy China's age long claim to suzerainty by fully asserting Korean independence. Though a similar mission to Europe got no further than Hongkong, I was entirely successful against the most strenuous opposition of China, including a naval demonstration and interference of the Chinese legation at Washington with its subsidized newspapers. I was thus the chief instrument in securing independence.

A description of this trip with twelve suspicious Koreans, will be found in a little diary No. 2. Those suspicious soon passed away and these people became my devoted and life-long friends. Two of them becoming premiers at my suggestion.

There is appended as enclosures in this book, some correspondence with Wayne McVeagh which served to settle important commercial controversies between American business interests and Japan.

Also I placed in this book copies of some letters to my Korean friends advising them as to their conduct toward the Japanese after the latter had assumed control of Korea. All my friends indicated in a private "Who's Who" made by me for Durham W. Stevens, American-Japanese adviser to Korea 1905, were given office and emoluments by the Japanese. One being made premier.

1883

August 20, Tuesday.

Left Delaware Ohio for China.

September 4, Tuesday.

Left San Francisco for Yokohama.

Mrs. Allen was very sick on the trip.

Sickness due probably to the fact that our berth was just over the propeller on the S. S. City of Peking. We both took Bromide of Soda gr. 84 three times a day for three days previous to sailing and kept it up for three days after. We were neither of us sea sicks.

October 6, Saturday.

Embarked in S. S. Nagoya Maru for Shanghai, used Bromide and I was not sick.

October 11, Thursday.

Arrived in Shanghai.

October 15, Monday.

Started by Steamer for Nanking. Got there daylight.

October 17, Wednesday.

Dined in Mr. Ashley's house and boarded with first Mr. Chafin then with Chas. Leaman. I did dispensary work in a small scale and studied the language.

1884

January 7, Monday.

Because of the unkindness of Mr. Ashley we started for Shanghai against the entreaties of all even Ashley himself. Dined at South Gate Shanghai with J. N. B. Smith and were as happy as could be under the circumstances. The expected new comer gave us great anxiety.

July 10, Thursday.

A note came from the Mission Press telling us to come in at once as the French were expected to bombard the arsenal near our place. We packed up and went to Mr. Halls the next day. That night at 4 A. M. Mrs. Allen was taken sick and the baby was born next day at about 4 P. M. Dr. Henderson taking it away with forces from the delivered mother. I gave the chloroform and Dr. Reifsnydn(a German) helped Dr. Henderson. A severe and profuse hemorrhage following Dr. McLead was called in. Much trouble was anticipated but with the exception of an access in each breast and a run of fever probably fed by the inflammation. She made a good recovery. Having no milk and the baby being sick on cows milk. A wet nurse was secured. Baby was born July 12th 1884, weighed 8 pounds and was Christened in baptism by Mr. Fitch, Horace Allen or Harry.

September 14, Sunday.

Left Shanghai alone for Corea on S. S. Nanzing. Did not take bromide and was very sick. Encountered a typhooon between Nagasaki and Fusan, but though many small boats were lost we came through unharmed. Fusan is a wholly Japanese town, but few Coreans to be seen without going into the country. The Japanese have a pretty white building as consulate. The foreigners there are Mr. W. N. Lovatt, Commissioner of Customs, Capt. Pasthunious Harbor Master, Mr. Reynolds, Mr. Jersey and Mr. Crabs with an Italian assistant. Fusan is connected with the Northern Telegraphic Lines. It has a good harber but no lights or conveniences.

September 20, Saturday.

Arrived in Chemulpo. This is a motley place of slab shanties, mud huts, sheds and bush earth. The Japanese here also are in the ascendency and have the choicest place. They also have a fine Consulate. Mr. C. H. Cooper has just built a nice little white building to be used as the American Consulate. The Chinese are wisely building a fine house of brick which they burned themselves on the ground. The British bought an old Saloon, the Royal Oak in Nagasaki and brought it over to be erected as a consulate. It came in the Nanzing with us and cost $400.00 freight. As there is no means of landing we go ashore in small boats and make our way from them to the shore on the rocks. Jardin Matheson and Co. have a hulk here but expect to remove it soon as there is not trade enough to pay them for running. Foreigners here are A. B. Stripling, Commissioner Customs, Capt. Shultz Harbour Master, Mr. Marshall, Mr. Welch, Mr. Griffith, Mr.

Ledage, A Russian and Frenchman as assistants, also one of the Chinaman who was in America as student, Mr. Cooper, Mr. Walter, B. A. Clark and Mr. Stes as traders. The English Consul Mr. W. R. Carles. The German consul, Mr. Hermann Budler and two or three adventures make up the foreign settlement. One woman, the wife of a Russian and a Spanish woman, the wife of the Chinaman in the Customs are the only foreign women in Chemulpo.

September 22, Monday.

Spent Sunday on board and set out this morning for Seoul on ponies. My pony was especially vicious and nearly killed me. We left at 8 A. M. Stopped at noon at a Corean tavern where we met Mr. Nabarn the man who had been looking for gold. He reports it in plenty. Reached the river at 4:15 and the city gate at 5 P. M. Has taken to a Corean tavern where I found my fellow passanger Mr. J. F. Mitchell.

As we had nothing to eat I gladly accepted a bottle of beer and some hard biscuit from Mitchell who has provisions for a long trip interior, where he was going to look for timber with a view to opening up trade.

September 23, Tuesday.

Called on the U. S. Minister Plenipotentiary, General

Lucius H. Foote. Found there a handsome and elegant elderly couple. Was gladly received because of their great need of a Dr. He formally appointed me physician to the legation with no salary and offered me his help. I also called on Paul G. von Moellendorff, the man who at one time occupied so high a place in Corea. He received me kindly and had me to afternoon tea.

September 24, Wednesday.

Provoked at the delay of these Coreans. I went to General Foote and asked his help in getting property. He said he had a place next door which he had gotten for another man, but his wife, himself and the English consul wanted the physician near. He had considered his obligations to the other party and did not think them binding. Therefore I could have the place at the price he had named to the other party. I spent the day looking at it and decided to take it at 700.00 Mexicans. The General also turned over to me another place just on the west of this for which he had been negotiating for some time. I got it at 700,000 cash $603.00 and set the Chinaman whom I employed as steward at $15.00 a month. To negotiate for another place to the back of ours capping the hill. The man wanted 650,000 cash and General Foote and the Russian minister were after the place. But I told the steward I wouldn't give over $400.00 but would give him the commision in $600.00 no matter how low he got it.

After I had bargained for the two pieces. General Foote came and said I will frankly tell you the facts in this case. Last summer an old man Dr. Robert S. Maclay of Japan thrust himself upon us and so pestered me that I finally agreed to get this property for him to start a mission upon. With the distinct understanding that he was to wait till the way was open. But when you came we were so anxious to have the physician near that I turned it over to you. I objected but it was too late the bargain was made and I could not back out. General Foote agreed to explain satisfactorily to the other party and try to secure him ground elsewhere. I am stopping at a new Corean hotel, the house that was fitted up to receive the men of the U. S. Flag Ship Trenton, that brought home the Corean Embassy. Ensign John B. Bernadou of the U. S. Navy is also here, he is making a collection for the Smithsonian Institution and is a bright fellow. Walter D. Townsend with his Japanese mistress is also here. He represents the American Trading Company.

September 27, Saturday.

A letter came telling me that my goods must pass the customs and be charged duty. I got a pony and rode all night in order to get there and do my business on Saturday. Through the kindness of Mr. A. B. Stripling my goods were passed unexamined. He taking my word for their contents.

September 29, Monday.

Returned to Seoul through the rain.

October 11, Saturday.

My business is all good shape. I have planned the repairs and left the Chinese steward in charge while I go to Shanghai for my family and purchases. My Chinese teacher Chu who came with me proved worthless but I leave him to care for my goods during my absence. This past month has given me a new experience. Have had to sleep on a board with my shoes for a pillow, and no clothes but a big shawl to keep off the cold. The nights are very cold. I pay $1. 50 a day at my hotel but yet nothing to eat unless I furnish it and no heat. I am glad to be off today to Shanghai.

Especially so as a letter from Fannie tells me the baby has been very sick and she has been up with him day and night. We leave today on the Nanzing. Have for passengers Capt. Robert Crawford, Capt. Shultz, Mr. Graham, Mr. Mertins, Prof. Hertz, Mr. Sucre and a prostitute from Shanghai, Nellie Webster. The morals of the men at here are shocking. All have mistresses nearly.

October 14, Tuesday.

Arrived at Nagasaki 9 A. M. Stopped with W. C. Kitchen.

October 17, Friday.

Arrived in Shanghai.

October 20, Monday.

Left for Corea with Fannie, the baby and a Chinese wet nurse.

Got a cook Watanaby in Nagasaki for $10. 00 a month.

October 26, Sunday.

Arrived at Chemulpo after an unpleasant passage. I took bromide and was not sick. Fannie and the Amah were very sick. Our passengers were Mr. Wolfe of Foochow, Church of England, Mr. Kniffler and Capt. Shultz. Capt. Balbunie of the Nanzing is a nice man.

October 27, Monday.

Left for Seoul. Fannie in one chair, Amah and baby in another. Cook and myself on ponies and our kid and hand baggage on back ponies. In leaving the Nanzing the cabin boy fell down between the ship and the hulk with a valise full of our clothes. Both boy and valise were recovered as he held to it when he went down. Fannie was delighted with our quaint pretty home. I found repairs well on but the steward running up a big bill. General Foote sent us a supper as we declined going to stop with them and we began keeping house for the first time. The Amah found things not so convenient as in Shanghai and became angry at everything, which made the baby sick.

October 28, Tuesday.

Got the deed for the property. I had set the steward negotiating for. It cost 450,000 cash about $365. 00 and every one here congratulates me on my bargain.

November. 12, Wednesday, Corean Queen's Birthday.

Have spent the past two weeks fitting up our house and doing the endless number of things that are to be done in a new place. General and Mrs. Foote are very kind and pleasant so are the Astons, British C. G. Today is the Corean Queen's Birthday and a general holiday. Mr. Mitchell came along last Friday and we took him in. As we have daily prayer and religious observances we think we may do alittle good even in this way. We can at least be kind. I am having some practise.

November 27, Thursday, Thanksgiving Day.

A cold crisp day. Ground frozen for four inches below surface. I commenced the day by discharging my teacher who came November 21. When I first commenced the study of Corean. The reason he was discharged was that he always has a lot of friends coming to see him and I could do no studying. I may hire him over again after he has learned this lesson.

Work progresses very slowly it is praying. So hard that we cannot finish plastering the kid room house and will have to let things lie as they are till spring.

I called today on the Japanese Minister Takezoe Shinichiro and the physician to the Legation. The legation building is a fine affair built on foreign plan and furnished up in foreign style with European furniture. We celebrated the day by a little altar worship by singing "My Country tis of Thee" and by eating "Boston Baked Beans" for Tiffin. Mr. J. F. Mitchell was with us. Mr. Charles S. Scudder, U. S. Secretary went with me to call on the Legation.

Temperature 5° below freezing = +25.

December 5, Friday.

Last night was a most eventful one to foreigners in Seoul. I was out to see a foreign patient in the evening and came home about 9 P. M. It was bright, moonlight and the deserted streets were so quiet and picturesque that I planned with Fannie that we should go out for a walk through the lovely city some evening before the moon ceased shining. We retired about 10:30 but had barely gotten··· in bed when a great shout of many men was heard. Our gate here was violently rung and a forigner kept calling for me.

I went into the sitting room and found Mr. Scudder, Secretary to the U. S. Legation, with a note for me from Mr. Paul G. von Moellendorff urging me to come to his place at once as he had a dying man on his hands. Mr. Scudder then explained that that evening the foreign officials were all in attendance upon a dinner party at the foreign office(Moellendorff) and that an alarm of fire was heard and Min Yong Ik, one of the most prominent Corean noblemen, cousin to the Queen, ran out to see where the fire was and was cut down with a sword by an unknown person. This Min Yong Ik was the Ambassador to the U. S., a progressive man and one in favor of foreign relations. His father was killed in 1881 in the house now occupied by Moellendorff.

At the time of the massacre of the foreign sympathizers. Of course I hastened to the spot. I found a guard of fifty soldiers, all armed, waiting in our compound to escort me through the streets and I marched at double quick in their midst. I found the patient in a horrible condition all blood and gore and attended by fourteen Corean doctors who made great objections to my heroic measures. I found a cut extending from the external Canthus of the right eye across the temple severing a branch of the temporal artery splitting the right ear, lengthwise down the side of the neck laying bare the curoted artery and jugular vein but not cutting either them or the breathing organs. It extended backwards and inwards between the spine and internal border of the scapula to about the infangle of the same and cutting through the superior layer of muscles. The point was curved where the sharp instrument left the flesh. I tied the bleeding temporal artery, put a silk suture in the divided temple, two in the cartilage(sic) of the ear four in the neck and two deep silver ones in the back.

Owing to his exhausted condition I was compelled to stop with that and putting in four silk sutures in a long cut which extended from the right elbow about eight inches down the back of the fore arm and laying bare the external cerudyle of the humerus. His left arm was cut in two places, one cut just over the carpal bones with and another about over the juncture of the lower with the middle third of the fore arm and both in the posterior surface. The one over the carpal bones laid bare and severed the tendon, extensor minimus digite. I could only sponge out these wounds which were both of a curved shape and about two inches in length, after cleansing them and assuring myself of the absence of hemorrhage. I simply bandaged them and waited for the more complete dressing in the morning by daylight when the patient's condition should be improved. A small cut behind the right ear of about an inch and a half and only skin deep.

I left together with a long cut about six inches in length just above the right knee in the external aspect of the thigh and not more than an eight(sic) of an inch in depth. Owing to the darkness confusion and his matted head dress. I missed a cut on the top of his head a little to the right of the median line. It was the size of an egg (chicken's egg) and oval in shape. The whole piece was cut off and only hanging by the hair which was coiled in the top knot. It extended to the bone in the center and must have been dealt by a swinging motion with a heavy sharp instrument which would have cut off his head had he not dodged.

I stayed with him all night excepting one hour from 2 to 3 A. M., when I came home to attend my family. I had an escort of solidiers again and was unmolested. I found Mr. Bernadou of the U. S. Navy keeping guard in our house. A messenger from the Palace arrived at the same time I did with a message from the King to General Foote asking him to come with all the foreigners at his place and stop in the Palace till the excitement was over, for a general uprising and massacre was expected as in 1881. We had a consultation and wisely decided to remain at home. Asking however for a guard of Japanese soldiers which was promptly granted. I however did not know of the final decision before leaving for the foreign office again.

So I had Fannie and the Amah and baby dress and pack a valise with clothing for a few days and go to the U. S. Legation expectiong to go to the Palace with the Footes if they should go. Mr. and Mrs. Aston of the English Consulate General came also to the Footes and I went back to my man. I kept him warm with bottles of hot water, gave him ice water to drink in doses of two table spoons full every ten or fifteen minutes with ten drops of Tillpii and the same of brandy every half hour. By 5 A. M. he was improved in condition though his pulse at the wrist could not be felt and his temperature had risen from 97°at 4 A. M. to 98°at 5 A. M. I then sent a note to the physician to the Japanese Legation and invited him to help me dress the wounds at 7 A. M.

He came and we decided his condition would admit of the dressing. So we removed some of the sutures carefully washed out the wound with a 1−40 solution of carbolic acid dusted in Iodoform freely and put back the sutures with aditional(sic) ones where necessary. Altogether there were seven different wounds five of which must have been made by different blows either from the same or different instruments. We put in altogether one ligature, twenty seven sutures and, put on eight strips of rubber plaster…all distributed as follows. Fourteen sutures and one ligature in the long gash from the temple to the infangle(sic) of the scapula four in the gash on the right fore arm. Two each in the cuts in the left fore arm and five in the gash on the right thigh. The scalp wound I cleansed, shaved off the surrounding hair dusted in Iodoform and put on a pad of lint held in place by a strip of rubber bandage. The Japanese Dr. consented to have the patient moved to his own home, but I did not. However on seeing the friends making all preparation to move him. I cleaned up my instruments and left the patient in as good condition as possible. Offering to come if called.

December 11, Thursday.

The past week has been a busy and unsettled one. The night after the first assasination. We sleft quietly in our homes. I was called the evening of the 5th to see Min Yong Ik again, he was still at Moellendorff and I saw him twice in the evening and once early the next morning. The afternoon of the 6th(Sat.) we were quietly enjoying our pleasant home when a messenger came from

General Foote telling us to come at once to their place. We did so and I returned for clothing after seeing Fannie and the baby safe at the "Top Side House" at the Legation where were the Footes and Astons, Mr. T. E. Hallifax and family Townsend and family and Mr. John B. Bernadou who had charge of affairs. It seems that as soon as the assasination of Min was supposed to be performed six other nobles of the Chinese or Anti-Japanese Party were killed and the Japanese Minister Takezoe Shinichiro left his Legation and took possession of the King and Palace.

Ostensibly for protection of the same. The action was so concerted in killing the high officials of the Chinese Party and taking possession of the Palace by the 180 Japanese soldiers that it became evident Japan had some thing to do with it. China and Japan both claim the Corean King as their subject and owe him protection. Therefore upon hearing the rumor that the King was dead the Chinese Minister Chen Shu Tang demanded an audience with him. The Japanese Minister Takezoe refused it and the Chinese Commander, Yuan Shi Kai opened fire. In the engagement party Japanese were killed. One hundred Chinese and one hundred Coreans shared the same fate. The Chinese got possession of the Palace and King and drove the Japanese back to their Legation. It was this fighting that caused our new alarm and we prepared to do duty all night. With my Chinese and Japanese servant my rivalries and a borrowed Winchester repeating rifle.

I guarded my own property. Much against the desire of the Legation people who seemed to think my property not worth guarding. Some fighting was kept up all night in the streets but we were unmolested. I was sent for twice to go and see Min Yong Ik but was glad to have General Foote refuse to let me go. However in the morning a good guard with to(sic) of the European Customs staff came for me the next morning and I went. Found him holding his own but very impatient. A message came from the King urging me to let Min be removed to the Palace for greater safety I consented and went home. We spent the Sunday(7th) on guard.

About 4 P. M. severe firing was heard in the direction of the Japanese Legation, it came nearer and passed on towards and through the West Gate and around the city. It was the remnant of the Japanese fighting their way out. And soon we saw the flames rising from their magnificent and costly Legation building Kim Ok Khun one of the Japanese or Anti-Chinese Party escaped with them and his fine house with his new European furniture was also in flames. A number of his party who had been given the offices of the nobles previously killed were themselves killed at the instigation of the Chinese. We had four Japanese soldiers at the Legation, who had been sent there as a guard. These with a number of refugees and our Japanese servants. We carefully concealed that night I mounted guard at the front gate of the Legation with a band of soldiers from the Chinese Camp. I had not slept but eight hours in the past ninety six and was not sorry when a message came with a Chinese guard saying that Min Yong Ik with the King was at the Chinese Camp and anxious to have me come at once.

I went and found the streets lighted with fires around which were gathered the frightened people. I stumbled over some dead bodies and was glad to get inside the imposing Chinese but when I was welcomed by the Commander Chung and eagerly by my patient, who seemed to bare home(sic) the moving well. After attending to him I took a nap in the Commander's room. In the morning after attending to my patient I went to look after the wounded Chinese soldiers with the Commander. I found three with gunshot wounds in the leg and removed one bullet. Two had wounds of the thigh. Three of the hand and one of the fore arm made by a bullet which passed clear through injuring neither bone.

One had an ugly spear wound of the right side of the neck making an ugly perforation large enough to put two fingers clear through(Yuan Shi Kai—later Minister still later Chinese Emperor). I dressed these peoples wounds, took breakfast at noon with the commander and reached home at 2. P. M. Everything was quiet a squad of eight marines under Capt. Gamble with Surgeon Wheeler came up from an English Gunboat at Chemulpo and we all went to our homes where we passed a quiet night.

The next morning 9th Mr. Bernadou with a good Chinese and Corean guard left for Chemulpo taking with them the Japanese refugees that we were concealing that morning I went to see my patient and took with me Dr. Wheeler. He was surprised that Min Yong Ik should have lived so long and was doubtful as to his prognosis. We looked at the wounded Chinese and then went to the other Chinese put back of the Palace. We found four soldiers with gunshot wounds of the front of the abdomen. None of them apparently perforating the peritoneum and all of them having the wound of extreme. One other had a wound made evidently by a cervical fall which passed through one buttock and out of the other piercing the… and evidently injuring the sacrum. One had a clean sword thrust through the thigh. Three others had gunshot wounds of the same wound of exit being visible in each case. We prescribed poulticing in each case. The last case was in where a sword cut had taken away a part of the back of the right hand and had cut the phalanx of the first finger in two. We went about to amputate it(the finger) at once but the soldier would not consent.

On reaching home at 3. P. M. I found the Footes, Astons, and all packed up and ready to leave in the morning for Chemulpo. They urged us to go for as Moellendorff and the German Minister Zembsch had left we would be the only foreigners. Fannie and I talked it over and decided not to leave for these reasons—first, we had come here for just this very work and could not leave when so needed—secondly we were comfortable here with a plenty to eat.

While at Chemulpo we would have no accommodation and but little to eat. Also the baby would probably fare badly there and thirdly we had such short notice that as all the available chairs had been taken we might not be able to go if we desired. We decided to stay and do our duty and trust all to God. I told General Foote the same and then he urged me to come and live in their place but I soon learned from his remarks that what I expected was true. Namely, that he cared not a bit for our safety but simply desired some one to look after his own effects.

I asked him to ask for a guard for my place and then I would come and do as he requested. He firmly promised to send my message but afterwards told me he had forgotten it. Mr. Foote however in her endeavors to assure me he had really forgotten it assured me that my opinion was true. Namely that he lied. I then told them we would stay at home till we saw more cause for fleeing. The next morning however Mrs. Foote was sick and could not go.

The General, Foote went with the Astons and Townsend intending to return in two days. Thus leaving Mrs. Foote, Mr. Scudder, Mr. E.L.B. Allen(The British Legation), Mr. Hallifax and ourselves here. On yesterday the 10th(the day the people left for Chamulpo) I went to see Min Yong Ik who was at his own home. The moving had hurt him. The stitches had torn out the wounds were gaping badly and he was in great pain. I stayed an hour and a half and gave him 3/4 gram morphine and 1/48 gr. Altropia(sic) hypodermically before I could quiet him.

Today Dec. 10 I performed abscission upon a man's eye which was destroyed by a shot from the Japanese as they were escaping. I also went to see Min. He is very impatient—wants to get up and wants me to cure him immediately. I am getting disheartened and wish I were out of it. Mr. Hallifax came to borrow money of me. As he is a beer drinker and penniless I could not loan it but I bought some provisions and wood of him to the amount of $60.00. I also loaned the British Consulate $200.00 in addition to the 80.00 cash already advanced to them.

We have now four Corean soldiers from the government obtained by myself through Min Yong Ik and not by our Minister Foote who would never get us a guard. They are of little use though and I think of letting them go soon. We don't anticipate any further trouble till the Japanese return which they say then will do as soon as reinforcements arrive. The diplomats are now at Chemulpo trying to prevent any further trouble. We were fortunate in getting a Chinese cook to take the place of the Japense, whom we sent away I had to give him $13.00 before leaving.

December 20, Saturday.

Another exodus takes place tomorrow and next day. The few foreigners who returned to pick up things leave for good. Excepting Mr. George C. Foulk and Mr. Bernadou, naval attaches to the Legation, and ourselves. We do not want to act rashly but have carefully and prayerfully considered the matter.

General Foote will not advise us one way or the other. He says, "If I advise you to stay and harm comes to you I will be blamed. If I advise you to go and your property is destroyed as it must be if you leave, then in case of their being no danger you will blame me for the loss of your property." So we have decided to remain till he writes us from Chemulpo of the imminence of danger, then I will send Fannie and the baby to Chemulpo and off to Nagasaki. Probably everything is quiet now and my patient is improving slowly. Though he is some worse this evening. A Chiness soldier who refused amputation died with tetanus this week.

December 26, Friday.

Yesterday was Christmas. Fannie gave me a nice embroidered satin cap and two satin ties with a silk case to keep them in all of her own make. I had bought a nice silk dressing gown for her in Yokohama at a cost of $15.00 but it with a lot of foreign mail and I may be presents was lost at the beginning of our trouble.

We received a nice presents from the King this week in return for my services to the wounded Prince Min Yong Ik. It was a handsome folding screen of tin leaves richly and tastefully embroidered in silk on a white satin back. Lieut. Foulk who is probably the best judge of these things says it is the best he ever say saw. The other present was a piece of the ancient Corean pottery very perfect and said to me six or seven hundred years old. The same man pronounces it a rare and choice piece. We had Lieuts. Bernadou and Foulk with us for dinner yesterday. My patient is improving. Yesterday thermometer stood +38° today +12°. Things are quiet and the baby has a tooth.

Copies Of The Decrees Issued During The Uprising

Notice To The Pou Sang Pei(A Peddler's Guild)

The above is posted for the following reasons.

The nation's lot has been unfortunate. The Japanese villains risen. The King if is peril and his ancestral tablets in danger of being destroyed(his dynasty abolished), a bad state of things has been brought about.

The Chinese Emperor silently aids us and the Chinese General has summoned his soldiers and fought. Heavens favor has been infinite and the King is now safe. The General's kindness has been great and we are thankfull.

We now as volunteers must assist the Chinese gritting our teeth in our desire to destroy the Japanese villains we post this order. All our comrades must give this matter due attention and meet for the purpose at the Pou Kong Kouk. (sic)

But if there be those who disregard this order they will be treated as guilty of the crime of having assisted the Japanese. Let none of us forget our duty.

King's Notice To The People

Han Syung Pou Tribunal Kap Sin 10th Month 22nd Day.

Notice of the crimes of five conspirators, Kim Ok Khun, Pak Yong Hio, Hong Yong Sik, So Koang Pom, So Tyay Pil, secretly sought to betray the King having long wickedly conspired on the 17th day at night.

Hong Yong Sik gave a dinner at the Ou Tyeng Kouk(Foreign Office, Post Office). The military student So Tyay Chang(sic) and more than ten others set fire to a house and then hid outside the gate and waited for the coming of Min Yong Ik. They stabbed and wounded him telling the people that there was reason for the act Kim Ok Khun, Pak Yong Hio, and So Koang Pom at once went to the Japanese Legation and afterwards to the Palace. Having addressed the King, they told him that a great trouble had arisen and forced him to allow himself to be taken away. And in the night as the King was troubled he went to the Kyong U Koung. The Japanese Minister Takezoe gathered his soldiers and went to the Koung and surrounded it.

The students more than ten stood at the gate and prevented the passage of Coreans and soon it became impossible to obtain access to the King. Then Kim Ok Khun, Pak Yong Hio, Hong Yong Sik, So Koang Pom and So Tyay Pil (Jaisohn) trusting in the Japanese soldiers boldly assasinated the high officials Min Yong Mok, Min Tai Ho, Tyo

Ryong Hoa, Ye Tyo Yon, Han Kyou Tyik, Youn Tyai Joun and the eunuch Ryou Tyai Hyon—a most deplorable event. These five conspirators then assuming the authoirty and dignity of the Boards of War and Finance were supported by the other rebels—This day's work was most deplorable and makes one sick to think of.

The Chinese soldiers took occasion of the peoples regret and the troops were led out. They went to the Palace. At that time the Japanese soldiers first fired and the soldiers fought together and killed and wounded each other. The King retired by the North Gate. The Chinese and Corean soldiers having joined together went in and the people on the street congratulated each other. Hong Yong Sik had his head cut off by the people. The other conspirators ran away and have not yet been caught. But So Tyay Chang was caught and carefully questioned and the particulars are now fully known.

These five rebels did violence to the King and caused the above assassinations and death is not sufficient punishment for them.

The Japanese Minister Takezoe believed in these men and went together with them and it will be forever impossible for us to know why he acted thus. However justice by treaty has its worth and we must not yet complain. And so the Japanese must not be injured. It is necessary to act thus in honor; but if after hearing the King's command there are those who do violence to the Japanese especial care will be taken to punish them and suppress them as quickly as possible.

Names of Assassinated

Min Yong Mok(Tok Pan or President of Foreign Office)
Min Tai Ho(Pho Tyeung)
Tyo Ryong Hoa(Po Kouk)
Ye Tyo Yon(Tyin Yong Kamtok, General of Left)
Han Kyou Tyik(Tyin Yong Kamtok, General of Fore)
Ryou Tyai Hyon(Eunuch)
Youn Tyai Joun(Ou Yong Kamtok, General of Right)

Names of Officers Nominated by Conspirators

Pak Yong Hio(Tyin Yong Sa, General)
Ho Tyo Tcham Pan or President of Board Finance=Kim Ok Khun
Sin Pok Mo(sic)(Tyin Yong Pou-Ryong Koan, General)
Ye Tchuang Kyou(sic)(How Yong Pou-Ryong Koan, General)
Ye Tyai Owen(Pyong Tyo Pan So or President of Board of War)
So Tyay Pil(Hou Ryong Tyong Ryong Koan, General)
Hong Tyin Yon (sic)(Tyou Wi Tyong)(sic)

Ye Tyai Ouen(Tyou Wi Tyong)(sic)

Hong Yong Sik(Tyou Wi Tyong)(sic)

Pak I Yong(sic)(Tong Pou Seung Tyi)(sic)

So Koang Pom(Hyem Pan Kyou Syesteng Yang So Pou)(sic)

Youn Woung Ryoll(Hyong Tyo Pan So Or President of Board of Justice)

Fleeing through the North Gate has a meaning. About seven miles north east of Seoul is a volcanic crater 7,000 feet high. The crater is in area about the size of Seoul inside are heavy groves of trees, a stream of living water and numbers of Buddhist temples with numbers of armed priests, and a well filled store house. This place is only accessible by one entrance. It being precipices on all other sides. Lieut. Foulk the only foreigner who ever vistited it(he being sent by the King to look after its means of defense) says that 200 men could hold it against 10,000.

This is the King's retreat and he reaches it by the North Gate which is situated in the Palace wall and only used for this purpose. Immediately on passing through the gate the way leads along a narrow path made by carefully placed granite sand making a ridge across a huge very deep and almost impossible gully. When the King has passed over a few blows with a shovel so loosens the sand that the whole thing falls and pursuit is cut off.

There are numbers of these mountain fortresses scatterd about over the country, and guarded by Buddhist priests. I may say that these priests are fed by the Government and are a lazy sit in the cause of their religion and loyal to the King who funds them and to whom they are valuable as spies etc.

The people do not worship with them as in China. The Queen is very superstitious and for forty eight days when pregnant she kept sacrificing bulls tigers and other animals and when first married she wore a charm upon her breast made of a string of fox vaginae to captivate her husband.

The Pou Sang, a peddler guild is composed of 150,000 peddlers who travel the whole country over in their business. They were once much abused but arose and were found to be so very formidable that the King made terms with them giving them a royal officer and certain rights also promising certain help to the destitute. They were in turn to help the King when necessary. This they do by acting as detectives. For instance a culprit is wanted. His description is given to a Pou Sang man who writes it in a book and passes it along it soon traverses the whole country and as these fellows are every where with their wares. The man is sure to be found. In times of great extremity the King sends out an officer with a letter ivory tablet calling out the Pou Sang. These men put off their big felt hats and don a white straw hat similar in shape to the black hats of the gentry on each side of the hat is a bunch of white cotton and on the under side of the rim is a character in front meaning loyalty and behind meaning fidelity. These people are very powerful and very loyal, greatly feared and greatly trusted.

Owing to the recent murders the King is in strange circumstances. He belongs to the Yi(E) family, the Queen to the Min family, the previous dynasty was that of the Wang family. The Wangs wanted to be independent of China and were about to rebel. The Chief General of the Army was of the Yi(E) family, present position of the King.

He declared it impossible and the conservatives flocked to his support. He killed all of the Wang family took the King's robes, destroyed his ancestral tablets and moved the Capital from Chung-do(sic) to this place Seoul.

The Chinese glad of such a loyal subject sent over and crowned him among many rich presents sent the new king was a beautiful woman. She is the real head of the Min family which is of Chinese extraction and dates back but about 450 years(the reign of this dynasty).

The present dynasty and especially the present King has recently become anxious to be independent. He was supported by the conspirators in the late trouble and opposed by his Queen's family. His son the Prince royal is married to the own brother of Min Yong Ik and they bridge the King in on all sides. At present owing to the death or departure of the conspirators the King stands alone, favored by Japan but mistrusted by China.

1885

January 11, Sunday

Last week was an eventful one for Corea. The Japanese Minister of Foreign Affairs Inoue Kaoru came here as ambassador with 2,500 troops. They did not parley with the Coreans but just gave them their choice of accepting their truce or war. They demanded a very small indemnity $120,000 which was at once granted and peace declared between Japan and Corea. Japan now goes to Peking to treat with China. A Chinese Minister Wu Ta Chin with 3,000 troops also came here but he had no honors as is usual with Chinese Ministers.

The Capt. McGlinsay, Chief Engineer Robinson, Dr. A. T. Price, Engineer Cathcart and Ensigns Lansdale and Nelson of U. S. Man of War, Ossipee now at Chemulpo have been here for a few days. The Dr. stayed with us and we had a pleasant time. Min Yong Ik was very much worse last week owing to his friends dosing him with Corean medicine Ginseng contrary to my orders. Today the Queen sends me a pleasant message stating how his friends have been deceiving all of us. Also assuring me of her confidence in me and her desire to have me alone attend to her royal cousin.

January 22, Thursday

Mr. Foulk(Lieut. U. S. Navy) who is now occupying the place of U. S. Minister to Corea has kindly offered to forward the following proposal for a hospital which I wrote with some introductory remarks by himself, and a Chinese translation.

Legation of the United States
Seoul, Korea
January 27, 1885

Sir:

I have the honor to submit herewith for the consideration of His Majesty's Government a proposal for founding a Hospital in Seoul, by Mr. H. N. Allen, an American physician in attendance upon the Legation.

The proposal as planned by Dr. Allen would seem to be

highly commendable as being directed through practical channels, and purely unselfish motives towards benefitting His Majesty's subjects.

I need not add any commendatory remark as to the character and ability of Doctor Allen, as these have been so amply attested to in his late very successful practice in Seoul.

In requesting the favorable consideration of Doctor Allen's scheme, I would assume Your Excellency that it may be regarded as a token of the friendly regard for the well-being of the people of Corea by those of the United States.

I am, Sir,

Your very obedient servant,

George C. Foulk

To His Excellency

Cho Peung Ho

President of the Foreign Office.

Proposal for founding an Hospital for the Government of His Majesty, the King of Corea in Seoul.

Since the recent troubles, I have been called upon by many Corean people to remove bullets and repair injuries done by fire arms, as also to treat people sick from other causes.

I have done what I could. But many of these people lived

at a distance from my place, which prevented my attending them, owing to my time being taken up with His Excellency Min Yong Ik and the wounded Chinese soldiers. In a few cases the patients were rich and hired rooms near to my place, so that I could see them daily.

Many of the poorer ones had to be turned away for lack of proper facilities. As an American citizen, I would be glad to do all I can for the Corean people, and if the Government would grant me a few facilities, I think they would be amply repaid by having their sick cared for according to Western Science, and by having a place for wounded soldiers to be attended to.

Also it would be the means of instructing young men in Western Medical and Sanitary Science.

Every American city has one or more hospitals; Seoul should have one and could have one at a small expense.

I am willing to take charge of one under the care of the Government and not charge for my services. All that would be necessary would be to provide a large Corean house in a healthy locality, with an annual appropriation for running expenses, which would include lights and fires, men to act as assistants, nurses and coollies, food for such patients as are too poor to buy their own food, and about $ 300.00 for drugs.

Should this be granted I could promise to have another American Doctor here in six months and we would work together without pay, drawing our living from a benevolent society in America that at present supports hospitals in Peking, Tientsin, Shanghai, Canton and other Chinese cit-two of which are furnished by Li Hung Chang himself.

Should this be granted, the institution should be called "His Corean Majesty's Hospital," and it would certainly be gratifying to His Majesty to see his people cared for properly in their distress, while it would undoubtedly still further endear the people to their monarch and elevate them in many ways.

(Signed) H. N. Allen, M. D.

Mr. Foulk hopes to get this pushed right through by Min Yong Ik's influence. Mr. Moellendorff has a mild scheme for starting a medical coliege and wants to get me under his thumb because I have gained some influence. If he hears of this he may squash the whole thing.

January 27, Tuesday.

Today Min Yong Ik sent me a present of 100,000 cash which he insisted on my taking as a token of his personal regard for me and to be used to fill my belly and make me feel good being a gift to take the place of the food which they would give a Corean guest. And assuring me that it was but a gift to his guest and would have nothing to do with the final payment for my services. Under these circumstances I accepted it personally.

He has several times of late asked me to go on trips around the world to America, Shanghai etc. And has assured me that I am his brother and he cannot do without me. The above proposal for a Hospital has been presented to him and has been made known widely. He and all others even the Corean physicians are in favor of it. And Min sent two officials here today to confer with me. I did'nt talk to him personally today about it as he is a little more feverish than usual and I don't wish to disturb it.

He made no objection to the benevolent clause but as the matter was not presented through Paul G. von Moellendorff's hands(for fear of its death from suffocation as all other things have done that he got hold of) I fear he may so expound the benevolent clause as to effectually squelch the whole matter.

Hence I wrote him the following.

Dear Mr. Paul G. von Moellendorff,

I was so impressed by our little talk the other day about medical work and a Hospital that I had a long talk with our Mr. Foulk which ended in my writing out a proposal to be presented through Min Yong Ik who seems quite gratefull to me.

Mr. Foulk made a translation and I hear it was sent to Min today.

You will or have seen it and I trust much from your good influence as it is but carrying out your idea.

Yours truly

H. N. Allen

Seoul

January 27, 1885

January 28, Wednesday.

Chen Shu Tang, Chinese Minister today sent us two jars of preserves. I have been going daily to the Chinese camps to attend to the wounded soldiers since the riot.

They have done remarkably well and I have discharged all but one who is a man at the Ambassadors with a linear abscess.

January 29, Thursday.

Commenced to study Corean today with a teacher. I haven't much time but can use him between calls and Fannie will use him while I am away. I had a teacher before for a few days but had to discharge him as he was no good. This present one I had for a few days only when the trouble arose and disappeared to only turn up now.

So I will have to date my study from today. This

present teacher is the one who borrowed my Chinese Testament on the afternoon of the day when the trouble broke out. I cautioned him through an interpreter that he would have his head cut off if found reading it but he shook his head knowingly and took the risks. We will see what comes of it. It converted him.

January 30, Friday.

Today as I passed through the streets on my way to see Min Yong Ik, I saw in the long street running north and south and nearest to our place four bodies(human) with heads hands and feet cut off. They were lying near a little wooden tablet erected just after the recent trouble and inscribed with Chinese characters. There are others about the city in the various districts which may be for the same purpose.

I learned that these men were some of the conspirators that failed to escape and that four was the portion allotted to this district. They will lie there on their bellies three days. The dogs hold high carnival over the bodies.

Min was quite shocked by my telling him he was a carnival and ate his enemies. He would not believe it till I told him I had seen the dogs eating the dead Japanese after the riots and he had since been eating the dogs. I can now tell him he eats his own people.

February 3, Tuesday.

The bodies above mentioned together with seven more which laid the three days at the South Gate. Have been removed. There were eleven killed in all. One more should have been killed but he died in prision from the effects of the tortures. On yesterday we were shocked at hearing that petitions had been sent to the King by prominent officials asking for the bodies of the women of the conspirators both of those killed and those escaped as well. This included wives mothers daughters concubines and servants and would involve an immense slaughter of innocent people. To our gratification we learn today that the King has not only refused these petitions but has removed from office the petitioners. This is a very advanced step. Since the usual custom is to either kill all the women of a criminal be he ever so high or "send them to the country" where they become worse than harlots since the whole train of fellowmen of the official to whom they are sent—use them as they like. Some avoid it by suicide.

We were more than pleased the other day by receiving from Japan the long lost Christmas present for Fannie. It had been fortunately delayed at Nagasaki.

It is woven silk outside and inside with heavy red embroidery on the brown and a red silk end and tassel. Fannie crimps her hair and looks delicious in her new attire.

The baby has two more teeth coming(upper) and makes things lively in consequence. I have been for the past three days attending upon the Japanese Minister Kondo Masuki who is now well enough to let me off. Coreans still come and presents are rather plenty. Nothing especial. The man whose eye I enuclated has begun to bother me again. He is a "hypo"(hypochondriac). I have tried to trun him off but in vain. On yesterday I got my teacher to tell him he was a nuisance meaning a vexation but the Chinese word meant "a very bad stink" and the man was surprised at the intelligence but seemed unabashed.

February 7, Saturday.

Things have seemed to go wrong today. Had a tussle with a stove pipe—that demon of cindyation(cindery?) which ruffled both spirits and shirt front. Also I missed seeing the Chinese Minister Chen Shu Tang who called and my servants were not here to even take his card. Again I missed seeing the King. He seldom goes out, only to see his parents and to worship at the tomb of his ancestors. Today he went to see the Chinese Ambassador Wu Ta Chin who leaves tomorrow. I knew nothing of it till I saw the street guarded for a mile(between the Palace and Ambassador) with Chinese soldiers, their red banners planted every ten feet. As I returned from seeing Min, I just saw the rear of the King's guard and had to pass the line of struggling clownish soldiers. They seem only fit for marks to be shot at and as they wear a big flashy piece of figured stuff about a foot square on their breasts and back it seem as though they had gotten themselves up for the alone purpose.

February 10, Tuesday.

Today is the 26th of the Corean 12th Month, for five days they will celebrate their New Year's Day. During these five days the city has put on a holiday attire—If a collection of decayed straw stacks could be capable of such an act.

For five days barter is unrestricted. All persons may can sell whatever they have to offer. Consequently the big street is lined with markets most conspicuous among the goods are the lots of brass work grouped together and brightly gleaming in the sun. They are simply candle sticks, spoons, chopsticks, bowls, basins and spittoons the latter on just the same plan as the kind in vague at home, being like a large egg cut in two and them united by the small ends.

This work is all nicely done but quite expensive. I am told by Coreans that even a small spittoon costs 500 cash about 50c. It is a wonder how these people live

Cotton is their only fabric besides silk. It also is used for lining all of their clothes and yet such as would sell for 12 1/2−15c in a Northern State in America costs here 50c a pound. Their silk is about 40c a yard and as narrow and poorer than sleazy summer silks that I have seen at home for 30c a yard.

A good chicken cost 20c, a fish the same. Beef enough for two dishes of soup costs 10c and it is usually a worn out bull who has happened to die or injure himself.

Their only vegetables are a long kind of a hybrid between a radish and a turnip, and a kind of coarse tough lettuce. These with rice form the diet of the poor. Wood is expensive, it takes one horse load to warm one kan for a day. This cost 30c and a house costs $1. 00 a day at least to be kept warm. The poor steal their wood, burn manure straw etc.

A provoking thing happened today. Min Yong Ik admired my rubber boots and asked for them. So I cleaned them up like new and sent them to him but they were a foot or so too long. He told me I could take them back and send him something nicer. Something costly he said. The fool expects me to cure him and then spend my pay in minister for him.

February 11, Wednesday.

Today Mr. Foulk(Lieut. U. S. N.) made me happy by

giving me an amateur photgraphic camera and a small dynamo electric machine that belonged to Mr. Foote. It is a contrast to the Footes who had me running there daily to attend to their sick and went away without even thanking me. While Mr. Foulk despises them and distributes their gifts freely.

I used the battery on Min today for his parallyzed cheek. He understood it but it was a wonder to his followers whom I made jump with it.

Today an official came to me from the King to get some hair oil. He went first to Mr. Foulk who sent him to me. I had nothing but some common sweet oil. He thought that would do well if I could flavor it. I had only cinnamon and peppermint oils. He fancied the peppermint and I put it in liberally. He went off happy and the Palace will be duly stunk up for the New Year, with a stink new to the··· Min asked me in great earnestness today if his wounds were well enough now so that it would not be dangerous to let women look at them. Coreans share with the Chinese this idea of women contaminating a wound(Menstruation is the cause).

February 12, Thursday.

To my surprise I found today that Min had experienced a slight relapse one of his wounds looking raw. There seemed no apparent cause and they attributed it to his having had his women in to see him and their dire influence had bred the mischief. They might have been the indirect cause of it but not by simply looking at the wound.

Mr. Foulk and I have been photographing a little today. He had a lot of undeveloped plates which he was bringing in from the country when this recent trouble arose.

His horse was tumbled into a river and most of his plates destroyed. Still worse however was the ransacking of his house during his absence. Everything was taken including copious and valuable reports which he had collected for his report to the State Department. And a large collection of developed negatives(plates) of Seoul and all the provincial capitals. They are probably now being used as window glass and no doubt causes great wonder by showing a Corean picture when held before a light.

February 14, Saturday.

Tomorrow is the first day of the New Year and the festivities began today. The gentry have been busy all day paying calls and all other debts of the Old Year. We did not escape. The King himself cannot make calls but he sent two high officials to pay his respects and thank me on his behalf and that of the Nation, for restoring to health Prince Min Yong Ik. They brought the Queen's respects to Mrs. Allen whom I introduced to them. Much to their surprise. They were very polite. Would not sit till I had done so and behaved themselves well even to eating the ice cream which we offered them. We were also rejoiced today by hearing that the hospital is in a fair way to be started. Just now however everything is in such a muddle that nothing can be hurried.

They have time for meanness however for we learned today that the women of the conspirators whose lives were asked for the other day and refused are now under arrest and awaiting death.

I met Mr. Foulk at Mins this afternoon and we had to eat a lot of Corean "pap." Min Yong Ik pranced around the room and seemed very grateful for what I had done for him. He wants to leave the country though.

On the way home we found the whole city drunk in which condition it will remain for some days.

Mr. Foulk told me something of how General Foote was censured for his strange conduct. He had arranged a lot of contracts for railroads, telegraphs, electric light etc., had won the confidence of the people and was much depended on by the King. Then when trouble arose instead of coming to the Palace as requested and by doing which he could have averted the trouble that occurred there, he not only refused but cleared out for Japan taking the only U. S. Man of War. And went without sending any word to the King as deplomatic rules require. Mr. Foulk thinks that one big reason was to "scoop up a little glory" in Japan for having saved the Japanese refugees here.

February 16, Monday.

Yesterday was our Sunday. It was also the Corean New Year's Day and it certainly put on a Sunday appearance with the closed shops suspended business and bright clean gowns.

It was so quiet that in the afternoon. Fannie and I took a walk through the main street and looked at the big "curfew bell." We had six soldiers and they kept the crowd well back. Today as my teacher was still on his New Year spree, I took photographs of Min's house, the main street, South Gate and others. Tonight Mr. Carles H. B. M. Consul General and Mr. A B. Stripling, Chief of Customs Chemulpo dine with us. The King sent word today that he had appointed a man to select and fit up the Hospital. The Government however is in a wretched state, no one seems capable of doing the duties as assigned them and the wheels of Government are blocked.

The Government is arranged as follow.

King or Ying Gum.

Prime Minister or "Tai-Shin." The Prime Minister has two assistants called respectively Minister of the Left and Minister of the Right. The former being the highest. These both have the title of Poguk.

Then come the six boards of War, Finance, Justice, Ceremony, Examination. These are preside over by men bearing title of Panso. Each of these has two assistants called councillor of the Left and of the Right and bearing title of Cham Pan for the Left and Cham We for the Right.

There are also minor officials corresponding to our clerks of departments. These have the title of Sung Chi and Sori.

Then there is the Home Office or Department of the Interior, and the Foreign Office or State Department. Each of these is presided over by a president and six vice presidents. All taken from the Cham Pan order.

There are other officers who have the duty of collecting rice for the Army, others for the Palace and then there are Governors of Provinces with their little official circle about them.

The competitive examination systems pertains as in China. And when a man by successfully passing his examination becomes elligible for office he is called a Champan and this degree he holds always though he may be unemployed.

This is the order of Government

		King			
L.M.		P.M.		L.M.	
○		○		○	
War	Finance	Cl	Examination	Justice	
○	○	○	○	○	○
○ ○	○ ○	○ ○	○ ○	○ ○	○ ○
L. R.	L. R.	R. L.	R. L.	R. L.	R. L.

Besides this there is the circle in the Palace a court officer. The King has a confidential adviser. Always chosen from the family of the Queen. Min has held this office and should hold it now. It is probably the most important of all.

February 18, Wednesday.

Yesterday Fannie and I went to the Summer Palace. I told Min I would like to go and take some pictures and he sent word to the King who had a guard sent and the Gates opened.

I was prevented from taking pictures by a rough Chinese soldier who kept obstinately getting in the road till he spoiled my plate. I thrashed him soundly and threatened to tell his Minister Chen. Mr. Foulk and I hope to go tomorrow and take other pictures. Our reason for going now during the cold weather is that the King expects soon to occupy the place as the Queen complains of the present Palace being filled with the spirits of the dead Chinese, Japanese, and Coreans, who call out "Why did you murder me."

Just now the people are busy flying kites. Men and boys devote their time to this amusement and seem happy. I saw a procession today composed of two drummers, the drum resembling a huge hour glass with skin ends, two pipers with very squeaking pipes and a man with the mourners garb and ink all over his face. I thought it must be a funeral, but learned afterwards that the man was only simulating sorrow to humble him in his time of joy for he had just passed his examinations and taken a degree.

The President of the Foreign Office, Kim Yun Sik called today at the legation and says the building has been selected for the hospital. From what he says America has lost its hold in Corea and things have fallen into Moellendorff's hands. They will not admit any of the contracts made by Kim Ok Khun when President of Foreign Office and believe the Moellendorff story that he(Kim Ok Khun) has gone to America with General Foote. The General leaving is the cause of it all. He had the ear of the King and was working through him without government documents. He left on a sudden and there is no one to attend to our interests as Lieut.

Foulk has no documents to guide him. The President, Kim Yun Sik said today that Dagelet Island which Kim had given to Mr. Townsend has been given to Moellendorff; and that this Government wished to remove their Consul to New York, Mr. Everett Frazar who has been working gratis. The U. S. A. is the only country that has honored them by receiving a Consul.

February 20, Friday.

I almost wish we were out of this country. Yesterday Mr. Foulk sent me a copy of a translation of a letter from the Foreign Office granting my hospital. But there is so much to temper my joy and make me dubious that I am not very jubilant. The worst is the Moellendorff crowd … regular snakes every one of them.

My hospital will not be fitted up for some time owing to a lack of funds and the fact that the King moves into the Summer Palace soon and has all of the government work men at work on it. I am heavily in debt, and wood costs us $40, $50 a month without coal which costs about $30.

I can't live on my salary and see no way out of my indebtedness. Last night Bernadou and Foulk were here for dinner and today Mr. and Mrs. Hallifax took tiffin with us. Mrs. Hallifax is Japanese and they have a little girl. I appreciate my wife and baby.

February 21, Saturday.

I much interested Prince Min Yong Ik today by explaining to him a small physiology I have. He couldn't understand why there was not two hearts as there are pairs of many other organs. He gave many grunts of surprise at the pictures and wanted to know how we knew for sure that all these things were in a man. When I told him that every foreign doctor had to dissect on three different bodies before he was allowed to practice and that I had done my duty, he dropped the book and looked into my eyes as though he were expecting to see the spirits of the dead walk out. He asked how we could cure lumps if they "got inside" and then I noted how we removed abdominal tumors as big as a tub and even obliterated a fraction of intestine by making an artificial anus.

This deeply interested them all but was too strong for them and I had to leave them skeptical on the subject.

February 25, Wednesday.

This is the first day that I have missed seeing Min Yong Ik—twice I have now prevailed upon him to let me off in the afternoon. It is not necessary for me to see him even daily but he is a great baby and won't let me off.

Day before yesterday 23rd I received a letter from Dr.

Frank F. Ellinwood congratulating me on my success and stating that the Board would take my property at what I paid for it and pay my freights and customs duties. He also said that the new Dr. would be sent if I requested it and that he could be married and start in May. I requested it.

Also on this day Dr. Russell sent Mr. Lansdale and Mr. Attache of the U. S. S. Ossipee came up. The Dr. is our guest and is getting lots of music out of our little organ.

The night of 23rd the government lumber yards in the rear of our compound took fire and burned down. They contained partly prepared material for the Old Palace which the King is now fixing up.

This will have a very depressing influence on the superstitious Queen, because the Palace was destroyed by fire a few years ago and this material for its rebuilding was in the track of the Fire God, who lives in the large mountain to the south and just west of Nam San. It was known that the Summer Palace was in this track for one that was built there formerly burned down and Tay Won Khun in building the new and elegant one thought to keep off the Fire God by placing huge stone dogs outside the gate and by planting a large turtle in the lake in which the pavillion is built.

But the Japanese poured molten copper into the lake

and killed the turtle(so they say) and the stone dogs could no longer resist the evil influence hence the fire which destroyed the King's house a few years ago.

Our temple got on fire yesterday from the stove pipe which went through the wall and got so hot that it ignited the sticks and ropes which hold in the stove. Dr. Russell happily saw it in time to save much damage. I put out the fire by squirting water into the orifices with a rubber ball syringe—surgical.

March 1, Sunday.

I spent a part of yesterday looking over my hospital buildings and trying to bring order out of the confusion. It is the former home of the late Hong Yong Sik who was the first one murdered in the late trouble. He was sent for from the Palace by the conspirators who were then in power and was supposed to have been murdered in the Palace. In one of his rooms the floor is all gory and thick with blood probably from his family who were murdered there. The building has been entirely looted even to the doors, window, stoves, paper, and parts of the walls. Two tablet houses are left mere shells.

Last night we heard much noise as if people shouting. I feared a fire but found out this morning that it was only the children out with their straw dolls trying to scare the devils away. These straw figures are well made in imitation of a human figure. They are stiff like an American scarecrow, and are about two feet in length. They use cash for eyes and the children afterwards buy nuts with the cash and have a feast.

The ceremony is called Chae-ung and takes place annually on the 14th day of their first month. Top peak is a ceremony that takes place tonight—the fifteenth. It consists in walking over the bridges which span the main sewer or creek which runs through the city.

The object is to prevent having disease of their legs during the coming year. On last Monday 9th a barbarous celebration took place and was witnessed by the officers of the Ossipee as they were coming in to Seoul.

It consisted in what seemed to them a sham battle with what they supposed were stuffed clubs, but I learned today from the Prince's interpreter that they fought in earnest and that ten were killed, that it is an annual game engaged in by "low fellows" but I could find out nothing more or the Prince commanded the interpreter to say no more about it as it was a bad thing. The name is Peun Sum, it is not commanded by the King, may be celebrated at various places and there are always some of the combatants killed.

March 3, Tuesday.

Today an event equal in importance to the Coreans

with the Inauguration of our President Grover Cleveland tomorrow took place.

The King and the whole royal household passed through the street enroute to the new Palace which they will henceforth occupy. Great preparations have been made during the past few days. The wide streets which approach the Palace gates together with the main street of the city were cleaned of all debris and the little straw booths which line the street on either side were all removed.

Through the voluntary kindness of Min Yong Ik we had a good view of the procession. He had secured a room upstairs in one of the very few two story buildings which surround the Big Bell. Early this morning crowds of people began to throng the streets, women being borne in chair to some place where they could observe unseen and the poorer class going early to get a good place. Every window and door had a fine bamboo blind over it which allowed the women behind to see without being seen. Min Yong Ik had our place all fixed up with chairs and mats and had quite a spread of champagne and Corean sweetmeats. It was intended only for the American, English Legation and ourselves but through some mistake the Japanese Chargé d'Affaires Kondo got in there with his officers while his soldiers beat back the curious crowd in front.

First came a company bearing the King's banner, a large yellow flag with two dragons pictured on it and surrounded by warriors with matchlock guns and ancient armor all covered with metal. They also had helmets of the same material. Then came soldiers followed by men in queer costume surrounding the King's chair borne on the shoulders of many men. The King's chair red resembled a throne and was covered in back and sides by fur. When it came opposite us it stopped and the King bowed to us several times.

He is good looking and seemed real anxious to see as well as he seen. Then came the Prince after a time in a similar chair. He is really pretty, wore glasses and looked very contented. His chair also stopped where we were and he bowed several times, we returning it. Another long procession of empty chairs. Champan's soldiers and banners was followed by a very gaudy closed chair containing the Queen. We could not see her but she of course saw us and as her chair stopped where the others had we bowed and Mrs. Allen waved her kerchief. Other similar processions were followed in turn by the King's mother in a similar chair, then the wife of the little boy Prince(she is the sister of Min Yong Ik).

These chairs did not stop. Each of the chairs containing ladies was followed by two very pretty "Gaeshy" (sic) or dancing girls, bestride a horse and holding on to the saddle low with their little hands as they afraid of falling off. The Chinese Army with their gay banners brought up the rear through they were scattered plentifully through the whole procession. Mr. Foulk took several photographs of parts of the show.

March 11, Wednesday.

This is the first morning since the December trouble that I have not found Min Yong Ik's people waiting for me as I came out from breakfast. I made my last call on yesterday. He has not needed me for a long time but he has been such a great baby that he would not let me off. Yesterday however he was to leave for the country and even then had the cheek to send and ask me to come and see him every other day, to which request I promptly replied No!. He is a great coward and it would be better for the country had he died. He is selfish in the extreme and instead of filling his office in the government and helping them out of their trial as they might expect after spending such sums of money in sending him around the world. He has resigned everything and now wishes to flee to the country. An act which will have a very bad effect on the peoplc and almost cause a panic, for the worse suppose he knows of emminent trouble and runs away from it.

Mr. Foulk and the other foreign representatives have

tried to stop the move but I saw this things being moved yesterday in spite of that. In his cowardice he got out his weapons and had them loaded yesterday. I have often told him I was afraid to be in his house because of the careless manner in which his many servants handle the array of foreign revolver and rifles with which he is surrounded. Day before yesterday one servant was badly cut with a Japanese dirke and yesterday a Corean soldier armed with one of Min's loaded revolvers for the purpose of accompanying him to the country, shot a Chinese soldier in the right lung through mistake, producing a fatal wound.

The rumor of French aid being rendered to China greatly alarms the Coreans. There is cause for it since there are six or seven hundred Japanese and Chinese troops here and the latter have continually insulted the former which insults they probably were not stand in case of war.

This is the most provoking country a man ever tried to live in. The people only work when they feel like it. We have had a boy whom Mrs. Allen had taught to wash and turn well. He left twice before once during the trouble and once afterwards. We tried promises and gifts and he seemed to be doing well when suddenly he announced his intention of going to see his friends in a distant province and not returning.

We got another at high wages and he found too much work so he left. We are still looking. I just sent out to have a native shoemaker come and try repairing my shoes but I was informed that this was not the month for shoemakers. They will be around next month and only ready made shoes may be had now. All trades have strict unions and they visit different sections at different times. So while a thing is abundant one month—you may not get it for life or money the next month.

March 18, Wednesday.

I today sent a bill for my services to the Chinese Commissioner, Chen Shu Tang. I made 43 calls at the camps and charged $5. 00 a call. I wouldn't have been so prompt in sending it in but for the provoking and insulting manner in which I, in common with other foreigners are treated when I chance to meet a big tailed soldier in street. I shan't treat them for nothing and thrash them too.

Sent Moore and Ensign Talcott of U. S. S. Ossipee at the Legation and dined with us last evening. Tonight the English Consul W. R. Carles and Secretary E.L.B. Allen dine with us. I am turning people away daily now telling them to wait till the Hospital is ready hoping in this way to hurry it up.

Study doesn't amount to much I am not well and the

old man has lost his glasses. I am not an enthusiastic student anyway. We commenced repair last week.

I gave the Chinese steward a contract to fit up my place and one of the other compounds for 550,000 cash hoping to rid myself of some surplus cash before it becomes worthless.

March 22, Sunday.

I was called last night to see the son of a noble Kim Pan Sa, who was dying. I found he had not made water for three days and after about three hours work I succeeded in successfully passing a very small soft catheter. I got but a few drops of urine then and left appropriate medicine.

I feared he would die before today and prayed most earnestly. After a morning of anxiety my prayer was answered by the brother coming at noon to tell me that the man was well and making water constantly.

I went to see Min Yong IK today at his request found him well. He sent a man to the Legation to get my bill. Mr. Foulk and I decided it best to send in a bill simply for medicines $100.00 and let the services go as a compliment from our government. Mr. Foulk showed me a subscription list to be circulated among natives and foreigners for the annual support of the Hospital. He says several officials have expressed a desire to contribute.

This is a great step in advance for them. Foreign subscriptions will be limited in amount so as not to shame the poor but sensitive Coreans.

March 27, Friday

Today I was called to treat the King and Queen for the first time. They are just recovering from the varioloid and asked me to remove the sequence, which in the King is a trouble of his throat and the Queen has a swelling in her ear. It was not satisfactory as I could not see them. Having simply to depend upon the statement of a nobleman who came for them.

I went to see the Hospital today and found it nearly finished. I unfortunately met Kim Yun Sik, President of Foreign Office and four of the vice presidents there. As I had no interpreter I suspect I made an ass of myself trying to make my wants be known.

The Chinese have paid me $110.00 of the $215.00 for which I sent them a bill. I also sent a bill for $26.00 to Mr. Arnous and one for $5.00 to Mr. Tang Shiao Yui which were both paid.

I am sorry for having rashly thrashed a couple of men for fighting on my place today. And I foollishly sent away a soldier who had been beaten and came for medicine without seeing him.

March 31, Tuesday.

The hospital is to be finished tomorrow and just as everything begins to look lovely a new trouble arises. Mr. Foulk has done all he possible could to keep along this scheme, he even delayed sending in his claim for damages for his complete outfit stolen during the trouble, so that now he fears it may be too late.

All of the Coreans and foreigners with whom he has talked have looked with favor upon the scheme. But today he saw Hermann Budler, German Consul General protempore. This man has lived in China and dislikes the missionaries. He talked against the hospital declared it to be a "hotbed of trouble" and a "proselytizing scheme." He looks upon me simply as a missionary physician practicing for charity. Mr. Foulk told him how I had been charging $5.00 per visit and disabased (disfavored?) his mind somewhat in that direction. Yet he seems inclined to oppose it if he can get enough missionary argument to do so. Ant from his asking Mr. Foulk in regard to my tenure etc, we think he will try and have me supplanted…

We discharged our Chinese cook today on economical grounds. The King sent for more medicine yesterday.

April 3, Friday.

Day before yesterday the mail came 27 letters and 40

papers for us. They were brought on a Japenese transport. Our regular mail steamer and Mr. Horace G. Underwood will come in the steamer in a few days. The King and Queen have recovered. They sent an officer to appologize for not having me come and see them as I would any other patient. They said that rules of etiquette alone withheld them from having me come as they desire. They seem real progressive.

The Officer is the Chief of the Officices of the Palace. He has been here before and is the one who captured the women of one of the murdered conspirator and locked them up to await torture. He is very fond of hearing Fannie play on the organ and stayed too long hours keeping us from our work. He admired my accordian very much said he wanted to get one for the Crown Prince and said so much about it that I had to give it to him. He said he would present it to the Crown Prince with my compliments.

The following rules were sent me today from the Foreign Office and are for the regulation of the hospital being gotten up by Teshika they show his ability.

Rule 1. Commissioner shall be appointed for the hospital from the Corean Officials.

2. There shall be two officers appointed one of who-

m shall be at the hospital continually to attend to its running.

3. Four students shall be appointed.
4. These students shall help the Dr. Shall put up and administer medicines under the Dr's supervision and learn to use the machines which foreign doctors use. They are to nurse and do what the Dr. tells them.
5. Two secretaries shall be appointed to keep the records of the hospital and the expense accounts. Twice a year they must report to the Commissioner.
6. Two men shall be appointed to attend to the inside of the hospital. They shall keep things clean and in order and they will be responsible for the Dr's articles.
7. Two gate keepers shall be appointed. One shall have charge of the outside gate and the signs. One shall issue the tickets. The other shall have charge of the inner gate and shall receive the tickets.
8. There shall be five servants, two shall make the food, two shall clean the courts and make the house and act as waiters and the third shall carry water.
9. Patient's calling the Dr. to their homes must pay

him a personal fee of 5,000 cash.

10. In paitents shall be divided into four classes.

Class 1st in private wards 1,000 cash per day.

Class 2nd one or more in a room 500 cash per day.

Class 3rd three or more in a room 300 cash per day.

General wards for the poor. No pay.

11. All bills payable only on recovery.

12. All who come must furnish security for good conduct.

April 6, Monday.

Yesterday evening Mr. Underwood came to us with two men of the American Board from Japan. Drs. Taylor and Scudder who are prospecting. There is a Methodist man at Chemulpo with a sick wife. I don't know what they will do. There's no place there for them.

We are full and Mr. Foulk insists he will not entertain them. Mr. Underwood seems smart and businesslike but he is rather conceited and rash. I am afraid he will get us into trouble.

I had a long talk with Moellendorff yesterday. He seems favorably disposed to some of the missionaries but is down on Underwood from things he saw in Japan.

Moellendorff first declared he would crush the hospital but after a long talk he became very friendly and promised to help me all he could and even put some of these missionaries in the Government Schools. The President of the Foreign Office, Kim Yun Sik called yesterday afternoon. They all seem interested in the hospital but I will have to go slowly now as Moellendorff is here.

He seems to have almost unlimited power and has bought a farmer here in place of the one sent for by the King to come from America.

April 10, Friday.

The hospital opened yesterday with 20 out patients and three cases for amputation who have not yet consented.

The two American Board men returned on yesterday. The Robert S. Maclay family are still at Chemulpo. We would like very much to invite them up to stay with us but as they have asked the aid of Mr. Foulk and his advice as to their coming—we must let them follow it. Any person can come here, but property and study or trade. A missionary can come as well as any one else and had they accepted our invitation and come right to us it would have been perfectly right. Dr. Maclay however envidently wished to show us that he had influence with the authorities and did not need our assistance. It has raised the question as to the property of missionaries coming and it has been decided against them. A very unfortunate thing as it was uncalled for and will hinder them in the future.

I have made an arrangement to do the work for the Japanese Legation for $500.00 per annum.

April 13, Monday.

Teshika came this evening with Mr. Foulk and a couple of lieutenants from the Ossipee. He wanted some medicine for Min Yong Ik and told me in the course of conversation about an old hospital established 400 years ago for the Corean sick. It was called the Hay Min So 惠民署. It had over 1,000 officers attached and these are now complaining because their positions are taken away. All of this was abolished to make way for the new hospital, which has a new name also Kwang Hay Won 廣惠院 or virtue civilized house.

The Hay Min So had many students attached to it for the study of Chinese medicine. They will come to me. The only remaining officer also comes to me. Teshika told me of one valuable Corean book on medicine The Tong We Bo Kam. 東醫寶鑑.

April 19, Sunday.

Our stores and medicines came day before yesterday,

the former from San Francisco, one case of which had been opened and some things stolen. The holspital has been well patronized this week. One day we had 50 patients. I have also had numbers of foreign and native officials there as visitors. I did one operation under Ether··· excision of femur for necrosis.

I was called by the Japanese Minister, Kondo Masuki yesterday at noon to see a Chinaman who had been bayoneted at noon to see a Chinaman who had been bayoneted in the back between the 8th and 9th ribs on the left side, by a Japanese soldier in trying to get the man accross their lines as he had been trespassing. I met the two foreign educated Japanese army surgeons in consultation. Being exceedingly tired, I got to sleep about ten and was called at 11 p. m. to see the dying Chinaman. He was dead when I got there and we held a postmortem, found the man had died from hemorrhage and shock. The instrument passed between the two pleura. The event is an unhappy one and both Chinese and Japanese are greatly excited as are also the foreigners residing here. The agreement with the Japanese Minister Kondo has been signed. I do their Legation work for $500.00 per annum. They furnishing medicines.

May 2, Saturday.

During the past two weeks nothing startling has

happened though I was called one noon to see a Chinese soldier who had been stabbed by a Japanese guard in an attempt to eject the man from their lines, found a wound between 8th and 9th ribs four inches deep and extending in from near the right side of spinal column towards its middle, not wounding the pleura.

I met the Japanese Dr. in consultation and it caused a deal of excitement, the man died that night. The Japanese Minister Kondo has been very grateful and called today to thank me for those services and other rendered to Mr. Chen Shu Tang, Chinese Minister who was taken sick a garden party at the Japanese Legation.

I was called the other day to a case of obstetrics, the woman had been in labor four days and died without my being able to relieve her.

The hospital progresses favorably, patients run from 45－70. Dr. Russell of U. S. S. Ossipee is spending the week with us.

May 12, Tuesday.

I today did four cataract operations with cocaine. Like it as an anesthetic. The numbers at the hospital continue about 60.

I am much rushed and the responsibility and vexations weigh heavily upon me. I often wish I could get out of it. My stomach also makes me crass and irritable and not a good missionary.

We expect our new Dr.(John W. Heron) in about two months. In the meantime an M. E.(Methodist Episcopal) Dr.(William B. Scranton) has arrived. I met him at Chemulpo a week ago, where I had been called professionally.

I asked him up to our place and he came. I offered to take him into the hospital and have petitioned the Government to that effect but he went to Chemulpo and may not return as no answer has come from the Government. He is a sensible man and behaves well.

I had a pleasant time at Chemulpo, went aboard the U. S. S. Ossipee and was entertained overnight handsomely.

The patient whom I went to see is a Corean servant highly prized by his master who sent for me regardless of expense. Our place is fixed up now and looks very pretty. Dr. Heron's house is also ready.

May 29, Friday.

This morning I have on a dressing gown made of quilted silk of a changeable bronze color sent as a present from the King and Queen.

On last week we received quite a nice present from them. There were 100 yards of quilted silk 25 yds. the color of my gown, 25 a light blue 25 of pink and 25 of

Imperial bronze yellow. The pink and yellow, Fannie will make up into two double bed spreads. The blue will be nice for use. There were also 100 yards white silk in four pieces of 25 yds. each, one was plain, two were ended and one was a very fine check.

One of the presents from the Queen was a stone rice kettle. These are quite old and very highly prized no one being able to obtain them but through the gift of the Sovereign. The Queen sent to Mr. Foulk just to know whether we would appreciate this. I knew they were very valuable because I saw General Foote trying to buy some of them.

There were also a couple of large silk wound blinds for the window and a lot of mats for the floor of a very fine kind. When stepped on with th bare feet they feel soft like braided hair.

The hospital is doing well. The petition which I sent in was kindly granted in a spirit very favorable to me. Dr. Scranton had in the meantime, without regard to his former decision and this petition sent in at his request, decided to stop at Chemulpo. Mr. Foulk however took up the matter and declared it to be a breach of faith and that American interests couldn't put up with it. He therefore commanded him to come and he came but doesn't seem to have very much interest in the work.

I today begin taking my dinner to the hospital owing to the heat and to save time. I was about to buy a house of Mr. Carles, but heard the price would be too much so I declined not stating my reason. Dr. Scranton afterwards went to buy the house and Mr. Carles didn't seem inclined to sell. He said however that if they didn't need it themselves he would make him Dr. Scranton a present of it. The Government has placed a house at my disposal but it is very weak.

No very important thing has transpired of late. The English occupied Port Hamilton and Moellendorff succeeded thereby in scaring the people greatly and getting permission to go there and investigate. He went in a Chinese Man of War and that roused the Japanese to demand an explanation. In the meantime a confidential letter comes from the British Minister(Consul General) William G. Aston stating his reason to be merely precautionary and that he does not intend to accupy the island or in anyway violate the treaty. The Koean President of Foreign Office, Kim Yun Sik sends around this confidential letter to the foreign representatives and answers it in a very grueling and bombastic style. On coming to Mr. Foulk he showed him his error and the poor fellow in chagrin has written an apology on the grounds of ignorance.

The Ex-Regent Tay Won Khun is expected back.

An embassy was appointed to go and fetch him two weeks ago but the Queen is lending(sic) King and presenting it for she plan this hates of the Mins. Min Yong Ik is Government's spy(or Ussah) and is up in the north border. He says he will not come back unless the American military men and advisers come.

June 3, Wednesday.

Mail came but no news as to the advisor and military men sent for by this Government to America. Mr. Foulk had telegraphed that Corea was ready to telegraph the expenses for these men but no answer came to that. The Koreans are at a loss and are bothering Foulk greatly. The King wishes to send Coreans to Nagasaki and telegraph regardless of cost for fear the answer was stolen.

If no answer comes or one comes unfavorable Mr. Foulk has about mde up his mind to accept their offer and take service in their Government though he hates to throw up his naval commission to work for such an uncertain favor and doesn't simply because he has their confidence so that he can't bear to see them abused by our government and is willing to make himself a martyr that this people shall not suffer and that our good name may be preserved.

It is very unfortunate that these people would not come now. They are depended upon by the people and could have everything their own way the gold mines would be opened and the country would pick up.

In case these people do not come and Mr. Foulk accepts he will recommend(privately) General Charles W. Legendre of Japan. A man who for good duty as General in our late civil war was appointed Consul at Amoy, from there he came to Japan and has served the Japanese in several capacities. He is well versed in finance and Government matters. Has the reputation of being a good man but has had associates and Minister John A. Bingham is down on him. The Koreans fear him. They think he had something to do with the recent riots. He came to the city just as the Japanese were driven out and was left on the sands by his coolies. It is supposed he had been in confidence with the conspirators and expected to take place in their government. They also know him as the man who came here two years ago to loan the Government $70,000.00 and then backed out.

Foulk is afraid of him because he was recommended for the place by General Foote and a lot of merchants in Japan and Foulk fears he will as in duty bound work for these men rather than for the good of Corea.

June 17, Wednesday.

Today is a festival day devoted to the use of swings. They erect two long strong poles and unite them at the top by a cross piece bearing an inscription in Chinese and capped by a bunch of evergreen and flowers. The ropes are large and the whole thing is very like an Ohio picnic swing. The King today sent me two horses. They are for use at the hospital but were sent to me. Dr. Scranton who is helping in the hospital and who seems jealous in an ugly way claims one of them for his own.

The hospital continues successful and in favor. Mr. Foulk send me some very congratulatory letters from the State Department concerning it. The population here has been increased by the return of Mr. and Mrs. William G. Aston H. B. M. Consul General and Mrs. Moellendorff.

We have called and the calls hve been returned. Fannie likes the ladies. I hve been called in also professionally. Last Friday night we were invited to the German Consul General Zembsch to dinner, had a very dull time. Mrs. Allen was the only lady. The Russian Chargé d'Affaires, Alexis de Speyer arrived by the last steamer.

The English house has been given to Dr. Scranton.

June 19, Friday.

Mr. Foulk told me last night that the Russian

Minister Alexis de Speyer has informed the Corean Ministry that they must at once stop American officers coming here to take Government positions and employ Russians instead. If they do not he declares their intention of seizing territory. The Chinese and Japanese have forgottentheir old grudges and one past friends against a common enemy, Russia and England and are appealing loudly for the American officers. Foulk also told me of an association originated in Japan but now including China, Corea, Siam, Burma, India and Persia which has for its object the protection of Asiatic interests against foreign aggression. Religion is to have no part in this alliance. In one of the by-laws America is mentioned as not coming under the term European and it is to America that these nations are to apply in case of need of foreign assistance. This easily explains the present attitude of their favors.

The English have laid torpedoes in abundance about Port Hamilton. They have also laid a cable from Port Hamilton to the Saddles near Shanghai. They have impressed large numbers of Coreans into service and seem bent on seizing the place.

Mr. Foulk told me that the King had asked concerning the propriety of making me a Champan(Mandarin). He replied that as I would have to wear Corean clothes and adopt customs it would not be in accord with American ideas of propriety. He said however that they could confer on me the relative rank as surgeon to their hospital, then I could be received at the Palace without impropriety. At present as we hold no rank and have not been presented to our own sovereign we can not be presented to Corea's King. The Queen is quite desirous of seeing Mrs. Allen and the baby.

Dr. Scranton is acting very badly about this base and other things, and Mr. Foulk is going to settle him. I did not complain, but Mr. Foulk knew of it anyway.

June 21, Sunday.

This afternoon Dr. Heron and wife came to us, having reached Chemulpo from S. S. Serio Maru on yesterday afternoon. We like them very much. They are Southern people very polite and pleasant. Mrs. Heron is a dainty pretty little lady. They seem to appreciate all that has been done for them and the work. We are worried about the Scrantons. Mrs. Scranton, the Elder and Younger came by the same steamer. Mr. Foulk is disgusted by all their actions and by their bringing the Henry G. Appenzellers who were sent away. He says he will stand by me till the skys fall but he will have no more to do with missionaries. I am sorry such a thing has occurred and would rather leave than cause such squabbles for foreigners to cavil at.

The King sent to Mr. Foulk for help concerning the demands made by the Russians. He said he could do nothing as he had heard that one of the Corean Ministers had said that Americans were not wanted. The King was wrath and ordered the man spied out and executed. It was found that Moellendorff was the man. His connection with the Foreign Office was severed and the King asked Foulk if he had the right to kill him. Foulk told him to defeat him.

Held our first State Sunday service this evening after dinner 8 P. M. Dr. and Mrs. Heron, Elder Mrs. Scranton and myself and wife present.

June 28, Sunday.

On the 24th Dr. Scranton, wife, mother, baby and servants came and are boarding with us together with Dr. Heron and wife and Mr. Underwood. Dr. Scranton and wife talked so much about "our horse" meaning the one the King had sent for Dr. Heron that I finally asked him in private what he understood about those horses. Thereupon we had a quiet talk in which I stated that the horse was sent for Dr. Heron that the Government expected him, that they only expected Scranton to help till Dr. Heron came as I stated in my agreement and that as he had refused to come at first after asking me to petition the Government which I did until Mr. Foulk sent and commanded him to come and that as he had acted so cross and neglected the Hospital so much I didn't see fit to ask to have him reappointed especially as he said that his Board would not sanction his working in such an institution because it was not purely religions etc.

He asked me to go with him to see Mr. Foulk and we did so. Mr. Foulk repeated about what I had said only he made it more forcible. Dr. Scranton was persistent and I agreed to ask to have him reappointed. He would not agree to it just then but said we will sleep over it, and as he has laid it on the table he must take it up. Foulk since advised me to keep clear of him as he is a bad man.

July 19, Sunday.

Yesterday Moellendorff who is lot of trouble because of his underhand treaties with the Russian his money entanglements, and general entanglements and for which the Government notified Foulk he would be withdrawn. He came to me yesterday through W. du F. Hutchison, an Englishman in his employ and asked me to leave the mission and become customs surgeon bringing my hospital with me under his care. As compensation he would promise me including my outside work $5,000.00 a year and a house and compensation with a year's extra salary every five years. It is quite plain that it is a scheme to brace himself up before the Coreans. He told me that the hospital was my own and due simply to my success with Min Yong Ik and that I could take it where I would. Of course I shall not yield to the temptation.

The customs house at Chemulpo was burned day before yesterday. It is the rainy season.

Our 'kangs' are all full of water. My office leaks badly and I am sitting under a suspended umbrella. My house swollen per squares up to his belly in water in the furniture street. Four men were killed nearly by a falling house.

July 29, Wednesday.

Yesterday the Official Gazette announced the Mok Champan(Moellendorff) was removed from his connection with the Foreign Office and degraded in rank. He still holds his position as Inspector of Customs and is also a Champan(Mandarin) still. He admitted to me that it was because of his Russian intrigues and says that the Coreans did this to convince China of their desire to have nothing to do with Russia.

The embassy has been sent to fetch the Ex- Regent from China. It was appointed some time ago but evidently the Queen's family do not want him here as he tried to kill off all the Mins in 1881. There is no doubt the King fears and distrusts him but as good Confucian he must ask for his old father's return and China with the same belief could not but heed the demand and command the loyal son for his dutiful act. As they were all desirous of his not coming however a messenger was sent asking the embassy to be stopped till proper arrangements could be made.

Consequently the King notified the Chief of the Embassy that he was too sick to travel then and public announcement was made of the fact. The other day however a messenger arrived and the embassy was started which means that the proper arrangements for his detention have been made. To make it surer however the embassy instead of going direct to Peking by steamer in two or three days, they start overland, a trip that owing to the heavy rains of the present rainy season must take 3 months. Li Hung Chang with Min Yong Ik who is now in China have telegraphed the U. S. Government to have the military and other men sent at once. This will probably hurry the matter a little.

Things are not all pleasant at the hospital. The Government seems to think they have not money to run it, and have decided not to give the patients their food and have taken away six servants. I retaliate by giving the patients their medicines free. I have heretofore charged them 100 cash for medicines and have taken in over 200,000 cash more than enough to pay for the food. A this was not in the contract I stop it and the officers don't like to see their little squeeze stepping away.

August 5, Wednesday.

Today we were quite highly honored. It was reported falsely that today was Mrs. Allen's birthday. We have five young girls in the hospital who belong to the "Dancing Girl" order, but they have been given the names of female medical students and are to lead pure lives and become nurses. They are quite bright and Mrs. Allen wished to see them. They also were very anxious to see a foreign house. I therefore invited them to come today, which probably caused the event.

I was quite surprised however to learn that the President of the Foreign Office, Kim Yun Sik was to come and with him a band of Royal Musicians from the Palace. They came and brought two tables of Korean food, one for the musicians and one for us. Mrs. Allen was given the seat of honor. We all sat on the floor around the loaded low table and L and E(sic) served us with his chopsticks, after which we served them with ice cream, cakes, and lemonade. The feast opened by a Dancing Girl pouring out a dainty cup of wine and giving it to Mrs. Allen. She tasted it and it went around all, including Dr. Heron and wife, and Mr. Underwood tasting it excepting myself. While this was going on the wine song was sung by the girls in which they wished us to live ten thousand years etc.

We all sat in our sitting room and had the folding doors open into the dining room where the six musicians were seated in the form grinding out there sweet plaintive airs on these instruments which were a drum made in an hour glass shape with a base drum at one end and a snare at the other. The snare was played with a stick the base with the hand. There was a zither nicely played, two sort of harps made by arranging strings on a slab of wood one foot side by six long, one harp had twelve strings and was high, the other had six and was low and coarse played by snapping the strings, a piccolo, a flute, and a sort of violin with a drum shaped base completed the list. The zither was played by one of the girls. The thing lasted from 3 to 7 P.M. and was quite unique.

Moellendorff is quite blue. They are still urging me to take their place and are taking me into their confidence. He sked me to try and get him invited to a banquet to be given by the Government at the hospital. It is rumored that Judge Owen N. Denny is to come as advisor. The Government have asked Lieut, Uil(sic) to come as surveyor to.

August 10, Monday.

Night before last I went to the dinner given at the Chinese Legation in honor of the birthday of the Emperor of China. For the first time in my life I wore a full dress suit, having ordered one from Shanghai just in time. It was a dinner a great deal of political significance. Minister Chen Shu Tang read an address in which Corea was likened to the lips of the mouth(China) America was quite highly honored. Mr. Foulk who is but an ensign in our navy was ranked above Capt. Zembsch, German Consul General and former Capt. in German Navy.

He leaves tomorrow for Havana to be Consul there. We had over 20 courses interfered with Corean music. The dinner was entirely a foreign one.

Last night I attended another dinner at the Hospital given by the Foreign Office to the foreign officials. It was served in foreign style altogether but after a long foreign dinner they served a Corean dinner in foreign style which made it exceedingly tedious.

We had a plenty of music and the lady students were brought in to sing. I didn't like to go on Sunday but thought it best. The table was spread in the large surgical ward, but the association seemed to affect my appetite.

September 1, Tuesday.

Yesterday I received a contract from Moellendorff to do the work for the customs at this place for $720.00 a year, without leaving the mission. The rainy season seemed to end with the tail of a typhoon which struck us on Friday night August 28.

We have had a most surprising and provoking disagreement with Dr. Heron. It arose from my talking over in a friendly way his remaining home from the hospital when not needed and working on the language as the Board had urged. I also objected to his servant emptying our ice water bottles before meals and not refilling them. The whole precipitated a most stubborn action on his part which resulted in my announcing my intention of resigning from the mission.

Mrs. Heron had taken it up and denounced me as unfit for a missionary and that I simply used this as a pretext to resign and work for money. This really and rightfully angered me and wears heavily on Mrs. Allen who has so long longed for a lady friend and who had learned to live Mrs. Heron and was unconscious of any trouble between Dr. Heron and myself till Mrs. Heron threw this ugly thing at her with other unpleasant things. I have now asked to be sent to open a new mission at Fusan.

To prove that I care more for the mission than money

and to overcome present difficulties.

September 4, Friday.

Today is the King's Birthday. A national holiday. The foreign officials all went to the Palace this morning to pay their respects and will attend a dinner at the Foreign Office tonight in honor of the occasion. I am not invited to either place but received my share of the Royal Favors being four squealing pigs, 20 chickens, 600 eggs, a basket of large sized large smelling fish, a basket of direct fish dried another of dried sort of sole, a basket each of apples, pears, and peaches. I gave 5,000 cash ($3.12) to the coolie for bringing the worthless stuff as is the custom. I gave half to Dr. Heron and then gave all of my portion to the servants excepting the chickens, eggs and a small protion of fruit such as we may eat before it spoils. This also is the custom. It would be proper now for me to send a couple of cases of wine to the King.

On last Thursday the 27th August the rainy season closed with the tail end of a typhoon. The people spent the succeding three days in worshipping the clear heavens over the gates, and the weather now though occasionally rainy is quite like of old.

September 6, Sunday.

The Official Gazette on yesterday announced the dismissal of Mok Cham Pan(Moellendorff) from his position as Inspector of Customs and the appointing of Mr. A. B. Stripling, the Commissioner at Chemulpo, to be Acting Inspector protempore.

Mr. Aston H. B. M. Consul General received dispatches on yesterday from H. B. M. S. S. Swift to the effect that an American named Henry F. Merrill now in the Chinese Customs service was appointed to the place and would soon come here on a Chinese gunboat. Moellendorff told me that he had resigned from the Inspectorate and still held the position at the Mint that he owned the Custom headquarters and would make the Government pay well for them. I learn since through Mr. Foulk that the compound used by the customs belongs to the Government but that he got the deeds on some pretext and refuses to surrender them. Mr. Hutchison, as my patient, has confided in me greatly and I have trouble in deciding which is the greater knave of the two.

Even Mr. Hutchison tried to get me to throw in my lot in the sinking ship which he had been fool enough to design a position in the British Government Post Office, Hong Kong to accept—when he knew it was only to have them··· up that he asked it.

September 7, Monday.

I was called to Moellendorffs on yesterday ostensibly to see his child but really to be pumped. He told me that he had also resigned in connection with the Mint. I found Joseph Rosenbaum, the Austria-American match manufacturer there with Mr. Kniffler, they would be tobacco monopolist and Mr. A. H. Maertens, the silk culture man in his dining room. Rosenbaum was gotten hire by Moellendorff to start a match and glass manufactory. He had no paper to certify to any of the numerous promises made him by Moellendorff.

He didn't know anything of the country and after coming here and raising several thousands of dollars(or promises) for shares he went to Germany to buy machinery while there he got several thousand dollars from his relatives and others in shares coming back last spring he started with a sort of agreement to found a glass factory but founded instead a match factory··· The high water came and nearly washed him out. His artisan from Austria and wife became sick he had no money and applied to Moellendorff for the fragment of his shares. Moellendorff said he had no shares and him no money. That the shares he took were for Coreans and the Government to whom he must apply. Rosenbaum begged him to have pity and be true to his promises. He said he had no pity and travelled altogether in law. Rosenbaum came and put his affair in the hands of Mr. Foulk after having been ordered out of Moellendorff's never to return.

Foulk found the whole thing crooked, reported it to the Foreign Office who knew nothing of it and finally compromised by starting him anew with no help from the Government. He will go under Hutchison waylaid me yesterday took me to his rooms made hold as to what he intended to do. I told him the best thing he could to(do?) was to leave the country at once. As the Coreans would not trust him after his relations with Moellendorff that Foulk didn't trust him, that Aston denounced him as a fraud and that I thought he was a fool for throwing up a British Government position for such a thing.

He sticks to Moellendorff who has reconciled him by giving him an appointment dated back to July 3 to get around an order issued that all contracts between the Corean Government and foreigners must bear the seal of the Foreign Office or be invalid.

He has made Aston believe that this contract was really written at the time it is dated. When he showed me the draft of it written by himself on August 28, at the same time that he drafted one for me for my services. He was going to have mine dated back but I refused and it was dated August 31st to draw payment from the beginning of the Fifth Moon in order to cover the period of services already rendered.

Moellendorff entered Hutchison's appointment back in the record book but for fear of exposure. Hutchison is rewriting the Record Book, Yesterday he brought in two Books from the office, one old and one new. He showed me how he had rewritten the new book and entered his appointment at the proper place but for some reason which I don't know, he couldn't make the numbers tally.

So while the number in his appointment is 141, that in the book is 142 or vice versa.

Moellendorff has been quite destitute with the rest of them. His family was living on one egg each at a meal for a time till Hutchison sold his furniture to H. Budler and supplied the lot with money. Moellendorff has a plenty of money salted down however and I think this to be but a pretext.

September 20, Sunday.

One week ago I was on board U. S. S. Marion Chemulpo, making a visit to Capt. Muriel Miller, my friend of Delaware.

My very pleasant visit was cut short by a letter from Fannie saying baby was very sick and asking me to come at once. I started at daylight Monday and rode over almost impossible roads through a drenching rain, arrived home 2 P. M. and found baby some better though very sick. After a few days of vexation we secured a wet nurse, he being kept alive in the meantime with inunction of cod-liver oil with an occasional nursing.

Our Chinese uncle left on 16th. He is improving now. I have just sent official notification of the presence of a serious cattle disease to all the foreign officials warning them against eating the contaminated flesh. Also concerning the cholera now raging violently in Japan and China and two cases of which were brot(brought) to Chemulpo. I also notified the Government and requested them to take the proper precautionary measures laying down a plan.

Dr. and Mrs. Heron left for Shanghai last 16 Wednesday to have Mrs. Heron's eye treated. It was hit by tennis ball. Mr. Underwood commenced keeping house last night. Chen Shu Tang, Chinese Commissioner had a stroke of paralysis three days ago after receiving news of his recall from office.

September 27, Sunday.

During the past week we have been alarmed about the cholera which is prevailing in Japan and China. Three carriers landed at Chemulpo from a Japanese steamer, one died, the other two were quarantined. I informed the foreign residents of the fact giving precautionary advice. I also cautioned them not to eat any beef as the cattle of this district are suffering from a fatal septicemia which is reproduced in man in eating the flesh.

I urged the Government to adopt the following measures. Place two good native disciple at each city gate to prevent the incoming of cholera patients, lodging any such in a quarantine house outside. Also to order each householder to clean up his premises inside and out sprinkling lime about the drains and burning sulphur in the room. Also to drink only cooked water. These directions were in the main given, but little has been done. And the place is ripe for cholera.

Today a banquet at the Foreign Office celebrated the opening of the telegraph line from here to Chemulpo, a portion of the line which is to connect Seoul with Peking. This is built by China and the Koreans are to pay for it in 20 annual installments of 15,000 each.

Corea didn't want it, it was forced upon them as a Chinese method of holding them down. It also enables China to keep posted in the prospective Russian complication. Japan is angry at China's high handedness, especially as she holds a contract for all the telegraph work of the country in consideration from having connected Fusan with Japan by cable.

October 4, Sunday.

Today is rather an exciting one. The Russian Minister Karl Waeber, the English Consul General E. Colborne Baber who takes Mr. Aston's place and the Tay Won Khun have all arrived at Chemulpo and are expected up here hourly. My agreement has been ratified by the English Government confirming my appointment as consular surgeon. The Chinese Minister, Chen Shu Tang has also arranged with me to do his personal work.

The income from contract work now reaches $2,695. The Prsident of the Foreign Office, Kim Yun Sik called the other day and extended to me the liberties of the present Palace saying that "Our country's King thinks highly of you and if you come alone he would like to have you use the Palace grounds for pleasure." Mr. H. Loomis of Japan has been here the past week and I took him for a visit to the Old Palace. No cholera has as yet appeared.

October 5, Monday.

The Tay Won Khun arrived today. The hospital officers engaged a room for me and I took Mr. Loomis to see it. The procession of the King was the usual thing but the royal father was brought in by an escort of Chinese Marines. General Wang came with him as also the new Customs Officer Henry F. Merrill.

October 7, Wednesday.

Today I passed two bodies lying in the furniture street. They were men with heads, hands, and feet cut off. It happens this way. The Queen is very fearful of the Tay Won Khun. Some time since a banquet was given to the foreign representatives at the Palace. King and Queen enjoyed the sight behind the screens of a pleasure boat in the large lotus pond. The bloody "Jezebel" was unusually gracious to her lord and wormed out of him a royal decree that all persons supposed to have participated in the troubles of 1881 when she came so near losing her life should die. Consequently a poor underling was taken and tortured till he confessed to some 30 names. These persons were treated in the same manner as the two above referred to. As the Tay Won Khun was the principle instigator of these troubles perhaps she may want his head. Of course she would like to have it.

The Russians are here and will use the place to the west of us as a legation. We are thus well surrounded.

A trouble exists between Russians, Chinese, and Coreans concerning the northern boundary(Nokdoon Island).

Russia claims that she comes down to the Tumen river. China claims that her territory extends along the Tumen to the sea and separates Russia from Corea. A commissioner(Ye Choong Ha) is appointed.

October 11, Sunday.

Yesterday I had the honor of an audience with the Tay Won Khun Royal father. He received me kindly kept me for nearly an hour and held my hands most of the time. He knew me through Min Yong Ik and asked me to give him medicine to make him live long.

Today to the surprise of everyone he called on me and honored the mission compound with his presence. He has learned enough of foreigners to remove his hat for them and now protests that all Americans are good.

I think him a man of strong will and convictions, honest in purpose, determined, yet with a vein of kindness back of it all, which if one can strike will make him a firm friend. If he sanctions the mission work the field will be ours. I have sent for a lady Dr. Annie J. Ellers to attend on the Queen.

Today we celebrated the first Protestant Communion service in Corea. There were present, Rev. Appenzeller and wife, Dr. Scranton, wife, mother, and baby, Rev. Underwood, Mrs. Allen and myself, the visiting missionary Rev. H. Loomis of Japan and the visiting ship men, Capt. Muriel Miller, Paymaster Trailich, Dr. Craig all of the U. S. S. Marion. The service was very impressive and productive of good. We used an old(I sent this historic teapot to Dr. James. S. Gale, Seoul for the Mission-Museum January 1920) silver teapot given me by my mother, one of our glass goblets, some of Mrs. Allen's bread and my wine being destitute of anything better. Mr. Loomis preached.

October 22, Thursday.

Chen Shu Tang Chinese Commissioner left for Chefoo day before yesterday. Moellendorff has put on foreign clothes and expected to go at the same time but couldn't take his family and was afraid to leave them. Mr. Aston leaves today with his wife enroute to England. They seem warm friends of mine and are grateful for the rapid progess Mr. Aston has made toward recovery. Merrill the new Customs Inspector has been given high rank as Moellendorff had, he is made assistant minister of the Revenue and Superintendent of the Mint. The Tay Won Khun is quiet but he and the King are said to be in league with Kim Ok Khun the banished conspirator. At any rate the Queen is very uneasy and has sent to China for troops to come and live here. This intelligence was brought to Mr. Foulk privately by his Palace go-between and he told me not to mention it. He however told it to Mr. Hallifax who at once took it to Moellendorff. He telegraphed it to Russian Minister Waeber at Chemulpo who leaves today for a short business trip to Shanghai. Waeber said he would have Russians enough here to match the Chinese. The Japanese know it through Foulk and will prepare for it. So trouble is bound to come.

November 4, Wednesday.

Yesterday being the birthday of the Emperor of Japan a big dinner was given in the new Japanese Legation building, which is a really fine foreign house. I was invited other guests were Foulk, Baber, James Scott, Merrill, Moellendorff and Chinese and Koreans. The spread was really magnificent, vegetables and meats from Japan all finely served. Sunday(3 days since) was the Queen's birthday and they sent Heron and myself the same lot of stuff as on the King's Birthday. I have been to dinner twice in the past week with Mr. Baber, the Englishman. They are very kind to me, they insist on regarding me as one of the staff.

The trouble between Germany and England regarding the removal of Moellendorff has strengthened him somewhat in his determination to remain here. The Germans claimed that his dismissal was due to England's representative and they have resented it. It has come to the ears of the King and he is weakening somewhat.

November 12, Thursday.

Mrs. Appenzeller's girl baby Alice was born November 9. I attended her with Dr. Scranton. It is the first foreign baby born in Corea. I have been treating the King for a bad eye. I couldn't diagnose it without seeing him and said so. Yesterday Mr. Foulk informed me that I would be called to the Palace. I waited all day and found today that the Palace doctors induced the messenger not to come for me. I have arranged to have it explained to the King.

December 1, Tuesday.

The new Chinese Minister Yuan Shi Kai has arrived. I called today and was well received. He and I are strangely related. The three bright dancing girls left of the member at the Hospital were too expensive luxuries and were sold to Yuan.

They are wild with grief and homesickness and their mothers who are not allowed to see them have been importuning me continually to get them away. Although they belong to the official class and do not know work, they are willing to be my servants if I will let them live in my house and will go to America with me whenever I go. I would help them but it is impossible.

Dinners are the order of the day. We gave one to the missionaries on Thanksgiving day. I was at one last eve at Hutchison and invitations are out for one at both the Chinese and German Legation for Saturday evening. I am invited to the latter. One will be dropped of course. I have had a scheme for the founding of a Corean University.

Mr. Foulk was very much in favor of it at first but objects to the full plan now as the teachers from America are not here. Moellendorff has at last left for China. He had a farewell audience with the King at which he made a grand expose, said he knew he had done wrong and was conscious at the time but that he was under such instruction from China that he could not do otherwise. He said that his negotiation with Russia were made as a Corean in order to assist the troubled country. He said he was now out with China and not afraid to speak, that China had no other design than to keep Corea under, that all matters would be referred to the Foreign Representative rather than the Chinese and that if they got into trouble and needed him to let him know.

This was told me by my previous pupil who is now interpreter to the King. He also told me that the King relented and was sorry Moellendorff was going. Moellendorff takes a position in the Chinese Customs at Tientsin and expects to return to Corea. The Chinaman Yuan Shi Kai has doubtful rank. He claims to be the same as the English Resident in India and the other Representatives here are both to grant this as it denies the independence of Corea. Foulk has telegraphed home for instruction.

Some diabolical rumors are afloat to the effect that Foulk is supporting those refugees in America, other to the effect that they are supported by the U. S. Government. Both reports have some foundation for Foulk who has one of So Koang Pom's servants as personal servant, has through this man been giving money to the wife and mother of So who are still in captivity. Also So and the others in their recent threatening letters to the King and Queen stated that they were receiving help from the U. S. Government.

The last and worst is a report brought by a Corean officer from Japan that these men have been supplied with dynamite in America and are now on their way back to blow up the Royal Family and others. The King so far believed this as to ask Mr. Foulk concerning it. Many other ugly question arise as why don't our Government return those traitors etc. Altogether we don't feel very secure here just now.

December 20, Sunday.

We have been a good deal stired up during the first week by a telegram received by the Chinese Minister, Yuan Shi Kai from the Chinese Consul in Shimonoseki Japan stating that Kim Ok Khun and eight junk loads of armed Japanese intruders had left that port for Corea. I was at the Chinese Legation two out of four hours during an interview held by the Japanese and Chinese Representatives. They were both greatly excited and also brought up the Telegraph business. The Japanese Minister, Takahira Kogoro insist that they have all telegraphic rights here and wish to put up a line to Pusan but the Chinese object. The Japanese Government will not use the present line because it is owned by China. They take a queer way to get around it.

Mr. Irwin an American in Japan formerly one of the Government advisers is now Hawaiian Consul General at Tokio together with other offices. The Japanese Government got this man to telegraph in the Japanese cipher to Mr. Foulk with a request in English that he turn it over to the Japanese Minister Takahira here. Foulk did so twice and then thinking they were making a tool of him declined.

The King got wind of my school scheme and asked Foulk to push it through, of course he had to. They gave $250.00 for a chemical, philosophical and anatomical outfit. The Chinese expect to move their Legation to the old Palacc and offered me their present place for a hospital and school. Judge Owen N. Denny is expected daily to be a Government advisor at $7,000.00 a year.

Heron and I have again fallen out. He is eaten up with

jealousy. I have written home to be relieved and sent home on sick leave. Don't think I will send it.

1886

January 17, Sunday.

Mr. Foulk has been busy trying to settle the school teacher business. The Corean Government asked the Government of the U. S. for three school teachers and one farmer. They were selected and have been in waiting for near a year. The other day a telegram came to the Legation from Secretary Thomes F. Bayard stating that the teachers were all ready to start if pay was guaranteed with expenses. Foulk took it to the Foreign Office where he was asked. Well what are they going to do when they come and how were we pay them. He(Kim Yun Sik) said that is your business not mine, you have sent for them and it is presumed you have your reasons for so doing. It was referred to the King who asked that they be telegraphed for at once. But the Chinese Minister, Yuan Shi Kai told Foulk he was opposed to it and he is presumably trying to head them off. The agreement as signed by the Foreign Office gives them their expenses out, house rent and $160(Mexicans) per month. Houses opposite our place have been secured.

The King has sent me $575.00 with which to buy 5 stoves and 26 lamps. He is also negotiating through me for complete set of house furniture. I was sick with chills last week. His officer could not see me one day and reported same to King. He sent back a letter saying, "His Majesty is very anxious for you and hopes you are better."

January 22, Friday.

A new law has been propagated by the Seoul Authorities arranging municipal affairs as follows. Seoul 5 Poo(부) or wards. Each Poo is divided into districts called Tong(동). These are in turn divided into blocks of five houses or families. The city has a mayor the Pan Yun(판윤) whose court is called the Han Sung Poo(한셩부). The five wards of the city are each presided over by a magistrate called the Toh Sah(도사). Each Tong or District has a head man called a Chon We(존위) in case he is of the noble class.

In which case he appoints one of his servants to do his work, this servant is then called the Tong Jang(동장), deputy Chon We. Each block of five houses has also a head man called the Tong Su(동슈). He is elected by the residents of his neighborhood while the other officers above him are appointed by the Government. The Tong Su reports twice a month to the Toh Sah, giving him an account of affairs in his neighborhood. The Toh

Sah reports as often to the Pan Yun and he reports twice yearly to his Majesty through the Home Office, at the beginning of the 6th and 12th Moons.

Each Tong has a real estate broker called Chip Chu Room(집쥬룸) who keeps a record of all salable real estate, attends to the selling of the same and is paid 10% by the seller, none by the purchaser. No deeds are given nor are any records kept by the Government concerning the sale of property. If a man buys a piece of real estate he is given a receipt for the money with a description of the property and the man's written assertion of his willingness to sell. In case of destruction by fire or otherwise of these receipts the owner of the property applies to the Han Sung Poo and on furnishing sufficient proof that he is the rightful owner, he is given a new receipt with the Mayor's stamp upon it.

A sort of police force has been in existence but these men usually night watchmen, so imposed upon the people by exacting money and food that they have been abolished and the new rule just promulgated organizes the five families of each block, as a sort of police service. In case a man of bad character is harbored in one of these blocks the Tong Su may be reported to the Toh Sah who reports him to the Pan Yun and he is severely punished by that worthy. In case of a robbery, fire or other disturbance, one of the families may strike a gong and summon the other four, if one man or family refuse to come to the assistance, the Tong Su may either beat him or report him to the Toh Sah. If the Tong Su or Tong Jang do not attend to their duties well the residents may report them to the Pan Yun through the Toh Sah and have them severely punished.

One of their duties is to suppress drinking and gambling in their district. If a man persists in these habits the Tong Su may send him up to the Han Sung Poo through the Toh Sah and he will be severely punished—perhaps killed. A record must be kept of all criminals from a ward and sent to Han Sung Poo. If the Tong Su dies or is otherwise removed the residents may meet and elect a new one, reporting the same to the Han Sung Poo.

Every person over 15 years must register giving his name, age, and residence. This is kept at the Han Sung Poo and a ticket given from that office to the individual. These must be shown to the Tong Su on demand and any one without such may be punished as a robber. The old rule that no men could go out in the streets after the ringing of the "big bell" has been abolished and men may now go as well as the women. Every person however found on the street at night must have a light or he will be punished as a robber.

The Tong Su must furnish a diagram of the houses in his district and the names of the owners and occupants.

Today the Imperial Chinese Minister, Yuan Shi Kai (Later Chinese Emperor)called. He is a gorgeous man in his furs and silks and has a large retinue of followers. He has an imperial commission, uses an enormous card, and has the power of life and death. I was called by Eugene Jean George Coste a French priest to save the life of a woman in labor. I was successful and the priest is very thankful.

March 29, Monday.

Many things have happened during the past two months but I have most of them written in my letter copy book so need not mention them here.

Last week I attended the biggest dinner ever given in Seoul. It was at the Chinese Legation. I went with Consul General Baber to take tea with Mr. Waeber at the Russian Legation yesterday. Mr. and Mrs. Waeber called today. I expect to go to Chemulpo tomorrow for a few days with the British Consul General Baber. I have had to give up the trip to the country because of business.

The new Medical and Scientific School of the Royal Corean Hospital commences today with Rev. Underwood, Dr. Heron and myself as professors.

The scheme originated with me and I put it through. Had the antagonism of my co-workers to deal with. We had a meeting the other day, in which these gentlemen worked to use me up, but it gave me an opportunity to tell them that Underwood was a hypocrite and a tattler, that Heron was a pouting envious man. They were taken back, couldn't deny my special charge. We ended with a proper meeting and the past month has been quite pleasant

April 4, Sunday.

Last week I went to Chemulpo with the British Consul General Baber for a little vacation. Stayed two days had a pleasant time. All of the dignitaries Chinese, Japanese, and European called on me. We were entertained on the U. S. S. Palos at tiffin with Capt. Nelson, at dinner with the ward room officers. Judge Owen N. Denny arrived here on last Monday March 29 to be advisor to the Government.

Shin has been appointed as his interpreter. Mr. Evan Bryant of Tientsin, the British and Foreign(Scotch) Bible Society came to Chemulpo by last steamer and I borught him up here.

April 25, Sunday.

Today the first protestant baptism took place in Corea. The infant daughters of Dr. Scranton and Rev. Appenzeller being baptized. As also the Japanese-English interpreter of the Japanese Legation, a native of Japan contributed by instrumentality of Rev. Appenzeller.

I got into great trouble within brethren last week by agreeing to help Mrs. Scranton to a female hospital. See letter copies. Mrs. Allen and Mrs. Heron were asked to come and see the King and Queen last week but being big with child they had to decline. I had asked to take the Methodist ladies to the Palace but permission was refused. Our wives were asked instead.

Judge Denny left for Tientsin, Peking, and Shanghai today, will return soon with his wife.

May 7, Friday.

The French plenipotentiary, F. G. Cogordan arrived today. The French Minister's lady rode on Mrs. Allen's saddle. They will enter no negotiations till the Coreans promise to grant religious liberty. See copy books.

I learn today from Mr. Foulk that I am to be decorated for valliant services rendered this government. He also told me that a present would come to Mrs. Allen from the Queen.

It came tonight. A beautiful mat some 3 inches thick such as the Coreans sleep on. It is about 3 ft. wide and 7 long. Made of dark green heavy felt in which is worked a profusion of choice embroidery such as is only done by the ladies in the Palace, a similar mat a yard square came as companion. These two form the bed and chair of her majesty. There were four very fine double straw mats worked in colors in the Greek pattern and bound with silk. They were 4-10 ft., four smaller single ones also came. There were four very large and elegant transparent blinds only seen in Corea. There was 50 yds. of a very fine hand made cotton cloth and the same number of yards of a very fine linen gauze(crepe). Also a gorgeous little pocket all worked in gold with a gold button for clasp. These are worn by the Queen.

I made Fannie cry severely with my story of the new Inferno finished today. I have this week written "The Moon Stone," "The Dragon Bracelet" and "The New Inferno" and have been busy all day at the hospital.

May 9, Sunday.

The King's interpreter came this morning and asked me some questions which I knew came from His Majesty. It was in regard to the Catholics whom the French are now trying to have established here by the decree of religious liberty they insist on.

I thought it my duty to deal at length with the subject and after showing the workings of Catholicism in China, Japan, Mexico, and Spain, I said, we Americans are an independent people and look with disfavor on anything that tends to curtail our favor. Were we Catholics our President would be under the favor of the

Pope.

A thing which we cannot allow. There are three other points of Catholicism that we cannot accept. First, we are opposed to praying to idols or any one but the Creator of the Universe. The Catholics worship and pray to the Virgin Mary, Mother of Christ, a woman.

Secondly, we think no one but God can forgive sins. They give this power to corrupt priests to whom all Catholics must confess their most private thoughts.

Third, the priests are men with the same organs and passions as other men, they are not eunuchs and we claim that it is not safe for women to go and confess to these men their secret thoughts and faults. This was a great argument with him and the whole conversation will doubtless produce its effect.

May 26, Wednesday.

Last night I dined at the Russian Legation with the French Embassy composed of M. le Minister, Cogordan, M. Paliologue(Secretary), M. Delpit(Capt. of Ship), M. Nissieres and M. Delaroche, Vernet attachés. Also Madame Cogordan, Judge Denny(Corean Government Adviser), Lieut. Foulk(U. S. Chargé) and Consul General Baber(British) were also there.

Today I dine at the Japanese Legation with the new German Consul General, T. Kempermann. Night before last I dined at the British Consulate and tomorrow evening I dine there again with Commodore Powlett and Capt. Keppel, R. N., also Judge Denny, Mr. Foulk and a Shanghai banker.

June 24, Thursday.

At 5 P.M. Tuesday June 22nd, Mrs. Allen gave birth to our second son(Maurice) weighing 9 pounds undressed. He was born with the cord tied around his neck and I had hard work to save him. Mrs. Allen had a bad hemorrhage. I was alone. They are both doing well.

The King decorated me last week with the rank of Chamwee, third of the nine ranks of nobility. 2 jade buttons comes with it. U. S. Minister William H. Parker has been drunk in bed for four days I am keeping of delirium tremors.

September 5, Sunday.

Three weeks ago today, the King called Dr. Annie J. Ellers and myself to treat the Royal Family. While Dr. Ellers attends to the Queen I look after the King and Crown Prince. The King also asks me all manner of questions about affairs outside and I notice he takes my advice.

We have been there about every other day since. On last Monday, Mrs. Allen and the children were presented with Mrs. Judge Denny. They remained there over an hour. Maurice smiled on the Queen and won Her Majesty's heart. Harry lost his shyness and played with the King's bangles. He and the Crown Prince had quite a a romp.

After the audience we attended a banquet in the summer pavilion in honor of the Queen's return to the throne after the Riot of 1882. I secured permission to invite Dr. and Mrs. Heron to this banquet. They came very late and were quite offended at not being able to see the King. Heron acts very unchristianlike and is the most jealous· person I ever knew. We will have to part. The foreigners promise me good support if I will leave the mission. I may do so.

We have had serious times due to an attempt on the part of China to stop the King in his progressive work and perhaps to put his father on the throne. As Minister Capt. Parker was drunk all of the time and Judge Denny was suspected I had to figure largely in the work of the Legation.

The whole plot was as follows. About the August. 20, the largest fleet of Chinese ships set out that has ever come together. They went up to Vladivostok around the east coast of Korea. A Chinese riot in Siberia called the Russian fleet there to look after the border. The Chinese then went to Nagasaki to menace the

Japanese by their presence. In the meantime as there was to be no mail S S for two weeks the Chinese here reported the telegraph circuit interrupted and had things all their own way.

Owing however to the energy of a few of us news was gotten the our ship Ossipee at Chefoo and from there to the outside. Ossipee arrired at Chemulpo almost at the same time that 8 Chinese war ships came in. 20 marines were sent to us here and the Chinese cooled down. Denny has gone to see Li Hung Chang and have the matter settled.

Minister Parker was recalled and left day before yesterday. Lieut. George C. Foulk again has Chargé d'Affaires of the U. S. Legation.

October 10, Sunday.

Two weeks ago today the King gave Dr. Ellers and myself each two handsome silk embroidered mats, a tiger skin, several hundred yards of various kinds of fine linen and cotton and the same of silk both plain and quilted.

I am boycotted now by the missionaries due to the work of the Herons. That Mrs. Heron will tell falsehoods about us is evident from the fact that in her letters which are published she does so, as for example in a late periodical she says she has been playing the organ for Mr. Underwood's Orphanage. S. S. She never did it, on the contrary Mrs. Allen went regularly every Sunday morning and did the work.

It is just her desire to have a name for work at home while here she not only does far less than any of the other ladies but she makes no pretence of working.

Says she came as Dr. Heron's wife and don't expect to get the Language. Mr. Foulk says that they are going to kill the prospects for mission work here, but that I must stay in charge of Hospital.

I am of opinion that mission work is a force. I am kept busy by various outside duties. Yet have an easy time. Heron has every other week wholly to himself and all but 2~3 hours daily of other weeks. Yet he does not study. Underwood has as much leisure. So have Methodists. I think it a nutty soft thing.

October 25, Monday.

Today the King made me a Champan with free foreigners can go to him without a summons. Yuan Shi Kai asked by high officers to adopt Corean custom but refused.

Dr. Heron acts very badly. See letter of date to Dr. Frank F. Ellinwood. For mission action etc. See copy book and Section Four.

Dr. Ellinwood age 23, 29 years old. Letter from Board fully sanction my action and censure action allow them to leave or stay as they choose.

Aug. 24th 2-19-30 P. M. Earthquake shock. So shook sideboard that glasses and clock rattled as if been moved. I seized poker and called boy expecting that a whistle had been caught behind same and was shaking it in his efforts to get out.

September 11, Saturday.

Since Foulks leaving owing to the Corean distrust of Judge Denny and the newness of our Minister Hugh A. Dinsmore I have become the most influential foreigner here. The King has consulted me on all matters and always takes my advice. I have secured for the American Trading Company a gold mining franchise and was offered $250.00 per day some refused.

Amputated an arm a few days since first large amputation ever done in the country. Have been made an officer again Cham Chan Kuan and am appointed Assistant Minister to America begin packing this week. Was down with dysentery in August, as was Harry also will be a good thing, am offered travelling expenses to and from and to stay one year at $3,000 gold. King wants me to return soon.

The affair in our mission are smooth. The Methodists seem burning to get to see the King. Tried to get in with some of Admiral Chandler party who were stopping with them. Are now trying to get an audience for Bishop H. W. Warren and themselves. The King is no fool.

I have secured the position of Military Adviser for Flag Lieutenant Mason at $10,000 a year and house. He will come at once upon getting his leave by telegraph. Judge Denny is sick over it.

The preceeding pages relate to my early life as a medical missionary from 1883 to 1887—in China and Corea with the beginnings of my official connection with Corea and political events in that country from 1884 to 1887. Further matter will be found in my press copy books.

Horace N. Allen

Here follows correspondence with Wayne McVeagh an American rights in Corea—disputed by the Japanese—settled satisfactorily by this correspondence.

Written from Boston when I was temporarily residing at Brooklyn Mass. and not copied in my press copy books. Hence they are here appended.

H. N. Allen

Copies of letters to high Corean officials sent by Ex-Minister Allen on the seizing of Corea by Japan. Also copies of some articles on the same subject.

H. N. Allen

Part II

September 23, 1887～November 1, 1888

A short account of my difficult experiences in taking an embassy of twelve Koreans to Washington in 1887 and getting them established as a legation. They were suspicious of me: They attempted to amuggle, and they wanted to yield to Chiness demands.

I won out and they became my firm friends. Later I playfully adopted the old Minister Pak Chung Yang, as my father, to his infinite delight. I also had him made premier. One other I got appointed premier also, and one of them went as ambassador to Japan at my sug-estion, while a fourth I had made Governor of Seoul. The rest were mere clerks and servants.

Copies of official documents and transcripts of acc-ounts will be found at the back of the book.

1887

September 23, Friday.

Left Seoul and came to Chemulpo having said good-bye to Royal Family previous evening. Minister Pak Chung Yang was to meet me outside city gates and we were to proceed together. He did not appear. We went on. Next day I learned that he had been recalled by the King who had been intimidated by the Chinese Representative, Yuan Shi Kai who after failing in every other resource produced a telegram purporting to be from Li Hung Chang threatening to declare war if the mission was sent.

U. S. Minister H. A. Dinsmore arrived on U. S. S. Omaha 24th from Nagasaki where he had gone for his health. He was too late. Chinaman had held the field too long and his efforts were in vain. He however began dispatching to Yuan and succeeded in getting him to thoroughly commit himself in Japan to his having stopped the mission on the grounds of Korea being a vassal state to China and cites to a letter sent by King of Korea to other Sovereigns at time of making treaty. (See copy later Memoranda)

September 30, Friday.

Judge O. N. Denny came to Chemulpo and embarked for China on a Korean steamer flying the German flag. (She was not yet taken over from the German firm Meyer & Co. and was going to Shanghai to have her bottom cleaned and other repairs made.) The Judge claimed that he was simply going on a health trip. The Chinese claimed he was going to receive his salary. The

King objected to his going but finding that he would go anyway they furnished him copies of Yuan's written threats hoping to find that they were unauthorized. The King sent to me asking me to confer with Americans and Russians and see whether they would back him up in sending off the mission Saturday evening.

October 1, Saturday.

I rode to Seoul in 4 hours, saw Russian Minister Waeber and Mr. Dinsmore later found sending mission at once at all hazards, former(an old and trusty diplomat) said wait till we get telegraphs answer to our dispatches to our Government so that we may know on what to depend. Whether good or bad we argued that the mere fact of the receipt of a dispatch would be sufficient to intimidate the Chinese who would thereupon suppose that they were acting upon authority from home. I followed his advice and came back next day in company with Mr. Dinsmore.

During the next week the latter received a telegram from Secretary Bayard to the effect that his telegram was unintelligible requesting him to repeat which he did. As the Chinese who operated the telegraph had done as they have done before, mixed up the ciphers. It is doubtful if his later dispatch reached home intact. I therefore advised the King to send the Minister at once. He said he would do so and Mr. Dinsmore offered the U. S. S. Omaha to convey the mission to Nagasaki. Acting upon the suggestion of the Omaha's officers. I suggested to the King that if he made the request through Mr. Dinsmore, the U. S. Government might send the mission all the way to America on the Omaha as her time was about up and her home orders had been issued.

Mr. Dinsmore said he would not forward the request unless he got such dispatches from home as should lead him to infer that the Government would support him and notice the insult offered by China to America over Korea. About the time for the arrival of Minister Pak Chung Yang, the King writes me(dictated the letter) that Pak's only son and heir was dying and that the father could not leave at present, but that if he could not leave on the fifth of eight moon(September 21st), he would appoint a new man. On the date named another letter came saying that as Pak's son was still sick a new man would be appointed. Kim an official residing some 400 li in the interior. As it would take some time for him to get ready and as I had stated that conveniences were poor at Chemulpo and I did not wish longer to crowd Mr. W.D. Hutchison out of his house. I could proceed to Yokohama with my family and Ye Ha Yung, interpreter Ye Chah Yun and await the coming of the Minister. I answered that I would leave by Higo Maru

Sept. 26th for Kobe and Yokohama that Ye had better wait at Chemulpo for Minister, that the King should by all means send Minister on "Tsunga Maru" 9th moon 25th day(Nov. 10th).

That if he could not do so then he should give up present attempts as it was already exciting impossible comments abroad and the illness of Pak's son would be a partial excuse for delay, that they should telegraph me of the departure of the Minister by the above date and that if telegram did not come, I would proceed to America on or about first of 10th moon(Nov. 20th or 30th) and convey messages for the King to the American Government as well as attempt to negotiate a loan of $ 2,000,000 for His Majesty in Customs Commissioners as for letter given me under Royal Seal and for which purpose I had been given 400 pkgs. of gold dust to defray my expenses in case the mission did not get off.

Also I would engage military officers as drill instructors as requested. Mr. Dinsmore however has just received a telegram to the effect that the U. S. Government is now willing to send the officers long since applied for.

October 29, Saturday, Fusan.

We went on board Higo Maru Wednesday morning, 26th and started for Yokohama but a letter came from the King asking me to take a big dispatch to Min Yong Ik at Hongkong and to get the money and bring it to Nagasaki where I would doubtless meet the mission.

Admiral Chandler on the Brooklyn is going to Chemulpo and will doubtless take off the Minister. Admiral Robert W. Shufeldt is on board. He made a trip to Chemulpo and return and is said to be much disappointed at not receiving an invitation to visit the King. The European mission has orders to get ready. Denny is working on their papers. We had a rough trip thanks to bromide. Kim Nyum Yi and Sill were not sick. Fannie and babies were. They didn't take it.

October 30, Sunday.

Reached Nagasaki. I am having a rheumatic malarial attack.

November 2, Wednesday.

Very ill yesterday. This morning sent telegram to Mr. Bayard. Copy in back of book. Deposited my 400 ounce of gold with Holme Ringer and Company to change into silver. Find Mrs. Paymaster, Smith, Lieut. Commander Bickwell and Mrs. Lieut. Denig at our hotel. Leave today on P. & O. Ship Teheran for Hongkong.

November 6, Sunday.

Arrived Hongkong after a very pleasant voyage. The cabin was full of English men and women, Mrs. Sogy and daughters. I didn't get much aquainted with except the mother, a French lady lovely Yoke to Consul and Mrs. Sogy of Tokio(H. B. M). I liked especially the plain working but pleasing Mrs. Sogy. I confess I felt terribly out of place. I am not a society man and cannot get along with people. I don't see how I shall ever manage my future. I ought to be a farmer. The English were very amusing to me with their musical way of speaking their language. It resembles the Cantonese in rythm but I have trouble in understanding them. Maybe I am getting deaf.

November 7, Monday, Hongkong.

As soon as I arrived I began looking for Min Yong Ik. Our Consul knew nothing of him neither did the hotel people and tired out, I met Dr. Gulick of Shanghai who took me off to hear a fellow preach a Y. M. C. A. sermon to sailors. I fear I am backsliding. I didn't like it.

This morning I went to the Police Station and found that they knew Min's whereabouts, in just one of the officers is Min's great chum and adviser. Korea will go to pieces if she don't stop having so many advisers, as I explained to Min Yong Ik. He lives in fine quarters at the Victoria Hotel. I am at the Hongkong. We talked over all the business and I gave him the estimates of expenses as contained in the back of this book. He agreed with me that the suite was too large and should be cut down. I tiffined with him and dined with Min, with Mr. Arthur also. I ordered a suit of clothes and got a new hat. Very necessary. In the evening I called on Consul Arthur and daughters and was so scared that I could hardly hold my cup at meeting a pompous old Southern lady and three charming daughters with a whole room full of strangers. I did as the Romans do however.

November 9, Wednesday.

I dined with Min Yong Ik at H. M. B. Arthurs last night. The latter seems to exert quite an influence over Min. He is much like Hutchison. It is the same old story of "many cooks."

November 10, Thursday.

I witnessed the jubilee at Hongkong yesterday. The Chinese procession lasted 3 hours in passing one spot and was very gaudy. The dress review of English soldiers was interesting. I could not see the fireworks as I was busy the whole evening with Min Yong Ik. He is most annoying. He wants the numbers of the mission cut down which is very proper. He has some new ideas about the money wanted to keep it and remit to us monthly.

I said I should go with no mission under such circumstances after extensive palaver. I got him pacified by proposing to make all money payable from Bank to Korean Mission and requiring both the name of the Minister and myself. This is to prevent forgery on the part of other Korean and it will prevent the ministers drawing out and lavishly expending the whole sum rashly. When Korea has banking facilites all will work smoothly. Min Yong Ik agreed to pay storage passage Nagasaki to Chemulpo for the four men returning, and to pay my expenses on this trip $100.00. The $20,000.00 and the $140. inc. may have difficulty in obtaining as banks are closed for jubilee.

November 11, Friday.

Evening on board P & O S. S. to start at daylight for Japan. Min Yong Ik gave me cheques for $20,000 for mission and letters to Minister Pak Chung Yang. As Bank was closed for jubilee could not buy draft, left cheques with Mr. Arthur to buy telegraphic transfer tomorrow. I gave receipt to Min. Arthur gave me receipt. Min also gave me $100.00 for my expenses and $40 for expenses of members of mission to be returned from Nagasaki to Chemulpo. I spent $60.00 for my tickets to and from Hongkong and $63.10 while there, so that I am really out but $22.00 the amount I paid for my suit of clothes. The city looks well from the water, all illuminated and numerous displays of fireworks are taking place. Wind is rising. We expect stormy passage.

This Prince Min Yong Ik is the man whose life I saved. He was cousin to Queen. He was a great coward and fled on recovery and banked the King's money. He was rich.

November 17, Thursday, Nsgasaki.

Had a very stormy passage. I was sole passenger not sea sick. Jubilee ball too much for Capt. and 1st officer who were incapacitated for a couple of days. Arrived Nagasaki 18th. Found Fannie well, babies with bad colds. While with Min Yong Ik the first day we received a telegram from Korean Palace saying "Minister found gone." I telegraphed for Min to(Consul) Nagasaki to know if the European mission had also left. No answer came and on my arrival at Nagasaki I found that the mission had not arrived. The "Omaha" is hourly expected and may bring the mission.

I find Fannie has had a nice time and it is gratifying to me to know that the missionaries who came out with us and who tried to snub us and circulate bad reports about me owing to my taking bromide for sea sickness and the serious illness of my wife are now very glad to know us. Three of them have such delicate wives due to stingerness of the husbands in some cases and the others are not recognized in society. Some of them have had the success that I have had and apparently in no place are the missionaries so well received of and thought of as the little colony I was the pioneer of in Korea.

Last night Admiral Shufeldt showed me a letter from his people in California declining to have anything to do with the mining concession given Townsend by Korean Government and into which the Admiral had entered. This stops the mining business and cuts off the prospect of a loan with which to pay Korea's debts and clear her of China. I fear I may be unsuccessful with the $2,000,000 loan. It is unfortunate that our people cannot be more farsighted, they have lost Japanese and Chinese trade and now when Korea is begging them to come in and take this trade they hold back and will eventually lose this very good chance.

November 21, Monday.

Korean mission of ten persons arrived on Saturday by U.S. Gunboat Omaha, with any quantity of luggage such as clothing, kimche, dried fish, and stuff, filling half of the Captain's after cabin also 13 large straw covered cases below. Minister Pak Chung Yang insisted on all this stuff being carted to his Japanese Hotel and would listen to me in nothing. On Sunday I procured tickets for the Minister, First Secretary Ye Wan Yong, interpreter Ye Chah Yun and servant Huh Yong Up to go to Hongkong where he insisted upon going against every protest. I got him aboard General Werder German Mail S. S. last night after a deal of trouble and they got off this A. M.

Yesterday I made an attempt to ascertain the amount of their appropriation and money in vain. I was politely informed that my business was outside not inside. It relieves me of much responsibility. All day today I have been getting off their luggage, some 50 pkgs. in all by freight, telegraphing to Min procuring tickets and getting them aboard Yokohama Maru for Yokohama where we will await arrival of Minister Pak.

November 29, Tuesday, Yokohama.

Arrived here Friday November. 25, with six Koreans and over six tons baggages. Had a pleasant trip on Yokohama Maru. Admiral Chandler and Consul Jaenicken made our stay in Kobe pleasant. The Admiral sent word to Capt. Glass of Monocacy here to make our stay pleasant which he is doing. James R. Morse, Consul General Clarence R. Greathouse, Mrs. Aston and others are making it pleasant for us. We are at the Grand Hotel.

We may wait here some time for the Minister, 1st Secretary, interpreter and servant to arrive from Hongkong where they went on business for the King with Min Yong Ik.

I am about to turn over the negotiation of $2,000,000 loan to James R. Morse, Townsend and Co. I called on Dr. and Mrs. J. C. Hepburn yesterday, was received by Dr. Hepburn but not by Mrs. Hepburn. While dining at Morses last night I learned that Mrs. Hepburn had told Mrs. Morse that my conduct had been disreputable in Korea and that she had written me a kind letter in expostulation(a base lie), and that I had replied in an insulting manner(another lie) and now she wondered if I would have the impudence to call on her. I hear that she is generally considered a backbiter here and her own daughter says she can lie easier than tell the truth, but the Dr. Hepburn is profoundly respected by all. I also heard of the horrible disgrace to my friend Rev. Graham Lee, Squires who has for a long time had illicit intercourse with Miss Dr. Hamisphan of their mission (Methodist).

There seems to be much missionary scandal going on here and I don't much wish to recollect myself with them. I had written a kind letter to Dr. Heron yesterday but hearing from Dr. Hepburn that they had just received letters from the Herons, I destroyed my letter to the latter for he must be continuing to lie about me. He wrote me at Chemulpo that I had treated him more kindly than he deserved and that he had wronged me, in fact he confessed that before, but if he isn't man enough to write the same to people to whom he has misrepresented me I want no more to do with him.

December 7, Wednesday, Yokohama.

We are hourly expecting the Minister, Pak Chung Yang in "Oceanic" from Hongkong. We expect to go by same via Honolulu. Have been very busy, people have been persistent in forcing attention upon us and we have had more than we could attend to. Consul General C.R. Greathouse has put his carriage at our disposal and shown may other attentions. American Minister to Japan, Richard B. Hubbard has also been very attentive coming down to see us, asking us to dinner etc. So has his Secretary I. S. Mansfield. The Minister is much interested in the loan and is willing to do all he can to further it. He has given me very strong letters to Secretary Bayard, General James H. Wilson and others. Morse has also written his people very strongly about it and supplied me with paper and specimen of gold and ore.

December 9, Friday.

Minister Pak arrived yesterday morning. I went off in

steam-launch to meet him at daylight but he had slipped ashore in a sampan and went to a Japan Hotel. I got them their tickets 5 1st class, 2 2nd class, 3 3rd class, shipped 40 cases as luggage. They still like to run their own affairs and I let them do it while here. While in Nagasaki Admiral Shufeldt and Lieut. Mason A. Shufeldt(second son) were very anxious to have the latter appointed Naval Attache to the Korean Legation. I protested that it was useless, needless, etc., after pressure I mentioned it to the Minister who promptly said "We can't afford it." I thought the matter would rest there but it seems the "Omaha" returned to Chemulpo with Mr. Dinsmore and Shufeldt got his message to the King who can never say no to a foreigner. The result is that this p. m. I received a telegram from Shufeldt, Nagasaki, "When does mission sail King requests my joining." I telegraphed "Sail tomorrow morning." I now expect to get a request to wait but we have shipped the stuff, purchased our tickets and will not stop. D. V. We will leave on S. S. Oceanic via Honolulu tomorrow.

December 26, Monday.

We left Yokohama as intended on 10th. Had very stormy weather for 6 days. Koreans were sick and a nuisance to themselves and everyone else. Although they had but 5 first class tickets, the other five stayed in the cabins ate together and were filthy beyond endurance. At last they paid the difference and took two more 1st class tickets. I also paid $35 more $85 in all and got a cabin for Kim(our servant) who eats with Harry(our son). Two Koreans Kang Chin He(the snoop) and Ye Sang Jay, the dirty man eat with the Minister Pak Chung Yang in their rooms as they have been sick all the way and also by eating in their rooms they get food for their servants. The Minister is a weak imbecile of a fellow. The regular interpreter is an idiot and cannot speak English. The Secretary Ye Wan Yong and Ye Ha Yung are the redemption of the whole party which otherwise creates a very poor impression. They persist in standing up on the closet seats which they keep dirtied all the time and have severely marked with their hob nailed shoes. They smell of dung continually, persist in smoking in their rooms which smell horribly of unwashed bodies, dung, stale urine, Korean food, smoke, etc.

The ship's people are very kind but will be exceedingly grateful to be rid of them, as I will myself. I go regularly every morning to see the Minister and get him up on deck. I can't stop long in their rooms, as I have had to point out lice to them on their clothes, which with the bad smell seems to make no difference to them. I am not rude to any of them but Kang Chin He whom I refused for a time to notice because he insisted on being in the saloons and everywhere half dressed and exceedingly dirty even though. I had asked the Minister Pak to insist on his dressing and cleaning himself. He is a great snoop too and annoys everyone.

As I expected young Schufeldt telegraphed me to wait for him in San Francisco. He said "Expect King's commission by next Higo Maru then get Admiral Shufeldt to telegraph The State Department for leave would like to catch you in San Francisco." I told Capt. Glass of Monocacy the whole thing. He will explain to Admiral Shufeldt, and the too foolery will probably be stopped. It is a pity for the King cannot say No! more easily. We arrived at Honolulu Wednesday Dec. 21st. 9 P. M. and left Thursday 1:30 A. M. As we had small-pox on board no one went ashore. We were put in quarantine for two weeks. We discharged 6 tons of opium—the cause of our coming to the islands and left. However during the day we saw the islands with fields of cane and the neighboring factories.

Christmas eve. we had a banquet in the saloon. I had a speech. Punch and champangne flowed freely. Every one took part. At 11 the ladies withdrew and till morning the men kept up a terrible row till some of them got very drunk. We had each to tell a story or sing a song (after ladies had gone) I was permitted to tell them about Korea but after me everyone either sung a smutty song or told a very smutty story. I was rather surprised I left at 12.

Yesterday Sunday was Xmas. Fannie got her pearl bracelet, ring and pin. She gave me a bag for my nightclothes. Harry was amply pleased with some candies and toys. Most of our passengers are tea merchants. There is one other lady besides Mrs. Allen and also an American. We expect to arrive on Wednesday night December 28. As we gained 1 day, our trip will be 19 days.

1888

January 13, Friday, Washington.

We arrived in San Francisco on Wed. December 28, 1887 and were quarantined till Sunday noon January 1st, 1888 because of a case of varioloid 16 days old among Chinese storage? Got ashore and went to Palace Hotel. Got baggage ashore on Tuesday at noon, opened, repacked, shipped, got tickets, etc. and left on Wednesday by Central Pacific Union P. Burlington and Penn vestibule train. We were delayed in Central by snow, sleeping car heater got frozen up, I had to go into smoker. Got off track on Union and were delayed 5 hours 13° below O. Got to Chicago Sunday P. M. Sent Fannie and babies on to Toledo. We got to Washington on Monday evening, went to Ebbit House. Had endless trouble with Koreans. Saw Sevelon Brown on Tuesday. Appointed to meet Secretary Bayard in afternoon. Went with Ye Wan Yong and Ye Chah Yun. Took a letter from Minister Pak Chung Yang stating that he had arrived and was ready to present his credentials. He appointed Friday 13th as the day.

We went today and had a pleasant and satisfactory interview. The Chinese had refuted that Minister Pak would first call in and be introduced by them. Chinese called on Minister Pak as he would not call on them. Yesterday Minister Pak insisted on calling on Chinese. I said all I could and finally as a last resort I said I would resign and leave them if they either called in Chinese or sent cards before calling on Secretary Bayard. We heard that they were to be at State Department, when we called but we went early and as it was raining hard no other persons were there. We visit President Grover Cleveland on Tuesday January 17th.

I got a good house for legation on 0 Street. Parlor, large hall, dining room, kitchen, and pantry on first floor, five bedrooms, ball and bath room on second, large office and storeroom on third. Got two work men for $30 per month both, got house for $780, per year, got furniture complete for $1,250, perhaps less. Have many calls and am on good terms with newspaper men, am using them well.

January 28, Saturday.

We saw the President Cleveland on 17th and had a very pleasant interview. Minister Pak expected to see the qreat American King in uniform and was thrown off his guard by seeing simply a man in ordinary dress. He could hardly get his voice enough to sing off his speech. Tuesday afternoon after audience we made 48 calls, simply driving up and sending in our cards. Called on all diplomats, cabinet officers, Admiral David D. Porter and General Philip H. Sheridan and the Judges.

Wednesday we moved into the legation and received calls. I stayed with them first night. They were delighted with their quarters. Thursday I selected furniture for myself. Hired at $50, house for $30 a month furnished basement, first and second floor, with oil stove for cooking. Thursday night 19th. I started for Delaware got there next evening. Had most disagreeable time with Father, found poor Mother unawaked and worried. Georgia gave birth to boy(second). Sunday morning January 22nd I delivered an address to a crowded house at Presbyterian Church Sunday night. Showed off Kim Nyum Yi.

Monday morning started for Washington arrived Tuesday morning, went direct to our house 14ll Stoughten

St., found everything in order. Found things quiet at Legation. Decided to accept invitation to President's reception on Thursday evening 26th. Owing to death of Portugese Minister, our diplomats declined one with others. Arranged to attend funeral Thursday 11 A. M. 26 but carriage failed to come so did not go. Saw General Sheridan on Thursday, found he had under instructions from State Department selected three ex-military officers to go to Korea and they were only waiting to see Minister Pak. They are General William M. Dye, Chief of Staff(formerly in Egyptian Service), Col. Edmund Cummins and Major John G. Lee, the first seem rather too old, other man did not see, first two called at Legation.

Last night went to a reception and supper at Secretary of Navy W. C. Whitneys. Minister Pak was shocked at great display of feminine nakedness, asked me if it was all right to look at the ladies. When one of them with an enormous train shivered with cold, he said if she would pick up her "tur-um-agy" off the floor and wrap it around her neck she would not be so cold. We were first there and first to leave. Tonight we go to reception at Secretary Fairchilds. Fannie and I called today on Mrs. Capt. Daniel P. Mannix, our first call found her little boy down with typhoid.

August 23, Thursday.

After getting Legation settled, I in February went to Wilmington to consult General James H. Wilson concerning the loan. He went with me to see some Wall Str-eet people but none of them would even consider making a Korean loan. I began corresponding with Mr. Alfred James and W. B. King of Los Angeles and San Francisco who worked mining franchises. I intended going to see them in Michigan but was detained by the almost fatal illness of our Maurice(second son), who had an attack of colitis after injuring his head in a fall downstairs. I went in April. Arriving in Los Angeles August 15th and starting home next day. The Company had their paper already. They offered to do the work on a royalty of 10% and later in changed it to a conditional 20%. They offered me 1% as a commission. I declined. Going home via Toledo, I met Ye Wan Yong, 1st Secretary going home with his servant attendant Huh Yong Up and the interpreter Ye Chah Yun. Then I gave him the car offer and wrote a memorial to the King offering to open the mines myself if this plan were not sufficient.

In June the Minister, Pak got into trouble through endeavoring to dispose of cigars he had smuggled.(See copy book letter to Dinsmore.). During July and August we had a lively newspaper controversy. Mr. James. R. Young of the New York Herald seeming to be very much down on Korea. In July I was many times in New York endeavoring to raise the loan in obedience to a cablegram from the King. I had unusual facility(?) this time as I worked through some gas men who wanted to get a Korean franchise for opening up gas and water works and a Railroad in Korea.

As they had good New York connections they were of much services to me. I saw the principle New York bankers and was kindly treated. Some of them really interested themselves enough to ask fully about Korea but no one could to make a loan. At least not until we had a more active U. S. State Department. Now I have found some parties who have newly agreed to go to Korea and mine giving the King 33 1/3% gross. They come here tomorrow and if my advice is strong enough and the King consents. I will go at once with an expert whom they will send with simple machinery. If all is as I represent contracts will be made and machinery will be dispatched. I remembered this through the gas people who promise to share their commission with me providing I obtain their franchises(told Koreans it would go to them) for them. I cabled the King but he answered in an unsatisfactory way. I have cabled again.

November 1, Thursday.

King declines to grant franchise to New York Company. Sends $30,000 to me to buy and conduct mining machinery. Have been to New York and Saint Louis Chung Yang obtain leave and I am advised to remain and send a man to inspect mines, advise and operate machinery. Have been to New York and Staint. Louis and had great trouble in securing good man. Finally got my Willard Ide Pierce, recommended by Prof. Raymond of New York, Mr. Harpening and others. Very good men $5,000 gold for year and travelling expenses.

Farther on there are some accounts, budgets, codes, mining and loan matters and some translations of official documents.

1887 Mining

May 21.	Telegram Skimmer Oakland	$1.00
May 22.	Telegram Union New York	$2.59
May 22.	Street Car Tickets	$0.25
May 24.	Wire to San Francisco	$4.01
May 25.	Wire to San Francisco	$1.41
May 26.	Wire to San Francisco	$1.00
May 30.	Wire to San Francisco	$1.00
June 2.	Wire to San Francisco	$2.00
June 6.	Wire to San Francisco	$2.75
June 8.	Wire to San Francisco	$1.00
June 8.	East 2,141 Stynten	$0.20

June 12.	Wire to San Francisco	$1.00
		$18.71

November 9, Wednesday, Willard Ide Pierce

	Advance Salary	$200.00
	Advance Expenses	$500.00?
	Advance Purchases	$200.00
	Purchases made	
	Denver & Co.	$32.43
	Reuffe & Co.	$32.25
	Beaze & Co. (155. 60)	$90.72
	J. R. Morse, Yokohama	
	Advance Salary for J. S. Prince	$2,400.00
	Total, Self Purchases (mines)	$90.64
November. 9.	Pak Chung Yang, for J. S. Prince	$5,000.00

1888

January. 10.	J. S. Prince,	
	for W. I. Pierce 2nd Month Salary	$200.00
January 14.	Cable to Dye	$94.86
January 14.	Exchange Pierce $2,400	$6.00
January 14.	Telegram from	$1.00
February 10.	J. S. Prince	
	for W. O. P. 3rd Month Salary	$200.00
March 10.	J. S. Prince for W. O. P. 4th Month Salary	

$200.00

April 12. J. S. Prince for W. O. P. 5th Month Salary

$200.00

April 15.	J. S. Prince for W. O. P. Extension	$200.00
May 9th.		$200.00
June 12.		$200.00

From King to Minister Pak for mining purposes $30,000.00

(Large note across page reads: see copy book 363.)

Friday, December 9th, 1887

Moneys exchanged into gold at Yokohama by Korean mission.

	Silver		Gold
Pak Chung Yang	$ 14,000	=	$ 10,640
Ye Ha Yung	2,000	=	1,520
Ye Chah Yun	900	=	684
Ye Wan Yong	100	=	76

Exchange 76

Copy of Statement of my account sent to

H. R. Majesty from Yokohama

	Silver
Gross return gold (400M)	$ 9,287.26
Net	$ 9,159.88
Salary self good 3000. Silver	$ 4,000.00
Expenses both ways	4,000.00

Gold 3,225.00

Eaton? Hotel expenses

3 months delay		300.00
	Silver	$ 8300.00
	Gold	6,225.00

Exchange 76

Balance Silver	$ 859.88
Balance Gold	$ 644.91

Balance in gold of $ 644. 91 will be handed to Minister Pak or used for telegrams and other incidental expenses connected with negotiation of loan.

November 1st, 1888. Spent in travelling, telegrams etc. 732.15 leaving balance, due Allen 87. 24

Translation of Credentials Korean Minister to U. S. A.

The King of Great Chosun makes a communication to the President of Great America. As I concluded the first Treaty with your Honorable Country with which the friendship has ever since been close, and as it is some years since an embassy was sent to America, now to keep the intimacy, and to strengthen and increase our commercial relations between the two countries permanent and without defect, I especially appoint the favorite and confidential official, Pak Chung Yang who is Vice President of the Home Office and of Secound Rank, to be the accredited Plenipotentiary to Your Honorable Country, to reside at the Capital to manage diplomatic affairs. I know that this official is loyal, careful, and discreet and to be entrusted with the position. In view of this, I have entrusted this communication to the Envoy to be presented in person. Sincerely hoping the President will treat him with cordiality and give full faith and credit to what he may say in behalf of this court and also permit him on occasions to have interviews in order to deliver my assurances of true friendship, thereby insuring mutual happiness. Hoping endless bliss for the President.

Beginning of the Present Dynasty of Chosun 496 years and of the Present Reign 24th year 8th Moon 7th Day. (Signed)

At the Palace of Kiang Pok in Seoul.

(Seal) Countersigned by the President of the Foreign Office.(Chyo Pyung Sik) with Seal.

Complement of Mission as arrived at Nagasaki

Minister	Pak Chung Yang
Minister Private Secretary	Kang Chin He
Minister Private Servant	Ye Chong Ha
1st Secretary	Ye Wan Yong
1st Secretary Private Secretary	Ye Hyun Yong
1st Secretary Servant	Huh Yong Up
2nd Secretary	Ye Ha Yung
3rd Secretary	Ye Sang Jay
Interpreter	Ye Chah Yun

Servant at large	Kim Nyum Yi
Foreign Secretary	H. N. Allen

Amended Memoranda of expenses for Korean Mission

Minister－Pak Chung Yang－Salary－gold		5,000.00
Secretary－Ye Wan Yong－Salary－gold		1,500.00
Interpreter(sic)－Ye Ha Yong－Salary－gold		1,000.00
Two Korean Servants－Salary－gold		200.00
Three Foreign Servants－Salary－gold		600.00
House Rent		1,000.00
Furniture		1,000.00
Stationery		100.00
	Gold	10,400.00
	70% Silver	14,857.14
3 First Class Passages to Washington	Mexican	1,800.00
2 Storage passages to Washington		400.00
Extra expenses in travelling, a fitting Legation		2,942.86
	Total Mexican	20,000.00
Allen, Secretary of Legaion Salary one year gold		3,000.00
	70% Mexican	4,280.57
3 1st Class, 1 Storage Passage		2,000.00
Same to return		2,000.00
		8,280.57

Memoranda of Appropriation for Korean Mission to Washington

Minister, Pak Chung Yang, Salary gold	3,000.00
Assistant, H. N. Allen, Salary gold	3,000.00
1st Secretary, Ye Wan Yong, Salary gold	2,000.00
2nd Secretary, Ye Ha Yung, Salary gold	1,500.00
3rd Secretary, Ye Sang Jay, Salary gold	1,000.00
Interpreter, Ye Chah Yun, Salary gold	1,000.00
Current expenses of Legation — Dinners	2,000.00
House Rent	1,000.00
Furniture	1,000.00
3 Korean Servants, Chow furnished	400.00
2 American Servants.	500.00
Stationery	100.00
Total Gold	16,500.00
70% Silver	23,571.42
Travelling Expense Account	
5 Korean Officials Seoul to Washington, Silver	3,000.00
Allen & family with one servant	2,000.00
3 Servants at large	600.00
Total Traveling Expenses	5,600.00
Total for 1st Year Silver	29,171.42

The King of Korea to the King of Italy

"Korea continues to be a dependent state of China, but her internal administration and foreign intercourse are directed as before by the King of Korea. He is on a footing of (equal authority) equality with the King of Italy in the making of the present treaty. When the former has ascertained, and agreed to the provisions of the treaty he will be bound to carry them out honestly as an independent ruler(according to the laws which regulate the intercourse of independent states). As to the duties which Korea has to perform in her capacity as a dependent state of China, these are not in the very smallest degree of concern to Italy(i. e. Italy has nothing whatever to do with any one of them). An official will be deputed to arrange the treaty and in the meantime as in duty found the King communicates the above information to the King of Italy. In official dispatch for the King of Italy."

The above is a copy of the "letter" upon which the Chinese claim Korea as a dependent state.

Copy of Telegram

Seoul Korea

October 25, 1887.

Secretary of State, Thomas F. Bayard, Washington.

Salaries for Chief Instructor, Five thousand Mexicans.

two assistants, each three thousand, to commence on entering service. Five hundred Mexicans to each on arrival in lieu of expenses. Same on return. Salary payable monthly in advance. Unfurnished house gratis.

Dinsmore

Translation of Letter of Pak Chung Yang to President Cleveland

Washington January 17, 1888.

I, Pak Chung Yang, the appointed Minister Plenipotentiary of Great Chosun(Korea), now for the first time see face to face the ruler of the Great United States, and deliver to him in person, the credentials which I bring by order of my King, after which I hope to reside at this capital to promote friendly and commercial relations. I hope that our two people may come closer together in everlasting friendship and enduring peace. All this 1 present to the Great Ruler of the United States and wishing him, prosperity and ever increashing greatness, I bow.

Answer of President Cleveland

January 17, 1888. 11 a. m., in Blue Room of White House.

Mr. Minister. It gives me pleasure to receive the credentials you bear from His Majesty, the King of Great Chosun, as the

Korean Minister Plenipotentiary near the Government of the United States. As the first among Governments organized under modern representation systems to enter into treaty relations with Korea, the Government of the United States is gratified to see the friendly intercourse desired by both, now fully confirmed by the establishment of the mutual diplomatic intercourse provided for by the treaty. Our efforts will not be wanting, Mr. Minister, to strengthen the ties of friendship and to develop relations beneficial to both countries. As the worthy representative of a friendly nation, I bid you, Mr. Minister, a cordial welcome to this capital, where I trust you may find health and comfort in your residence, and be enabled to render lasting service to both countries.

Ships leave Chemulpo

1887

October 26. Higo Maru 9th Moon 10th day

November 8. Tsuruya Maru 9th Moon 23rd day

November 16. Higo Maru 10th Moon 2nd day

Leave Yokohama

November 10. City of Peking 9th Moon 25th day

November 20. San Pablo 10th Moon 6th day

November 30. City of Sydney 10th Moon 16th day

December 10. Oceanic 10th Moon 26th day

November 20. City of Rio de Janeiro 11th Moon 6th day

Canadian Pacific

Leave Yokohama

November 22. Abyssinia 10th Moon 8 day

Mrs. Prescott Smith

88 Chase Ave.

East Walnut Hills

Cincinnati

Washington May 5th, 1888. Received of H. N. Allen ten dollars in full to date for making and hanging six gates to stair ways. Amos Flouche.

Chemulpo, October 16th, 1887.

I have received of Dr. H. N. Allen for the Korean Mission six hundred dollars($600.00) being part of passage money deposited with him. $600.00

Ye Ha Yung 李夏榮

Account of Mining Expenditures

By H. N. Allen Secretary Legation

1888	Gold	Gold
Forwarded to Pak Chung Yang	$	$
By Kim Ka Chin		30,000.00
November 9. W. I. Pierce, one year's salary deposited	5,000.00	
November 9. W. I. Pierce, Travelling expenses	500.00	
November 9. W. I. Pierce, Purchases to be made	200.00	
November 9. W. I. Pierce, Purchases made in New York	90.62	
November 9. Travelling—looking up expert	90.64	
November 9. Advance to Pak Chung Yang in trust	5,000.00	
1889		
January 14. Cable to General Dye about guns	94.86	
1888		
November 15. Exchange on Pierce money	6.00	
1889		
January 14. Telegram from New York guns	1.00	
June 18. Machinery and Expenses, Union Iron Works, San Francisco	11,863.23	
June 18. Bank exchange to San Francisco	59.31	
June 18. Telegram to Union Iron Works	18.71	
June 18. Deposited with Ye Wan Yong	1,010.65	
	30,000.00	30,000.00

Surplus over expenses and purchases remaining in hands

of W. I. Pierce and to be paid to government = silver 245.84

Mining moneys unused.

Pak Chung Yang	gold	5,000.00
Ye Wan Yong	gold	7,075.63
W. I. Pierce	silver	245.84

Direct expenditures

Part Ⅲ

September 14, 1897~July 27, 1898

In 1897 the Russian Government replaced its very able and courteous representative with a most arrogant and boisterous man, Alexis de Speyer, who was quite the opposite of his predecessor Karl Waeber. Speyer tried to overturn everything in favor of Russia, even attacking American interests in his desire to oust the Japanese.

His conduct had much to do in bringing on the Russo-Japanese War by showing Japan—Russia's intentions at paramountcy and the plain necessity of a showdown.

Speyer's course was so baldly irritating that he was soon removed but his successor A. Pavloff, was of the same general type.

Having just been appointed as Minister I started to keep notes of Speyer's mouthings, but gave it up in disgust. These few entries will show how Russia "rode to her fall" in those days.

1897

Foreign Office, September 14, 1897, Tuesday

Allen to Min Chong Mook

A : I hear you are considering the guestion of granting a portion of Deer Island to a Foreign Power for a coaling station at Pusan.

M : Admitted but not decided.

A : I understand their proposed coaling station takes about 20 acres or really one helf of the level land reserved for a General Foreign Settlement. Is this the case ?

M : I have not seen the plans yet but the Governor of Pusan tells me it is the place that was marked out for a Settlement.

A : I wish then to say that in view of the fact that we are allowed a General Foreign Settlement at Pusan by treaty, and there being that we have for years urged upon Y. E. (Your Excellency) Government to lay out their settlement because of the injury and inconveniences caused by the delay to Americans in Pusan, that Y. E. take steps to lay out their General Foreign Settlement at Fusan before granting a coaling station to any one.

M : I know the matter has been under discussion for a long time but many things have delayed it. The Island is large and as the Japanese have a coaling station there, the Russians have also asked for one.

A : I have nothing to say as to the question of your granting a coaling station on Deer Island and I have not said / anything as to the country making the request. What I wish to say is that if I am rightly informed this proposed site is in the only place suitable for a settlement and while there are many places on the Island that will do for a coaling station this is the only place at Fusan suitable for a Settlement. I went there for our Legation in 1892 and am perfectly aquainted with it. All the other Representatives have at various times expressed the same opinion. Therefore I wish to point out very stongly and clearly that Y. E. (Your Excellency) should first lay out the Settlement granted by treaty to all the Powers before giving away any part of the Island to one particular Power. You can only make yourself trouble by neglecting this. And I wish to ask that you decline to act in this matter until you have connected with all the F. F. RS. (Fusan Foreign Representatives) as to their interests. I have not yet reviewed the plan and do not know quite what has been asked for but I shall do nothing till I get their plans, and I shall not decide the question until I have consulted with all the Representatives of the treaty Powers.

September 26, Sunday.

A missionary confiscated tools of the Russian Legation because they were used for work on Sunday.

Matter of Dr. Linton. After notes exchanged, I sent him my card with this writing Dr. Linton "Please give up the Russian articles and come to see me." He came at once. And I asked him "Have you given up the things." "No, and I won't so long as they persist in working on Sunday." "Then I can do nothing for you and must compel you to give them up as you have no right to seize and lock up their property." He finally agreed to put them out in the front road a long distance from where he took them. Upon quiet discussions however he agreed to let the men take them how and when they pleased. He said he would make no more interference if they did not work on his grounds.

October 4, Monday.

Note

Dear Greathouse.

Pardon my offering gratuitous advice, but I think you should not leave Seoul at present, on your own account and on account of your Korean friends.

Yours, H. N. Allen

Outober 6, Wednesday.

Had a talk with Clarence R. Greathouse today to confirm some statements he had made before in whole and in part. He said that on the day that the cabinet was changed Thursday September 30, Mr. Speyer, Russian Minister had a long talk with him among other things he referred to the matter of Chyo Pyung Sik as a possible member of the Cabinet. He(Speyer) had talked unfavorably of him before, but on this occasion he said according to C. R. G.(Greathouse) "I have decided to try him and think it will be for the best." C. R. G. said he thought he was making a mistake. Speyer replied, "No, I am not. You will see." C. R. G. said he had also asked him as to the character of General Chung Nak Yung (sic) and C. R. G. asked me. All of which shows that Speyer had the accepting of this cabinet change, though C. R. G. thought he did not expect to do it so soon, but was compelled to by the force of events, which he treat to do with the "Emperor" matter.

October 7, Thursday.

Mr. J. N. Jordan H. B. M. Rep. tells me this a. m. that he saw (?) a letter from Speyer to the Foreign Office yesterday stating, "that in accordance with a request made by H. I. M.(Korean Emperor) through his Ambassador Min Yong Whan in May 1896, the Russian Government has sent an official to act as Director of the Finances and Customs of Korea and this gentleman having now arrived, he wishes to be informed when he shall take charge of his duties."

I told Jordan that I had heard form Koreans that he had said to the Foreign Minister, Min Chong Mook that he would take down his flag and leave if J. McLeavy Brown were discharged. He said he had not said it, but he had heard that Speyer had said he(Jordan) might do so, and that in that event he(Speyer) could take the consequences.

October 14, Thursday.

Tonight at dinner at my house, Mr. Speyer in speaking of C. R. Greathouse said. He is the only one of your own citizens here that I can trust. He is true to Russia. The others are not. I said, I think Mr. Speyer that you have received more sympathy and support from Americans in Korea than you are aware of.

Oh! Yes, he said, when the Japanese controlled everthing, they were very willing to come to us to get their Korean friends out of trouble but lately, No! What have they done lately that you find fault with. Well they went so much against the matter of our military instructor, when they should know that it would do them no good. As to the military instructors I replied, this Legation was reported home from Japan for favoring that and until it was cleared up it bode fair to make us trouble, but as to our missionaries being concerned in this, one way or the other, I can assure you, you are quite mistaken and have been misinformed. Some one is doubtfully misrepresenting their people to you and you are therefore doing them an injustice.

Our missionaries here are a particularly well behaved and gentlemanly set. While they are not inclined to interfere in politics, you cannot expect that they will live so long in the country without making friends. Friends. Ah Yes, he said, that is allright but political friends. No! Your Government has publicly announced that it wants no political influence in Korea and it has instructed your people publicly that they must not try to make a political influence. But they all the time talk to their friends on politics as in the matter of the military instructor.

I must disagree with you most decidedly. They had nothing to do with this matter. It is well known to be due simply to the opposition of one man who had worked with Russia right along to this point but could not go so far as to sanction making their contracts. I have every reason to believe that he followed his own judgment entirey and was not influenced by outside advice. You should know Ye Wan Yong better—That man! He is ze worst I have seen. Ye Wan Yong later Premier was 1st Secretary of the Embassy I took to Washington in

1887. I have put a clan on his name and he shall never hold any office in Korea while I am here. He is ze(again "the") head of the Pro-American Party(Chong Dong Club) what is always crying Independence, Independence. You shall see. I shall put that party out of Korea, they shall not exist. It seems to me you are taking a great deal upon yourself, especially as this idea of Independence was born in your Legation and nurtured by your predecessor.

"Oh! Mr. Waeber. I do not approve of Mr. Waeber. I like not many things he has done. You will find me a true Russian. Mr. Waeber is not." I excused myself as the conversation was getting to be too difficult for me as host. I infer that he disapproves of Mr. Waeber for his friendship for Americans and for his letting the R. R.(Railroad) Concession go to Americans. He likes Greathouse therefore, not only for his pullover, but because he is at cuts? with Morse over his(C. R. G.) departing the R. R. in 1892. I am informed by Dr. Philip Jaisohn who had it from a Russian, that Greathouse has talked very ill of me to Speyer as well as ill of all Americans but himself and Speyer had told of this. Greathouse—former Consul General at Yokohama later was most abject, faithful, and loyal to me. H. N. A.

October 27, Wednesday.

Today Mr. Jordan tells me that last night he received a dispatch from Foreing Office. American, the Appointment of Kir Alekseevich Alexeieff to Custom & Finance and stating that "in regard to the dismissal of the first adviser to Finance Department and Chief of the Customs I will be glad to see you and discuss the terms". Jordan returned this today saying he had nothing to discuss with him in the matter. Last night Jordan gave his dinner to Speyer. All the other Representatives were there, but Speyer and his wife declined on account of the sickness of their child.

November 3, Wednesday.

Mr. Jordan told me today that he wad informed through his Government from Petersburg that Speyer was acting extirely upon his own intentions, that the Russian Government had stated to the British Chargé Henry Howard in Petersburg that Korea had asked for financial experts and one such had been sent "but we have absolutely given no instructions to our agent in Korea regarding the removal of the Bureau." The Chargé then suggested that in that case a telegram be sent to the Russian agent in Korea, asking him to delay action till the receipt of instructions. The official who was the Chief of the Foreign Office in Charge of Asiatic business said he would consult with the Foreign Minister.

December 13, Monday.

Chyo Pyung Sik, Foreign Minister called on me today and in a shame-faced manner said that he had come as a friend before sending me a letter to explain that the Korean Government intended to dismiss Dr. Jaisohn. King had sent me word yesterday that night before last Kim Hong Yook, Russian Interpreter, had brought him draft of a dispatch made in Russian Legation for the Foreigh Office dismissing Dr. Jaisohn I had seen the latter and he was quite willing to be dismissed if paid up for the remaining 8 years of his contract as he had a good offer from the American Mining Company to go with them as interpreter, Surgeon etc. King wanted to assure me that this was but his doing and he hoped I would not be angry. Chyo said, Jaisohn(So Jay Pil) was a traitor(Yuk Chuk) in 1884, he came here without being asked and got a ten year contract as adviser from the Yuk Chuk Cabinet in 1895. He has insulted the Government in his newspaper and we don't want him any longer.

Allen to Chyo

Allen: I chance to know that he waspublishing the paper in

the interest and at the expense of the Government if they did not like it they were at liberty to stop it. He was publicly purchased by the King, his property returned and contract ratified after the King went to the Russian Legation. In case he is dismissed you will have to buy him in full to the end of his contract.

Chyo: You know Korean matters well and you know that he is really a Korean. Why should you, considering the friendship of Korea and U. S. A., care for him?

Allen: He is an American now and entitled to full protection and he will get it.

Chyo: Well we will pay him all the balance on his contract providing he will leave Korea.

Allen: I chance to know that he has an offer from the American Mining Company to go with them. Would not that answer.

Chyo: No! He must leave Korea or we will not pay him a cent.

Allen: His going or staying is not for me to decide. I shall see that you pay him in full if you dismiss him and as to his going or staying he must decide himself. I cannot deport a man without good reasons.

Chyo: You know that it is shameless for a Yuk Chuk to remain here this way.

Allen: I decline to hear such terms applied to him. He stands high with all foreigners here regardless of nationality.

The better clan of Koreans regard him just as highly, while the common people look upon him as their especial champion. His youthful mistakes are condoned by all as well as by His Majesty who by Royal Decree forgave him fully. I must ask you to say nothing more on this subject.

Chyo: What will you do if we dismiss him without pay,

Allen: I will report it to my Government and there are many ways in which we can obtain satisfaction of a joint claim, even if it becomes necessary to attach Government property.

Chyo: Well I will go and consult about it and see you again.

1898

February 24, Thursday.

At My House

Speyer to Allen

Speyer: I am sorry to have to complain that Americans are largely responsible for this memorial against Russia by the Korean Independence Club.

Allen: Who do you refer to.

Speyer: General Charles W. Legendre, F. J. H. Nienstead and Dr. Jaisohn.

Allen: I am amazed. Jaisohn I know sympathizes with the movement for he has so announced himself in his paper. But

Legendre, why it seems absurd to me for he know few Koreans, have little influence and could do nothing if he tried. And as for Nienstead, he is half dead and cares nothing for such things. I think you must be mistaken.

Speyer: I am not mistaken, when in the case of Nienstead I know him to be a bad and dishonest man, but we will dismiss him from this case as there is some doubt. As to Legendre, I have proof with dates and everything of his visits to the old Tay Won Khun before his death, to intrigues. I know how he has worked through Ye Wan Yong and Ye Chai Soon to instigate the people against Russia.

Allen: Why do you think he is in with Ye Chai Soon.

Speyer: I know it he helped Ye Chai Soon to make way with $50,000 from the Household Department.

Allen: Well you must know that we got him all paid off a couple of years ago and he was taken back at the request of the French and Russian Legation after which we saw almost nothing of him except when he came here to draw his pension. We have looked upon him as a Frenchman. He has only lived in America a few years and is apt to speak ill of American institutions.

Speyer: Yes, but he claims U. S. protection.

Allen: He will have it. I simply referred to the above to show how at a loss I am to account for his action against the people who appointed him.

Speyer: I knew of him and would have nothing to do with

him when I came. I showed V. Collin de Plancy what a bad man or rather "old woman" he was and he dropped him also. I now hear he got Ye Chai Soon to give him a new contract for 8 years unknown to the Emperor.

Allen: I don't see what I can do with him. You give me no facts. If I speak to him he will deny it all, and there the matter will have to rest. As to Jaisohn I have already done all I can do. I have agreed to have him surrender his contract upon payment of his salary, which was agreed upon but there it rests.

Speyer: But I hear he will go to the mines and remain there.

Allen: He will not. I declined to agree to Chyo Pyung Sik that he would surely go, as I cannot deport a man without cause, but I can assure you he will go when the money is paid.

Speyer: That money will be paid to you soon.

Speyer spoke of his Interpreter and said the attempted assassination and the death of the Tay Won Khun were very pleasant things to him, the death relieved him of an enemy. The attempt on the life of his interpreter strengthened his hands and placed the Independence Party just in his grasp. He had ordered 50 more marines.

Spoke of Dye's matter and I told him how I had been annoyed by the King making ready promises to America that I had to make a settlement and that the one are the basis of \$3,000 seemed very fair, considering everything.

He said he had supposed that the King was paying him a pension all along. Had I come to him he would have helped me. He would now speak to Mr. Alexeieff and have the \$ paid. I told him no thank you. I must settle all such matters only with the Korean Government.

Referring to the Settlements he got very bitter. He said he would settle Mr. Ferdinand Krien for his energetic action. He would find that the German Government knew more of its own policy than did "such a dirty little Jew, nothing but a dirty despised little Jew. I will fix him, you will see." He asked why there was no meeting called by Kato Masuo(Jap. Rep.), as agreed, and then went on to explain in answer to his own question that it was probably because of Kato's run with the Foreign Office on account of his Kaiser. He went on to say that if the meeting were called, he would not attend unless he was first informed what the meeting was to be about. If it was about this coaling station on Dear Island or their purchases at the Settlements he would not attend. It was not the business of the Representative to deliberate upon affairs between himself and the Korean Government.

I told him I had understood that the meeting would be called to ask the Korean Government to grant regular settlements at Fusan and Chinampo that as I would be first called upon for an opinion, I intended to ask that the whole end of Deer Island including the Japanese and Russian coaling station be granted for a settlement. In that case he said he would be most happy to attend. He told me he had had a visit from Kato who showed him a letter from his intimate friend Baron Nishi Tokujiro asking him(Speyer) to diminish his purchase of land at Mokpo and Chinampo as a personal favor to him. Speyer said he told Kato to reply to Baron Nishi that at his request he would do so if his Government approved, that his Government was not aware of how much he had purchased, since he had been given 25,000 rubles for the purpose and he had bought all he could at Chinampo for 15,000 and for 10,000 at Mokpo. That he did not think Russian influence in Korea depended upon the amount of holdings of his Government at their new ports and he felt sure that his Government would heed the Baron's request.

At the same time, he wished Mr. Kato to say to Baron Nishi that he(Speyer) considered this a very strange request to come from him; that at the first the Russian Consul met the Japanese Consul and together they consulted on the matter. The Japanese had first choice and the Russian then chose, and everthing seemed to be in accord. Speyer said Kato agreed with this, got very red in the face, and said he thanked Speyer for his offer and would say as Mr. Kato, not as Japanese Minister that he also considered this request from his Government a very strange one indeed. Conversation lasted for 1 and 3/4 hours.

Speyer also told me he had not received a reply in regard to the purchase of the S. C. R. R. (Seoul-Chemulpo Railroad) and he feared it would fall through for lack of time, but that if the Japanese did get it would probably fall into Russian hands eventually. I said I would be very sorry to have it from out of American hands at all and he said no blame could be laid upon me if it did.

Evidently from his conversation Russia will feel allright now if the road does go to the Japanese since she has had ample opportunity to make the purchase.

July 22, Friday.

When calling on Mr. Ferdinand Krien this a. m., he told me of the settlement of his mining matter by the allotment of the mine to Meyer & Co. and when I congratulated him, he said, "Not much, don't congratulate me. I am only sorry they settled so quick. I would have gotten something much better if they had delayed in this matter." He was much excited and stood back and forth. He said he was confident from the way his Government had acted on his suggestion in telegraphing as they did, that they would have taken his advice further and gotten something worthwhile.

July 27, Wednesday.

My assistance to the Japanese Fusan Railway. I saw Mr. Kato this morning and told him of Count Okuma Shigenobu agreement with James R. Morse relative to the Fusan R. R. I told him I did not wish to meddle, but as this agreement placed American interests in an important place, I thought I might interfere. That I had all along favored the grant of the concession on general principles, not that now I had been asked in regard to it, and I wanted to know if he would like to have my assistance or if he would prefer me not to say anything in the matter. And that if I were to say anything in the case, I would want to know beforehand that the agreement between Count Okuma and Mr. Morse would be adhered to, as that was my reason for interfering. He said very deliberately after much thought, "I would wish very much for your assistance and if you will help me, I will do my best to see that things manufactured in America are purchased and American interests promoted through Mr. Morse as you say Count Okuma proposed."

I then proposed one of two plans, as I was to see people this P. M. when I thought the subject would come up and I wanted to be ready. 1st, Have the S. C. R. R. concession extended to cover a R. R. from Seoul to Fusan. Morse and Count Okuma could then make their own arrangements, which would be simple as the S. C. R. R. is now owned by Japanese.

2nd, Let the Korean Government build the Fusan line on agreement with Japan, who will furnish the money and do the work on a 25 year agreement.

He much preferred the first, but would like best of all, an out and out agreement. I offered to use my good offices when concession offered.

Part Ⅳ

June 1～November 20, 1903

DIARY OF A TRIP AROUND THE WORLD VIA SIBERIA

In 1903 we returned to America for a visit, travelling by the newly opened Siberian Railway, on the return trip of the second of the railways bi-weekly express trains, 14 days.

As the trip was made just prior to the Russo-Japanese war, our representatives, Joseph H. Choate and Henry White in London, and Horace Porter in Paris, were much interested in what I could tell them.

On reaching Washington in September I had a memorable interview with President Theodore Roosevelt in the presence of William. W. Rockhill, who was an intimate friend of mine and was then the President's confidential adviser on the Asiatic situation.

I tried to show them they were all wrong in lending support and sympathy to Japan as it was simply hastening the latter on to a declaration of war. But the President showed most unmistakeably that that was just what he wanted to see. My contention was that we stood to gain vastly by Russia's pacification and development of Manchuria, while we would surely suffer in case of a Japanese victory, which I predicted after travelling over the single track Siberian Railway.

Later in public addresses they each fully admitted the mistake that had been made, especially when Japan actually threatened us.

We had made the Round the World Trip in 1899 via Suez to put our boys in school. I kept no diary of that interesting but unimportant trip. On this 1903 trip we met the boys in England and left them for a year's schooling in Geneva to perfect their French and prepare for the Massachussetts Institute of Technology, which they entered the next Fall, 1904, after spending that summer with us in Korea. They graduated from Technology in 1908.

1903

1903 Trip Through Siberia

June 1, Monday.

We got off at 11:50 after telling people we intended to start at 2 P. M. We thus escaped all but the Chinese Minister. The Emperor had warmed up wonderfully on hearing that I was actually starting. He had been quite disagreeable to me for eleven months over the settlement of the Collbran and Bostwick accounts. Ye Yong Ik had persuaded him I was weary and that he could settle the claims without paying any money.

The threatened trouble between Japan and Russia over the nonevacuation of Manchuria Russia caused him to be alarmed for the fate of Korea. I sent him word that while I had tried to prevent his going into the electric development and had tried to arrange for the payment of the debt once it was contracted. None of my advice was taken and that now it was my duty to collect the debt and I would do it. I told him that the U. S. was his friend and that we were the only people who could speak a strong and disinterested word for him in his prospective trouble, but that because of his attempt to avoid a just commericial obligation he had placed me in a position where I was obliged to show up fully the rottenness of things pertaining to the Korean Government and I doubted very much if my Government would now care to bolster up such a miserable excuse for a Government.

Asked as to the probablities of war. I said that I doubted it coming to war, at least before the date for the final evacuation in October next. I did think however that there would be trouble on the Yalu and possible bloodshed for the following reaons. Korea had granted to Russia a formal contract for cutting timber along the whole northern frontier and on Dagelet Island. Meanwhile local agreements had been made with Japanese who had been cutting timbers there for years. They now have a great amount of timber cut on the Yalu, ready to float down when the rain come and it was the intention of the Russians to seize this timber at the mouth of the Yalu. Japanese will resist this seizure and bloodshed will follow but I think it will eventually result in a compromise between Tokio and Petersburg. If I thought war was imminent I would not leave.

This message greatly interested the Emperor and he sent word that he was sending some officers to accompany me to Chemulpo. I felt fairly sick over this as I do want to get away from Koreans for a time. Therefore I slipped off. The Emperor did get a lot of presents to us. I had no audience. I was to have been received on the 30th May as were the British Minster, J. N. Jordan and Japanese Minister, Hayashi Gonsuke. The audience was suddenly postponed to my great relief, on the plea of sudden illness. I fancy it was because I asked an audience for william. F. Sands, whom the Emperor now detests. He is said to have given up all the audiences rather than see Sands.

June 2, Tuesday.

We are staying in the unoccupied home of Mr. David W. Deshler at Chemulpo and eating with Mr. Townsend. Captain Butler and the Meyer and China coolies are here. Gordon Paddock came down today because we slipped off before he was up. He seldom gets to the office before noon. Changed my money today to roubles and £ (pound).

June 3, Wednesday.

We got off today to the "Argun." Captain Butler could sail at daylight. It was very rough getting off. Our baggage in a sampan turned by the launch was badly soaked. Mrs. Allen dried her clothes. Russian Minister, Mr. A. Pavloff, Mr. Secretary Paul de Kehrberg and Mr. Evgenii Fedorovich Stein, Secretary saw us off. Baron Gabriél de Gunzburg gone with us. Mr. McLeavy Brown, Commissioner Customs came off in the evening to seeing adieu. The new harbor lights are working for the first time and Brown is cruising around the harbor to see how they work. The one as signal inland—2 white and 1 red flash, seems very good.

Mr. Elliot is also a passenger, as is Mr. Laudale of the Jardine Matheson and Company who has been up to the British mines. An old lady aged over 70 and lame, Miss Douglass, aunt of Mrs. Dr. Polianovsky is a passenger all the way to London with us. I never saw her before. She came out a few weeks ago to live with her niece, but the arrangement seems not to be a success so she is going home. Mrs. Polianovsky wrote and asked Mrs. Allen to look after her and "see her on the train at Dalny" as I do not speak Russian or French and expect to have a lot of difficulty looking after ourselves I declined the responsibility and suggested Dr. Polianovsky going himself to put her on the train, adding that we will certainly be kind to her. He did not even come to Chemulpo with her and she had a hard time getting off. Baron Gunzburg will probably look after her as he can do pretty much everything in Russian places. Mr. Salatin(?) Agent of the Russian Eastern and R. R. Co. had a telegram from Shanghai and Port Arthur to show us every attention and give us the "cabin de luxe" on the "Argun."

June 5, Friday.

We were from 4 a. m. yesterday till 10 a. m. today coming from Chemulpo to Port Arthur. Sea like a mild pond all the way. Ship comfortable, no food good.

Port Arthur bristles with fortification. We lay outside quite a while waiting for the Dr., a swarthy individual in brass buttons to come off. He made no examination. Later the company's large tug came off and I was offered permission to go ashore, a violation of police regulation in my honor. I decided to wait. Mr. Laudale had no passport and had great trouble getting ashore, but Baron Gunzburg put him through. New passport regulations went into effect three days ago. No one can now land without one, I had mine ready but the police officer had instructions to show me all attention and he would not even look at it. At 11 a. m. I went ashore with Baron Gunzburg. We went to the bank and I got roubles 2,112. We went to the American Trading Company and saw Mr. Dun and his wife.

I sent a message to the American Trading Company, James R. Morse, New York. "Arthur, New York. Started. Allen" It costs R. 3. 9. 98 kopecks per word as against(¥ 3. 64 per word(Seoul) yen and roubles are at far. Mr. Dun asked us to dinner and to the circus "Flying Jordans" in the evening. We declined as we were to go to Dalny by the 7:40 train. I called at the place of the Russian Evgenii Alexieff and had a nice call. Baron Gunzburg went with me. There they made arrangements for my visit to Dalny and our stay there. I called with Baron Gunzburg at the Turkish loading office of his Forestry Company guarded by a Sikh. We met General Balakof in charge. He called on the ship later as did the Governor. I lunched with Baron Gunzburg at the Naval Club which occupies an old and extensive Chinese temple in the military part of Port Arthur known as the 'Old Town.' I noted the pleasant courtesies of the Russian of shaking hands with everyone at the table in sitting and rising.

After lunch I returned to the ship and at 3:30 we went with a young man named Goodier of English parentage but born in Russia. He was sent by Baron Gunzburg to show us around, with him we drove around the fortification and over the new town. Port Arthur has a very small natural harbor open to the sea and surrounded by high hills all bustling with forts and camps.

PLEASE SEE DIAGRAMMED MAP OF
PORT ARTHUR
(Lüshun-now part of Lüda-NE China)

The old town is now a miserable section of old Chinese huts and temporary buildings. It will soon be all made over. The streets are deep with dust. The wind blows and the driver(?) tears along with horses(?) as the gallop, so that it is untamed getting about. The Anchorage is small and a tremedous amount of dredging must be done to make the layer bay useful for commerce. The commercial people do not care to go to Dalny as the presence of the troops makes Port Aurthur the better place for trade. We saw the S. S. "Lyra" of

Britain displaying a cargo of Schlitz Beer and some flour from Seattle. The authorities do not care to have Port Arthur a commercial port, as they must be at liberty to deport people if they wish. They will have no consuls there. All merchants who do not wish to abide by the restriction may go to Dalny which is a commercial free port in pursuance of the promise of the Russian Government to make a fine port in this new possession.

The money spent on Dalny would make P. A. (Passenger Agent), a fine commercial port as well as a miltary one. A canal is to be cut around a low neck of land, giving an entrance into the fine harbor being dredged out in front of the new town. We had dinner at a quaint restaurant in front of the park being built in new town overlooking the bay. Two good large hotels are being erected in New Town but at present their is no proper hotel in Port Arthur. A carriage for four horses, with tips cost but R(roubles) 3.00, two horses. The carriages are low, small which, and open. They go over everything and the horse in the shafts trots as hard as he can while the one outside gallops. The shafts have a big wooden bow over the horse's neck.

At about 8 p. m. We took train for Dalny and were surprised to find that we were furnished with an elaborate and sumptuous private car. We were told to occupy it during our stay in Dalny as it had beds and a porter who would get us our meals. We were agreeable but on arriving at Dalny we found the Governor's carriage awaiting us and were driven to the Hotel Dalny, where we had a suite of two bedrooms and a parlor. The sheet on my bed was real linen, but it was a perfect level work of tatting. I felt no vermin. Everything was clean and comfortable except that the window curtains–opening on the steet were almost transparent and did not reach the bottom. Thus leaving 18 inches of window exposed.

I gave the private car man 3 roubles and one rouble to the Governor's driver so that with the 3. R. R. R. (Russian Railroad) fare the courtesies saved so many.

June 6, Staturday.

Mr. Langhans, our Consular Agent who met us at the train came early in the morning. I called on Governor Sakarof. I had crossed the ocean with him in 1899 on the "Umbria" and he then told me of his plans to build the Port of Dalny. I thought it rather a big story but now he has certainly created a fine modern town in a wild place. I told him of my changed sentiment. We lunched and dined at 1 p. m. with the Governor and a gay party. His house is very good. His wife is the daughter of Kabarowk. After lunch we went for a drive around the town in the Governor's or Municipal carriages. One horse trotting in shafts and one galloping outside. The driver dressed in red silk waist sleeves showing not with a black gown over all the rest. Chief of Police companyed us three carriages in all.

We saw the electric plant which light the city. It had a tile floor, four dynamos made at Budapest. The power house has a tile floor but the lights went out while we were at dinner. We saw the dry dock 300 feet (over) and the new one now being built—over 600 feet. They have the outside cofferdam now in but in the centre of the dock, they have struck a troublesome spring which they have had to cofferdam.

We saw the smoke stacks of the naval base at Liautung village 9 miles across the beautiful bay. We went to the piers. The completed one being 2,000 feet long, cement blocks below and granite above, railroad tracks and warehouses on the pier, 18 feet depth of water at inner end and 30 feet at outer. We went on board the Express Steamer "Manchuria" lying at the pier. She was built at Trieste costing 1,000,000 roubles. She is a beautiful large ship, much like the Hamburg branch from alexandria to Trieste.

Went drove over the recreation grounds now being built overlooking the bay. The Quarantine station is on an island at the entrance to the bay. Then we went to the gardens where there are antelope, deer, and bears.

The offical town of Dalny is on a height. It has fine

streets lined with good brick houses, some of which are quite artistic. There are 30 miles of completed roads and streets. In the Commercial Town are the flats, between the official town and the piers, roads are being built with pounded stone but there are few houses except here and there an official one and some rows of Chinese shops.

Lots are expensive though our Consul, Mr. Dun could not quote figures. Buildings of a certain cost must be built by purchasers. This prevents young and enterprising but poor men from standing up. Only men of wealth and mature judgment can locate here. Such men would hesitate at leaving places where they are already successful to embark in a new business of a more or less problematical nature with great official restrictions. It cannot be therefore that Dalny will attract many such, even of Russians. Foreigners could not well locate here as but little could be done without the use of the language.

Our Consul Mr. Dun is a bright young man of good social attainments, but he has no proper allowance for a house and has to have a "hall bedroom" in the hotel or an office and live with an Englishman. He can speak no language but English and can therefore only talk with three or four people. Dalny has a present population of 40,000 mostly Chinese, Japanese, and Korean, with about 3,000 Russians, one American(The Consul) and four British. The imports into Dalny for May were given me as 2,000,000 roubles. Chiefly government supplies and tea. The cement comes from Russia in vast quantities. Governor Sakarof has successfully established good furniture factories, iron works, etc. I saw excellent furniture.

After dinner at the hotel, to which we had the Consul, I gave Baron Gunzburg 700 roubles to buy my tickets. When he came to give them to me he said they cost 108 each as he could only buy to Irkutsk. On our 2 trunks we paid 8.31 excess. After the hurry of departing I found the Baron Gunzburg had only given me 284 roubles back instead of 484. I wired him the mistake.

To my infinite disgust I found he and his official friends had sent Mr. Goodier along with us to Irkutsk. I dislike the man's personality. He talks like a machine. I did my best to get rid of him, but all in vain. He was ordered to go as my interpreter. Had his ticket and leave of absence for 3 weeks. His firm wish to get timber contracts from Gunzburg's people and the latter wasn't any help against the Japanese. It is most disagreeable to be part under such obligation. No more was done for General Miles when he came through recently.

June 7, Sunday.

We have two rooms opening into each other. The train is most luxurious and runs smoothly. I am writing now with train at full speed. Closets are at either end of car and in that respect it is not so agreeable as Pullman staterooms. The dining car is excellent and all the time available. We had excellent coffee and bread served in our room before dressing.

Peter speaks a little French. We get along very well. Had a good sleep. Berths are very long, wide and the electric light can be put down on a table at bedside for reading. Bells summon porter or restaurant men. There is a "Chief Officer of the Train" to whom I was introduced. Prince Hilkoff offered our Embassy to wire instruction along the road to show us attentions, but I have not wired them my departure as I dislike all such fuss. Prefer to go along and take things as they come.

The cars are all in compartments with a good hall along the side, fitted with racks along for extra luggage and "let down" seats by the windows. There are plenty of racks inside but one person should not have more than three valises. The weather is quite cool and fair. It is not dusty in the cars. We had a good sleep.

At 10:30 a. m., we reached Liaoyang. A walled native city with a large stocky pagoda. This place was famous in the recent Sino-Japanese war 1894, and the pagoda is said to commemorate victories over, Koreans. City is said to be 2,500 years old and to antedate Mukden. A large Russian town is being built of substantial brick houses. We saw a camp of what I was told were 7,000 Russian troops. It looked like more. Stone and brick barracks are being erected to replace the earth and wooden ones now occupied by the troops not in tents.

I got Mr. Goodier to telegraph to Baron Gunzburg from Liaoyang. We had a good walk here and chatted with a Russian Naval Dr. who used to be at the Russian Legation in Seoul during the troubles of 1896 while King was there, Doctor Start. The country is one vast fertile plain with distant mountains on the East. The arms seem large with houses collected in hamlets surrounded by a mud wall. The houses seem in the distance to be of sun dried brick. There are clumps of trees here and there. A missionary Mr. R. T. Turley whom I met in Dalny told me the soil was so rich that no manure could be used otherwise the grain would go to stalk. Wheat, maize, and millet with beans seem to be the chief crops. After Liaoyang we passed Yuntai where are the coal mines, operated by the China Eastern Railway Company under a British subject, Mr. Murray. At every station Russians are living in comfortable houses. Women seem plenty and guards in uniform and arms salute the train as it passes.

Lunch R. I. 00 each consisted of a fine vegetable soup, fish, meat, and salad, pineapples and peaches, tea and coffee. While at lunch we passed Mukden. The walled and towered city is a mile or two east of the R. R. Hordes of Chinese were at the station. Station is semi-Chinese decorated with dragons. Mostly the stations are fine substantial brick and stone houses. This was built substantially of brick. Some brick dwelling house of a barrack like style were being built near the station. A guard of Russian drilled Chinese cavalry in red blouses. Met my friend Cal.—who got off on sudden telegraph's orders. Outside the city and near the station is a huge crumbling tower of Turkish Minaret style, built in a pyramidal base with a huge bowl shaped superstructure from which a slender painted tower extends upwards crowned with a metal thing like a hat with bells. This is said to commemorate the advent of the present Manchu dynasty of China. Like the latter it is crumbling.

Near Mukden there seems to be hundreds of acres of potatoes. The land is highly and carefully cultivated as far as the eye can reach. No weeds. Long furrows mostly curved gracefully. The distant mountain 10-20 miles to the East give a very pleasant effect. I noticed that full grown Manchu girls with natural feet and huge head ornaments of hair and flowers projecting from the right side of the head came down to the train from little hamlets. Quite unlike China and Korea.

A lot of clumsy Chinese and Manchu, springless, covered carts were at the Mukden station. In some of them were gaudily painted native women—evidently awaiting customs.

A number of missionaries live at Mukden. No Americans. They are Irish, Canadian and Scotch Presbyterians I hear. The houses are roofed flat with a thin thatch, tiles in cities.

Early June seems to be a good time to pass through Southern Manchuria. The weather is cool. The ground is green with new crops. Earlier I hear it is rather bleak and barren. Later I fancy it would be pretty lot. As midday even now is pretty warm. At 2:30 p. m. we stopped at a large Chinese place and I asked a Chinese group "Chekko Shi Shemmo Tipang," they answered me promptly "Sintaitza" which I found to be correct. They were greatly pleased at seeing a foreigner who could speak the language. Boys came along selling vodka bottles full of fresh milk calling out: "Poron Konoida" probably Russian. I gave them some chocolates and they accepted them thankfully but tasted them suspiciously. Speed is very slow along here 415 versts from Dalny. The line is being ballasted and repaired and proper bridges put in. Country looks like the country back of Sacramento. In fact we feel as though we were in America at times.

There are only 9 passengers on this train of baggage car, diner, 1 first class and 2 second class cars. Some of these passengers have only 3rd class tickets. Since officers can have 3rd class and ride second. The trains go through just the same whether full or not. The Tuesday train is apt to be more crowded than the Saturday one as the Express ship from Nagasaki and Shanghai connects with it. The cars are massive and have much iron work. They are on best of 4 wheels at each end. Wheels are larger than ours. Windows are not so large as ours and are higher.

At Tieling we stopped nearly one hour leaving at 4:30 p. m. This is a walled city with a pagoda. It shows much damage from the both troubles. It has hills near by surrounded by temples and tall minarets. An extensive Russian military town was here and stack of substantial brick houses are now being erected. It must be an important place. Just north of Tieling is a wide dry river. It must be a torrent at times, as a R. R. bridge is being built that necessitates raising the track all along to about the level of the roofs of the present cars. The R. R. must cross a branch as I saw sails of junks in the distance. Workmen on the bridge(natives) were in some cases stark naked. A thing I never saw in China proper or Korea except among the boatmen.

Tieling has a round house and repair shops. We passed

a troop train enroute to Dalny and Port Arthur loaded with tired and dirty looking peasants. Changed engineer here. We have been passing stations all day about 15 miles apart, where there are already camps of troops in tents and mostly in temporary semi- Chinese house. In each cases these temporary quarters are being replaced by very extensive barracks of brick and stone with good houses for officers.

June 8, Monday.

Had a disagreeable time last evening. This man, Goodier asked us to dine with him and Mr. Chikovitch, an American of Polish birth from Peru, who speaks Russian and has been at Vladivostok since 1899 with the American firm Clarkson and Company. I tried to evade the invitation and finally flatly refused. Mrs. Allen··· in though through futile··· The man was most insistant though I told him that all we asked of him was to be let alone. He said his friend would be offended etc. We would not go. When we did go in they were at dinner. Champagne etc. We had to wait nearly one hour to get our meal and I fancied the delay might be as much due to these men, who were being··· served, as to rush tho. there was but one waiter and 10 people—one other foreigner having come on. Miss Douglass coming in we had her sit with us.

This morning I had a pleasant chat with Mr. Chikovitch and told him I could give him an explanation that would disabuse his mood of any misgivings as to last night dinner if he had them. He was polite and agreeable and said it was not necessary, that he could easily understand my reluctance to being placed under disagreeable obligations.

Towns with extensive buildings erected and in process of erection still occur about every 15-20 miles. Extensive brick yards and distand smoke stacks mark approach to Harbin. We stop hr. 1:45 leaving at 1:20 p. m. The city is 3 miles distant, the old or native city is about as far in an opposite direction making a trip of 7 miles. Mr. Goodier had gone to see the cities. May he get left. Dr. Start told me how he and the Russian passengers disliked him and how glad they were that we refused to dine with him. I saw a French gentleman just now who got badly left. He was on the down express and was over walking near our train(the trains are on opposite sides of the busy station.), he suddenly discovered his train had left with all his things—a stranger in a strange land. Better stick to one's train.

We crossed the Sungari on a fine iron bridge. Saw many river steamers at anchor. The new city of Harbin is well built and substantial looking. There are supposed to be 40,000 Russians living there, besides a large Chinese population. A Mr. Friel of N. Y. came in. He has been here 18 months, was born in Russia. The American Trading Company is in great disfavor and had better lease for a time. Poor agents and delays seem to be the trouble. At Magnegon(called Shendrigo by Chinese) north west of Harbin, there is a great grazing plain for cattle extending as far as one can see with good grass.

Hot. It is very dry and windy. Last night was cool and rugs necessary as no blankets are furnished. No mosquitos yet but a few flies today. Mrs. Allen is getting a little snappy probably from heat. It makes me a little cross.

June 9, Tuesday.

Chalantoun or Tchalantougne is quite a place. Here the dry hot wind had left us and we are passing through a green, hilly, well watered country. I took no pictures through Manchuria as Mr. Homer B. Hulbert had expected that he was not even allowed to look through his field glasses. Now I am assured by the Chief of the train that I may take all the pictures I care to.

The emigrant trains we are constantly passing are a sight. Long trains of freight cars some with emigrant effects. Others filled with men, women and children who all sleep together on the dirty floor. Other cars have horses in each end and their masters asleep on straw between the horse's head. These people are from Southern Russians enroute to the Vladivostok region. Some of the younger women have pleasing faces. The tired little boys always respond with a smile on their dirty faces or a wave of the hand.

At every stop the children are put down along side the train to relieve themselves while the women scurry off a little distance. The women seem only to wear a waist and skirt and in stepping down from the high cars, their bare legs are fully exposed.

Mrs. Allen reported here the loss of her pearl pin. She was positive she had put it in a certain blouse in an open valise, for which I scolded her. I did not wish to accuse our obliging little Russian porter and insisted on a thorough examination. As each blouse was in turn fruitlessly examined it was handed to me with a confident air but still the search went on. The pin or pins were finally found in a blouse lining where it was not supposed to be. Henceforth it will rest in a little chamois pouch around her neck with her other jewels where it should have been all the time.

At Barime beautiful mountain scenery begins. It is raining and quite cool. Great change from yesterday. At 2 p. m. I had to put on thicker clothes have worn light wool all the way. We were to stop here 38 minutes—the usual stop for change of engine is about that, but it always exceeds this. We have now been here over an hour and still wait. It is usually an hour at least twice a day and the 2 minutes stops are seldom less than ten(10) so that, when the fine new road bed is completed, the good steel bridges all in place and the whole well ballasted the run from Port Arthur to St. Petersburg should easily be made in ten days, without exceessive speed.

The soil here seem to be a very rich black deep loam. The mountains have white barked trees look something like beech at a distance. Houses now are all of fitted logs, very neat and comfortable. No more brick buildings today.

This was written Boukhedou a large log town under construction. Between the station Saltanowo and Khinegave in the mountains on the border land between Manchuria and Mongolia, there is a difficult piece of tunnel work in prograss supporting a large temporary town of Chinese and Russians with machine shop(zigzag), electric plant etc. At present the ascent is made on the Dalny side by four zigzag tracks one above the other, to the top of the mountain 8 versts in all. The descent on the Moscow side is gradual for 23 versts. We had an engine to push us up. This place is 1,400 versts from Dalny. About 960 miles, as we have been 67 hours en route. We have averaged about 14 2/5 miles per hour.

Irkutsk 6:30 p. m. Disagreeably cold and steady rain

with some wind. We learn that a landslip(landslide) ahead will detain us here all night and probably cause us to lose our train at Irkutsk and lay there two days. It will also cause us to take a more crowded train on to Moscow. The Tuesday train from Dalny always having the most passengers as it connects with the Express boat.

June 10, Wednesday.

Irkutsk still. Did not get off in the morning as expected. Now said that we must stay here all day. It is said that our Irkutsk train will have to wait for us, as it is simply a connecting part of this train. It is a cold gray day. This is quite a plain, marshy, no trees, fine hills all about. Lime is burned here. Great camels hitched to little four wheel wagons draw stone to the kilns and lime to the cars. Horse and camel wagons mingle in same train.

As near as I can make out prices seem to be Tansan 30 kopeks for bottle, Schlitz beer 60 k. coffee and bread 60 k. Dinner at about noon, 1 Rouble. Supper a la carte costs us usually R. 2 for soup, one meat, a bottle of beer and tea or chocolate. 10% must be added for tips to the waiter.

At 12:30 this galoot—Goodier came and told us, as we were starting for lunch or dinner, that we were to start at once for the scene of the blockade; have our luggage carried through to the other side where we would take the other train, while the passengers on the down train would take ours. We packed up at once and as soon as we arrived—say 1 p. m. we got out with every one and tramped through. It cost one rouble in tips to a lot of Chinese porters. We waited there till 3 p. m. and no train being in sight. Mrs. Allen and I came back and had a delayed lunch. Then we learned that we would keep our train after all as the passengers on the down train refused to leave their cars. I don't blame them, but what disorder. All there uniformed officials and no one to say the authoritive word. All the time we were out of our car, say 2 hours at least, not a bit of work was done on the obstruction hundreds of Chinese coolies stood around looking at us.

A big stupid looking Russian petty officer scolded a little Chinese boy who seemed to be his interpreter. I told the English speaking officer that I would agree to remove the obstruction completely and do my own interpreting and complete the job under 2 hours if they would get a construction car to replace the rail tracks by the freight engine caught by the debris yesterday. They assured me it could not be done without dynamite (landslide). Finally an Irish looking contractor oı foreman came along, set the coolies to work and in half an hour while we were at lunch, removed the most of the debris. Then an engine came up on the other side with a lot of uniformed Russians following a tall blond Engineer. He began to sputter and shake his fist and yell "Iui Iui" to the Chinese on the dump while the Russian on the other side did as they pleased.

It is the worst plan for red tape and downright nonsense. This obstruction would have been removed in America in less than 2 hours and here we have been left 24 hours as it is and the Lord only knows how much longer. Russia will have a severe awakening when she comes to a clash with Japan—unless the red tape forms of the latter serve to counterbalance the Russian tom foolery.

I got our stuff back paying one rouble to carry it making R. 2. in all, besides good bye tips. I told this Goodier that it was his fault our losing our lunch. He was not on hand to help me in any way. Not even to help this old Miss Douglass. I had all I could do to attend to ourselves. After we were all safely stowed away in our cabin he came along to ask if we "have everything." I fear I will kick his stern before we get rid of him. If Gunzburg had only minded his own affairs and let me mind mine, I would have had a pleasanter trip and at much less cost. We got past the obstruction at 5 p. m. It is cold and raw winter clothes are necessary.

June 11, Thursday.

We arrived at the frontier station Manchuria at 5 a. m., where we were to be examined by the Customs. Mr. Waeber had had a severe time here a couple of weeks ago and made a great row in Petersburg. Word was sent on that I was an ambassador, going to see Mr. Waeber and they were very civil to me. Simply opened things and closed them. It took a rouble here and there for the porters and underlings. With the assistance of Dr. Start who piloted me through the Customs. I bought my tickets. They were to St. Petersburg and cost 160. 70 which with 108 from Dalny makes 277. 20 roubles. Dalny to P. O. R.(payable on receipt) 150 Port Arthur to Dalny, and 20 R. Chemulpo to Port Arthur makes Roubles 298. I paid 25. 40 R. excess baggage and 8. 31 or 33. 71 Roubles on 2 light straw trunks. We were at Manchuria from 5 a. m. till 8 a. m. Pretty long stop for a train 24 hrs. late. Russian passengers who have been in America complain bitterly of the lack of energy of their R. R. people.

Saw Russian peasant travelers of respectable class at morning ablutions at Manchuria. They came out from sleeping on station benches, rubbed their eyes, crossed themselves vigorously, drew a little water in one hand from the drinking tub, rubbed their hands with this dew like potion, drew another handful and wiped the wet hand over the forehead and eyes and a little over the great dusty hand, wiped themselves with the flap of the great greasy coat, and then marched off to a nearby church before which they prayed and crossed themselves. The Church had a two barred cross ǂ over the gable and bright image over the door. Remarking on this universal devotion to their religion a Russian captain side "yes," our Government has a strong control over its people through their religion, that seems to be about it.

The Steppes are soft billowy, high prairies. Not a tree in sight, but covered with low thin grass. Soil seems to be pretty thin.

At Borzia(Borzya) at noon I made my first, last, and only attempt to photograph. I had been assured that I might photograph any and everything away from Port Arthur and similar fortifications. Having heard of trouble others had had in taking pictures of military railway stations in Manchuria, I decided not to try it. The Army and Naval Officer Dr. Start and Captain—as well as the officers of the train, like Mr. Pavloff in Seoul, said certainly take pictures anywhere, and they even asked some local officials who said the same, so at Borzia I got out my camera to photograph the first Church we had seen, built of large Byzantine in style with white metal domes surmounting the two steeples and a cross above each.

I said jokingly to Dr. Start that if I were arrested I

would expect him to help me. He said just wait a moment and he spoke to a gendarme. The man said it could not be done. The Dr. Start stormed but I asked him to let it drop. He then hunted up the chief of the gendarmes and got his permission, but I had put away my camera and have no intention of taking it out again. From remarks dropped, I could see that even the officials do not like the gendarmes. One said now I know I am in Russia for sure, when I see a gendarme near all the time to tell me what I may not do.

At Olovannaja we passed 4 p. m. a long bridge over the River Onon. Here is a large tin mine. Between this place and Oga—next station, many Buicats(?) with herds of horses, cattle and camels were seen, with their little portable horses. Rock here is of slate formation, soil thin, pretty good grass as water is plenty. Hilly and greenery to mountains.

Just before Zetlovidia at 8:30, we passed over a summit by zigzags curved. The scenery was grand. Sun was just setting. Now at 9 p. m. it is quite light, lights not yet lit. Dinner or supper of fish soup, kidney stew, 1 bottle cheap, Russian beer, bread without butter, R. 4. 50 and 10% tip = R. 5.00

June 12, Friday.

The Trans-Baikal region is mountainous, well watered, and with a pretty fair growth of small trees of the poplar and fir tribe. These are used—the latter for the artistic log houses, the former for fuel for the engines. Forest fires have created great havoc and we saw them still burning. At the present rate of destruction the country will suffer from the denudation of the hills.

Settlements of Cossacks and Buicats are now common with a little poor farming. At every station the buildings including railway shops are of logs all neatly shaped, bark removed, and fitted accurately with ornamental wood work. The better houses are also weatherboarded. All have the cracks well calked with moss, so that they are air tight yet the moss does not show.

It is very hot today and many flies. Winter underwear is oppressive, but we will need it tomorrow morning on Baikal. The stops continue to be interminable. What the train waits so long for I do not know. An American Administration would do the distance between Moscow and Port Arthur in 8 days easily. The road head from Manchuria has been excellent, stone walled on the outside, splendid coarse ground ballast and stone bridges. The Manchurian line is being done over in the same manner, but even how 20 miles an hour should be slow whence we only make 14 including these ridiculous stops.

(Red Tape) There seems to be too many officials so

that no one has any initiative. The Naval Captain on our train seems to have most influence. I think he uses me as quite a boggy with my supposed influence at St. Petersburg. He has wired for our Moscow train to await us at Irkutsk. He it was that called up engineers and got the obstruction removed on the 10th and today he wired on to have the postal train wait for us a side station instead of our waiting 1 1/2 hour for it at Bada. As it was, we waited over half an hour, as we are again doing now at a little hamlet in the woods where the postal train was waiting for us and has just gone on with its load of dirty bands filled with emigrants. No one should think of going by the post train. This one had not one second class compartment car. Perhaps it was third class for half of it was filled with emigrants.

There is little danger of collision on these roads. On arrival a uniformed official gets from the engineer his steel baton. This is deposited in a box in the station and can only be removed when the road to the next stations is clear. This a box is worked in some way by electricity to prevent its being opened unless the road is clear. When this baton is finally taken to the engineer, the station worker—in a red cap and uniform—signals to a man who rings a bell that hangs in front of the station, then another officer blows a whistle twice. Then the engine whistles and shortly the train slowly starts.

We passed the post train for Moscow at 4 p. m. It was ahead of and had delayed us at Petrosk. This is the largest real Russian town we have passed. 681 houses in 1900. Many new ones since. Here are located the Petrosk Iron Works, capactiy in 1900 1,800,000 pounds, 1 blast, 2 fuelling furnaces, 1 reverberatory furnace, 3 welding furnaces, 1 furnace, 1 blasting engine, 11 pig furnaces, 1 steam burner, 17 hydraulic burners, 14 water wheels etc., 250 men. Here we began to use coal for fuel instead of wood. It is a poor quality of bituminous coal mined in Siberia.

June 13, Saturday.

An eventful day—full of illustrations of the lack of knowledge among Ruusian officials of their own affairs. We arrived at Mysovaial on Lake Baikal at 2:30 a. m. and were awakened to leave the car. Having but just gotten well asleep. We dressed hurriedly, packed what we had not done the night before and then waited an hour. We were then taken on board the ice breaker "Baikal" and started across the Lake Baikal at 4 a.m. Very windy and a little motion. We had a train of 13 loaded freight cars on first deck. Second deck was for emigrants. Upper deck first class. We had some bread and coffee. The fact that the "Baikal" was sent for us encouraged us to believe that we would find our express waiting us, though why they do not ferry the express over as they do the freight trains is a mystery. There would then be no danger of the front end of the overland express going off and leaving the rear end if the latter went right through.

After 4 hours on the lake we reached the lake front Baikal. 3 hours by rail from Irkutsk. Here we found that our express had left. Although the ice breaker had been sent for us, there was no train to take us to Irkutsk until 3 p. m., when the postal, an emigrant train would leave. We had to pile up our bags in regular emigrant fashion in the general waiting room of a very busy and consequently dirty station. Crying babies were everywhere and sick adults were stretched on the benches, while outside, hundreds of the most wretched human beings of both sexes and animal like in their disregard of sex sprawled on the platform, ate their black bread, went hunting in each others heads and stunk. Having occasion to go to a water closet I found it a room with a board containing four big holes over boxes. People were supposed to poise themselves on this in full view of other frequenters of the place. I lent a hasty retreat.

We tried to telegraph to Irkutsk for a special train. I tried to wire our Embassy at Petersburg. It was impossible—wire messages could not be accepted except at Irkutsk and we could not reach there till night. We tried to telephone to Irkutsk but it being "the day before a holiday" no one could be found. At 11 a. m.—after waiting since 8, we had lunch in the crowded stinking waiting room, eating at a table covered with oil cloth, with a most heterogenous company. Lunch was good however, 2 bowls each of saurkraut soup and saurkraut and sausages with bread and tea. We walked on the high pier overlooking the lake with distant snow clad mountains in sight. The lake is 4th in size of fresh water seas, and is beautifully clear. Winter underwear and overcoats were most agreeable. At 12:30 the postal train of 1 awfully dirty and shabby first class car, a few dirtier second class car and a lot of emigrant cars came in and unloaded its awful freight of human animals.

We desired to enter our train which was to go to Irkutsk at 3 p. m. but were not allowed by the Station Master the same who had failed to have a train to meet us and who had refused to reply to our telegrams as to our connecting train. Finally the Russian Officer—fellow passenger got a Captain of Gendarmes and explained the whole situation to him, making the most of the "Americansky Ambassador" and the Ambassador who was "sitting on a box." How that Gendarme did go for the Station Master and talk to him of his rendezvous to the "Ambassador." The result was that we were allowed to enter our car—the filthiest 1 ever rode in.

We got off at 3 p. m. and reached Irkutsk at 6, as we intended to take the regular wagon. Let express next day. We went to the Hotel Metropole. A nice 2 story hotel of large logs. We had a corner parlor on 2nd floor, with a bedroom off. Another bed was put in the parlor. The marble wash stand had a base with a hole in the bottom so that the bowl could not be filled and one could only get a handful of water from a little tap above. Russians seem to dislike H_2O. There were double windows and plenty of electric lights. Elaborate hangings at the doors but only lace curtains at the windows.

Wishing to return some of the kindness of the Naval Officer, I asked the Captain and Dr. to dine with us. Under the circumstances I could not well refuse to drink. I had to take so much vodka, beer, krass and brandy, that I feared I would get intoxicated but I stood it better than they did and slept it off.

June 14, Sunday.

Next morning June 14, Sunday, it was raining. We slept late and had an elaborate meal of coffee and bread and butter in our rooms. I wrote to Baron Gunzburg. The Officer came in and told us of the assassination of the King and Queen of Servia(Serbia). They also told us that Prince Hilkoff, Minister of Communications had sent General—to Irkutsk with plenipotentiary powers to look into the railway matters. The Officers had explained our whole story to him and he had at once, by telegraph, dismissed the station agent at Baikal, who had not given us a connecting train or replied to our telegram. He had also discovered the other station agent who had delayed us and allowed the postal train to go on ahead of us and he had ordered a full and complete examination of the facts regarding our delay in the mountains.

He also had telegraphed the whole matter to Prince Hilkoff and informed him of my coming. He at once answered that we were to have a double compartment on the Express leaving today with everything just the same as on the other train. I was led to suppose that this Express was put on for my benefit, but I now learn that this is the regular day for it and the wagon-lit train does not go till tomorrow. There seems to be an express and a wagon-lit train for Moscow on alternate days from Irkutsk. I am glad we did not have to go on the wagon-lit as I would then have been obliged to buy a third ticket in order to get a whole double compartment of four berths to ourselves.

Our lunch at the Metropole cost R. 6, soup, mutton on daggers cauliflower, bread, 1 beer, 1 Narzan water. It is very costly travelling as an "Ambassador". My whole bill was carriage to and from hotel 5.00, Baggage to and from 2.00, Room 8.00, Sheets and one towel 1.00, Coffee 00, Dinner 15.00, Lunch 6.00 = R. 39.00, to which must be added for tips R. 6.00, total R. 45 for one day. We intended going out for a drive after lunch but could not get rid of that careful Goodier so missed it. I did go and send a telegram to the boys. "Allens. Manlius St. Johns, New York, Commencement greetings Daddy," R. 6. 58.

To and from the station we saw quite a bit of quaint Irkutsk which has long been a rich, extravagant and wicked city because of the proximity of the gold mines. It has a fine domed and minareted cathedral which was closed for repair. Many other churches with queer round domes and the houses mostly of logs but very comfortable and most artistic and nice. There is a Catholic Cathedral here also and a large Lutheran Church. The surrounding country is hilly, wooded and beautiful. The city is approached from the large R. R. station by a pontoon bridge over the Angara river, which flows north from Lake Baikal into the Yenisei and there into the Arctic. Miss Douglass was taken ill from over fatigue, and had to remain at the hotel. Goodier will look after her and she will come on the Wednesday train with our officer and his wife who were with us thus far from Dalny.

We got off at 5 p. m. Our train is comfortable but not as modern and imposing as the one we had. Dining car is quite fair. We had 2 Siberian quail as large as duck with nice potatoes, 2 pickled cucumbers, bread, 3 glasses vodka and a bottle of Narzan water for 3.45 tip 55. A very nice meal = $1.00 each.

June 15, Monday.

It is very cold. Winter clothes necessary. Three days ago at this place, Sichenowdinsk, where extensive coal and iron mines are located, it was 40 degrees summer and excessively hot with myriads of mosquitos. No blankets on the train as such cold weather was not expected. We had an extra counterpane each and with our rugs we were comfortable by sleeping in our underwear also. Some of these train people speak anything but Russian. I have to use my phrase book and the officers say my pronunciation is good. At least I can always get what I want. Having learned to count and to spell out the words, makes it easier. Coffee and bread and butter in our rooms cost .10 with 30 for per 1 rouble. Cheaper than on the other train. Dinner is from 1 to 5. Today we will have soup, fish, roast beef, sweets 1. R. Water and beer with tip will make it 3 R. for this. We have not touched local water even for brushing our teeth.

Snowed at noon. Four course lunch 1. R. cabbage soup, fish, beef, oranges. Country is monotonous. Hilly, heavily wooded with small firs. In places swampy and covered with grass growing in heads before little pyramids of earth. Such places as well as meadows are yellow with a pretty orange colored flower of rose like form. Purple iris grow on higher ground and are in full bloom. Weather cold and equally, rain, snow and sunshine alternate, 5 p. m. Gar, next station to Baironfka, midway between Sizhnodinsk and Kansk. We have been here one hour. Learned that at Baironfka two trains are telescoped.

We must wait till debris is cleared away. Evidently the electric machine and the formal delivery to the engineer of his steel baton allowing him to depart is not an infallible preventive of collisions. Lucky it is not us. The accident delayed us from 4 to 10 p. m. It was caused by an addlepated mouzik switchman who let a freight train run on a track where another freight train was standing. He reversed his switch after the engine had entered thus throwing down 2 cars, stopping the train, and preventing more harm.

June 16, Tuesday.

It was still daylight and lights not yet turned on at 10 p. m., when we passed the Minsk last night, two cars were turned over and badly smashed. The engines were touching and must have had a bad jolt but were not injured. Our delay was caused by the red tape which prevented the wreck being touched until a commission could arrive from a distance of 170 versts.

Our passenger officers complain much of this red tape and the fact that Russian Railway Secretary not go near the town. That is one disadvantage of Government R. R. and no competition. Roads may be put to all manner of inconvenience.

Krasnogorsk, Noon. This is one of the largest cities of Siberia. It is on the Yenisei which is navigable for ocean going boats. Fannie's friends would reach here via Arctic sea. We crossed it on a 6 span steel bridge some 2,800 feet long. Saw a large passenger steamer coming down. Bought a stoneboat here Roubles 45. This train has a barber shop and bath room. It is in the Dining Car ahead of the pantry. It has a white tile floor and walls of white and blue enamel tiles. A most elaborate bath tub, but it takes two hours to get a hot bath. The porter of the first class car(ours) is the barber. He is also a pharmacist. I had a hair cut and he seemed much pleased with one rouble. He talked to men in Russian all the while he was at work, tried to take a hot bath but finding it took two hours to heat it, I gave it up.

There was frost last night. It is very raw and cold today. And raining. Mrs. Allen is wrapped up in two rugs besides her winter clothes. Last week it was very hot through here and millions of mosquitos. No mosquitos or dust now. Country is mountainous, monotonous small growth of white bark trees and swampy. Even the rough moujiks must wear mosquito curtains on their heads in the forests and groves. 7 p. m. Atchinsk a journey important city, two miles off the line. Chulmu river affords steamer communication with Tumen in Russia where are R. R.

June 17, Wednesday.

Boys are graduating today. Rain has ceased here and sun is shining. We are still in monotonous plains and hills covered with birch, fir and aspen trees and millions of the yellow flowers(orange).

We passed Obi while at lunch. It is a large town spread out along the east bank of the river Ob or Obi. This river is crossed by a steel bridge of some 2,400 feet. Communication here may be had by water with the world. We saw steamers plying on the river. We also saw a real "horse power" vessel without steam. A number of horses on a barge walked round a windlass thus revolving paddle wheels on the vessel's side. She was going up stream allright.

This train has a library. The books are Russian. I found however the last(Mag.) number of English Review of Reviews. Dr. Start vilifies his own guest so disgustingly, and soft soaps the Russian as the latter have to appear to like him. All the same many places were blacked out in their magazine, where the censor had disapproved. Strange intelligent people will submit to that.

We are now in the Baraba Steppe between the Irtisk and Obi Rivers. It is warm, killed first mosquito but one has hung on to outside of window for a long time. He has his eye on me.

None of these large towns we have passed have daily newspapers. The Russian Naval Officer seem disgusted with the condition as we all wish to hear some news of the Serbian and Bulgarian condition. Captain(Commander) Istomine may lose Fr. 800,000 if he is not in Paris by Wednesday next, the 24th to answer to a legal process. He has been hurrying up things all along and now we are really making excellent time and but short stops. The Captain gave me a card to his brother who is chief of the interior guard of the Winter Palace, St. Petersburg. He will show it all to us. Mrs. Allen is having a bad cold and sort of chills. Is all bundled up still. Millions of mosquitos could not reach at last station 6 p. m. Air was full of them. Fires everywhere for seats to stand only. Men carry bunch of twigs and fan themselves all the while. Went in and shut our room to keep them out.

June 18, Thursday.

Got cold in night, raining and saw this a. m. land very marshy and level dotted with trees here and there in clumps. Had our mosquito curtains up last night but did not need them. This train has the right of way and we are making 50 versts an hour since last evening about 50 miles. The road is so straight and the cars so massive that we go along as smoothly as on the Lake Shore. R. R. Much better than on the Pennsylvania R. R., B. and O. or our western roads.

We are passing over the Kirgiz Steppe. Along a line of dried up little lakes which now have plenty of water.

At Petropavlovsk, Noon. It was cold and raining. This is an important city. It is the center of caravan routes from west China and Turkestan. It does a large business in slaughtering cattle, scalping hides, guts, etc. The people still prefer to ship by caravan to Europe, than by the R. R. Still no newspapers, though Petropavlovsk has a population reported as 25−30,000. We passed Omsk in the night.

Passed Kurgan at 6:30. This is a large place and has been of importance for a long time. Everything seemed to be under water pretty much, have evidently had floods. Many old Dutch like windmills along here routes a shipment of butter from here to Denmark and England. Saw evidence of Russian hatred of Jews. A dapper little Jew of good appearance has been a fellow passenger since yesterday. Result, the two naval officers and Baron and Baroness stay out of the restaurant car except when necessary to eat. Namely they sat there most of the time. They talk bitterly of the Jews. This one was "as poor as one dog" a year ago. Now he is worth over a million. All made in a Russian copper mine with English capital. He gave up his religion and became Orthodox in order to avoid legal restriction. This caused them to detest him the more.

June 19, Friday.

Zlatoust 8 a.m. We began crossing the Ural Mountains at about 3 a.m. At 6:30 we passed a monument on the south side of the track marking the boundary between Europe and Asia. The mountains are rather picturesque something like the foothills of the Sierras.

Zlatoust is seen from quite a distance nestling below on a lake or wide river. Its churches give it a very pretty appearance in the warm clear sunlight. At a considerable station east of Zlatoust and west of the boundary line, we waited a half hour or mcre for a special train carrying General—the special Commissioner for Russian operations on the Yalu.

Evidently Russia is bent on doing something with that Yalu timber concession and it may cause Japan to call for a "shoot down." Gunzburg has been so long in Korea trying to get a mining concession covering the whole of Ham Kyung Province and failing—thus far—in that he has resurrected this old Bryner timber concession which if sufficiently insisted upon will give them control of the whole northern frontier of Korea. Then the private negotiations with C. and B.—if they result in anything will indicate Russia's future intentions regarding Korea. At present it may only be the attempt of local agents and may be disavowed by Petersburg but I have heard on this trip that the Grand Dukes are interested in the timber matter, and to judge by the effusive attention paid me for my supposed support of the timber and mining matter, there must be some larger interest at stake than the mere cutting of timber for railway sleepers.

At Zlatoust several little shops displayed ornaments of Ural steel for sale. Baron Sob bought two large bronze like figures of men on horseback paying roubles 15, 13 for them. They were not particularly good from an artistic standpoint. Weather is warm and sunshiny.

Kiaznovaya, Noon. Beautiful valley with park like mountains. Fine place for summer hotel.

We have been burning petroleum since Chelyabinsk. Wood from Port Arthur to Mysovaial. Coal in between. All Russian products. From Zlatoust to Oufa every station seems to be for iron or other mining purposes. Country on this side the Urals is most picturesque. Rugged rock ridges beautiful pine clad hills watered by rushing brooks, interspersed with fine farming land. Farm houses are in hamlets of most miserable shanties, such as we would hardly think fit for cattle, but each with its spired Church. No decent farm houses so far, such as we have in America.

Although this is Russia proper, there are over 1,000,000 Bashkirs—a clan of Tartar who came under Russian rule within the last century—living here. Hawthorne which bloomed a month ago in Seoul is now blooming here. Oufa is a large and important town judging by the extensive R. R. machine works etc. I noted some very large oil tanks marked "Nobel" and some with other names. There were large barrel works there too and as the whole was situated on the bank of the joined rivers Oufa and Belaya on which we saw steamers and large barges, I suppose the oil is brought here in tank cars (of which I saw a number) and after being barreled it is shipped by boat to such places as are not reached by rail North. We cross the Volga tonight at Samara, from which a R.R. runs down to Orenburg in the Trans-Caspian. Boats run regularly down the Volga to Sizy Novgorod which is north off and off our line of R.R.

June 20, Saturday.

We were at Samara at 8 a. m. and crossed the Volga there. This is one of the great commercial towns of Russia, having never a R. R. connection and being in a vast grain and cattle country. From about 5 p. m. yesterday, we left the hills entirely and since then the country has been a side flat plain. This is a wonderful country, but it all seems so hopeless to an American. The people count as nothing. They are kept in ignorance and peasantry. We pass hamlet after hamlet of "farmer's houses" save the name. They are not nearly as good as the Korean peasant huts. These are made of unpainted logs, with a roof of boards or very poor thatch. They are all collected in a bunch, no isolated houses, the whole bunch is dominated or overawed by one of their great green and gilt churches that seem to gloat over the little huts like a dragon.

What can be hoped for a country with a population of officials and this class. True there must be a middle or merchant class and they probably make the large helter-skelter towns we have passed but judging from the complaints we have heard, business is largely in the hands of Jews and Germans. It is an enormous country that we have been going over for 14 days at railroad speed. It could almost accomodate the world. One cannot help feeling amazed at the stupid blunder of England and Germany in preventing all this vast country from getting an outlet on the Mediterranean. It simply battled hereself and made her fizzy until she blew a bent hole for herself on the China Sea. Just as she will surely blow another on the Persian Gulf if she is kept in still on this side. There must be a great future for all this country, but the condition of the common people does not comport with American ideas.

We crossed the Volga again on the Alexander bridge 4,550 feet long, a fine engineering work, near Bartaki. or Batraki, Nobel and others have large oil reservoirs here bringing up oil from the Caspian through the great Volga River which empties into that sea and rises near St. Petersburg. It is like the Mississippi and liable to great floods. Saw our first orchards on right bank of Volga.

It has been awfully hot and dusty for 24 hours. We got into thin clothes this a. m. and into thinner ones this p. m. Have the window curtain down. It is getting hilly and wooded this evening. Penza we passed at 6 p. m. 40,000 beautifully situated on high ground. Numbers of Byzantine 5 churches, large "factories" in suburbs. Fine station very hot. Rice farming region many cattle watered by these clumsy old windmills. American windmills ought to succeed here.

This is most amazing R. R. to an American. Away off in Manchuria or it may have been just over the line, but beyond Baikal, I noticed along the track little posts about 18 inches high and say 200 yards apart or maybe 150 yards. Around each one was a ring of grass making a circle say 10 inches from the post. The surface of this circle was neatly laid in triangles of colored stone, a mosaic, one angle white, the next red, ect. These occur all the way along theses thousands of miles, so do the watchmen every couple of versts, who salute the train, hold up their folded flags, if all is well, and then step into the middle of the track as the train passes. They have a lantern at night. Old women do the same at every place where a country road crosses the track. The grade is kept up like a laden flower garden.

June 21, Sunday.

15 days from Dalny. We are due at Moscow in one hour 1:40 p. m. On time from Irkutsk, having made up the time we lost last Monday. Perfectly fresh and almost sorry the remarkable journey is finished. Rooms large and comfortable. Beds too long even for me. Dining car—since Irkutsk—cheap no good. Service prompt and obliging. It has been a delightful trip. Can wholly recommend it.

Passed Tula at 9 a. m. The best Samovars are made here. Also arms for Russian troops. City of 55,000 people. Great thing for this Sunday in Moscow is the horse race to take place this p. m. We have arranged to go to Slaviansky Bazar, dine at "Ermitage," go to Cafe Chartant this evening to Kremlin and Moscow hill tomorrow. Go to Petersburg Tuesday night.

June 22, Monday.

Moscow. We arrived at 1:30. Got a most comfortable room at Slaviansky Bazar for R. 5. 50 per day. Electric lights etc. very quaint place. 1 sent Mr. Pavloff's letter to Mr. Barteneff and he called at once. I sent a telegram to George M. Woolsey, "We are sailing London, Address Hotel d'Engletone Petersburg. Leave for London Saturday." I wrote to Mr. Riddle of our Embassy asking him to engage us a room at that Hotel. We had a bath there and cleaned up. After that we got a carriage R. 3 for an hour ride through Petrofsky Park. A wild forest with fine dirt roads, lined with log cottages of the Aristocracy. Most pretty little places.

We got back and found Dr. Sobert and Captain Istomine waiting to accept my invitation to dinner at the "Ermitage" the small restaurant of Moscow. We drove there in these funny little carriages with a bow over the horse's fore quarters and little wheels. We had rubber tires so there was not so much noise, and jolting over the cobblestones. Moscow is a large city mostly of low houses. Some handsome stores and over a thousand churches. We are inside the Kremlin and we visit its most interesting features with Mr. Barteneff who came for us at 12. The Ermitage is a beautiful place. We had a real

Russian dinner, beef soup, following vodka and zuhuska (?). Then a sterling, a wonderful Volga fish. It was Caught and brought to us alive in a large "silver" dish. It cost R.10. The dinner out R.45. The Captain insisted on his and the Dr. Sobert sharing the expense with me, so with all my protestation, I could only pay 1/3. They let me pay for brandy and coffee on the veranda R. 8. We then were shown all through the establishment even the kitchen.

Then we went to the Cafe Chartant. Dr. Sobert got awfully drunk and we saw little of him. It was dark till 10 p. m. and daylight began as we were going home at 12:30. The cafe garden was a fairy palace of white and··· The actors seemed to be American and French. We would go into our box in the concert hall—a sort of Alhambra and after seeing music and dance there, we could come out to our table in the garden, amazing thousands of people and see such things as trained elephants on the stage, pigs and other trained animals including men. One act, the chief of the evening for which the performer gets 5,000 francs per night, was for a woman to ride an automobile down a ladder at 45°(degrees) and around the inside of a circlc. It looked hazardous but was quickly and safely over. It is disheartening to see so many people lavishly wasting money in this land of destitution.

June 23, Tuesday.

We went to the Kremlin yesterday at 12 with Mr. Barteneff. Called on the delightful old Governor. A Duke whose name is something like Kurnahoff. He gave us a fan and we saw the museum of antiquities, the Palace apartments and halls ancient and modern the Church where the coronation was held. The "Church in the Forest"—the oldest church here which once stood in a forest but is now in a posed court surrounded by the Palaces. The great bell with a huge block weighing tons, broken out by its fall when the log building supporting it fell. After 1/2 hour we were dead tired but later we went through a sort of exposition bazar of all kinds of stores arranged in a hardocore row of arcades three stories high, covering a whole block.

After dinner(R 2.50 for 2 plates of strawberries) we took a drive through a beautiful park(Palcom Park) far on the other side of the city and then to bed. It was still twilight at 10:30 when we turned in. When we arrived at the hotel I had to give up my passport and later Mrs. Allen was called upon for her Christian name Frances. It has been so hot today that we have been unable to go out much today though in the evening I went to see the Russian baths. Gorgeous marble places with naked men in profusion. Then I went with Dr. Sobert to see the Church of Commemoration of saving from Bonaparte

Napoléon. It was the finest Church I have seen and I hurried right back and got R. and by extra trips saw everything. She being only a profane woman could not enter the holy of holies. We drove over to the Monument to Alexander II killed in 1881 and then home to supper, pack and off on 9 p. m. express to St. Petersburg, Fine train. Gorgeous wagon—lit car but we only had a room for two and it was too small. It was awfully hot.

June 24, Wednesday.

St. Petersburg. Arrived 9 a. m. Got a corner suite of 3 rooms at Hotel d'Engletone, opposite St. Isaac's Church and park for R. 9 per day. Gave us a poor room at first but on seeing my passport they came up calling me Excellency and gave me their good suite. Cleaned up and read our mail from Woolsey, Morse, Morgan, and Georgia(announcing Berrier marriage) telegram from Callhoun saying everthing was as before and then had lunch and went to call on the Waebers.

Found them in an elegant set of apartments in aristocratic quarters. Spent the p. m. with them. Came back and walked a little. Then went in a double carriage with the Waebers to the Islands and Point. Had supper with them at 11 p. m. and drove home. Light enough to read. Sunset at 9:25. Mr. Riddle U. S. Chargé d'Affaires at an Embassy called while we were out. He had been very kind about my mail etc. Sent him a copy of magazines for presents to Seoul, and packages to go to Count Artur Pavlovich Cassini(Ambassador to U. S.), Paris, through Russian Foreign Office.

June 25, Thursday.

Boys sail on Celtic tomorrow. We had lunch at 11 a. m. I went to call on Mr. Riddle and then with Mr. Waeber for 3 hours at Hermitage Museum awfully tiring. Hope to get away from anyone we know so the way do as we please. We dine with the Waebers tonight at 6. Had a 42 word telegram from Gunzburg, Port Arthur asking for our health and saying his father would repay the R. 200 he made a mistake about in giving me my change. We'll spend it for business at St. Petersburg for member and friends. We dined at the Waebers. They have really elegant apartment. Had a splendid dinner and a supper at 11. Heard Eugene play the piano. He is all that is claimed of him. Wonderful touch. Sunset as usual at 9:30. It was as light as with the strongest moon at 12 and dawn began at 1. The land of the midnight sun. Boys leave New York on "Celtic" today.

June 26, Friday.

Bought tickets to London via Flushing Russian Express, double compartment 200. 80 roubles. Wagon-lit and Nord Express were all engaged until Wednesday. Went to Winter Palace on tickets sent by Col. Istomine, brother of the Captain. Had a fine view of all. Even saw private room of Emperor Alexander II assassinated in 1881. Saw his plain little cot bed, wooden brush and kopecks found in his house etc, etc. Waeber went with us. Had tea at our hotel. Went to Zoological Garden in evening with the Waebers. Saw Russian dancer, Japanese acrobats and Battle of Pluna. Called at 5 p. m. on Baron Gunzburg, lives in palace next to Synod on House Guard Boul, No. 17. Hotel is very comfortable, Good beds, Electric light. 3 rooms. 9. R. per day. Funny pedal arrangement for water in Moscow. Here we have an arrangement for spittoon quite as comical.

June 27, Saturday.

Telegram from Morgan London. Replied we would be at Savoy Wednesday. Called on dear old Prince Hilkoff. Held my hand in both of his. Likes Americans very much. Called on Riddle to express regret that we could not see more of him. Asked him to join us tonight at dinner and aquarium. He is engaged to go to country this p. m. for a. m. Sunday. Found Dr. Sobert at Hotel. Had him to lunch(dinner).

Went to the Zoological Museum with Mr. Waeber. Saw the only speciman of mammoth with flesh and hair intact. It is not so large as some elephants but has longer tusks curved up. Eugene came there and was in most trouble about his "exams" so I asked Mr. Waeber to go with him. I came home and I went shopping. We looked all through the bazar but not finding what we wished, we went along the Neosky and finally selected No. 31 at the best looking art store and bought R. 150, worth 6 large size spoons with a scene on the back in colored enamel. A larger spoon in gaudy Russian enamels, 2 tea strainers of the same and a sugar tongs. Two colored picture enamel match boxes for the boys, a watch chain, pencil and a Russian tea glass and holder for myself.

Then at a Jew place near our hotel we got a Russian silver girdle and smelling bottle R. 20. We priced some peaches R. 1.50 each—I was going to buy the lot of six for 1. 50 but backed out at the same price. We went to St. Isaacs and heard but eve Mass, saw these people mostly the poor, kiss the images most profusely. Don't see how an enlightened Government can allow such an unsanitary process, but they seem to favor it. After dinner went to Aquarium, very pretty open air gardens. Perfumery was nothing to speak of. Took a table and ordered a glass of tea and one of beer. Gave the man R. 1, so we might keep the table, but the large size of the tip so staggered him that I had to take back 20 kopeks to reassure him.

June 28, Sunday.

We lunched with the Waebers and then went to Peterhoff—the Emperor's Summer Palace about 50 minutes S. W. from Petersburg on the Sea. We had a carriage. I insisted on paying all expenses, they were R. 15. We looked through some of the Palaces, particularly the quaint bed cover of Peter the Great. The fountains are truly worth seeing. The main Palace is on an elevation facing the sea, below it the ground is lower and from the Palace terrace a cascade falls, with many fountains of all kinds, one of which throws a jet 80 feet high. Another is made of numerous jets arranged in form of a pyramid.

The canal runs from cascade to sea, with tall fountains amid the trees on either side. Lanes run out among the thick trees on either sides with great fountains at the ends. There are matalic trees which suddenly become pretty fountains with jets of water spurting up from the green. The grounds are very large with separate palaces here and there all surrounded with their own gardens and forest. It was very grand and beautiful.

We bade the Waebers adieu and thanked them warmly for their constant and unremitting courtesies. As we leave at noon tomorrow for London via Berlin and Flushing. I went to call on Ye Pom Chin—Korean Minister after dinner. He had written me to wire him when I would arrive so he could meet me at the Station. I waited till the last minute 9:30 tonight and only called as a matter of duty. He is an objectionable here as in Washington and cuts no figure whatever might much better not be here. Fortunately he was out; I left my card. Prince Hilkoff called on me today.

June 29, Monday.

Changed my money this a. m. after paying bills, 625 roubles(626. 39) bought £66. Tried to buy a "Bird's Guide." None to be had at English Bookstore. No cooks or similar agency London. Man said guide books seldom called for. Trip from Korea has cost including tickets to London Yen 1,500 including ¥ 200 purchases not incidental to the trip. Korea to London via Suez is about 100. Took train at 11:15. Great Express First Class. One wagon-lit on the train. It is very shabby. Our car seems better. Dining car satisfactory. Lunch. Omelette and roast beef with potatoes, coffee and bread Rouble 1.

The Waebers, Dr. Sobert and Minister Ye Pom Chin came to see us off. Sweets from the Waebers. Flowers from Imperial Gardens from Dr. Sobert. Sweets and cigarettes from Ye Pom Chin. Don't know much about this route. Have to sit still and take what comes. Cross frontier and change cars at 6 a.m., tomorrow at Eydtkunen and tomorrow night Berlin. Got Dr. Sobert to telegraph ahead for double compartment.

June 30, Tuesday.

We reached the Russian Frontier town at 5 a. m. Had coffee there and went a mile or so across the frontier to Eydtkunen, German frontier. Country changes at once. Last night car was very dirty. One miserable toilet room for men and women. Had to pay R. 2.00 for sheets, no blankets. In Russia the peasants live in hamlets of huts. Right away in Germany they are housed in proper farm houses separated. Instead of the log house which stayed with us from Manchuria till last night, here we have two story brick houses with no tile roofs and men with a cheerful business like air as though freedom(?) were enjoyed instead of having a Government all the time on the watch to restrict one. Russia seems to have a few officials ruling millions of ignorant peasants. It would seem that anyone who could capture St. Petersburg and Moscow would have the land, probably Napoléon thought as much.

Passed Instuburg(?) at about 8 a. m. and Thorn at 12:30, had a good lunch at 11 a. m., a la carte—soup, beefsteak, potatoes, asparagus, Seltzer, vodka and beer—cost M. 9.50 and tip .50, Mark 10 = $2.50 U.S. Country is rich and well farmed.

People resemble ourselves. Fine large farm houses arranged around an open court. House on one side farm buildings making other four sides. Getting very warm.

Paid M. 4 for four seats instead of M. 2 for 2 seats as for tickets. Don't know if it will work for the whole day or not. Don't know if we will get proper room for tonight from Berlin to Vlissingen which seems to be German for Flushing. See lots of soldiers all along with metal helmets like Reinsdorf used to wear. Should think they would be awfully hot, such weather. Women are working in fields like men. Must be due at Berlin pretty late tonight. Have no time table. We are making regular American time now. Reached Posen at 3. I thought it would take till 4. "Saint of Posen." Newspapers and busboys everywhere like America and unlike Russia.

Reached Berlin 7:30 p. m. We were sent at once—on showing our tickets to Potsdam Station. Found Unter den Linden I think. Through Triumphal Gate past a wonderful deep cool park. Got to Potsdam Station only to find that my telegram had gone astray and we had no sleeping car accomodations. Found this out by hiring services of a restaurant waiter who spoke a little English. We were sent back to Frederickstrasse Station to get a train there. But the "Boss Official" there got mad and talked a lot of German with now and then an English word and sent us back again to Potsdamer Banhoff. I finally succeeded by Sundry 5 Mark pieces in securing a whole room in 1st Class day car exactly the same as we had had from Eydtkunen. We used our own rugs and tried to soften the hard roll cushions into pillows. The speed on these German track is too great for such light cars and the motion and noise as well as the confusion at stations makes sleep very uncertain and poor.

July 1, Wednesday.

We got up at 5 a. m. quite tired out. No water in the dirty toilet room, could not wash. No dining car. Got some coffee and sandwiches at Essen where we were shunted out into the yards and then waited there an hour. From there our ride to Flushing or Vlissingen was picturesque. Holland is very pretty. Customs at Geppen and at London, did not open anything simply asked for spirits and cigars. 7 hours on Chanel was very comfortable. Smooth sea and no motion. Took a cabin and Fannie went to bed(10/). Had a good nap. Lunched and dined on boat(10/). Arrived London 7:30 and came to Savoy Hotel, foreigner had engaged a room and bath (25/s). Pretty small but fine.

July 2, Thursday.

Morgan called and spent the day. Lunched with Mrs. Allen. I lunched with George M. Woolsey at City of London Club. Met Mr. Pelly at American Trading Company. He crossed Siberia with the Waebers. Ordered a suit and overcoat.

Went to "Country Girl" at 8. Pretty opera. 23/ for 2 seats 2nd row.

Dinner at this hotel for two—very light cost 20/ will have to change. Had engaged 2 rooms and bath from 15th for 42/ per day. Can't stand dining room charges.

July 3, Friday.

Secured passage on Dominion Line S. S. "New England" Liverpool to Boston, September 15. Outside cabin for two £25 each. Inside £20. As the inside ones were all taken I was given Cabin 50 for £50 (2) and 48 for 40 (2) with option of putting one more in 48 if necessary, but they almost guaranteed me that no one should be put there. Mrs. Allen being out with Morgan. I had lunch at Metropole and engaged 2 double rooms and bath at 32/ per day for the four of us from July 12. Got tickets. Had reserved 2 seats in dining car last eve by writing to Station Master. Very fortunate.

Sat most comfortably all the way, had a good and reasonable meal. Some one took my hat box and I have not got it yet though I applied to the Lost Property man. This English system is abominable. I did not intend to do it, but Woolsey was sure it was safe and the Dining Car was not suitable, so I did it and have lost a valuable hat box and other things besides a fine hat. Found Celtic not due until late tomorrow(Liverpool

Adelphi Hotel).

July 4, Saturday.

Celtic passed Queenstown 6:15 and is not due here till 9:30 tonight. We went to St. George's Hall this p. m. to an organ recital. Fine hall, fine organ, good music. Drove through Sexton Park. Walked the streets. Went to Walker Art Gallery.

July 5, Sunday.

Boys arrived at 9—last evening. We were awaiting them on Dock.

They Looked well and cheerful. Put Harry(the eldest son) in charge of finances in England. Today has been rainy and disagreeable. We got acquainted in the morning and in the p. m. we went on cars to Park of Earl of Sexton. Walked through the grounds to knotty ash, took cars for country, found our mistake changed to other cars.

Saw a man fall off end of car from top side holding a child.

July 6, Monday.

Went to Glasgow 6 hours, 1st class. Found third class was just as good. Went to Grand Hotel. Found it in disrepair. Four rooms for 18/. Went to Botanic Gardens.

Boys and I went to an abominable vaudeville in evening, left early, went on "Columba" through Kyles of Butte to Ardishaig and for a ride on Ariyan Canal. Started by rail to Dunoon(?), returned up river by "Columba." Fine view of ship yards of the Clyde. Boys and I went to vaudeville in evening.

July 8, Wednesday.

Missed train for Loch Lomond and Trassach's took 12:30 for Edinburgh. Went to St. Andrews hotel. Very poor. Went to one or two others and finally took "Royal" best Hotel. Ther's beautiful view of castle, park, and city generally. Edinburgh is a beautiful place. Most effectual city I ever saw. Visited castle in p. m. Fine sight. Boys and I went to good clean vaudeville in evening. Nights very bright and short.

July 9, Thursday.

Went by boat over Firth of Forth to Aberdeen. Bought lunch and had picnic. Delightful spot and fine time.

Returned by rail over the Forth bridge.

July 10, Friday.

Went by rail to Hawthornden Glend, where Ruft Bruce lived.

Saw his red castle, case where Mary Queen of Scots

hid and before which Jud Knot preached to try and convert her. Saw seat where the poet William Drummond (or Drummond of Hawthornden, 1585~1649) wrote his poems. The walk through the glen is delightful and brought us to Ruslin Castle with its old dungeon and underground apartments. Ruslin Chapel is a wonderful little glen. We lunched at the Ruslin Royal Hotel—very good and rode back in a brake. Had to get £50 through Cook's. H K O S Bank Exchange had to be telegraphed from London. Cooks people are not so attentive as 4 years ago. I intended to by tickets of them but had such supercillous treatment that I left. Wrote Station Master to reserve 4 seats in third class dining car.

July 11, Saturday.

He did it. By paying a shilling to head waiter we had the table all the way to London. This cost less than half first class fare and was just as good. We came to Hotel Metropole 2 rooms and bath 34 shilling. Dining room is poor and expensive, food is "Limited." Boys and I went to see a weak opera, "My Lady Molly."

July 12, Sunday.

Sunday is an awfully quiet day in London. P. M. boys and I rode and walked the city. Wrote letters in evening.

July 13, Monday.

Went to American Trading Company ordered boys some clothes and shirts, also hats for all. Fannie saw and liked her furs. Got back my lost hat.

Went to Hippodrome in P. M.(Boys and I). All went to Irving in Dante in evening. Very fine.

This hotel has a good effect on the boys. They are eager now to spruce up and even delight in dress suits.

July 14, Tuesday.

Mrs. Allen and boys shopped, got Maurice(second son) and overcoat. Mr. and Mrs. Bostwick arrived last night at "Cecil" on "King Prig William." Mrs. Bostwick spent P. M. with Mrs. Allen. Boys and I went to each count. We all went to see Mrs. Patrick Campbell in Second Tanqueray in evening.

I invited the Bostwicks and Mrs. Woolsey to dinner and theatre tomorrow evening.

July 15, Wednesday.

Chinese Honeymoon Matinee Dinner to Woolsey and the Bostwicks at Metropole and Empire in evening.

July 16, Thursday.

Admirable Christen p. m. and Bostwick home in evening.

July 17, Friday.

Windsor Castle p. m. Heidelberg evening. Called at Embassy

July 18, Saturday.

Girl from King's Matinee and Carmen evening

July 19, Sunday.

Wrote letters. Gave Maurice··· Bought tickets to the Hague(Sat.) Left at 8:30 via Hook of Holland. Good passage.

Went to Rotterdam. Rode on Street Car, Ocean tour. Dutch are awful people for large tips. Guilder worth 40 gold goes no further than shilling in England. Reached Hague at about 10 a. m.

Went to Hotel Vieux Daelen. Two attic room 10 Guilder($4.00) per day. Dinner 10 guilder. Went to Sheriningen, "Brighton of Holland." To bed early but not good sleep. Tuesday 21st went bicycling to Leyden. Beautiful roads 11 miles. Rode there and back 22 miles without dismounting. Also rode through Leyden Park. Went to Sheriningen in evening. Minister Nanel sent his carriage for us but we missed it.

July 23, Thursday.

Saw Royal picture gallery, called on Mr. Nanel. Missed him again. Settled up. Had lunch and came to Amsterdam. Reached it at 3 p. m., Hotel del Europe.

3 rooms for 10 guilder $4.00. One overlooks canals. Beautiful dining room with enormous windows. Rooms have double doors but a glass over door lit in distressing light. The mosquitos are awful and no nets. Holland is expensive and malicious. Quait and picturesque but not altogether desirable.

July 24, Friday.

Boys went out with keys and kept me in back room. They are good plain everyday boys but far from brilliant. Hope this trip will give them more of an insight into life. They failed in their examinations for the Massachusetts Institute of Technology through not following my plain instruction. Took their exams at Manlius without any preparation and failed in about everything. Will have to hurry over to Governor and put them in school.

Went by boat to Isle of Maarken. Saw the fisher people in their quaint costumes. Boys and girls are dressed alike, but for a little ornament on the skull cap. Saw two old ladies living alone who were upstairs when the winter floods came and their first floor is flooded. Having no fire then they live on bread and water. Took pictures of the place. It rained before we got back to our little steamer. Fannie bought a silver spoon at Maarken G. 10. 50. We had been seasick on the Zuyder Zee coming down, but eating lunch helped us. We crossed over to the mainland and I went through the rain to see the oldest church in Holland. We started up a canal and stopped at the village of Brock, where we inspected an Edam, Cheese factory. A model farm where the people use the cow stalls for a residence in the summer and in winter they sleep in a closed cupboard in the wall.

Fannie bought here a handsome silver canned dish, ornamented with the lions of Holland. It was sold by a man who collects such things as he can in the long winter. It corresponded to the Government Official schedule stating the work used for pure silver and the work for certain periods this piece was of a period just prior to 1750. It was 50 guilder, but as I had 46, I got it for that($17.60). It was a dismal day but a nice trip.

The evening before we had taken a "vapor launch?" trip through the ill-smelling canals of Amsterdam, to the great surprise of our hotel people. It was certainly interesting but rather stinking. We found the Hotel del Europe very comfortable, except for mosquitos which were said to bite only foreigners. The dining room had windows as large as the side of a room and the table was excellent.

July 25, Saturday.

Left Amsterdam at 7 a. m. and reached Strasbourg at 6 p. m. The ride through Holland was not interesting. Customs was no trouble. Went second class found it exactly like first and were comfortable because 2 guilder to conductor gave us our whole compartment. After Cologne the Rhine scenery was superb. Had good dinner after Cologne in dining car.

Strasbourg proved to be a delight. Went to the best Hotel, National. Quite reasonable.

July 26, Sunday.

Visited Cathedral and photographed it. Rained hard in afternoon. Evening the boys and I went to an open air opera. It was in French and exceedingly poor. The eve before(Sat.) we all went to a most charming concert in the park, where we heard a military band. In addition to the small entrance fee, we had to take some beer if we sat at a table. To my surprise Maurice seemed to take to his like a cat to milk.

Harry did not touch his.

July 27, Monday.

Left Strasbourg at 10 a. m. and arrived at Geneva at 7 p. m. We were a little sea sick from the rapid motion of the train and the heat. Came near having a row because a Jew tried to usurp the place of a German in our compartment after leaving Basel. The scenery as we approached Lake Geneva and Lausanne was very fine. Berne is a picturesque place. Came to the National Hotel, which is much the finest hotel in this city of fine hotels. We have three rooms on the 3rd floor, facing north with a beautiful view of the Lake and adjacent valleys, the Jara mountains, but Mt. Blanc is on the front or East side. Rates are 60 franc($12) per day for the four of us including everything. Large garden in front of hotel. Fine dining room, very silent people. Good orchestra altogether it is about the best place we have reached.

July 28, Tuesday.

Called on Edwin V. Morgan and our Consul, Horace Lee Washington.

Latter was very obliging, had us to lunch on, to meet Ex-President, an artist in White House, Mr. Murray Mitchell of New York. The art man of Saint Louis Exposition and others.

Saturday evening July 25 in Strasbourg as we were riding to Park in street car, I had an inspiration, which was to leave the boys over here and let them perfect their language and prepare better in everything for the Technology. Fannie forward it at once. We talked with the boys about it. They did not oppose it. We spoke with Mr. Morgan who thought it excellent and so we decided to follow the plan.

On 31st I saw Prof. Benice of Summer School of the University and by him was recommended to Mr. Jules C. Dupour, whom I saw in the p. m. with Fannie.

July 31, Friday.

After seeing Dr. Hill in the morning and finding he thought highly of the man.

He agreed to take the boys and tutor them himself, with his Father's help for German and the help of an outsider in Mathematics, board them and everything but working for $60. each per month. I accepted this on Monday.

August 2, Sunday.

We went on a tour around the lake with Mr. Morgan. At Territet we got off and visited the Castle of Cuellon. On July 30th we had gone up the inclined railway to Grand Salive for a view of Mt. Blanc. It was a very costly trip and not satisfactory. It showed be done in half a day instead of a whole day. The dear Swiss would then have less charm to add their squeezes.

August 3, Monday.

The boys began a daily lesson with Mr. Dupour, 3 franc for the 2, everyday but Saturday and Sunday. They leave the hotel at 8:30, are at lesson by 9:00 come home at 10:30 and work till lunch on lesson for next day. They are improving already.

We think we have done well in seeing the Dupour arrangement.

August 9, Sunday.

Mr. Morgan, the boys and myself went to Divonne le Bain and saw Mrs. Leigh Hunt, who is at that stylish French watering place, taking the squirt cure. We went by boat to Coffet and then 3 1/2 miles by carriage. It is less than a 2 hour journey from here. Though it is in France, whenever one goes here in the suburbs one gets into France and has continually to be passing and repassing the Customs.

August 16, Sunday.

The Bostwicks came to this Hotel "National" last Tuesday and left today. Mrs. Leigh S. J. Hunt comes tomorrow.

August 19, Wednesday.

We went to Chaunix by rail. It rained hard but next morning August 20 was bright and sunny. We were at Hotel Royal. Three good rooms with fine mountain view. Boys and myself climbed up with guide to Mer de Glace glacier. Lunch at the inn and crossed the glacier by a more difficult pass than ordinary as the guide had the idea we were good climbers. In crossing an ice slope with a yawning crevasse below I lost by head and had to have the guide aid me. We took a photo which the guide snapped. It was afterwards put on a postal card.

August 21, Friday.

Went by carriage from Chaunix to Martigny over the Tele Noir Pass. This trip is splendid. Worth coming to Switzerland for passing its glaciers all along. Lunched at Hotel del Chatelard half way to Martigny.

August 22, Saturday.

Left Hotel Mt. Blanc at Martigny and went to Bisp or Bispack or Beige 2nd class. Met a Mrs. Don Dickinson of Chicago whose husband is on the Alaskan Commission at Paris. Not being able to change a note for Fr. 1,000, we went 3rd class on the cog railway from Bisp to Zermatt where we stopped at the Hotel Mt. Rose. The Hotel Mt. Cervin being full.

August 23, Sunday.

Next day Sunday, we went up the very steep cog railway to Garner Grat and had lunch in an awful gale of wind that seemed likely to blow the house away. Quite a crowd was there. We got down safely and were glad to be out of it.

August 24, Monday.

Next day we went by rail to Territet. Would not stop at Grand Hotel there as they had no small tables. Went up the steep railway to Rockers de Nay, angle of 45° (degrees) in places. We spent the night there and got up at dawn to see the sunrise over the Alps. Jungfrau and the Bernise Aberland. It was fine.

August 25, Tuesday.

It made my leave toothache however and we were glad to go back to the comfortable Hotel National. But hotel we found, arrived there Tuesday, August 25. Leigh Hunt had come in the meantime. He is now at the head of a Company for developing the lands of the White Nile, Egypt, and Sudan Lands Co. He hates Henry Collbran and Harry R. Bostwick bitterly. Tried to make me believe that some one had been prejudicing the President, Theodore Roosevelt and Secretary of State John Hay about me in connection with Collbran and Bostwick to the effect that I had interests with them. I realized it was only a jealous atttempt on his part to see if I were finally with them as I do not believe the President and

Mr. John Hay take any such interest in me. Fortunately I was able to tell him that in the Russian matter I had filed an affidavit in the State Department that I had no connection with Collbran and Bostwick. No money had benefited me or promises made me.

September 1, Tuesday.

The boys left the hotel and went to live at the Dupours.

September 2, Wednesday.

We left for Paris. It was one of the hottest days I ever experienced, and a crabbed Englishman had one of our seats and Fannie had to do her crying over the boys in public, but I soon got a room to ourselves and then it was allright. I only paid 20 francs extra, whereas had I bought it I would have had to pay F. 84.

We stayed in Paris at Hotel Del Fource from Wednesday September 2 until Sunday the 6th. The weather was extremely hot. The dining room was hot. We were uncomfortable and Paris never seemed so unattractive. The plays were poor and of a disgusting character.

We had one fine day for on Friday the 4th. We went out to St. Germain and had a nice lunch. Dr. H. Weipert, former German Representative at Seoul was at the Louvre Paris on the Japanese House Tax Arbitration. It was to see him that we came to Paris and to buy Mrs. Allen some hats. The hats were duly bought.

September 6, Sunday.

We came to London in the rain. Crossed the Channel in great comfort in one hour on the new Turbine S. S. "Queen." We came to the Hotel Cecil. Found it cheaper, better, more comfortable than the Metropole.

Monday I went to the American Trading Company and started the matter of diamonds and amethysts. Mr. Woolsey made an engagement for me with a Mr. Thomas Dalton of whom, the next day, I bough 16 small diamonds for £31 and 120 beautiful amethysts for £12. I hope to sell enough of the latter to pay for what I need for a chain for Fannie. I went Monday night to see "The Chinkers"—a very poor American play. Tuesday evening we both went to see the "The School Girl" a party and chaste opera. Wednesday p. m. I went to the Matinee, "The Medal and the Maid". It was a very silly opera.

September 9, Wednesday.

In the evening we both went to see Henry Willard in "The Cardinal," it was excellent.

September 10, Thursday.

We went to Liverpool and entered in a pouring rain

on the S. S. "Commonwealth" of the Dominion Line to Boston. She is a large ship of some 13,000 and though we went out in the teeth of a gale that did great damage to shipping, unroofed houses and stopped telegraph and R. R. communications on the Quinch coast, as we heard at Queenstown. We were not much inconvenienced.

There are 221 first class passengers and as many second class.

The ship is crowded and therefore uncomfortable. The weather is raw and disagreeable. The food is quite indifferent and I should say the "Celtic" on which the boys crosses is much to be preferred to this ship. We have not been sea sick so far, thanks to Bromide.

September 18, Friday, Boston.

We landed at Boston on the evening of September 18. The Customs had orders and were very agreeable to me. At our table on the way over, were some Toledo people friends of the Everetts. Mr. and Mrs. Childs retired wholesale boat and shoe man and his daughter and her husband—Dr. Alto Marx dentist. I played whist on the way over with a delightful Englishman who resides in America and is in the cotton business, Mr. Paton a friend of a Pacific fellow traveller in 1902, Mr. Dorance of Texas, a Mr. Hill of Boston and Mr. Dodd of Connecticut made up the set. All fine men and good players.

So good that I got out. We had a very cheeky man on board whom we called Mr. Whiskers from his flaming red beard. He was probably a clerk in a country book store and took himself and his first trip abroad very seriously.

He appointed himself a committee of one to get up a concert of which he was the chief performer, together with a lot of second cabin passengers whom he brought in. There were 70 Mormons in the Second Cabin mostly women. Their leader and Whiskers seemed to be great friends. Each looked more qualified to run a harem.

The fine hotel Touraine being full, we went to the Brunswick recommended to us by Kirk Monroe. It was as expensive—to us—as the N. Y. Manhattan and miserable, dirty and poor.

September 19, Saturday.

We visited the Massachusetts Institute of Technology and found out things that the boys wish to know. One thing being that they had better not live in the Technology Chambers, where new studies boys will camp on them and get them to do their lessons. Also it is unnecessarily expensive. Sect. Porf. Harry Tyler thought one of the instructors might be willing to board them. We learned from Mrs. Townsend however that she had a good place in view with the family of an Episcopal clergyman. The dear old lady was as tickled with the commencement honors of our boys as if they had been her grandsons and she has been showing the church paper to all her friends and bragging of these boys.

We lunched with Mr. Edward Townsend and his mother at the Union Club and visited Harvard and saw the City. In the evening he and I went to see the "Silver Sipper."

September 20, Sunday

We went to New York and ran over a man, near Fairfield, Connecticut cutting him all to pieces. At New York we went to the Manhattan, got 2 nice rooms and bath, 11th floor 550-51. East side, good view and air, quiet, $9.00 per day.

September 21, Monday, New York.

We went to Theodore Stars and tried the pearls on Mr. Uncles.

He was anxious to mount them but would not buy. We went then to Randel Barrymore,··· to Christie Billings and Holcomb, Murray and Maiden Lane. They would not buy the pearls and as the amethysts all varied in size they could not mount them under $170. They could not buy them but offered to try to sell. I finally got $45 for all but 12. I suppose I may be···to have come out··· even the best over in Geneva retailed at 5 Fr. or $1.00 and I paid $15 for these 12. I had them mounted in a chain with 10 pearls for Fannie's Christmas. It is a beauty and she does not suspect. The··· diamonds we had mounted in a chian with her four big pearls pendant. It was my design. It is a tremendous success and Fannie seems delighted.

Actual count was 4 large pearls gift(given me by the King) valued by Theodore Stars at $1.000(not sure if he means $1.00 or $100.00 or $1,000.00—very confusing) each, 16 diamonds at wholesale(making up $35.00) £30. 83=$152.00, 120 amethysts, £12. =$60 less sale 42. 12 retailed cost actually $18.00 10 pearls (￥) 310=$155.00 making $61. Total $234.00.

We walked up 5th Avenue to Park, dined at the Sherrys and I went to see Fay Templeton in "Runaways" and found her exceedingly disgusting. On the way home from the American Trading Company, we bought a lot of books for presents of Leggett.

We lunched with James. R. Morse and William H. Stevens at Doren Turn Club.

September 22, Tuesday.

Had a letter from Henry Collbran Seoul asking me to telegraph if I would sell my piano and pianola to the Palace this Min Yong Whan. I promptly telegraphed

"No." I have claims enough to collect. We went this Tuesday evening with Mr. W. H. Stevens to see the "Wizard of Oz." Mrs. Allen got very tired and we left before the nonsense was finished. Bought a lot of shirts.

Also an electric torch shaped like a flash. Mr. Stevens dined with us.

September 23, Wednesday, New York.

Fannie shopped. I bought shaver etc. We dined at Greek Restaurant. I went to Japanese play "Darling of the God."

Splendidly staged and very true to Japanese life.Good.

September 24, Thursday.

I went to see the Earl of Pantucket. Best comedy I saw all summer. Called on Mr. William Alexander. Lunched with him and arranged to go to Bernardsville next day and see his invalid wife. Got a telegram in evening asking us not come as she was worse. Dined with Arthur Townsend and wife and we went to see "Three Little Maids" and Dalys. It was tuneful and excellent.

September 25, Friday.

I went to "Man from Blankleys" in evening. After running around and buying a billiard table, yarns, wines, bicycle etc.

September 26, Saturday.

We shopped found a sable collar and muff at McClarys costing $1,800 and not so good as Fannie's. Lunched at Martins new place(Delmonicos old site) and we went to Earl of Pantucket. I went to Lilians Papa at night.

September 27, Sunday, New York.

We went to Englewood and lunched with James R. Morse and family, Mrs. Hatton, and Mrs. Stickney and an old California. It is about 1 1/2 hour ride and arrived the Hudson. On the way home a fierce electric rain storm came up. We were kept at the Ferry house on the N. Y. side a long time, by the rain. We had an oyster stew etc. in our room and a nice quiet evening.

September 28, Monday.

Finished up, repacked. We went to see Maxine Elliott in "Her Own Way," in the evening. First night. It was a feeble play but good.

September 29, Tuesday.

Went to Washington by P. A. R. R. Got there in evening. Went to Williards Hotel. I went to see "Sultan of Suler" in evening.

September 30, Wednesday, Washington.

I went to the State Department and started things. Went to William W. Rockhill and talked over matters. Called on President Roosevelt and told him he was making a mistake regarding Russia. Asked me if I had talked with Rockhill. I said I had. He then made an appointment for Rockhill and myself to meet him at 9:30 p. m. and discuss the matter. It made me very uneasy, and with a bad toothache, I had a miserable p. m. Called on the poor Koreans(Korean Legation) in the afternoon.

Got away from them easily. I had a telegram from H. Callhoun asking me to get the Korean Minister Chyo Min Hui to telegraph Korean Emperor to settle Collbran and Bostwick claim at once, as he thought this would help materially. Got an agreement.

At Serrion in evening I attempted to persuade the President Roosevelt that the pacification of Manchuria, and suppression of hazard by Russia, as well as the building of roads and railroads had opened up a great commericial field, 75% of the great and growing trade now coming to us; that it was therefore a mistake to anger and annoy Russia by compelling promises which she could not keep and which we should know she could not keep; that there was no mere likelihood of her voluntarily evacuating Manchuria than there was that we should evacuate Texas or to make the example better—Hawaii; that being the case it was fully to suppose she could strictly keep her promise and open up such places as Mukden to residence of foreigners and their consuls with extra-territorial rights; and that it not only seemed that we were getting the chestnuts out of the fire for Japan and England but our present policy continued in would undoubtedly lead Japan to count upon assistance from us which would lead her to adopt a too bellicose attitude toward Russia, and whether we wished it or not we would simply be forced into more or less of an alliance with England and Japan.

The President combatted this vigorously and asked Mr. Rockhill to endorse him in saying that Japan had been given the greatest assurance that she must under no consideration count on anything of the kind. I tried to say that she would count on the moral support just the same and Russia would so regard us, as on Japan's side, but the President and Rockhill had full··· and I could make no headway. Rockhill is splendid fellow and a convincing talker and he is the author of and sponsor for our Asiatic policy as the President has twice assured me, Mr. Rockhill in this case took(Russo-Japanese War—See Newspaper Clipping at end of book and Press Copy Books No. 9) the position, in all friendliness to me, that I was simply advocating a time-serving policy in the interests of commerce; that the Russian Government had fully sanctioned all our attempts to secure the "Open Door" and that they favored our getting the open ports; that any change on our part now would simply "stultify" oneselves and injure our standing.

I said I did not believe that the Russian Government was complacent on this subject. And the President spoke up very sharply and said "We have ample assurances on this head" and had Rockhill endorse him. I fear Rockhill is leading them to a precipice, I told the President, I was sorry I could not make a better showing. That these were my conclusions after a trip through Russia. And I had given them him as a duty.

October 1, Thursday, Washington.

Fannie was going to Dr. Loring oculist and I decided to go to Dentist. Began and had three of(?) one(?) under Dr. Anderson. Had to take gas. He took out pulpstones on the nerves and finally put on a fine gold crown.

I secured from State Department, New Cipher Code. 2 Remington Typewriter and an office hall top desk.

I had some talk with H. Loomis, Assistant Secretary. He could offer no suggestions as to settlement of Collbran and Bostwick claim except to send me a man-of-war, which would be useless. All they seem to want is to be let alone and that I shall run Korean matters smoothly with no trouble to them. They do not read my dispatches even, unless Jocket shows that the matter is of unusual importance.

October 2, Friday, Washington.

My reception with the President Roosevelt was cordial for the reason that Leigh Hunt had spoken well of me to the President whom he knew quite well apparently. A Minister Plenipotentiary even to a storm center like Korea seems to be a very insignificant personage in Washington, however big he may seem far away. It is like a river which dwindles in majesty as one approaches the source.

I cabled to the Emperor of Korea a message written and signed by the Korean Minister Chyo Min Hui, at my suggestion that it would be a good thing for Korea to settle the Collbran and Bostwick claim promptly. It was in code and the Department would not pay it. It cost me $52.00.

We left in evening for Columbus by the B and O and had the usual nasty, dirty, rough, sea-sick trip. I missed our dining car.

October 3, Saturday, Columbus.

I telegraphed Governor George K. Nash of Ohio that we would be in Columbus this morning, but he had to leave at 7 a. m. to attend a political meeting at Cincinnati. He sent his daughter Mrs. Babcock and her husband to the station. They came several times but our train was hours late and we missed them, and drove to the Neil House where they came later on hearing we were there.

We went to the home of David W. Deshler opposite the Capital. Miss Louis Deshler, his daughter, had visited us in Korea last spring where the poor girl got an inkling of the truth about Dave(D. W.) Deshler marriage to a Japanese. She had been bragging about it to her fellow travellers until some of them cautioned her to stop bragging of it. It was a comfort to her to hear from Mrs. Allen that he was now truly married no matter what had gone before. As in the case of Mr. Townsend's mother she had to do her best to make it right for the man. At the Neil House we met my cousin Ernest T. Edgerton a travelling salesman. In the evening we went to Delaware and as usual rode in the one back with others pretty well over the sleepy old town before getting to the old house, where we found my sister Georgia expecting us as I had sent her a telegram from Washington. Bessie, now Mrs. Edward T. Miller was there as her husband who is Assistant Adjutant General of Ohio was off in Kentucky at the general drill of state troops and regular soldiers. Met him later and found him to be a fine man and Bessie has fallen into good hands.

October 4, Sunday.

Did not go to church this day or see Delaware people. Went to the cemetery morning and afternoon. Put some flowers on mother's grave and looked up a cemetery lot for ourselves os we will have a place for our burials when necessary. Later I gave up the project as there is still room by crowding, for 12 in our own lot and Aunt Lucy Springes has a large lot near by with only one grave on it — that of an infant daughter.

Elmer was away, he is now travelling for the Millers-Lewis Stationery Co. of which his son-in-law Cal Miller is at the head.

I agreed to take $1,500 in the stock of this Company in the name of my sister Mrs. Elmer Watson who is to make over the certificate to me and attach a note to the effect that the stock is mine but held in her name so as to improve the condition of her husband with the Company. I left the details to be arranged by Mr. Clayton Everett later on. I gave Georgia and Bessie each an enameled spoon from St. Petersburg. I gave Allen and Rob each a Geneva purse with $15.00 in each. To Georgia I gave $20.00 and told her I would continue my allowance to her of $25.00 per month while necessary.

Rob is a fine young fellow and full of energy. He looks

a little like Maurice. Allen is queer. Weak in body, good mental qualities, but lacking in something, very shy and noncommunicative. Fear he will not be able to do much for himself. Allen turned out very fine. My sister looks well but is aging fast. Her sufferings have produced a most chastened lonely character and excellent mother.

October 5, Monday, Toledo.

We saw Aunt Ellen Edgerton at the brief stop we made at Marion. Straight as an arrow, full of life and energy. This invalid sister of my mother has outlived her stronger sister and even now takes a deep interest in life and lives of others.

Captain Clayton Everett(Allen's brother-in-law) met us at the station, vastly changed, hollow cheeked, stoop shouldered and gray. He looked a broken down old man. He got into a wild cat(wild cat refers to a wild schem—especially one of a risky financial nature) gold mine scheme near Silverton, Colorado called the Gold Tunnel and R. R. Co. through the blandishments of a woman promoter, a Mrs. Murrell.

He has put all his property into it and induced many of his friends to invest. I put in $5,000, the boys each $100, and my sister Georgia her little inheritance of $1, 200 for which I agreed to be responsible. At Mr. Everett's suggestion I had my friend Edward E. Rittenhouse of Colorado Springs go and examine the mine as he is an expert examiner. He sent me his report to Geneva. He found it was a pocket mine with no prospects that a costly mill had been built on faith alone.

Leigh Hunt to whom I showed the report while in Geneva said there was not one chance in a hundred of the mine succeeding. Mr. Everett had been apparently anxious that I should go in heavily with him in the matter and on the receipt of this report, I worte him and declined to invest further. I did not wish to anyway as I wished to get out debt entirely.

I found my sister Jennie and her husband Everett very much taken up with Christian Science even attending a church of that new sect. I took care not to combat them in the matter as it is undoubtedly doing them good. Their faith in the prayer they pay for reacting upon them in a beneficial way or seems not to be the case when one gets prayers gratis. Evidently the orthodoxy have mined a great field here.

We found Mabel engaged to a clever yound banker Mr. Bowley, who lives near Captain Everett on the Maurne River. I was pained to find how Mrs. Murrell had come into the life of that family. I think Mr. Everett must now have his eyes somewhat opened to her but some unnecessary dissociation on the influence of Mrs. Murrell over the Everett family.

October 14, Wednesday, Toledo.

We were in Toledo from the 5th-14th. I found my affairs in good shape. My properties are paying a net income of 5% on $150,000 and bid fair to continue so. I still owe some $28,000 on them but Mr. Everett owes me about $12,000 on the Central··· Lots which are in my name but which he is selling on a Power of Attorney (Power of Attorney is a legal means to authorize someone to act as your attorney) from myself and wife enforcing him to do so.

On the 12th a meeting was held in Mr. Everett's Office of the Director of the Gold Tunnel Mine. Mrs. Murrel having come from the mine to be present, bringing with her a Saint Louis mining lawyer. One thing I very much dislike about the whole thing is the air of secrecy preserved. Mr. Everett did not let me know this meeting was contemplated or that Mrs. Murrell was coming, nor did he do more than give me a general idea of what took place. I learned from others that in order to raise money at a pinch, he borrowed of a man named Hickok—son-in-law of the rich Mr. Reed, who has put so much money into the mines. This Hickok is a clever hard business man and is probably desirous of protecting his wife's inheritance.

He is said to have loaned about $70,000—$80,000(enough to meet emergencies but yet over) and to have taken a mortgage on the whole property which Mr. Everett is said to have compelled Mrs. Murrell to agree to with great difficulty. Hickok then put a man named Mitchell into the mine to watch his interest. Mitchell knows nothing of mining and has caused and is still causing great needless expense. I signed my stock in blank and asked Clayton Everett to sell at cost for me.

On my arrival at Toledo I gave Clayton and Dr. Jaeger razor with 3 blades, Jennie a Russian enameled spoon. Georgia Flagg a Russian belt and Mabel $200 for her wedding. On leaving I gave Frank Hurd and Louisa $5.00 as usual. Sunday the 11th, I went over to see Mother Heber in Detroit. Got up at dawn, went to station for my coffee and then by train. Had a headache of course, came back by boat and went to bed hungry, could not stop downtown for something to eat. Took Lizzie a Russian spoon, a pin, a pin for Jeane and a Dr. Jaeger razor for Heber. Had a fine lunch and gave Heber my fine cigar case, best one I ever saw. It was given me by Mr. Callhoun.

While in Toledo I had a letter from Mr. Callhoun to the effect that Raymond Krumm had persuaded Ye Yong Ik that if he were sent to Washington with an official, he could persuade the Department of State of the iniquity of the Collbran and Bostwick claims and have me removed. His expenses have to be paid and a new contract to be given him should be succeed. That up to Sept. 17, the Emperor had not agreed and no one could be found willing to take up the commission though Krumm had secured some documents from the Foreign Office.

I can scarcely believe that the Emperor—weak as he is—would consent to a thing that would harm me, but I have long given him up as liable to do most anything. I rather hope the exciting war news as to the situation between Russia and Japan, may lead to a real overlordship by one or the other that will do away with the fiction of Korean Empire and give the people some liberty.

I forwarded copies of this letter to Mr. Edwin V. Morgan, State Department, to Governor George K. Nash, to Col, Ed. T. Miller, Bessie's husband who was in the newspaper work and still has good connections, to E. E. Rittenhouse of the "Telegraph," Colorado Springs and to Mr. Frank F. Bostwick, Korean Consul, San Francisco. I do not care for the warm attempt against me with the Department but I shall greatly dislike the newspaper notoriety.

I bought a couple of lamps for Jennie as she broke one while we were there and had quite a nervous time inconsequence. Through Mr. William L. Bull, 30 Broad St., N. Y., Vice Presdient of the American Mining Company in

Korea, I was given passes to San Francisco, via Denver. I had the same trouble as before about excess baggage, having to pay at Chicago and then collect at San Francisco. We left Toledo 2 p. m. Wednesday October 14., driving to station because of a break in the electrical connection.

October 16, Friday, Colorado Springs.

Train being several hours late we missed our dining car and got nothing to eat till we reached the station at Denver 11:30 a. m. We got to Colorado Springs about 2:30 p. m. and went to the Antler. Mr. Rittenhouse had been looking for us but the train did not come in. We dined with his family that Friday evening, Ruth Yurgen, Eleanor oldest and Girard between. Next day we went for a quiet automobile ride. I gave Mr. Rittenhouse a carefull interview which he published next day and the Associated Press got it and sent it all over the country. It met me on arrival in San Francisco.

We left Colorado Springs Sation evening October 17, and were again very late reaching San Francisco, Tuesday, October 20 at 4 p. m. instead of 9 a. m. Went to Occidental Hotel as usual.

October 20-23, Tuesday-Friday, San Francisco.

Was disturbed by a telegram from the boys at Geneva

about a suicide but soon found that it meant that the wife of Mr. Jules Dupour had committed the act. Poor demented sufferer and what an experience for those poor boys whom we thought we had placed so carefully. It will take all sorts of experiences however to make men of them. I telegraphed our sympathy.

I sent Harry £20 from San Francisco to buy me one of those Swiss striking watches. They are to send the gun metal case to Mr. Merriman, Yokohama, he will have it damascened and returned and the boys will bring it with them when they make their Siberian trip to visit us next summer in Korea. I tried hard to get full passes on the S. S. Siberia as are granted to my colleagues in China and Japan and even to the consuls in these lands at "ports of call." Mr. Schwerin the ex-naval master officer who presides over the dirtiness of the Pacific Mail was obdurate and almost insulting in refusing. I shall try to make him regret it someday. He is already doing a lot of penny-wise cuts that has caused the establishment of a rival Company and the loss of much trade.

We dined at the "Poodle Dog" Wednesday eve October 21. At Mrs. Emma Hunt Thursday October 22, where we met Mr. and Mrs. Wier. She crossed with us in 1902 as Miss Byrnes. Mrs. Hunt is at the head of a great whisky house and sent me a case of "Kentucky's

Finest Product." I tried to sell my pearls to Shreve but they would not bid on them at all.

October 23, Friday, Siberia S. S.

Embarked at noon. Got no lunch till 2:30. Large comfortable ship. We have a cabin on deck. Cabins small and badly arranged. Can't get steamer trunk under sofa because of unnecessary woodwork. Few books. No cupboards. We are at left of Capt. Placer of··· given to the pretty daughter of Judge Ide of Manila, two naval captains Commander Harber and Osterhous sit next us. Mr. Winthrop and bride are next the Ide girls. He is Secretary to Governor William H. Taft. Mrs. Porter, sister-in-law to James Brown Porter is a passenger to the Philippines to join her husband. The widow of General Custer is a passenger. Full list.

We had a fine day at Honolulu where we found a fine new modern hotel, the Alexander Young. We practically went without breakfast and had lunch and breakfast at this hotel at 10:30. Then I called on Mr. E. T. Bishop of Brewer and Company who was in Korea on Emigration business. He came with his wife at 2 p. m. and took us for a drive, driving about the whole afternoon. He was being given a farewell dinner in the evening as he was about to go to San Francisco, so we dined with Mr. Swanzy, the British vice Consul, who married a Miss Judd one of the American Missionary descendants. (Oct. 29)

These people live in a perfect fairy paradise but it is a cursed place to live and none but the sugar people seem able to stand it. Of course my cordial reception was due to the great interest in Korean immigration. The Koreans are proving to be excellent laborers and are greatly desired. They also seem to like the work and their surroundings.

Some helpless young lawyers brought suit against Mr. Bishop for violating the emigration law of March 1903. The Judge(Estee) held that what he had done was done prior to that law. The lawyers lost the case. The Judge then had the territorial Government take up the matter of letting the Koreans know that there was a field for laborers in the Islands and the Immigration officials have seemed to give all the assistance in their power so now it seems as though the only way in which the labor agitators in America can prevent the Koreans from coming to Hawaii will be in including them under the Chinese Act.

November 2, Monday.

We crossed the 180 degrees and missed this day from our lives going from November 1 to November 3.

November 10, Tuesday, Japan.

We arrived at Yokohama and went to the New Oriental Palace Hotel, ¥25 per day for 2 rooms and board. I saw Admiral Cooper in p. m. He knew nothing of any arrangement to take us to Korea on a U. S. Vessel, so I wrote to Admiral "Bob" Evans at Kobe. Expected to get a reply the next p. m. by wire, but not getting one, on the evening of the 11th I wired the State Department that no arrangements had been made as was promised by the Assistant Secretary Mr. Loomis. At 10:30 next morning the reply came that a ship had been detached and soon came the Admiral's confirmation. We went to Tokio Thursday the 12th. To Imperial Hotel. Went with our Minister and wife and 2 Misses Bryce and Judge and Mrs. Beckman Winthrop of Manila to a Japanese dinner and dance of the Japanese select Maple Club. I had a touch of ptomaine poisoning from eating raw fish.

November 13, Friday.

We went to the Imperial Garden Party given to view the chrysanthemums some bushes of which had as many as 1,000 blossoms.

The Emperor was away at the autumn maneuver but we were presented to the Empress along with an Indian Maharajah and his Maharanee—a very comely light skinned Hindu.We lunched with the…and dined with them.

November 14, Saturday.

I learned from him that it seemed likely war between Japan and Russia would be avoided and the whole Korean question would be settled presumably favorable to Japan.

November 16, Monday.

We went by rail to Kobe. I had gone to Yokohama Sunday and shipped all my goods on the "Albany" which was to meet us at Kobe. The ride lasted from 7 a. m. till 10:30 p. m., the car was not much better than one of our old fashioned street cars, and no heating arrangment. We went to the Oriental Hotel and had a good sleep. I called on Admiral Evans Tuesday morning, November 17 and discussed the situation. We went on board "Albany" at 2 p. m. Received salute and call of the Captain of the Wisconsin who represented the Admiral. We got off about 3:30 with a pilot. Storm signals going. After we left our pilot at Shimonoseki, we went out into very heavy weather.

Korea. Fannie went to bed after throwing up her lunch on Wednesday, November 18 and did not even take a drop of water till we got into Chemulpo harbor.

November 20, Friday, Warm.

Had a great time saluting the port. 21 guns a Russian

Commodore Alexeieff, E. I. on a battleship and myself 15 guns. collbran. Coleman, the Townsends and Dublers met us, and we got home the same evening, Friday.

Everyone were glad to see us back. So much so that we arranged to have all the Americans in on the next Thursday evening for a Thanksgiving reception. Koreans seem very glad to have us back as things now all would be well. Pleasant to go away when one has such a warm reception on returning.

I found a telegram in Tokio from the State Department, cautioning me about explaining my views on public matters.

The End

제 5 편

Newspaper Materials

1 *Colorado Springs Telegraph*, October 18, 1903.

2 *Colorado Springs Telegraph*, October 19, 1903.

3 *Washington Post*, October 21, 1903.

4 *Colorado Springs Telegraph*, October 24, 1903.

5 *Boston Sunday Post*, November 29, 1903.

6 *The Korea Review*, Vol. Ⅲ, November 1903.

7 *Legation of the United States*, Seoul Korea, 1903.

8 *San Diego Union*, March 23, 1904.

1 *Colorado Springs Telegraph*, October 18, 1903

Americans On The Ground Floor, For Trade of Manchuria Regardless of Russo-Japanese Difficulty··· Minister Allen, of Korea, Spent Yesterday Here··· Talked of Far East. Is Circumnavigating The Globe.

Hon. Horace N. Allen, who has for many years been United States envoy extraordinary and minister plenipotentiary to Korea, and Mrs. Allen, spent yesterday in Colorado Springs, the guests of Mr. and Mrs. E. E. Rittenhouse.

Dr. and Mrs. Allen left their home in the Orient last spring, crossed Siberia on the new trans-Siberian railway, and spent the summer in Switzerland. Last night they left for the west to complete their trip around the world, and they expect to arrive in Seoul, the capital of Korea, in about 30 days.

Minister Allen in a famous traveler as well as a prominent diplomat, having crossed the Pacific 12 times and encircled the earth more than once.

In speaking of his Siberian trip and the Oriental situation, Dr. Allen aid: "We took the train at Port Arthur, Manchuria. Port Arthur being a military post, the railway properly starts from Dalny, which is the commercial port on Tailenwan bay, 18 miles northeast of Port Arthur.

"The railway administration gave as a private car from Port Arthur to Dalny. Dalny—which means far away—is really a remarkable city. It is built up with substantial brick houses and has paved streets. It has extensive docks built of granite, with large, comfortable passenger steamers making regular trips to Shanghai and Korean and Japanese ports.

"The restrictions on the purchase of property and the erection of buildings made by the government, which built the city, are such that only men of means can locate there. It, therefore, forms a great contrast to the thriving young cities of our own new west, where we are accustomed to see vigorous young men living and doing business in any kind of a makeshift building while making their start. It therefore does not appeal to an American, who misses the push of our own new cities.

"The governor of this government constructed city, Mr. Sakarof, crossed the Atlantic with me four years ago, when he was simply an engineer, and told me then that he was going to this place with $10,000,000 with which to build a city. I took little stock in his story at the time, and when dining with him in his palatial residence at Dalny last June, I told him that I did not believe his story at the time. He replied, 'Wait until I show you the city.' After seeing his marvelous city in the wilds of Manchuria, I was obliged to admit that he had accomplished wonders.

Luxury of Travel on The Trans-Siberian Road

"The railway journey of 6,000 miles from Dalny to Moscow occupies 13 days, with but one break where we cross Lake Baikal on a massive ferry boat capable of carrying a train of 26 cars, and built to break the ice to a thickness of four or five feet. In the dead of winter, when the ice reaches a thickness of six or eight feet, a track is laid across the ice.

"The trains on this road are very comfortable, the gauge beling five feet allows wider and higher cars than those in use in this country. These cars are more comfortable than the American cars—they are vestibule, boudoir cars. The rooms are single or double, capable of holding two or four persons. There is no extra charge for sleeping accommodations, which makes the trip very cheap, for it costs but $140 from Dalny to St. Petersburg. Moreover, meals are never missed, as on American roads, for the dining car accompanies the train all the way through. Meals are served at any hour, day or night. They are cheap and excellent. One becomes acquainted with the waiters, who anticipate the wants of the passengers, and the meals are charged and paid for at the end of the trip.

"Each car is fitted with two lavatories done in tile and mosaics, while there is a beautiful bathroom with white tile floor and walls, porcelain tub, with nickel fittings and shower at one end of the dining car, a bath costing one rouble(50 cents). There is a barber shop, piano and library also on the dining car. The cars are built largely of steel. The riding is very smooth, as the railway in perfectly straight for many, many miles by a stretch. The locomotives are either American or Russian copies of American makes."

2 *Colorado Springs Telegraph*, October 19, 1903

TALKS OF SITUATION IN THE FAR EAST.
Minister to Corea Discusses the Crisis Between Japan and Russia.

COLORADO SPRINGS (Col.), October 19.—Horace N. Allen, United States Minister to Corea, who has been in that country for eighteen years, and who is en route to the Orient, spent the day in Colorado Springs. He left Seoul last spring, crossed Russia by the Trans-Siberian railway and spent the summer in Europe and the United States.

Regarding the political situtation in the Far East, Allen said:

"So far as the negotiations which are now being carried on by Russia, China and Japan are concerned, I, of course, do not care to be quoted. Our position is that of a neutral friend to each, and they all three feel very friendly toward the United States. However the matter may be decided, it seems that it will not be to the disadvantage of America.

"Corea is regarded as the storm-center of Asia. It has

been under the alternate domination of China, Russia and Japan. Since Japan waged a sucessful war with China to secure the absolute independence of Corea, China has been left out of the count and the strife for supremacy has been Russia and Japan.

"During the year past Russia has begun to operate a timber concession, said to embrace most of the northern frontier of Corea. In the operation of this concession, the Russian concessionaires have run counter to the interests of certain Japanese, who held similar agreements with local magistrates. It is thought that this concession may lend to serious consequences.

"As to the port of Ma-Sam-Pho, on the south coast of Corea, near Japan, which has been a bone of contention between Russia and Japan for some time, it is true that Russia has obtained from Corea the allotment of ground for a special Russian settlement and coaling station, but this was offset and practically nullified later on by a similar allotment granted to Japan. Any attempt of either power to occupy these settlements in a military way would doubtless lead to serious difficulty.

"I have been impressed with the fact that by the expenditure of $300,000,000 in the construction of the Siberian railway and cities and the suppression of the Manchurian bandits, who had formerly made it impossible for the people to market their produce, Russia had brought order into this immense agricultural region of Manchuria, and has thereby made possible an extensive, growing trade, 75 percent of which now comes from the United States. This shows that Manchuria is a splendid and growing field for American commerce."

3 *Washington Post*, October 21, 1903

Light from High Places.

We trust the Hon. Horace N. Allen, United States Minister to Korea, will not get himself disliked in the State Department as the result of imparting to his fellow-countrymen certain highly interesting and much-needed information. Mr. Allen has spent fifteen or eighteen years in Korea, and may reasonably be suspcected of knowing something about conditions in that part of the world. His position as the envoy of the United States, moreover, is a guarantee as to his intelligence and integrity. Thus, when he says that "many of the press telegrams we see here show unmistakable signs of inaccuracy and sensationalism," we are grateful for so explicit and authoritative a confirmation of our own private fears.

And, naturally, we hope that the will not fall into trouble with the department because he has given us the truth about matters touching which, hitherto, we have been fed chiefly with falsehood.

For one thing, Mr. Allen feels quite sure that the United States is not likely to suffer, either in its commercial interests or in its dignity and amour—propre, as a result of the rivalries of Russia and Japan in Manchuria. He is firm in the opinion that, no matter what happens in this regard, our position will be unaffected. Whether he means herein to suggest that, as our position is not involved, we shall be wise to hold aloof, is a question for the taste and fancy of the individual. What he flatly says is this:

"I have been impressed with the fact that by the expenditure of the $300,000,000 in the construction of the Siberian Railroad and cities and the suppression of the Manchurian bandits, who had formerly made it impossible for the people to market their produce, Russia has brought order into this immense agricultural region of Manchuria, and has thereby made possible an extensive and growing trade, 75 percent, of which now comes from the United States. This shows that Manchuria is a splendid and growing fleld for American commerce."

Others have been impressed in the same way. For some months past our leading newspapers have published communications, based on actual knowledge and experience, to the effect that United States commerce has been greatly stimulated by Russian activities in Manchuria; that railroad communication has supplanted the old bullock carts of the past, and that law and order and commercial security now prevail instead of the brigandage of six years ago. What is more to the purpose, it has been shown that the lion's part of this newly created trade has fallen to our share, and that Russia and those included in the sphere of Russian influence and protection are our customers. It is pleasant and encouraging, however, to have all this confirmed by an American official of high standing, whose opportunities for ascertaining the truth are so abundant and whose statements are entitled to such implicit confidence.

Indeed, we are encouraged by all this to hope that the administration will dismiss its uneasy apprehensions, and for the future consult its official representative in that part of the world rather than the mischievous and alarming gossip that comes to us by way of London.

4 *Colorado Springs Telegraph*, October 24, 1903

American Girl An Empress

Miss Emily Brown, of Philadelpia, Wife of Emperor of Korea.

Seventeen Millions

Are Numbered Among Her Subjects—Fact of Her Marriage Is Just Made Public.

Chicago, Oct. 24—For two months an American girl has been a full-fledged Empress. Her name is Miss Emily Brown. She is now the Empress of Korea. She is the daughter of Dr. Peter Brown of Philadelphia. Her husband is the Emperor Yi Hi Hoang, of Korea, and she lives in Seoul. It seems incredible almost, that in this day that news of such widespread interest should be so delayed in reaching the native home of a young American woman. Yet the first intimation comes in a lengthy article in the Neue Freie Presse of Vienna, received in Chicago today entitled "Empress Brown". The article says in part:

"The Almanach de Gotha, that immutable text of royal pedigrees, must have had an inkling of it when it broke its sternest rules this year and inserted a note under the chapter on Korea to say that Yi Hi Hoang, the thirteenth of his dynasty, having been left a widower in 1895, has raised a favorite to the rank of an Empress.

"It is known that Edla Hensler has been a morganatic queen of Portugal, that Lady Curzon is the American queen of India, but Miss Brown is the first American to wear an imperial crown over 17,000,000 subjects.

Miss Brown's father was a brave clergyman, the first protestant to settle in Korea, where the Presbyterian mission of Philadelphia sent him ten years ago.

5 *Boston Sunday Post*, November 29, 1903

How The Only American Empress was Crowned.

When Aladdin wedded his princess the ceremony was neither more picturesque nor more gorgeous than that by which plain Emily Brown became Empress of Corea, in Seoul. Although the coronation took place in August, this is the first real description of the event in all its barbaric splendor.

Emily Brown is an American girl, the first of all her race to sit upon a throne and to hold the power of life or death over seventeen millions of trembling subjects. And when she, in a riot of color, was carried through the streets of her capital city, fifty thousand persons bowed front the waist and bumped their heads upon the ground.

This American girl, now an Empress, lives in a Palace four hundred years old, and might have been living in an older Palace still if a snake had not fallen from one of its ceilings and frightened Yi Hi, the Emperor. Five hundred guards protect her, two thousand retainers reside in the grounds, and just outside the royal residence is the entire standing army of the Kingdom.

For months previous to the coronation a yellow stream of yen flowed from the royal palace. It summoned a procession of men and beasts bearing burdens, until it seemed that the Emperor's treasure house would burst from gifts for his Empress-to-be.

The preliminary celebration began some days in advance of the actual crowning.

On the morning set for the ceremony. Seoul was crowded from its walls to the gates of the Emperor's Palace. Nobles from the remotest corners of Corea and come to pay their respects ; the humblest coolie who could desert his boat or little farm put on his gayest apparel and tramped to the city of his load.

At the entrance to the Palace were stationed a great squad of the imperial guard, who, armed with hatchets at the end of poles, prevented the throng from crowding in too close. All along the proposed line of march similar guards were placed. In the narrow streets immediately surrounding the Palace the Emperor's army awaited a signal to march.

The signal was finally given. At the head of the procession moved the generals of the army and the most favored troops. When a thousand or more soldiers had passed, trampets blared, the palace gates were thrown wide open, and in glittering helmets and armor of five hundred years ago out marched the Emperor's body-guard.

Following the body-guard came attendants in dazzling silks and waving plumes.

Finally, with a deafening din of drums, two chairs emerged. In one of these chairs sat the Emperor Yi Hi and in the other Emily Brown, Empress of Corea.

Never before had a civilized being been appareled as was she. From head to foot she was covered with gems and silks so thick that they fell in folds like heavy woolen cloth.

Above the royal chairs waved a banner with a flying dragon fourteen feet long.

Under the banner was an immense red parasol. Indicating to the people that their monarch had shared his power and throne with the woman by his side.

The instant Yi Hi and his Empress appeared every back was bowed until each head bumped upon the ground, and not one eye looked up until their Majesties had passed. In the rear of the royal pair marched other nobles and richly appareled guards. When all had emerged the great gates clanged shut, and the rest of the army swung into line.

Through all the principal streets of Seoul the great procession swept, and then back into the palace gates. This, so far as the public was concerned, ended the ceremonies, but within a great feast had been prepared.

There, covered with royal jewels and wearing a crown, Emily Brown sat at the Emperor's right.

Three great powers were represented at the feast, and it must have been a proud moment for the American Empress when she saw that two of them were England and the United States, with Japan at their side.

The Empress Om, "Dawn of the Morning." as Emily Brown is known, was born and partially reared in Ohio. When she was fifteen years of ago her father, a Presbyterian missionary, was sent to Corea, and she went with him to sing in the mission choir.

Emperor have their own way in Corea, and it is not unnatural that when the Emperor commanded the missionary's daughter to enter his household she should have been so captivated by the prospect that she could not resist.

For a time, it is true, Miss Brown refused the royal invitation, but, having obtained the Emperor's promise of marriage at the earliest possible date, she yielded, and left the mission church. Her son, if he lives, will one day be Emperor of Corea, and for the first time in the history of the world the child of an American woman will be the crowned monarch of an Empire.

The American girl, however, was obliged to wait upon tragic events before she could reap her promised inheritance. The women of the Corean court have not lived easy lives, and the first wife of the Emperor came to an end which might have warned Emily Brown of the step she was taking. The Empress had been omnipotent in the Kingdom, and every corner of the Palace, every street in Seoul, was watched by her spies.

It was said that she was too favorable to Russia, and there were other reasons why she should be hated; and one day twenty years ago, during trouble with Japan, the Empress disappeared, and Corea was ordered to go into mourning for twelve months.

Then the "dead" Empress appeared again at court, and it transpired that she had been smuggled from the Palace disguised as a soldier's wife, another woman having been killed in her place. Back from the dead, she reigned for thirteen years beside her husband, until one tragic day there happened at Seoul the like of what recently happened at Belgrade.

Tai Won Kun, the father of the Emperor, a man with "bowels of iron and a heart of stone," stage managed an assassination which carried off the Empress and drove the Emperor once more in flight. When the crisis was over Yi Hi came back to Seoul, was quietly married to Emily Brown, assumed the title of Emperor, and early this year, on the fortieth anniversary of his accession, announced his marriage to his people.

6 *The Korea Review*, Vol. Ⅲ, November 1903, p. 501

It is wonderful how a lie will live. A Cincinnati paper has now taken up the gossip about an American girl being the Empress of Korea. Some one asked us the other day if there was not some way to let the American papers know that this is false. Yes there are ways but it would be of no use.

A short time ago one of the biggest New York daily papers was given proof that a statement they were going to print the following Sunday was false but they shrugged their shoulders and said "Someone has told us so, and in it goes." The particular statement referred to was that Prince Wi-wha(Ye Kang) was anxiously considering the question whether he would accept the crown of Korea or the hand of an american milliner.

Every honest American must blush for shame that a leading paper in his native land can lend itself to such low buffoonery. It takes all kinds to make a world but we wish that the United States would not supply this kind. We notice, however, with some satisfaction, that the canard about Emily Brown and her imperial career first appeared not in an American paper but a European one.

7 *Legation of The United States,*
Seoul, Korea, 1903

Will the applicant for information please note the subject marked.

Ginseng, Postage, Stamps, Concessions, Positions, "Emily Brown."

"Emily Brown."

The Emperor of Korea did not marry a foreign woman. Nothing ever occurred in Korea to afford the slightest foundation for the remarkable story of "Emily Brown". There is therefore no demand in the Korean Palace for foreign women as nurses; maids; governesses; teachers; physicians; companions; etc.

Horace N. Allen,
Minister.

8 *San Diego Union*, March 23, 1904

CORONADO VISITOR TALKS OF KOREA

Eulogizes U. S. Minister Allen Who Owns Property Here
E. E. Rittenhouse Tells of the Curious Hermit
Kingdom — Americans are Liked

Hotel del Coronado, March 23—

Mr. E. E. Rittenhouse, editor of the Colorado Springs Telegraph, and a special correspondent of note, who has been at Coronado for the past fortnight, leaves for home this week. As has been mentioned in a previous Coronado letter, Mr. Rittenhouse risided in Korea for over a year, superintending the construction of the only railroad on the peninsula. It was the first broad gauge railroad in all Asia.

Following dinner, last evening, Mr. Rittenhouse enlightened a group of interested friends upon conditions in Korea. He is a warm personal friend of Horace N. Allen, the American Minister at Seoul. It may not be generally known, but Minister Allen is the owner of quite a bit of real estate in San Diego, which he bought when paying a visit to the city some years ago, because the region pleased his fancy.

To those who appreciate the important position occupied by the American Minister at Seoul during the war in the far east, what Mr. Rittenhouse has to say of his personality and character is of more than passing interest. Mr. Allen, who is a native of Ohio, was educated at the Ohio Wesleyan University. He went to Korea in 1884 as a medical missionary of the Presbyterian church, being accompanied by his bride.

In considering the career of Dr. Allen, one is forcibly reminded that the French, English and Germans are wont to smile at the way the United States selects her foreign ministers. They call attention to the fact that American ministers have no diplomatic training such as is customary to Europe, "but", exclaimed Mr. Rittenhouse, last evening, "we have only to consider the way the men sent to foreign courts have risen to the needs of the hour, to feel satisfied that when the opportunity comes the American can be trusted to meet the demands and to meet them wisely, although not trained or especially educated along diplomatic lines."

He then referred to Minister E. H. Conger's career in China, Minister Lloyd Griscom's display of diplomacy in managing our affairs in Tokio and his record made in Turkey and then to Dr. Allen at Seoul in Korea.

Dr. Allen and his wife arrived in Korea just after it was opened to foreign nations and it was not long before a revolution arose, during which the young American showed his colors. Nearly all Americans left the legation in search of safety, but Dr. Allen remained and hoisted the American flag. Determined to see the fight out he devoted himself to caring for the wounded.

Several princes were seriously injured in the fight and Dr. Allen was called to the Palace. He arrived just in time to prevent native doctors from pouring a thick black wax into the wounds and he saved the lives of the injured. This made him a friend of the Emperor and he has ever retained the admiration of the Korean ruler. The Emperor has found in him an able and conscientious adviser and friend and through all the years which have followed Dr. Allen has kept the good will of the many different factions. He has been able to obtain concessions for the railway, street railway, electric light and mining properties from the Korean Government for Americans and has retained the friendship of the Koreans. Moreover he has not antagonized the Japanese or Russian Governments. In 1887 Dr. Allen came to Washington with the first Korean legation; he returned to Korea in 1890 as United States Secretary of Legation and was made Minister in 1897.

The Koreans

There are twelve million of Koreans occupying the peninsula which is shaped like and only about a third larger than Florida, said Mr. Rittenhouse. Physically the natives are large and strong, but they are unable to govern themselves because all the fighting spirit was long since whipped out of them by their stronger neighbors. Naturally they are a simple and kindly people and they have been especially good to Americans.

They are as regards their own fate indifferent, willing to be governed. According to Mr. Rittenhouse they are a people without nerves. The caste system prevails and all the women, except those who work in the fields, wear veils. As they are all homely, Americans on the peninsula maintain that the veils are a blessing.

The royal palace houses 3,000 persons, which includes numberless royal wives and native government officials and their families. All the women comb their hair straight back from the face and pin it if in a knot on the neck. All unmarried men wear braids hanging down their backs, but after marriage the hair is pinned in a coil on the top of the head. Unmarried men are not often seen. Mr. Rittenhouse having noted but three during his long stay in Korea. None of the women are educated, absolute ignorance being their portion.

Agricultural pursuits are followed field laborers receiving from 10 cents to 12 cents per day, in our money. Considerable paper is manufactured, a heavy oiled variety being used for carpets in the houses—which are built much after the Mexican plan.

國 文 索 引

ㄱ

가너 그레트(Garner Grat) 268
加藤增雄 36, 193, 194, 195, 196, 197, 367
가르(Gar) 234
가쾌(家儈) 115
各國租界地(General Foreign Settlement) 178, 179, 362
監國大臣 339
甲申政變 29～38, 40, 45, 46, 48, 53, 58, 59. 62, 63, 67, 70, 71, 76, 86, 108, 111, 112, 187, 188, 189, 318, 319, 338, 361, 381, 388
甲申政變에 대한 赦免令 189
姜進熙 20, 142, 147, 148, 160, 342
江華島 329
開京 46
開國年號 346
巨文島占據事件 84, 85, 88, 107, 340
居中調停(good offices) 336
게일(James S.Gale, 奇一) 107
게펜(Geppen) 256
겜블(Gamble) 35
遣外使節派遣案 342
譴責電文 296, 383
景福宮 62, 64, 68, 105, 313, 330, 332, 352, 354, 385
京釜鐵道 敷設權 196, 197, 366, 367
景祐宮 41, 42
慶運宮(德壽宮) 184
京義線鐵道 敷設權 370
京仁電信開通 103, 104
京仁鐵道 敷設權 195, 197, 269, 317, 366, 367, 385
慶會樓 105
高麗王朝 45, 46
高麗瓷器 39
高永喜 178
高宗皇帝 202, 203, 275, 279, 282, 288, 309, 310, 312, 314, 316, 325, 327, 328, 329, 330, 331, 332, 333, 334, 349, 351, 354, 355, 357, 384, 386, 387, 390, 391
고타貴族名鑑 307
高平小五郎 108, 112, 113
孤下島 194
坤寧閣 313
골드 터늘 鑛山 285, 287
孔洪植 192
科擧試驗制度 61, 63
廣東 49, 137
鑛山開發資金 158
鑛山採掘權 154, 155, 156, 167, 319
光緒皇帝 96, 346
廣惠院 76, 77, 80
光化門 66
구렛나루씨(Mr. Whiskers) 273

國立醫學校 建設案 113
國務省外交訓令第64號(Diplomatic Instruction 64) 354, 356, 372, 373
國王의 教旨 148
國王廢立陰謀 123, 136, 341
軍器寺 105
군즈부르크(Gabriel de Gunzburg) 205, 206, 207, 212, 214, 223, 231, 238, 240, 249, 250, 370
굴릭(Gulick) 138
굿디어(Goodier) 207, 212, 214, 217, 218, 222, 223, 232, 233
宮內府 61, 202, 203, 279, 330, 366
宮中雅樂 96
「그녀 자신의 방식(Her Own Way)」 277
그라함(Graham) 27
그랜드(Grand) 호텔 143, 258, 268
그레이트하우스(Clarence R. Greathouse, 具禮) 143, 145, 180, 181, 182, 186
그리스 正教會 245
그리스콤(Lloyd C. Griscom) 294, 318, 387
그리피드(Griffith) 23
그린 마운틴 에탄(Green Mountain Ethan) 少年團 381
極東狀況討論(Talks of Situation in the Far East) 302, 379
近藤眞鋤 54, 69, 80, 81, 192, 348
勤政殿 66, 330
글라스(Glass) 143, 148
글래스고우(Glasgow) 258
글레이스 氷河(Glace Glacier) 267
金鑛採掘權 126
金城 堂峴鑛山 196
妓女醫學生 96, 110
祈晴祭 98
金嘉鎭 167, 192
金老美 20, 136, 142, 147, 152, 160, 342
金炳始 162
金世基 92
金玉均 34, 35, 41, 42, 43, 59, 63, 108, 111, 112
金允植 42, 63, 74, 78, 84, 85, 94, 104, 112, 114, 352
金鍾和 193
金春永 105
金鴻陸 188, 192, 193, 367
金弘集 親日內閣 47, 185, 187, 188, 191, 337, 348, 364, 388

ㄴ

나넬(Nanel) 262
「나르는 요르단(Flying Jordans)」 207
나반(Nabarn) 24
나쉬(George K.Nash) 282, 289, 391
「나의 숙녀 몰리(My Lady Molly)」 260
나폴레옹 247, 254
난징(Nanzing) 號 22, 27
南京 21, 28
南大門 53
南滿洲 215
南別宮 55

南北戰爭 191
南廷哲 42
內命婦 320
내셔널(National) 호텔 264, 265, 267, 268
內帑金(King's Money) 114, 140
네덜란드 238, 262, 263
네오스키(Neosky) 251
넬슨(Nelson) 47, 118
노르드(Nord) 특급열차 250
노벨(Nobel) 241, 243
노브고로트(Novgorod) 242
露日戰爭 201, 240, 278, 288, 294, 336, 371, 372, 375, 377, 378, 389
노트(Jud Knot) 259
鹿屯島(韓·淸·露) 領有權問題 106
農奴解放 248
「農夫의 집(Farmer's House)」 242
뉴 오리엔탈 팰리스(New Oriental Palace) 호텔 293
뉴욕 274, 275, 277
뉴욕 商社 156
「뉴욕 헤럴드」 154, 352
니시에르(Nissieres) 121
니일 하우스(Neil House) 283
니콜라이 황제 대관식 248, 357, 358
니플러(Kniffler) 27, 99, 100
닌스테드(F. J. H. Nienstead, 仁施德) 190, 191, 366

ㄷ

다리밟기(踏橋) 67
다이(William M. Dye, 茶伊) 153, 158, 167, 193, 353, 354
端午節 87
단테(Dante) 260
달톤(Thomas Dalton) 271
唐紹儀(Tang Shiao Yui) 74
大君主의 公告文 40
大連(Dalny) 205, 207, 208, 209, 210, 211, 214, 216, 217, 221, 224, 233, 244, 299, 300, 301, 325, 371, 374, 376, 379
大連 호텔 209
對露宣戰布告 201
對美自主外交 19, 345, 346, 381
隊商路 238
大院君 30, 85, 92, 93, 104, 105, 106, 108, 115, 191, 192, 193, 313, 314, 338, 350
大隈重信 196, 197
大井憲太郎 112
大吹打 331, 332
大學創立計劃(國立醫學校) 110
對韓居中調停 383, 389
對韓內政干涉(淸) 133, 155, 340, 341, 347, 348, 381
對韓不干涉政策(美) 373
大韓帝國 288, 289, 310, 312, 313, 371, 389, 391
對韓宗主權(淸) 156, 337, 339, 340, 344, 346, 347
더글라스(Douglass) 205, 206, 218, 223, 233
더미니언 여객선회사(Dominion Line) 256, 272
던(Dun) 207

던(Edwin Dun) 352
던눈(Dunoon) 258
데니(Owen N. Denny, 德尼) 95, 113, 118, 119, 121, 122, 123, 124, 126, 132, 133, 136, 186, 192, 340, 341, 342, 344, 348, 366
데니그(Denig) 137
데니슨(H. W. Denison) 195, 366
데실러(David W. Deshler) 204, 283
데실러(Louis Deshler) 283
덴마크 238
덴버 289, 290
덴비(Charles Denby, 田貝) 344
델라로치(Delaroche) 121
델라웨어 20, 102, 283, 380
델리스(Dalys) 276
델피트(Delpit) 121
도드(Dodd) 272
도란스(Dorance) 272
도렌 턴 클럽(Doren Turn Club) 275
도버해협 271
「독닙신문」 188, 191, 360, 361, 365
毒茶陰謀事件 193, 367
獨立黨(開化黨) 193
독립선언서(美) 380
독립전쟁(美) 380
獨立協會 190, 193, 361, 365, 366, 368
東京 113, 294, 296, 318, 383
冬宮 (에르미타지) 249, 250
東滿鐵道株式會社 214
同文學 78
東洋鑛業開發株式會社(Oriental Consolidated Mining Company, West Virginia) 269
「東醫寶鑑」 80
東淸鐵道敷設密約 357
豆滿江 106, 203, 359
豆滿江·鴨綠江 森林伐採 370
두블러(Dublers) 295
뒤푸르(Jules C. Dupour) 265, 266, 270, 291
드러먼드(William Drummond) 259
登極40年稱慶禮式 328
灯塔 214
디본 르 베인(Divonne Ie Bain) 266
디오도르 스타즈(Theodore Stars) 274, 275
디킨슨(Don Dickinson) 268
디트로이트 288
딘스모어(Hugh A. Dinsmore, 丹時謨) 126, 132, 133, 134, 135, 146, 163, 343

ㄹ

라이든(Leyden) 262
라이먼 홀(Lyman Hall) 380
라이프스니든(Reifsnydn) 22
라인(Rhine) 江 264
라인스돌프(Reinsdorf) 255
란델 배리모어(Randell Barrymore) 274
랑한스(Langhans) 영사 209
랜스데일(Lansdale) 47, 66
러슬린 로열(Ruslin Royal) 호텔 259
러슬린 성곽(Ruslin Castle) 259
러시아 軍事教官 183, 184, 362, 363,

365
러시아 軍事基地 178
러시아 農家 242
러시아 農民(moujiks) 236
러시아 수비대 214
러시아의 南進政策 187, 243, 280, 361, 383
러시아의 對韓政策 239
러시아의 韓半島 經營意圖 240
러시아 貯炭所(釜山, 絶影島) 194, 361, 362, 359
러시아 正教會 225, 232, 239, 242, 247, 358
러시아 銃殺打倒(Shoot Down) 239
러시아 타운 213
러시아 터키森林商社 207
러시아 合成朝鮮木商會社(Russian Timber Company) 203, 212, 240, 303, 359, 370
러시아 해군 클럽 207
런던 250, 252, 253, 256, 271
런어웨이(Runaway) 275
럿셀(Russel) 66, 82
레게트(Leggett) 275
「레뷰(Review)」 237
레이놀즈(Reynolds) 22
레이먼드(Raymond) 157
레이크 쇼우(Lake Shore) 철도 238
로링(Loring) 281
로바노프(Lobanov) 357
로바트(W.N. Lovatt) 22
로브(Rob) 284
로빈슨(Robinson) 47
로열(Royal) 호텔 258, 267
로우데일(Laudale) 205, 206
로잔(Lausanne) 264
로젠바움(Joseph Rosenbaum, 羅生寶) 99, 100, 101
로즈 山(Mt. Rose) 호텔 268
로치 로몬드(Loch Lomond) 258
로커스 드 네이(Rockers de Nay) 268
로테르담(Rotterdam) 261
록힐(William W. Rockhill, 柔克義) 201, 277, 278, 280, 281,373, 375, 376, 382
루미스(Loomis, Assistant Secretary) 281, 294
루미스(H. Loomis) 104, 107
루브르(Louvre) 박물관 271
루스벨트(Theodore Roosevelt) 201, 269, 278, 279, 280, 281, 282, 290, 296, 325, 373, 374, 375, 376, 377, 382, 383, 384, 386, 387, 391, 392
루이자(Louisa) 287, 288
루카(Ferdinand de Luca, 盧嘉德) 162
루터 교회 233
르데지(Leadage) 23
르젠드르(Charles W. Legendre, 李善得) 86, 186, 190, 191, 192, 366
리(Graham Lee) 144
리(John G. Lee, 乙理) 153
리드(Reed) 287
리들(Riddle) 245, 249, 250
리라(Lyra)號 208
리버풀(Liverpool) 257, 272
리어반(Learvan) 21
리지(Lizzie) 288

리텐하우스(Edward E. Rittenhouse) 285, 289, 290, 299, 317, 318, 320, 325, 326, 378, 384, 386, 387, 390, 391
린톤(Linton) 179
릴리안스 파파(Lilians Papa) 276

ㅁ

馬建常 338
馬關條約 348
마그네곤(Magnegon) 219
마닉스(Daniel P. Mannix) 153
마닐라 292
마르크스(Alto Marx) 272
마르티그니(Martigny) 267, 268
마리온(Marion) 285
마리온(Marion) 號 102, 107
마벨(Mabel) 286, 287
馬山浦 303, 359, 369, 370
마샬(Marshall) 23
마손(Mason) 126
마아켄(Maarken) 島 263
마이어 商社(Edward Meyer and Company, 世昌洋行) 132, 196, 204
마일즈(Milds) 212
마추닌(Nikolai G. Matiunin, 馬丢寧) 358, 367
막베그(Wayne McVeagh) 20, 127
만리우스(Manlius) 262
萬民共同會 366, 368
滿洲 201, 203, 215, 221, 244, 254, 279, 281, 290, 304, 374, 375, 376, 377, 387
만주대륙 종단여행 219
滿洲里 224, 227
滿洲貿易 299, 303, 305
滿洲未開地 300
滿洲匪賊 303, 305, 379
만주 성곽도시 213
만주 철병 371
滿洲 平定 379
만추리아 號 210
매사추세츠 공과대학(M. I. T.) 202, 262, 265, 273
매클라리즈(McClarys) 276
매클레이(Robert S. Maclay) 25, 79
맥그린세이(McGlinsay) 47
맥리드(McLead) 22
맥신 엘리어트(Maxine Elliott) 277
맨스피일드(I. S. Mansfield) 145
맨해턴(Manhattan) 호텔 274
머리(Murray) 214
먼로(Kirk Monroe) 273
「메달과 아가씨(The Medal and Maid)」 271
메르텐(A. H. Maertens, 麥登司) 99, 100
메르틴스(Mertins) 27
메리만(Merriman) 291
메리 여왕(Mary Queen) 259
메릴(Henry F. Merrill, 墨賢理) 98, 105, 108, 340
메트로폴(Metropole) 호텔 230, 232, 237, 260, 271
메플 클럽(Maple Club) 294
名士錄(Who's Who) 20
明治天皇 108, 294

모건(Edwin V. Morgan, 毛艮) 248, 250, 256, 257, 265, 266, 289, 391
모노카시(Monocacy) 號 143, 148
모르몬 교도(Mormons) 273
모른(Maurne) 286
모리스(Maurice) 123, 154, 260, 261, 264, 284
모스크바 221, 227, 232, 244, 245, 250, 252, 254, 300
모오스(James R. Morse, 謨於時) 143, 144, 145, 158, 186, 195, 197, 207, 248, 269, 275, 277, 366
木浦 194, 360
蒙古 221
몽블랑 山 호텔 268
묄렌도르프(Paul Georg von Moellendorff, 穆麟德) 24, 30, 36, 50, 51, 61, 63, 64, 74, 78, 84, 87, 89, 91, 92, 95, 96, 98, 99, 100, 101, 102, 107, 108, 109, 110, 111, 338, 339, 340, 341
무레이(Murray) 274
무렐(Murrell) 285, 286, 287
무어(Moore) 72
門戶開放政策(Open Door Policy) 279, 280, 372, 376, 378, 387
뮬렌스테스(H. J. Muehlensteth, 彌綸斯) 104
미국 선교사 183, 184
미국의 사상 243
미국의 新西部 300
미소바이알(Mysovaial) 228, 241
미시시피 江 243
미첼(J. F. Mitchell, 米鐵) 24, 28
미첼(Murray Mitchell) 265, 287
민스크(Minsk) 235
閔妃弑害事件(乙未事變) 191, 313, 327, 350, 351, 352, 355, 388
閔妃廢后詔勅 353, 354, 355, 356
閔商鎬 185, 355, 364
閔升鎬 30, 43
閔泳穆 41, 43, 319
閔泳翊 19, 26, 30, 31, 33, 34, 36, 37, 38, 41, 46, 47, 49, 50, 51, 52, 53, 55, 56, 57, 58, 59, 60, 62, 65, 68, 69, 70, 73, 80, 85, 91, 93, 106, 123, 135, 138, 139, 140, 141, 143, 166, 167, 319, 338, 340, 341, 381
閔泳翊의 한글편지 18, 165
閔泳煥 181, 184, 185, 275, 357, 358, 364, 391, 392
閔種默 92, 93, 177
閔台鎬 30, 41, 43, 46, 319
閔后喪 313
밀러(Cal Miller) 284
밀러(Edward T. Miller) 283, 284, 289
밀러(Muriel Miller) 107

ㅂ

바다(Bada) 227
바라바(Baraba) 237
바라임(Baraime) 220
바르타키(Bartaki) 243
바르텐에프(Barteneff) 245, 246, 247
바브콕(Babcock) 282, 283

바슈키르(Bashkirs) 241
바이론프카(Baironfka) 234
바이칼(Baikal) 湖 226, 227, 228, 229, 231, 244, 300
바이페르트(H. Weipert, 瓦以壁) 271
바젤(Basel) 264
朴泳孝 41, 43, 187, 353
朴應學 41
朴定陽 19, 20, 131, 132, 134, 135, 136, 137, 138, 139, 140, 141, 142, 143, 145, 146, 147, 148, 150, 152, 153, 154, 156, 158, 159, 160, 161, 166, 167, 168, 184, 319, 341, 342, 343, 344, 345, 346, 347, 381
朴定陽 陳詞 163
朴齊絅 196, 369
朴齊純 41
反露上疏文 190, 191
反日運動 356
反淸思想 348
反淸自主 345
反淸・親露派 340
反淸・親日政策 348, 351, 388
반호프(Potsdamer Banhoff) 255
발라코프(Balakof) 207
발버니(Balbunie) 27
白樂雲 41
버나즈빌(Bernardsville) 276
버나도우(John B. Bernadou, 蕃於道) 25, 32, 33, 38, 39, 65
버언즈(Byrnes) 291
버틀러(Butler) 204
汎美聯盟(Pan American Union) 277
베니스(Benice) 265
베르네(Vernet) 121
베르니스 아벨란드(Bernise Aberland) 268
베른(Berne) 265
베를린 252, 254, 255
베리어(Berrier) 248
베버(E. Colbourne Baber, 貝德祿) 104, 108, 109, 118, 121
베시(Bessie) 283, 284, 289
베오그라드(Belgrade) 313
베이야드(Thomas F. Bayard) 114, 134, 136, 145, 150, 344
벨라야(Belaya) 江 241
邊 燧 26, 111
變身의 化身 388
別宮放火 41
別途照會文(屬邦照會) 132, 162, 337, 343
病院設置案 47, 48, 50, 51, 52, 59, 64, 66, 75, 78
보르자(Borzia) 225
褓負商 40, 44, 45, 366, 368
보스턴 127, 257, 272
「보스턴 선데이 포스트」 325, 327, 328, 330, 384, 385, 386
보스트위크(Frank F. Bostwick, 寶時旭) 289, 391
보스트위크(Harry R. Bostwick, 普時旭) 260, 261, 267, 269, 270
普信閣 68, 117
보올리(Bowley) 286
保定府 92
福德房 115
福州 27

볼가(Volga) 江 241, 242, 243
鳳凰城(滿洲) 339
부다페스트 210
부들러(Hermann Budler, 卜德樂) 23, 75, 102
부르스(Ruft Bruce) 259
釜山 22, 23, 97
釜山口設海底電線條約 112, 339
釜山 絶影島(Deer Island) 178, 179, 194, 359
부케도우(Boukhedou) 221
北京 49, 119
北京條約(1860) 248
北關廟 41
北路電線 23
北漢山 43, 44
불(William L. Bull) 289
불가리아 237
佛・露借款 361
뷰 데렌(Vieux Daelen) 261
브라운(Emily Brown) 307, 308, 309, 310, 311, 312, 313, 314, 315, 316, 325, 327, 328, 329, 330, 331, 332, 333, 334, 384, 386, 390, 391
브라운(J. McLeavy Brown, 柏卓安) 182, 186, 187, 205, 359, 361
브라운(Peter Brown) 307
브라운(Sevelon Brown) 150
브라이스(Bryce) 294
브라이언트(Evan Bryant) 118
브로크(Brock) 263
브루어商社(Brewer and Company) 292
브루클린(Brooklyn) 127, 136
브룬스위크(Brunswick) 호텔 273
브리너(Jules Bryner) 203, 240, 359, 370
블라디보스톡 124, 217, 219
블랑(Blanc) 山 265, 266
블리싱겐(Vlissingen) 255, 256
비숍(E. F. Bishop) 292, 293
비스프(Bisp) 268
비엔나(Vienna) 307, 333, 334
비잔틱식 교회 243
빅크웰(Bickwell) 137
빅토리아(Victoria) 호텔 138, 166
빙햄(John A. Bingham) 86
쁠랑시(V. Collin de Plancy, 葛林德) 192

人

「사랑하는 神(Darling of the God)」 276
사마라(Samara) 241, 242
사보이(Savoy) 호텔 250, 256
四十八願 44
사카로프(Sakarof) 209, 210, 212, 300, 371
살라틴(Salatin) 206
살타노보(Saltanowo) 221
「三南地方 보고기록물」 58
森林伐採權 212, 239, 240
三者會談 278, 376, 382
三千宮女 320
三浦梧樓 313, 350, 351, 353
三浦主犯說 352, 353, 356
桑宮(Mulberry Palace) 100

常駐公使館 開設(워싱턴) 345, 346
上海 21, 26, 27, 28, 49, 88, 96, 108, 102, 119, 122, 132, 206, 216, 300
새크라멘토 216
샌디에이고(San Diego) 317
「샌디에이고 유니온」 387
샌즈(William F. Sands, 山島) 204
샌트럴 패시픽 유니온(Central Pacific Union P.) 150
샌프란시스코 21, 80, 289, 290, 291, 292, 384
샤르탕(Chaartant) 245
샤트라드 호텔(Hotel del Chatelard) 267
샴(Siam) 88
徐光範 26, 41, 43, 111
西 德二郎 194, 195
徐壽朋 345
서울 241, 299, 318, 319, 384
서울시가 전차부설권 319
西園寺 公望 353
徐載弼 41, 43, 111, 186, 187, 188, 189, 190, 191, 192, 193, 361, 365, 366, 368
石炭 보급지 179
宣教會신문사(Mission Press) 22
璿源系譜 307
聖 게르메인(St. Germain) 270, 271
성냥제조공장 99, 100
聖 앤드루우즈(St. Andrews) 호텔 258
聖 이삭교회(St. Isaac's Church) 248, 251
星條旗 203, 319
聖 조지 홀(St. George's Hall) 257
세르비아(Serbia) 231, 237, 313
세르빈 山(Mt. Cervin) 호텔 268
세리온(Serrion) 279, 376
세실(Cecil) 260, 271
세이로 마루(Seiro Maru)號 89
세인트루이스 265, 287
世子嬪 70
세컨 탕궈리(Second Tanqueray) 260
섹톤(Sexton) 공원 257, 258
셰리(Sherry) 275
셰리던(Philip H. Sheridan) 152, 153
셴드리고(Shendrigo) 219
소기(Soggy) 137
小林樟雄 112
소베르트(Sobert) 245, 246, 247, 250, 253
소브(Sob) 240
小早川秀雄 350
小村壽太郎 353
屬國의 特使 347
屬邦政策 341
屬邦條項 336
屬邦體制 343, 346
손(Thorn) 254
孫澤호텔 185, 364
松花江 218
수단 토지개발공사 269
水標橋 67
쉐리닝겐(Sheriningen) 262
슈레브(Shreve) 291, 292
슈페에르(Alexis de Speyer, 士貝耶) 87, 89, 92, 107, 177, 181, 182, 183, 184, 185, 186, 187, 190, 193,

194, 195, 357, 358, 359, 360, 362, 363, 364, 365, 366, 367
슈펠트(Mason A. Shufeldt) 146, 148
슈펠트(Robert W. Shufeldt, 薛斐爾) 136, 141, 146, 148, 162, 336, 337
슐러의 술탄(回教國 君主) 277
슐리츠(Schlitz) 맥주 208, 222
슐츠(Schultz) 23, 27
스미드(J. N. B. Smith) 21, 22, 137
스미드소니언 박물관(美) 25, 32
스완지(Francis M. Swanzy) 292
스위스 267
스위프트(S. S. Swift) 98
스커더(Charles L. Scudder) 29, 30, 37, 78
스코트(James Scott, 薩允格) 108
스크랜턴(William B. Scranton, 時奇蘭敦) 82, 83, 84, 87, 88, 89, 90, 107, 109, 119
스타인(Evgenii F. Stein, 師德仁) 205, 370
스타트(Start) 214, 218, 224, 225, 231, 237
스태스(Stes) 23
스트라스부르(Strasbourg) 264, 265
스트리프링(A. B. Stripling, 薛必林) 23, 26, 60, 98
스티븐스(Durham W. Stevens, 須知分) 20
스티븐스(William H. Stevens, 施大頻) 275
스틱크니(Stickney) 277
스프링스(Lucy Springes) 284
슬라비안스키 바자(Slaviansky Bazar) 245
僧兵 44
時務至務十款 341
시베리아 대륙횡단 철도 244, 291, 299, 300, 303, 305, 325, 357, 371, 374, 376, 379
시베리아(Siberia) 號 291, 292
시애틀 269
시에라 네바다(Sierra Nevada) 239
시워린(Schwerin) 291
侍衛隊 309, 310, 331, 332
시일(John M. B. Sill, 施逸) 185, 349, 356, 373
시즈노딘스크(Sizhnodinsk) 234
시체노브딘스크(Sichenowdinsk) 233
시카고 268, 289, 307
시카고 만국박람회 381, 382
시크(Sikh) 교도 207
시티 오브 런던 클럽(City of London Club) 256
信教의 自由勅許 120
申箕善 43
辛未洋擾 329
신시내티(Cincinnati) 282, 315, 333
新旅券法規 206
申應熙 41
「新自由新聞(Neue Freie Presse)」 307, 333, 334
申重模 41
「新地獄(The New Inferno)」 120
신태자(Sintaitza) 216
申 櫶 337
神戸 135, 293, 295
실(Sill) 20, 136, 142, 160

실버 슬리퍼(Silver Slipper) 274
실버톤(Silverton) 285
沈相學 342
沈舜澤 42
瀋陽(奉天) 213, 214, 215, 279, 376
쑹가마루(Tsunga Maru)號 135

ㅇ

俄館播遷 214, 185, 188, 312, 336, 355, 357, 388
아더(Arthur) 138, 139, 140
아델피(Adelphi) 호텔 257
아라비안 나이트(Arabian Night) 309, 325, 384
아르군(Argun)號 205, 206
아르노우스(Arnous) 74
아르디샤이그(Ardishaig) 258
아리안 운하(Ariyan Canal) 258
아마(Amah) 28
아메리카 광업회사(American Mining Co.) 188, 189, 192, 289
아메리카 貿易商社(American Trading Co.) 63, 126, 204, 207, 219, 256, 260, 269, 271, 275, 277, 283, 366
아시아함대 329
아이드(Ide) 292
아이츠쿠넨(Eydtkunen) 254, 255
아친스크(Atchinsk) 236
아펜젤러(Henry G. Appenzeller, 亞扁薛羅) 89, 107, 109, 119
아합(Ahab) 105
安駉壽 190, 365
안틀러(Antler) 290
알라딘(Aladdin) 309, 325
알래스카(Alaska) 248, 268
알렉산더(William Alexander) 276
알렉산더 영(Alexander Young) 호텔 292
알렉산드르 2세(Alexander Ⅱ) 248, 250
알렉산드리아 210
알렉세예프(Evgenii Alexeieff, 亞歷細布) 178, 207
알렉세예프(Kir Alekseevich Alexeieff, (戞櫟燮) 181, 186, 187, 193, 359, 360
알렌(Ethan Allen) 380
알렌(E. L. B. Allen) 72
알렌(Horace Newton Allen, 安連) 19, 22, 37, 48, 52, 58, 76, 77, 105, 113, 142, 155, 156, 160, 161, 166, 167, 177, 180, 184, 186, 190, 212, 222, 240, 269, 278, 279, 280, 282, 284, 289, 290, 299, 302, 304, 305, 319, 325, 326, 334, 342, 343, 345, 346, 348, 349, 351, 352, 354, 355, 356, 358. 363, 364, 365, 366, 368, 369, 370, 371, 372, 373, 374, 375, 376, 377, 378, 379, 380, 382, 383, 384, 386, 387, 388, 389, 390, 391, 392
알렌-리텐하우스 인터뷰 326, 385
알렌의 對韓政策 336
「알렌 日記」 15, 385
알렌 解任 391
알바니(Albany) 號 295
알프스 산맥 268

알함브라(Alhambra) 궁전 246
암스테르담 262, 263, 264
鴨綠江 203, 204, 359
鴨綠江流域 森林伐採權 212, 239, 240, 302
앙가라(Angara) 233
애버딘(Aberdeen) 259
애스톤(Willian G. Aston, 阿須頓) 28, 32, 33, 36, 87, 98, 101, 104, 107, 143
애실리(Ashley) 21
愛琿條約(1858) 248
앤더슨(Anderson) 281
앨리스(Alice) 109
夜警꾼 116
兩班 320
量地衙門 288
어빙(Irving) 260
어윈(Irwin) 113
언더우드(Horace G. Underwood, 元杜尤) 75, 78, 79, 90, 94, 103, 107, 113, 118, 124, 125
嚴世永 84, 107
嚴鎭三 312
嚴皇后(Empress Om) 312
엉클즈(Uncles) 274
에담 치즈공장(Edam Cheese Factory) 263
에디(Mary Baker Eddy) 286
에딘버러(Edinburgh) 258
에르미티지(Ermitage) 245, 246
에반스(Bob Evans) 293, 294
에베레트(Clayton Everett) 272, 284, 285, 286, 287
에비트 하우스(Ebbit House) 150
에센(Essen) 256
에스티(Estee) 293
에저톤(Ellen Edgerton) 285
에저톤(Ernest T. Edgerton) 283
에테르(Ether) 80
엘러스(Annie J. Ellers) 106, 122, 124
엘리노(Eleanor) 290
엘리어트(Elliot) 205
엘린우드(Frank F. Ellinwood) 65, 66, 125
엘머(Elmer) 284
엠파이어(Empire) 261
女病院(Female Hospital) 94, 119
旅順 205, 206, 207, 208, 216, 217, 220, 224, 225, 227, 249, 299, 325, 371, 374, 379
女子醫學生 94
「여학생(The School Girl)」 271
演慶堂 41
聯露拒清政策 340, 341
聯美論 337
聯合通信(AP) 290, 326
영(James Russell Young) 155
영국 238
영국 광산회사 205
另約三端 19, 131, 151, 156, 344, 345, 346, 347, 381
英日同盟 280, 361, 377
예니세이(Yenisei) 江 233, 235
「예쁜 세 아가씨(Three Little Maids)」 276
오가(Oga) 226
五家作統法 115, 116

오논(Onon) 江 226
吳大澂 47, 55
오렌부르크(Orenburg) 242
오리엔탈 호텔 295
오마하(Omaha) 號 132, 134, 141, 142, 146
오비(Obi) 236, 237
오션익(Oceanic) 號 145, 146, 147
오스터하우스(Osterhouse) 292
오스트리아 100
오시피(Ossipee) 號 47, 66, 67, 72, 79, 82, 124
오우파(Oufa) 241
吳長慶 337, 338
吳兆有 42
「오즈의 마법사(Wizard of Oz)」 275
오코너(Nicholas R. O'Conor, 歐格訥) 85
오하이오州 282, 318, 327, 380
옥시덴탈(Occidental) 호텔 290
올니(Richard Olney) 356, 373
올로바나자(Olovannaja) 226
옴스크(Omsk) 238
와렌(H.W. Warren) 126
와이어(Wier) 291
와타나비(Watanaby) 27
와트슨(Elmer Watson) 284
王妃(閔妃) 44, 47, 58, 62, 69, 74, 75, 83, 85, 88, 92, 105, 108, 111, 119, 120, 122, 123, 349, 350, 351, 353
王世子 46, 69, 122, 350, 353
王永勝 105
외교관 회의 193, 194
外交福音(diplomatic gospel) 374
遼東마을 210
遼東征伐軍 45
遼陽 213, 214
遼河 216
「용기 없는 국민(a people without nerves)」 320
「龍 팔찌(The Dragon Bracelet)」 120
우랄 산맥 241
郵征局 41
雲山金鑛 269, 270, 282
鬱陵島 63, 203, 359
울시(George M. Woolsey) 245, 248, 256, 261, 271
울프(Wolfe) 27
움브리아(Umbria) 號 209
워싱턴 135, 277, 319, 344, 347, 375, 378, 384, 390
워싱턴(Horace Lee Washington) 265
워싱턴 使行 131
「워싱턴 포스트」 296, 379
워커 미술관(Walker Art Gallery) 257
袁世凱 34, 42, 109, 110, 111, 112, 114, 117, 123, 125, 132, 133, 156, 338, 339, 340, 341, 342, 343, 344, 346, 347, 348
「袁世凱論」 348
元朝 45
月長石(The Moon Stone) 120
월터(Walter) 23
웨베르(Karl Waeber, 韋貝) 104, 108, 118, 123, 133, 177, 178, 185, 186, 224, 248, 249, 250, 251, 252, 253, 256, 340, 343, 351, 352, 364

웨즐리안 대학(Wesleyan University) 318
웹스터(Nellie Webster) 27
윈스로프(Winthrop) 292, 294
위스콘신(Wisconsin) 295
위테(Sergei I. Witte) 357, 367
威化島 45
윈저 성곽(Windsor Castle) 261
윌라드(Henry Willard) 271
윌리아즈(Williards) 호텔 277
윌밍톤(Wilmington) 154
윌슨(James H. Wilson) 145, 154
兪箕煥 194
유니언 클럽(Union Club) 273
유럽 호텔 262, 263
유르겐(Ruth Yurgen) 290
유리 제조공장 100
「諭言四條」 341
柳在賢 41, 43
유지인(Eugene) 249, 251
유태인 238, 239, 242, 251
柳赫魯 41
育英公院 78
尹泳觀 41
尹雄烈 43, 185, 364
尹致昊 185, 364
尹泰駿 41, 43, 319, 338
융프라우(Jungfrau) 268
乙巳保護條約 127, 391, 392
醫科大學設立計劃 50, 118
義州 339
李 堈 315
李建榮 41
李建昌 43
李耕稙 76, 313, 351
李圭完 41
伊藤博文 339, 349
이르쿠츠크(Irkutsk) 212, 221, 227, 229, 230, 231, 232, 233, 244
이르티슈(Irtysh) 237
200만 달러의 借款交涉 135, 142, 143, 155
李範晋 185, 252, 253, 364
李秉虎 41
李商在 20, 142, 147, 160, 162, 342
李成桂 45
이세벨(Jezebel) 105
이스토민(Istomine) 237, 245, 250
李永稙 105
李完用 20, 131, 142, 143, 147, 150, 154, 159, 160, 161, 162, 167, 168, 184, 185, 191, 342, 355, 364
李容翊 202, 288, 358, 361, 391
李允用 185, 355, 364, 366
李載冕(元興君) 123, 341
李載純 191, 192, 366
李載完 43
李載元 43
李祖淵 41, 43, 319, 338
李鐘夏 20, 142, 143, 160, 342
李埈鎔 123, 341
李重夏 106
이집트 白나일(the White Nile) 토지개발공사 269
李采淵 20, 131, 135, 142, 143, 147, 150, 154, 158, 162, 342, 355
李夏榮 20, 131, 135, 142, 147, 158, 160, 161, 162, 165, 185, 342, 355,

364
李學均 185, 364
李憲用 20, 142, 160, 342
李鴻章 50, 91, 93, 119, 124, 132, 133, 156, 162, 336, 337, 338, 339, 340, 341, 342, 343, 344, 346, 349, 357
印度土侯國王 294
인스투부르크(Instuburg) 254
引俄拒淸政策 91, 136
引俄策 184, 340, 388
仁川 374
日刊新聞 237
일본 군사교관 183
日本皇室園遊會 294
林權 助 204, 377
壬午軍亂 32, 92, 105, 313, 314, 337, 338, 351
林殷明 41
林最洙 191
잉글우드(Englewood) 277
잉글톤(d'Engletone) 호텔 245, 248

ㅈ

자라(Jara) 산맥 265
自治能力 320
잘딘 마데손商社(怡和洋行, Jardine Matheson and Company) 23, 205
蠶桑公司 100
張光前 42
長崎 22, 23, 27, 39, 85, 132, 134, 137, 139, 140, 141, 142, 143, 216
張澂奎 111
張蔭桓 150, 345, 346
저지(Jersey) 23
저지(Judge) 294
貯炭所 178
赤貧의 나라 246
전권공사 派美 133, 134
전등개발사업 203
全美國際協議會(International Bureau of American Republics) 277
電線架設權 112, 319
絶對文盲(absolute ignorance) 321
鄭敬源 381
鄭洛鎔 181
鄭蘭教 41
貞洞俱樂部 185, 191, 355, 364
鄭秉夏 185
井上 馨 46, 47, 349, 350, 351, 355
丁汝昌 35, 84, 107
鄭鐘振 41
정책대결사건 380, 383
정책토론 325
정치적 外柔策(the velvet glove) 361
정치적 친구(political friends) 183
鄭行徵 41
제거(Jaeger) 287, 288
帝國호텔(Imperial Hotel) 294
제너럴 베르더(General Werder) 號 142
제네바 274, 285, 290
제네바 호수(Lake Geneva) 264
제니(Jennie) 286, 287, 289
제니켄(Jaenicken) 143
제르마트(Zermatt) 268

濟物浦 23, 24, 35, 36, 37, 38, 60, 78, 79, 82, 83, 89, 102, 103, 104, 108, 118, 119, 124, 131, 132, 135, 136, 139, 140, 197, 204, 205, 206, 224, 295, 319, 357, 381
제웅(草偶人) 놀이 67
帝位繼承權 312
第2次 韓露密約說(1886) 123, 124, 136, 340, 341
제인(Jeane) 288
第1次 韓露密約說(1885) 91, 340, 341
제임스(James) 269
제임스(Alfred James) 154
濟衆院 76, 87, 91, 93, 94, 95, 96, 104, 106, 109, 113, 122, 125
제트로비디아(Zetlovidia) 226
젬브쉬(Captain Zembsch, 曾額德) 36, 87, 96
租界地 설정 194
조던(J. N. Jordan, 朱爾典) 181, 182, 186, 187, 204
朝露修好通商條約 340
朝美條約 127, 132, 136, 162, 164, 336, 337, 343, 344, 381, 382, 383, 389
趙民熙 278, 279, 282
趙秉式 92, 160, 181, 187, 188, 192
趙秉稷 366
조선개항 366
朝鮮公使 152
朝鮮館 382
朝鮮國王(大君主) 34, 44, 54, 55, 57, 58, 59, 60, 62, 63, 64, 68, 69, 74, 75, 76, 83, 85, 87, 88, 89, 90, 93, 97, 108, 109, 110, 111, 113, 114, 119, 120, 122, 124, 125, 132, 133, 134, 136, 162, 319
「朝鮮談話」 149
「朝鮮大局論」 341
朝鮮亡命政客 111
朝鮮報聘使(1883) 20, 25, 30, 70
朝鮮使節團 160
朝鮮語教師 29, 52, 53, 54, 60, 73
조선왕국 318, 382
조선왕실 349, 350
朝鮮王室病院(His Corean Majesty's Hospital) 50, 113
朝鮮王室病院 濟衆院附屬 醫學校(Medical and Scientific School) 118
朝鮮王朝 45, 46
조선의 절대적 독립 348
조선정부 국서(신임장) 159
朝鮮 親軍營 338
趙臣熙 19, 136, 141, 342, 347
趙寧夏 41, 43, 319
朝伊條約 162, 163
조지아(Georgia) 152, 248, 283, 284, 285
朝淸商民水陸貿易章程 338
朝淸電線修約 112, 339
조키트(Jocket) 281
早婚風習 321
照會文 162
존타크(Antoinette Sontag, 孫澤) 185, 364
鍾路 雲從街 311, 332
주(Chu) 26

주드(Judd) 293
주미조선공사관 139, 151, 152, 153, 319
駐美韓國公使館 278
주이델 지(Zuyder Zee) 號 263
駐韓美國公使 230, 231, 248
竹洞宮 59, 60, 70
竹添進一郎 29, 33, 35, 41, 42, 59
中國代辦朝鮮陸路電線續款合同 339
즐라토우스트(Zlatoust) 239, 240, 241
甑南浦 194
지라드(Girard) 290
芝罘 107, 124
鎭南浦 194, 360
鎭南浦・木浦 各國租界章程 193
陳樹棠 34, 52, 55, 72, 81, 92, 96, 103, 107, 109, 339
眞珠灣奇襲 378
집주름 15, 115, 116
짜르(러시아 皇帝) 252

ㅊ

차관교섭 145, 154, 155
차일즈(Childs) 272
차핀(Chapin) 21
찰란타운(Chalantoun) 219
昌慶宮 330
昌德宮 33, 34, 41, 55, 62, 64, 67, 68, 104, 330, 385
챈들러(Chandler) 126, 136, 143
「千一夜話(The Thousand One Nights)」 309
天津 49, 111, 119, 313, 314, 344
天津條約 339
千秋節 97
철도부설권 186, 319
鐵嶺 216, 217
尖塔教會 241
清溪川 67
淸國人 入國 制限令 348
淸露密約(1896. 5. 22) 357
淸日講和條約(馬關條約) 349
淸日戰爭 213, 302, 312, 336, 348, 357, 364, 388
「淸韓論」 348
첼라빈스크(Chelyabinsk) 241
초오트(Joseph H. Choate) 201, 375
村上正績 41
崔 瑩 45
쵸닉스(Chaunix) 267
秋收感謝節 110, 295
萩原守一 239, 303
春生門事件 191
출무(Chulmu) 강 236
忠州 313
치코비치(Chickovitch) 217, 218
親露・反日政策 185, 281, 289, 313, 326, 351, 364, 367, 369, 372, 375, 376, 377, 378, 382, 386, 388, 391, 392
親露・反日・親韓政策 383, 384, 388
친로파 349
親美黨(Pro-American Party) 185, 364
親衛隊 310
親日・反露政策 278, 279, 289, 296,

358, 362, 372, 373, 374, 377, 378, 382, 383, 384, 386, 387, 388, 391, 392
親日排淸黨 34
친일파 349
친청내각 338, 339
親淸事大黨 33, 34, 35, 63, 64, 338
칭커즈(The Chinkers) 271

ㅋ

카르멘(Carmen) 261
카바로브크(Kabarowk) 210
카스피 해 243
카스피 횡단철도 242
카시니(Artur Pavlovich Cassini) 249
카일스 오브 버틀(Kyles of Buttle) 258
카자흐(Cossack, Kazakh) 226
카톨릭 성당 232
칸스크(Kansk) 234
칼스(W. R. Carles, 賈禮士) 23, 60, 72, 84, 85
캐피털(Capital) 283
캘훈(H. Callhoun) 248, 278, 279, 288, 390
캠퍼만(T. Kempermann, 景伯曼) 121
커민스(Edmund Cummins) 153
커스터(Custer) 292
커즌(Curzon) 부인 308, 329
「컨트리 걸(Country Girl)」 256
케르베르그(Paul de Kehrberg, 克培) 205
케스카트(Cathcat) 47
케펠(Keppel) 121, 122
켄터키 283, 291
켈틱(Celtic) 號 249, 257, 272
캠프벨(Patrick Campbell) 260
코고르당(Francois G. Cogordan, 戈可當) 119, 121, 122
코로나도(Coronado) 317
「코리아 레뷰(Korea Review)」 333, 334
코먼웰드(Commonwealth) 272
코스트(Eugene Jean George Coste, 高宜善) 117
코크릴(John A. Cockerill) 352
코페트(Coffet) 266
콜럼버스(Columbus) 282
콜로뉴(Cologne) 264
콜로라도 스프링스 285, 289, 290, 299, 302, 378, 384, 387
「콜로라도 스프링스 텔레그래프」 289, 290, 296, 325, 327, 329, 332, 333, 378, 379, 384, 385, 391
콜룸바(Columba) 258
콜만(Coleman) 295
콜브란(Henry Collbran, 高佛安) 269, 270, 275, 295
콜브란·보스트위크 商社 202
콜브란·보스트위크 商社 償還 請求 問題 279, 281, 282, 288
콩거(E. H. Conger, 康格) 318, 387
쿠르간(Kurgan) 238
쿠르나호프(Kurnahoff) 247
쿠크스(Cooks) 259
쿠퍼(C. H. Cooper) 23, 293

퀸(Queen) 호 271
퀸스타운(Queenstown) 257, 272
퀸치(Quinch) 272
큐론(Cuellon) 266
크라스노고르스크(Krasnogorsk) 235
크럼(Raymond Krumm, 巨廉) 95, 288, 390, 391
크레믈린 245, 246, 247
크레이그(Craig) 107
크로포드(Robert Crawford) 27
「크리스찬 사이언스(Christian Science)」 286
크리스텐(Christen) 261
크리스티 빌링스(Christie Billings) 274
크리인(F. Krien, 口麟) 193, 196
클라이드(Clyde) 조선소 258
클라크(B. A. Clark) 23
클라크슨 商社(Clarkson and Company) 217
클리블랜드(Grover Cleveland) 68, 151, 345, 346, 349
클리블랜드 대통령의 남사 164
키네가베(Khinegave) 221
키르기스(Kirgiz) 스텝지대 238
키아즈노바야(Kiaznovaya) 240
킹(W. B. King) 154
「킹스 마티네(King's Matinee)의 소녀」 261
킹 프리그 윌리엄(King Prig William) 號 260

ㅌ

타운센드(Edward Townsend) 273
타운센드(Arthur Townsend) 276
타운센드(Walter D. Townsend, 他雲仙) 26, 33, 63, 141, 144, 204, 283, 295
타이콘데로가(Ticonderoga) 號 153
타이콘데로가(Ticonderoga) 전투 380
타일러(Harry Tyler) 273
타타르系 종족(Tatar, 韃靼) 241
탈코트(Talcott) 72
태극기 203
태프트(William H. Taft) 292
터얼리(R. T. Turley) 214
테리테트(Territet) 266, 268
테시카(Teshika) 79
테일러(Taylor) 78
테헤란(Teheran) 號 137
텍사스 279
텔 느와르 패스(Tele Noir Pass) 267
템플턴(Fay Templeton) 275
톨레도(Toledo) 150, 154, 272, 286, 287, 288, 289, 390
統理交涉通商事務衙門(外務衙門) 61, 76
統理軍國事務衙門(內務衙門) 61
투레인(Touraine) 호텔 273
투르케스탄(Turkestan) 238
툴라(Tula) 244
트랜톤(Trenton) 號 25, 26
트레일리치(Trailich) 107
트리에스테(Trieste) 210

ㅍ

파니(Fannie, 알렌 夫人) 27, 28, 29, 33, 52, 54, 60, 62, 70, 71, 83, 87, 88, 94, 97, 102, 107, 119, 120, 122, 125, 136, 141, 149, 150, 153, 205, 219, 220, 236, 237, 247, 256, 257, 263, 265, 270, 271, 274, 275, 276, 281, 283, 295, 354
파리 237, 270
파블로프(Aleksandr Ivanovich Pavloff, 巴禹路厚) 177, 205, 225, 245, 369
파세트(J. Sloat Fassett) 269
파스튜니우스(Pasthunious) 22
파커(William H. Parker, 巴巨) 122, 123, 124
파티(A Party) 271
팔로스(Palos) 호 118
팔리오로그(Paliologue) 121
팔콤(Palcom) 공원 247
패독(Gordon Paddock, 巴德) 204
팰리스 호텔(Palace Hotel) 149
퍼킨스(Henry C. Perkins) 269
편싸움(石戰) 68
페르시아 만 243
페어차일드(C. S. Fairchild) 153
페어필드(Fairfield) 274
페테르스부르크 187, 220, 224, 227, 229, 237, 240, 243, 245, 248, 249, 250, 252, 253, 254, 284, 301
페테르호프(Peterhoff) 252
페트로스크(Petrosk) 228
페트로파블로프스크(Petropavlovsk) 238
페트로프스키(Petrofsky) 245
펜실베이니아 철도 238
펜자(Penza) 243
펜터키트 백작(The Earl of Pantucket) 276
펠리(Pelly) 256
포드 河口(Firth of Forth) 259
포르투갈 308, 329
포올레트(Powlett) 121
「포젠(Posen)의 聖人」 255
포츠담(Potsdam) 255
포크(George C. Foulk, 福久) 26, 39, 47, 48, 52, 57, 58, 60, 62, 63, 64, 65, 70, 73, 78, 79, 83, 84, 85, 87, 88, 90, 91, 96, 99, 100, 101, 108, 109, 110, 113, 114, 119, 121, 122, 124, 125
포터(David D. Porter) 152
포터(Horace Porter) 201, 375
포터(James Brown Porter) 292
폭풍우의 중심지(a Storm-center) 282, 302, 368
폴리야노프스키(Z. Polianovsky, 鮑乙良) 205, 206, 239
푸들 도그(Poodle Dog) 291
「푸루나 싸움(Battle of Pluna)」 250
푸르스(Fource) 호텔 270
포차타(Colonel Potiata) 184, 359
푸트(Lucius H. Foote, 福德) 24, 25, 28, 32, 33, 34, 37, 38, 57, 59, 63, 83, 86, 319, 381
프라이스(A. T. Price) 47

프란시스(Frances) 247
프레데릭스트라세(Frederickstrasse) 255
프레이자(Everett Frazar, 厚禮節) 64
프리엘(Friel) 219
프린스(Prince) 158
플러싱(Flushing) 250, 252, 255, 256
플레그(Georgia Flagg) 287
플레이서(Placer) 292
플로우치(Amos Flouche) 165
피셔(Fisher)屋 151, 346
피어스(Willard lde Pierce, 陂阿士) 157, 167, 168
피오트르 大帝(Piotr the Great) 252
피킹(Peking) 號 21
필라델피아 長老教 선교사 308
필리핀 292

ㅎ

下關 112, 295
夏宮 62, 66
하르빈(哈爾賓) 218, 219
하버(Harber) 292
하버드(Harvard) 대학 274
하와이 279
하와이 이민 292, 293
하워드(Henry Howard) 187
河應善 41
하이델베르크(Heidelberg) 261
하트(Robert Hart, 赫德) 98
하튼(Hatton) 여사 277
하프닝(Harpening) 157
韓國救國運動 384, 391
韓國獨立保全精神 389
한국사태 277, 317
한국선교사 327
한국의 大君主 地位 288
한국의 獨立保全 336
한국의 절대적 독립 302, 388
한국인 320, 321
한국 황후 307, 309, 310, 315
韓圭稷 41, 43, 319, 338
韓露間租借協定 303
한로조약 369
한미전쟁 329
漢城 339
漢城府管轄職制 115, 116
「漢城新報」 350
漢城電氣會社(Seoul Electric Co.) 202, 203, 275, 279
漢城條約 47
한일합방 378
한일협약 370
咸鏡道 240
海關廳舍(濟物浦) 91
해론(John W. Heron, 惠論) 82, 89, 90, 94, 96, 97, 98, 102, 103, 108, 113, 118, 119, 124, 125, 144
해미스판(Hamisphan) 144
핸슬러(Edla Hensler) 308, 329
핼리팩스(T. E. Hallifax, 奚來百士) 33, 37, 38, 65, 78, 108
香遠亭 62, 66
허드(Frank Hurd) 287
허드슨(Hudson) 277
허바드(Richard B. Hubbard) 145
許龍業 20, 142, 154, 160, 342

허치슨(W. du F. Hutchison, 轄治臣) 91, 99, 101, 102, 110, 135, 139
許台身 202
헌트(Emma Hunt) 291
헌트(Leigh S. J. Hunt) 266, 267, 269, 282, 285
헌트-군스브르그 협정(Hunt-Gunzburg Arrangements) 270
헐버트(Homer B. Hulbert, 紇法) 219
헤르츠(Hertz) 27
헤리(Harry) 123, 126, 147, 149, 258, 264, 291
헤이(John Hay) 269, 296, 374, 383
헤이그(Hague) 261
헨더슨(Henderson) 22
헵번(J. C. Hepburn) 144
玄興澤 185, 355, 364
형식적 절차(러시아) 223, 227, 235
惠民署 80
호놀룰루 292
호손돈 글랜드(Hawthornden Glend) 259
護照 16, 17
號牌 117
홀(Hall) 22
홀란드(Holland) 256, 261
홀란드의 브라이톤(Brighton of Holland) 262
홀콤(Holcomb) 274
홈 링거 洋行(Holme Ringer and Company) 137
洪啓薰 313, 351
洪淳馨 43
洪英植 19, 41, 42, 43, 67, 76
홍콩(香港) 99, 135, 137, 142, 341, 347
홍콩 경찰서 138
홍콩·상해은행(Hong Kong and Shanghai Banking Co.) 137
홍콩 五十年祭 139, 140
홍콩 호텔 138
화이트(Henry White) 201, 375
「皇城新聞」 333
황실결혼사건 327, 328
皇后册封儀式 328
橫濱 21, 39, 135, 291, 293, 295, 384
橫濱丸(Yokohama Maru) 號 143
후크(Hook) 261
訓鍊隊 350
휘스트(Whist, 카드놀이의 일종) 272
휘트니(W. C. Whitney) 153
휠러(Wheeler) 35
희랍 教堂 360
히고마루(Higo Maru) 號 135, 148
힉코크(Hickok) 287
힐(Hill) 266, 272
힐코프(Hilkoff) 213, 231, 250, 253

英 文 索 引

A

Absolute Independence of Corea 680
Account of Mining Expenditure 549～550
Aladdin 687
Alexander II 623, 625
Alexander, William 652
Alexandria 581
Alexeieff, Evgenii(admiral) 577, 671
Alexeieff, Kir Alekseevich 559, 565
Allen, E. L. B. 417, 455
Allen, Horace N. 428, 431, 433, 502, 512, 513, 543, 544, 548, 549, 554, 558, 675, 679, 682, 693, 694, 695, 696
Allen-Chyo Talks. 560～562
Allen-Min Chong Mook Talks 552～553
Allen-Roosevelt Disagrees on Far Eastern Policy 654～656
Almanach de Gotha 685
Alps 645
Amah 405, 410
American Adviser 469
American Firm Clarkson and Company 589
American Ideas 618
American King 534
American Military Men 469
American Mining Company 560, 561, 664
Americansky Ambassador 604
American Trading Company 402, 511, 577, 591, 631, 636, 647, 651
Amsterdam 639, 640
Answer of President Cleveland 546～547
Appenzeller, Henry G. 473, 491, 503, 504
Arthur (Consul) 522
Ashley 397
Assassination of Queen Min 691
Aston, William G. 405, 410, 468, 471, 485, 489, 492, 526
Austria-American Match Manufacture 484

B

Baber, E. Colbourne 489, 493, 502, 503, 506
Baikal 602, 603, 606, 607, 618, 673, 677

Baironfka 609
Baraba Steppe 612
Bartaki 618
Bayard, Thomas F. 498, 517, 520, 528, 533, 545
Belaya 616
Belgrade 691
Berlin 627, 630
Bernadou, John B. 402, 409, 412, 415, 418, 419, 446
Bingham, John A. 470
Bishop, E. T. 667, 668
Bisp 644
Blanc, Mt. 641, 642, 644
Borzia(Borzya) 598
Boston 512, 632, 648
Bostwick, Frank F. 664
Bostwick, Harry R. 636, 643, 646
Boukhedou 593
Brewer and Company 668
Brown, Emily 685, 686, 687, 688, 689, 690, 691, 692, 693
Brown, J. McLeavy 556, 575
Brown, Peter 685, 686
Brown, Sevelon 533
Bryant, Evan 503
Bryner Timber Concession 615
Budapest 581
Budler, Hermann 400, 458, 486
Bulgaria 612
Bull, William L. 664

C

Callhoun, H. 654, 663
Carles, W. R. 400, 455, 468
Cassini, Artur Pavlovich 624
Chae-ung(Straw Figures) 449, 450
Chalantoun 591
Chandler 512
Chefoo 509
Chelyabinsk 615
Chemulpo 400, 404, 415, 416, 417, 419, 442, 461, 462, 467, 473, 492, 515, 519, 523, 574, 576
Chen Shu Tang 412, 433, 436, 444, 455, 465, 480, 487, 489, 492
Chicago 685
China Eastern Railway Company 585
Chinampo 566
China Sea 618
Chinese or Anti-Japanese Party 412
Chip Chu Room(집쥬룸) 500
Choate, Joseph H. 571
Chong Dong Club 558
Chung Nak Yung 555
Chyo Min Hui 654, 657
Chyo Pyung Sik 542, 555, 560
Cincinnati 658, 692
Cleveland, Grover 451, 533, 534
Cogordan, Francois G. 504, 506
Collbran, Henry 645, 646, 651
Collbran and Bostwick Accounts 573

Collbran and Bostwick Claim 654, 656, 657, 663
Colorado Springs 661, 665, 694
Colorado Springs Telegraph 694
Complement of Korean Mission(1888) 542
Conger, E. H. 695
Cooper, C. H. 399, 400, 669
Corean King's Notice to the People 421~423
Corean Embassy(1883) 402, 442
Corean University 495
Coste, Eugene Jean George 502
Coup d'Etat of 1884 406~418, 695
Crawford, Robert 403
Credentials Korean Minister to U. S. A. (1888) 541~542
Cummins, Edmund 535
Curzon 686

D

Dagelet Island 446, 574
Dalny 576, 577, 579, 580, 581, 582, 585, 587, 589, 593, 594, 597, 619, 676, 677
Dalton, Thomas 647
Deer Island 552, 553, 565, 566
Delaroche 506
Delaware 659
Delpit 506
Denny, Owen N. 479, 497, 503, 504, 506, 507, 508, 511, 512, 516
Denver 665
Deshler, David W. 575, 658
Deshler, Louis 658
Detroit 663
Dickinson, Don 644
Dinsmore, Hugh A. 511, 516, 517, 518, 519, 529, 536, 546
Drummond, William 635
Dun(Consul) 577, 582
Dupour, Jules C. 642, 666
Dye, William M. 535, 539, 549, 564

E

Ebbit House 533
Edgerton, Ernest T. 658
Edinburgh 634
Ellers, Annie J. 491, 507, 509
Ellinwood, Frank F. 448, 510, 511
Emperor(Japan) 669
Emperor(Kojong) 555, 560, 563, 565, 572, 574, 654, 657, 664, 685, 686, 687, 688, 689, 690, 691, 696
Essen 631
Everett, Clayton 648, 659, 660, 661, 662, 663
Eydtkunen 630

F

Fairchilds 535
Fannie(Mrs. Allen) 396, 398, 404, 405, 407, 410, 416, 433, 434, 441, 442, 452, 454, 471, 473, 478, 481, 486, 491, 492, 504, 505, 507, 510,

524, 532, 535, 575, 576, 591, 592, 595, 610, 612, 622, 631, 632, 636, 639, 646, 647, 651, 652, 656, 658, 670, 675, 682
Farmer's Houses(Russia) 617
Female Hospital 478
Female Medical Students 478
Fire God 448
Flushing 627, 630, 631
Foote, Lucius H. 401, 402, 405, 409, 412, 413, 416, 417, 418, 439, 467, 470
Foulk, George C. 418, 419, 424, 428, 429, 431, 432, 433, 438, 439, 440, 441, 442, 444, 446, 453, 456, 458, 461, 462, 463, 467, 468, 469, 470, 471, 472, 473, 474, 475, 480, 483, 485, 492, 493, 494, 495, 496, 497, 498, 504, 506, 507, 509, 510, 511
Frazar, Everett 446
Frederickstrasse 630
Fusan 398, 399, 488, 569

G

Gaeshy (dancing girls) 452, 478
Gale, James S. 491
General Foreign Settlement 552, 564
Geneva 641, 651, 659, 661, 665
Glasgow 633
Glass Manufactory 484
Gold Tunnel Mine 560, 662
Greathouse, Clarence R. 526, 528, 554, 555, 556, 558
Griscom, Lloyd C. 695
Gunzburg, Gabriél de 575, 576, 577, 578, 585, 596, 605, 614, 624, 625

H

Hague 637
Hallifax, T. E. 412, 417, 446, 492
Ham Kyung Province 614
Han Kyou Tyik 422, 423
Han Sung Poo(Seoul) 499～501
Harbin 590, 591
Harry(Allen's eldest son) 532, 633, 640, 666
Harvard 650
Hawaii 655, 668
Hawthornden Glend 634
Hay, John 646
Hayashi Gonsuke 574
Hay Min So 惠民署 463
Henderson 398
Hensler, Edla 686
Hepburn, J. C. 527
Hermit Kingdom 694
Heron, John W. 466, 473, 474, 478, 481, 482, 487, 493, 497, 502, 503, 504, 508, 509, 510, 527
Hilkoff 605, 606, 628
Holland 631, 639, 640
Holme Ringer and Company 520
Hongkong 395, 520, 521, 522, 524
Hongkong Jubilee 522, 523
Hong Tyin Yon(sic) 423
Hong Yong Sik 421, 422, 424, 449

Honolulu 529, 531, 667
Howard, Henry 559
Hubbard, Richard B. 528
Huh Yong Up 526, 536, 542
Hulbert, Homer B. 591
Hunt, Emma 666
Hunt, Leigh S. J. 643, 657, 661
Hurd, Frank 663
Hutchison, W. du F. 475, 483, 486, 494, 518, 522

I

Imperial Garden Party 669
Independence Club(Tongnip Hyophoe) 562
Independence Party(Progressive Party) 564
Inoue Kaoru 427
Instuburg 629
Irkutsk 583, 594, 601, 603, 604, 606, 607, 619
Iron Works 602
Irtisk 612
Istomine 612

J

James, Alfred 536
Japanese Coaling Station 566
Japanese Fusan Railway 568
Japanese or Anti-Chinese Party 413
Jardin Matheson and Company 399, 575
Jordan, J. N. 555, 556, 559, 574
Jungfrau 645

K

Kang Chin He 530, 542
Kansk 609
Kato Masuo 565, 566, 567, 568
Kehrberg, Paul de 575
Kempermann, T. 506
Kiaznovaya 615
Kimche 525
Kim Hong Yook 560
Kim Ka Chin 549
Kim Nyum Yi 520, 534, 543
Kim Ok Khun 413, 421, 423, 445, 492, 496
Kim Yun Sik 445, 446, 457, 462, 468, 478, 489, 498
King(Corea) 412, 442, 457, 458, 459, 466, 469, 471, 472, 473, 474, 477, 482, 490, 493, 508, 511, 512, 516, 517, 529, 536, 537
The King of Korea to the King of Italy 545~546
King's Money 524
King, W. B. 536
Kirgiz Steppe 613
Kniffler 484
Kobe 519, 669, 670
Kondo Masuki 436, 451, 464, 465
Korean Immigration 668
Korean Legation 529, 654, 696
Korean Matters 656

Korean Mission to Washington 525, 543, 544
Korean Peasant Huts 617
Krasnogorsk 610
Kremlin 619, 620, 622
Krien, Ferdinand 567
Krumm, Raymond 663, 664
Kurgan 613
Kwang Hay Won 廣惠院(Royal Hospital) 463, 471, 475, 476, 477, 478, 510
Kyong U Koung(Palace) 421

L

Langhans (Consul) 580
Lee, Graham 527
Lee, John G. 535
Legendre, Charles W. 470, 562, 563
Liaoyang 584, 585
Li Hung Chang 431, 477, 509, 516
Linton 554
Liverpool 632
Loan of $2,000,000 519, 525, 527, 537
London 631, 635, 684
Loomis(Assistant Secretary) 656, 669
Loomis, H. 489, 491, 492
Lovatt, W. N. 399
Lutheran Church 607

M

Maclay, Robert S. 402, 462
Maertens, A. H. 484
Magnegon 591
Manchu Dynasty 586
Manchuria 593, 597, 600, 618, 629, 677, 681, 683
Manchurian Bandits 680, 683
Manchurian Line 600
Manila 667, 669
Mannix, Daniel P. 535
Mansfield, I. S. 528
Ma-Sam-Pho 680
Massachussetts Institute of Technology 572, 638, 641, 649
Maurice(Allen's second son) 507, 508, 536, 636, 637, 640, 660
McVeagh, Wayne 396, 512
Medical and Scientific School of the Royal Corean Hospital 502
Mediterranean 617
Memorial Against Russia 562
Merrill, Henry F. 483, 489, 493
Meyer and Company 516, 567
Meyer, Edward 575
Military Mutiny of 1882 476, 490, 508, 691
Miller, Edward T. 658, 664
Miller, Muriel 486, 491
Min Chong Mook 556
Min Family(Queen's) 426, 427, 476
Minsk 609

Min Tai Ho 421, 423
Min Yong Ik 395, 407, 411, 413, 414, 415, 417, 419, 421, 427, 428, 430, 431, 432, 435, 437, 438, 439, 441, 442, 444, 447, 451, 452, 453, 454, 456, 463, 469, 476, 477, 491, 520, 521, 522, 523, 524, 526, 527
Min Yong Mok 421, 423
Min Yong Whan 555, 651
Mining Franchises 536
Mission Press 398
Mississippi 618
Mitchell, J. F. 400, 405, 406
Moellendorff, Paul Georg von (Mok Cham Pan) 401, 407, 411, 431, 432, 445, 446, 461, 462, 468, 471, 474, 475, 476, 479, 481, 483, 484, 485, 486, 492, 493, 495
Mokpo 566
Mongolia 593
Monroe, Kirk 649
Morgan, Edwin V. 623, 631, 632, 641, 642, 643, 664
Mormons 649
Morse, James R. 527, 528, 539, 568, 569, 577, 623, 651, 653
Moscow 593, 594, 601, 602, 606, 619, 620, 625, 629
Mukden 585, 586, 587, 655
Mysovaial 602, 615

N

Nagasaki 398, 399, 404, 419, 434, 469, 516, 518, 523, 524, 529, 588
Names of Assassinated(1884) 423
Names of Officers Nominated by Conspirators 423~424
Nanking 397
Napoléon, Bonaparte 622~623, 629
Nash, George K. 657, 664
Neue Freie Presse of Vienna 685
New Passport Regulations 577
New York 650
New York Company 537, 538
Nienstead, F. J. H. 562, 563
Nissieres 506
Nokdoon Island Dominium in Tumen River(Northern Boundary) 490
Northern Telegraphic Line 399
Novgorod 616

O

Obi 611, 612
Oga 599
Ohio 695
Ohio Wesleyan University 695
Okuma Shigenobu 568, 569
Old Palace 489
Olovannaja 599
Om(Empress) 690
Omsk 613
Onon 599
Open Door Policy 656
Orenburg 616
Oufa 615, 616
Ou Tyeng Kouk(Post Office) 421

P

Pacification of Manchuria 654
Paddock, Gordon 575
Pak Chung Yang 515, 517, 518, 523, 525, 526, 528, 530, 531, 533, 534, 535, 536, 538, 539, 540, 541, 542, 543, 544, 549, 550
Pak I Yong(sic) 424
Pak Yong Hio 421, 423
Paliologue 506
Paris 646, 647
Parker, William H. 507, 508, 509
Pavloff, Aleksandr Ivanovich 551, 575, 598, 620
Penza 618
Persian Gulf 618
Petersburg 593, 597, 601, 603, 612, 615, 618, 623, 624, 629, 659
Petropavlovsk 613
Petrosk 602
Peun Sum(Stone Battle) 450
Philadelphia 686
Pierce, Willard Ide 538, 539, 549, 550
Plancy, V. Collin de 563
Polianovsky 575, 576
Port Arthur 576, 578, 579, 589, 593, 597, 598, 600, 615, 624, 675, 676
Port Hamilton(Komun-do) 468, 472
Porter, David D. 534
Porter, Horace 571
Porter, James Brown 667
Potsdam 630
Pou Sang Pei(Peddler's Guild) 420, 425, 426
Prince, J. S. 539, 540
Pro-American Party 558
Proposal for Founding Hospital for Corean Government by Allen 429～431

Q

Queen(Min) 445, 448, 452, 457, 459, 466, 467, 469, 473, 490, 491, 493, 496, 504, 524
Queen's Birthday 405
Queenstown 633, 648

R

Railroad Concession 558
Red Tape(Russia) 596, 600, 610
Regulation of Royal Hospital 459～461
Riddle 620, 623, 624, 625
Rittenhouse, Edward E. 660～661, 664, 665, 676, 694, 695, 697
Rockhill, William W. 571, 654, 655
Roosevelt, Theodore 571, 645, 654, 655, 657
Rosenbaum, Joseph 484
Rotterdam 637
Royal Musicians 478
Ruslin Castle 635
Russian Coaling Station 566, 680

Russian Eastern and R. R. Co. 576
Russian Orthodox Church 598, 607, 614, 617, 622
Russian Settlement 680
Russo-Japanese War 551, 571, 655
Ryou Tyai Hyon(Eunuch) 422, 423

S

Sacramento 587
Saint Louis 662
Sakarof 580, 583, 676
Samara 616
San Diego 694
Sands, William F. 574
San Francisco 396, 532, 665, 666, 667
Scott, James 439
Scranton, William B. 466, 467, 468, 471, 473, 474, 475, 491, 503, 504
Scudder, Charles S. 406, 407, 417, 461
Seoul 404, 406~407, 428, 429, 488, 515, 517, 624, 646, 688, 689, 695
Seoul-Chemulpo Railroad 567, 569
Servia(Serbia) 605, 612
Shanghai 397, 398, 403, 404, 405, 432, 472, 480, 492, 516, 588
Sheridan, Philip H. 534, 535
Shimonoseki 496, 670
Shufeldt, Mason A.(second son) 529, 531
Shufeldt, Robert W. 520, 525, 531
Sichenowdinsk 608
Sierra Nevada 614
Sino-Japanese War 584
Sin Pok Mo(sic) 423
Sizhnodinsk 609
Smith, J. N. B. 397
So Koang Pom 421, 424, 496
So Thay Chang(sic) 421, 422
So Tyay Pil(Philip Jaisohn) 421, 423, 558, 560, 562
Speyer, Alexis de 471, 472, 551, 555, 556, 559, 562, 564, 567
Speyer-Allen Talks 562~564
Springes, Lucy 659
Start 585, 597, 611
Stein, Evgenii Fedorovich 575
Stevens, Durham W. 396
Stevens, William H. 651, 652
Strasbourg 640, 641
Stripling, A. B. 399, 403, 442, 483
Summer Palace(Corea) 444, 446, 448
Summer Palace(Russia) 627
Sungari 590
Switzerland 675

T

Taft, William H. 667
Tailenwan Bay 676
Takahira Kogoro 497
Takezoe Shinichiro 406, 412, 421, 422
Talks of Situation in the Far East 679~681
Tang Shiao Yui 457

Tartar 616
Taylor 461
Tay Won Khun 448, 468, 469, 476, 489, 490, 491, 492, 563, 564, 691
Teheran 520
Texas 654
Thanksgiving Day 406, 671
Tieling 588
Tientsin 495
Tokio 669, 671, 695
Toledo 536, 648, 662, 663, 665
Tong We Bokam(Exemplar of Korean Medicine) 463
Townsend, Arthur 652, 658
Townsend, Edward 650
Townsend, Walter D. 402, 412, 417, 446, 525, 527, 575, 649, 658
Trans-Baikal Region 599
Trans-Caspian 616
Translation Letter of Pak Chung Yang to President Cleveland 546
Trans-Siberian Railway 571, 572, 677, 679, 680, 683
Trenton 402
Tumen River 490
Turkestan 613
Turley, R. T. 585
Tur-um-agy(Corean Overcoat) 535
Tyler, Harry 649
Tyo Ryong Hoa 421, 422, 423

U

Underwood, Horace G. 459, 461, 474, 478, 487, 491, 502, 503
Underwood's Orphanage 510
Union Iron Works 549
Ural Mountains 614, 615
Ural Steel 615

V

Vernet 506
Vladivostok 589, 592
Vlissingen 630, 631
Volga 616, 618, 621

W

Waeber, Karl 489, 492, 502, 517, 551, 558, 597, 623, 624, 625, 627, 628, 631
Warren, H. W. 512
Washington 395, 628, 696
Washington, Horace Lee 641
Water Works and Railroad in Korea 537
Watson, Elmer 659
Weipert, H. 646
Wheeler (Dr.) 415
White, Henry 571
White Nile 645
Whitney, W. C. 535
Willard, Henry 647

Wilson, James H. 528, 536
Windsor Castle 637
Winter Palace(Russia) 612, 625
Woolsey, George M. 620, 623, 631, 632, 636
Wu Ta Chin 427, 436

Y

Yalu River 573, 574, 614
Yalu Timber Concession 614
Ye Chah Yun 518, 526, 536, 540, 542, 544
Ye Chai Soon 563
Ye Chong Ha 542
Ye Choong Ha 490
Ye Family 426
Ye Ha Yung 518, 530, 540, 542, 543, 544, 548
Ye Hyun Yong 542
Ye Kang(Wi-Wha) 692
Yenisei 607, 610
Ye Pom Chin 627, 628
Ye Sang Jay 530, 542, 544
Ye Tchuang Kyou(sic) 423
Ye Tyai Ouen(sic) 424
Ye Tyai Owen 423
Ye Tyo Yon 422, 423
Ye Wan Yong 526, 530, 533, 536, 540, 542, 543, 544, 550, 557, 563
Ye Yong Ik 573, 663
Yokohama 396, 419, 519, 526, 528, 529, 666, 669, 670
Youn Tyai Joun 422, 423
Youn Woung Ryoll 424
Young, James R.(New York Herald) 536
Yuan Shi Kai 412, 414, 494, 495, 496, 498, 502, 510, 516, 517
Yuk Chuk Cabinet in 1895 560
Yuntai 585

Z

Zembsch, Captain 416, 471, 480
Zetlovidia 599
Zlatoust 614, 615

알렌(H. N. ALLEN: 安連, 1858~1932)
오하이오, 웨즐리안대학(18881), 마이애미의과대학(1883)
중국 선교사(1883), 조선 선교사(1884)
주한미국 공사관 서기관(1890~1893), 주한미국 공사대리(1893~1897)
주한미국 전권공사(1897~1905), 광혜원(제중원) 개원(1885)
제중원 부속 국립의학교 개교(1886), 초대 주미조선공사 박정양 수행
상주 조선공사관 개설(1888), 시카고 만국박람회 참가, 조선관 개설(1893)
〈주요 저서〉
『알렌의 일기』, 『알렌 연표』, 『조선견문기』, 『조선민담』, 『고려인삼』 등

김 원 모
경북 안동 출생
고려대학교 사학과, 동 대학원 졸업(문학박사)
미국 포틀랜드주립대 대학원에서 한미 관계사 전공
단국대학교 사학과 교수 역임
현재 단국대학교 명예교수
〈주요 저서〉
『近代韓美交涉史』, 『韓美修交百年史』, 『美國史研究序說』, 『東西文化交流史』, 『近代韓國外交史年表』, 『百年前의 韓國』, 『사진으로 본 韓國의 百年』, 『알렌의 일기』, 『近代韓美關係史』, 『韓美修交史』, 『태극기의 연혁』, 『東西洋文化史』, 『한미외교관계 100년사』, 『開化期韓美交涉關係史』, 『영마루의 구름: 春園 李光洙의 親日과 民族保存論』, 『春園의 光復 論: 獨立新聞』, 『자유 꽃이 피리라: 춘원이광수의 민족주의 사상』, 『상투쟁이 견미사절 한글국서 제정 상·하』, 『자유민주주의 대한민국 산업화미래 비전』, 『서구의 충격과 한영 문화교류』 등

구한말 격동기 비사
알렌의 일기

1991년 6월 5일 초판 발행
2004년 8월 25일 2쇄 발행
2008년 8월 25일 3쇄 발행
2017년 8월 25일 4쇄 발행
2024년 12월 15일 5쇄 발행

지은이 _ H. N. 알렌
옮긴이 _ 김원모
펴낸이 _ 안순철
기 획 _ 양영유
제 작 _ 성두현
편 집 _ 임현수
마케팅 _ 박광현
펴낸곳 _ 단국대학교출판부
등 록 _ 1968. 2. 27 : No. 제03-00095호
주 소 _ 경기도 용인시 수지구 죽전로 152
전 화 _ 031-8005-2405
팩 스 _ 031-8021-7154

값 30,000원

ISBN 978-89-7092-175-3 93840